# GOETHES WERKE

*Hamburger Ausgabe in 14 Bänden*
*Herausgegeben von Erich Trunz*

Goethes Werke · Hamburger Ausgabe

# GOETHES WERKE
# BAND XIII
## NATURWISSENSCHAFTLICHE SCHRIFTEN I

*Textkritisch durchgesehen und kommentiert von Dorothea Kuhn und Rike Wankmüller*

*Mit einem Essay von Carl Friedrich von Weizsäcker*

VERLAG C.H.BECK MÜNCHEN

Sonderausgabe
zum 250. Geburtstag Goethes
am 28. 8. 1999

*Die ‚Hamburger Ausgabe' wurde begründet
im Christian Wegner Verlag, Hamburg
Die erste bis sechste Auflage des dreizehnten Bandes
erschien dort in den Jahren 1955 bis 1971*

*Dieser Band ist identisch mit der
11., durchgesehenen Auflage. 1994*

*Verantwortlich für Allgemeine Naturwissenschaft,
Morphologie, Geologie: Dorothea Kuhn;
Farbenlehre: Rike Wankmüller*

ISBN für die 14bändige Sonderausgabe: 3 406 44186 6

Sonderausgabe. 1998

Druck: C.H.Beck'sche Buchdruckerei, Nördlingen
Gedruckt auf säurefreiem, alterungsbeständigem Papier
(hergestellt aus chlorfrei gebleichtem Zellstoff)
Rikaprint Permanence
von Schoeller & Hoesch, Gernsbach
Printed in Germany

# NATURWISSENSCHAFTLICHE SCHRIFTEN

ERSTER TEIL

# ZUR NATURWISSENSCHAFT IM ALLGEMEINEN

## STUDIE NACH SPINOZA

Der Begriff vom Dasein und der Vollkommenheit ist ein und ebenderselbe; wenn wir diesen Begriff so weit verfolgen als es uns möglich ist, so sagen wir, daß wir uns das Unendliche denken.

Das Unendliche aber oder die vollständige Existenz kann von uns nicht gedacht werden.

Wir können nur Dinge denken, die entweder beschränkt sind, oder die sich unsre Seele beschränkt. Wir haben also insofern einen Begriff vom Unendlichen, als wir uns denken können, daß es eine vollständige Existenz gebe, welche außer der Fassungskraft eines beschränkten Geistes ist.

Man kann nicht sagen, daß das Unendliche Teile habe.

Alle beschränkte Existenzen sind im Unendlichen, sind aber keine Teile des Unendlichen, sie nehmen vielmehr teil an der Unendlichkeit.

Wir können uns nicht denken, daß etwas Beschränktes durch sich selbst existiere, und doch existiert alles wirklich durch sich selbst, ob gleich die Zustände so verkettet sind, daß einer aus den andern sich entwickeln muß, und es also scheint, daß ein Ding vom andern hervorgebracht werde, welches aber nicht ist, sondern ein lebendiges Wesen gibt dem andern Anlaß zu sein und nötigt es in einem bestimmten Zustand zu existieren.

Jedes existierende Ding hat also sein Dasein in sich, und so auch die Übereinstimmung, nach der es existiert.

Das Messen eines Dings ist eine grobe Handlung, die auf lebendige Körper nicht anders als höchst unvollkommen angewendet werden kann.

Ein lebendig existierendes Ding kann durch nichts gemessen werden, was außer ihm ist, sondern wenn es ja geschehen sollte, müßte es den Maßstab selbst dazu hergeben; dieser aber ist höchst geistig und kann durch die Sinne nicht gefunden werden; schon beim Zirkel läßt sich das Maß des Diameters nicht auf die Peripherie anwenden. So hat man den Menschen mechanisch messen wollen, die Maler haben den Kopf als den vornehmsten Teil zu der Einheit des Maßes genommen, es läßt sich aber doch dasselbe nicht ohne sehr kleine und unaussprechliche Brüche auf die übrigen Glieder anwenden.

In jedem lebendigen Wesen sind das, was wir Teile nennen, dergestalt unzertrennlich vom Ganzen, daß sie nur in und mit demselben begriffen werden können, und es können weder die Teile zum Maß des Ganzen noch das Ganze zum Maß der Teile angewendet werden, und so nimmt, wie wir oben gesagt haben, ein eingeschränktes lebendiges Wesen teil an der Unendlichkeit oder vielmehr es hat etwas Unendliches in sich, wenn wir nicht lieber sagen wollen, daß wir den Begriff der Existenz und der Vollkommenheit des eingeschränktesten lebendigen Wesens nicht ganz fassen können, und es also ebenso wie das ungeheure Ganze, in dem alle Existenzen begriffen sind, für unendlich erklären müssen.

Der Dinge, die wir gewahr werden, ist eine ungeheure Menge, die Verhältnisse derselben, die unsre Seele ergreifen kann, sind äußerst mannigfaltig. Seelen, die eine innre Kraft haben sich auszubreiten, fangen an zu ordnen um sich die Erkenntnis zu erleichtern, fangen an zu fügen und zu verbinden um zum Genuß zu gelangen.

Wir müssen also alle Existenz und Vollkommenheit in unsre Seele dergestalt beschränken, daß sie unsrer Natur und unsrer Art zu denken und zu empfinden angemessen werden; dann sagen wir erst, daß wir eine Sache begreifen oder sie genießen.

Wird die Seele ein Verhältnis gleichsam im Keime gewahr, dessen Harmonie, wenn sie ganz entwickelt wäre, sie nicht ganz auf einmal überschauen oder empfinden könnte, so nennen wir diesen Eindruck erhaben, und es ist der herrlichste, der einer menschlichen Seele zuteil werden kann.

Wenn wir ein Verhältnis erblicken, welches in seiner ganzen Entfaltung zu überschauen oder zu ergreifen das Maß unsrer Seele eben hinreicht, dann nennen wir den Eindruck groß.

Wir haben oben gesagt, daß alle lebendig existierende Dinge ihr Verhältnis in sich haben, den Eindruck also, den sie sowohl einzeln als in Verbindung mit andern auf uns machen, wenn er nur aus ihrem vollständigen Dasein entspringt, nennen wir wahr, und wenn dieses Dasein teils auf eine solche Weise beschränkt ist, daß wir es leicht fassen können, und in einem solchen Verhältnis zu unsrer Natur stehet, daß wir es gern ergreifen mögen, nennen wir den Gegenstand schön.

Ein Gleiches geschieht, wenn sich Menschen nach ihrer Fähigkeit ein Ganzes, es sei so reich oder arm als es wolle, von dem Zusammenhange der Dinge gebildet und nunmehr den Kreis zugeschlossen haben. Sie werden dasjenige, was sie am bequemsten denken, worin sie einen Genuß finden können, für das Gewisseste und Sicherste halten, ja man wird meistenteils bemerken, daß sie andere, welche sich nicht so leicht beruhigen und mehr Verhältnisse göttlicher und menschlicher Dinge aufzusuchen und zu erkennen streben, mit einem zufriedenen Mitleid ansehen und bei jeder Gelegenheit bescheiden trotzig merken lassen, daß sie im Wahren eine Sicherheit gefunden, welche über allen Beweis und Verstand erhaben sei. Sie können nicht genug ihre innere beneidenswerte Ruhe und Freude rühmen und diese Glückseligkeit einem jeden als das letzte Ziel andeuten. Da sie aber weder klar zu entdecken imstande sind, auf welchem Weg sie zu dieser Überzeugung gelangen, noch was eigentlich der Grund derselbigen sei, sondern bloß von Gewißheit als Gewißheit sprechen, so bleibt auch dem Lehrbegierigen wenig Trost bei ihnen, indem er immer hören muß, das Gemüt müsse immer einfältiger und einfältiger werden, sich nur auf einen Punkt hinrichten, sich aller mannigfaltigen verwirrenden Verhältnisse entschlagen, und nur alsdenn könne man aber auch um desto sicherer in einem Zustande sein Glück finden, der ein freiwilliges Geschenk und eine besondere Gabe Gottes sei.

Nun möchten wir zwar nach unsrer Art zu denken diese Beschränkung keine Gabe nennen, weil ein Mangel nicht als eine Gabe angesehen werden kann, wohl aber möchten wir es als eine Gnade der Natur ansehen, daß sie, da der

Mensch nur meist zu unvollständigen Begriffen zu gelangen imstande ist, sie ihn doch mit einer solchen Zufriedenheit seiner Enge versorgt hat.

## DER VERSUCH ALS VERMITTLER VON OBJEKT UND SUBJEKT

Sobald der Mensch die Gegenstände um sich her gewahr wird, betrachtet er sie in Bezug auf sich selbst, und mit Recht. Denn es hängt sein ganzes Schicksal davon ab, ob sie ihm gefallen oder mißfallen, ob sie ihn anziehen oder abstoßen, ob sie ihm nutzen oder schaden. Diese ganz natürliche Art die Sachen anzusehen und zu beurteilen scheint so leicht zu sein als sie notwendig ist, und doch ist der Mensch dabei tausend Irrtümern ausgesetzt, die ihn oft beschämen und ihm das Leben verbittern.

Ein weit schwereres Tagewerk übernehmen diejenigen, die durch den Trieb nach Kenntnis angefeuert die Gegenstände der Natur an sich selbst und in ihren Verhältnissen untereinander zu beobachten streben, von einer Seite verlieren sie den Maßstab der ihnen zu Hülfe kam, wenn sie als Menschen die Dinge in Bezug auf sich betrachteten. Eben den Maßstab des Gefallens und Mißfallens, des Anziehens und Abstoßens, des Nutzens und Schadens; diesem sollen sie ganz entsagen, sie sollen als gleichgültige und gleichsam göttliche Wesen suchen und untersuchen, was ist, und nicht, was behagt. So soll den echten Botaniker weder die Schönheit noch die Nutzbarkeit einer Pflanze rühren; er soll ihre Bildung, ihre Verwandtschaft mit dem übrigen Pflanzenreiche untersuchen; und wie sie alle von der Sonne hervorgelockt und beschienen werden, so soll er mit einem gleichen ruhigen Blicke sie alle ansehen und übersehen, und den Maßstab zu dieser Erkenntnis, die Data der Beurteilung nicht aus sich, sondern aus dem Kreise der Dinge nehmen die er beobachtet.

Wie schwer diese Entäußerung dem Menschen sei, lehrt uns die Geschichte der Wissenschaften. Wie er auf diese Art zu Hypothesen, Theorien, Systemen und was es sonst für Vorstellungsarten geben mag, wodurch wir das Unendliche zu begreifen suchen, gerät und geraten muß, wird uns in der zweiten Abteilung dieses kleinen Aufsatzes beschäftigen. Den ersten Teil desselben widme ich der Betrachtung, wie der Mensch verfährt, wenn er die Kräfte der Natur zu erkennen sich bestrebt. Die Geschichte der Physik, die ich gegenwärtig genauer zu studieren Ursache habe, gibt mir oft Gelegenheit hierüber zu denken, und so entspringt dieser kleine Aufsatz, in dem ich mir im allgemeinen zu vergegenwärtigen strebe, auf welche Weise vorzügliche Männer der Naturlehre genutzt und geschadet haben. Sobald wir einen Gegenstand in Beziehung auf sich selbst und in Verhältnis mit andern betrachten, und denselben nicht unmittelbar entweder begehren oder verabscheuen: so werden wir mit einer ruhigen Aufmerksamkeit uns bald von ihm, seinen Teilen, seinen Verhältnissen einen ziemlich deutlichen Begriff machen können. Je weiter wir diese Betrachtungen fortsetzen, je mehr wir Gegenstände untereinander verknüpfen, desto mehr üben wir die Beobachtungsgabe die in uns ist. Wissen wir in Handlungen diese Erkenntnisse auf uns zu beziehen, so verdienen wir klug genannt zu werden. Für einen jeden wohlorganisierten Menschen, der entweder von Natur mäßig ist, oder durch die Umstände mäßig eingeschränkt wird, ist die Klugheit keine schwere Sache: denn das Leben weist uns bei jedem Schritte zurecht. Allein wenn der Beobachter ebendiese scharfe Urteilskraft zur Prüfung geheimer Naturverhältnisse anwenden, wenn er in einer Welt, in der er gleichsam allein ist, auf seine eigenen Tritte und Schritte achtgeben, sich vor jeder Übereilung hüten, seinen Zweck stets im Auge haben soll, ohne doch selbst auf dem Wege irgendeinen nützlichen oder schädlichen Beistand unbemerkt vorbeizulassen, wenn er auch da, wo er von niemand so leicht kontrolliert werden kann, sein eigner strengster Beobachter sein und bei seinen eifrigsten Bemühungen immer gegen sich selbst mißtrauisch sein soll: so sieht wohl jeder, wie streng diese Forderungen sind und wie wenig man hoffen kann sie ganz erfüllt zu sehen, man mag sie nun an andere oder an sich machen. Doch müssen uns diese Schwierigkeiten, ja man darf wohl sagen die hypothetische Unmöglichkeit nicht abhalten das Möglichste zu tun, und wir werden wenigstens am weitsten kommen, wenn wir uns die Mittel im allgemeinen zu vergegenwärtigen suchen, wodurch vorzügliche Menschen die Wissenschaften zu erweitern gewußt haben, wenn wir die Abwege genau bezeichnen, auf welchen sie sich verirrt, und auf welchen ihnen manchmal Jahrhunderte eine große Anzahl von Schülern gefolgt, bis spätere Erfahrungen erst wieder den Beobachter auf den rechten Weg eingeleitet.

Daß die Erfahrung, wie in allem, was der Mensch unternimmt, so auch in der Naturlehre, von der ich gegenwärtig vorzüglich spreche, den größten Einfluß habe und haben solle, wird niemand leugnen, so wenig man den Seelenkräften, in welchen diese Erfahrungen aufgefaßt, zusammengenommen, geordnet und ausgebildet werden, ihre hohe und gleichsam schöpferisch unabhängige Kraft nicht absprechen wird. Allein wie diese Erfahrungen zu machen und wie sie zu nutzen, wie unsere Kräfte auszubilden und zu brauchen, das kann weder so allgemein bekannt noch anerkannt sein.

Sobald scharfsinnige Menschen, und deren gibt es in einem mäßigen Gebrauche des Wortes viel mehr als man denkt, auf Gegenstände aufmerksam gemacht werden: so findet man sie zu Beobachtungen so geneigt als geschickt. Ich habe dieses oft bemerken können, seitdem ich die Lehre des Lichts und der Farben mit Eifer behandele und, wie es zu geschehen pflegt, mich auch Personen, denen solche Betrachtungen sonst fremd sind, von dem, was mich ebenso sehr interessiert, unterhalten. Sobald ihre Aufmerksamkeit nur rege war, bemerkten sie Phänomene, die ich teils nicht gekannt, teils übersehen hatte, und berichtigten dadurch gar oft eine zu voreilig gefaßte Idee, ja gaben mir Anlaß schnellere Schritte zu tun und aus der Einschränkung herauszutreten, in welcher uns eine mühsame Untersuchung oft gefangenhält.

Es gilt also auch hier was bei so vielen andern menschlichen Unternehmungen gilt, daß das Interesse Mehrerer auf Einen Punkt gerichtet etwas Vorzügliches hervorzubringen imstande ist. Hier wird es offenbar, daß der Neid, welcher andere so gern von der Ehre einer Entdeckung ausschließen möchte, daß die unmäßige Begierde, etwas Entdecktes nur nach seiner Art zu behandeln und auszuarbeiten, dem Forscher selbst das größte Hindernis sind.

Ich habe mich bisher bei der Methode mit Mehreren zu arbeiten zu wohl befunden, als daß ich nicht solche fortsetzen sollte. Ich weiß genau, wem ich dieses und jenes auf meinem Wege schuldig geworden, und es soll mir eine Freude sein, es künftig öffentlich bekanntzumachen.

Sind uns nun bloß natürliche aufmerksame Menschen so viel zu nützen imstande, wie allgemeiner muß der Nutzen sein, wenn unterrichtete Menschen einander in die Hände arbeiten. Schon ist eine Wissenschaft an und vor sich selbst eine so große Masse, daß sie viele Menschen trägt, wenn sie gleich kein Mensch tragen kann. Es läßt sich bemerken, daß die Kenntnisse, gleichsam wie ein eingeschlossenes aber lebendiges Wasser, sich nach und nach zu einem gewissen Niveau erheben, daß die schönsten Entdeckungen nicht sowohl durch die Menschen als durch die Zeit gemacht worden, wie denn eben sehr wichtige Dinge zu gleicher Zeit von zweien oder wohl gar mehr geübtern Denkern gemacht worden. Wenn also wir in jenem ersten Fall der Gesellschaft und den Freunden so vieles schuldig werden, so werden wir es in diesem der Welt und dem Jahrhundert, und wir können in beiden Fällen nicht genug anerkennen, wie nötig Mitteilung, Beihülfe, Erinnerung und Widerspruch sei, um uns auf dem rechten Wege zu erhalten und vorwärts zu bringen.

Man hat daher in wissenschaftlichen Dingen gerade umgekehrt zu verfahren, wie man es bei Kunstwerken zu tun hat. Denn ein Künstler tut wohl, sein Kunstwerk nicht öffentlich sehen zu lassen, bis er es vollendet hat, weil nicht leicht jemand raten noch Beistand tun kann; ist es hingegen vollendet, so hat er alsdenn den Tadel oder das Lob zu überlegen und zu beherzigen, solches mit seiner Erfahrung zu vereinigen und sich dadurch zu einem neuen Werke auszubilden und vorzubereiten. In wissenschaftlichen Dingen hingegen ist es schon nützlich, jede einzelne Erfahrung, ja Vermutung öffentlich mitzuteilen, ja es ist höchst rätlich, ein wissenschaftliches Gebäude nicht eher aufzuführen, bis der Plan dazu und die Materialien allgemein bekannt, beurteilt und ausgewählt sind.

Ich wende mich nun zu einem Punkte, der alle Aufmerksamkeit verdient, und zwar zu der Methode, wie man am vorteilhaftesten und sichersten zu Werke geht.

Wenn wir die Erfahrungen, welche vor uns gemacht worden, die wir selbst oder andere zu gleicher Zeit mit uns machen, vorsätzlich wiederholen und die Phänomene, die teils zufällig, teils künstlich entstanden sind, wieder darstellen, so nennen wir dieses einen Versuch.

Der Wert eines Versuchs besteht vorzüglich darinne, daß er, er sei nun einfach oder zusammengesetzt, unter gewissen Bedingungen mit einem bekannten Apparat und mit erforderlicher Geschicklichkeit jederzeit wieder hervorgebracht werden könne, so oft sich die bedingten Umstände vereinigen lassen. Wir bewundern mit Recht den menschlichen Verstand, wenn wir auch nur obenhin die Kombinationen ansehen, die er zu diesem Endzwecke gemacht hat, und die Maschinen betrachten, die dazu erfunden worden sind und man darf wohl sagen täglich erfunden werden.

So schätzbar aber auch ein jeder Versuch einzeln betrachtet sein mag, so erhält er doch nur seinen Wert durch Vereinigung und Verbindung mit andern. Aber eben zwei Versuche, die miteinander einige Ähnlichkeit haben, zu vereinigen und zu verbinden, gehört mehr Strenge und Aufmerksamkeit, als selbst scharfe Beobachter oft von sich gefordert haben. Es können zwei Phänomene miteinander verwandt sein, aber doch noch lange nicht so nah als wir glauben. Zwei Versuche können scheinen auseinander zu folgen, wenn zwischen ihnen noch eine große Reihe stehen sollte, um sie in eine recht natürliche Verbindung zu bringen.

Man kann sich daher nicht genug in acht nehmen, daß man aus Versuchen nicht zu geschwind folgere, daß man aus Versuchen nicht unmittelbar etwas beweisen, noch irgendeine Theorie durch Versuche bestätigen wolle; denn hier an diesem Passe, beim Übergang von der Erfahrung zum Urteil, von der Erkenntnis zur Anwendung ist es, wo dem Menschen alle seine inneren Feinde auflauren, Einbildungskraft, die ihn schon da mit ihren Fittichen in die Höhe hebt, wenn er noch immer den Erdboden zu berühren glaubt, Ungeduld, Vorschnelligkeit, Selbstzufriedenheit, Steifheit, Gedankenform, vorgefaßte Meinung, Bequemlichkeit, Leichtsinn, Veränderlichkeit, und wie die ganze Schar mit ihrem Gefolge heißen mag, alle liegen hier im Hinterhalte und überwältigen unversehens den handelnden, so auch den stillen, von allen Leidenschaften gesichert scheinenden Beobachter.

Ich möchte zur Warnung dieser Gefahr, welche größer und näher ist als man denkt, hier eine Art von Paradoxon aufstellen, um eine lebhaftere Aufmerksamkeit zu erregen. Ich wage nämlich zu behaupten: daß Ein Versuch, ja mehrere Versuche in Verbindung nichts beweisen, ja daß nichts gefährlicher sei als irgendeinen Satz unmittelbar durch Versuche beweisen zu wollen, und daß die größten Irrtümer eben dadurch entstanden sind, daß man die Gefahr und die Unzulänglichkeit dieser Methode nicht eingesehen. Ich muß mich deutlicher erklären, um nicht in den Verdacht zu geraten, als wollte ich dem Zweifel Tür und Tor eröffnen. Eine jede Erfahrung, die wir machen, ein jeder Versuch, durch den wir sie wiederholen, ist eigentlich ein isolierter Teil unserer Erkenntnis, durch öftere Wiederholung bringen wir diese isolierte Kenntnis zur Gewißheit. Es können uns zwei Erfahrungen in demselben Fache bekannt werden, sie können nahe verwandt sein aber noch näher verwandt scheinen, und gewöhnlich sind wir geneigt, sie für näher verwandt zu halten als sie sind. Es ist dieses der Natur des Menschen gemäß, die Geschichte des menschlichen Verstandes zeigt uns tausend Beispiele und ich habe an mir selbst bemerkt, daß ich diesen Fehler fast täglich begehe.

Es ist dieser Fehler mit einem andern nahe verwandt, aus dem er auch meistenteils entspringt. Der Mensch erfreut sich nämlich mehr an der Vorstellung als an der Sache, oder wir müssen vielmehr sagen: der Mensch erfreut sich nur einer Sache, insofern er sich dieselbe vorstellt, sie muß in seine Sinnesart passen, und er mag seine Vorstellungsart noch so hoch über die gemeine erheben, noch so sehr reinigen, so bleibt sie doch gewöhnlich nur eine Vorstellungsart;

das heißt ein Versuch, viele Gegenstände in ein gewisses faßliches Verhältnis zu bringen, das sie, streng genommen, untereinander nicht haben, daher die Neigung zu Hypothesen, zu Theorien, Terminologien und Systemen, die wir nicht mißbilligen können, weil sie aus der Organisation unsers Wesens notwendig entspringen müssen.

Wenn von einer Seite eine jede Erfahrung, ein jeder Versuch ihrer Natur nach als isoliert anzusehen sind, von der andern Seite die Kraft des menschlichen Geistes alles, was außer ihr ist und was ihr bekannt wird, mit einer ungeheuern Gewalt zu verbinden strebt, so sieht man die Gefahr leicht ein, welche man läuft, wenn man mit einer gefaßten Idee eine einzelne Erfahrung verbinden oder irgendein Verhältnis, das nicht ganz sinnlich ist, das aber die bildende Kraft des Geistes schon ausgesprochen hat, durch einzelne Versuche beweisen wollen.

Es entstehen durch eine solche Bemühung meistenteils Theorien und Systeme, die dem Scharfsinn der Verfasser Ehre machen, die aber, wenn sie mehr, als billig ist, Beifall finden, wenn sie sich länger, als recht ist, erhalten, dem Fortschritte des menschlichen Geistes, den sie im gewissen Sinne befördern, sogleich wieder hemmen und schädlich werden.

Man wird bemerken können, daß ein guter Kopf nur desto mehr Kunst anwendet, je weniger Data vor ihm liegen; daß er, gleichsam seine Herrschaft zu zeigen, selbst aus den vorliegenden Datis nur wenige Günstlinge herauswählt, die ihm schmeicheln, daß er die übrigen so zu ordnen weiß, daß sie ihm nicht geradezu widersprechen, und daß er die feindseligen zuletzt so zu verwickeln, zu umspinnen und beiseitezubringen weiß, daß wirklich nunmehr das Ganze nicht mehr einer freiwirkenden Republik, sondern einem despotischen Hofe ähnlich wird.

Einem Mann der so viel Verdienst hat kann es an Bewunderern und Schülern nicht fehlen, die ein solches Gewebe historisch kennen lernen und bewundern und, insofern es möglich ist, sich die Vorstellungsart ihres Meisters eigen machen. Oft gewinnt eine solche Lehre dergestalt die Überhand, daß man für frech und verwegen gehalten würde, wenn man an ihr zu zweifeln sich erkühnte. Nur spätere Jahrhunderte würden sich an ein solches Heiligtum wagen, den Gegenstand einer Betrachtung dem gemeinen Menschensinn wieder vindizieren und die Sache etwas leichter nehmen, und von dem Stifter einer Sekte das wiederholen, was ein witziger Kopf von einem großen Naturlehrer gesagt: er wäre ein großer Mann gewesen, wenn er nicht so viel erfunden hätte.

Es möchte aber nicht genug sein, die Gefahr anzuzeigen und vor derselbigen zu warnen. Es ist billig, daß man wenigstens seine Meinung eröffne und zu erkennen gebe, wie man selbst einen solchen Abweg zu vermeiden glaubt, oder ob man gefunden, wie ihn ein anderer vor uns vermieden habe.

Ich habe vorhin gesagt, daß ich die unmittelbare Anwendung eines Versuchs zum Beweis irgendeiner Hypothese für schädlich halte, und habe dadurch zu erkennen gegeben, daß ich eine mittelbare Anwendung derselben für nützlich halte, und da auf diesen Punkt alles ankommt, so ist es nötig, sich deutlich zu erklären.

In der lebendigen Natur geschieht nichts, was nicht in einer Verbindung mit dem Ganzen stehe, und wenn uns die Erfahrungen nur isoliert erscheinen, wenn wir die Versuche nur als isolierte Fakta anzusehen haben, so wird dadurch nicht gesagt, daß sie isoliert seien, es ist nur die Frage: wie finden wir die Verbindung dieser Phänomene, dieser Begebenheit.

Wir haben oben gesehen, daß diejenigen am ersten dem Irrtume unterworfen waren, welche ein isoliertes Faktum mit ihrer Denk- und Urteilskraft unmittelbar zu verbinden suchten. Dagegen werden wir finden, daß diejenigen am meisten geleistet haben, welche nicht ablassen alle Seiten und Modifikationen einer einzigen Erfahrung, eines einzigen Versuches nach aller Möglichkeit durchzuforschen und durchzuarbeiten.

Es verdient künftig eine eigene Betrachtung, wie uns auf diesem Wege der Verstand zu Hülfe kommen könne. Hier sei nur so viel davon gesagt. Da alles in der Natur, besonders aber die gemeinern Kräfte und Elemente in einer ewigen

Wirkung und Gegenwirkung sind, so kann man von einem jeden Phänomene sagen, daß es mit unzähligen andern in Verbindung stehe, wie wir von einem freischwebenden leuchtenden Punkte sagen, daß er seine Strahlen auf allen Seiten aussendet. Haben wir also einen solchen Versuch gefaßt, eine solche Erfahrung gemacht, so können wir nicht sorgfältig genug untersuchen, was unmittelbar an ihn grenzt, was zunächst aus ihm folgt, dieses ists, worauf wir mehr zu sehen haben, als was sich auf ihn bezieht. Die Vermannigfaltigung eines jeden einzelnen Versuches ist also die eigentliche Pflicht eines Naturforschers. Er hat gerade die umgekehrte Pflicht eines Schriftstellers, der unterhalten will. Dieser wird Langeweile erregen, wenn er nichts zu denken übrigläßt, jener muß rastlos arbeiten, als wenn er seinen Nachfolgern nichts zu tun übriglassen wollte, wenn ihn gleich die Disproportion unseres Verstandes zu der Natur der Dinge zeitig genug erinnern wird, daß kein Mensch Fähigkeiten genug habe in irgendeiner Sache abzuschließen.

Ich habe in den zwei ersten Stücken meiner optischen Beiträge eine solche Reihe von Versuchen aufzustellen gesucht, die zunächst aneinander grenzen und sich unmittelbar berühren, ja, wenn man sie alle genau kennt und übersieht, gleichsam nur Einen Versuch ausmachen, nur Eine Erfahrung unter den mannigfaltigsten Ansichten darstellen.

Eine solche Erfahrung, die aus mehreren andern besteht, ist offenbar von einer höhern Art. Sie stellt die Formel vor, unter welcher unzählige einzelne Rechnungsexempel ausgedruckt werden. Auf solche Erfahrungen der höheren Art loszuarbeiten halt' ich für die Pflicht des Naturforschers, und dahin weist uns das Exempel der vorzüglichsten Männer, die in diesem Fache gearbeitet haben, und die Bedächtlichkeit nur das Nächste ans Nächste zu reihen, oder vielmehr das Nächste aus dem Nächsten zu folgern, haben wir von den Mathematikern zu lernen, und selbst da, wo wir uns an keine Rechnung wagen, müssen wir immer so zu Werke gehen, als wenn wir dem strengsten Geometer Rechenschaft zu geben schuldig wären.

Denn eigentlich ist es die mathematische Methode, welche wegen ihrer Bedächtlichkeit und Reinheit gleich jeden

Sprung in der Assertion offenbart, und ihre Beweise sind eigentlich nur umständliche Ausführungen, daß dasjenige, was in Verbindung vorgebracht wird, schon in seinen einfachen Teilen und in seiner ganzen Folge dagewesen, in seinem ganzen Umfange übersehen und unter allen Bedingungen richtig und unumstößlich erfunden worden. Und so sind ihre Demonstrationen immer mehr Darlegungen, Rekapitulationen als Argumente. Da ich diesen Unterschied hier mache, so sei es mir erlaubt, einen Rückblick zu tun.

Man sieht den großen Unterschied zwischen einer mathematischen Demonstration, welche die ersten Elemente durch so viele Verbindungen durchführt, und zwischen dem Beweis, den ein kluger Redner aus Argumenten führen könnte. Argumente können ganz isolierte Verhältnisse enthalten, und dennoch durch Witz und Einbildungskraft auf Einen Punkt zusammengeführt und der Schein eines Rechts oder Unrechts, eines Wahren oder Falschen überraschend genug hervorgebracht werden. Ebenso kann man, zugunsten einer Hypothese oder Theorie, die einzelnen Versuche gleich Argumenten zusammenstellen und einen Beweis führen, der mehr oder weniger blendet.

Wem es dagegen zu tun ist, mit sich selbst und andern redlich zu Werke zu gehen, der wird durch die sorgfältigste Ausbildung einzelner Versuche die Erfahrungen der höheren Art auszubilden suchen. Diese lassen sich durch kurze und faßliche Sätze aussprechen, nebeneinander stellen, und je mehr ihrer ausgebildet werden, können sie geordnet und in ein solches Verhältnis gebracht werden, daß sie so gut als mathematische Sätze entweder einzeln oder zusammengenommen unerschütterlich stehen. Die Elemente dieser Erfahrungen der höheren Art, welches viele einzelne Versuche sind, können alsdann von jedem untersucht und geprüft werden und es ist nicht schwer zu beurteilen, ob die vielen einzelnen Teile durch einen allgemeinen Satz ausgesprochen werden können, denn hier findet keine Willkür statt.

Bei der andern Methode aber, wo wir irgend etwas, was wir behaupten, durch isolierte Versuche gleichsam als durch Argumente beweisen wollen, wird das Urteil öfters nur erschlichen, wenn es nicht gar in Zweifel stehenbleibt. Hat man aber eine Reihe Erfahrungen der höheren Art zusammengebracht, so übe sich alsdann der Verstand, die Einbildungskraft, der Witz an denselben wie er nur mag. Dieses wird nicht schädlich, ja es wird nützlich sein. Jene erste Arbeit kann nicht sorgfältig, emsig, streng, ja pedantisch genug vorgenommen werden; denn sie wird für Welt und Nachwelt unternommen. Aber diese Materialien müssen in Reihen geordnet und niedergelegt sein, nicht auf eine hypothetische Weise zusammengestellt, nicht zu einer systematischen Form verwendet. Es steht alsdenn einem jeden frei, sie nach seiner Art zu verbinden und ein Ganzes daraus zu bilden, das der menschlichen Vorstellungsart überhaupt mehr oder weniger bequem und angenehm sei. Auf diese Weise wird unterschieden, was zu unterscheiden ist, und man kann die Sammlung von Erfahrungen viel schneller und reiner vermehren, als wenn man die späteren Versuche, wie Steine die nach einem geendigten Bau herbeigeschafft werden, unbenutzt beiseitelegen muß.

Die Meinung der vorzüglichsten Männer und ihr Beispiel läßt mich hoffen, daß ich auf dem rechten Wege sei, und ich wünsche, daß mit dieser Erklärung meine Freunde zufrieden sein mögen, die mich manchmal fragen: was denn eigentlich bei meinen optischen Bemühungen meine Absicht sei? Meine Absicht ist: alle Erfahrungen in diesem Fache zu sammlen, alle Versuche selbst anzustellen und sie durch ihre größte Mannigfaltigkeit durchzuführen, wodurch sie denn auch leicht nachzumachen und nicht aus dem Gesichtskreise so vieler Menschen hinausgerückt seien. Sodann die Sätze, in welchen sich die Erfahrungen von der höheren Gattung aussprechen lassen, aufzustellen und abzuwarten, inwiefern sich auch diese unter ein höheres Prinzip rangieren. Sollte indes die Einbildungskraft und der Witz ungeduldig manchmal vorauseilen, so gibt die Verfahrungsart selbst den Maßstab des Punktes an, wohin sie wieder zurückzukehren haben.

D. 28. Apr. 1792.

# INWIEFERN DIE IDEE: SCHÖNHEIT SEI VOLLKOMMENHEIT MIT FREIHEIT, AUF ORGANISCHE NATUREN ANGEWENDET WERDEN KÖNNE

Ein organisches Wesen ist so vielseitig an seinem Äußern, in seinem Innern so mannigfaltig und unerschöpflich, daß man nicht genug Standpunkte wählen kann es zu beschauen, nicht genug Organe an sich selbst ausbilden kann, um es zu zergliedern, ohne es zu töten. Ich versuche die Idee: Schönheit sei Vollkommenheit mit Freiheit, auf organische Naturen anzuwenden.

Die Glieder aller Geschöpfe sind so gebildet, daß sie ihres Daseins genießen, dasselbe erhalten und fortpflanzen können, und in diesem Sinn ist alles Lebendige vollkommen zu nennen. Diesmal wende ich mich sogleich zu den sogenannten vollkommnern Tieren.

Wenn die Gliedmaßen des Tiers dergestalt gebildet sind, daß dieses Geschöpf nur auf eine sehr beschränkte Weise sein Dasein äußern kann; so werden wir dieses Tier häßlich finden: denn durch die Beschränktheit der organischen Natur auf Einen Zweck wird das Übergewicht eines und des andern Glieds bewirkt, so daß dadurch der willkürliche Gebrauch der übrigen Glieder gehindert werden muß.

Indem ich dieses Tier betrachte, wird meine Aufmerksamkeit auf jene Teile gerichtet, die ein Übergewicht über die übrigen haben, und das Geschöpf kann, da es keine Harmonie hat, mir keinen harmonischen Eindruck geben. So wäre der Maulwurf vollkommen aber häßlich, weil seine Gestalt ihm nur wenige und beschränkte Handlungen erlaubt und das Übergewicht gewisser Teile ihn ganz unförmlich macht.

Damit also ein Tier nur die notwendigen beschränkten Bedürfnisse ungehindert befriedigen könne, muß es schon vollkommen organisiert sein; allein wenn ihm neben der Befriedigung des Bedürfnisses noch so viel Kraft und Fähigkeit bleibt, willkürliche gewissermaßen zwecklose Handlungen zu unternehmen; so wird es uns auch äußerlich den Begriff von Schönheit geben.

Wenn ich also sage dies Tier ist schön, so würde ich mich vergebens bemühen, diese Behauptung durch irgendeine

Proportion von Zahl oder Maß beweisen zu wollen. Ich sage vielmehr nur so viel damit: an diesem Tiere stehen die Glieder alle in einem solchen Verhältnis, daß keins das andere an seiner Wirkung hindert, ja daß vielmehr durch ein vollkommenes Gleichgewicht derselbigen Notwendigkeit und Bedürfnis versteckt, vor meinen Augen gänzlich verborgen worden, so daß das Tier nur nach freier Willkür zu handeln und zu wirken scheint. Man erinnere sich eines Pferdes, das man in Freiheit seiner Glieder gebrauchen sehen.

Rücken wir nun zu dem Menschen herauf, so finden wir ihn zuletzt von den Fesseln der Tierheit beinahe entbunden, seine Glieder in einer zarten Sub- und Koordination, und mehr als die Glieder irgendeines andern Tieres dem Wollen unterworfen, und nicht allein zu allen Arten von Verrichtungen, sondern auch zum geistigen Ausdruck geschickt. Ich tue hier nur einen Blick auf die Gebärdensprache, die bei wohlerzogenen Menschen unterdrückt wird, und die nach meiner Meinung den Menschen so gut als die Wortsprache über das Tier erhebt.

Um sich auf diesem Wege den Begriff eines schönen Menschen auszubilden, müssen unzählige Verhältnisse in Betrachtung genommen werden, und es ist freilich ein großer Weg zu machen bis der hohe Begriff von Freiheit der menschlichen Vollkommenheit, auch im Sinnlichen, die Krone aufsetzen kann.

Ich muß noch eins hierbei bemerken. Wir nennen ein Tier schön, wenn es uns den Begriff gibt, daß es seine Glieder nach Willkür brauchen *könne*, sobald es sie wirklich nach Willkür gebraucht, wird die Idee des Schönen sogleich durch die Empfindung des Artigen, Angenehmen, Leichten, Prächtigen pp. verschlungen. Man sieht also, daß bei der Schönheit *Ruhe* mit *Kraft*, *Untätigkeit* mit *Vermögen* eigentlich in Anschlag komme.

Ist bei einem Körper oder bei einem Gliede desselben der Gedanke von Kraftäußerung zu nahe mit dem Dasein verknüpft; so scheint der Genius des Schönen uns sogleich zu entfliehen, daher bildeten die Alten selbst ihre Löwen in dem höchsten Grade von Ruhe und Gleichgültigkeit, um unser Gefühl, mit dem wir Schönheit umfassen, auch hier anzulocken.

Ich möchte also wohl sagen: Schön nennen wir ein vollkommen organisiertes Wesen, wenn wir uns bei seinem Anblicke denken können, daß ihm ein mannigfaltiger freier Gebrauch aller seiner Glieder möglich sei, sobald es wolle, das höchste Gefühl der Schönheit ist daher mit dem Gefühl von Zutraun und Hoffnung verknüpft.

Mich sollte dünken, daß ein Versuch über die tierische und menschliche Gestalt auf diesem Wege schöne Ansichten gewähren und interessante Verhältnisse darstellen müsse.

Besonders würde, wie schon oben gedacht, der Begriff von Proportion, den wir immer nur durch Zahl und Maß auszudrücken glauben, dadurch in geistigern Formeln aufgestellt werden, und es ist zu hoffen, daß diese geistigen Formeln zuletzt mit dem Verfahren der größten Künstler zusammentreffen, deren Werke uns übriggeblieben sind, und zugleich die schönen Naturprodukte umschließen werden, die sich von Zeit zu Zeit lebendig bei uns sehen lassen.

Höchst interessant wird alsdann die Betrachtung sein, wie man Charaktere hervorbringen könne, ohne aus dem Kreise der Schönheit zu gehen, wie man Beschränkung und Determination aufs Besondere, ohne der Freiheit zu schaden, könne erscheinen lassen.

Eine solche Behandlung müßte, um sich von andern zu unterscheiden und als Vorarbeit für künftige Freunde der Natur und Kunst einen wahren Nutzen zu haben, einen anatomischen physiologischen Grund haben; allein zur Darstellung eines so mannigfaltigen und so wunderbaren Ganzen hält es sehr schwer sich die Möglichkeit der Form eines angemessenen Vortrags zu denken.

## *ERFAHRUNG UND WISSENSCHAFT*

Die Phänomene, die wir andern auch wohl Facta nennen, sind gewiß und bestimmt ihrer Natur nach, hingegen oft unbestimmt und schwankend, insofern sie erscheinen. Der Naturforscher sucht das Bestimmte der Erscheinungen zu fassen und festzuhalten, er ist in einzelnen Fällen aufmerksam nicht allein, wie die Phänomene erscheinen, sondern auch, wie sie erscheinen sollten. Es gibt, wie ich besonders in dem Fache das ich bearbeite oft bemerken kann, viele empirische Brüche, die man wegwerfen muß um ein reines konstantes Phänomen zu erhalten; allein sobald ich mir das erlaube, so stelle ich schon eine Art von Ideal auf.

Es ist aber dennoch ein großer Unterschied, ob man, wie Theoristen tun, einer Hypothese zulieb ganze Zahlen in die Brüche schlägt, oder ob man einen empirischen Bruch der Idee des reinen Phänomens aufopfert.

Denn da der Beobachter nie das reine Phänomen mit Augen sieht, sondern vieles von seiner Geistesstimmung, von der Stimmung des Organs im Augenblick, von Licht, Luft, Witterung, Körpern, Behandlung und tausend andern Umständen abhängt; so ist ein Meer auszutrinken, wenn man sich an Individualität des Phänomens halten und diese beobachten, messen, wägen und beschreiben will.

Bei meiner Naturbeobachtung und Betrachtung bin ich folgender Methode, so viel als möglich war, besonders in den letzten Zeiten treu geblieben.

Wenn ich die Konstanz und Konsequenz der Phänomene, bis auf einen gewissen Grad, erfahren habe, so ziehe ich daraus ein empirisches Gesetz und schreibe es den künftigen Erscheinungen vor. Passen Gesetz und Erscheinungen in der Folge völlig, so habe ich gewonnen, passen sie nicht ganz, so werde ich auf die Umstände der einzelnen Fälle aufmerksam gemacht und genötigt neue Bedingungen zu suchen, unter denen ich die widersprechenden Versuche reiner darstellen kann; zeigt sich aber manchmal, unter gleichen Umständen, ein Fall, der meinem Gesetze widerspricht, so sehe ich, daß ich mit der ganzen Arbeit vorrucken und mir einen höhern Standpunkt suchen muß.

Dieses wäre also, nach meiner Erfahrung, derjenige Punkt, wo der menschliche Geist sich den Gegenständen in ihrer Allgemeinheit am meisten nähern, sie zu sich heranbringen, sich mit ihnen (wie wir es sonst in der gemeinen Empirie tun) auf eine rationelle Weise gleichsam amalgamieren kann.

Was wir also von unserer Arbeit vorzuweisen hätten, wäre:

1. Das empirische Phänomen,
   das jeder Mensch in der Natur gewahr wird, und das nachher
2. zum wissenschaftlichen Phänomen
   durch Versuche erhoben wird, indem man es unter andern Umständen und Bedingungen, als es zuerst bekannt gewesen, und in einer mehr oder weniger glücklichen Folge darstellt.
3. Das reine Phänomen
   steht nun zuletzt als Resultat aller Erfahrungen und Versuche da. Es kann niemals isoliert sein, sondern es zeigt sich in einer stetigen Folge der Erscheinungen. Um es darzustellen bestimmt der menschliche Geist das empirisch Wankende, schließt das Zufällige aus, sondert das Unreine, entwickelt das Verworrene, ja entdeckt das Unbekannte.

Hier wäre, wenn der Mensch sich zu bescheiden wüßte, vielleicht das letzte Ziel unserer Kräfte. Denn hier wird nicht nach Ursachen gefragt, sondern nach Bedingungen, unter welchen die Phänomene erscheinen; es wird ihre konsequente Folge, ihr ewiges Wiederkehren unter tausenderlei Umständen, ihre Einerleiheit und Veränderlichkeit angeschaut und angenommen, ihre Bestimmtheit anerkannt und durch den menschlichen Geist wieder bestimmt.

Eigentlich möchte diese Arbeit nicht spekulativ genannt werden, denn es sind am Ende doch nur, wie mich dünkt, die praktischen und sich selbst rektifizierenden Operationen des gemeinen Menschenverstandes, der sich in einer höhern Sphäre zu üben wagt.

W. den 15ten Januar 1798.

## EINWIRKUNG DER NEUEREN PHILOSOPHIE

Für Philosophie im eigentlichen Sinne hatte ich kein Organ, nur die fortdauernde Gegenwirkung, womit ich der eindringenden Welt zu widerstehen und sie mir anzueignen genötigt war, mußte mich auf eine Methode führen, durch die ich die

Meinungen der Philosophen, eben auch als wären es Gegenstände, zu fassen und mich daran auszubilden suchte. Bruckers Geschichte der Philosophie liebte ich in meiner Jugend fleißig zu lesen, es ging mir aber dabei wie einem, der sein ganzes Leben den Sternhimmel über seinem Haupte drehen sieht, manches auffallende Sternbild unterscheidet, ohne etwas von der Astronomie zu verstehen, den großen Bären kennt, nicht aber den Polarstern.

Über Kunst und ihre theoretischen Forderungen hatte ich mit Moritz, in Rom, viel verhandelt; eine kleine Druckschrift zeugt noch heute von unserer damaligen fruchtbaren Dunkelheit. Fernerhin bei Darstellung des Versuchs der Pflanzen-Metamorphose mußte sich eine naturgemäße Methode entwickeln; denn als die Vegetation mir Schritt für Schritt ihr Verfahren vorbildete, konnte ich nicht irren, sondern mußte, indem ich sie gewähren ließ, die Wege und Mittel anerkennen wie sie den eingehülltesten Zustand zur Vollendung nach und nach zu befördern weiß. Bei physischen Untersuchungen drängte sich mir die Überzeugung auf, daß, bei aller Betrachtung der Gegenstände, die höchste Pflicht sei, jede Bedingung, unter welcher ein Phänomen erscheint, genau aufzusuchen und nach möglichster Vollständigkeit der Phänomene zu trachten; weil sie doch zuletzt sich aneinanderzureihen, oder vielmehr übereinanderzugreifen genötigt werden, und vor dem Anschauen des Forschers auch eine Art Organisation bilden, ihr inneres Gesamtleben manifestieren müssen. Indes war dieser Zustand immerfort nur dämmernd, nirgends fand ich Aufklärung nach meinem Sinne: denn am Ende kann doch nur ein jeder in seinem eignen Sinne aufgeklärt werden.

Kants Kritik der reinen Vernunft war schon längst erschienen, sie lag aber völlig außerhalb meines Kreises. Ich wohnte jedoch manchem Gespräch darüber bei, und mit einiger Aufmerksamkeit konnte ich bemerken, daß die alte Hauptfrage sich erneuere, wieviel unser Selbst und wieviel die Außenwelt zu unserm geistigen Dasein beitrage. Ich hatte beide niemals gesondert, und wenn ich nach meiner Weise über Gegenstände philosophierte, so tat ich es mit unbewußter Naivetät und glaubte wirklich, ich sähe meine

Meinungen vor Augen. Sobald aber jener Streit zur Sprache kam, mochte ich mich gern auf diejenige Seite stellen, welche dem Menschen am meisten Ehre macht, und gab allen Freunden vollkommen Beifall, die mit Kant behaupteten: wenn gleich alle unsere Erkenntnis mit der Erfahrung angehe, so entspringe sie darum doch nicht eben alle aus der Erfahrung. Die Erkenntnisse a priori ließ ich mir auch gefallen, so wie die synthetischen Urteile a priori: denn hatte ich doch in meinem ganzen Leben, dichtend und beobachtend, synthetisch, und dann wieder analytisch verfahren, die Systole und Diastole des menschlichen Geistes war mir, wie ein zweites Atemholen, niemals getrennt, immer pulsierend. Für alles dieses jedoch hatte ich keine Worte, noch weniger Phrasen, nun aber schien zum erstenmal eine Theorie mich anzulächlen. Der Eingang war es, der mir gefiel, ins Labyrinth selbst konnt' ich mich nicht wagen: bald hinderte mich die Dichtungsgabe, bald der Menschenverstand und ich fühlte mich nirgend gebessert.

Unglücklicherweise war Herder zwar ein Schüler, doch ein Gegner Kants, und nun befand ich mich noch schlimmer, mit Herdern konnt' ich nicht übereinstimmen, Kanten aber auch nicht folgen. Indessen fuhr ich fort der Bildung und Umbildung organischer Naturen ernstlich nachzuforschen, wobei mir die Methode, womit ich die Pflanzen behandelt, zuverlässig als Wegweiser diente. Mir entging nicht, die Natur beobachte stets analytisches Verfahren, eine Entwicklung aus einem lebendigen, geheimnisvollen Ganzen, und dann schien sie wieder synthetisch zu handeln, indem ja völlig fremdscheinende Verhältnisse einander angenähert und sie zusammen in Eins verknüpft wurden. Aber- und abermals kehrte ich daher zu der kantischen Lehre zurück, einzelne Kapitel glaubt' ich vor andern zu verstehen und gewann gar manches zu meinem Hausgebrauch.

Nun aber kam die *Kritik der Urteilskraft* mir zuhanden und dieser bin ich eine höchst frohe Lebensepoche schuldig. Hier sah ich meine disparatesten Beschäftigungen nebeneinandergestellt, Kunst- und Naturerzeugnisse eins behandelt wie das andere, ästhetische und teleologische Urteilskraft erleuchteten sich wechselsweise.

Wenn auch meiner Vorstellungsart nicht eben immer dem Verfasser sich zu fügen möglich werden konnte, wenn ich hie und da etwas zu vermissen schien, so waren doch die großen Hauptgedanken des Werks meinem bisherigen Schaffen, Tun und Denken ganz analog; das innere Leben der Kunst so wie der Natur, ihr beiderseitiges Wirken von innen heraus war im Buche deutlich ausgesprochen. Die Erzeugnisse dieser zwei unendlichen Welten sollten um ihrer selbst willen da sein und, was neben einander stand, wohl für einander, aber nicht absichtlich wegen einander.

Meine Abneigung gegen die Endursachen war nun geregelt und gerechtfertigt; ich konnte deutlich Zweck und Wirkung unterscheiden, ich begriff auch, warum der Menschenverstand beides oft verwechselt. Mich freute, daß Dichtkunst und vergleichende Naturkunde so nah miteinander verwandt seien, indem beide sich derselben Urteilskraft unterwerfen. Leidenschaftlich angeregt ging ich auf meinen Wegen nur desto rascher fort, weil ich selbst nicht wußte, wohin sie führten, und für das was und wie ich mir's zugeeignet hatte bei den Kantianern wenig Anklang fand. Denn ich sprach nur aus, was in mir aufgeregt war, nicht aber was ich gelesen hatte. Auf mich selbst zurückgewiesen studierte ich das Buch immer hin und wider. Noch erfreuen mich in dem alten Exemplar die Stellen, die ich damals anstrich, so wie dergleichen in der Kritik der Vernunft, in welche tiefer einzudringen mir auch zu gelingen schien: denn beide Werke aus einem Geist entsprungen deuten immer eins aufs andere. Nicht eben so gelang es mir, mich den Kantischen anzunähern; sie hörten mich wohl, konnten mir aber nichts erwidern, noch irgend förderlich sein. Mehr als einmal begegnete es mir, daß einer oder der andere mit lächelnder Verwunderung zugestand: es sei freilich ein Analogon Kantischer Vorstellungsart, aber ein seltsames.

Wie wunderlich es denn auch damit gewesen sei, trat erst hervor, als mein Verhältnis zu Schillern sich belebte. Unsere Gespräche waren durchaus produktiv oder theoretisch, gewöhnlich beides zugleich: er predigte das Evangelium der Freiheit, ich wollte die Rechte der Natur nicht verkürzt wissen. Aus freundschaftlicher Neigung gegen mich, vielleicht mehr als aus eigner Überzeugung, behandelte er in den ästhetischen Briefen die gute Mutter nicht mit jenen harten Ausdrücken, die mir den Aufsatz über Anmut und Würde so verhaßt gemacht hatten. Weil ich aber, von meiner Seite hartnäckig und eigensinnig, die Vorzüge der griechischen Dichtungsart, der darauf gegründeten und von dort herkömmlichen Poesie nicht allein hervorhob, sondern sogar ausschließlich diese Weise für die einzig rechte und wünschenswerte gelten ließ; so ward er zu schärferem Nachdenken genötigt, und ebendiesem Konflikt verdanken wir die Aufsätze über naive und sentimentale Poesie. Beide Dichtungsweisen sollten sich bequemen einander gegenüberstehend sich wechselsweise gleichen Rang zu vergönnen.

Er legte hierdurch den ersten Grund zur ganzen neuen Ästhetik: denn hellenisch und romantisch und was sonst noch für Synonymen mochten aufgefunden werden, lassen sich alle dorthin zurückführen, wo vom Übergewicht reeller oder ideeller Behandlung zuerst die Rede war.

Und so gewöhnt' ich mich nach und nach an eine Sprache, die mir völlig fremd gewesen und in die ich mich um desto leichter finden konnte, als ich durch die höhere Vorstellung von Kunst und Wissenschaft, welche sie begünstigte, mir selbst vornehmer und reicher dünken mochte, da wir andern vorher uns von den Popular-Philosophen und von einer andern Art Philosophen, der ich keinen Namen zu geben weiß, gar unwürdig mußten behandeln lassen.

Weitere Fortschritte verdank' ich besonders Niethammern, der mit freundlichster Beharrlichkeit mir die Haupträtsel zu entsiegeln, die einzelnen Begriffe und Ausdrücke zu entwickeln und zu erklären trachtete. Was ich gleichzeitig und späterhin Fichten, Schellingen, Hegeln, den Gebrüdern von Humboldt und Schlegel schuldig geworden, möchte künftig dankbar zu entwickeln sein, wenn mir gegönnt wäre jene für mich so bedeutende Epoche, das letzte Zehent des vergangenen Jahrhunderts, von meinem Standpunkte aus, wo nicht darzustellen, doch anzudeuten, zu entwerfen.

## ANSCHAUENDE URTEILSKRAFT

Als ich die Kantische Lehre wo nicht zu durchdringen doch möglichst zu nutzen suchte, wollte mir manchmal dünken, der köstliche Mann verfahre schalkhaft ironisch, indem er bald das Erkenntnisvermögen aufs engste einzuschränken bemüht schien, bald über die Grenzen, die er selbst gezogen hatte, mit einem Seitenwink hinausdeutete. Er mochte freilich bemerkt haben, wie anmaßend und naseweis der Mensch verfährt, wenn er behaglich, mit wenigen Erfahrungen ausgerüstet, sogleich unbesonnen abspricht und voreilig etwas festzusetzen, eine Grille, die ihm durchs Gehirn läuft, den Gegenständen aufzuheften trachtet. Deswegen beschränkt unser Meister seinen Denkenden auf eine reflektierende diskursive Urteilskraft, untersagt ihm eine bestimmende ganz und gar. Sodann aber, nachdem er uns genugsam in die Enge getrieben, ja zur Verzweiflung gebracht, entschließt er sich zu den liberalsten Äußerungen und überläßt uns, welchen Gebrauch wir von der Freiheit machen wollen, die er einigermaßen zugesteht. In diesem Sinne war mir folgende Stelle höchst bedeutend:

„Wir können uns einen Verstand denken, der, weil er nicht wie der unsrige diskursiv, sondern intuitiv ist, vom synthetisch Allgemeinen, der Anschauung eines Ganzen als eines solchen, zum Besondern geht, das ist, von dem Ganzen zu den Teilen. – Hierbei ist gar nicht nötig zu beweisen, daß ein solcher intellectus archetypus möglich sei, sondern nur, daß wir in der Dagegenhaltung unseres diskursiven, der Bilder bedürftigen Verstandes (intellectus ectypus) und der Zufälligkeit einer solchen Beschaffenheit auf jene Idee eines intellectus archetypus geführt werden, diese auch keinen Widerspruch enthalte."

Zwar scheint der Verfasser hier auf einen göttlichen Verstand zu deuten, allein wenn wir ja im Sittlichen, durch Glauben an Gott, Tugend und Unsterblichkeit uns in eine obere Region erheben und an das erste Wesen annähern sollen; so dürft' es wohl im Intellektuellen derselbe Fall sein, daß wir uns, durch das Anschauen einer immer schaffenden Natur, zur geistigen Teilnahme an ihren Produktionen würdig machten. Hatte ich doch erst unbewußt und aus innerem Trieb auf jenes Urbildliche, Typische rastlos gedrungen, war es mir sogar geglückt, eine naturgemäße Darstellung aufzubauen, so konnte mich nunmehr nichts weiter verhindern das Abenteuer der Vernunft, wie es der Alte vom Königsberge selbst nennt, mutig zu bestehen.

## BEDENKEN UND ERGEBUNG

Wir können bei Betrachtung des Weltgebäudes, in seiner weitesten Ausdehnung, in seiner letzten Teilbarkeit, uns der Vorstellung nicht erwehren, daß dem Ganzen eine Idee zum Grund liege, wornach Gott in der Natur, die Natur in Gott, von Ewigkeit zu Ewigkeit, schaffen und wirken möge. Anschauung, Betrachtung, Nachdenken führen uns näher an jene Geheimnisse. Wir erdreisten uns und wagen auch Ideen, wir bescheiden uns und bilden Begriffe, die analog jenen Uranfängen sein möchten.

Hier treffen wir nun auf die eigene Schwierigkeit, die nicht immer klar ins Bewußtsein tritt, daß zwischen Idee und Erfahrung eine gewisse Kluft befestigt scheint, die zu überschreiten unsere ganze Kraft sich vergeblich bemüht. Demohngeachtet bleibt unser ewiges Bestreben diesen Hiatus mit Vernunft, Verstand, Einbildungskraft, Glauben, Gefühl, Wahn und, wenn wir sonst nichts vermögen, mit Albernheit zu überwinden.

Endlich finden wir, bei redlich fortgesetzten Bemühungen, daß der Philosoph wohl möchte recht haben, welcher behauptet, daß keine Idee der Erfahrung völlig kongruiere, aber wohl zugibt, daß Idee und Erfahrung analog sein können, ja müssen.

Die Schwierigkeit Idee und Erfahrung miteinander zu verbinden erscheint sehr hinderlich bei aller Naturforschung: die Idee ist unabhängig von Raum und Zeit, die Naturforschung ist in Raum und Zeit beschränkt, daher ist in der Idee Simultanes und Sukzessives innigst verbunden, auf dem Standpunkt der Erfahrung hingegen immer getrennt, und eine Naturwirkung, die wir der Idee gemäß als simultan und sukzessiv zugleich denken sollen, scheint uns in eine Art Wahnsinn zu versetzen. Der Verstand kann nicht vereinigt denken, was die Sinnlichkeit ihm gesondert überlieferte, und so bleibt der Widerstreit zwischen Aufgefaßtem und Ideiertem immerfort unaufgelöst.

Deshalb wir uns denn billig zu einiger Befriedigung in die Sphäre der Dichtkunst flüchten und ein altes Liedchen mit einiger Abwechselung erneuern:

So schauet mit bescheidnem Blick
Der ewigen Weberin Meisterstück,
Wie ein Tritt tausend Fäden regt,
Die Schifflein hinüber herüber schießen,
Die Fäden sich begegnend fließen,
Ein Schlag tausend Verbindungen schlägt.
Das hat sie nicht zusammengebettelt,
Sie hats von Ewigkeit angezettelt;
Damit der ewige Meistermann
Getrost den Einschlag werfen kann.

## BILDUNGSTRIEB

Über dasjenige, was in genannter wichtigen Angelegenheit getan sei, erklärt sich Kant in seiner Kritik der Urteilskraft folgendermaßen: „In Ansehung dieser Theorie der Epigenesis hat niemand mehr sowohl zum Beweise derselben als auch zur Gründung der echten Prinzipien ihrer Anwendung, zum Teil durch die Beschränkung eines zu vermessenen Gebrauchs derselben, geleistet als Herr Blumenbach."

Ein solches Zeugnis des gewissenhaften Kants regte mich an, das Blumenbachische Werk wieder vorzunehmen, das ich zwar früher gelesen, aber nicht durchdrungen hatte. Hier fand ich nun meinen Caspar Friedrich Wolff als Mittelglied zwischen Haller und Bonnet auf der einen und Blumenbach auf der andern Seite. Wolff mußte zum Behuf seiner Epigenese ein organisches Element voraussetzen, woraus alsdann die zum organischen Leben bestimmten Wesen sich ernährten. Er gab dieser Materie eine vim essentialem, die sich zu allem fügt, was sich selbst hervorbringen wollte, und sich dadurch zu dem Range eines Hervorbringenden selbst erhob.

Ausdrücke der Art ließen noch einiges zu wünschen übrig: denn an einer organischen Materie, und wenn sie noch so lebendig gedacht wird, bleibt immer etwas Stoffartiges kleben. Das Wort Kraft bezeichnet zunächst etwas nur Physisches, sogar Mechanisches, und das, was sich aus jener Materie organisieren soll, bleibt uns ein dunkler unbegreiflicher Punkt. Nun gewann Blumenbach das Höchste und Letzte des Ausdrucks, er anthropomorphosierte das Wort des Rätsels und nannte das, wovon die Rede war, einen nisus formativus, einen Trieb, eine heftige Tätigkeit, wodurch die Bildung bewirkt werden sollte.

Betrachten wir das alles genauer, so hätten wir es kürzer, bequemer und vielleicht gründlicher, wenn wir eingestünden, daß wir, um das Vorhandene zu betrachten, eine vorhergegangene Tätigkeit zugeben müssen und daß, wenn wir uns eine Tätigkeit denken wollen, wir derselben ein schicklich Element unterlegen, worauf sie wirken konnte, und daß wir zuletzt diese Tätigkeit mit dieser Unterlage als immerfort zusammen bestehend und ewig gleichzeitig vorhanden denken müssen. Dieses Ungeheure personifiziert tritt uns als ein Gott entgegen, als Schöpfer und Erhalter, welchen anzubeten, zu verehren und zu preisen wir auf alle Weise aufgefordert sind.

Kehren wir in das Feld der Philosophie zurück und betrachten Evolution und Epigenese nochmals, so scheinen dies Worte zu sein, mit denen wir uns nur hinhalten. Die Einschachtelungslehre wird freilich einem Höhergebildeten gar bald widerlich, aber bei der Lehre eines Auf- und Annehmens wird doch immer ein Aufnehmendes und Aufzunehmendes vorausgesetzt, und wenn wir keine Präformation denken mögen, so kommen wir auf eine Prädelineation, Prädetermination, auf ein Prästabilieren, und wie das alles heißen mag, was vorausgehen müßte, bis wir etwas gewahr werden könnten.

So viel aber getraue ich mir zu behaupten, daß, wenn ein organisches Wesen in die Erscheinung hervortritt, Einheit und Freiheit des Bildungstriebes ohne den Begriff der Metamorphose nicht zu fassen sei.

Zum Schluß ein Schema, um weiteres Nachdenken aufzuregen:

Stoff.
Vermögen.
Kraft.
Gewalt. } Leben.
Streben.
Trieb.
Form.

## FREUNDLICHER ZURUF

Eine mir in diesen Tagen wiederholt sich zudringende Freude kann ich am Schlusse nicht verbergen. Ich fühle mich mit nahen und fernen, ernsten, tätigen Forschern glücklich im Einklang. Sie gestehen und behaupten: man solle ein Unerforschliches voraussetzen und zugeben, alsdann aber dem Forscher selbst keine Grenzlinie ziehen.

Muß ich mich denn nicht selbst zugeben und voraussetzen, ohne jemals zu wissen, wie es eigentlich mit mir beschaffen sei, studiere ich mich nicht immer fort, ohne mich jemals zu begreifen, mich und andere, und doch kommt man fröhlich immer weiter und weiter.

So auch mit der Welt! liege sie anfang- und endelos vor uns, unbegrenzt sei die Ferne, undurchdringlich die Nähe; es sei so; aber wie weit und wie tief der Menschengeist in seine und ihre Geheimnisse zu dringen vermöchte, werde nie bestimmt noch abgeschlossen.

Möge nachstehendes heitere Reimstück in diesem Sinne aufgenommen und gedeutet werden.

## UNWILLIGER AUSRUF

Ins Innere der Natur,
O! du Philister!
Dringt kein erschaffner Geist.
Mich und Geschwister

Mögt ihr an solches Wort
Nur nicht erinnern:
Wir denken: Ort für Ort
Sind wir im Innern.
Glückselig! wem sie nur
Die äußere Schale weist!
Das hör' ich sechzig Jahre wiederholen,
Und fluche drauf, aber verstohlen;
Sage mir tausend tausendmale:
Alles gibt sie reichlich und gern;
Natur hat weder Kern
Noch Schale,
Alles ist sie mit einemmale;
Dich prüfe du nur allermeist,
Ob du Kern oder Schale seist?

## PROBLEME

Natürlich System, ein widersprechender Ausdruck.

Die Natur hat kein System, sie hat, sie ist Leben und Folge aus einem unbekannten Zentrum, zu einer nicht erkennbaren Grenze. Naturbetrachtung ist daher endlos, man mag ins einzelnste teilend verfahren, oder im ganzen, nach Breite und Höhe die Spur verfolgen.

Die Idee der Metamorphose ist eine höchst ehrwürdige, aber zugleich höchst gefährliche Gabe von oben. Sie führt ins Formlose; zerstört das Wissen, löst es auf. Sie ist gleich der vis centrifuga und würde sich ins Unendliche verlieren, wäre ihr nicht ein Gegengewicht zugegeben: ich meine den Spezifikationstrieb, das zähe Beharrlichkeitsvermögen dessen, was einmal zur Wirklichkeit gekommen. Eine vis centripeta, welcher in ihrem tiefsten Grunde keine Äußerlichkeit etwas anhaben kann. Man betrachte das Geschlecht der Eriken.

Da nun aber beide Kräfte zugleich wirken, so müßten wir sie auch bei didaktischer Überlieferung zugleich darstellen, welches unmöglich scheint.

Vielleicht retten wir uns nicht aus dieser Verlegenheit als abermals durch ein künstliches Verfahren.

Vergleichung mit den natürlich immer fortschreitenden Tönen und der in die Oktaven eingeengten gleichschwebenden Temperatur. Wodurch eine entschieden durchgreifende höhere Musik zum Trutz der Natur eigentlich erst möglich wird.

Wir müßten einen künstlichen Vortrag eintreten lassen. Eine Symbolik wäre aufzustellen! Wer aber soll sie leisten? Wer das Geleistete anerkennen?

Wenn ich dasjenige betrachte, was man in der Botanik genera nennt, und sie, wie sie aufgestellt sind, gelten lasse, so wollte mir doch immer vorkommen, daß man ein Geschlecht nicht auf gleiche Art wie das andere behandeln könne. Es gibt Geschlechter, möcht' ich sagen, welche Charakter haben, den sie in allen ihren Spezies wieder darstellen, so daß man ihnen auf einem rationellen Wege beikommen kann, sie verlieren sich nicht leicht in Varietäten und verdienen daher wohl mit Achtung behandelt zu werden; ich nenne die Gentianen, der umsichtige Botaniker wird deren mehrere zu bezeichnen wissen.

Dagegen gibt es charakterlose Geschlechter, denen man vielleicht kaum Spezies zuschreiben darf, da sie sich in grenzenlose Varietäten verlieren. Behandelt man diese mit wissenschaftlichem Ernst, so wird man nie fertig, ja man verwirrt sich vielmehr an ihnen, da sie jeder Bestimmung, jedem Gesetz entschlüpfen. Diese Geschlechter hab' ich manchmal die Lüderlichen zu nennen mich erkühnt und die Rose mit diesem Epithet zu belegen gewagt, wodurch ihr freilich die Anmut nicht verkümmert werden kann; besonders möchte Rosa canina sich diesen Vorwurf zuziehen. – –

Der Mensch, wo er bedeutend auftritt, verhält sich gesetzgebend, vorerst im Sittlichen durch Anerkennung der Pflicht, ferner im Religiosen, sich zu einer besondern innern Überzeugung von Gott und göttlichen Dingen bekennend, sodann auf derselben analoge bestimmte äußere Zeremonien beschränkend. Im Regiment, es sei friedlich oder kriegerisch, geschieht das gleiche, Handlung und Tat sind nur von Bedeutung, wenn er sie sich selbst und andern vorschrieb; in

Künsten ist es dasselbe, wie der Menschengeist sich die Musik unterwarf, sagt Vorstehendes, wie er auf die bildende Kunst in den höchsten Epochen durch die größten Talente wirkend seinen Einfluß betätigte, ist zu unserer Zeit ein offenbares Geheimnis. In der Wissenschaft deuten die unzähligen Versuche zu systematisieren, zu schematisieren dahin. Unsere ganze Aufmerksamkeit muß aber darauf gerichtet sein, der Natur ihr Verfahren abzulauschen, damit wir sie durch zwängende Vorschriften nicht widerspenstig machen, aber uns dagegen auch durch ihre Willkür nicht vom Zweck entfernen lassen.

## BEDEUTENDE FÖRDERNIS DURCH EIN EINZIGES GEISTREICHES WORT

Herr Dr. Heinroth in seiner Anthropologie, einem Werke, zu dem wir mehrmals zurückkommen werden, spricht von meinem Wesen und Wirken günstig, ja er bezeichnet meine Verfahrungsart als eine eigentümliche: daß nämlich mein Denkvermögen gegenständlich tätig sei, womit er aussprechen will: daß mein Denken sich von den Gegenständen nicht sondere, daß die Elemente der Gegenstände, die Anschauungen in dasselbe eingehen und von ihm auf das innigste durchdrungen werden, daß mein Anschauen selbst ein Denken, mein Denken ein Anschauen sei; welchem Verfahren genannter Freund seinen Beifall nicht versagen will.

Zu was für Betrachtungen jenes einzige Wort, begleitet von solcher Billigung, mich angeregt, mögen folgende wenige Blätter aussprechen, die ich dem teilnehmenden Leser empfehle, wenn er vorher, Seite 387 genannten Buches, mit dem Ausführlichern sich bekannt gemacht hat.

In dem gegenwärtigen wie in den früheren Heften habe ich die Absicht verfolgt: auszusprechen, wie ich die Natur anschaue, zugleich aber gewissermaßen mich selbst, mein Inneres, meine Art zu sein, insofern es möglich wäre, zu offenbaren. Hiezu wird besonders ein älterer Aufsatz: der

*Versuch als Vermittler zwischen Subjekt und Objekt*, dienlich gefunden werden.

Hiebei bekenn' ich, daß mir von jeher die große und so bedeutend klingende Aufgabe: *erkenne dich selbst*, immer verdächtig vorkam, als eine List geheim verbündeter Priester, die den Menschen durch unerreichbare Forderungen verwirren und von der Tätigkeit gegen die Außenwelt zu einer innern falschen Beschaulichkeit verleiten wollten. Der Mensch kennt nur sich selbst, insofern er die Welt kennt, die er nur in sich und sich nur in ihr gewahr wird. Jeder neue Gegenstand, wohl beschaut, schließt ein neues Organ in uns auf.

Am allerfördersamsten aber sind unsere Nebenmenschen, welche den Vorteil haben, uns mit der Welt aus ihrem Standpunkt zu vergleichen und daher nähere Kenntnis von uns zu erlangen, als wir selbst gewinnen mögen.

Ich habe daher in reiferen Jahren große Aufmerksamkeit gehegt, inwiefern andere mich wohl erkennen möchten, damit ich in und an ihnen, wie an so viel Spiegeln, über mich selbst und über mein Inneres deutlicher werden könnte.

Widersacher kommen nicht in Betracht, denn mein Dasein ist ihnen verhaßt, sie verwerfen die Zwecke, nach welchen mein Tun gerichtet ist, und die Mittel dazu achten sie für ebensoviel falsches Bestreben. Ich weise sie daher ab und ignoriere sie, denn sie können mich nicht fördern, und das ist's, worauf im Leben alles ankommt; von Freunden aber lass' ich mich ebenso gern bedingen als ins Unendliche hinweisen, stets merk' ich auf sie mit reinem Zutrauen zu wahrhafter Erbauung.

Was nun von meinem *gegenständlichen Denken* gesagt ist, mag ich wohl auch ebenmäßig auf eine *gegenständliche Dichtung* beziehen. Mir drückten sich gewisse große Motive, Legenden, uraltgeschichtlich Überliefertes so tief in den Sinn, daß ich sie vierzig bis funfzig Jahre lebendig und wirksam im Innern erhielt; mir schien der schönste Besitz, solche werte Bilder oft in der Einbildungskraft erneut zu sehen, da sie sich denn zwar immer umgestalteten, doch ohne sich zu verändern einer reineren Form, einer entschiednern Darstellung entgegenreiften. Ich will hievon nur die Braut von Korinth, den Gott und die Bajadere, den Grafen und die Zwerge, den Sänger und die Kinder, und zuletzt noch den baldigst mitzuteilenden Paria nennen.

Aus Obigem erklärt sich auch meine Neigung zu Gelegenheitsgedichten, wozu jedes Besondere irgendeines Zustandes mich unwiderstehlich aufregte. Und so bemerkt man denn auch an meinen Liedern, daß jedem etwas Eigenes zum Grunde liegt, daß ein gewisser Kern einer mehr oder weniger bedeutenden Frucht einwohne; deswegen sie auch mehrere Jahre nicht gesungen wurden, besonders die von entschiedenem Charakter, weil sie an den Vortragenden die Anforderung machen, er solle sich aus seinem allgemein gleichgültigen Zustande in eine besondere, fremde Anschauung und Stimmung versetzen, die Worte deutlich artikulieren, damit man auch wisse, wovon die Rede sei. Strophen sehnsüchtigen Inhalts dagegen fanden eher Gnade, und sie sind auch mit andern deutschen Erzeugnissen ihrer Art in einigen Umlauf gekommen.

An ebendiese Betrachtung schließt sich die vieljährige Richtung meines Geistes gegen die Französische Revolution unmittelbar an, und es erklärt sich die grenzenlose Bemühung dieses schrecklichste aller Ereignisse in seinen Ursachen und Folgen dichterisch zu gewältigen. Schau' ich in die vielen Jahre zurück, so seh' ich klar, wie die Anhänglichkeit an diesen unübersehlichen Gegenstand so lange Zeit her mein poetisches Vermögen fast unnützerweise aufgezehrt; und doch hat jener Eindruck so tief bei mir gewurzelt, daß ich nicht leugnen kann, wie ich noch immer an die Fortsetzung der Natürlichen Tochter denke, dieses wunderbare Erzeugnis in Gedanken ausbilde, ohne den Mut mich im einzelnen der Ausführung zu widmen.

Wend' ich mich nun zu dem gegenständlichen Denken, das man mir zugesteht; so find' ich, daß ich ebendasselbe Verfahren auch bei naturhistorischen Gegenständen zu beobachten genötigt war. Welche Reihe von Anschauung und Nachdenken verfolgt' ich nicht, bis die Idee der Pflanzenmetamorphose in mir aufging! wie solches meine Italienische Reise den Freunden vertraute.

Ebenso war es mit dem Begriff, daß der Schädel aus Wirbelknochen bestehe. Die drei hintersten erkannt' ich bald, aber erst im Jahr 1790, als ich, aus dem Sande des dünenhaften Judenkirchhofs von Venedig, einen zerschlagenen Schöpsenkopf aufhob, gewahrt' ich augenblicklich, daß die Gesichtsknochen gleichfalls aus Wirbeln abzuleiten seien, indem ich den Übergang vom ersten Flügelbeine zum Siebbeine und den Muscheln ganz deutlich vor Augen sah; da hatt' ich denn das Ganze im allgemeinsten beisammen. So viel möge diesmal das früher Geleistete aufzuklären hinreichen. Wie aber jener Ausdruck des wohlwollenden, einsichtigen Mannes mich auch in der Gegenwart fördert, davon noch kurze vorläufige Worte.

Schon einige Jahre such' ich meine geognostischen Studien zu revidieren, besonders in der Rücksicht, inwiefern ich sie und die daraus gewonnene Überzeugung der neuen, sich überall verbreitenden Feuerlehre nur einigermaßen annähern könnte, welches mir bisher unmöglich fallen wollte. Nun aber, durch das Wort gegenständlich ward ich auf einmal aufgeklärt, indem ich deutlich vor Augen sah, daß alle Gegenstände, die ich seit funfzig Jahren betrachtet und untersucht hatte, gerade die Vorstellung und Überzeugung in mir erregen mußten, von denen ich jetzt nicht ablassen kann. Zwar vermag ich für kurze Zeit mich auf jenen Standpunkt zu versetzen, aber ich muß doch immer, wenn es mir einigermaßen behaglich werden soll, zu meiner alten Denkweise wieder zurückkehren.

Aufgeregt nun durch ebendiese Betrachtungen fuhr ich fort, mich zu prüfen, und fand, daß mein ganzes Verfahren auf dem Ableiten beruhe; ich raste nicht, bis ich einen prägnanten Punkt finde, von dem sich vieles ableiten läßt, oder vielmehr der vieles freiwillig aus sich hervorbringt und mir entgegenträgt, da ich denn im Bemühen und Empfangen vorsichtig und treu zu Werke gehe. Findet sich in der Erfahrung irgendeine Erscheinung, die ich nicht abzuleiten weiß, so lass' ich sie als Problem liegen, und ich habe diese Verfahrungsart in einem langen Leben sehr vorteilhaft gefunden: denn wenn ich auch die Herkunft und Verknüpfung irgendeines Phänomens lange nicht enträtseln konnte, sondern es beiseite lassen mußte, so fand sich nach Jahren auf einmal alles aufgeklärt in dem schönsten Zusammenhange. Ich werde mir daher die Freiheit nehmen, meine bisherigen Erfahrungen und Bemerkungen, und die daraus entspringende Sinnesweise fernerhin in diesen Blättern geschichtlich darzulegen; wenigstens ist dabei ein charakteristisches Glaubensbekenntnis zu erzwecken, Gegnern zur Einsicht, Gleichdenkenden zur Fördernis, der Nachwelt zur Kenntnis, und, wenn es glückt, zu einiger Ausgleichung.

## ERNST STIEDENROTH, PSYCHOLOGIE ZUR ERKLÄRUNG DER SEELENERSCHEINUNGEN

Erster Teil. Berlin 1824

Von jeher zählte ich unter die glücklichen Ereignisse meines Lebens, wenn ein bedeutendes Werk gerade zu der Zeit mir in die Hand kam, wo es mit meinem gegenwärtigen Bestreben übereinstimmte, mich in meinem Tun bestärkte und also auch förderte. Oft fanden sich dergleichen aus höherem Altertume; gleichzeitige jedoch waren die wirksamsten, denn das Allernächste bleibt doch immer das Lebendigste.

Nun begegnet mir dieser angenehme Fall mit obgenanntem Buche. Es langt bei mir, durch die Geneigtheit des Verfassers, zeitig an und trifft mich gerade in dem Augenblick, da ich die Bemerkungen über Purkinje, die schon mehrere Jahre bei mir gelegen, endlich zum Druck absende.

Die Philosophen vom Fach werden das Werk beurteilen und würdigen, ich zeige nur kürzlich an, wie es mir damit ergangen.

Wenn man sich einen Zweig denkt, der einem sanft hinabgleitenden Bache überlassen seinen Weg so genötigt als willig verfolgt, vielleicht von einem Stein augenblicklich aufgehalten, vielleicht in irgendeiner Krümmung einige Zeit verweilend, sodann aber von der lebendigen Welle fortgetragen immer wieder unaufhaltsam im Zuge bleibt, so vergegenwärtigt man sich die Art und Weise, wie die folgerechte und folgenreiche Schrift auf mich gewirkt.

Der Verfasser wird am besten einsehen, was ich eigentlich damit sagen wollte: denn schon früher habe ich an mancher Stelle den Unmut geäußert, den mir in jüngeren Jahren die Lehre von den *untern* und *obern* Seelenkräften erregte. In dem menschlichen Geiste so wie im Universum ist nichts oben noch unten, alles fordert gleiche Rechte an einen gemeinsamen Mittelpunkt, der sein geheimes Dasein eben durch das harmonische Verhältnis aller Teile zu ihm manifestiert. Alle Streitigkeiten der Ältern und Neuern bis zur neusten Zeit entspringen aus der Trennung dessen, was Gott in seiner Natur vereint hervorgebracht. Recht gut wissen wir, daß in einzelnen menschlichen Naturen gewöhnlich ein Übergewicht irgend eines Vermögens, einer Fähigkeit sich hervortut und daß daraus Einseitigkeiten der Vorstellungsart notwendig entspringen, indem der Mensch die Welt nur durch sich kennt und also, naiv anmaßlich, die Welt durch ihn und um seinetwillen aufgebaut glaubt. Daher kommt denn, daß er seine Haupt-Fähigkeiten an die Spitze des Ganzen setzt und, was an ihm das Mindere sich findet, ganz und gar ableugnen und aus seiner eignen Totalität hinausstoßen möchte. Wer nicht überzeugt ist, daß er alle Manifestationen des menschlichen Wesens, *Sinnlichkeit* und *Vernunft*, *Einbildungskraft* und *Verstand*, zu einer entschiedenen Einheit ausbilden müsse, welche von diesen Eigenschaften auch bei ihm die vorwaltende sei, der wird sich in einer unerfreulichen Beschränkung immerfort abquälen und niemals begreifen, warum er so viele hartnäckige Gegner hat, und warum er sich selbst sogar manchmal als augenblicklicher Gegner aufstößt.

So wird ein Mann, zu den sogenannten exakten Wissenschaften geboren und gebildet, auf der Höhe seiner Verstandesvernunft nicht leicht begreifen, daß es auch eine exakte sinnliche Phantasie geben könne, ohne welche doch eigentlich keine Kunst denkbar ist. Auch um denselben Punkt streiten sich die Schüler einer Gefühls- und Vernunftsreligion; wenn die letzteren nicht eingestehen wollen, daß die Religion vom Gefühl anfange, so wollen die ersten nicht zugeben, daß sie sich zur Vernünftigkeit ausbilden müsse.

Dies und dergleichen ward bei mir durch obgemeldetes Werk erregt. Jeder, der es liest, wird auf seine Weise Vorteil davon haben und ich kann erwarten, daß bei näherer Betrachtung es noch oft mir als Text zu mancher glücklichen Note Gelegenheit geben werde.

Hier eine Stelle wo sich das Gebiet des Denkens unmittelbar an das Feld des Dichtens und Bildens anschließt, wohin wir oben einige Blicke gewagt haben:

„Es geht aus dem Bisherigen hervor, daß das Denken Reproduktion voraussetzt. Die Reproduktion richtet sich nach der jedesmaligen Bestimmtheit der Vorstellung. Auf der einen Seite wird daher für ein tüchtiges Denken eine hinreichend scharfe Bestimmtheit der gegenwärtigen Vorstellung vorausgesetzt, auf der andern Reichtum und angemessene Verbindung des zu Reproduzierenden. Diese Verbindung des zu Reproduzierenden, wie sie für das Denken taugt, wird selbst großenteils erst im Denken gestiftet, wiefern aus mehrerem das Entsprechende eine besondere Verbindung durch das nähere Verhältnis seines Inhalts eingeht. Das tüchtige Denken in jeder Weise wird daher ganz abhängen von der Zweckmäßigkeit der Reproduktion, deren man fähig ist. Wer in dieser Hinsicht nichts Rechtes vorrätig hat, der wird nichts Rechtes leisten. Wessen Reproduktionen dürftig sind, der wird Geistesarmut zeigen, wessen Reproduktionen einseitig sind, der wird einseitig denken, wessen Reproduktionen ungeordnet und verworren sind, der wird den hellen Kopf vermissen lassen, und so im übrigen. Das Denken also macht sich nicht etwa aus Nichts, sondern es setzt eine hinreichende Vorbildung, Vorverbindung und da, wo es Denken im engern Sinn ist, eine der Sache entsprechende Verbindung und Ordnung der Vorstellungen voraus, wobei sich die erforderliche Vollständigkeit von selbst versteht.“ Stiedenroth, Psychologie. S. 140.

# NATURPHILOSOPHIE

Eine Stelle in d'Alemberts Einleitung in das große französische enzyklopädische Werk, deren Übersetzung hier einzurücken der Platz verbietet, war uns von großer Wichtigkeit; sie beginnt Seite X der Quart-Ausgabe, mit den Worten: A l'égard des sciences mathématiques, und endigt Seite XI: étendu son domaine. Ihr Ende, sich an den Anfang anschließend, umfaßt die große Wahrheit: daß auf Inhalt, Gehalt und Tüchtigkeit eines zuerst aufgestellten Grundsatzes und auf der Reinheit des Vorsatzes alles in den Wissenschaften beruhe. Auch wir sind überzeugt, daß dieses große Erfordernis nicht bloß in mathematischen Fällen, sondern überall in Wissenschaften, Künsten wie im Leben stattfinden müsse.

Man kann nicht genug wiederholen: der Dichter so wie der bildende Künstler solle zuerst aufmerken, ob der Gegenstand, den er zu behandlen unternimmt, von der Art sei, daß sich ein mannigfaltiges, vollständiges, hinreichendes Werk daraus entwickeln könne. Wird dieses versäumt, so ist alles übrige Bestreben völlig vergebens: Silbenfuß und Reimwort, Pinselstrich und Meißelhieb sind umsonst verschwendet; und wenn sogar eine meisterhafte Ausführung den geistreichen Beschauer auch einige Augenblicke bestechen könnte, so wird er doch das Geistlose, woran alles Falsche krankt, gar bald empfinden.

Also kommt wie bei der künstlerischen, so bei der naturwissenschaftlichen, auch bei der mathematischen Behandlung alles an auf das Grundwahre, dessen Entwickelung sich nicht so leicht in der Spekulation als in der Praxis zeigt: denn diese ist der Prüfstein des vom Geist Empfangenen, des von dem innern Sinn für wahr Gehaltenen. Wenn der Mann, überzeugt von dem Gehalt seiner Vorsätze, sich nach außen wendet und von der Welt verlangt, nicht etwa nur, daß sie mit seinen Vorstellungen übereinkommen solle, sondern daß sie sich nach ihm bequemen, ihnen gehorchen, sie realisieren müsse; dann ergibt sich erst für ihn die wichtige Erfahrung, ob er sich in seinem Unternehmen geirrt, oder ob seine Zeit das Wahre nicht erkennen mag.

Durchaus aber bleibt ein Hauptkennzeichen, woran das Wahre vom Blendwerk am sichersten zu unterscheiden ist: jenes wirkt immer fruchtbar und begünstigt den, der es besitzt und hegt; dahingegen das Falsche an und für sich tot und fruchtlos daliegt, ja sogar wie eine Nekrose anzusehen ist, wo der absterbende Teil den lebendigen hindert die Heilung zu vollbringen.

## *DIE NATUR*

### *Fragment*

*(Aus dem „Tiefurter Journal" 1783)*

*Natur! Wir sind von ihr umgeben und umschlungen – unvermögend aus ihr herauszutreten, und unvermögend tiefer in sie hineinzukommen. Ungebeten und ungewarnt nimmt sie uns in den Kreislauf ihres Tanzes auf und treibt sich mit uns fort, bis wir ermüdet sind und ihrem Arme entfallen.*

*Sie schafft ewig neue Gestalten; was da ist war noch nie, was war kommt nicht wieder – Alles ist neu und doch immer das Alte.*

*Wir leben mitten in ihr und sind ihr fremde. Sie spricht unaufhörlich mit uns und verrät uns ihr Geheimnis nicht. Wir wirken beständig auf sie und haben doch keine Gewalt über sie.*

*Sie scheint alles auf Individualität angelegt zu haben und macht sich nichts aus den Individuen. Sie baut immer und zerstört immer und ihre Werkstätte ist unzugänglich.*

*Sie lebt in lauter Kindern, und die Mutter, wo ist sie? – Sie ist die einzige Künstlerin: aus dem simpelsten Stoffe zu den größten Kontrasten: ohne Schein der Anstrengung zu der größten Vollendung – zur genausten Bestimmtheit immer mit etwas Weichem überzogen. Jedes ihrer Werke hat ein eigenes Wesen, jede ihrer Erscheinungen den isoliertesten Begriff und doch macht alles eins aus.*

*Sie spielt ein Schauspiel: ob sie es selbst sieht, wissen wir nicht, und doch spielt sies für uns, die wir in der Ecke stehen.*

*Es ist ein ewiges Leben, Werden und Bewegen in ihr und doch rückt sie nicht weiter. Sie verwandelt sich ewig und ist kein Moment Stillestehen in ihr. Fürs Bleiben hat sie keinen Begriff und ihren Fluch hat sie ans Stillestehen gehängt. Sie ist fest. Ihr Tritt ist gemessen, ihre Ausnahmen selten, ihre Gesetze unwandelbar.*

*Gedacht hat sie und sinnt beständig; aber nicht als ein Mensch, sondern als Natur. Sie hat sich einen eigenen allumfassenden Sinn vorbehalten, den ihr niemand abmerken kann.*

*Die Menschen sind all in ihr und sie in allen. Mit allen treibt sie ein freundliches Spiel, und freut sich, je mehr man ihr abgewinnt. Sie treibts mit vielen so im verborgenen, daß sies zu Ende spielt, ehe sies merken.*

*Auch das Unnatürlichste ist Natur. Wer sie nicht allenthalben sieht, sieht sie nirgendwo recht.*

*Sie liebet sich selber und haftet ewig mit Augen und Herzen ohne Zahl an sich selbst. Sie hat sich auseinander gesetzt um sich selbst zu genießen. Immer läßt sie neue Genießer erwachsen, unersättlich sich mitzuteilen.*

*Sie freut sich an der Illusion. Wer diese in sich und andern zerstört, den straft sie als der strengste Tyrann. Wer ihr zutraulich folgt, den drückt sie wie ein Kind an ihr Herz.*

*Ihre Kinder sind ohne Zahl. Keinem ist sie überall karg, aber sie hat Lieblinge, an die sie viel verschwendet und denen sie viel aufopfert. Ans Große hat sie ihren Schutz geknüpft.*

*Sie spritzt ihre Geschöpfe aus dem Nichts hervor, und sagt ihnen nicht, woher sie kommen und wohin sie gehen. Sie sollen nur laufen. Die Bahn kennt sie.*

*Sie hat wenige Triebfedern, aber nie abgenutzte, immer wirksam, immer mannigfaltig.*

*Ihr Schauspiel ist immer neu, weil sie immer neue Zuschauer schafft. Leben ist ihre schönste Erfindung, und der Tod ist ihr Kunstgriff viel Leben zu haben.*

*Sie hüllt den Menschen in Dumpfheit ein und spornt ihn ewig zum Lichte. Sie macht ihn abhängig zur Erde, träg und schwer und schüttelt ihn immer wieder auf.*

*Sie gibt Bedürfnisse, weil sie Bewegung liebt. Wunder, daß sie alle diese Bewegung mit so wenigem erreichte. Jedes Bedürfnis ist Wohltat. Schnell befriedigt, schnell wieder erwachsend. Gibt sie eins mehr, so ist's ein neuer Quell der Lust. Aber sie kommt bald ins Gleichgewicht.*

*Sie setzt alle Augenblicke zum längesten Lauf an und ist alle Augenblicke am Ziele.*

*Sie ist die Eitelkeit selbst; aber nicht für uns, denen sie sich zur größten Wichtigkeit gemacht hat.*

*Sie läßt jedes Kind an sich künsteln, jeden Toren über sie richten, tausend stumpf über sie hingehen und nichts sehen, und hat an allen ihre Freude und findet bei allen ihre Rechnung.*

*Man gehorcht ihren Gesetzen, auch wenn man ihnen widerstrebt, man wirkt mit ihr, auch wenn man gegen sie wirken will.*

*Sie macht alles, was sie gibt, zur Wohltat, denn sie macht es erst unentbehrlich. Sie säumet, daß man sie verlange, sie eilet, daß man sie nicht satt werde.*

*Sie hat keine Sprache noch Rede, aber sie schafft Zungen und Herzen durch die sie fühlt und spricht.*

*Ihre Krone ist die Liebe. Nur durch sie kommt man ihr nahe. Sie macht Klüfte zwischen allen Wesen und alles will sich verschlingen. Sie hat alles isolieret um alles zusammenzuziehen. Durch ein paar Züge aus dem Becher der Liebe hält sie für ein Leben voll Mühe schadlos.*

*Sie ist alles. Sie belohnt sich selbst und bestraft sich selbst, erfreut und quält sich selbst. Sie ist rauh und gelinde, lieblich und schröklich, kraftlos und allgewaltig. Alles ist immer da in ihr. Vergangenheit und Zukunft kennt sie nicht. Gegenwart ist ihr Ewigkeit. Sie ist gütig. Ich preise sie mit allen ihren Werken. Sie ist weise und still. Man reißt ihr keine Erklärung vom Leibe, trutzt ihr kein Geschenk ab, das sie nicht freiwillig gibt. Sie ist listig, aber zu gutem Ziele, und am besten ists, ihre List nicht zu merken.*

*Sie ist ganz und doch immer unvollendet. So wie sies treibt, kann sies immer treiben.*

*Jedem erscheint sie in einer eigenen Gestalt. Sie verbirgt sich in tausend Namen und Termen und ist immer dieselbe.*

*Sie hat mich hereingestellt, sie wird mich auch herausführen. Ich vertraue mich ihr. Sie mag mit mir schalten. Sie wird ihr Werk nicht hassen. Ich sprach nicht von ihr. Nein, was wahr ist und was falsch ist, alles hat sie gesprochen. Alles ist ihre Schuld, alles ist ihr Verdienst.*

# *ERLÄUTERUNG ZU DEM APHORISTISCHEN AUFSATZ „DIE NATUR“*

*Goethe an den Kanzler v. Müller*

Jener Aufsatz ist mir vor kurzem aus der brieflichen Verlassenschaft der ewig verehrten Herzogin Anna Amalia mitgeteilt worden; er ist von einer wohlbekannten Hand geschrieben, deren ich mich in den achtziger Jahren in meinen Geschäften zu bedienen pflegte.

Daß ich diese Betrachtungen verfaßt, kann ich mich faktisch zwar nicht erinnern, allein sie stimmen mit den Vorstellungen wohl überein, zu denen sich mein Geist damals ausgebildet hatte. Ich möchte die Stufe damaliger Einsicht einen Komparativ nennen, der seine Richtung gegen einen noch nicht erreichten Superlativ zu äußern gedrängt ist. Man sieht die Neigung zu einer Art von Pantheismus, indem den Welterscheinungen ein unerforschliches, unbedingtes, humoristisches, sich selbst widersprechendes Wesen zum Grunde gedacht ist, und mag als Spiel, dem es bitterer Ernst ist, gar wohl gelten.

Die Erfüllung aber, die ihm fehlt, ist die Anschauung der zwei großen Triebräder aller Natur: der Begriff von Polarität und von Steigerung, jene der Materie, insofern wir sie materiell, diese ihr dagegen, insofern wir sie geistig denken, angehörig; jene ist in immerwährendem Anziehen und Abstoßen, diese in immerstrebendem Aufsteigen. Weil aber die Materie nie ohne Geist, der Geist nie ohne Materie existiert und wirksam sein kann, so vermag auch die Materie sich zu steigern, so wie sichs der Geist nicht nehmen läßt, anzuziehen und abzustoßen; wie derjenige nur allein zu denken vermag, der genugsam getrennt hat, um zu verbinden, genugsam verbunden hat, um wieder trennen zu mögen.

In jenen Jahren, wohin gedachter Aufsatz fallen möchte, war ich hauptsächlich mit vergleichender Anatomie beschäftigt und gab mir 1786 unsägliche Mühe, bei anderen an meiner Überzeugung: dem Menschen dürfe der Zwischenknochen nicht abgesprochen werden, Teilnahme zu erregen. Die Wichtigkeit dieser Behauptung wollten selbst sehr gute Köpfe nicht einsehen, die Richtigkeit leugneten die besten Beobachter, und ich mußte, wie in so vielen andern Dingen, im stillen meinen Weg für mich fortgehen.

Die Versatilität der Natur im Pflanzenreiche verfolgte ich unablässig und es glückte mir Anno 1787 in Sizilien die Metamorphose der Pflanzen, so im Anschauen wie im Begriff, zu gewinnen. Die Metamorphose des Tierreichs lag nahe dran und im Jahre 1790 offenbarte sich mir in Venedig der Ursprung des Schädels aus Wirbelknochen; ich verfolgte nun eifriger die Konstruktion des Typus, diktierte das Schema im Jahre 1795 an Max Jacobi in Jena und hatte bald die Freude von deutschen Naturforschern mich in diesem Fache abgelöst zu sehen.

Vergegenwärtigt man sich die hohe Ausführung, durch welche die sämtlichen Naturerscheinungen nach und nach vor dem menschlichen Geiste verkettet worden, und liest alsdann obigen Aufsatz, von dem wir ausgingen, nochmals mit Bedacht; so wird man nicht ohne Lächeln jenen Komparativ, wie ich ihn nannte, mit dem Superlativ, mit dem hier abgeschlossen wird, vergleichen und eines funfzigjährigen Fortschreitens sich erfreuen.

Weimar, 24. Mai 1828.

## ANALYSE UND SYNTHESE

Herr Victor Cousin in der dritten diesjährigen Vorlesung über die Geschichte der Philosophie rühmt das achtzehnte Jahrhundert vorzüglich deshalb, daß es sich in Behandlung der Wissenschaften besonders der Analyse ergeben, und sich vor übereilter Synthese, d. h. vor Hypothesen in acht genommen; jedoch, nachdem er dieses Verfahren fast ausschließlich gebilligt, bemerkt er noch zuletzt: daß man die Synthese nicht durchaus zu versäumen, sondern sich von Zeit zu Zeit mit Vorsicht wieder zu derselben zu wenden habe.

Bei Betrachtung dieser Äußerungen kam uns zuvörderst in den Sinn, daß selbst in dieser Hinsicht dem neunzehnten Jahrhundert noch Bedeutendes übriggeblieben; denn es haben die Freunde und Bekenner der Wissenschaften aufs genauste zu beachten, daß man versäumt, die falschen Synthesen, d. h. also die Hypothesen die uns überliefert worden, zu prüfen, zu entwickeln, ins klare zu setzen, und den Geist in seine alten Rechte, sich unmittelbar gegen die Natur zu stellen, wieder einzusetzen.

Hier wollen wir zwei solcher falschen Synthesen namhaft machen: die Dekomposition des Lichtes nämlich und die Polarisation desselben. Beides sind hohle Worte, die dem Denkenden gar nichts sagen und die doch so oft von wissenschaftlichen Männern wiederholt werden.

Es ist nicht genug, daß wir bei Beobachtung der Natur das analytische Verfahren anwenden, d. h. daß wir aus einem irgend gegebenen Gegenstande so viel Einzelnheiten als möglich entwickeln und sie auf diese Weise kennen lernen, sondern wir haben auch ebendiese Analyse auf die vorhandenen Synthesen anzuwenden, um zu erforschen, ob man denn auch richtig, ob man der wahren Methode gemäß zu Werke gegangen.

Wir haben deshalb das Verfahren Newtons umständlich auseinandergesetzt. Er begeht den Fehler, ein einziges und noch dazu verkünsteltes Phänomen zum Grunde zu legen, auf dasselbe eine Hypothese zu bauen, und aus dieser die mannigfaltigsten grenzenlosesten Erscheinungen erklären zu wollen.

Wir haben uns bei der Farbenlehre des analytischen Verfahrens bedient, und möglichst alle Erscheinungen, wie sie nur bekannt sind, in einer gewissen Folge dargestellt um zu versuchen, inwiefern hier ein Allgemeines zu finden sei, unter welches sie sich allenfalls unterordnen ließen, und glauben also, jener Pflicht des neunzehnten Jahrhunderts vorgearbeitet zu haben.

Ein Gleiches taten wir, um jene Phänomene sämtlich darzustellen, welche sich bei verdoppelter Spiegelung ereignen. Beides überlassen wir einer näheren oder entfernteren Zukunft mit dem Bewußtsein, jene Untersuchungen wieder an die Natur zurückgewiesen und ihnen die wahre Freiheit wiedergegeben zu haben.

---

Wir wenden uns zu einer andern, allgemeineren Betrachtung: Ein Jahrhundert, das sich bloß auf die Analyse verlegt, und sich vor der Synthese gleichsam fürchtet, ist nicht auf dem rechten Wege; denn nur beide zusammen, wie Aus- und Einatmen, machen das Leben der Wissenschaft.

Eine falsche Hypothese ist besser als gar keine; denn daß sie falsch ist, ist gar kein Schade, aber wenn sie sich befestigt, wenn sie allgemein angenommen, zu einer Art von Glaubensbekenntnis wird, woran niemand zweifeln, welches niemand untersuchen darf, dies ist eigentlich das Unheil woran Jahrhunderte leiden.

Die Newtonsche Lehre mochte vorgetragen werden; schon zu seiner Zeit wurden die Mängel derselben ihr entgegengesetzt; aber die übrigen großen Verdienste des Mannes, seine Stellung in der bürgerlichen und gelehrten Welt ließen den Widerspruch nicht aufkommen. Besonders aber haben die Franzosen die größte Schuld an der Verbreitung und Verknöcherung dieser Lehre. Diese sollten also im neunzehnten Jahrhundert, um jenen Fehler wiedergutzumachen, eine frische Analyse jener verwickelten und erstarrten Hypothese begünstigen.

---

Die Hauptsache, woran man bei ausschließlicher Anwendung der Analyse nicht zu denken scheint, ist, daß jede Analyse eine Synthese voraussetzt. Ein Sandhaufen läßt sich nicht analysieren; bestünd' er aber aus verschiedenen Teilen, man setze Sand und Gold, so ist das Waschen eine Analyse, wo das Leichte weggeschwemmt und das Schwere zurückgehalten wird.

So beruht die neuere Chemie hauptsächlich darauf, das zu trennen, was die Natur vereinigt hatte; wir heben die Synthese der Natur auf, um sie in getrennten Elementen kennenzulernen.

Was ist eine höhere Synthese als ein lebendiges Wesen; und was haben wir uns mit Anatomie, Physiologie und

Psychologie zu quälen, als um uns von dem Komplex nur einigermaßen einen Begriff zu machen, welcher sich immerfort herstellt, wir mögen ihn in noch so viele Teile zerfleischt haben.

---

Eine große Gefahr, in welche der Analytiker gerät, ist deshalb die: wenn er seine Methode da anwendet, wo keine Synthese zugrunde liegt. Dann ist seine Arbeit ganz eigentlich ein Bemühen der Danaiden; und wir sehen hievon die traurigsten Beispiele. Denn im Grunde treibt er doch eigentlich sein Geschäft, um zuletzt wieder zur Synthese zu gelangen. Liegt aber bei dem Gegenstand den er behandelt keine zum Grunde, so bemüht er sich vergebens, sie zu entdecken. Alle Beobachtungen werden ihm immer nur hinderlich, je mehr sich ihre Zahl vermehrt. Vor allem also sollte der Analytiker untersuchen oder vielmehr sein Augenmerk dahin richten, ob er denn wirklich mit einer geheimnisvollen Synthese zu tun habe, oder ob das, womit er sich beschäftigt, nur eine Aggregation sei, ein Nebeneinander, ein Miteinander, oder wie das alles modifiziert werden könnte. Einen Argwohn dieser Art geben diejenigen Kapitel des Wissens, mit denen es nicht vorwärts will. In diesem Sinne könnte man über Geologie und Meteorologie gar fruchtbare Betrachtungen anstellen.

## *MORPHOLOGIE*

### DAS UNTERNEHMEN WIRD ENTSCHULDIGT

*(Aus:* Zur Morphologie, 1817*)*

Wenn der zur lebhaften Beobachtung aufgeforderte Mensch mit der Natur einen Kampf zu bestehen anfängt, so fühlt er zuerst einen ungeheuern Trieb, die Gegenstände sich zu unterwerfen. Es dauert aber nicht lange, so dringen sie dergestalt gewaltig auf ihn ein, daß er wohl fühlt, wie sehr er Ursache hat, auch ihre Macht anzuerkennen und ihre Einwirkung zu verehren. Kaum überzeugt er sich von diesem wechselseitigen Einfluß, so wird er ein doppelt Unendliches gewahr, an den Gegenständen die Mannigfaltigkeit des Seins und Werdens und der sich lebendig durchkreuzenden Verhältnisse, an sich selbst aber die Möglichkeit einer unendlichen Ausbildung, indem er seine Empfänglichkeit sowohl als sein Urteil immer zu neuen Formen des Aufnehmens und Gegenwirkens geschickt macht. Diese Zustände geben einen hohen Genuß und würden das Glück des Lebens entscheiden, wenn nicht innre und äußre Hindernisse dem schönen Lauf zur Vollendung sich entgegenstellten. Die Jahre, die erst brachten, fangen an zu nehmen; man begnügt sich in seinem Maß mit dem Erworbenen, und ergetzt sich daran um so mehr im stillen, als von außen eine aufrichtige, reine, belebende Teilnahme selten ist.

Wie wenige fühlen sich von dem begeistert, was eigentlich nur dem Geist erscheint. Die Sinne, das Gefühl, das Gemüt üben weit größere Macht über uns aus, und zwar mit Recht: denn wir sind aufs Leben und nicht auf die Betrachtung angewiesen.

Leider findet man aber auch bei denen, die sich dem Erkennen, dem Wissen ergeben, selten eine wünschenswerte Teilnahme. Dem Verständigen, auf das Besondere Merkenden, genau Beobachtenden, auseinander Trennenden ist gewissermaßen das zur Last, was aus einer Idee kommt und auf sie zurückführt. Er ist in seinem Labyrinth auf eine eigene Weise zu Hause, ohne daß er sich um einen Faden bekümmerte, der schneller durch und durch führte; und solchem scheint ein Metall, das nicht ausgemünzt ist, nicht aufgezählt werden kann, ein lästiger Besitz; dahingegen der, der sich auf höhern Standpunkten befindet, gar leicht das einzelne verachtet, und dasjenige, was nur gesondert ein Leben hat, in eine tötende Allgemeinheit zusammenreißt.

In diesem Konflikt befinden wir uns schon seit langer Zeit. Es ist darin gar manches getan, gar manches zerstört worden; und ich würde nicht in Versuchung kommen, meine Ansichten der Natur, in einem schwachen Kahn, dem Ozean der Meinungen zu übergeben, hätten wir nicht in den erstvergangenen Stunden der Gefahr so lebhaft gefühlt, welchen Wert Papiere für uns behalten, in welche wir früher einen Teil unseres Daseins niederzulegen bewogen worden.

Mag daher das, was ich mir in jugendlichem Mute öfters als ein Werk träumte, nun als Entwurf, ja als fragmentarische Sammlung hervortreten, und als das, was es ist, wirken und nutzen.

So viel hatte ich zu sagen, um diese vieljährige Skizzen, davon jedoch einzelne Teile mehr oder weniger ausgeführt sind, dem Wohlwollen meiner Zeitgenossen zu empfehlen. Gar manches, was noch zu sagen sein möchte, wird im Fortschritte des Unternehmens am besten eingeführt werden.

Jena, 1807.

## DIE ABSICHT EINGELEITET

*(Aus:* Zur Morphologie, 1817*)*

Wenn wir Naturgegenstände, besonders aber die lebendigen dergestalt gewahr werden, daß wir uns eine Einsicht in den Zusammenhang ihres Wesens und Wirkens zu verschaffen wünschen, so glauben wir zu einer solchen Kenntnis am besten durch Trennung der Teile gelangen zu können; wie denn auch wirklich dieser Weg uns sehr weit zu führen geeignet ist. Was Chemie und Anatomie zur Ein- und Übersicht der Natur beigetragen haben, dürfen wir nur mit wenig Worten den Freunden des Wissens ins Gedächtnis zurückrufen.

Aber diese trennenden Bemühungen, immer und immer fortgesetzt, bringen auch manchen Nachteil hervor. Das Lebendige ist zwar in Elemente zerlegt, aber man kann es aus diesen nicht wieder zusammenstellen und beleben. Dieses gilt schon von vielen anorganischen, geschweige von organischen Körpern.

Es hat sich daher auch in dem wissenschaftlichen Menschen zu allen Zeiten ein Trieb hervorgetan, die lebendigen Bildungen als solche zu erkennen, ihre äußern sichtbaren, greiflichen Teile im Zusammenhange zu erfassen, sie als Andeutungen des Innern aufzunehmen und so das Ganze in der Anschauung gewissermaßen zu beherrschen. Wie nah dieses wissenschaftliche Verlangen mit dem Kunst- und Nachahmungstriebe zusammenhänge, braucht wohl nicht umständlich ausgeführt zu werden.

Man findet daher in dem Gange der Kunst, des Wissens und der Wissenschaft mehrere Versuche, eine Lehre zu gründen und auszubilden, welche wir die Morphologie nennen möchten. Unter wie mancherlei Formen diese Versuche erscheinen, davon wird in dem geschichtlichen Teile die Rede sein.

Der Deutsche hat für den Komplex des Daseins eines wirklichen Wesens das Wort Gestalt. Er abstrahiert bei diesem Ausdruck von dem Beweglichen, er nimmt an, daß ein Zusammengehöriges festgestellt, abgeschlossen und in seinem Charakter fixiert sei.

Betrachten wir aber alle Gestalten, besonders die organischen, so finden wir, daß nirgend ein Bestehendes, nirgend ein Ruhendes, ein Abgeschlossenes vorkommt, sondern daß vielmehr alles in einer steten Bewegung schwanke. Daher unsere Sprache das Wort Bildung sowohl von dem Hervorgebrachten, als von dem Hervorgebrachtwerdenden gehörig genug zu brauchen pflegt.

Wollen wir also eine Morphologie einleiten, so dürfen wir nicht von Gestalt sprechen; sondern, wenn wir das Wort brauchen, uns allenfalls dabei nur die Idee, den Begriff oder ein in der Erfahrung nur für den Augenblick Festgehaltenes denken.

Das Gebildete wird sogleich wieder umgebildet, und wir haben uns, wenn wir einigermaßen zum lebendigen Anschaun der Natur gelangen wollen, selbst so beweglich und bildsam zu erhalten, nach dem Beispiele mit dem sie uns vorgeht.

Wenn wir einen Körper auf dem anatomischen Wege in seine Teile zerlegen und diese Teile wieder in das, worin sie sich trennen lassen, so kommen wir zuletzt auf solche Anfänge, die man Similarteile genannt hat. Von diesen ist hier nicht die Rede; wir machen vielmehr auf eine höhere Maxime des Organismus aufmerksam, die wir folgendermaßen aussprechen.

Jedes Lebendige ist kein Einzelnes, sondern eine Mehrheit; selbst insofern es uns als Individuum erscheint, bleibt es doch eine Versammlung von lebendigen selbständigen Wesen, die der Idee, der Anlage nach gleich sind, in der Erscheinung aber gleich oder ähnlich, ungleich oder unähnlich werden können. Diese Wesen sind teils ursprünglich schon verbunden, teils finden und vereinigen sie sich. Sie entzweien sich und suchen sich wieder und bewirken so eine unendliche Produktion auf alle Weise und nach allen Seiten.

Je unvollkommener das Geschöpf ist, desto mehr sind diese Teile einander gleich oder ähnlich, und desto mehr gleichen sie dem Ganzen. Je vollkommner das Geschöpf wird, desto unähnlicher werden die Teile einander. In jenem Falle ist das Ganze den Teilen mehr oder weniger gleich, in diesem das Ganze den Teilen unähnlich. Je ähnlicher die Teile einander sind, desto weniger sind sie einander subordiniert. Die Subordination der Teile deutet auf ein vollkommneres Geschöpf.

Da in allen allgemeinen Sprüchen, sie mögen noch so gut durchdacht sein, etwas Unfaßliches für denjenigen liegt, der sie nicht anwenden, der ihnen die nötigen Beispiele nicht unterlegen kann; so wollen wir zum Anfang nur einige geben, da unsere ganze Arbeit der Aus- und Durchführung dieser und andern Ideen und Maximen gewidmet ist.

Daß eine Pflanze, ja ein Baum, die uns doch als Individuum erscheinen, aus lauter Einzelheiten bestehn, die sich untereinander und dem Ganzen gleich und ähnlich sind, daran ist wohl kein Zweifel. Wie viele Pflanzen werden durch Absenker fortgepflanzt. Das Auge der letzten Varietät eines Obstbaumes treibt einen Zweig, der wieder eine Anzahl gleicher Augen hervorbringt; und auf ebendiesem Wege geht die Fortpflanzung durch Samen vor sich. Sie ist die Entwicklung einer unzähligen Menge gleicher Individuen aus dem Schoße der Mutterpflanze.

Man sieht hier sogleich, daß das Geheimnis der Fortpflanzung durch Samen innerhalb jener Maxime schon ausgesprochen ist; und man bemerke, man bedenke nur erst recht, so wird man finden, daß selbst das Samenkorn, das uns als eine individuelle Einheit vorzuliegen scheint, schon eine Versammlung von gleichen und ähnlichen Wesen ist. Man stellt die Bohne gewöhnlich als ein deutliches Muster der Keimung auf. Man nehme eine Bohne, noch ehe sie keimt, in ihrem ganz eingewickelten Zustande, und man findet nach Eröffnung derselben erstlich die zwei Samenblätter, die man nicht glücklich mit dem Mutterkuchen vergleicht: denn es sind zwei wahre, nur aufgetriebene und mehlicht ausgefüllte Blätter, welche auch an Licht und Luft grün werden. Ferner entdeckt man schon das Federchen, welches abermals zwei ausgebildetere und weiterer Ausbildung fähige Blätter sind. Bedenkt man dabei, daß hinter jedem Blattstiele ein Auge, wo nicht in der Wirklichkeit, doch in der Möglichkeit ruht; so erblickt man in dem uns einfach scheinenden Samen schon eine Versammlung von mehrern Einzelheiten, die man einander in der Idee gleich und in der Erscheinung ähnlich nennen kann.

Daß nun das, was der Idee nach gleich ist, in der Erfahrung entweder als gleich, oder als ähnlich, ja sogar als völlig ungleich und unähnlich erscheinen kann, darin besteht eigentlich das bewegliche Leben der Natur, das wir in unsern Blättern zu entwerfen gedenken.

Eine Instanz aus dem Tierreich der niedrigsten Stufe führen wir noch zu mehrerer Anleitung hier vor. Es gibt Infusionstiere, die sich in ziemlich einfacher Gestalt vor unserm Auge in der Feuchtigkeit bewegen, sobald diese aber aufgetrocknet, zerplatzen und eine Menge Körner ausschütten, in die sie wahrscheinlich bei einem naturgemäßen Gange sich auch in der Feuchtigkeit zerlegt und so eine unendliche Nachkommenschaft hervorgebracht hätten. Doch genug hievon an dieser Stelle, da bei unserer ganzen Darstellung diese Ansicht wieder hervortreten muß.

Wenn man Pflanzen und Tiere in ihrem unvollkommensten Zustande betrachtet, so sind sie kaum zu unterscheiden. Ein Lebenspunkt, starr, beweglich oder halbbeweglich, ist das, was unserm Sinne kaum bemerkbar ist. Ob diese ersten Anfänge, nach beiden Seiten determinabel, durch Licht zur Pflanze, durch Finsternis zum Tier hinüberzuführen sind, getrauen wir uns nicht zu entscheiden, ob es gleich hierüber an Bemerkungen und Analogie nicht fehlt. Soviel aber können wir sagen, daß die aus einer kaum zu sondernden Verwandtschaft als Pflanzen und Tiere nach und nach hervortretenden Geschöpfe nach zwei entgegengesetzten Seiten sich vervollkommnen, so daß die Pflanze sich zuletzt im Baum dauernd und starr, das Tier im Menschen zur höchsten Beweglichkeit und Freiheit sich verherrlicht.

Gemmation und Prolifikation sind abermals zwei Hauptmaximen des Organismus, die aus jenem Hauptsatz der Koexistenz mehrer gleichen und ähnlichen Wesen sich herschreiben und eigentlich jene nur auf doppelte Weise aussprechen. Wir werden diese beiden Wege durch das ganze organische Reich durchzuführen suchen, wodurch sich manches auf eine höchst anschauliche Weise reihen und ordnen wird.

Indem wir den vegetativen Typus betrachten, so stellt sich uns bei demselben sogleich ein Unten und Oben dar. Die untere Stelle nimmt die Wurzel ein, deren Wirkung nach der Erde hingeht, der Feuchtigkeit und der Finsternis angehört, da in gerade entgegengesetzter Richtung der Stengel, der Stamm, oder was dessen Stelle bezeichnet, gegen den Himmel, das Licht und die Luft emporstrebt.

Wie wir nun einen solchen Wunderbau betrachten und die Art, wie er hervorsteigt, näher einsehen lernen, so begegnet uns abermals ein wichtiger Grundsatz der Organisation:

daß kein Leben auf einer Oberfläche wirken und daselbst seine hervorbringende Kraft äußern könne; sondern die ganze Lebenstätigkeit verlangt eine Hülle, die gegen das äußere rohe Element, es sei Wasser oder Luft oder Licht, sie schütze, ihr zartes Wesen bewahre, damit sie das, was ihrem Innern spezifisch obliegt, vollbringe. Diese Hülle mag nun als Rinde, Haut oder Schale erscheinen, alles was zum Leben hervortreten, alles was lebendig wirken soll, muß eingehüllt sein. Und so gehört auch alles, was nach außen gekehrt ist, nach und nach frühzeitig dem Tode, der Verwesung an. Die Rinden der Bäume, die Häute der Insekten, die Haare und Federn der Tiere, selbst die Oberhaut des Menschen sind ewig sich absondernde, abgestoßene, dem Unleben hingegebene Hüllen, hinter denen immer neue Hüllen sich bilden, unter welchen sodann, oberflächlicher oder tiefer, das Leben sein schaffendes Gewebe hervorbringt.

Jena, 1807.

## DER INHALT BEVORWORTET

*(Aus:* Zur Morphologie, 1817*)*

Von gegenwärtiger Sammlung ist nur gedruckt der Aufsatz über Metamorphose der Pflanzen, welcher, im Jahre 1790 einzeln erscheinend, kalte, fast unfreundliche Begegnung zu erfahren hatte. Solcher Widerwille jedoch war ganz natürlich: die Einschachtelungslehre, der Begriff von Präformation, von sukzessiver Entwickelung des von Adams Zeiten her schon Vorhandenen, hatten sich selbst der besten Köpfe im allgemeinen bemächtigt; auch hatte Linné geisteskräftig, bestimmend wie entscheidend, in besonderem Bezug auf Pflanzenbildung, eine dem Zeitgeist gemäßere Vorstellungsart auf die Bahn gebracht.

Mein redliches Bemühen blieb daher ganz ohne Wirkung, und vergnügt den Leitfaden für meinen eigenen, stillen Weg gefunden zu haben, beobachtete ich nur sorgfältiger das Verhältnis, die Wechselwirkung der normalen und abnormen Erscheinungen, beachtete genau, was Erfahrung einzeln, gutwillig hergab, und brachte zugleich einen ganzen Sommer mit einer Folge von Versuchen hin, die mich belehren sollten, wie durch Übermaß der Nahrung die Frucht unmöglich zu machen, wie durch Schmälerung sie zu beschleunigen sei.

Die Gelegenheit, ein Gewächshaus nach Belieben zu erhellen oder zu verfinstern, benutzte ich, um die Wirkung des Lichts auf die Pflanzen kennenzulernen, die Phänomene des Ableichens und Abweißens beschäftigten mich vorzüglich, Versuche mit farbigen Glasscheiben wurden gleichfalls angestellt.

Als ich mir genugsame Fertigkeit erworben, das organische Wandeln und Umwandeln der Pflanzenwelt in den meisten Fällen zu beurteilen, die Gestaltenfolge zu erkennen und abzuleiten, fühlte ich mich gedrungen, die Metamorphose der Insekten gleichfalls näher zu kennen.

Diese leugnet niemand: der Lebensverlauf solcher Geschöpfe ist ein fortwährendes Umbilden, mit Augen zu sehen und mit Händen zu greifen. Meine frühere aus mehrjähriger Erziehung der Seidenwürmer geschöpfte Kenntnis war mir geblieben, ich erweiterte sie, indem ich mehrere Gattungen und Arten, vom Ei bis zum Schmetterling, beobachtete und abbilden ließ, wovon mir die schätzenswertesten Blätter geblieben sind.

Hier fand sich kein Widerspruch mit dem, was uns in Schriften überliefert wird, und ich brauchte nur ein Schema tabellarisch auszubilden, wornach man die einzelnen Erfahrungen folgerecht aufreihen, und den wunderbaren Lebensgang solcher Geschöpfe deutlich überschauen konnte.

Auch von diesen Bemühungen werde ich suchen Rechenschaft zu geben, ganz unbefangen, da meine Ansicht keiner andern entgegensteht.

Gleichzeitig mit diesem Studium war meine Aufmerksamkeit der vergleichenden Anatomie der Tiere, vorzüglich der Säugetiere zugewandt, es regte sich zu ihr schon ein großes Interesse. Buffon und Daubenton leisteten viel, Camper erschien als Meteor von Geist, Wissenschaft, Talent und Tätigkeit, Sömmerring zeigte sich bewundernswürdig, Merck wandte sein immer reges Bestreben auf solche

1.

*Morphologische Aufzeichnung Goethes*

Gegenstände; mit allen dreien stand ich im besten Verhältnis, mit Camper briefweise, mit beiden andern in persönlicher, auch in Abwesenheit fortdauernder Berührung.

Im Laufe der Physiognomik mußte Bedeutsamkeit und Beweglichkeit der Gestalten unsre Aufmerksamkeit wechselsweise beschäftigen, auch war mit Lavatern gar manches hierüber gesprochen und gearbeitet worden.

Später konnte ich mich, bei meinem öftern und längern Aufenthalt in Jena, durch die unermüdliche Belehrungsgabe Loders, gar bald einiger Einsicht in tierische und menschliche Bildung erfreuen.

Jene, bei Betrachtung der Pflanzen und Insekten, einmal angenommene Methode leitete mich auch auf diesem Weg: denn bei Sonderung und Vergleichung der Gestalten mußte Bildung und Umbildung auch hier wechselsweise zur Sprache kommen.

Die damalige Zeit jedoch war dunkler als man sich es jetzt vorstellen kann. Man behauptete zum Beispiel, es hange nur vom Menschen ab, bequem auf allen vieren zu gehen, und Bären, wenn sie sich eine Zeitlang aufrecht hielten, könnten zu Menschen werden. Der verwegene Diderot wagte gewisse Vorschläge, wie man ziegenfüßige Faune hervorbringen könne, um solche in Livree, zu besonderm Staat und Auszeichnung, den Großen und Reichen auf die Kutsche zu stiften.

Lange Zeit wollte sich der Unterschied zwischen Menschen und Tieren nicht finden lassen, endlich glaubte man den Affen dadurch entschieden von uns zu trennen, weil er seine vier Schneidezähne in einem empirisch wirklich abzusondernden Knochen trage, und so schwankte das ganze Wissen, ernst- und scherzhaft, zwischen Versuchen das Halbwahre zu bestätigen, dem Falschen irgendeinen Schein zu verleihen, sich aber dabei in willkürlicher, grillenhafter Tätigkeit zu beschäftigen und zu erhalten. Die größte Verwirrung jedoch brachte der Streit hervor, ob man die Schönheit als etwas Wirkliches, den Objekten Inwohnendes, oder als relativ, konventionell, ja individuell dem Beschauer und Anerkenner zuschreiben müsse.

Ich hatte mich indessen ganz der Knochenlehre gewidmet;

denn im Gerippe wird uns ja der entschiedne Charakter jeder Gestalt sicher und für ewige Zeiten aufbewahrt. Ältere und neuere Überbleibsel versammelte ich um mich her, und auf Reisen spähte ich sorgfältig in Museen und Kabinetten nach solchen Geschöpfen, deren Bildung im ganzen oder einzelnen mir belehrend sein könnte.

Hiebei fühlte ich bald die Notwendigkeit einen Typus aufzustellen, an welchem alle Säugetiere nach Übereinstimmung und Verschiedenheit zu prüfen wären, und wie ich früher die Urpflanze aufgesucht, so trachtete ich nunmehr das Urtier zu finden, das heißt denn doch zuletzt: den Begriff, die Idee des Tiers.

Meine mühselige, qualvolle Nachforschung ward erleichtert, ja versüßt, indem Herder die Ideen zur Geschichte der Menschheit aufzuzeichnen unternahm. Unser tägliches Gespräch beschäftigte sich mit den Uranfängen der Wasser-Erde, und der darauf von altersher sich entwicklenden organischen Geschöpfe. Der Uranfang und dessen unablässiges Fortbilden ward immer besprochen und unser wissenschaftlicher Besitz, durch wechselseitiges Mitteilen und Bekämpfen, täglich geläutert und bereichert.

Mit andern Freunden unterhielt ich mich gleichfalls auf das lebhafteste über diese Gegenstände, die mich leidenschaftlich beschäftigten, und nicht ohne Einwirkung und wechselseitigen Nutzen blieben solche Gespräche. Ja es ist vielleicht nicht anmaßlich, wenn wir uns einbilden, manches von daher Entsprungene, durch Tradition in der wissenschaftlichen Welt Fortgepflanzte trage nun Früchte, deren wir uns erfreuen, ob man gleich nicht immer den Garten benamset, der die Pfropfreiser hergegeben.

Gegenwärtig ist bei mehr und mehr sich verbreitender Erfahrung, durch mehr sich vertiefende Philosophie manches zum Gebrauch gekommen, was zur Zeit, als die nachstehenden Aufsätze geschrieben wurden, mir und andern unzugänglich war. Man sehe daher den Inhalt dieser Blätter, wenn man sie auch jetzt für überflüssig halten sollte, geschichtlich an, da sie denn als Zeugnisse einer stillen, beharrlichen, folgerechten Tätigkeit gelten mögen.

*BOTANIK*

# DIE METAMORPHOSE DER PFLANZEN

## Einleitung

1. Ein jeder, der das Wachstum der Pflanzen nur einigermaßen beobachtet, wird leicht bemerken, daß gewisse äußere Teile derselben sich manchmal verwandeln und in die Gestalt der nächstliegenden Teile bald ganz, bald mehr oder weniger übergehen.

2. So verändert sich, zum Beispiel, meistens die einfache Blume dann in eine gefüllte, wenn sich, anstatt der Staubfäden und Staubbeutel, Blumenblätter entwickeln, die entweder an Gestalt und Farbe vollkommen den übrigen Blättern der Krone gleich sind, oder noch sichtbare Zeichen ihres Ursprungs an sich tragen.

3. Wenn wir nun bemerken, daß es auf diese Weise der Pflanze möglich ist, einen Schritt rückwärts zu tun, und die Ordnung des Wachstums umzukehren; so werden wir auf den regelmäßigen Weg der Natur desto aufmerksamer gemacht, und wir lernen die Gesetze der Umwandlung kennen, nach welchen sie Einen Teil durch den andern hervorbringt, und die verschiedensten Gestalten durch Modifikation eines einzigen Organs darstellt.

4. Die geheime Verwandtschaft der verschiedenen äußern Pflanzenteile, als der Blätter, des Kelchs, der Krone, der Staubfäden, welche sich nach einander und gleichsam aus einander entwickeln, ist von den Forschern im allgemeinen längst erkannt, ja auch besonders bearbeitet worden, und man hat die Wirkung, wodurch ein und dasselbe Organ sich uns mannigfaltig verändert sehen läßt, die Metamorphose der Pflanzen genannt.

5. Es zeigt sich uns diese Metamorphose auf dreierlei Art: regelmäßig, unregelmäßig und zufällig.

6. Die regelmäßige Metamorphose können wir auch die fortschreitende nennen: denn sie ist es, welche sich von

den ersten Samenblättern bis zur letzten Ausbildung der Frucht immer stufenweise wirksam bemerken läßt, und durch Umwandlung einer Gestalt in die andere, gleichsam auf einer geistigen Leiter, zu jenem Gipfel der Natur, der Fortpflanzung durch zwei Geschlechter, hinaufsteigt. Diese ist es, welche ich mehrere Jahre aufmerksam beobachtet habe, und welche zu erklären ich gegenwärtigen Versuch unternehme. Wir werden auch deswegen bei der folgenden Demonstration die Pflanze nur insofern betrachten, als sie einjährig ist, und aus dem Samenkorne zur Befruchtung unaufhaltsam vorwärts schreitet.

7. Die unregelmäßige Metamorphose könnten wir auch die rückschreitende nennen. Denn wie in jenem Fall die Natur vorwärts zu dem großen Zwecke hineilt, tritt sie hier um eine oder einige Stufen rückwärts. Wie sie dort mit unwiderstehlichem Trieb und kräftiger Anstrengung die Blumen bildet, und zu den Werken der Liebe rüstet, so erschlafft sie hier gleichsam, und läßt unentschlossen ihr Geschöpf in einem unentschiedenen, weichen, unsern Augen oft gefälligen, aber innerlich unkräftigen und unwirksamen Zustande. Durch die Erfahrungen, welche wir an dieser Metamorphose zu machen Gelegenheit haben, werden wir dasjenige enthüllen können, was uns die regelmäßige verheimlicht, deutlich sehen, was wir dort nur schließen dürfen; und auf diese Weise steht es zu hoffen, daß wir unsere Absicht am sichersten erreichen.

8. Dagegen werden wir von der dritten Metamorphose, welche zufällig, von außen, besonders durch Insekten gewirkt wird, unsere Aufmerksamkeit wegwenden, weil sie uns von dem einfachen Wege, welchem wir zu folgen haben, ableiten und unsern Zweck verrücken könnte. Vielleicht findet sich an einem andern Orte Gelegenheit, von diesen monströsen, und doch in gewisse Grenzen eingeschränkten Auswüchsen zu sprechen.

9. Ich habe es gewagt, gegenwärtigen Versuch ohne Beziehung auf erläuternde Kupfer auszuarbeiten, die jedoch in manchem Betracht nötig scheinen möchten. Ich behalte mir

vor, sie in der Folge nachzubringen, welches um so bequemer geschehen kann, da noch Stoff genug übrig ist, gegenwärtige kleine, nur vorläufige Abhandlung zu erläutern und weiter auszuführen. Es wird alsdann nicht nötig sein, einen so gemessenen Schritt wie gegenwärtig zu halten. Ich werde manches Verwandte herbeiführen können, und mehrere Stellen, aus gleichgesinnten Schriftstellern gesammlet, werden an ihrem rechten Platze stehen. Besonders werde ich von allen Erinnerungen gleichzeitiger Meister, deren sich diese edle Wissenschaft zu rühmen hat, Gebrauch zu machen nicht verfehlen. Diesen übergebe und widme ich hiermit gegenwärtige Blätter.

## I.
## Von den Samenblättern

10. Da wir die Stufenfolge des Pflanzen-Wachstums zu beobachten uns vorgenommen haben, so richten wir unsere Aufmerksamkeit sogleich in dem Augenblicke auf die Pflanze, da sie sich aus dem Samenkorn entwickelt. In dieser Epoche können wir die Teile, welche unmittelbar zu ihr gehören, leicht und genau erkennen. Sie läßt ihre Hüllen mehr oder weniger in der Erde zurück, welche wir auch gegenwärtig nicht untersuchen, und bringt in vielen Fällen, wenn die Wurzel sich in den Boden befestigt hat, die ersten Organe ihres oberen Wachstums, welche schon unter der Samendecke verborgen gegenwärtig gewesen, an das Licht hervor.

11. Es sind diese ersten Organe unter dem Namen Kotyledonen bekannt; man hat sie auch Samenklappen, Kernstücke, Samenlappen, Samenblätter genannt, und so die verschiedenen Gestalten, in denen wir sie gewahr werden, zu bezeichnen gesucht.

12. Sie erscheinen oft unförmlich, mit einer rohen Materie gleichsam ausgestopft, und ebenso sehr in die Dicke als in die Breite ausgedehnt; ihre Gefäße sind unkenntlich und von der Masse des Ganzen kaum zu unterscheiden; sie haben fast nichts Ähnliches von einem Blatte, und wir

2.
*Keimpflanze der Bohne*

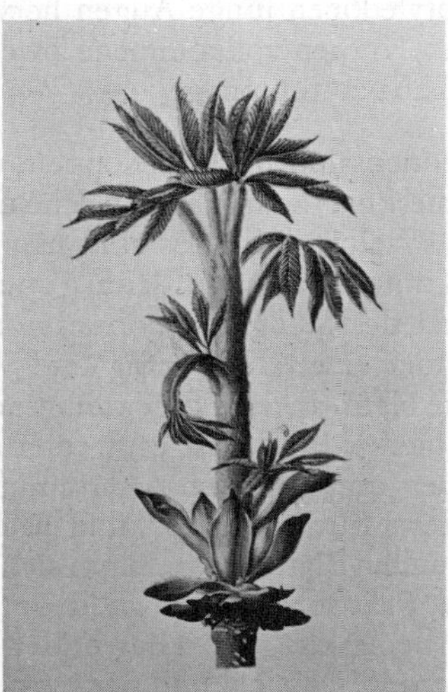

3.
*Aufgebrochene Kastanienknospe*

können verleitet werden, sie für besondere Organe anzusehen.

13. Doch nähern sie sich bei vielen Pflanzen der Blattgestalt; sie werden flächer, sie nehmen, dem Licht und der Luft ausgesetzt, die grüne Farbe in einem höhern Grade an, die in ihnen enthaltenen Gefäße werden kenntlicher, den Blattrippen ähnlicher.

14. Endlich erscheinen sie uns als wirkliche Blätter, ihre Gefäße sind der feinsten Ausbildung fähig, ihre Ähnlichkeit mit den folgenden Blättern erlaubt uns nicht, sie für besondere Organe zu halten, wir erkennen sie vielmehr für die ersten Blätter des Stengels.

15. Läßt sich nun aber ein Blatt nicht ohne Knoten, und ein Knoten nicht ohne Auge denken, so dürfen wir folgern, daß derjenige Punkt, wo die Kotyledonen angeheftet sind, der wahre erste Knotenpunkt der Pflanze sei. Es wird dieses durch diejenigen Pflanzen bekräftiget, welche unmittelbar unter den Flügeln der Kotyledonen junge Augen hervortreiben, und aus diesen ersten Knoten vollkommene Zweige entwickeln, wie z. B. Vicia Faba zu tun pflegt.

16. Die Kotyledonen sind meist gedoppelt, und wir finden hierbei eine Bemerkung zu machen, welche uns in der Folge noch wichtiger scheinen wird. Es sind nämlich die Blätter dieses ersten Knotens oft auch dann *gepaart*, wenn die folgenden Blätter des Stengels *wechselsweise* stehen; es zeigt sich also hier eine Annäherung und Verbindung der Teile, welche die Natur in der Folge trennt und voneinander entfernt. Noch merkwürdiger ist es, wenn die Kotyledonen als viele Blättchen um Eine Achse versammlet erscheinen, und der aus ihrer Mitte sich nach und nach entwickelnde Stengel die folgenden Blätter einzeln um sich herum hervorbringt, welcher Fall sehr genau an dem Wachstum der Pinusarten sich bemerken läßt. Hier bildet ein Kranz von Nadeln gleichsam einen Kelch, und wir werden in der Folge, bei ähnlichen Erscheinungen, uns des gegenwärtigen Falles wieder zu erinnern haben.

17. Ganz unförmliche einzelne Kernstücke solcher Pflanzen, welche nur mit Einem Blatte keimen, gehen wir gegenwärtig vorbei.

18. Dagegen bemerken wir, daß auch selbst die blattähnlichsten Kotyledonen, gegen die folgenden Blätter des Stengels gehalten, immer unausgebildeter sind. Vorzüglich ist ihre Peripherie höchst einfach, und an derselben sind so wenig Spuren von Einschnitten zu sehen, als auf ihren Flächen sich Haare oder andere Gefäße ausgebildeter Blätter bemerken lassen.

## II.
## Ausbildung der Stengelblätter von Knoten zu Knoten

19. Wir können nunmehr die sukzessive Ausbildung der Blätter genau betrachten, da die fortschreitenden Wirkungen der Natur alle vor unsern Augen vorgehen. Einige oder mehrere der nun folgenden Blätter sind oft schon in dem Samen gegenwärtig, und liegen zwischen den Kotyledonen eingeschlossen; sie sind in ihrem zusammengefalteten Zustande unter dem Namen des Federchens bekannt. Ihre Gestalt verhält sich gegen die Gestalt der Kotyledonen und der folgenden Blätter an verschiedenen Pflanzen verschieden, doch weichen sie meist von den Kotyledonen schon darin ab, daß sie flach, zart und überhaupt als wahre Blätter gebildet sind, sich völlig grün färben, auf einem sichtbaren Knoten ruhen, und ihre Verwandtschaft mit den folgenden Stengelblättern nicht mehr verleugnen können; welchen sie aber noch gewöhnlich darin nachstehen, daß ihre Peripherie, ihr Rand nicht vollkommen ausgebildet ist.

20. Doch breitet sich die fernere Ausbildung unaufhaltsam von Knoten zu Knoten durch das Blatt aus, indem sich die mittlere Rippe desselben verlängert und die von ihr entspringenden Nebenrippen sich mehr oder weniger nach den Seiten ausstrecken. Diese verschiedenen Verhältnisse der Rippen gegeneinander sind die vornehmste Ursache der mannigfaltigen Blattgestalten. Die Blätter erscheinen nun-

mehr eingekerbt, tief eingeschnitten, aus mehreren Blättchen zusammengesetzt, in welchem letzten Falle sie uns vollkommene kleine Zweige vorbilden. Von einer solchen sukzessiven höchsten Vermannigfaltigung der einfachsten Blattgestalt gibt uns die Dattelpalme ein auffallendes Beispiel. In einer Folge von mehreren Blättern schiebt sich die Mittelrippe vor, das fächerartige einfache Blatt wird zerrissen, abgeteilt, und ein höchst zusammengesetztes mit einem Zweige wetteiferndes Blatt wird entwickelt.

21. In ebendem Maße, in welchem das Blatt selbst an Ausbildung zunimmt, bildet sich auch der Blattstiel aus, es sei nun, daß er unmittelbar mit seinem Blatte zusammenhange, oder ein besonderes in der Folge leicht abzutrennendes Stielchen ausmache.

22. Daß dieser für sich bestehende Blattstiel gleichfalls eine Neigung habe, sich in Blättergestalt zu verwandeln, sehen wir bei verschiedenen Gewächsen, z. B. an den Agrumen, und es wird uns seine Organisation in der Folge noch zu einigen Betrachtungen auffordern, welchen wir gegenwärtig ausweichen.

23. Auch können wir uns vorerst in die nähere Beobachtung der Afterblätter nicht einlassen; wir bemerken nur im Vorbeigehn, daß sie, besonders wenn sie einen Teil des Stiels ausmachen, bei der künftigen Umbildung desselben gleichfalls sonderbar verwandelt werden.

24. Wie nun die Blätter hauptsächlich ihre erste Nahrung den mehr oder weniger modifizierten wässerichten Teilen zu verdanken haben, welche sie dem Stamme entziehen, so sind sie ihre größere Ausbildung und Verfeinerung dem Lichte und der Luft schuldig. Wenn wir jene in der verschlossenen Samenhülle erzeugten Kotyledonen, mit einem rohen Safte nur gleichsam ausgestopft, fast gar nicht, oder nur grob organisiert und ungebildet finden: so zeigen sich uns die Blätter der Pflanzen, welche unter dem Wasser wachsen, gröber organisiert als andere, der freien Luft ausgesetzte; ja sogar entwickelt dieselbige Pflanzenart glättere und weniger

verfeinerte Blätter, wenn sie in tiefen feuchten Orten wächst; da sie hingegen, in höhere Gegenden versetzt, rauhe, mit Haaren versehene, feiner ausgearbeitete Blätter hervorbringt.

25. Auf gleiche Weise wird die Anastomose der aus den Rippen entspringenden und sich mit ihren Enden einander aufsuchenden, die Blatthäutchen bildenden Gefäße durch feinere Luftarten, wo nicht allein bewirkt, doch wenigstens sehr befördert. Wenn Blätter vieler Pflanzen, die unter dem Wasser wachsen, fadenförmig sind, oder die Gestalt von Geweihen annehmen, so sind wir geneigt, es dem Mangel einer vollkommenen Anastomose zuzuschreiben. Augenscheinlich belehrt uns hiervon das Wachstum des Ranunculus aquaticus, dessen unter dem Wasser erzeugte Blätter aus fadenförmigen Rippen bestehen, die oberhalb des Wassers entwickelten aber völlig anastomosiert und zu einer zusammenhängenden Fläche ausgebildet sind. Ja es läßt sich an halb anastomosierten, halb fadenförmigen Blättern dieser Pflanze der Übergang genau bemerken.

26. Man hat sich durch Erfahrungen unterrichtet, daß die Blätter verschiedene Luftarten einsaugen, und sie mit den in ihrem Innern enthaltenen Feuchtigkeiten verbinden; auch bleibt wohl kein Zweifel übrig, daß sie diese feineren Säfte wieder in den Stengel zurückbringen, und die Ausbildung der in ihrer Nähe liegenden Augen dadurch vorzüglich befördern. Man hat die aus den Blättern mehrerer Pflanzen, ja aus den Höhlungen der Rohre entwickelten Luftarten untersucht, und sich also vollkommen überzeugen können.

27. Wir bemerken bei mehreren Pflanzen, daß ein Knoten aus dem andern entspringt. Bei Stengeln, welche von Knoten zu Knoten geschlossen sind, bei den Cerealien, den Gräsern, Rohren, ist es in die Augen fallend; nicht ebenso sehr bei andern Pflanzen, welche in der Mitte durchaus hohl und mit einem Mark oder vielmehr einem zelligen Gewebe ausgefüllt erscheinen. Da man nun aber diesem ehemals sogenannten Mark seinen bisher behaupteten Rang, neben den andern inneren Teilen der Pflanze, und, wie uns scheint,

mit überwiegenden Gründen, streitig gemacht*), ihm den scheinbar behaupteten Einfluß in das Wachstum abgesprochen und der innern Seite der zweiten Rinde, dem sogenannten Fleisch, alle Trieb- und Hervorbringungskraft zuzuschreiben nicht gezweifelt hat: so wird man sich gegenwärtig eher überzeugen, daß ein oberer Knoten, indem er aus dem vorhergehenden entsteht und die Säfte mittelbar durch ihn empfängt, solche feiner und filtrierter erhalten, auch von der inzwischen geschehenen Einwirkung der Blätter genießen, sich selbst feiner ausbilden und seinen Blättern und Augen feinere Säfte zubringen müsse.

28. Indem nun auf diese Weise die roheren Flüssigkeiten immer abgeleitet, reinere herbeigeführt werden, und die Pflanze sich stufenweise feiner ausarbeitet, erreicht sie den von der Natur vorgeschriebenen Punkt. Wir sehen endlich die Blätter in ihrer größten Ausbreitung und Ausbildung, und werden bald darauf eine neue Erscheinung gewahr, welche uns unterrichtet: die bisher beobachtete Epoche sei vorbei, es nahe sich eine zweite, die Epoche der Blüte.

## III.
## Übergang zum Blütenstande

29. Den Übergang zum Blütenstande sehen wir schneller oder langsamer geschehen. In dem letzten Falle bemerken wir gewöhnlich, daß die Stengelblätter von ihrer Peripherie herein sich wieder anfangen zusammenzuziehen, besonders ihre mannigfaltigen äußern Einteilungen zu verlieren, sich dagegen an ihren untern Teilen, wo sie mit dem Stengel zusammenhängen, mehr oder weniger auszudehnen; in gleicher Zeit sehen wir, wo nicht die Räume des Stengels von Knoten zu Knoten merklich verlängert, doch wenigstens denselben gegen seinen vorigen Zustand viel feiner und schmächtiger gebildet.

30. Man hat bemerkt, daß häufige Nahrung den Blütenstand einer Pflanze verhindere, mäßige, ja kärgliche Nahrung ihn

*) Hedwig, in des Leipziger Magazins drittem Stück.

beschleunige. Es zeigt sich hierdurch die Wirkung der Stammblätter, von welcher oben die Rede gewesen, noch deutlicher. Solange noch rohere Säfte abzuführen sind, so lange müssen sich die möglichen Organe der Pflanze zu Werkzeugen dieses Bedürfnisses ausbilden. Dringt übermäßige Nahrung zu, so muß jene Operation immer wiederholt werden, und der Blütenstand wird gleichsam unmöglich. Entzieht man der Pflanze die Nahrung, so erleichtert und verkürzt man dagegen jene Wirkung der Natur; die Organe der Knoten werden verfeinert, die Wirkung der unverfälschten Säfte reiner und kräftiger, die Umwandlung der Teile wird möglich, und geschieht unaufhaltsam.

## IV.
## Bildung des Kelches

31. Oft sehen wir diese Umwandlung *schnell* vor sich gehn, und in diesem Falle rückt der Stengel, von dem Knoten des letzten ausgebildeten Blattes an, auf einmal verlängt und verfeinert, in die Höhe; und versammlet an seinem Ende mehrere Blätter um eine Achse.

32. Daß die Blätter des Kelches ebendieselbigen Organe seien, welche sich bisher als Stengelblätter ausgebildet sehen lassen, nun aber oft in sehr veränderter Gestalt um einen gemeinschaftlichen Mittelpunkt versammlet stehen, läßt sich, wie uns dünkt, auf das deutlichste nachweisen.

33. Wir haben schon oben bei den Kotyledonen eine ähnliche Wirkung der Natur bemerkt, und mehrere Blätter, ja offenbar mehrere Knoten, um einen Punkt versammlet und nebeneinandergerückt gesehen. Es zeigen die Fichtenarten, indem sie sich aus dem Samenkorn entwickeln, einen Strahlenkranz von unverkennbaren Nadeln, welche, gegen die Gewohnheit anderer Kotyledonen, schon sehr ausgebildet sind; und wir sehen in der ersten Kindheit dieser Pflanze schon diejenige Kraft der Natur gleichsam angedeutet, wodurch in ihrem höheren Alter der Blüten- und Fruchtstand gewirkt werden soll.

34. Ferner sehen wir bei mehreren Blumen unveränderte Stengelblätter gleich unter der Krone zu einer Art von Kelch zusammengerückt. Da sie ihre Gestalt noch vollkommen an sich tragen, so dürfen wir uns hier nur auf den Augenschein und auf die botanische Terminologie berufen, welche sie mit dem Namen Blütenblätter, Folia floralia, bezeichnet hat.

35. Mit mehrerer Aufmerksamkeit haben wir den oben schon angeführten Fall zu beobachten, wo der Übergang zum Blütenstande langsam vorgeht, die Stengelblätter nach und nach sich zusammenziehen, sich verändern, und sich sachte in den Kelch gleichsam einschleichen; wie man solches bei Kelchen der Strahlenblumen, besonders der Sonnenblumen, der Kalendeln, gar leicht beobachten kann.

36. Diese Kraft der Natur, welche mehrere Blätter um eine Achse versammlet, sehen wir eine noch innigere Verbindung bewirken und sogar diese zusammengebrachten modifizierten Blätter noch unkenntlicher machen, indem sie solche untereinander manchmal ganz, oft aber nur zum Teil verbindet, und an ihren Seiten zusammengewachsen hervorbringt. Die so nahe aneinandergerückten und -gedrängten Blätter berühren sich auf das genauste in ihrem zarten Zustande, anastomosieren sich durch die Einwirkung der höchst reinen in der Pflanze nunmehr gegenwärtigen Säfte, und stellen uns die glockenförmigen oder sogenannten einblätterigen Kelche dar, welche, mehr oder weniger von oben herein eingeschnitten, oder geteilt, uns ihren zusammengesetzten Ursprung deutlich zeigen. Wir können uns durch den Augenschein hiervon belehren, wenn wir eine Anzahl tief eingeschnittener Kelche gegen mehrblätterige halten; besonders wenn wir die Kelche mancher Strahlenblumen genau betrachten. So werden wir zum Exempel sehen, daß ein Kelch der Kalendel, welcher in der systematischen Beschreibung als einfach und vielgeteilt aufgeführt wird, aus mehreren zusammen- und übereinandergewachsenen Blättern bestehe, zu welchen sich, wie schon oben gesagt, zusammengezogene Stammblätter gleichsam hinzuschleichen.

37. Bei vielen Pflanzen ist die Zahl und die Gestalt, in welcher die Kelchblätter, entweder einzeln oder zusammengewachsen, um die Achse des Stiels gereihet werden, beständig, so wie die übrigen folgenden Teile. Auf dieser Beständigkeit beruhet größtenteils das Wachstum, die Sicherheit, die Ehre der botanischen Wissenschaft, welche wir in diesen letztern Zeiten immer mehr haben zunehmen sehn. Bei andern Pflanzen ist die Anzahl und Bildung dieser Teile nicht gleich beständig; aber auch dieser Unbestand hat die scharfe Beobachtungsgabe der Meister dieser Wissenschaft nicht hintergehen können, sondern sie haben durch genaue Bestimmungen auch diese Abweichungen der Natur gleichsam in einen engern Kreis einzuschließen gesucht.

38. Auf diese Weise bildete also die Natur den Kelch, daß sie mehrere Blätter und folglich mehrere Knoten, welche sie sonst nacheinander, und in einiger Entfernung voneinander hervorgebracht hätte, zusammen, meist in einer gewissen bestimmten Zahl und Ordnung um einen Mittelpunkt verbindet. Wäre durch zudringende überflüssige Nahrung der Blütenstand verhindert worden; so würden sie alsdann auseinandergerückt, und in ihrer ersten Gestalt erschienen sein. Die Natur bildet also im Kelch kein neues Organ, sondern sie verbindet und modifiziert nur die uns schon bekannt gewordenen Organe, und bereitet sich dadurch eine Stufe näher zum Ziel.

## V.
## Bildung der Krone

39. Wir haben gesehen, daß der Kelch durch verfeinerte Säfte, welche nach und nach in der Pflanze sich erzeugen, hervorgebracht werde, und so ist er nun wieder zum Organe einer künftigen weitern Verfeinerung bestimmt. Es wird uns dieses schon glaublich, wenn wir seine Wirkung auch bloß mechanisch erklären. Denn wie höchst zart und zur feinsten Filtration geschickt müssen Gefäße werden, welche, wie wir oben gesehen haben, in dem höchsten Grade zusammengezogen und aneinandergedrängt sind.

40. Den Übergang des Kelchs zur Krone können wir in mehr als einem Fall bemerken; denn obgleich die Farbe des Kelchs noch gewöhnlich grün und der Farbe der Stengelblätter ähnlich bleibt, so verändert sich dieselbe doch oft an einem oder dem andern seiner Teile an den Spitzen, den Rändern, dem Rücken, oder gar an seiner inwendigen Seite, indessen die äußere noch grün bleibt; und wir sehen mit dieser Färbung jederzeit eine Verfeinerung verbunden. Dadurch entstehen zweideutige Kelche, welche mit gleichem Rechte für Kronen gehalten werden können.

41. Haben wir nun bemerkt, daß von den Samenblättern herauf eine große Ausdehnung und Ausbildung der Blätter, besonders ihrer Peripherie, und von da zu dem Kelche eine Zusammenziehung des Umkreises vor sich gehe; so bemerken wir, daß die Krone abermals durch eine Ausdehnung hervorgebracht werde. Die Kronenblätter sind gewöhnlich größer als die Kelchblätter, und es läßt sich bemerken, daß, wie die Organe im Kelch zusammengezogen werden, sie sich nunmehr als Kronenblätter, durch den Einfluß reinerer, durch den Kelch abermals filtrierter Säfte, in einem hohen Grade verfeint wieder ausdehnen, und uns neue, ganz verschiedene Organe vorbilden. Ihre feine Organisation, ihre Farbe, ihr Geruch würden uns ihren Ursprung ganz unkenntlich machen, wenn wir die Natur nicht in mehreren außerordentlichen Fällen belauschen könnten.

42. So findet sich z. B. innerhalb des Kelches einer Nelke manchmal ein zweiter Kelch, welcher zum Teil, vollkommen grün, die Anlage zu einem einblätterigen eingeschnittenen Kelche zeigt; zum Teil zerrissen und an seinen Spitzen und Rändern zu zarten, ausgedehnten, gefärbten wirklichen Anfängen der Kronenblätter umgebildet wird, wodurch wir denn die Verwandtschaft der Krone und des Kelches abermals deutlich erkennen.

43. Die Verwandtschaft der Krone mit den Stengelblättern zeigt sich uns auch auf mehr als eine Art: denn es erscheinen an mehreren Pflanzen Stengelblätter schon mehr oder weniger gefärbt, lange ehe sie sich dem Blütenstande nähern;

andere färben sich vollkommen in der Nähe des Blütenstandes.

44. Auch gehet die Natur manchmal, indem sie das Organ des Kelchs gleichsam überspringt, unmittelbar zur Krone, und wir haben Gelegenheit, in diesem Falle gleichfalls zu beobachten, daß Stengelblätter zu Kronenblättern übergehen. So zeigt sich z. B. manchmal an den Tulpenstengeln ein beinahe völlig ausgebildetes und gefärbtes Kronenblatt. Ja noch merkwürdiger ist der Fall, wenn ein solches Blatt halb grün, mit seiner einen Hälfte zum Stengel gehörig, an demselben befestigt bleibt, indes sein anderer und gefärbter Teil mit der Krone emporgehoben, und das Blatt in zwei Teile zerrissen wird.

45. Es ist eine sehr wahrscheinliche Meinung, daß Farbe und Geruch der Kronenblätter der Gegenwart des männlichen Samens in denselben zuzuschreiben sei. Wahrscheinlich befindet er sich in ihnen noch nicht genugsam abgesondert, vielmehr mit andern Säften verbunden und diluiert; und die schönen Erscheinungen der Farben führen uns auf den Gedanken, daß die Materie, womit die Blätter ausgefüllt sind, zwar in einem hohen Grad von Reinheit, aber noch nicht auf dem höchsten stehe, auf welchem sie uns weiß und ungefärbt erscheint.

## VI.
## Bildung der Staubwerkzeuge

46. Es wird uns dieses noch wahrscheinlicher, wenn wir die nahe Verwandtschaft der Kronenblätter mit den Staubwerkzeugen bedenken. Wäre die Verwandtschaft aller übrigen Teile untereinander eben so in die Augen fallend, so allgemein bemerkt und außer allem Zweifel gesetzt, so würde man gegenwärtigen Vortrag für überflüssig halten können.

47. Die Natur zeigt uns in einigen Fällen diesen Übergang regelmäßig, z. B. bei der Kanna, und mehreren Pflanzen dieser Familie. Ein wahres, wenig verändertes Kronenblatt zieht sich am obern Rande zusammen, und es zeigt sich ein

4.
*Verbildete Tulpe*

5.
*Durchgewachsene Rose*

Staubbeutel, bei welchem das übrige Blatt die Stelle des Staubfadens vertritt.

48. An Blumen, welche öfters gefüllt erscheinen, können wir diesen Übergang in allen seinen Stufen beobachten. Bei mehreren Rosenarten zeigen sich innerhalb der vollkommen gebildeten und gefärbten Kronenblätter andere, welche teils in der Mitte, teils an der Seite zusammengezogen sind; diese Zusammenziehung wird von einer kleinen Schwiele bewirkt, welche sich mehr oder weniger als ein vollkommener Staubbeutel sehen läßt, und in ebendiesem Grade nähert sich das Blatt der einfacheren Gestalt eines Staubwerkzeugs. Bei einigen gefüllten Mohnen ruhen völlig ausgebildete Antheren auf wenig veränderten Blättern der stark gefüllten Kronen, bei andern ziehen staubbeutelähnliche Schwielen die Blätter mehr oder weniger zusammen.

49. Verwandeln sich nun alle Staubwerkzeuge in Kronenblätter, so werden die Blumen unfruchtbar; werden aber in einer Blume, indem sie sich füllt, doch noch Staubwerkzeuge entwickelt, so gehet die Befruchtung vor sich.

50. Und so entstehet ein Staubwerkzeug, wenn die Organe, die wir bisher als Kronenblätter sich ausbreiten gesehen, wieder in einem höchst zusammengezogenen und zugleich in einem höchst verfeinten Zustande erscheinen. Die oben vorgetragene Bemerkung wird dadurch abermals bestätigt und wir werden auf diese abwechselnde Wirkung der Zusammenziehung und Ausdehnung, wodurch die Natur endlich ans Ziel gelangt, immer aufmerksamer gemacht.

## VII.
## Nektarien

51. So schnell der Übergang bei manchen Pflanzen von der Krone zu den Staubwerkzeugen ist, so bemerken wir doch, daß die Natur nicht immer diesen Weg mit einem Schritt zurücklegen kann. Sie bringt vielmehr Zwischenwerkzeuge hervor, welche an Gestalt und Bestimmung sich bald dem einen, bald dem andern Teile nähern und, obgleich ihre

Bildung höchst verschieden ist, sich dennoch meist unter einen Begriff vereinigen lassen: daß es langsame Übergänge von den Kronenblättern zu den Staubgefäßen seien.

52. Die meisten jener verschieden gebildeten Organe, welche Linné mit dem Namen Nektarien bezeichnet, lassen sich unter diesem Begriff vereinigen; und wir finden auch hier Gelegenheit, den großen Scharfsinn des außerordentlichen Mannes zu bewundern, der, ohne sich die Bestimmung dieser Teile ganz deutlich zu machen, sich auf eine Ahndung verließ, und sehr verschieden scheinende Organe mit einem Namen zu belegen wagte.

53. Es zeigen uns verschiedene Kronenblätter schon ihre Verwandtschaft mit den Staubgefäßen dadurch, daß sie, ohne ihre Gestalt merklich zu verändern, Grübchen oder Glandeln an sich tragen, welche einen honigartigen Saft abscheiden. Daß dieser eine noch unausgearbeitete, nicht völlig determinierte Befruchtungs-Feuchtigkeit sei, können wir in den schon oben angeführten Rücksichten einigermaßen vermuten, und diese Vermutung wird durch Gründe, welche wir unten anführen werden, noch einen höhern Grad von Wahrscheinlichkeit erreichen.

54. Nun zeigen sich auch die sogenannten Nektarien als für sich bestehende Teile; und dann nähert sich ihre Bildung bald den Kronenblättern, bald den Staubwerkzeugen. So sind z. E. die dreizehn Fäden, mit ihren ebenso vielen roten Kügelchen, auf den Nektarien der Parnassia den Staubwerkzeugen höchst ähnlich. Andere zeigen sich als Staubfäden ohne Antheren, als an der Vallisneria, der Fevillea; wir finden sie an der Pentapetes in einem Kreise mit den Staubwerkzeugen regelmäßig abwechseln, und zwar schon in Blattgestalt; auch werden sie in der systematischen Beschreibung als Filamenta castrata petaliformia angeführt. Ebensolche schwankende Bildungen sehen wir an der Kiggellaria und der Passionsblume.

55. Gleichfalls scheinen uns die eigentlichen Nebenkronen den Namen der Nektarien in dem oben angegebenen Sinne

zu verdienen. Denn wenn die Bildung der Kronenblätter durch eine Ausdehnung geschieht, so werden dagegen die Nebenkronen durch eine Zusammenziehung, folglich auf ebendie Weise wie die Staubwerkzeuge gebildet. So sehen wir, innerhalb vollkommener ausgebreiteter Kronen, kleinere zusammengezogene Nebenkronen, wie im Narzissus, dem Nerium, dem Agrostemma.

56. Noch sehen wir bei verschiedenen Geschlechtern andere Veränderungen der Blätter, welche auffallender und merkwürdiger sind. Wir bemerken an verschiedenen Blumen, daß ihre Blätter inwendig, unten, eine kleine Vertiefung haben, welche mit einem honigartigen Safte ausgefüllt ist. Dieses Grübchen, indem es sich bei andern Blumengeschlechtern und Arten mehr vertieft, bringt auf der Rückseite des Blatts eine sporn- oder hornartige Verlängerung hervor, und die Gestalt des übrigen Blattes wird sogleich mehr oder weniger modifiziert. Wir können dieses an verschiedenen Arten und Varietäten des Agleis genau bemerken.

57. Im höchsten Grad der Verwandlung findet man dieses Organ z. B. bei dem Aconitum und der Nigella, wo man aber doch mit geringer Aufmerksamkeit ihre Blattähnlichkeit bemerken wird; besonders wachsen sie bei der Nigella leicht wieder in Blätter aus, und die Blume wird durch die Umwandlung der Nektarien gefüllt. Bei dem Aconito wird man mit einiger aufmerksamen Beschauung die Ähnlichkeit der Nektarien und des gewölbten Blattes, unter welchem sie verdeckt stehen, erkennen.

58. Haben wir nun oben gesagt, daß die Nektarien Annäherungen der Kronenblätter zu den Staubgefäßen seien, so können wir bei dieser Gelegenheit über die unregelmäßigen Blumen einige Bemerkungen machen. So könnten z. E. die fünf äußern Blätter des Melianthus als wahre Kronenblätter aufgeführt, die fünf innern aber als eine Nebenkrone, aus sechs Nektarien bestehend, beschrieben werden, wovon das obere sich der Blattgestalt am meisten nähert, das untere, das auch jetzt schon Nektarium heißt, sich am weitsten von ihr entfernt. In ebendem Sinne könnte man die Karina der

Schmetterlings-Blumen ein Nektarium nennen, indem sie unter den Blättern dieser Blume sich an die Gestalt der Staubwerkzeuge am nächsten heranbildet, und sich sehr weit von der Blattgestalt des sogenannten Vexilli entfernt. Wir werden auf diese Weise die pinselförmigen Körper, welche an dem Ende der Karina einiger Arten der Polygala befestigt sind, gar leicht erklären, und uns von der Bestimmung dieser Teile einen deutlichen Begriff machen können.

59. Unnötig würde es sein, sich hier ernstlich zu verwahren, daß es bei diesen Bemerkungen die Absicht nicht sei, das durch die Bemühungen der Beobachter und Ordner bisher Abgesonderte und in Fächer Gebrachte zu verwirren; man wünscht nur, durch diese Betrachtungen die abweichenden Bildungen der Pflanzen erklärbarer zu machen.

## VIII.
## Noch einiges von den Staubwerkzeugen

60. Daß die Geschlechtsteile der Pflanzen durch die Spiralgefäße wie die übrigen Teile hervorgebracht werden, ist durch mikroskopische Beobachtungen außer allen Zweifel gesetzt. Wir nehmen daraus ein Argument für die innere Identität der verschiedenen Pflanzenteile, welche uns bisher in so mannigfaltigen Gestalten erschienen sind.

61. Wenn nun die Spiralgefäße in der Mitte der Saftgefäß-Bündel liegen, und von ihnen umschlossen werden; so können wir uns jene starke Zusammenziehung einigermaßen näher vorstellen, wenn wir die Spiralgefäße, die uns wirklich als elastische Federn erscheinen, in ihrer höchsten Kraft gedenken, so daß sie überwiegend, hingegen die Ausdehnung der Saftgefäße subordiniert wird.

62. Die verkürzten Gefäßbündel können sich nun nicht mehr ausbreiten, sich einander nicht mehr aufsuchen und durch Anastomose kein Netz mehr bilden; die Schlauchgefäße, welche sonst die Zwischenräume des Netzes ausfüllen, können sich nicht mehr entwickeln, alle Ursachen, wodurch

Stengel-, Kelch- und Blumenblätter sich in die Breite ausgedehnt haben, fallen hier völlig weg, und es entsteht ein schwacher höchst einfacher Faden.

63. Kaum daß noch die feinen Häutchen der Staubbeutel gebildet werden, zwischen welchen sich die höchst zarten Gefäße nunmehr endigen. Wenn wir nun annehmen, daß hier ebenjene Gefäße, welche sich sonst verlängerten, ausbreiteten und sich einander wieder aufsuchten, gegenwärtig in einem höchst zusammengezogenen Zustande sind; wenn wir aus ihnen nunmehr den höchst ausgebildeten Samenstaub hervordringen sehen, welcher das durch seine Tätigkeit ersetzt, was den Gefäßen, die ihn hervorbringen, an Ausbreitung entzogen ist; wenn er nunmehr losgelöst die weiblichen Teile aufsucht, welche den Staubgefäßen durch gleiche Wirkung der Natur entgegengewachsen sind; wenn er sich fest an sie anhängt, und seine Einflüsse ihnen mitteilt: so sind wir nicht abgeneigt, die Verbindung der beiden Geschlechter eine geistige Anastomose zu nennen, und glauben wenigstens einen Augenblick die Begriffe von Wachstum und Zeugung einander nähergerückt zu haben.

64. Die feine Materie, welche sich in den Antheren entwickelt, erscheint uns als ein Staub; diese Staubkügelchen sind aber nur Gefäße, worin höchst feiner Saft aufbewahrt ist. Wir pflichten daher der Meinung derjenigen bei, welche behaupten, daß dieser Saft von den Pistillen, an denen sich die Staubkügelchen anhängen, eingesogen und so die Befruchtung bewirkt werde. Es wird dieses um so wahrscheinlicher, da einige Pflanzen keinen Samenstaub, vielmehr nur eine bloße Feuchtigkeit absondern.

65. Wir erinnern uns hier des honigartigen Saftes der Nektarien, und dessen wahrscheinlicher Verwandtschaft mit der ausgearbeitetern Feuchtigkeit der Samenbläschen. Vielleicht sind die Nektarien vorbereitende Werkzeuge, vielleicht wird ihre honigartige Feuchtigkeit von den Staubgefäßen eingesogen, mehr determiniert und völlig ausgearbeitet; eine Meinung, die um so wahrscheinlicher wird, da man nach der Befruchtung diesen Saft nicht mehr bemerkt.

66. Wir lassen hier, obgleich nur im Vorbeigehen, nicht unbemerkt, daß sowohl die Staubfäden als Antheren verschiedentlich zusammengewachsen sind, und uns die wunderbarsten Beispiele der schon mehrmals von uns angeführten Anastomose und Verbindung der in ihren ersten Anfängen wahrhaft getrennten Pflanzenteile zeigen.

## IX.
## Bildung des Griffels

67. War ich bisher bemüht, die innere Identität der verschiedenen nacheinander entwickelten Pflanzenteile, bei der größten Abweichung der äußern Gestalt, so viel es möglich gewesen, anschaulich zu machen; so wird man leicht vermuten können, daß nunmehr meine Absicht sei, auch die Struktur der weiblichen Teile auf diesem Wege zu erklären.

68. Wir betrachten zuvörderst den Griffel von der Frucht abgesondert, wie wir ihn auch oft in der Natur finden; und um so mehr können wir es tun, da er sich in dieser Gestalt von der Frucht unterschieden zeigt.

69. Wir bemerken nämlich, daß der Griffel auf ebender Stufe des Wachstums stehe, wo wir die Staubgefäße gefunden haben. Wir konnten nämlich beobachten, daß die Staubgefäße durch eine Zusammenziehung hervorgebracht werden; die Griffel sind oft in demselbigen Falle, und wir sehen sie, wenn auch nicht immer mit den Staubgefäßen von gleichem Maße, doch nur um weniges länger oder kürzer gebildet. In vielen Fällen sieht der Griffel fast einem Staubfaden ohne Anthere gleich, und die Verwandtschaft ihrer Bildung ist äußerlich größer als bei den übrigen Teilen. Da sie nun beiderseits durch Spiralgefäße hervorgebracht werden, so sehen wir desto deutlicher, daß der weibliche Teil so wenig als der männliche ein besonderes Organ sei, und wenn die genaue Verwandtschaft desselben mit dem männlichen uns durch diese Betrachtung recht anschaulich wird, so finden wir jenen Gedanken, die Begattung eine Anastomose zu nennen, passender und einleuchtender.

70. Wir finden den Griffel sehr oft aus mehreren einzelnen Griffeln zusammengewachsen, und die Teile, aus denen er bestehet, lassen sich kaum am Ende, wo sie nicht einmal immer getrennt sind, erkennen. Dieses Zusammenwachsen dessen Wirkung wir schon öfters bemerkt haben, wird hier am meisten möglich; ja es muß geschehen, weil die feinen Teile vor ihrer gänzlichen Entwickelung in der Mitte des Blütenstandes zusammengedrängt sind, und sich auf das innigste miteinander verbinden können.

71. Die nahe Verwandtschaft mit den vorhergehenden Teilen des Blütenstandes zeigt uns die Natur in verschiedenen regelmäßigen Fällen mehr oder weniger deutlich. So ist z. B. das Pistill der Iris mit seiner Narbe in völliger Gestalt eines Blumenblattes vor unsern Augen. Die schirmförmige Narbe der Sarrazenie zeigt sich zwar nicht so auffallend aus mehreren Blättern zusammengesetzt, doch verleugnet sie sogar die grüne Farbe nicht. Wollen wir das Mikroskop zu Hülfe nehmen, so finden wir mehrere Narben, z. E. des Krokus, der Zanichellia, als völlige ein- oder mehrblätterige Kelche gebildet.

72. Rückschreitend zeigt uns die Natur öfters den Fall, daß sie die Griffel und Narben wieder in Blumenblätter verwandelt; z. B. füllt sich der Ranunculus asiaticus dadurch, daß sich die Narben und Pistille des Fruchtbehälters zu wahren Kronenblättern umbilden, indessen die Staubwerkzeuge, gleich hinter der Krone, oft unverändert gefunden werden. Einige andere bedeutende Fälle werden unten vorkommen.

73. Wir wiederholen hier jene oben angezeigten Bemerkungen, daß Griffel und Staubfäden auf der gleichen Stufe des Wachstums stehen, und erläutern jenen Grund des wechselsweisen Ausdehnens und Zusammenziehens dadurch abermals. Vom Samen bis zu der höchsten Entwicklung des Stengelblattes bemerkten wir zuerst eine Ausdehnung, darauf sahen wir durch eine Zusammenziehung den Kelch entstehen, die Blumenblätter durch eine Ausdehnung, die Geschlechtsteile abermals durch eine Zusammenziehung;

und wir werden nun bald die größte Ausdehnung in der Frucht, und die größte Konzentration in dem Samen gewahr werden. In diesen sechs Schritten vollendet die Natur unaufhaltsam das ewige Werk der Fortpflanzung der Vegetabilien durch zwei Geschlechter.

## X.
## Von den Früchten

74. Wir werden nunmehr die Früchte zu beobachten haben, und uns bald überzeugen, daß dieselben gleichen Ursprungs und gleichen Gesetzen unterworfen seien. Wir reden hier eigentlich von solchen Gehäusen, welche die Natur bildet, um die sogenannten bedeckten Samen einzuschließen, oder vielmehr aus dem Innersten dieser Gehäuse durch die Begattung eine größere oder geringere Anzahl Samen zu entwickeln. Daß diese Behältnisse gleichfalls aus der Natur und Organisation der bisher betrachteten Teile zu erklären seien, wird sich mit wenigem zeigen lassen.

75. Die rückschreitende Metamorphose macht uns hier abermals auf dieses Naturgesetz aufmerksam. So läßt sich zum Beispiel an den Nelken, diesen eben wegen ihrer Ausartung so bekannten und beliebten Blumen, oft bemerken, daß die Samenkapseln sich wieder in kelchähnliche Blätter verändern, und daß in ebendiesem Maße die aufgesetzten Griffel an Länge abnehmen; ja es finden sich Nelken, an denen sich das Fruchtbehältnis in einen wirklichen vollkommenen Kelch verwandelt hat, indes die Einschnitte desselben an der Spitze noch zarte Überbleibsel der Griffel und Narben tragen, und sich aus dem Innersten dieses zweiten Kelchs wieder eine mehr oder weniger vollständige Blätterkrone statt der Samen entwickelt.

76. Ferner hat uns die Natur selbst durch regelmäßige und beständige Bildungen auf eine sehr mannigfaltige Weise die Fruchtbarkeit geoffenbart, welche in einem Blatt verborgen liegt. So bringt ein zwar verändertes, doch noch völlig kenntliches Blatt der Linde aus seiner Mittelrippe ein Stiel-

chen und an demselben eine vollkommene Blüte und Frucht hervor. Bei dem Ruscus ist die Art, wie Blüten und Früchte auf den Blättern aufsitzen, noch merkwürdiger.

77. Noch stärker und gleichsam ungeheuer wird uns die unmittelbare Fruchtbarkeit der Stengelblätter in den Farrenkräutern vor Augen gelegt, welche durch einen innern Trieb, und vielleicht gar ohne bestimmte Wirkung zweier Geschlechter, unzählige, des Wachstums fähige Samen, oder vielmehr Keime entwickeln und umherstreuen, wo also ein Blatt an Fruchtbarkeit mit einer ausgebreiteten Pflanze, mit einem großen und ästereichen Baume wetteifert.

78. Wenn wir diese Beobachtungen gegenwärtig behalten, so werden wir in den Samenbehältern, ohnerachtet ihrer mannigfaltigen Bildung, ihrer besonderen Bestimmung und Verbindung unter sich, die Blattgestalt nicht verkennen. So wäre z. B. die Hülse ein einfaches zusammengeschlagenes, an seinen Rändern verwachsenes Blatt, die Schoten würden aus mehr übereinander gewachsenen Blättern bestehen, die zusammengesetzten Gehäuse erklärten sich aus mehreren Blättern, welche sich um einen Mittelpunkt vereiniget, ihr Innerstes gegeneinander aufgeschlossen, und ihre Ränder miteinander verbunden hätten. Wir können uns hiervon durch den Augenschein überzeugen, wenn solche zusammengesetzte Kapseln nach der Reife voneinanderspringen, da denn jeder Teil derselben sich uns als eine eröffnete Hülse oder Schote zeigt. Ebenso sehen wir bei verschiedenen Arten eines und desselben Geschlechts eine ähnliche Wirkung regelmäßig vorgehen; z. B. sind die Fruchtkapseln der Nigella orientalis, in der Gestalt von halb miteinander verwachsenen Hülsen, um eine Achse versammlet, wenn sie bei der Nigella Damascena völlig zusammengewachsen erscheinen.

79. Am meisten rückt uns die Natur diese Blattähnlichkeit aus den Augen, indem sie saftige und weiche oder holzartige und feste Samenbehälter bildet; allein sie wird unserer Aufmerksamkeit nicht entschlüpfen können, wenn wir ihr in allen Übergängen sorgfältig zu folgen wissen. Hier sei es genug,

den allgemeinen Begriff davon angezeigt und die Übereinstimmung der Natur an einigen Beispielen gewiesen zu haben. Die große Mannigfaltigkeit der Samenkapseln gibt uns künftig Stoff zu mehrerer Betrachtung.

80. Die Verwandtschaft der Samenkapseln mit den vorhergehenden Teilen zeigt sich auch durch das Stigma, welches bei vielen unmittelbar aufsitzt und mit der Kapsel unzertrennlich verbunden ist. Wir haben die Verwandtschaft der Narbe mit der Blattgestalt schon oben gezeigt und können hier sie nochmals aufführen; indem sich bei gefüllten Mohnen bemerken läßt, daß die Narben der Samenkapseln in farbige, zarte, Kronenblättern völlig ähnliche Blättchen verwandelt werden.

81. Die letzte und größte Ausdehnung, welche die Pflanze in ihrem Wachstum vornimmt, zeigt sich in der Frucht. Sie ist sowohl an innerer Kraft als äußerer Gestalt oft sehr groß, ja ungeheuer. Da sie gewöhnlich nach der Befruchtung vor sich gehet, so scheint der nun mehr determinierte Same, indem er zu seinem Wachstum aus der ganzen Pflanze die Säfte herbeiziehet, ihnen die Hauptrichtung nach der Samenkapsel zu geben, wodurch denn ihre Gefäße genährt, erweitert und oft in dem höchsten Grade ausgefüllt und ausgespannt werden. Daß hieran reinere Luftarten einen großen Anteil haben, läßt sich schon aus dem Vorigen schließen, und es bestätigt sich durch die Erfahrung, daß die aufgetriebenen Hülsen der Colutea reine Luft enthalten.

## XI.

## Von den unmittelbaren Hüllen des Samens

82. Dagegen finden wir, daß der Same in dem höchsten Grade von Zusammenziehung und Ausbildung seines Innern sich befindet. Es läßt sich bei verschiedenen Samen bemerken, daß er Blätter zu seinen nächsten Hüllen umbilde, mehr oder weniger sich anpasse, ja meistens durch seine Gewalt sie völlig an sich schließe und ihre Gestalt gänzlich verwandle. Da wir oben mehrere Samen sich aus und in Einem Blatt

entwickeln gesehn, so werden wir uns nicht wundern, wenn ein einzelner Samenkeim sich in eine Blatthülle kleidet.

83. Die Spuren solcher nicht völlig den Samen angepaßten Blattgestalten sehen wir an vielen geflügelten Samen, z. B. des Ahorns, der Rüster, der Esche, der Birke. Ein sehr merkwürdiges Beispiel, wie der Samenkeim breitere Hüllen nach und nach zusammenzieht und sich anpaßt, geben uns die drei verschiedenen Kreise verschiedengestalteter Samen der Kalendel. Der äußerste Kreis behält noch eine mit den Kelchblättern verwandte Gestalt; nur daß eine die Rippe ausdehnende Samenanlage das Blatt krümmt, und die Krümmung inwendig der Länge nach durch ein Häutchen in zwei Teile abgesondert wird. Der folgende Kreis hat sich schon mehr verändert, die Breite des Blättchens und das Häutchen haben sich gänzlich verloren; dagegen ist die Gestalt etwas weniger verlängert, die in dem Rücken befindliche Samenanlage zeigt sich deutlicher und die kleinen Erhöhungen auf derselben sind stärker; diese beiden Reihen scheinen entweder gar nicht, oder nur unvollkommen befruchtet zu sein. Auf sie folgt die dritte Samenreihe in ihrer echten Gestalt stark gekrümmt, und mit einem völlig angepaßten, und in allen seinen Striefen und Erhöhungen völlig ausgebildeten Involucro. Wir sehen hier abermals eine gewaltsame Zusammenziehung ausgebreiteter, blattähnlicher Teile, und zwar durch die innere Kraft des Samens, wie wir oben durch die Kraft der Anthere das Blumenblatt zusammengezogen gesehen haben.

## XII.
## Rückblick und Übergang

84. Und so wären wir der Natur auf ihren Schritten so bedachtsam als möglich gefolgt; wir hätten die äußere Gestalt der Pflanze in allen ihren Umwandlungen, von ihrer Entwickelung aus dem Samenkorn bis zur neuen Bildung desselben begleitet, und ohne Anmaßung, die ersten Triebfedern der Naturwirkungen entdecken zu wollen, auf Äußerung der Kräfte, durch welche die Pflanze ein und ebendas-

selbe Organ nach und nach umbildet, unsre Aufmerksamkeit gerichtet. Um den einmal ergriffenen Faden nicht zu verlassen, haben wir die Pflanze durchgehends nur als einjährig betrachtet, wir haben nur die Umwandlung der Blätter, welche die Knoten begleiten, bemerkt, und alle Gestalten aus ihnen hergeleitet. Allein es wird, um diesem Versuch die nötige Vollständigkeit zu geben, nunmehr noch nötig, von den Augen zu sprechen, welche unter jedem Blatt verborgen liegen, sich unter gewissen Umständen entwickeln, und unter andern völlig zu verschwinden scheinen.

## XIII.

## Von den Augen und ihrer Entwickelung

85. Jeder Knoten hat von der Natur die Kraft, ein oder mehrere Augen hervorzubringen; und zwar geschieht solches in der Nähe der ihn bekleidenden Blätter, welche die Bildung und das Wachstum der Augen vorzubereiten und mit zu bewirken scheinen.

86. In der sukzessiven Entwickelung eines Knotens aus dem andern, in der Bildung eines Blattes an jedem Knoten und eines Auges in dessen Nähe beruhet die erste, einfache, langsam fortschreitende Fortpflanzung der Vegetabilien.

87. Es ist bekannt, daß ein solches Auge in seinen Wirkungen eine große Ähnlichkeit mit dem reifen Samen hat; und daß oft in jenem noch mehr als in diesem die ganze Gestalt der künftigen Pflanze erkannt werden kann.

88. Ob sich gleich an dem Auge ein Wurzelpunkt so leicht nicht bemerken läßt, so ist doch derselbe ebenso darin wie in dem Samen gegenwärtig, und entwickelt sich, besonders durch feuchte Einflüsse, leicht und schnell.

89. Das Auge bedarf keiner Kotyledonen, weil es mit seiner schon völlig organisierten Mutterpflanze zusammenhängt, und aus derselbigen, solange es mit ihr verbunden ist, oder, nach der Trennung, von der neuen Pflanze, auf welche man es gebracht hat, oder durch die alsobald gebildeten Wurzeln,

wenn man einen Zweig in die Erde bringt, hinreichende Nahrung erhält.

90. Das Auge besteht aus mehr oder weniger entwickelten Knoten und Blättern, welche den künftigen Wachstum weiter verbreiten sollen. Die Seitenzweige also, welche aus den Knoten der Pflanzen entspringen, lassen sich als besondere Pflänzchen, welche ebenso auf dem Mutterkörper stehen, wie dieser an der Erde befestigt ist, betrachten.

91. Die Vergleichung und Unterscheidung beider ist schon öfters, besonders aber vor kurzem so scharfsinnig und mit so vieler Genauigkeit ausgeführt worden, daß wir uns hier bloß mit einem unbedingten Beifall darauf berufen können*).

92. Wir führen davon nur so viel an. Die Natur unterscheidet bei ausgebildeten Pflanzen Augen und Samen deutlich voneinander. Steigen wir aber von da zu den unausgebildeten Pflanzen herab, so scheint sich der Unterschied zwischen beiden selbst vor den Blicken des schärfsten Beobachters zu verlieren. Es gibt unbezweifelte Samen, unbezweifelte Gemmen; aber der Punkt, wo wirklich befruchtete, durch die Wirkung zweier Geschlechter von der Mutterpflanze isolierte Samen mit Gemmen zusammentreffen, welche aus der Pflanze nur hervordringen und sich ohne bemerkbare Ursache loslösen, ist wohl mit dem Verstande, keineswegs aber mit den Sinnen zu erkennen.

93. Dieses wohl erwogen, werden wir folgern dürfen: daß die Samen, welche sich durch ihren eingeschlossenen Zustand von den Augen, durch die sichtbare Ursache ihrer Bildung und Absonderung von den Gemmen unterscheiden, dennoch mit beiden nahe verwandt sind.

## XIV.

## Bildung der zusammengesetzten Blüten und Fruchtstände

94. Wir haben bisher die einfachen Blütenstände, ingleichen die Samen, welche in Kapseln befestigt hervorgebracht

*) Gaertner de fructibus et seminibus plantarum. Cap. 1.

werden, durch die Umwandlung der Knotenblätter zu erklären gesucht, und es wird sich bei näherer Untersuchung finden, daß in diesem Falle sich keine Augen entwickeln, vielmehr die Möglichkeit einer solchen Entwickelung ganz und gar aufgehoben wird. Um aber die zusammengesetzten Blütenstände sowohl, als die gemeinschaftlichen Fruchtstände, um Einen Kegel, Eine Spindel, auf Einem Boden, und so weiter, zu erklären, müssen wir nun die Entwickelung der Augen zu Hülfe nehmen.

95. Wir bemerken sehr oft, daß Stengel, ohne zu einem einzelnen Blütenstande sich lange vorzubereiten und aufzusparen, schon aus den Knoten ihre Blüten hervortreiben, und so bis an ihre Spitze oft ununterbrochen fortfahren. Doch lassen sich die dabei vorkommenden Erscheinungen aus der oben vorgetragenen Theorie erklären. Alle Blumen, welche sich aus den Augen entwickeln, sind als ganze Pflanzen anzusehen, welche auf der Mutterpflanze ebenso wie diese auf der Erde stehen. Da sie nun aus den Knoten reinere Säfte erhalten, so erscheinen selbst die ersten Blätter der Zweiglein viel ausgebildeter, als die ersten Blätter der Mutterpflanze, welche auf die Kotyledonen folgen; ja es wird die Ausbildung des Kelches und der Blume oft sogleich möglich.

96. Ebendiese aus den Augen sich bildenden Blüten würden, bei mehr zudringender Nahrung, Zweige geworden sein, und das Schicksal des Mutterstengels, dem er sich unter solchen Umständen unterwerfen müßte, gleichfalls erduldet haben.

97. So wie nun von Knoten zu Knoten sich dergleichen Blüten entwickeln, so bemerken wir gleichfalls jene Veränderung der Stengelblätter, die wir oben bei dem langsamen Übergange zum Kelch beobachtet haben. Sie ziehen sich immer mehr und mehr zusammen, und verschwinden endlich beinahe ganz. Man nennt sie alsdann Bracteas, indem sie sich von der Blattgestalt mehr oder weniger entfernen. In ebendiesem Maße wird der Stiel verdünnt, die Knoten rücken mehr zusammen, und alle oben bemerkten Erscheinungen gehen vor, nur daß am Ende des Stengels kein entschiedener

Blütenstand folgt, weil die Natur ihr Recht schon von Auge zu Auge ausgeübt hat.

98. Haben wir nun einen solchen an jedem Knoten mit einer Blume gezierten Stengel wohl betrachtet; so werden wir uns gar bald einen gemeinschaftlichen Blütenstand erklären können: wenn wir das, was oben von Entstehung des Kelches gesagt ist, mit zu Hülfe nehmen.

99. Die Natur bildet einen gemeinschaftlichen Kelch aus vielen Blättern, welche sie aufeinanderdrängt und um Eine Achse versammlet; mit ebendiesem starken Triebe des Wachstums entwickelt sie einen gleichsam unendlichen Stengel, mit allen seinen Augen in Blütengestalt, auf einmal, in der möglichsten aneinandergedrängten Nähe, und jedes Blümchen befruchtet das unter ihm schon vorbereitete Samengefäß. Bei dieser ungeheuren Zusammenziehung verlieren sich die Knotenblätter nicht immer; bei den Disteln begleitet das Blättchen getreulich das Blümchen, das sich aus den Augen neben ihnen entwickelt. Man vergleiche mit diesem Paragraph die Gestalt des Dipsacus laciniatus. Bei vielen Gräsern wird eine jede Blüte durch ein solches Blättchen, das in diesem Falle der Balg genannt wird, begleitet.

100. Auf diese Weise wird es uns nun anschaulich sein, wie die um einen gemeinsamen Blütenstand entwickelten Samenwahre, durch die Wirkung beider Geschlechter ausgebildete und entwickelte Augen seien. Fassen wir diesen Begriff fest, und betrachten in diesem Sinne mehrere Pflanzen, ihren Wachstum und Fruchtstände, so wird der Augenschein bei einiger Vergleichung uns am besten überzeugen.

101. Es wird uns sodann auch nicht schwer sein, den Fruchtstand der in der Mitte einer einzelnen Blume, oft um eine Spindel versammleten, bedeckten oder unbedeckten Samen zu erklären. Denn es ist ganz einerlei, ob eine einzelne Blume einen gemeinsamen Fruchtstand umgibt, und die zusammengewachsenen Pistille von den Antheren der Blume

die Zeugungssäfte einsaugen und sie den Samenkörnern einflößen, oder ob ein jedes Samenkorn sein eigenes Pistill, seine eigenen Antheren, seine eigenen Kronenblätter um sich habe.

102. Wir sind überzeugt, daß mit einiger Übung es nicht schwer sei, sich auf diesem Wege die mannigfaltigen Gestalten der Blumen und Früchte zu erklären; nur wird freilich dazu erfordert, daß man mit jenen oben festgestellten Begriffen der Ausdehnung und Zusammenziehung, der Zusammendrängung und Anastomose wie mit algebraischen Formeln bequem zu operieren, und sie da, wo sie hingehören, anzuwenden wisse. Da nun hierbei viel darauf ankommt, daß man die verschiedenen Stufen, welche die Natur sowohl in der Bildung der Geschlechter, der Arten, der Varietäten, als in dem Wachstum einer jeden einzelnen Pflanze betritt, genau beobachte und miteinander vergleiche: so würde eine Sammlung Abbildungen, zu diesem Endzwecke nebeneinandergestellt, und eine Anwendung der botanischen Terminologie auf die verschiedenen Pflanzenteile bloß in dieser Rücksicht angenehm und nicht ohne Nutzen sein. Es würden zwei Fälle von durchgewachsenen Blumen, welche der oben angeführten Theorie sehr zustatten kommen, den Augen vorgelegt, sehr entscheidend gefunden werden.

## XV.

## Durchgewachsene Rose

103. Alles was wir bisher nur mit der Einbildungskraft und dem Verstande zu ergreifen gesucht, zeigt uns das Beispiel einer durchgewachsenen Rose auf das deutlichste. Kelch und Krone sind um die Achse geordnet und entwickelt, anstatt aber, daß nun im Centro das Samenbehältnis zusammengezogen, an demselben und um dasselbe die männlichen und weiblichen Zeugungsteile geordnet sein sollten, begibt sich der Stiel halb rötlich, halb grünlich wieder in die Höhe; kleinere, dunkelrote, zusammengefaltete Kronenblätter, deren einige die Spur der Antheren an sich tragen, entwickeln sich sukzessiv an demselben. Der Stiel wächst

fort, schon lassen sich daran wieder Dornen sehn, die folgenden einzelnen gefärbten Blätter werden kleiner und gehen zuletzt vor unsern Augen in halb rot, halb grün gefärbte Stengelblätter über, es bildet sich eine Folge von regelmäßigen Knoten, aus deren Augen abermals, obgleich unvollkommene Rosenknöspchen zum Vorschein kommen.

104. Es gibt uns ebendieses Exemplar auch noch einen sichtbaren Beweis des oben Ausgeführten: daß nämlich alle Kelche nur in ihrer Peripherie zusammengezogene Folia floralia seien. Denn hier bestehet der regelmäßige um die Achse versammlete Kelch aus fünf völlig entwickelten, drei- oder fünffach zusammengesetzten Blättern, dergleichen sonst die Rosenzweige an ihren Knoten hervorbringen.

## XVI.
## Durchgewachsene Nelke

105. Wenn wir diese Erscheinung recht beobachtet haben, so wird uns eine andere, welche sich an einer durchgewachsenen Nelke zeigt, fast noch merkwürdiger werden. Wir sehen eine vollkommene, mit Kelch und überdies mit einer gefüllten Krone versehene, auch in der Mitte mit einer zwar nicht ganz ausgebildeten Samenkapsel völlig geendigte Blume. Aus den Seiten der Krone entwickeln sich vier vollkommene neue Blumen, welche durch drei- und mehrknotige Stengel von der Mutterblume entfernt sind; sie haben abermals Kelche, sind wieder gefüllt, und zwar nicht sowohl durch einzelne Blätter als durch Blattkronen, deren Nägel zusammengewachsen sind, meistens aber durch Blumenblätter, welche wie Zweiglein zusammengewachsen, und um einen Stiel entwickelt sind. Ohngeachtet dieser ungeheuren Entwickelung sind die Staubfäden und Antheren in einigen gegenwärtig. Die Fruchthüllen mit den Griffeln sind zu sehen und die Rezeptakel der Samen wieder zu Blättern entfaltet, ja in einer dieser Blumen waren die Samendecken zu einem völligen Kelch verbunden, und enthielten die Anlage zu einer vollkommen gefüllten Blume wieder in sich.

106. Haben wir bei der Rose einen gleichsam nur halbdeterminierten Blütenstand, aus dessen Mitte einen abermals hervortreibenden Stengel, und an demselbigen neue Stengelblätter sich entwickeln gesehen; so finden wir an dieser Nelke, bei wohlgebildetem Kelche und vollkommener Krone, bei wirklich in der Mitte bestehenden Fruchtgehäusen, aus dem Kreise der Kronenblätter, sich Augen entwickeln, und wirkliche Zweige und Blumen darstellen. Und so zeigen uns denn beide Fälle, daß die Natur gewöhnlich in den Blumen ihren Wachstum schließe und gleichsam eine Summe ziehe, daß sie der Möglichkeit ins Unendliche mit einzelnen Schritten fortzugehen Einhalt tue, um durch die Ausbildung der Samen schneller zum Ziel zu gelangen.

## XVII.
## Linnés Theorie von der Antizipation

107. Wenn ich, auf diesem Wege, den einer meiner Vorgänger, welcher ihn noch dazu an der Hand seines großen Lehrers versuchte, so fürchterlich und gefährlich beschreibt*), auch hie und da gestrauchelt hätte, wenn ich ihn nicht genugsam geebnet und zum Besten meiner Nachfolger von allen Hindernissen gereiniget hätte; so hoffe ich doch diese Bemühung nicht fruchtlos unternommen zu haben.

108. Es ist hier Zeit, der Theorie zu gedenken, welche Linné zu Erklärung ebendieser Erscheinungen aufgestellt. Seinem scharfen Blick konnten die Bemerkungen, welche auch gegenwärtigen Vortrag veranlaßt, nicht entgehen. Und wenn wir nunmehr da fortschreiten können, wo er stehenblieb, so sind wir es den gemeinschaftlichen Bemühungen so vieler Beobachter und Denker schuldig, welche manches Hindernis aus dem Wege geräumt, manches Vorurteil zerstreut haben. Eine genaue Vergleichung seiner Theorie und des oben Ausgeführten würde uns hier zu lange aufhalten. Kenner werden sie leicht selbst machen, und sie müßte zu

*) Ferber, in Praefatione Dissertationis secundae de Prolepsi Plantarum.

umständlich sein, um denen anschaulich zu werden, die über diesen Gegenstand noch nicht gedacht haben. Nur bemerken wir kürzlich, was ihn hinderte, weiter fort und bis ans Ziel zu schreiten.

109. Er machte seine Bemerkung zuerst an Bäumen, diesen zusammengesetzten und lange daurenden Pflanzen. Er beobachtete, daß ein Baum, in einem weitern Gefäße überflüssig genährt, mehrere Jahre hintereinander Zweige aus Zweigen hervorbringe, da derselbe, in ein engeres Gefäß eingeschlossen, schnell Blüten und Früchte trage. Er sahe, daß jene sukzessive Entwickelung hier auf einmal zusammengedrängt hervorgebracht werde. Daher nannte er diese Wirkung der Natur Prolepsis, eine Antizipation, weil die Pflanze, durch die sechs Schritte welche wir oben bemerkt haben, sechs Jahre vorauszunehmen schien. Und so führte er auch seine Theorie, bezüglich auf die Knospen der Bäume, aus, ohne auf die einjährigen Pflanzen besonders Rücksicht zu nehmen, weil er wohl bemerken konnte, daß seine Theorie nicht so gut auf diese als auf jene passe. Denn nach seiner Lehre müßte man annehmen, daß jede einjährige Pflanze eigentlich von der Natur bestimmt gewesen sei sechs Jahre zu wachsen, und diese längere Frist in dem Blüten- und Fruchtstande auf einmal antizipiere und sodann verwelke.

110. Wir sind dagegen zuerst dem Wachstum der einjährigen Pflanze gefolgt; nun läßt sich die Anwendung auf die daurenden Gewächse leicht machen, da eine aufbrechende Knospe des ältesten Baumes als eine einjährige Pflanze anzusehen ist, ob sie sich gleich aus einem schon lange bestehenden Stamme entwickelt und selbst eine längere Dauer haben kann.

111. Die zweite Ursache, welche Linnéen verhinderte weiter vorwärts zu gehen, war, daß er die verschiedenen ineinandergeschlossenen Kreise des Pflanzenkörpers, die äußere Rinde, die innere, das Holz, das Mark, zu sehr als gleichwirkende, in gleichem Grad lebendige und notwendige Teile ansah, und den Ursprung der Blumen- und Fruchtteile diesen verschiedenen Kreisen des Stammes zuschrieb, weil jene,

ebenso wie diese, von einander umschlossen und sich aus einander zu entwickeln scheinen. Es war dieses aber nur eine oberflächliche Bemerkung, welche näher betrachtet sich nirgend bestätiget. So ist die äußere Rinde zu weiterer Hervorbringung ungeschickt, und bei daurenden Bäumen eine nach außen zu verhärtete und abgesonderte Masse, wie das Holz nach innen zu verhärtet wird. Sie fällt bei vielen Bäumen ab, andern Bäumen kann sie, ohne den geringsten Schaden derselben, genommen werden; sie wird also weder einen Kelch, noch irgendeinen lebendigen Pflanzenteil hervorbringen. Die zweite Rinde ist es, welche alle Kraft des Lebens und Wachstums enthält. In dem Grad, in welchem sie verletzt wird, wird auch das Wachstum gestört, sie ist es, welche bei genauer Betrachtung alle äußeren Pflanzenteile nach und nach im Stengel, oder auf einmal in Blüte und Frucht hervorbringt. Ihr wurde von Linnéen nur das subordinierte Geschäft die Blumenblätter hervorzubringen zugeschrieben. Dem Holze ward dagegen die wichtige Hervorbringung der männlichen Staubwerkzeuge zuteil; anstatt daß man gar wohl bemerken kann, es sei dasselbe ein durch Solideszenz zur Ruhe gebrachter, wenn gleich daurender, doch der Lebenswirkung abgestorbener Teil. Das Mark sollte endlich die wichtigste Funktion verrichten, die weiblichen Geschlechtsteile und eine zahlreiche Nachkommenschaft hervorbringen. Die Zweifel, welche man gegen diese große Würde des Markes erregt, die Gründe, die man dagegen angeführt hat, sind auch mir wichtig und entscheidend. Es war nur scheinbar, als wenn sich Griffel und Frucht aus dem Mark entwickelten, weil diese Gestalten, wenn wir sie zum erstenmal erblicken, in einem weichen, unbestimmten markähnlichen, parenchymatosen Zustande sich befinden, und eben in der Mitte des Stengels, wo wir uns nur Mark zu sehen gewöhnt haben, zusammengedrängt sind.

## XVIII.

## Wiederholung

112. Ich wünsche, daß gegenwärtiger Versuch, die Metamorphose der Pflanzen zu erklären, zu Auflösung dieser Zweifel

einiges beitragen, und zu weiteren Bemerkungen und Schlüssen Gelegenheit geben möge. Die Beobachtungen, worauf er sich gründet, sind schon einzeln gemacht, auch gesammlet und gereihet worden*); und es wird sich bald entscheiden, ob der Schritt, den wir gegenwärtig getan, sich der Wahrheit nähere. So kurz als möglich fassen wir die Hauptresultate des bisherigen Vortrags zusammen.

113. Betrachten wir eine Pflanze insofern sie ihre Lebenskraft äußert, so sehen wir dieses auf eine doppelte Art geschehen, zuerst durch das Wachstum, indem sie Stengel und Blätter hervorbringt, und sodann durch die Fortpflanzung, welche in dem Blüten- und Fruchtbau vollendet wird. Beschauen wir das Wachstum näher, so sehen wir, daß, indem die Pflanze sich von Knoten zu Knoten, von Blatt zu Blatt fortsetzt, indem sie sproßt, gleichfalls eine Fortpflanzung geschehe, die sich von der Fortpflanzung durch Blüte und Frucht, welche auf einmal geschiehet, darin unterscheidet, daß sie sukzessiv ist, daß sie sich in einer Folge einzelner Entwickelungen zeigt. Diese sprossende, nach und nach sich äußernde Kraft ist mit jener, welche auf einmal eine große Fortpflanzung entwickelt, auf das genauste verwandt. Man kann unter verschiedenen Umständen eine Pflanze nötigen, daß sie immerfort sprosse, man kann dagegen den Blütenstand beschleunigen. Jenes geschieht, wenn rohere Säfte der Pflanze in einem größeren Maße zudringen; dieses, wenn die geistigeren Kräfte in derselben überwiegen.

114. Schon dadurch, daß wir das Sprossen eine sukzessive, den Blüten- und Fruchtstand aber eine simultane Fortpflanzung genannt haben, ist auch die Art, wie sich beide äußern, bezeichnet worden. Eine Pflanze, welche sproßt, dehnt sich mehr oder weniger aus, sie entwickelt einen Stiel oder Stengel, die Zwischenräume von Knoten zu Knoten sind meist bemerkbar, und ihre Blätter breiten sich von dem Stengel nach allen Seiten zu aus. Eine Pflanze dagegen,

*) Batsch, Anleitung zur Kenntnis und Geschichte der Pflanzen. 1. Teil, 19. Kapitel.

welche blüht, hat sich in allen ihren Teilen zusammengezogen, Länge und Breite sind gleichsam aufgehoben und alle ihre Organe sind in einem höchst konzentrierten Zustande, zunächst an einander entwickelt.

115. Es mag nun die Pflanze sprossen, blühen oder Früchte bringen, so sind es doch nur immer dieselbigen Organe, welche, in vielfältigen Bestimmungen und unter oft veränderten Gestalten, die Vorschrift der Natur erfüllen. Dasselbe Organ, welches am Stengel als Blatt sich ausgedehnt und eine höchst mannigfaltige Gestalt angenommen hat, zieht sich nun im Kelche zusammen, dehnt sich im Blumenblatte wieder aus, zieht sich in den Geschlechtswerkzeugen zusammen, um sich als Frucht zum letztenmal auszudehnen.

116. Diese Wirkung der Natur ist zugleich mit einer andern verbunden, mit der Versammlung verschiedener Organe um ein Zentrum nach gewissen Zahlen und Maßen, welche jedoch bei manchen Blumen oft unter gewissen Umständen weit überschritten und vielfach verändert werden.

117. Auf gleiche Weise wirkt bei der Bildung der Blüten und Früchte eine Anastomose mit, wodurch die nahe aneinander gedrängten, höchst feinen Teile der Fruktifikation entweder auf die Zeit ihrer ganzen Dauer, oder auch nur auf einen Teil derselben innigst verbunden werden.

118. Doch sind diese Erscheinungen der Annäherung, Zentralstellung und Anastomose nicht allein dem Blüten- und Fruchtstande eigen; wir können vielmehr etwas Ähnliches bei den Kotyledonen wahrnehmen und andere Pflanzenteile werden uns in der Folge reichen Stoff zu ähnlichen Betrachtungen geben.

119. So wie wir nun die verschiedenscheinenden Organe der sprossenden und blühenden Pflanze alle aus einem einzigen, nämlich dem Blatte, welches sich gewöhnlich an jedem Knoten entwickelt, zu erklären gesucht haben; so haben wir auch diejenigen Früchte, welche ihre Samen fest

in sich zu verschließen pflegen, aus der Blattgestalt herzuleiten gewagt.

120. Es verstehet sich hier von selbst, daß wir ein allgemeines Wort haben müßten, wodurch wir dieses in so verschiedene Gestalten metamorphosierte Organ bezeichnen, und alle Erscheinungen seiner Gestalt damit vergleichen könnten: gegenwärtig müssen wir uns damit begnügen, daß wir uns gewöhnen die Erscheinungen vorwärts und rückwärts gegeneinander zu halten. Denn wir können ebensogut sagen: ein Staubwerkzeug sei ein zusammengezogenes Blumenblatt, als wir von dem Blumenblatte sagen können: es sei ein Staubgefäß im Zustande der Ausdehnung; ein Kelchblatt sei ein zusammengezogenes, einem gewissen Grad der Verfeinerung sich näherndes Stengelblatt, als wir von einem Stengelblatt sagen können, es sei ein durch Zudringen roherer Säfte ausgedehntes Kelchblatt.

121. Ebenso läßt sich von dem Stengel sagen, er sei ein ausgedehnter Blüten- und Fruchtstand, wie wir von diesem prädiziert haben, er sei ein zusammengezogener Stengel.

122. Außerdem habe ich am Schlusse des Vortrags noch die Entwickelung der Augen in Betrachtung gezogen und dadurch die zusammengesetzten Blumen, wie auch die unbedeckten Fruchtstände zu erklären gesucht.

123. Und auf diese Weise habe ich mich bemüht, eine Meinung, welche viel Überzeugendes für mich hat, so klar und vollständig, als es mir möglich sein wollte, darzulegen. Wenn solche demohngeachtet noch nicht völlig zur Evidenz gebracht ist; wenn sie noch manchen Widersprüchen ausgesetzt sein, und die vorgetragne Erklärungsart nicht überall anwendbar scheinen möchte: so wird es mir desto mehr Pflicht werden, auf alle Erinnerungen zu merken, und diese Materie in der Folge genauer und umständlicher abzuhandeln, um diese Vorstellungsart anschaulicher zu machen, und ihr einen allgemeinern Beifall zu erwerben, als sie vielleicht gegenwärtig nicht erwarten kann.

## SCHICKSAL DER HANDSCHRIFT

Aus Italien dem formreichen war ich in das gestaltlose Deutschland zurückgewiesen, heiteren Himmel mit einem düsteren zu vertauschen; die Freunde, statt mich zu trösten und wieder an sich zu ziehen, brachten mich zur Verzweiflung. Mein Entzücken über entfernteste, kaum bekannte Gegenstände, mein Leiden, meine Klagen über das Verlorne schien sie zu beleidigen, ich vermißte jede Teilnahme, niemand verstand meine Sprache. In diesen peinlichen Zustand wußt' ich mich nicht zu finden, die Entbehrung war zu groß, an welche sich der äußere Sinn gewöhnen sollte, der Geist erwachte sonach, und suchte sich schadlos zu halten.

Im Laufe von zwei vergangenen Jahren hatte ich ununterbrochen beobachtet, gesammelt, gedacht, jede meiner Anlagen auszubilden gesucht. Wie die begünstigte griechische Nation verfahren um die höchste Kunst im eignen Nationalkreise zu entwickeln, hatte ich bis auf einen gewissen Grad einzusehen gelernt, so daß ich hoffen konnte nach und nach das Ganze zu überschauen, und mir einen reinen, vorurteilsfreien Kunstgenuß zu bereiten. Ferner glaubte ich der Natur abgemerkt zu haben, wie sie gesetzlich zu Werke gehe, um lebendiges Gebild, als Muster alles künstlichen, hervorzubringen. Das dritte, was mich beschäftigte, waren die Sitten der Völker. An ihnen zu lernen, wie aus dem Zusammentreffen von Notwendigkeit und Willkür, von Antrieb und Wollen, von Bewegung und Widerstand ein Drittes hervorgeht, was weder Kunst noch Natur, sondern beides zugleich ist, notwendig und zufällig, absichtlich und blind. Ich verstehe die menschliche Gesellschaft.

Wie ich mich nun in diesen Regionen hin und her bewegte, mein Erkennen auszubilden bemüht, unternahm ich sogleich schriftlich zu verfassen, was mir am klarsten vor dem Sinne stand, und so ward das Nachdenken geregelt, die Erfahrung geordnet, und der Augenblick festgehalten. Ich schrieb zu gleicher Zeit einen Aufsatz über Kunst, Manier und Stil, einen andern die Metamorphose der Pflanzen zu erklären, und das Römische Karneval, sie zeigen sämtlich, was damals in meinem Innern vorging, und welche Stellung ich gegen jene drei großen Weltgegenden genommen hatte. Der Versuch die Metamorphose der Pflanzen zu erklären, das heißt die mannigfaltigen, besondern Erscheinungen des herrlichen Weltgartens auf ein allgemeines, einfaches Prinzip zurückzuführen, war zuerst abgeschlossen.

Nun aber ist es eine alte schriftstellerische Wahrheit: Uns gefällt, was wir schreiben, wir würden es ja sonst nicht geschrieben haben. Mit meinem neuen Hefte wohl zufrieden, schmeichelte ich mir, auch im wissenschaftlichen Felde, schriftstellerisch eine glückliche Laufbahn zu eröffnen, allein hier sollte mir ebenfalls begegnen, was ich an meinen ersten dichterischen Arbeiten erlebt, ich ward gleich anfangs auf mich selbst zurückgewiesen; doch hier deuteten die ersten Hindernisse leider gleich auf die spätern, und noch bis auf den heutigen Tag lebe ich in einer Welt, aus der ich wenigen etwas mitteilen kann. Dem Manuskript aber erging es folgendermaßen.

Mit Herrn Göschen, dem Herausgeber meiner gesammelten Schriften, hatte ich alle Ursache zufrieden zu sein; leider fiel jedoch die Auflage derselben in eine Zeit, wo Deutschland nichts mehr von mir wußte, noch wissen wollte, und ich glaubte zu bemerken, mein Verleger finde den Absatz nicht ganz nach seinen Wünschen. Indessen hatte ich versprochen, meine künftigen Arbeiten ihm vor andern anzubieten, eine Bedingung, die ich immer für billig gehalten habe. Ich meldete ihm daher, daß eine kleine Schrift fertig liege, wissenschaftlichen Inhalts, deren Abdruck ich wünsche. Ob er sich nun überhaupt von meinen Arbeiten nicht mehr sonderlich viel versprochen, oder ob er in diesem Falle, wie ich vermuten kann, bei Sachverständigen Erkundigung eingezogen habe, was von einem solchen Übersprung in ein anderes Feld zu halten sein möchte, will ich nicht untersuchen, genug, ich konnte schwer begreifen, warum er mein Heft zu drucken ablehnte, da er, im schlimmsten Falle, durch ein so geringes Opfer von sechs Bogen Makulatur einen fruchtbaren, frisch wieder auftretenden, zuverlässigen, genügsamen Autor sich erhalten hätte.

Abermals befand ich mich also in derselben Lage wie jene, da ich dem Buchhändler Fleischer meine Mitschuldigen anbot; diesmal aber ließ ich mich nicht sogleich abschrecken. Ettinger in Gotha, eine Verbindung mit mir beabsichtigend, erbot sich zur Übernahme, und so gingen diese wenigen Bogen, mit lateinischen Lettern zierlich gedruckt, auf gut Glück in die Welt.

Das Publikum stutzte: denn nach seinem Wunsch, sich gut und gleichförmig bedient zu sehen, verlangt es an jeden, daß er in seinem Fache bleibe, und dieses Ansinnen hat auch guten Grund: denn wer das Vortreffliche leisten will, welches nach allen Seiten hin unendlich ist, soll es nicht, wie Gott und die Natur wohl tun dürfen, auf mancherlei Wegen versuchen. Daher will man, daß ein Talent, das sich in einem gewissen Feld hervortat, dessen Art und Weise allgemein anerkannt und beliebt ist, aus seinem Kreise sich nicht entferne, oder wohl gar in einen weit abgelegenen hinüber springe. Wagt es einer, so weiß man ihm keinen Dank, ja man gewährt ihm, wenn er es auch recht macht, keinen besondern Beifall.

Nun fühlt aber der lebhafte Mensch sich um sein selbst willen, und nicht fürs Publikum da, er mag sich nicht an irgendeinem Einerlei abmüden und abschleifen, er sucht sich von andern Seiten Erholung. Auch ist jedes energische Talent ein allgemeines, das überall hinschaut und seine Tätigkeit da und dort nach Belieben ausübt. Wir haben Ärzte, die mit Leidenschaft bauen, Gärten und Fabriken anlegen, Wundärzte als Münzkenner und Besitzer köstlicher Sammlungen. Astruc, Ludwig des Vierzehnten Leibchirurg, legte zuerst Messer und Sonde an den Pentateuch, und was sind nicht überhaupt schon die Wissenschaften teilnehmenden Liebhabern, und unbefangenen Gastfreunden schuldig geworden! Ferner kennen wir Geschäftsmänner als leidenschaftliche Romanenleser und Kartenspieler, ernsthafte Hausväter jeder andern Unterhaltung die Theaterposse vorziehend. Seit mehreren Jahren wird uns zum Überdruß die ewige Wahrheit wiederholt, daß das Menschenleben aus Ernst und Spiel zusammengesetzt sei, und daß der Weiseste und Glücklichste nur derjenige genannt zu werden verdiene, der sich zwischen beiden im Gleichgewicht zu bewegen versteht, denn auch ungeregelt wünscht ein jeder das Entgegengesetzte von sich selbst, um das Ganze zu haben.

Auf tausenderlei Weise erscheint dieses Bedürfnis dem wirksamen Menschen aufgedrungen. Wer darf mit unserm Chladni rechten, dieser Zierde der Nation? Dank ist ihm die Welt schuldig, daß er den Klang allen Körpern auf jede Weise zu entlocken, zuletzt sichtbar zu machen verstanden. Und was ist entfernter von diesem Bemühen, als die Betrachtung des atmosphärischen Gesteins. Die Umstände der in unsern Tagen häufig sich erneuernden Ereignisse zu kennen und zu erwägen, die Bestandteile dieses himmlisch-irdischen Produkts zu entwickeln, die Geschichte des durch alle Zeiten durchgehenden wunderbaren Phänomens aufzuforschen, ist eine schöne, würdige Aufgabe. Wodurch hängt aber dieses Geschäft mit jenem zusammen? etwa durchs Donnergeprassel, womit die Atmosphärilien zu uns herunterstürzen? Keineswegs, sondern dadurch, daß ein geistreicher, aufmerkender Mann zwei der entferntesten Naturvorkommenheiten seiner Betrachtung aufgedrungen fühlt, und nun eines wie das andere stetig und unablässig verfolgt. Ziehen wir dankbar den Gewinn der uns dadurch beschert ist.

## SCHICKSAL DER DRUCKSCHRIFT

Derjenige, der sich im stillen mit einem würdigen Gegenstande beschäftigt, in allem Ernst ihn zu umfassen bestrebt, macht sich keinen Begriff, daß gleichzeitige Menschen ganz anders zu denken gewohnt sind als er, und es ist sein Glück: denn er würde den Glauben an sich selbst verlieren, wenn er nicht an Teilnahme glauben dürfte. Tritt er aber mit seiner Meinung hervor, so bemerkt er bald, daß verschiedene Vorstellungsarten sich in der Welt bekämpfen und so gut den Gelehrten als Ungelehrten verwirren. Der Tag ist immer in Parteien geteilt, die sich selbst so wenig kennen als ihre Antipoden. Jeder wirkt leidenschaftlich was er vermag, und gelangt so weit es gelingen will.

Und so ward auch ich, noch ehe mir ein öffentliches Urteil zukam, durch eine Privatnachricht gar wundersam getroffen. In einer ansehnlichen deutschen Stadt hatte sich ein Verein wissenschaftlicher Männer gebildet, welche zusammen, auf theoretischem und praktischem Wege, manches Gute stifteten. In diesem Kreise ward auch mein Heftchen, als eine sonderbare Novität, eifrig gelesen; allein jedermann war damit unzufrieden, alle versicherten: es sei nicht abzusehen, was das heißen solle? Einer meiner römischen Kunstfreunde, mich liebend, mir vertrauend, empfand es übel, meine Arbeit so getadelt, ja verwerfen zu hören, da er mich doch, bei einem lange fortgesetzten Umgange, über mannigfaltige Gegenstände ganz vernünftig und folgerecht sprechen hören. Er las daher das Heft mit Aufmerksamkeit, und ob er gleich selbst nicht recht wußte, wo ich hinaus wolle, so ergriff er doch den Inhalt mit Neigung und Künstlersinn, und gab dem Vorgetragenen eine zwar wunderliche, aber doch geistreiche Bedeutung.

Der Verfasser, sagte derselbe, hat eine eigene, verborgene Absicht, die ich aber vollkommen deutlich einsehe, er will den Künstler lehren, wie sprossende und rankende Blumenverzierungen zu erfinden sind, nach Art und Weise der Alten in fortschreitender Bewegung. Die Pflanze muß von den einfachsten Blättern ausgehen, die sich stufenweise vermannigfaltigen, einschneiden, vervielfältigen und, indem sie sich vorwärts schieben, immer ausgebildeter, schlanker und leichter werden, bis sie sich in dem größten Reichtum der Blume versammeln, um den Samen entweder auszuschütten, oder gar einen neuen Lebenslauf wieder zu beginnen. Marmorpilaster, auf solche Weise verziert, sieht man in der Villa Medicis, und nun verstehe ich erst recht, wie es dort gemeint ist. Die unendliche Fülle der Blätter wird zuletzt von der Blume noch übertroffen, so daß endlich statt der Samenkörner oft Tiergestalten und Genien hervorspringen, ohne daß man es, nach der vorhergehenden, herrlichen Entwickelungsfolge, nur im mindesten unwahrscheinlich fände, ich freue mich nun auf die angedeutete Weise gar manchen Zierat selbst zu erfinden, da ich bisher unbewußt die Alten nachgeahmt habe.

In diesem Falle war jedoch Gelehrten nicht gut gepredigt, sie ließen die Erklärung zur Not hingehn, meinten aber doch: wenn man nichts weiter als die Kunst im Auge habe und Zieraten beabsichtige, so müsse man nicht tun, als wenn man für die Wissenschaften arbeite, wo dergleichen Phantasien nicht gelten dürften. Der Künstler versicherte mich später: in Gefolg der Naturgesetze, wie ich sie ausgesprochen, sei ihm geglückt Natürliches und Unmögliches zu verbinden, und etwas erfreulich Wahrscheinliches hervorzubringen. Jenen Herrn dagegen habe er mit seinen Erklärungen nicht wieder aufwarten dürfen.

Von andern Seiten her vernahm ich ähnliche Klänge, nirgends wollte man zugeben, daß Wissenschaft und Poesie vereinbar seien. Man vergaß, daß Wissenschaft sich aus Poesie entwickelt habe, man bedachte nicht, daß, nach einem Umschwung von Zeiten, beide sich wieder freundlich, zu beiderseitigem Vorteil, auf höherer Stelle, gar wohl wieder begegnen könnten.

Freundinnen, welche mich schon früher den einsamen Gebirgen, der Betrachtung starrer Felsen gern entzogen hätten, waren auch mit meiner abstrakten Gärtnerei keineswegs zufrieden. Pflanzen und Blumen sollten sich durch Gestalt, Farbe, Geruch auszeichnen, nun verschwanden sie aber zu einem gespensterhaften Schemen. Da versuchte ich diese wohlwollenden Gemüter zur Teilnahme durch eine Elegie zu locken, der ein Platz hier gegönnt sein möge, wo sie, im Zusammenhang wissenschaftlicher Darstellung, verständlicher werden dürfte, als eingeschaltet in eine Folge zärtlicher und leidenschaftlicher Poesien.

Dich verwirret, Geliebte, die tausendfältige Mischung
  Dieses Blumengewühls über dem Garten umher;
Viele Namen hörest du an und immer verdränget,
  Mit barbarischem Klang, einer den andern im Ohr.
Alle Gestalten sind ähnlich, und keine gleichet der andern;
  Und so deutet das Chor auf ein geheimes Gesetz,
Auf ein heiliges Rätsel. O, könnt' ich dir, liebliche Freundin,
  Überliefern sogleich glücklich das lösende Wort!
Werdend betrachte sie nun, wie nach und nach sich die Pflanze,
  Stufenweise geführt, bildet zu Blüten und Frucht.
Aus dem Samen entwickelt sie sich, sobald ihn der Erde
  Stille befruchtender Schoß hold in das Leben entläßt
Und dem Reize des Lichts, des heiligen, ewig bewegten,
  Gleich den zärtesten Bau keimender Blätter empfiehlt.

Einfach schlief in dem Samen die Kraft; ein beginnendes Vorbild
Lag, verschlossen in sich, unter die Hülle gebeugt,
Blatt und Wurzel und Keim, nur halb geformet und farblos;
Trocken erhält so der Kern ruhiges Leben bewahrt,
Quillet strebend empor, sich milder Feuchte vertrauend,
Und erhebt sich sogleich aus der umgebenden Nacht.
Aber einfach bleibt die Gestalt der ersten Erscheinung;
Und so bezeichnet sich auch unter den Pflanzen das Kind.
Gleich darauf ein folgender Trieb, sich erhebend, erneuet,
Knoten auf Knoten getürmt, immer das erste Gebild.
Zwar nicht immer das gleiche; denn mannigfaltig erzeugt sich,
Ausgebildet, du siehst's, immer das folgende Blatt,
Ausgedehnter, gekerbter, getrennter in Spitzen und Teile,
Die verwachsen vorher ruhten im untern Organ.
Und so erreicht es zuerst die höchst bestimmte Vollendung,
Die bei manchem Geschlecht dich zum Erstaunen bewegt.
Viel gerippt und gezackt, auf mastig strotzender Fläche,
Scheinet die Fülle des Triebs frei und unendlich zu sein.
Doch hier hält die Natur, mit mächtigen Händen, die Bildung
An und lenket sie sanft in das Vollkommnere hin.
Mäßiger leitet sie nun den Saft, verengt die Gefäße,
Und gleich zeigt die Gestalt zärtere Wirkungen an.
Stille zieht sich der Trieb der strebenden Ränder zurücke,
Und die Rippe des Stiels bildet sich völliger aus.
Blattlos aber und schnell erhebt sich der zärtere Stengel,
Und ein Wundergebild zieht den Betrachtenden an.
Rings im Kreise stellet sich nun, gezählet und ohne
Zahl, das kleinere Blatt neben dem ähnlichen hin.
Um die Achse gedrängt entscheidet der bergende Kelch sich,
Der zur höchsten Gestalt farbige Kronen entläßt.
Also prangt die Natur in hoher, voller Erscheinung,
Und sie zeiget, gereiht, Glieder an Glieder gestuft.
Immer staunst du aufs neue, sobald sich am Stengel die Blume
Über dem schlanken Gerüst wechselnder Blätter bewegt.
Aber die Herrlichkeit wird des neuen Schaffens Verkündung.
Ja, das farbige Blatt fühlet die göttliche Hand.
Und zusammen zieht es sich schnell; die zärtesten Formen,
Zwiefach streben sie vor, sich zu vereinen bestimmt.
Traulich stehen sie nun, die holden Paare, beisammen,
Zahlreich ordnen sie sich um den geweihten Altar.
Hymen schwebet herbei und herrliche Düfte, gewaltig,
Strömen süßen Geruch, alles belebend, umher.

Nun vereinzelt schwellen sogleich unzählige Keime,
 Hold in den Mutterschoß schwellender Früchte gehüllt.
Und hier schließt die Natur den Ring der ewigen Kräfte;
 Doch ein neuer sogleich fasset den vorigen an,
Daß die Kette sich fort durch alle Zeiten verlänge,
 Und das Ganze belebt, so wie das Einzelne, sei.
Wende nun, o Geliebte, den Blick zum bunten Gewimmel,
 Das verwirrend nicht mehr sich vor dem Geiste bewegt.
Jede Pflanze verkündet dir nun die ew'gen Gesetze,
 Jede Blume, sie spricht lauter und lauter mit dir.
Aber entzifferst du hier der Göttin heilige Lettern,
 Überall siehst du sie dann, auch in verändertem Zug.
Kriechend zaudre die Raupe, der Schmetterling eile geschäftig,
 Bildsam ändre der Mensch selbst die bestimmte Gestalt!
O! gedenke denn auch, wie aus dem Keim der Bekanntschaft
 Nach und nach in uns holde Gewohnheit entsproß,
Freundschaft sich mit Macht in unserm Innern enthüllte,
 Und wie Amor zuletzt Blüten und Früchte gezeugt.
Denke, wie mannigfach bald die, bald jene Gestalten,
 Still entfaltend, Natur unsern Gefühlen geliehn!
Freue dich auch des heutigen Tags! Die heilige Liebe
 Strebt zu der höchsten Frucht gleicher Gesinnungen auf,
Gleicher Ansicht der Dinge, damit in harmonischem Anschaun
 Sich verbinde das Paar, finde die höhere Welt.

Höchst willkommen war dieses Gedicht der eigentlich Geliebten, welche das Recht hatte, die lieblichen Bilder auf sich zu beziehen; und auch ich fühlte mich sehr glücklich, als das lebendige Gleichnis unsere schöne vollkommene Neigung steigerte und vollendete; von der übrigen liebenswürdigen Gesellschaft aber hatte ich viel zu erdulden, sie parodierten meine Verwandlungen durch märchenhafte Gebilde neckischer, neckender Anspielungen.

Leiden ernsterer Art jedoch waren mir bereitet von auswärtigen Freunden, unter die ich, in dem Jubel meines Herzens, die Frei-Exemplare verteilt hatte, sie antworteten alle mehr oder weniger in Bonnets Redensarten: denn seine Kontemplation der Natur hatte, durch scheinbare Faßlichkeit, die Geister gewonnen, und eine Sprache in Gang gebracht, in der man etwas zu sagen, sich untereinander zu verstehen glaubte. Zu meiner Art mich auszudrücken wollte sich niemand bequemen. Es ist die größte Qual, nicht verstanden zu werden, wenn man nach großer Bemühung und Anstrengung sich endlich selbst und die Sache zu verstehn glaubt; es treibt zum Wahnsinn, den Irrtum immer wiederholen zu hören, aus dem man sich mit Not gerettet hat, und peinlicher kann uns nichts begegnen, als wenn das, was uns mit unterrichteten, einsichtigen Männern verbinden sollte, Anlaß gibt einer nicht zu vermittlenden Trennung.

Überdies waren die Äußerungen meiner Freunde keineswegs von schonender Art, und es wiederholte sich dem vieljährigen Autor die Erfahrung, daß man gerade von verschenkten Exemplaren Unlust und Verdruß zu erleben hat. Kommt jemandem ein Buch durch Zufall oder Empfehlung in die Hand, er liest es, kauft es auch wohl, überreicht ihm aber ein Freund, mit behaglicher Zuversicht, sein Werk, so scheint es, als sei es darauf abgesehen, ein Geistes-Übergewicht aufzudringen. Da tritt nun das radikale Böse in seiner häßlichsten Gestalt hervor, als Neid und Widerwille gegen frohe, eine Herzensangelegenheit vertrauende Personen. Mehrere Schriftsteller, die ich befragte, waren mit diesem Phänomen der unsittlichen Welt auch nicht unbekannt.

Einen Freund und Gönner jedoch, welcher, währender Arbeit so wie nach deren Vollendung, treulich eingewirkt, muß ich an dieser Stelle rühmen. Karl von Dalberg war es, ein Mann der wohl verdient hätte das ihm angeborne und zugedachte Glück in friedlicher Zeit zu erreichen, die höchsten Stellen durch unermüdete Wirksamkeit zu schmücken und den Vorteil derselben mit den Seinigen bequem zu genießen. Man traf ihn stets rührig, teilnehmend, fördernd, und wenn man sich auch seine Vorstellungsart im ganzen nicht zueignen konnte; so fand man ihn doch im einzelnen jederzeit geistreich überhelfend. Bei aller wissenschaftlichen Arbeit bin ich ihm viel schuldig geworden, weil er das mir eigentümliche Hinstarren auf die Natur zu bewegen, zu beleben wußte. Denn er hatte den Mut, durch gewisse gelenke Wortformeln, das Angeschaute zu vermitteln, an den Verstand heranzubringen.

Eine günstige Rezension in den Göttinger Anzeigen, Februar 1791, konnte mir nur halb genügen. Daß ich mit ausnehmender Klarheit meinen Gegenstand behandelt, war mir zugestanden, der Rezensent legte den Gang meines Vortrags kürzlich und reinlich dar, wohin es aber deute, war nicht ausgesprochen, und ich daher nicht gefödert. Da man mir nun zugab, daß ich den Weg ins Wissen von meiner Seite wohl gebahnt habe, so wünschte ich brünstig, daß man mir von dort her entgegenkäme: denn es war mir gar nichts daran gelegen, hier irgendwo Fuß zu fassen, sondern so bald als möglich durch diese Regionen, unterrichtet und aufgeklärt, durchzuschreiten. Da es aber nicht nach meinen Hoffnungen und Wünschen erging, so blieb ich meinen bisherigen Anstalten getreu. Herbarien wurden zu diesem Zwecke gesammelt, ich verwahrte sogar manche Merkwürdigkeit in Spiritus, ließ Zeichnungen verfertigen, Kupfertafeln stechen, alles das sollte der Fortsetzung meiner Arbeit zugute kommen. Der Zweck war die Haupterscheinung vor Augen zu bringen, und die Anwendbarkeit meines Vortrags zu betätigen. Nun ward ich aber unverhofft in ein höchst bewegliches Leben hingerissen. Meinem Fürsten folgte ich, und also dem preußischen Heer nach Schlesien, in die Champagne, zur Belagerung von Mainz. Diese drei Jahre hintereinander waren auch für mein wissenschaftliches Bestreben höchst vorteilhaft. Ich sah die Erscheinungen der Natur in offner Welt, und brauchte nicht erst einen zwirnsfädigen Sonnenstrahl in die finsterste Kammer zu lassen, um zu erfahren, daß hell und dunkel Farben erzeuge. Dabei bemerkte ich kaum die unendliche Langeweile des Feldzugs, die höchst verdrießlich ist, wenn Gefahr dagegen uns belebt und ergötzt. Ununterbrochen waren meine Betrachtungen, unausgesetzt das Aufzeichnen des Bemerkten, und mir, dem Unschreibseligen, stand der gute Genius abermals schönschreibend zur Seite, der mir in Karlsbad und früher so förderlich gewesen.

Da mir nun alle Gelegenheit entzogen war in Büchern mich umzusehen, benutzte ich meine Druckschrift gelegentlich, daß ich gelehrte Freunde, welche der Gegenstand interessierte, bittend anging, mir zuliebe, in ihrem weit verbreiteten Lesekreis gefällig achtzugeben, was schon über diese Materie geschrieben und überliefert wäre: denn ich war längst überzeugt, es gebe nichts Neues unter der Sonne, und man könne gar wohl in den Überlieferungen schon angedeutet finden, was wir selbst gewahr werden und denken, oder wohl gar hervorbringen. Wir sind nur Originale weil wir nichts wissen.

Jener Wunsch aber ward mir gar glücklich erfüllt, als mein verehrter Freund, Friedrich August Wolf, mir seinen Namensvetter andeutete, der längst auf der Spur gewesen, die ich nun auch verfolgte. Welcher Vorteil mir dadurch geworden, weist sich zunächst aus.

## DREI GÜNSTIGE REZENSIONEN

Um die Autorschaft ist es eine eigene Sache! Sich um das, was man geleistet hat, zu viel oder zu wenig bekümmern, eins möchte wohl ein Fehler wie das andere sein. Freilich will der lebendige Mensch aufs Leben wirken und so wünscht er, daß seine Zeit nicht stumm gegen ihn bleibe. Ich habe mich bei ästhetischen Arbeiten über den Augenblick nicht zu beklagen, doch war ich mit mir selbst übereingekommen und fühlte wenig Genuß am Beifall und von der Mißbilligung wenig Ärger. Jugendlicher Leichtsinn, Stolz und Übermut halfen über alles weg, was einigermaßen unangenehm gewesen wäre. Und dann gibt, im höhern Sinne, das Gefühl, daß man das alles allein tue und tun müsse, daß bei diesen Produktionen uns niemand helfen kann, dem Geist eine solche Kraft, daß man sich über jedes Hindernis erhoben fühlt. Auch ist es eine freundliche Gabe der Natur, das Hervorbringen selbst ein Vergnügen und sein eigner Lohn, so daß man glaubt keine weitere Anforderung machen zu dürfen.

Im Wissenschaftlichen hab' ich es anders befunden: denn um hier zu irgendeiner Art von Grund und Besitz zu gelangen, erforderts Fleiß, Mühe, Anstrengung, und, was noch mehr ist, wir fühlen, daß hier der Einzelne nicht hinreicht. Wir dürfen nur in die Geschichte sehen, so finden wir, daß es einer Folge von begabten Männern durch Jahrhunderte durch bedurfte, um der Natur und dem Menschenleben etwas abzugewinnen. Von Jahr zu Jahr sehen wir neue Entdeckungen und überzeugen uns, daß hier ein grenzenloses Feld sei.

Wie wir also hier mit Ernst arbeiten nicht um unserer selbst, sondern um einer würdigen Sache willen, so verlangen wir, indem wir die Bemühungen anderer anerkennen, auch anerkannt zu sein; wir sehnen uns nach Hülfe, Teilnahme, Fördernis. Auch daran hätte es mir nicht gefehlt, wäre ich aufmerksamer gewesen auf das, was in der gelehrten Welt vorging; allein das rastlose Bestreben mich nach allen Seiten auszubilden, das mich gerade in dem Moment überfiel, als die ungeheuren Weltbegebenheiten uns innerlich beunruhigten, äußerlich bedrängten, waren Ursache, daß ich gar nicht darnach fragen konnte, was man von meinen wissenschaftlichen Arbeiten halte. Daher mir denn der wundersame Fall begegnete, daß zwei der Metamorphose der Pflanzen sehr günstige Rezensionen: eine in der Gothaischen Gelehrten Zeitung vom 23. April 1791, die andere in der Allgemeinen Deutschen Bibliothek Bd. 116, S. 477, mir erst sehr spät vor Augen kamen und, als hätte ein günstiges Geschick mir etwas Angenehmes aufsparen wollen, gerade zu der Zeit mir begegneten, als man in einem andern Felde, von allen Seiten her, gegen mich auf die schnödeste Weise zu verfahren sich erlaubte.

## ANDERE FREUNDLICHKEITEN

Außer diesen Aufmunterungen belohnte mich auch die Aufnahme meiner kleinen Schrift in eine Gothaische Enzyklopädie, woraus mir wenigstens hervorzugehen schien, daß man meiner Arbeit einigen Nutzen ins Allgemeine zutraue.

Jussieu hatte, in seiner Einleitung zur Pflanzenlehre, der Metamorphose gedacht, aber nur bei Gelegenheit der gefüllten und monstrosen Blumen. Daß hier auch das Gesetz der regelmäßigen Bildung zu finden sei, ward nicht klar.

Usteri, in der Zürcher Ausgabe des Jussieuschen Werks 1791, verspricht in seiner Zugabe zu jener Einleitung sich über diesen Gegenstand zu erklären, indem er sagt: De Metamorphosi Plantarum egregie nuper Goethe V. Cl. egit, ejus libri analysin uberiorem dabo. Leider haben uns, mich aber besonders, die nächstfolgenden stürmischen Zeiten der Bemerkungen dieses vorzüglichen Mannes beraubt.

Willdenow, im Grundriß der Kräuterkunde 1792, nimmt keine Kenntnis von meiner Arbeit, sie ist ihm jedoch nicht unbekannt, denn er sagt pag. 343: „Das Leben der Pflanze ist also, wie Herr Goethe ganz artig sagt, ein Ausdehnen und Zusammenziehen, und jene Abwechselungen machen die verschiedenen Perioden des Lebens aus.“ Das artig kann ich mir denn wohl gefallen lassen, besonders an der ehrenvollen Stelle wo das Zitat steht; das egregie des Herrn Usteri ist denn aber doch viel artiger und verbindlicher.

Auch andere Naturforscher bezeigten mir einige Aufmerksamkeit. Batsch zum Beweise seiner Neigung und Dankbarkeit bildet eine Goethia und ist freundlich genug sie unter semper vivum zu setzen; sie erhielt sich aber nicht im System. Wie sie jetzt heißen mag, wüßt' ich nicht anzugeben.

Wohlwollende Männer auf dem Westerwald entdecken ein schönes Mineral und nennen es mir zu Lieb und Ehren Goethit; denen Herrn Cramer und Achenbach bin ich dafür noch vielen Dank schuldig, obgleich diese Benennung auch schnell aus der Oryktognosie verschwand. Es hieß auch Rubinglimmer, gegenwärtig kennt man es unter der Bezeichnung Pyrosiderit. Mir war es genug, daß bei einem so schönen Naturprodukt man auch nur einen Augenblick an mich gedacht hatte.

Einen dritten Versuch meinem Namen in der Wissenschaft ein Denkmal zu setzen machte in der letzten Zeit, in Erinnerung früherer guter Verhältnisse, Professor Fischer, welcher 1811 in Moskau Prodromum craniologiae comparatae herausgab, worin er Observata quaedam de osse epactali, sive Goethiano palmigradorum verzeichnet und mir die Ehre erweist eine Abteilung des Hinterhauptsknochens, der ich bei meinen Untersuchungen einige Aufmerksamkeit geschenkt, nach meinem Namen zu nennen. Schwerlich wird auch dieser gute Wille seinen Zweck erreichen, und ich werde mir nach wie vor gefallen lassen auch ein so freundliches Denkmal aus den wissenschaftlichen Bezeichnungen verschwinden zu sehen.

Sollte jedoch meine Eitelkeit einigermaßen gekränkt sein, daß man weder bei Blumen, Minern, noch Knöchelchen meiner weiter gedenken mag, so kann ich mich an der wohltätigen Teilnahme eines höchst geschätzten Freundes genugsam erholen. Die deutsche Übersetzung seiner Ideen zu einer Geographie der Pflanzen nebst einem Naturgemälde der Tropenländer sendet mir Alexander von Humboldt mit einem schmeichelhaften Bilde, wodurch er andeutet, daß es der Poesie auch wohl gelingen könne, den Schleier der Natur aufzuheben; und wenn Er es zugesteht, wer wird es leugnen? Ich halte mich verpflichtet meinen Dank deshalb öffentlich auszusprechen.

Und vielleicht wäre es hier gar wohl schicklich, gleichfalls dankbarlich anzuerkennen, wie manche Akademie der Wissenschaften, manche zu deren Fördernis tätige Gesellschaft mich zu ihrem Mitglied freundlich aufnehmen wollen. Und sollte man mir verargen dieses alles ganz unbewunden von mir selbst zu sagen, sollte man dergleichen als ein unziemliches Eigenlob ansehen, so werde nächstens Gelegenheit ergreifen ebenso frei und ohne Hinterhalt zu erzählen, wie unfreundlich und widerwärtig man seit sechsundzwanzig Jahren meine wissenschaftlichen Bemühungen in einem verwandten Felde behandelt hat.

Nun aber zu fernern vergnüglichen Bemühungen in dem heitern Pflanzenreiche! da mir, soeben wie ich vorstehendes zum Druck sende, abermals eine höchst erfreuliche Belohnung meines Wirkens und Ausharrens zuteil wird. Denn ich finde, in des verdientesten Curt Sprengels Geschichte der Botanik, eben als ich sie zur Übersicht des Werdens einer so hochgeschätzten Wissenschaft durchschaue, auch meiner Arbeit in Ehren gedacht. Und wo kann man sich eine größere Belohnung denken als von solchen Männern gebilligt zu werden, die man bei seinem Unternehmen immer als Protagonisten vor Augen gehabt.

---

Es ist ein großes Glück, wenn man bei zunehmenden Jahren sich über den Wechsel der Zeitgesinnung nicht zu beklagen hat. Die Jugend sehnt sich nach Teilnahme, der Mann fordert Beifall, der Greis erwartet Zustimmung, und wenn jene meist ihr beschieden Teil empfangen; so sieht sich dieser gar oft um seinen Lohn verkürzt: denn wenn er sich auch nicht selbst überlebt, so leben andere über ihn hinaus, sie eilen ihm vor, es entwickeln, es verbreiten sich Denk- und Handelsweisen die er nicht ahndete.

Mir dagegen ist jenes erwünschte Los gefallen. Jünglinge gelangten auf den Weg, dessen ich mich erfreue, teils veranlaßt durch meine Vorübung, teils auf der Bahn wie sie der Zeitgeist eröffnete. Stockung und Hemmung sind nunmehr kaum denkbar; eher vielleicht Voreil und Übertreiben als Krebsgang und Stillstand. In so guten Tagen, die ich dankbar genieße, erinnert man sich kaum jener beschränkten Zeit, wo einem ernsten treuen Bestreben niemand zu Hülfe kam. Einiges mag hier stehn als Beispiel und Andenken.

Kaum hatte mein erstes der Natur gewidmetes Werkchen einiges, und zwar ungünstiges Aufsehen gemacht, als ich auf Reisen zu einem würdigen, bejahrten Mann gelangte, den ich in jedem Sinne zu verehren und, weil er mich immerfort begünstigte, zu lieben hatte. Nach dem ersten heiteren Willkommen bemerkte er mir einigermaßen bedenklich: er habe gehört, daß ich Botanik zu studieren anfange, wovon er mir ernstlich abzuraten Ursache habe: denn ihm selbst sei ein Versuch mißglückt diesem Zweige sich zu nähern. Statt fröhlicher Natur habe er Nomenklatur und Terminologie gefunden und eine so ängstliche Kleinlichkeitslust, den Geist ertötend und jede freiere Bewegung desselben hemmend und lähmend. Er rate mir daher wohlmeinend, ich solle nicht die ewig blühenden Felder der Poesie mit Provinzial-Floren, botanischen Gärten und Gewächshäusern, am wenigsten mit getrockneten Herbarien vertauschen.

Ob ich nun gleich voraussahe, wie schwer es werden möchte, den wohlwollenden Freund von meinen Endzwecken und Bemühungen zu unterrichten und zu überzeugen, so begann ich doch ihm zu gestehen, daß ein Heft über Metamorphose der Pflanzen von mir ausgegangen sei. Er ließ mich nicht ausreden, sondern fiel mir freudig ins Wort, nun sei er zufrieden, getröstet und von seinem Irrtum geheilt. Er sehe wohl ein, daß ich die Sache nach Ovids

Weise genommen, und er freue sich schon voraus zu erfahren, wie ich die Hyazinthen, Klytien und Narzisse gar lieblich werde ausgestattet haben. Das Gespräch wandte sich nun zu andern Dingen, die seinen vollkommenen Beifall hatten.

So entschieden wurde damals verkannt, was man wollte und wünschte: denn es lag ganz außer dem Gesichtskreise der Zeit. Vereinzelt behandelte man sämtliche Tätigkeiten; Wissenschaft und Künste, Geschäftsführung, Handwerk und was man sich denken mag, bewegte sich im abgeschlossenen Kreise. Jedem Handelnden war Ernst in sich, deswegen arbeitete er aber auch nur für sich und auf seine Weise, der Nachbar blieb ihm völlig fremd und sie entfremdeten sich gegenseitig. Kunst und Poesie berührten einander kaum, an lebendige Wechselwirkung war gar nicht zu denken, Poesie und Wissenschaft erschienen als die größten Widersacher.

Indem sich nun jeder einzelne Wirkungskreis absonderte, so vereinzelte, zersplitterte sich auch in jedem Kreise die Behandlung. Nur ein Hauch von Theorie erregte schon Furcht: denn seit mehr als einem Jahrhundert hatte man sie wie ein Gespenst geflohen und, bei einer fragmentarischen Erfahrung, sich doch zuletzt den gemeinsten Vorstellungen in die Arme geworfen. Niemand wollte gestehen, daß eine Idee, ein Begriff der Beobachtung zum Grunde liegen, die Erfahrung befördern, ja das Finden und Erfinden begünstigen könne.

Nun mußte es wohl begegnen, daß man in Schriften oder im Gespräch irgendeine Bemerkung vorbrachte, die dergleichen braven Männern gefiel, so daß sie solche vereinzelt gern auf- und annahmen; da wurde man denn gelobt, sie nannten es einen glücklichen Wurf und schrieben mit Behagen dem, der es mitteilte, einen gewissen Scharfsinn zu, weil Scharfsinn auch ihnen im einzelnen wohl zu Gebote stand. Sie retteten hiedurch ihre eigne Inkonsequenz, indem sie einem anderen außerhalb der Folge irgendeinen guten Gedanken zugaben.

## *Aus:* NACHARBEITEN UND SAMMLUNGEN

Weil die Lehre der Metamorphose überhaupt nicht in einem selbständigen abgeschlossenen Werke verfaßt, sondern eigentlich nur als Musterbild aufgestellt werden kann, als Maßstab, woran die organischen Wesen gehalten, wonach sie gemessen werden sollen; so war das Nächste und Natürlichste, daß ich, um tiefer in das Pflanzenreich einzudringen, mir einen Begriff der verschiedenen Gestalten und ihres Entstehens im einzelnen auszubilden suchte. Da ich aber auch die Arbeit, die ich angefangen, schriftlich fortzusetzen, und das, was ich überhaupt angedeutet hatte, ins Besondere durchzuführen dachte, so sammelte ich Beispiele des Bildens, Umbildens und Verbildens, womit die Natur so freigebig ist. Ich ließ manches, was mir belehrend schien, abzeichnen, anfärben, in Kupfer stechen und bereitete so die Fortsetzung meiner ersten Arbeit, indem ich zugleich bei den verschiedenen Paragraphen meines Aufsatzes die auffallenden Erscheinungen fleißig nachtrug.

Durch den fördernden Umgang mit Batsch waren mir die Verhältnisse der Pflanzenfamilien nach und nach sehr wichtig geworden, nun kam mir Usteris Ausgabe des Jussieuschen Werks gar wohl zustatten; die Akotyledonen ließ ich liegen und betrachtete sie nur, wenn sie sich einer entschiedenen Gestalt näherten. Jedoch konnte mir nicht verborgen bleiben, daß die Betrachtung der Monokotyledonen die schnellste Ansicht gewähre, indem sie wegen Einfalt ihrer Organe die Geheimnisse der Natur offen zur Schau tragen und sowohl vorwärts, zu den entwickeltern Phanerogamen, als rückwärts, zu den geheimen Kryptogamen hindeuten.

Im bewegten Leben, durch fremdartige Beschäftigungen, Zerstreuung und Leidenschaft hin und wider getrieben, begnügte ich mich das Erworbene bei mir selbst zu bearbeiten und für mich zu nutzen. Mit Vergnügen folgte ich dem Grillenspiel der Natur, ohne mich weiter darüber zu äußern. Die großen Bemühungen Humboldts, die ausführlichen Werke sämtlicher Nationen gaben Stoff genug zu stiller Betrachtung. Endlich wollte sie sich mir wieder zur Tätigkeit bilden; aber als ich meine Träume der Wirklichkeit zu nähern gedachte, waren die Kupferplatten verloren, Lust und Mut sie wiederherzustellen fand sich nicht ein. Indessen hatte diese Vorstellungsart junge Gemüter ergriffen, sich lebhafter und folgereicher entwickelt als ich gedacht, und nun fand ich jede Entschuldigung gültig, die meiner Bequemlichkeit zu Hülfe kam.

Wenn ich nun aber gegenwärtig, abermals nach so manchen Jahren, auf dasjenige hinschaue, was mir von jenen Bemühungen geblieben, und betrachte, was mir an getrockneten und sonst bewahrten Pflanzen und Pflanzenteilen, Zeichnungen und Kupferstichen, an Randbemerkungen zu meinem ersten Aufsatz, Kollektaneen, Auszügen aus Büchern und Beurteilungen, sodann an vielfältigen Druckschriften vorliegt; so läßt sich recht gut übersehen, daß der Zweck, den ich vor Augen hatte, für mich, in meiner Lage, bei meiner Denk- und Handlensweise, unerreichbar bleiben mußte. Denn das Unternehmen war nichts Geringeres, als dasjenige, was ich im allgemeinen aufgestellt, dem Begriff, dem inneren Anschauen in Worten übergeben hatte, nunmehr einzeln, bildlich, ordnungsgemäß und stufenweise dem Auge darzustellen und auch dem äußern Sinne zu zeigen, daß aus dem Samenkorne dieser Idee ein die Welt überschattender Baum der Pflanzenkunde sich leicht und fröhlich entwickeln könne.

Daß ein solches Werk mir aber nicht gelingen wollen, betrübt mich in diesem Augenblicke keineswegs, da seit jener Zeit die Wissenschaft sich höher herangebildet und fähigen Männern alle Mittel sie zu fördern weit reichlicher und näher an der Hand liegen. Zeichner, Maler, Kupferstecher! wie unterrichtet und kenntnisreich sind sie nicht, selbst als Botaniker zu schätzen. Muß doch derjenige, der nachbilden, wieder hervorbringen will, die Sache verstehen, tief einsehen, sonst kommt ja nur ein Schein und nicht das Naturprodukt ins Bild. Solche Männer aber sind notwendig, wenn Pinsel, Radiernadel, Grabstichel Rechenschaft geben soll von den zarten Übergängen, wie Gestalt in Gestalt sich wandelt, sie, vorzüglich, müssen erst mit geistigen Augen in dem vorbereitenden Organe das erwartete, das notwendig folgende, in dem abweichenden die Regel erblicken.

Hier also seh ich die nächste Hoffnung, daß, wenn ein einsichtiger, kräftiger, unternehmender Mann sich in den Mittelpunkt stellte und alles, was zur Absicht förderlich sein könnte, mit Sicherheit anordnete, bestimmte, bildete, daß ein solches, in früherer Zeit unmöglich scheinendes Werk befriedigend müßte zustande kommen.

Freilich wäre hiebei, um nicht, wie bisher, der guten Sache zu schaden, von der eigentlichen, gesunden, physiologisch-reinen Metamorphose auszugehen und alsdann erst das Pathologische, das unsichere Vor- und Rückschreiten der Natur, die eigentliche Mißbildung der Pflanzen darzustellen und hiedurch dem hemmenden Verfahren ein Ende zu machen, bei welchem von Metamorphose bloß die Rede war, wenn von unregelmäßigen Gestalten und von Mißbildungen gesprochen wurde. In dem letzten Falle jedoch wird das Buch unseres vortrefflichen Jägers als eine fördernde Vor- und Mitarbeit geschätzt werden; ja dieser treue, fleißige Beobachter hätte allen unsern Wünschen zuvorkommen und das Werk, worauf wir hindeuten, ausarbeiten können, wenn er dem gesunden Zustand der Pflanzen so wie dem krankhaften derselben hätte folgen wollen...

## *BETRACHTUNG ÜBER MORPHOLOGIE*

Bezeichnung und Absonderung des Feldes, worin gearbeitet wird.

Phänomen der organischen Struktur.

Phänomen der einfachsten, die eine bloße Aggregation der Teile zu sein scheint, oft aber ebenso gut durch Evolution oder Epigenese zu erklären wäre.

Steigerung dieses Phänomens und Vereinigung dieser Struktur zur tierischen Einheit.

Form.

Notwendigkeit, alle Vorstellungsarten zusammenzunehmen, keineswegs die Dinge und ihr Wesen zu ergründen, sondern von dem Phänomene nur einigermaßen Rechenschaft zu geben und dasjenige, was man erkannt und gesehen hat, andern mitzuteilen.

Diejenigen Körper, welche wir organisch nennen, haben die Eigenschaft, an sich oder aus sich ihresgleichen hervorzubringen.

Dieses gehört mit zum Begriff eines organischen Wesens, und wir können davon weiter keine Rechenschaft geben.

Das Neue, Gleiche ist anfangs immer ein Teil desselbigen und kommt in diesem Sinne aus ihm hervor. Dieses begünstigt die Idee von Evolution; das Neue kann sich aber nicht aus dem Alten entwickeln, ohne daß das Alte durch eine gewisse Aufnahme äußerer Nahrung zu einer Art von Vollkommenheit gelangt sei. Dieses begünstigt den Begriff der Epigenese. Beide Vorstellungsarten sind aber roh und grob gegen die Zartheit des unergründlichen Gegenstandes.

An einem lebendigen Gegenstand fällt uns zuerst seine Form im ganzen in die Augen, dann die Teile dieser Form, ihre Gestalt und Verbindung.

Mit der Form im allgemeinen und mit dem Verhältnis und der Verbindung der Teile, insofern sie äußerlich sichtbar sind, beschäftigt sich die Naturgeschichte, insofern sie sich dem Auge aber erst darlegen, wenn die Gestalt getrennt ist, nennen wir diese Bemühung die Zergliederungskunst; sie geht nicht allein auf die Gestalt der Teile, sondern auch auf die Struktur derselben im Innern und ruft alsdann wie billig das Vergrößerungsglas zu Hülfe.

Wenn dann so auf diese Weise der organische Körper mehr oder weniger zerstört worden ist, so daß seine Form aufgehoben ist und seine Teile als Materie betrachtet werden können, dann tritt früh oder später die Chemie ein und gibt uns neue und schöne Aufschlüsse über die letzten Teile und ihre Mischung.

Wenn wir nun aus allen diesen einzeln beobachteten Phänomenen dieses zerstörte Geschöpf wieder palingenesieren und es wieder lebendig in seinem gesunden Zustande betrachten, so nennen wir dieses unsere physiologischen Bemühungen.

Da nun die Physiologie diejenige Operation des Geistes ist, da wir aus Lebendigem und Totem, aus Bekanntem und Unbekanntem, durch Anschauen und Schlüsse, aus Vollständigem und Unvollständigem ein Ganzes zusammensetzen wollen, das sichtbar und unsichtbar zugleich ist, dessen Außenseite uns nur als ein Ganzes, dessen Inneres uns nur als ein Teil und dessen Äußerungen und Wirkungen uns immer geheimnisvoll bleiben müssen, so läßt sich leicht einsehen, warum die Physiologie so lange zurückbleiben mußte, und warum sie vielleicht ewig zurückbleibt: weil der Mensch seine Beschränkung immer fühlt und sie selten anerkennen will.

Die Anatomie hat sich auf einen solchen Grad der Genauigkeit und Bestimmtheit erhoben, daß ihre deutliche Kenntnis schon für sich eine Art von Physiologie ausmacht.

Die Körper werden bewegt, insofern sie eine Länge, Breite und Schwere haben, Druck und Stoß auf sie wirkt, und sie auf eine oder die andere Weise von der Stelle gebracht werden können. Deshalb haben Männer, welchen diese Naturgesetze gegenwärtig und bekannt waren, sie nicht ohne Nutzen auf den organischen Körper und seine Bewegungen angewandt.

So hat auch die Chemie die Veränderung der kleinsten Teile sowie ihre Zusammensetzung genau beobachtet, und ihre letzte wichtige Tätigkeit und Feinheit gibt ihr mehr als jemals ein Recht ihre Ansprüche zu Enthüllung organischer Naturen geltend zu machen.

Aus allem diesem, wenn man auch das übrige, was ich hier übergehe, nicht in Betracht zieht, sieht man leicht ein, daß man Ursache hat, alle Gemütskräfte aufzubieten, wenn wir im ganzen nach Einsicht dieser Verborgenheiten streben, daß man Ursache hat, alle innere und äußere Werkzeuge zu brauchen und alle Vorteile zu benutzen, wenn wir an diese immer unendliche Arbeit uns heranwagen. Selbst eine gewisse Einseitigkeit ist dem Ganzen nicht schädlich; es halte immer ein jeder seinen eignen Weg für den besten, wenn er ihn nur recht ebnet und aufräumt, so daß die Folgenden bequemer und schneller denselben zurücklegen.

## Rekapitulation der verschiedenen Wissenschaften.

a) Kenntnis der organischen Naturen nach ihrem Habitus und nach dem Unterschied ihrer Gestaltsverhältnisse.

Naturgeschichte.

b) Kenntnis der materiellen Naturen überhaupt als Kräfte und in ihren Ortsverhältnissen.

Naturlehre.

c) Kenntnis der organischen Naturen nach ihren innern und äußern Teilen, ohne aufs lebendige Ganze Rücksicht zu nehmen.

Anatomie.

d) Kenntnis der Teile eines organischen Körpers insofern er aufhört organisch zu sein, oder insofern seine Organisation nur als stoffhervorbringend und als stoffzusammengesetzt angesehen wird.

Chemie.

e) Betrachtung des Ganzen insofern es lebt und diesem Leben eine besondere physische Kraft untergelegt wird.

Zoonomie.

f) Betrachtung des Ganzen insofern es lebt und wirkt und diesem Leben eine geistige Kraft untergelegt wird.

Psychologie.

g) Betrachtung der Gestalt sowohl in ihren Teilen als im ganzen, ihren Übereinstimmungen und Abweichungen ohne alle andere Rücksichten.

Morphologie.

h) Betrachtung des organischen Ganzen durch Vergegenwärtigung aller dieser Rücksichten und Verknüpfung derselben durch die Kraft des Geistes.

## Betrachtung über Morphologie überhaupt

Die Morphologie kann als eine Lehre für sich und als eine Hülfswissenschaft der Physiologie angesehen werden. Sie ruht im ganzen auf der Naturgeschichte, aus der sie die Phänomene zu ihrem Behufe herausnimmt. Ingleichen auf der Anatomie aller organischen Körper und besonders der Zootomie.

Da sie nur darstellen und nicht erklären will, so nimmt sie von den übrigen Hülfswissenschaften der Physiologie so wenig als möglich in sich auf, ob sie gleich so wenig die Kraft- und Ortverhältnisse des Physikers als die Stoff- und Mischungsverhältnisse des Chemikers außer Augen läßt, sie wird durch ihre Beschränkung eigentlich nur zur besondern Lehre, sieht sich überall als Dienerin der Physiologie und mit den übrigen Hülfswissenschaften koordiniert an.

Indem wir in der Morphologie eine neue Wissenschaft aufzustellen gedenken, zwar nicht dem Gegenstande nach, denn derselbe ist bekannt, sondern der Ansicht und der Methode nach, welche sowohl der Lehre selbst eine eigne Gestalt geben muß als ihr auch gegen andere Wissenschaften ihren Platz anzuweisen hat, so wollen wir zuvörderst erst dieses letzte darlegen und ihr Verhältnis zu den übrigen verwandten Wissenschaften zeigen, sodann ihren Inhalt und die Art ihrer Darstellung vorlegen.

Die Morphologie soll die Lehre von der Gestalt, der Bildung und Umbildung der organischen Körper enthalten; sie gehört daher zu den Naturwissenschaften, deren besondere Zwecke wir nunmehr durchgehen.

Die Naturgeschichte nimmt die mannigfaltige Gestalt der organischen Wesen als ein bekanntes Phänomen an. Es kann ihr nicht entgehen, daß diese große Mannigfaltigkeit dennoch eine gewisse Übereinstimmung teils im allgemeinen, teils im besondern zeigt, sie führt nicht nur die ihr bekannten Körper vor, sondern sie ordnet sie bald in Gruppen, bald in Reihen nach den Gestalten, die man sieht, nach den Eigenschaften, die man aufsucht und erkennt, und macht es dadurch möglich, die ungeheure Masse zu übersehen; ihre Arbeit ist doppelt: teils immer neue Gegenstände aufzufinden, teils die Gegenstände immer mehr der Natur und *den* Eigenschaften gemäß zu ordnen und alle Willkür, insofern es möglich wäre, zu verbannen.

Indem nun also die Naturgeschichte sich an die äußere Erscheinung der Gestalten hält, und sie im ganzen betrachtet, so dringt die Anatomie auf die Kenntnis der innern Struktur, auf die Zergliederung des menschlichen Körpers als des würdigsten Gegenstandes und desjenigen, der so mancher Beihülfe bedarf, die ohne genaue Einsicht in seine Organisation ihm nicht geleistet werden kann. In der Anatomie der übrigen organisierten Geschöpfe ist vieles geschehen, es liegt aber so zerstreut, ist meist so unvollständig und manchmal auch falsch beobachtet, daß für den Naturforscher die Masse beinah unbrauchbar ist und bleibt.

Die Erfahrung, die uns Naturgeschichte und Anatomie geben, teils zu erweitern und zu verfolgen, teils zusammenzufassen und zu benutzen, hat man teils fremde Wissenschaften angewandt, verwandte herbeigezogen, auch eigne Gesichtspunkte festgestellt, immer um das Bedürfnis einer allgemeinen physiologischen Übersicht auszufüllen, und man hat dadurch, ob man gleich nach menschlicher Weise gewöhnlich zu einseitig verfahren ist und verfährt, dennoch den Physiologen der künftigen Zeit trefflich vorgearbeitet.

Von dem Physiker im strengsten Sinne hat die Lehre der organischen Natur nur die allgemeinen Verhältnisse der Kräfte und ihrer Stellung und Lage in dem gegebenen Weltraum nehmen können. Die Anwendung mechanischer Prinzipien auf organische Naturen hat uns auf die Vollkommenheit der lebendigen Wesen nur desto aufmerksamer gemacht, und man dürfte beinah sagen, daß die organischen Naturen nur desto vollkommner werden, je weniger die mechanischen Prinzipien bei denselben anwendbar sind.

Dem Chemiker, der Gestalt und Struktur aufhebt und bloß auf die Eigenschaften der Stoffe und auf die Verhältnisse ihrer Mischungen achthat, ist man auch in diesem Fache viel schuldig, und man wird ihm noch mehr schuldig werden, da die neueren Entdeckungen die feinsten Trennungen und Verbindungen erlauben, und man also auch den unendlich zarten Arbeiten eines lebendigen organischen Körpers sich dadurch zu nähern hoffen kann. Wie wir nun schon durch genaue Beobachtung der Struktur eine anatomische Physiologie erhalten haben, so können wir mit der Zeit auch eine physisch-chemische uns versprechen, und es ist zu wünschen, daß beide Wissenschaften immer so fortschreiten mögen, als wenn jede allein das ganze Geschäft vollenden wollte.

Da sie beide aber nur trennend sind und die chemischen Zusammensetzungen eigentlich nur auf Trennungen beruhen, so ist es natürlich, daß diese Arten, sich organische Körper bekannt zu machen und vorzustellen, nicht allen Menschen genugtun, deren manche die Tendenz haben von einer Einheit auszugehen, aus ihr die Teile zu entwicklen und die Teile darauf wieder unmittelbar zurückzuführen.

Hierzu gibt uns die Natur organischer Körper den schönsten Anlaß: denn da die vollkommensten derselben uns als eine von allen übrigen Wesen getrennte Einheit erscheinet, da wir uns selbst einer solchen Einheit bewußt sind, da wir den vollkommensten Zustand der Gesundheit nur dadurch gewahr werden, daß wir die Teile unseres Ganzen nicht, sondern nur das Ganze empfinden, da alles dieses nur existieren kann, insofern die Naturen organisiert sind, und sie nur durch den Zustand, den wir das Leben nennen, organisiert und in Tätigkeit erhalten werden können: so war nichts natürlicher, als daß man eine Zoonomie aufzustellen versuchte und denen Gesetzen, wornach eine organische Natur zu leben bestimmt ist, nachzuforschen trachtete; mit völliger Befugnis legte man diesem Leben, um des Vortrags willen, eine Kraft unter, man konnte, ja man mußte sie annehmen, weil das Leben in seiner Einheit sich als Kraft äußert, die in keinem der Teile besonders enthalten ist.

Wir können eine organische Natur nicht lange als Einheit betrachten, wir können uns selbst nicht lange als Einheit denken, so finden wir uns zu zwei Ansichten genötigt und wir betrachten uns einmal als ein Wesen, das in die Sinne fällt, ein andermal als ein anderes, das nur durch den innern Sinn erkannt oder durch seine Wirkungen bemerkt werden kann.

Die Zoonomie zerfällt daher in zwei nicht leicht voneinander zu trennende Teile, nämlich in die körperliche und in die geistige. Beide können zwar nicht voneinander getrennt werden, aber der Bearbeiter dieses Faches kann von der einen oder der andern Seite ausgehen und so einer *oder* der andern das Übergewicht verschaffen.

Nicht aber allein diese Wissenschaften, wie sie hier aufgezählt worden sind, verlangen nur ihren Mann allein, sondern sogar einzelne Teile derselben nehmen die Lebenszeit des Menschen hin; eine noch größere Schwierigkeit entsteht daher, daß diese sämtliche Wissenschaften beinah nur von Ärzten getrieben werden, die denn sehr bald durch die Ausübung, so sehr sie ihnen auch von einer Seite zu Ausbildung der Erfahrung zu Hülfe kömmt, doch immer von weiterer Ausbreitung abgehalten werden.

Man sieht daher wohl ein, daß demjenigen, der als Physiolog alle diese Betrachtungen zusammenfassen soll, noch viel vorgearbeitet werden muß, wenn derselbe künftig alle diese Betrachtungen in eins fassen und, insofern es dem menschlichen Geist erlaubt ist, dem großen Gegenstande gemäß erkennen soll. Hierzu gehört zweckmäßige Tätigkeit von allen Seiten, woran es weder gefehlt hat noch fehlt, und bei der jeder schneller und sichrer fahren würde, wenn er zwar von Einer Seite, aber nicht einseitig arbeitete und die Verdienste aller übrigen Mitarbeiter mit Freudigkeit anerkennte, anstatt, wie es gewöhnlich geschieht, seine Vorstellungsart an die Spitze zu setzen.

Nachdem wir nun also die verschiedenen Wissenschaften, die dem Physiologen in die Hand arbeiten, aufgeführt und ihre Verhältnisse dargestellt haben, so wird es nunmehr Zeit sein, daß sich die Morphologie als eine besondere Wissenschaft legitimiert.

So nimmt *man* sie auch; und sie muß sich als eine besondere Wissenschaft erst legitimieren, indem sie das, was bei andern gelegentlich und zufällig abgehandelt ist, zu ihrem Hauptgegenstande macht, indem sie das, was dort zerstreut ist, sammelt, und einen neuen Standort feststellt, woraus die natürlichen Dinge sich mit Leichtigkeit und Bequemlichkeit betrachten lassen. Sie hat den großen Vorteil, daß sie aus Elementen besteht, die allgemein anerkannt sind, daß sie mit keiner Lehre im Widerstreite steht, daß sie nichts wegzuräumen braucht, um sich Platz zu verschaffen, daß die Phänomene, mit denen sie sich beschäftigt, höchst bedeutend sind, und daß die Operationen des Geistes, wodurch sie die Phänomene zusammenstellt, der menschlichen Natur angemessen und angenehm sind, so daß auch ein fehlgeschlagener Versuch darin selbst noch Nutzen und Anmut verbinden könnte.

## *BIGNONIA RADICANS*

Als ich im September 1786 in dem botanischen Garten von Padua eine hohe und breite Mauer durchaus mit Bignonia radicans überzogen und die Büschel hochgelbfarbiger kelchartiger Kronen-Blüten in unsäglichem Reichtum daran herunterhängen sah, machte dies einen solchen Eindruck auf mich, daß ich dieser Pflanze besonders gewogen blieb und *sie*, wo ich sie in botanischen Gärten antraf, in den Weimarischen Anlagen, wo sie mit Neigung gepflegt ward, auch im eigenen Garten immer mit besonderer Aufmerksamkeit betrachtete.

Es ist eine rankende Pflanze, welche sich ins Unendliche fortzusetzen die Neigung zu haben scheint, allein es gehen ihr die Organe ab, wodurch sie sich anschmiegen, anklammern, festhalten könnte. Wir nötigen sie daher durch Lattengerüste emporzusteigen, wo wir sie anbinden, aufrecht erhalten und sehr hoch zu steigen veranlassen können.

Auf diese Weise, die ich von jeher beobachtet gesehen, fuhr auch ich in meinen Pflanzungen fort und bemerkte, gewissermaßen mit Widerwillen, daß die neuen Zweiglein sich hinter die Latten, gegen die Mauer zogen, an diese sich andrängten, dadurch auch, gewissermaßen ungeschickt, die schönen Blumenbüschel in die Klemme brachten und dem Anschauenden, der sie überhängend bewundern wollte, das Vergnügen ihrer Gegenwart entzogen. Nach mancherlei Betrachtungen und Untersuchungen fand ich endlich folgendes.

Nehm' ich einen Zweig der Bignonia vor mich, so seh ich, daß ungleich gefiederte Blätter gepaart aus demselben hervortreten, auf der Rückseite unter diesen zeigen sich drüsenartige Auswüchse, welche, bei mäßiger Vergrößerung, einer Traube an Gestalt ähneln. Die drei mittleren herabsteigenden Reihen von Beerchen oder Perlchen haben ungefähr ihrer funfzehn, die folgenden weniger, wodurch denn eben das gedachte Traubengestaltige hervorgebracht wird. Zwei solcher Organe stehen nebeneinander, wie gesagt, unter dem Blätterpaar an jedem Knoten an der hinteren Seite. Die Perlen dieser scheinbaren Träublein sind klar und schön in ihren Anfängen, wie ich sie freilich nur ein einziges Mal fand, und zwar Ende Augusts 1828. Deshalb denn im nächsten Frühjahr auf diese Erscheinung wird aufzumerken sein. Indessen versenkt' ich sie in Spiritus, wo sie sich der Form nach erhalten, aber zugleich eine braune Farbe angenommen haben.

Übrigens kommt dieses Organ häufig vor in korkartigem Ansehen, bräunlich, trocken, etwa eine Linie hoch, kamm- und borstenartig; man möchte sie für einen unnützen, vielleicht schädlichen Auswuchs halten. An Gestalt bleibt dieses Organ im ganzen sich nicht gleich, es zieht sich in die Länge am Stengel herab, vereinzelt sich als kleiner Büschel, verliert sich in Vertiefungen, an ihrer Stelle zeigen sich kleine Grübchen, die bis aufs Holz hinabgehen. Ein einzig Mal hab' ich sie als einen starken neun Linien langen Büschel gefunden, sich verzweigend als wahrhafte Wurzeln, deren zarte Fasern sich durch das Mikroskop mit feinen Haaren besetzt erwiesen.

Es wäre die Frage, ob diese Stellen unter gehörigen Bedingungen nicht wirklich Wurzel schlügen; wenigstens kann man sich nicht erwehren diese Organe für Feuchtigkeits-Leiter anzusehen, deren die von der Wurzel und dem Boden weitentfernten mehrjährigen Ranken gar wohl zu bedürfen scheinen.

An sehr vielen jungen Zweigen einer hoch an einem Gebäude hinaufgeführten Bignonia findet sich keine Spur dieses Organs, aber an einer Pflanze, welche ungünstig stand, an einem feuchten, wenig sonnigen Orte, und sich kaum als Strauch eine Elle hoch erhoben hatte, fanden sich die Zweige an mehreren Knoten mit diesen Organen besetzt, wodurch die Wechselwirkung deutlich wird; das Organ wird durch die Feuchtigkeit hervorgerufen, die es der Pflanze mitteilen soll.

Ich sage mir also: dies ist eine rankende, aber nicht aufsteigende, sondern niederhängende Pflanze; wir fehlen in ihrer Behandlung, indem wir sie in die Höhe nötigen, wo sie ihrer eigentlichsten Nahrung entbehrt. Man bringe sie auf eine Höhe, von dort aber lasse man sie über Terrassen und Felsen herabspielen, und man wird sie alsdann in ihrer größten Schönheit gewahr werden. Die jüngsten Zweige werden sich mit ihrer Rückseite an das feuchte Gestein anlegen und Feuchtigkeit genug einsaugen zu eigenem Grün und zu tausendfältigen Blütenbüscheln. Auch kommen die Zweiglein dadurch in eine natürliche Stellung. Denn man bemerke nur, daß jetzt, wenn ein Zweig sich an der Mauer emporlehnt und am Ende wie gewöhnlich das Blütengewicht hervorbringt, er zuletzt übergebogen und die Rückseite, welche gerade diese nährenden Organe an sich entwickelt, dem Licht und der Sonne zugekehrt werden. Dadurch werden also gerade in dem Moment, wo die Vollendung der Pflanze solcher Einwirkungen bedürfte, die belobten Organe ausgetrocknet und vernichtet. Wie denn auch die Blätter des Zweigs abfallen, und der Blütenbüschel an einem kahlen Stiel herabhängt, anstatt daß er bis an die Blumen hervor mit Blättern bekleidet sein konnte.

Den Weinstock, der mit seinen Gabeln sich überall festzuhalten weiß, lasse man ranken und walten, wie es gut und nützlich zu sein scheint, aber eine so auffallend schöne Pflanze wie Bignonia radicans pflanze man oben und lasse sie sich herabsenken; geschieht dies in sonniger Lage, so wird man überall die goldfarbigen Glocken herabhängen sehen, da sich diese auffallende Zierpflanze bis jetzt nur mit besonderer Sorgfalt und doch nur bis auf einen gewissen Grad erfreulich auferziehen ließ.

Nachträglich muß ich noch erwähnen, daß, wer diese Pflanze monographisch behandeln wollte, mit Vergnügen finden würde, daß an einzelnen Blattstielen der gemeldeten gefiederten Blätter, gleich unten am Ansatze, sechs bis acht dergleichen Drüsen befindlich sind; nicht weniger, daß an den Zweigen, da wo ein Knoten den andern ablöst, gleich unter oder neben den Augen, eine zarteste Reihe von Härchen sich hervortut, ja zuletzt, daß der Zweig in allen Zwischenräumen von Knoten zu Knoten mit unzähligen weißen Pünktchen besetzt ist, dergestalt also, daß kein Teil dieser Pflanze der Mittel, das Bedürfnis von feuchter Nahrung aus der Atmosphäre oder den Umgebenheiten an sich zu ziehen, beraubt ist.

## *Aus: SPIRALTENDENZ DER VEGETATION*

### Historische Einleitung

Nachdem ich viele Jahre nach meinen früheren Ansichten die Pflanzenwelt betrachtet und mich begnügt hatte, manches Besondere ins Allgemeine zu verbinden, so ward ich aufs neue kräftig angeregt durch eine gewisse neubeobachtete Spiraltendenz der Pflanzen, worüber unser Martius *1827* in München und das folgende Jahr in Berlin Vorträge gehalten und an dem letzteren Orte zu mehrer Verdeutlichung ein Modell vorgewiesen hatte. Als dieser werte Mann auf seiner Rückreise mich besuchte, kam diese Angelegenheit zur Sprache, da denn derselbe durch einen gedrängten Vortrag sowie durch einige flüchtige Zeichnungen mich in diese neueröffneten Geheimnisse tief einzuführen die Gefälligkeit hatte.

Ich verfehlte hierauf nicht, die in der Isis 1828 und 1829 mitgeteilten Kenntnisse ernster zu betrachten; allein da mir immer noch ein näheres Anschauen fehlte, mußt' ich um eine Nachbildung jenes Modells dringend ersuchen. Der nachgiebige Freund verehrte mir auch solches zu meinem Geburtstag 1829, welches zur Versinnlichung, wie Kelch, Krone und die Befruchtungswerkzeuge entstehen, sehr dienlich gefunden wurde. Diese Angelegenheit war hierdurch gleichsam bis ans letzte Ende geführt und ich mußte um nach meiner Weise zu verfahren weiter herab bis zu den früheren Anfängen zurückgehen, und indem ich damit beschäftigt war, fand ich zufällig, daß ein Engländer und ein Franzose sich diesen Betrachtungen von ihrer Seite aufmerksam angenähert hatten. Ich führte nun den Begriff aus dem Besondern ins Allgemeine, ward aufmerksam auf die Beispiele, die mich in meinen Gedanken bestärken und deren Menge und Kongruenz meine daraus gezogenen Folgerungen begründen sollten, wie ich es nun in diesem Aufsatze zu Versuch darzustellen gedenke.

## Allgemeine Spiraltendenz der Vegetation, wodurch in Verbindung mit dem vertikalen Streben Bau und Bildung der Pflanzen nach dem Gesetze der Metamorphose vollbracht wird

Wenn ein Fall in der Naturbetrachtung vorkommt, der uns stutzig macht, wo wir unsre gewöhnliche Vorstellungs- und Denkweise nicht ganz hinlänglich finden, um solchen zu gewältigen, so tun wir wohl uns umzusehn, ob nicht in der Geschichte des Denkens und Begreifens schon etwas Ähnliches verhandelt worden.

Diesmal würden wir nun an die Homoiomerien des Anaxagoras erinnert, obgleich ein solcher Mann zu seiner Zeit sich begnügen mußte dasselbige durch dasselbige zu erklären. Wir aber, auf Erfahrung gestützt, können schon etwas dergleichen zu denken wagen.

Lassen wir beiseite, daß ebendiese Homoiomerien sich bei urelementaren einfachen Erscheinungen eher anwenden lassen; allein hier haben wir auf einer hohen Stufe wirklich entdeckt, daß spirale Organe durch die ganze Pflanze im kleinsten durchgehen, und wir sind zugleich von einer spiralen Tendenz gewiß, wodurch die Pflanze ihren Lebensgang vollführt und zuletzt zum Abschluß und Vollkommenheit gelangt.

Lehnen wir also jene Vorstellung nicht ganz als ungenügend ab und beherzigen dabei: was ein vorzüglicher Mann einmal denken konnte, hat immer etwas hinter sich, wenn wir das Ausgesprochene auch nicht gleich uns zuzueignen und anzuwenden wissen.

---

Nach dieser neu eröffneten Ansicht wagen wir nun folgendes auszusprechen: Hat man den Begriff der Metamorphose vollkommen gefaßt, so achtet man ferner, um die Ausbildung der Pflanze näher zu erkennen, zuerst auf die vertikale Tendenz. Diese ist anzusehen wie ein geistiger Stab, welcher das Dasein begründet und solches auf lange Zeit zu erhalten fähig ist. Dieses Lebensprinzip manifestiert sich in den Längenfasern, die wir als biegsame Fäden zu dem mannigfaltigsten Gebrauch benutzen; es ist dasjenige, was bei den Bäumen das Holz macht, was die einjährigen, zweijährigen aufrecht erhält, ja selbst in rankenden kriechenden Gewächsen die Ausdehnung von Knoten zu Knoten bewirkt.

Sodann aber haben wir die Spiralrichtung zu beobachten, welche sich um jene herumschlingt.

---

Das vertikal aufsteigende System bewirkt bei vegetabilischer Bildung das Bestehende, seinerzeit Solideszierende, Verharrende; die Faden bei vorübergehenden Pflanzen, den größten Anteil am Holz bei dauernden.

Das Spiralsystem ist das Fortbildende, Vermehrende, Ernährende, als solches vorübergehend, sich von jenem gleichsam isolierend. Im Übermaß fortwirkend, ist es sehr bald hinfällig, dem Verderben ausgesetzt; an jenes angeschlossen, verwachsen beide zu einer dauernden Einheit als Holz oder sonstiges Solide.

Keins der beiden Systeme kann allein gedacht werden; sie sind immer und ewig beisammen; aber im völligen Gleichgewicht bringen sie das Vollkommenste der Vegetation hervor.

---

Da das Spiralsystem eigentlich das Nährende ist und Auge nach Auge sich in demselben entwickelt, so folgt daraus, daß übermäßige Nahrung, demselben zugeführt, ihm das Übergewicht über das vertikale gibt, wodurch das Ganze seiner Stütze, gleichsam seines Knochenbaues beraubt, in übermäßiger Entwickelung der Augen sich übereilt und verliert.

So z. B. hab' ich die geplatteten, gewundenen Eschenzweige, welche man in ihrer höchsten Abnormität Bischofstäbe nennen kann, niemals an ausgewachsenen hohen Bäumen gefunden, sondern an geköpften, wo den neuen Zweigen von dem alten Stamm übermäßige Nahrung zugeführt wird.

Auch andere Monstrositäten, die wir zunächst umständlicher vorführen werden, entstehen dadurch, daß jenes aufrechtstrebende Leben mit dem spiralen aus dem Gleichgewicht kommt, von diesem überflügelt wird, wodurch die Vertikalkonstruktion geschwächt und an der Pflanze, es sei nun das fadenartige System oder das Holz hervorbringende, in die Enge getrieben und gleichsam vernichtet wird, indem das spirale, von welchem Augen und Knospen abhängen, beschleunigt, der Zweig des Baums abgeplattet und, des Holzes ermangelnd, der Stengel der Pflanze aufgebläht und sein Inneres vernichtet wird; wobei denn immer die spirale Tendenz zum Vorschein kommt und sich im Winden und Krümmen und Schlingen darstellt. Nimmt man sich Beispiele vor Augen, so hat man einen gründlichen Text zu Auslegungen.

---

Die Spiralgefäße, welche längst bekannt und deren Existenz völlig anerkannt ist, sind also eigentlich nur als einzelne der ganzen Spiraltendenz subordinierte Organe anzusehen; man hat sie überall aufgesucht und fast durchaus, besonders im Splint gefunden, wo sie sogar ein gewisses Lebenszeichen von sich geben; und nichts ist der Natur gemäßer, als daß sie das, was sie im Ganzen intentioniert, durch das Einzelnste in Wirksamkeit setzt.

Diese Spiraltendenz, als Grundgesetz des Lebens, muß daher allererst bei der Entwickelung aus dem Samen sich hervortun. Wir wollen sie zuerst beachten, wie sie sich bei den Dikotyledonen manifestiert, wo die ersten Samenblätter entschieden gepaart erscheinen; denn obgleich bei diesen Pflanzen nach dem Dikotyledonen-Paar abermals ein Pärchen schon mehr gebildeter Blätter sich übers Kreuz lagert und auch wohl eine solche Ordnung eine Zeitlang fortgehen mag, so ist es doch offenbar, daß bei vielen das aufwärts folgende Stengelblättchen und das potentia oder actu hinter ihnen wohnende Auge sich mit einer solchen Sozietät nicht wohl verträgt, sondern immer eins dem andern vorzueilen sucht, woraus denn die allerwunderbarsten Stellungen entspringen und zuletzt, durch eilige Annäherung aller Teile einer solchen Reihe, die Annäherung zur Fruktifikation in der Blüte und zuletzt die Entwickelung der Frucht erfolgen muß.

---

An der Calla entwickeln sich sehr bald die Blattrippen zu Blattstielen, ründen sich nach und nach, bis sie endlich ganz geründet als Blumenstiel hervortreten. Die Blume ist offenbar ein Blattende, das alle grüne Farbe verloren hat und, indem seine Gefäße, ohne sich zu verästeln, vom Ansatz zur

Peripherie gehen, sich von außen nach innen um den Kolben windet, welcher nun die vertikale Stellung als Blüten- und Fruchtstand behauptet...

---

Wir mußten annehmen: es walte in der Vegetation eine allgemeine Spiraltendenz, wodurch, in Verbindung mit dem vertikalen Streben, aller Bau, jede Bildung der Pflanzen nach dem Gesetze der Metamorphose vollbracht wird.

Die zwei Haupttendenzen also oder, wenn man will, die beiden lebendigen Systeme, wodurch das Pflanzenleben sich wachsend vollendet, sind das Vertikalsystem und das Spiralsystem; keins kann von dem andern abgesondert gedacht werden, weil eins durch das andere nur lebendig wirkt. Aber nötig ist es zur bestimmteren Einsicht, besonders aber zu einem deutlichern Vortrag, sie in der Betrachtung zu trennen, und zu untersuchen, wo eins oder das andere walte, da es denn bald, ohne seinen Gegensatz zu überwältigen, von ihm überwältigt wird, oder sich ins gleiche stellt, wodurch uns die Eigenschaften dieses unzertrennlichen Paares desto anschaulicher werden müssen.

---

Das Vertikalsystem, mächtig, aber einfach, ist dasjenige, wodurch die offenbare Pflanze sich von der Wurzel absondert und sich in gerader Richtung gegen den Himmel erhebt; es ist vorwaltend bei Monokotyledonen, deren Blätter schon sich aus geraden Fasern bilden, die unter gewissen Bedingungen sich leicht voneinander trennen und als starke Fäden zu mancherlei Gebrauch haltbar sind. Wir dürfen hier nur der P h o r m i u m t e n a x gedenken; und so sind die Blätter der P a l m e durchgängig aus geraden Fasern bestehend, welche nur in frühster Jugend zusammenhängen, nachher aber, den Gesetzen der Metamorphose gemäß, in sich selbst getrennt und durch fortgesetzten Wachstum vervielfältigt erscheinen.

Aus den Blättern der Monokotyledonen entwickeln sich öfters unmittelbar die Stengel, indem das Blatt sich aufbläht und zur hohlen Röhre wird, alsdann aber tritt an der Spitze desselben schon die Achsenstellung dreier Blattspitzen und also die Spiraltendenz hervor, woraus sodann der Blumen- und Fruchtbüschel sich erhebt, wie solcher Fall im Geschlechte der Allien sich ereignet.

Merklich jedoch ist die Vertikaltendenz auch über die Blume hinaus, und des Blüten- und Fruchtstandes sich bemächtigend. Der gerad aufsteigende Stengel der Calla aethiopica zeigt oben seine Blattnatur zugleich mit der Spiraltendenz, indem sich die Blume einblättrig um die Spitze windet, durch welche jedoch die blüten- und fruchttragende Säule vertikal hervorwächst. Ob nun um diese Säule, nicht weniger um die der Arum, des Mais und anderer, sich die Früchte in spiraler Bewegung aneinanderschließen, wie es wahrscheinlich ist, möge fernerweit untersucht werden.

Auf alle Fälle ist diese Kolumnartendenz als Abschluß des Wachstums wohl zu beachten.

Denn wir treffen, indem wir uns bei den Dikotyledonen umsehen, diese Vertikaltendenz, wodurch die sukzessive Entwickelung der Stengelblätter und Augen in einer Folge begünstigt wird, mit dem Spiralsystem, wodurch die Fruktifikation abgeschlossen werden sollte, im Konflikt; eine durchgewachsene Rose gibt hievon das schönste Zeugnis.

Dagegen haben wir eben in dieser Klasse die entschiedensten Beispiele von einer durchgesetzten Vertikaltendenz und möglichster Beseitigung der gegenteiligen Einwirkung. Wir wollen nur von dem gewöhnlichsten Lein reden, welcher durch die entschiedenste Vertikalbildung sich zur allgemeinen Nutzbarkeit qualifiziert. Die äußere Hülle und der innere Faden steigen stracks und innigst vereint hinauf; man gedenke, welche Mühe es kostet, ebendiese Spreu vom Faden zu sondern, wie unverweslich und unzerreißbar derselbe ist, wenn die äußere Hülle, selbst mit dem größten Widerstreben, den durch die Natur bestimmten Zusammenhang aufgeben soll. Zufällig hat sich das Rösten der Pflanze einen ganzen Winter unter dem Schnee fortgesetzt, und der Faden ist dadurch nur schöner und dauerhafter geworden.

Überhaupt aber, was braucht es mehr Zeugnis, da wir ja unser ganzes Leben hindurch von Leinwand umgeben sind, welche durch Waschen und Wiederwaschen, durch Bleichen und Wiederbleichen endlich das elementare Ansehen reiner irdischer Materien als ein blendendes Weiß gewinnt und wiedergewinnt.

Hier nun auf dem Scheidepunkte, wo ich die Betrachtung der Vertikaltendenz zu verlassen und mich zu der Spirale zu wenden gedenke, begegnet mir die Frage: ob die alterne Stellung der Blätter, die wir an dem emporwachsenden Stengel der Dikotyledonen bemerken, diesem oder jenem System angehöre? und ich will gestehen, daß mir scheine, als ob sie jenem, dem Vertikalsystem, zuzuschreiben sei, und daß eben durch diese Art des Hervorbringens das Streben nach der Höhe in senkrechter Richtung bewirkt werde. Diese Stellung nun kann in einer gewissen Folge, unter gegebenen Bedingungen und Einflüssen, von der Spiraltendenz ergriffen werden, wodurch aber jene unbeständig erscheint und zuletzt gar unmerklich wird, ja verschwindet.

Doch wir treten nun auf den Standpunkt, wo wir die Spiraltendenz ohne weiteres gewahr werden.

---

Ob wir gleich oben die so viel beobachteten Spiralgefäße zu betrachten abgelehnt haben, ob wir sie gleich als Homoiomerien oder das Ganze verkündende und konstituierende Teile zu schätzen wußten; so wollen wir doch hier nicht unterlassen, der elementaren mikroskopischen Pflanzen zu gedenken, welche als Oszillarien bekannt und uns durch die Kunst höchst vergrößert dargestellt worden; sie erweisen sich durchaus schraubenförmig und ihr Dasein und Wachstum in solcher merkwürdigen Bewegung, daß man zweifelhaft ist, ob man sie nicht unter die Tiere zählen solle. Wie denn die erweiterte Kenntnis und tiefere Einsicht in die Natur uns erst vollkommen von dem allen vergönnten grenzenlosen und unverwüstlichen Leben ein entschiedeneres Anschauen gewähren wird...

Um uns nun aber zur eigentlichen Spiraltendenz zu wenden, so verweisen wir auf obiges, was von unserm Freunde von Martius ausgeführt worden, welcher diese Tendenz in ihrer Machtvollkommenheit als Abschluß des Blütenstandes dargestellt, und begnügen uns einiges hierher Gehörige, teils auf das Allgemeine, teils auf das Intermediäre bezüglich, beizubringen, welches methodisch vorzutragen erst künftigen denkenden Forschern möchte anheimgegeben sein.

Auffallend ist das Übergewicht der Spiraltendenz bei den Konvolveln, welche von ihrem ersten Ursprung an weder steigend noch kriechend ihre Existenz fortsetzen können, sondern genötigt sind, irgendein Gradaufsteigendes zu suchen, woran sie immer fort sich windend hin in die Höhe klimmen können.

Gerade aber diese Eigenschaft gibt Gelegenheit unsern Betrachtungen durch ein sinnliches Beispiel und Gleichnis zu Hülfe zu kommen.

Man trete zur Sommerzeit vor eine im Gartenboden eingesteckte Stange, an welcher eine Winde von unten an sich fortschlängelnd in die Höhe steigt, sich festanschließend ihren lebendigen Wachstum verfolgt. Man denke sich nun Konvolvel und Stange, beide gleich lebendig, aus einer Wurzel aufsteigend, sich wechselsweise hervorbringend und so unaufhaltsam fortschreitend. Wer sich diesen Anblick in ein inneres Anschauen verwandeln kann, der wird sich den Begriff sehr erleichtert haben. Die rankende Pflanze sucht das außer sich, was sie sich selbst geben sollte und nicht vermag.

---

Das Spiralsystem ist für den ersten Anblick offenbarer in den Dikotyledonen. Solches in den Monokotyledonen und weiter hinab aufzusuchen, bleibt vorbehalten.

Wir haben die rankende Konvolvel gewählt. Gar manches andere dergleichen wird sich finden.

Nun sehen wir jene Spiraltendenz in den Gäbelchen, in den Vrillen.

Diese erscheinen auch wohl an den Enden zusammengesetzter Blätter, wo sie ihre Tendenz, sich zu rollen, gar wohl manifestieren.

Die eigentlichen, völlig blattlosen Vrillen sind als Zweige anzusehen, denen die Solideszenz abgeht, die voll Saft und biegsam eine besondere Irritabilität zeigen.

Vrille der Passionsblume, sich für sich selbst zusammenrollend.

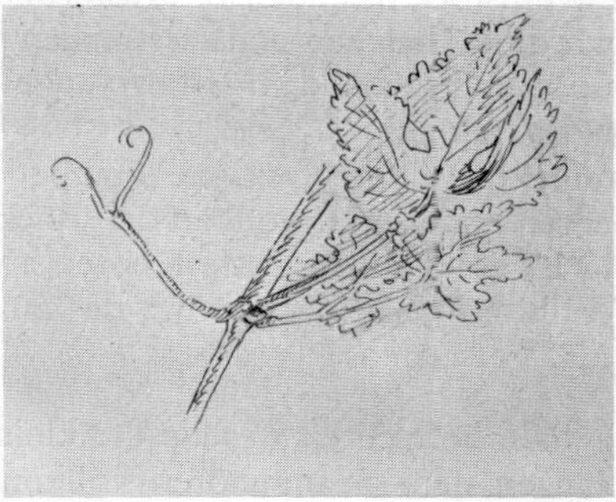

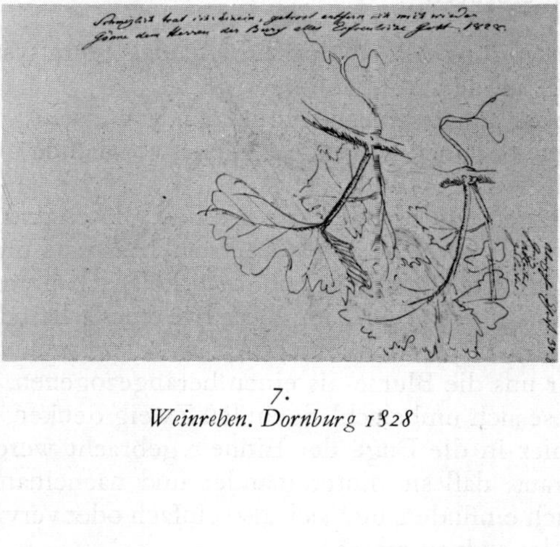


7.
*Weinreben. Dornburg 1828*

Andere müssen durch äußern Reiz angeregt und aufgefordert werden.

Mir ist der Weinstock das höchste Musterbild.

Man sehe, wie die Gäbelchen sich ausstrecken, von irgendwoher eine Berührung suchend; irgendwo angelehnt, fassen sie, klammern sie sich an.

Es sind Zweige, dieselbigen, welche Trauben tragen.

Einzelne Beeren findet man wohl an den Böcklein.

Merkwürdig ist es, daß der dritte Knoten an der Weinranke keine Vrille hervorbringt; wohin das zu deuten sei, ist uns nicht klar geworden.

---

Die Spiralgefäße betrachten wir als die kleinsten Teile, welche dem Ganzen, dem sie angehören, vollkommen gleich sind, und, als Homoiomerien angesehen, ihm ihre Eigenheiten mitteilen und von demselben wieder Eigenschaft und Bestimmung erhalten. Es wird ihnen ein Selbstleben zugeschrieben, die Kraft sich an und für sich einzeln zu bewegen und eine gewisse Richtung anzunehmen. Der vortreffliche Dutrochet nennt sie eine vitale Inkurvation. Diesen Geheimnissen näherzutreten, finden wir uns hier weiter nicht aufgefordert.

---

Gehen wir ins Allgemeine zurück: das Spiralsystem ist abschließend, den Abschluß befördernd.

Und zwar auf gesetzliche, vollendende Weise.

Sodann aber auch auf ungesetzliche, voreilende und vernichtende Weise.

Wie die gesetzliche wirke, um Blumen, Blüten und Keime zu bilden, hat unser hochbelobter von Martius umständlich ausgeführt. Dieses Gesetz entwickelt sich unmittelbar aus der Metamorphose, aber es bedurfte eines scharfsinnigen Beobachters, um es wahrzunehmen und darzustellen. Denn wenn wir uns die Blume als einen herangezogenen, als um eine Achse sich umherschlängelnden Zweig denken, dessen Augen hier in die Enge der Einheit gebracht werden, so folgt daraus, daß sie hintereinander und nacheinander im Kreise sich einfinden, und sich also einfach oder vervielfacht umeinander ordnen müssen.

---

Die unregelmäßige Spiralwirkung ist als ein übereilter unfruchtbarer Abschluß zu denken: irgend ein Stengel, ein Zweig, ein Ast wird in den Zustand versetzt, daß der Splint, in welchem eigentlich das Spiralleben wirksam ist, vorwaltend zunimmt und daß die Holz- oder sonstige Dauerbildung nicht stattfinden kann.

Nehmen wir einen Eschenzweig vor uns, der sich in diesem Falle befindet; der Splint, der durch das Holz nicht auseinandergehalten wird, drängt sich zusammen und bewirkt eine flache vegetabilische Erscheinung; zugleich zieht sich das ganze Wachstum zusammen und die Augen, welche sich sukzessiv entwickeln sollten, erscheinen nun gedrängt und endlich gar in ungetrennter Reihe; indessen hat sich das Ganze gebogen; das übriggebliebene Holzhafte macht den Rücken, und die einwärts gekehrte, einem Bischofsstabe ähnliche Bildung stellt eine höchst merkwürdige abnorme Monstrosität vor.

---

Wie wir uns nun aus dem Bisherigen überzeugen können: das eigentliche Pflanzenleben werde durch die Spiraltendenz vorzüglich gefördert, so läßt sich auch nachweisen, daß die Spur derselben in dem Fertigen, Dauernden zurückbleibe.

Die in ihrer völligen Freiheit herunterhangenden frischen Fadenzweige des Lycium europaeum zeigen nur einen geraden fadenartigen Wuchs. Wird die Pflanze älter, trockner, so bemerkt man deutlich, daß sie sich von Knoten zu Knoten zu einer Windung hinneigt.

Sogar starke Bäume werden im Alter von solcher Richtung ergriffen; hundertjährige Kastanienbäume findet man an der Belvederischen Chaussee stark gewunden, und die Starrheit der geradaufsteigenden Tendenz auf die sonderbarste Weise besiegt.

In dem Park hinter Belvedere finden sich drei schlanke hochgewachsene Stämme von Crataegus torminalis, Adelsbeere, so deutlich von unten bis oben spiralgewandt, daß es nicht zu verkennen ist. Diese empfiehlt man besonders dem Beobachter.

---

Blumen, die vor dem Aufblühen gefaltet und spiral sich entwicklend vorkommen; andere, die beim Vertrocknen eine Windung zeigen.

Pandanus odoratissimus windet sich spiral von der Wurzel auf.

Ophrys spiralis windet sich dergestalt, daß alle Blüten auf eine Seite kommen.

Die Flora subterranea gibt uns Anlaß ihre en échiquier gereihten Augen als aus einer sehr regelmäßigen Spiraltendenz hervorgehend zu betrachten.

An einer Kartoffel, welche auf eines Fußes Länge gewachsen war, die man an ihrer dicksten Stelle kaum umspannen konnte, war von dem Punkte ihres Ansatzes an aufs deutlichste eine Spiralfolge der Augen bis auf ihren höchsten Gipfel von der Linken zur Rechten hinaufwärts zu bemerken.

Bei den Farrn ist bis an ihre letzte Vollendung alles Treiben, vom horizontalliegenden Stamme ausgehend, seitlich nach oben gerichtet, Blatt und Zweig zugleich, deshalb auch die Fruchtteile tragend und aus sich entwickelnd. Alles, was wir Farrn nennen, hat seine eigentümliche spiralige Entwickelung. In immer kleinere Kreise zusammengerollt erscheinen die Zweige jenes horizontalliegenden Stockes und rollen sich auf, in doppelter Richtung, einmal aus der Spirale der Rippe, dann aber aus den eingebogenen Fiedern der seitlichen Richtung von der Rippe, die Rippchen nach außen.

Siehe Reichenbach: Botanik für Damen Seite 288.

Die Birke wächst gleich vom untersten Stammende an, und zwar ohne Ausnahme, spiralförmig in die Höhe. Spaltet man den Stamm nach seinem natürlichen Wachstum, so zeigt sich die Bewegung von der Linken zur Rechten bis in den Gipfel, und eine Birke, welche 60 bis 80 Fuß Höhe hat, dreht sich ein-, auch zweimal der ganzen Länge nach um sich herum. Das weniger oder mehr Spirale, behauptet der

Böttcher, entstehe daher, wenn ein Stamm der Witterung mehr oder minder ausgesetzt sei; denn ein Stamm, der frei stehe, z. E. außen an einer Brane, die besonders der Westseite ausgesetzt ist, manifestiere die Spiralbewegung weit augenfälliger und deutlicher, als bei einem Stamme, welcher im Dickicht des Holzes wachse. Vornehmlich aber kann diese Spiralbewegung an den sogenannten Reifbirken wahrgenommen werden. Eine junge Birke, die zu Reifen verbraucht werden soll, wird inmitten getrennt; folgt das Messer dem Holze, so wird der Reif unbrauchbar: denn er dreht sich, wie bei älteren Stämmen schon bemerkt worden, ein-, auch zweimal um sich herum. Deswegen braucht der Böttcher auch eigene Instrumente, dieselben gut und brauchbar zu trennen; und dies gilt auch von seiten der Scheite des älteren Holzes, welches zu Dauben oder sonst verbraucht wird: denn bei Trennung desselben müssen Keile von Eisen angewendet werden, die das Holz mehr schneiden als spalten, sonst wird es unbrauchbar.

Daß das Wetter, Wind, Regen, Schnee, große Einwirkung auf die Entwickelung der Spiralbewegung haben mag, geht daraus hervor, daß ebendiese Reifbirken, aus dem Dickicht geschlagen, weit weniger der Spiralbewegung unterworfen sind als die, so einzeln und nicht durch Gebüsch und größere Bäume stehen.

Herr Oberlandjägermeister von Fritsch äußerte Ende August in Ilmenau, als die Spiraltendenz zur Sprache kam, daß unter den Kiefern Fälle vorkämen, wo der Stamm von unten bis oben eine gedrehte gewundene Wirkung annehme; man habe geglaubt, da man dergleichen Bäume an der Brane gefunden, eine äußere Wirkung durch heftige Stürme sei die Veranlassung; man finde aber dergleichen auch in den dichtesten Forsten und es wiederhole sich der Fall nach einer gewissen Proportion, so daß man ein bis etwa anderthalb Prozent im ganzen das Vorkommen rechnen könnte.

Solche Stämme würden in mehr als einer Hinsicht beachtet, indem das Holz derselben nicht wohl, zu Scheiten geschnitten, in Klaftern gelegt werden könnte; auch ein solcher Stamm zu Bauholz nicht zu brauchen sei, weil seine

Wirkung immer fortdauernd durch ein heimliches Drehen eine ganze Kontignation aus ihren Fugen zu rücken die Gewalt habe.

Aus dem Vorigen erhellet, daß während dem Austrocknen des Holzes die Krümmung sich fortsetzt und sich bis zu einem hohen Grade steigert, wie wir im vorigen gar manche durch Vertrocknung zuerst entstehende und sichtbar werdende Spiralbewegung erkennen werden.

---

Die vertrockneten Schoten des Lathyrus vernus, nach vollkommen abgeschlossener Reife der Frucht, springen auf und rollen sich jede nach auswärtser Richtung streng zusammen. Bricht man eine solche Schote auf, ehe sie vollkommen reif ist, so zeigt sich gleichfalls diese Schraubenrichtung, nur nicht so stark und nicht so vollkommen.

Die grade Richtung ähnlicher Pflanzenteile wird verschiedentlich gleichermaßen abgelenkt. Die Schoten der im feuchten Sommer wachsenden Schwertbohnen fangen an sich zu winden, einige schneckenartig, andere in vollkommener Spirale.

Die Blätter der italienischen Pappel haben sehr zarte straffe Blattstiele. Diese, von Insekten gestochen, verlieren ihre gerade Richtung und nehmen die spirale alsobald an, in zwei oder auch mehreren Windungen.

Schwillt das Gehäus des eingeschlossenen Insekts hiernach auf, so drängen sich die Seiten des erweiterten Stiels dergestalt aneinander, daß sie zu einer Art von Vereinigung gelangen. Aber an diesen Stellen kann man das Nest leicht auseinanderbrechen und die frühere Gestaltung des gewundenen Stiels gar wohl bemerken.

Pappus am Samen des Erodium gruinum; der bis zur völligen Reife und Vertrocknung vertikal an der Stütze, um welche die Samen versammelt sind, sich strack gehalten, nunmehr aber sich schnell elastisch ringelt und sich dadurch selbst umherwirft.

---

Wir haben zwar abgelehnt, von den Spiralgefäßen als solchen besonders zu handeln, finden uns aber doch genötigt noch weiter zu der mikroskopischen Elementar-Botanik zurückzugehen und an die *Oszillarien* zu erinnern, deren ganze Existenz spiral ist. Merkwürdiger vielleicht sind noch die unter den Namen Salmacis Aufgeführten, wo die Spirale aus lauter sich berührenden Kügelchen besteht.

Solche Andeutungen müssen aufs leiseste geschehen, um uns an die ewige Kongruenz zu erinnern.

---

Wenn man die Stiele des *Löwenzahns* an einem Ende aufschlitzt, die beiden Seiten des hohlen Röhrchens sachte voneinander trennt, so rollt sich jede in sich nach außen und hänget in Gefolg dessen als eine gewundene Locke spiralförmig zugespitzt herab, woran sich die Kinder ergötzen und wir dem tiefsten Naturgeheimnis nähertreten.

Da diese Stengel hohl und saftig sind, folglich ganz als Splint angesehen werden können, die Spiraltendenz aber dem Splint als dem lebendig Fortschreitenden angehört, so wird uns hier zugleich mit der strackesten vertikalen Richtung noch das verborgenste Spiralbestreben vor die Augen gebracht. Vielleicht gelänge es durch genauere, auch wohl mikroskopische Behandlung das Verflechten der Vertikal- und Spiral-Textur näher kennen zu lernen.

---

Ein glückliches Beispiel, wie beide Systeme, mit denen wir uns beschäftigen, sich nebeneinander höchst bedeutend entwickeln, gibt uns die *Vallisneria*, wie wir solche aus den neusten Untersuchungen des Kustoden am königlichen botanischen Garten zu Mantua, *Paolo Barbieri*, kennen lernen. Wir geben seinen Aufsatz auszugsweise übersetzt, mit unsern eingeschalteten und angefügten Bemerkungen, insofern wir den beabsichtigten Zwecken dadurch näherzutreten hoffen.

Die *Vallisneria* wurzelt im Grunde eines nicht allzu tiefen stehenden Wassers, sie blüht in den Monaten Juni, Juli und August, und zwar in getrennten Geschlechtern. Das männliche Individuum zeigt sich auf einem grad aufstrebenden Schaft, welcher, sobald er die Oberfläche des Wassers erreicht, an seiner Spitze eine vierblättrige (vielleicht dreiblättrige) Scheide bildet, worin sich die Fruchtwerkzeuge angeheftet an einem konischen Kolben befinden.

Wenn die Stamina noch nicht genugsam entwickelt sind, so ist die Hälfte der Scheide leer, und beobachtet man sie alsdann mikroskopisch, so findet man, daß die innere Feuchtigkeit sich regt, um das Wachstum der Scheide zu befördern, und zu gleicher Zeit im Stiele sich kreisförmig bewegend zum Kolben, der die Stamina trägt, hinaufstrebt, wodurch Wachstum und Ausdehnung des Kolbens zugleich mit dem Wachstum der Befruchtungs-Werkzeuge erzweckt wird.

Durch diese Zunahme des Kolbens jedoch ist die Scheide nicht mehr hinreichend die Stamina zu umhüllen; sie teilt sich daher in vier Teile, und die Fruchtwerkzeuge, sich von dem Kolben zu Tausenden ablösend, verbreiten sich schwimmend auf dem Wasser, anzusehen wie silberweiße Flocken, welche sich nach dem weiblichen Individuum gleichsam bemühen und bestreben. Dieses aber steigt aus dem Grunde der Wasser, indem die Federkraft seines spiralen Stengels nachläßt, und eröffnet sodann auf der Oberfläche eine dreigeteilte Krone, worin man drei Narben bemerkt. Die auf dem Wasser schwimmenden Flocken streuen ihren Staminalstaub gegen jene Stigmen und befruchten sie; ist dieses geleistet, so zieht sich der Spiralstengel des Weibchens unter das Wasser zurück, wo nun die Samen, in einer zylindrischen Kapsel enthalten, zur endlichen Reife gelangen.

Alle die Autoren, welche von der Vallisneria gesprochen haben, erzählten die Art der Befruchtung auf verschiedene Weise. Sie sagten, der ganze Komplex der männlichen Blume löse sich los von dem kurzen, unter dem Wasser beharrlichen Stengel, von welchem er sich durch heftige Bewegung absondere und befreie. Unser Beobachter versuchte Knospen der männlichen Blumen von ihrem Stengel abzulösen und fand, daß keine auf dem Wasser hin und wider schwamm, daß alle vielmehr zu Grund sanken. Von größerer Bedeutung aber ist die Struktur, wodurch der Stengel mit der Blume verbunden wird. Hier ist keine Artikulation zu sehen, welche sich doch bei allen Pflanzenorganen findet, die sich trennen lassen. Derselbe Beobachter untersuchte die silberweißen Flocken und erkannte sie als eigentliche Antheren; indem er den Kolben leer von allen solchen Gefäßen fand, so bemerkte er an denselben zarte Fäden, woran noch einige Antheren befestigt waren, die auf einem kleinen dreigeteilten Diskus ruhten, welches gewiß die dreigeteilten Korollen sind, worin die Antheren eingeschlossen waren.

Indem wir nun dieses merkwürdige, vielleicht an anderen Pflanzen sich wiederholende Beispiel der Betrachtung nachdenkender Naturforscher empfehlen, so können wir nicht unterlassen diese augenfällige Erscheinung, einiges wiederholend, ferner zu besprechen.

Die Vertikaltendenz ist hier dem männlichen Individuum eigen; der Stengel steigt ohne weiteres gerade in die Höhe, und wie er die Oberfläche des Wassers erreicht, entwickelt sich unmittelbar die Scheide aus dem Stengel selbst, genau mit ihm verbunden, und hüllt den Kolben ein, nach Analogie der Calla und ähnlicher.

Wir werden dadurch das Märchen los von einem Gelenke, das, ganz unnatürlich zwischen dem Stengel und der Blume angebracht, ihr die Möglichkeit verschaffen sollte sich abzulösen und lüstern auf die Freite zu gehen. An Luft und Licht und ihren Einflüssen entwickelt sich erst die männliche Blüte, aber fest mit ihrem Stengel verbunden; die Antheren springen von ihren Stielchen und schwimmen lustig auf dem Wasser umher. Indessen mildert der Spiralstengel des Weibchens seine Federkraft, die Blume erreicht die Oberfläche des Wassers, entfaltet sich und nimmt den befruchtenden Einfluß auf. Die bedeutende Veränderung, welche nach der Befruchtung in allen Pflanzen vorgeht, und welche immer etwas auf Erstarrung hindeutet, wirkt auch hier. Die Spiralität des Stengels wird angestrengt, und dieser bewegt sich wieder zurück, wie er gekommen ist, worauf denn der Same zur Reife gedeiht.

Gedenken wir an jenes Gleichnis, das wir oben von Stab und Konvolvel gewagt haben, gehen wir einen Schritt weiter und vergegenwärtigen uns die Rebe, die sich um den Ulmbaum schlingt, so sehen wir hier das Weibliche und Männliche, das Bedürftige, das Gewährende nebeneinander in vertikaler und spiraler Richtung von der Natur unsern Betrachtungen empfohlen.

Kehren wir nun ins Allgemeinste zurück und erinnern an das, was wir gleich anfangs aufstellten: das vertikal- sowie das spiralstrebende System sei in der lebendigen Pflanze aufs innigste verbunden; sehen wir nun hier jenes als entschieden männlich, dieses als entschieden weiblich sich erweisen: so können wir uns die ganze Vegetation von der Wurzel auf androgynisch ingeheim verbunden vorstellen; worauf denn in Verfolg der Wandlungen des Wachstums die beiden Systeme sich im offenbaren Gegensatz auseinander sondern, und sich entschieden gegen einander über stellen, um sich in einem höhern Sinne wieder zu vereinigen.

Weimar, im Herbst 1831.

## DER VERFASSER TEILT DIE GESCHICHTE SEINER BOTANISCHEN STUDIEN MIT

Um die Geschichte der Wissenschaften aufzuklären, um den Gang derselben genau kennen zu lernen, pflegt man sich sorgfältig nach ihren ersten Anfängen zu erkundigen; man bemüht sich zu forschen: wer zuerst irgendeinem Gegenstand seine Aufmerksamkeit zugewendet, wie er sich dabei benommen, wo und zu welcher Zeit man zuerst gewisse Erscheinungen in Betracht gezogen, dergestalt, daß von Gedanke zu Gedanken neue Ansichten sich hervorgetan, welche durch Anwendung allgemein bestätigt endlich die Epoche bezeichnen, worin das, was wir eine Entdeckung, eine Erfindung nennen, unbezweifelt zutage gekommen: eine Erörterung, welche den mannigfachsten Anlaß gibt, die menschlichen Geisteskräfte zu kennen und zu schätzen.

Vorstehender kleinen Schrift hat man die Auszeichnung erwiesen, sich nach ihrer Entstehung zu erkundigen; man hat zu erfahren gewünscht: wie ein Mann von mittlerem Alter, der als Dichter etwas galt und außerdem von mannigfaltigen Neigungen und Pflichten bedingt erschien, sich habe können in das grenzenloseste Naturreich begeben und dasselbe in der Maße studieren, daß er fähig geworden eine Maxime zu fassen, welche, zur Anwendung auf die mannigfaltigsten Gestalten bequem, die Gesetzlichkeit aussprach, der zu gehorchen Tausende von Einzelnheiten genötigt sind.

Der Verfasser gedachten Werkchens hat hierüber schon in seinen morphologischen Heften Nachricht gegeben, indem er aber hier am Orte das Nötige und Schickliche beibringen möchte, bittet er sich die Erlaubnis aus, in der ersten Person einen bescheidenen Vortrag zu eröffnen.

In einer ansehnlichen Stadt geboren und erzogen, gewann ich meine erste Bildung in der Bemühung um alte und neuere Sprachen, woran sich früh rhetorische und poetische Übungen anschlossen. Hiezu gesellte sich übrigens alles, was in sittlicher und religiöser Hinsicht den Menschen auf sich selbst hinweist.

Eine weitere Ausbildung hatte ich gleichfalls größeren Städten zu danken, und es ergibt sich hieraus, daß meine Geistestätigkeit sich auf das gesellig Sittliche beziehen mußte und in Gefolg dessen auf das Angenehme, was man damals schöne Literatur nannte.

Von dem hingegen, was eigentlich äußere Natur heißt, hatte ich keinen Begriff, und von ihren sogenannten drei Reichen nicht die geringste Kenntnis. Von Kindheit auf war ich gewohnt, in wohleingerichteten Ziergärten den Flor der Tulpen, Ranunkeln und Nelken bewundert zu sehen; und wenn außer den gewöhnlichen Obstsorten auch Aprikosen, Pfirschen und Trauben wohl gerieten, so waren dies genügende Feste den Jungen und den Alten. An exotische Pflanzen wurde nicht gedacht, noch viel weniger daran, Naturgeschichte in der Schule zu lehren.

Die ersten von mir herausgegebenen poetischen Versuche wurden mit Beifall aufgenommen, welche jedoch eigentlich nur den innern Menschen schildern, und von den Gemütsbewegungen genugsame Kenntnis voraussetzen. Hie und da mag sich ein Anklang finden von einem leidenschaftlichen Ergötzen an ländlichen Natur-Gegenständen, sowie von einem ernsten Drange das ungeheure Geheimnis, das sich in stetigem Erschaffen und Zerstören an den Tag gibt, zu erkennen, ob sich schon dieser Trieb in ein unbestimmtes, unbefriedigtes Hinbrüten zu verlieren scheint.

In das tätige Leben jedoch sowohl als in die Sphäre der Wissenschaft trat ich eigentlich zuerst, als der edle Weimarische Kreis mich günstig aufnahm; wo außer andern unschätzbaren Vorteilen mich der Gewinn beglückte, Stuben- und Stadtluft mit Land-, Wald- und Garten-Atmosphäre zu vertauschen.

Schon der erste Winter gewährte die raschen geselligen Freuden der Jagd, von welchen ausruhend man die langen Abende nicht nur mit allerlei merkwürdigen Abenteuern der Wildbahn, sondern auch vorzüglich mit Unterhaltung über die nötige Holzkultur zubrachte. Denn die Weimarische Jägerei bestand aus trefflichen Forstmännern, unter welchen der Name Sckell in Segen bleibt. Eine Revision sämtlicher Waldreviere, gegründet auf Vermessung, war bereits vollbracht, und für lange Zeit eine Einteilung der jährlichen Schläge vorgesehn.

Auch die jüngeren Edelleute folgten wohlmeinend dieser vernünftigen Spur, von denen ich hier nur den Baron von Wedel nenne, welcher uns in seinen besten Jahren leider entrissen ward. Er behandelte sein Geschäft mit gradem Sinn und großer Billigkeit; auch er hatte schon in jener Zeit auf die Verringerung des Wildstandes gedrungen, überzeugt, wie schädlich die Hegung desselben nicht allein dem Ackerbau, sondern der Forstkultur selbst werden müsse.

Hier tat sich nun der Thüringer Wald in Länge und Breite vor uns auf; denn nicht allein die dortigen schönen Besitztümer des Fürsten, sondern, bei guten nachbarlichen Verhältnissen, sämtliche daranstoßenden Reviere waren uns zugänglich; zumal da auch die angehende Geologie in jugendlicher Bestrebsamkeit sich bemühte, Rechenschaft von dem Grund und Boden zu geben, worauf diese uralten Wälder sich angesiedelt. Nadelhölzer aller Art, mit ernstem Grün und balsamischem Dufte, Buchenhaine von freudigerm Anblick, die schwanke Birke und das niedere namenlose Gesträuch, jedes hatte seinen Platz gesucht und gewonnen. Wir aber konnten dies alles in großen, meilenweiten, mehr oder weniger wohlbestandenen Forsten überschauen und erkennen.

Auch wenn von Benutzung die Rede war, mußte man sich nach den Eigenschaften der Baumarten erkundigen. Die Harzscharre, deren Mißbrauch man nach und nach zu begrenzen suchte, ließ die feinen balsamischen Säfte in

Betrachtung ziehn, die einen solchen Baum ins zweite Jahrhundert, von der Wurzel bis zum Gipfel begleiteten, ernährten, ewig grün, frisch und lebendig erhielten.

Hier zeigte sich denn auch die ganze Sippschaft der Moose in ihrer größten Mannigfaltigkeit; sogar den unter der Erde verborgenen Wurzeln wurde unsre Aufmerksamkeit zugewendet. In jenen Waldgegenden hatten sich nämlich, von den dunkelsten Zeiten her, geheimnisvoll nach Rezepten arbeitende Laboranten angesiedelt und vom Vater zum Sohn manche Arten von Extrakten und Geisten bearbeitet, deren allgemeiner Ruf von einer ganz vorzüglichen Heilsamkeit durch emsige sogenannte Balsamträger erneuert, verbreitet und genutzt ward. Hier spielte nun der Enzian eine große Rolle, und es war eine angenehme Bemühung, dieses reiche Geschlecht nach seinen verschiedenen Gestalten als Pflanze und Blüte, vorzüglich aber die heilsame Wurzel näher zu betrachten. Dieses war das erste Geschlecht, welches mich im eigentlichen Sinne anzog, dessen Arten kennen zu lernen ich auch in der Folgezeit bemüht war.

Hiebei möchte man bemerken, daß der Gang meiner botanischen Bildung einigermaßen der Geschichte der Botanik selbst ähnelte; denn ich war vom augenfälligsten Allgemeinsten auf das Nutzbare, Anwendbare, vom Bedarf zur Kenntnis gelangt, und welcher Kenner wird bei obigem sich nicht jener Epoche der Rhizotomen lächelnd erinnern?

Da nun aber gegenwärtig die Absicht bleibt zu melden, wie ich mich der eigentlichen wissenschaftlichen Botanik genähert, so hab' ich vor allen Dingen eines Mannes zu gedenken, welcher in jeder Hinsicht die Hochschätzung seiner Weimarischen Mitbürger verdiente. Dr. Buchholz, Besitzer der damals einzigen Apotheke, wohlhabend und lebenslustig, richtete mit ruhmwürdiger Lernbegierde seine Tätigkeit auf Naturwissenschaften. Er suchte sich zu seinen unmittelbaren pharmazeutischen Zwecken die tüchtigsten chemischen Gehülfen, wie denn der treffliche Göttling aus dieser Offizin als gebildeter Scheidekünstler hervorging. Jede neue, vom Aus- oder Inland entdeckte chemisch-physische Merkwürdigkeit ward unter des Prinzipals Leitung geprüft, und einer wißbegierigen Gesellschaft uneigennützig vorgetragen.

Auch in der Folge, daß ich dieses zu seinen Ehren vorausnehme, als die naturforschende Welt sich eifrig beschäftigte die verschiedenen Luftarten zu erkennen, versäumte er nicht, jederzeit das Neueste experimentierend vor Augen zu bringen. So ließ er denn auch eine der ersten Montgolfieren von unsern Terrassen, zum Ergötzen der Unterrichteten, in die Höhe steigen, indessen die Menge sich vor Erstaunen kaum zu fassen wußte, und in der Luft die verschüchterten Tauben scharenweise hin und wider flüchteten.

Hier aber habe ich vielleicht einem zu erwartenden Vorwurfe zu begegnen, daß ich nämlich fremde Beziehungen in meinen Vortrag mit einmische. Sei mir darauf zu erwidern erlaubt, daß ich von meiner Bildung im Zusammenhange nicht sprechen könnte, wenn ich nicht der frühen Vorzüge des Weimarischen, für jene Zeiten hochgebildeten Kreises dankbar gedächte, wo Geschmack und Kenntnis, Wissen und Dichten gesellig zu wirken sich bestrebten, ernste gründliche Studien und frohe rasche Tätigkeit unablässig miteinander wetteiferten.

Doch aber hängt, näher betrachtet, was ich hier zu sagen habe, mit dem Vorgemeldeten zusammen. Chemie und Botanik gingen damals vereint aus den ärztlichen Bedürfnissen hervor, und wie der gerühmte Dr. Buchholz von seinem Dispensatorium sich in die höhere Chemie wagte, so schritt er auch aus den engen Gewürzbeeten in die freiere Pflanzenwelt. In seinen Gärten hatte er nicht die offizinellen Gewächse nur, sondern auch seltenere, neu bekannt gewordene Pflanzen für die Wissenschaft zu pflegen unternommen.

Dieses Mannes Tätigkeit lenkte der junge, schon früh den Wissenschaften sich hingebende Regent allgemeinerem Gebrauch und Belehrung zu, indem er große sonnige Gartenflächen, in der Nachbarschaft von schattigen und feuchten Plätzen, einer botanischen Anstalt widmete, wozu denn ältere wohlerfahrene Hofgärtner mit Eifer sogleich die Hand boten. Die noch vorhandenen Katalogen dieser Anstalt zeugen von dem Eifer, womit dergleichen Anfänge betrieben wurden.

Unter solchen Umständen war auch ich genötigt, über botanische Dinge immer mehr und mehr Aufklärung zu suchen. Linnés Terminologie, die Fundamente, worauf das Kunstgebäude sich stützen sollte, Johann Geßners Dissertationen zu Erklärung Linnéischer Elemente, alles in Einem schmächtigen Hefte vereinigt, begleiteten mich auf Wegen und Stegen; und noch heute erinnert mich ebendasselbe Heft an die frischen glücklichen Tage, in welchen jene gehaltreichen Blätter mir zuerst eine neue Welt aufschlossen. Linnés Philosophie der Botanik war mein tägliches Studium, und so rückte ich immer weiter vor in geordneter Kenntnis, indem ich mir möglichst anzueignen suchte, was mir eine allgemeinere Umsicht über dieses weite Reich verschaffen konnte.

Besonderen Vorteil aber brachte mir, wie in allem Wissenschaftlichen, die Nähe der Akademie Jena, wo die Wartung offizineller Pflanzen seit geraumer Zeit mit Ernst und Fleiß behandelt wurde. Auch erwarben sich die Professoren Prätorius, Schlegel und Rolfink früher um die allgemeinere Botanik zeitgemäße Verdienste. Epoche machte jedoch Ruppes Flora Jenensis, welche 1718 erschien; hiernach wurde der bis jetzt auf einen engen klösterlichen Garten eingeschränkten, bloß zu ärztlichem Zwecke dienenden Pflanzenbetrachtung die ganze reiche Gegend eröffnet und ein freies frohes Naturstudium eingeleitet.

Hieran von ihrer Seite Anteil zu nehmen beeiferten sich aufgeweckte Landleute aus der Gegend, welche schon für den Apotheker und Kräuter-Händler bisher sich tätig erwiesen hatten, und eine nunmehr neueingeführte Terminologie nach und nach einzulernen wußten. In Ziegenhain hatte sich besonders eine Familie Dietrich hervorgetan; der Stammvater derselben, sogar von Linné bemerkt, hatte von diesem hochverehrten Manne ein eigenhändiges Schreiben aufzuweisen, durch welches Diplom er sich wie billig in den botanischen Adelstand erhoben fühlte. Nach seinem Ableben setzte der Sohn die Geschäfte fort, welche hauptsächlich darin bestanden, daß die sogenannten Lektionen, nämlich Bündel der jede Woche blühenden Gewächse, Lehrenden und Lernenden von allen Seiten herangeschafft wurden.

Die joviale Wirksamkeit des Mannes verbreitete sich bis nach Weimar, und so ward ich nach und nach mit der Jenaischen reichen Flora bekannt.

Noch einen größern Einfluß aber auf meine Belehrung hatte der Enkel Friedrich Gottlieb Dietrich. Als wohlgebauter Jüngling, von regelmäßig angenehmer Gesichtsbildung, schritt er vor, mit frischer Jugendkraft und Lust sich der Pflanzenwelt zu bemeistern; sein glückliches Gedächtnis hielt alle die seltsamen Benennungen fest, und reichte sie ihm jeden Augenblick zum Gebrauche dar; seine Gegenwart sagte mir zu, da ein offner freier Charakter aus Wesen und Tun hervorleuchtete, und so ward ich bewogen auf einer Reise nach Karlsbad ihn mit mir zu nehmen.

In gebirgigen Gegenden immer zu Fuße brachte er mit eifrigem Spürsinn alles Blühende zusammen, und reichte mir die Ausbeute wo möglich an Ort und Stelle sogleich in den Wagen herein, und rief dabei nach Art eines Herolds die Linnéischen Bezeichnungen, Geschlecht und Art, mit froher Überzeugung aus, manchmal wohl mit falscher Betonung. Hiedurch ward mir ein neues Verhältnis zur freien herrlichen Natur, indem mein Auge ihrer Wunder genoß und mir zugleich wissenschaftliche Bezeichnungen des Einzelnen, gleichsam aus einer fernen Studierstube, in das Ohr drangen.

In Karlsbad selbst war der junge rüstige Mann mit Sonnenaufgang im Gebirge, reichliche Lektionen brachte er mir sodann an den Brunnen, ehe ich noch meine Becher geleert hatte; alle Mitgäste nahmen teil, die, welche sich dieser schönen Wissenschaft befleißigten, besonders. Sie sahen ihre Kenntnisse auf das anmutigste angeregt, wenn ein schmucker Landknabe, im kurzen Westchen, daherlief, große Bündel von Kräutern und Blumen vorweisend, sie alle mit Namen, griechischen, lateinischen, barbarischen Ursprungs, bezeichnend; ein Phänomen, das bei Männern, auch wohl bei Frauen, vielen Anteil erregte.

Sollte vorgesagtes dem eigentlich wissenschaftlichen Manne vielleicht allzu empirisch vorkommen, so melde ich hienächst, daß gerade dieses lebhafte Benehmen uns die Gunst und den Anteil eines in diesem Fache schon geübteren Mannes erwerben konnte, eines trefflichen Arztes nämlich, der, einen reichen Vornehmen begleitend, seinen Badeaufenthalt eigentlich zu botanischen Zwecken zu nutzen gedachte. Er gesellte sich gar bald zu uns, die sich freuten ihm an Handen zu gehen. Die meisten von Dietrich früh eingebrachten Pflanzen trachtete er sorgfältig einzulegen, wo denn der Name hinzugeschrieben und auch sonst manches bemerkt wurde. Hiebei konnt' ich nicht anders als gewinnen. Durch Wiederholung prägten sich die Namen in mein Gedächtnis; auch im Analysieren gewann ich etwas mehr Fertigkeit, doch ohne bedeutenden Erfolg; Trennen und Zählen lag nicht in meiner Natur.

Nun fand aber jenes fleißige Bemühen und Treiben in der großen Gesellschaft einige Gegner. Wir mußten öfters hören: die ganze Botanik, deren Studium wir so emsig verfolgten, sei nichts weiter als eine Nomenklatur, und ein ganzes auf Zahlen, und das nicht einmal durchaus, gegründetes System; sie könne weder dem Verstand noch der Einbildungskraft genügen, und niemand werde darin irgendeine auslangende Folge zu finden wissen. Ohngeachtet dieser Einwendung gingen wir getrost unsern Weg fort, der uns denn immer tief genug in die Pflanzenkenntnis einzuleiten versprach.

Hier aber will ich nur kürzlich bemerken, daß der folgende Lebensgang des jungen Dietrich solchen Anfängen gleich blieb; er schritt unermüdet auf dieser Bahn weiter, so daß er, als Schriftsteller rühmlichst bekannt, mit der Doktorwürde geziert, den Großherzoglichen Gärten in Eisenach bis jetzt mit Eifer und Ehre vorsteht.

August Carl Batsch, der Sohn eines in Weimar durchaus geliebten und geschätzten Vaters, hatte seine Studienzeit in Jena sehr wohl benutzt, sich den Naturwissenschaften eifrig ergeben und es so weit gebracht, daß er nach Köstritz berufen wurde, um die ansehnliche Gräflich Reußische Naturaliensammlung zu ordnen und ihr eine Zeitlang vorzustehen. Sodann kehrte er nach Weimar zurück, wo ich ihn denn, im harten pflanzenfeindlichen Winter, auf der Schrittschuhbahn, damals dem Versammlungsort guter Gesellschaft, mit Vergnügen kennen lernte, seine zarte Bestimmtheit und ruhigen Eifer gar bald zu schätzen wußte, und in freier Bewegung mich mit ihm über höhere Ansichten der Pflanzenkunde und über die verschiedenen Methoden, dieses Wissen zu behandeln, freimütig und anhaltend besprach.

Seine Denkweise war meinen Wünschen und Forderungen höchst angemessen, die Ordnung der Pflanzen nach Familien, in aufsteigendem, sich nach und nach entwickelnden Fortschritt, war sein Augenmerk. Diese naturgemäße Methode, auf die Linné mit frommen Wünschen hindeutet, bei welcher französische Botaniker theoretisch und praktisch beharrten, sollte nun einen unternehmenden jüngeren Mann zeitlebens beschäftigen, und wie froh war ich meinen Teil daran aus der ersten Hand zu gewinnen.

Aber nicht allein von zwei Jünglingen, sondern auch von einem bejahrten vorzüglichen Manne sollte ich unbeschreiblich gefördert werden. Hofrat Büttner hatte seine Bibliothek von Göttingen nach Jena gebracht, und ich, durch das Vertrauen meines Fürsten, der diesen Schatz sich und uns angeeignet hatte, beauftragt, Anordnung und Aufstellung, nach dem eigenen Sinne des im Besitz bleibenden Sammlers, einzuleiten, unterhielt mit demselben ein fortwährendes Verkehr. Er, eine lebendige Bibliothek, bereitwillig auf jede Frage umständliche, auslangende Antwort und Auskunft zu geben, unterhielt sich über Botanik mit Vorliebe.

Hier verleugnete er nicht, sondern bekannte vielmehr sogar leidenschaftlich, daß er, als Zeitgenosse Linnés, gegen diesen ausgezeichneten, die ganze Welt mit seinem Namen erfüllenden Mann in stillem Wetteifer, dessen System niemals angenommen, vielmehr sich bemüht habe, die Anordnung der Gewächse nach Familien zu bearbeiten, von den einfachsten fast unsichtbaren Anfängen in das Zusammengesetzteste und Ungeheuerste fortschreitend. Ein Schema hiervon zeigte er gern, mit eigner Hand zierlich geschrieben, worin die Geschlechter nach diesem Sinne gereiht erschienen, mir zu großer Erbauung und Beruhigung.

Vorgesagtem nachdenkend, wird man die Vorteile nicht verkennen, die mir meine Lage zu dergleichen Studien gewährte: große Gärten, sowohl an der Stadt als an Lustschlössern, hie und da in der Gegend Baum- und Gebüsch-Anlagen nicht ohne botanische Rücksicht, dazu die Beihülfe einer in der Nachbarschaft längst durchgearbeiteten wissenschaftlichen Lokalflora, nebst der Einwirkung einer stets fortschreitenden Akademie, alles zusammengenommen gab einem aufgeweckten Geiste genugsame Fördernis zur Einsicht in die Pflanzenwelt.

Indessen sich dergestalt meine botanischen Kenntnisse und Einsichten in lebenslustiger Geselligkeit erweiterten, ward ich eines einsiedlerischen Pflanzenfreundes gewahr, der mit Ernst und Fleiß sich diesem Fache gewidmet hatte. Wer wollte nicht dem im höchsten Sinne verehrten Johann Jacob Rousseau auf seinen einsamen Wanderungen folgen, wo er, mit dem Menschengeschlecht verfeindet, seine Aufmerksamkeit der Pflanzen- und Blumenwelt zuwendet, und in echter gradsinniger Geisteskraft sich mit den stillreizenden Naturkindern vertraut macht.

Aus seinen frühern Jahren ist mir nicht bekannt, daß er zu Blumen und Pflanzen andere Anmutungen gehabt als solche, welche eigentlich nur auf Gesinnung, Neigung, zärtliche Erinnerungen hindeuteten; seinen entschiedenen Äußerungen aber zufolge mag er erst nach einem stürmischen Autor-Leben, auf der St.-Peters-Insel, im Bieler See, auf dies Naturreich in seiner Fülle aufmerksam geworden sein. In England nachher, bemerkt man, hat er sich schon freier und weiter umgesehn; sein Verhältnis zu Pflanzenfreunden und -kennern, besonders zu der Herzogin von Portland, mag seinen Scharfblick mehr in die Breite gewiesen haben, und ein Geist wie der seinige, der den Nationen Gesetz und Ordnung vorzuschreiben sich berufen fühlt, mußte doch zur Vermutung gelangen, daß in dem unermeßlichen Pflanzenreiche keine so große Mannigfaltigkeit von Formen erscheinen könnte, ohne daß ein Grundgesetz, es sei auch noch so verborgen, sie wieder sämtlich zur Einheit zurückbrächte. Er versenkt sich in dieses Reich, nimmt es ernstlich in sich auf, fühlt, daß ein gewisser methodischer Gang durch das Ganze möglich sei, getraut sich aber nicht damit hervorzutreten. Wie er sich selbst darüber ausspricht, wird immer ein Gewinn sein zu vernehmen.

„Was mich betrifft, ich bin in diesem Studium ein Schüler und nicht gegründet; indem ich herborisiere, denk' ich mehr mich zu zerstreuen und zu vergnügen als zu unterrichten, und ich kann bei meinen zögernden Betrachtungen den anmaßlichen Gedanken nicht fassen, andere zu unterrichten in dem, was ich selbst nicht weiß."

„Doch ich gestehe, die Schwierigkeiten, die ich bei dem Studium der Pflanzen fand, führten mich auf einige Vorstellungen, wie sich wohl Mittel finden ließen dasselbe zu erleichtern und andern nützlich zu machen, und zwar indem man den Faden eines Pflanzensystems durch eine mehr schritthaltende, weniger den Sinnen entrückte Methode zu verfolgen wüßte als es Tournefort getan und alle seine Nachfolger, selbst Linné nicht ausgenommen. Vielleicht ist mein Gedanke nicht ausführbar; wir sprechen darüber, wenn ich die Ehre habe Sie wieder zu sehen."

Also schrieb er im Anfange des Jahrs 1770; allein es hatte ihm unterdessen keine Ruhe gelassen; schon im August 1771 unternimmt er, bei einem freundlichen Anlaß, die Pflicht andere zu belehren, ja, was er weiß und einsieht, Frauen vorzutragen, nicht etwa zu spielender Unterhaltung, sondern sie gründlich in die Wissenschaft einzuleiten.

Hier gelingt es ihm nun, sein Wissen auf die ersten sinnlich vorzuweisenden Elemente zurückzuführen; er legt die Pflanzenteile einzeln vor, lehrt sie unterscheiden und benennen. Kaum aber hat er hierauf die ganze Blume aus den Teilen wiederhergestellt und sie benannt, teils durch Trivialnamen kenntlich gemacht, teils die Linnéische Terminologie ehrenhaft, ihren ganzen Wert bekennend, eingeführt; so gibt er alsobald eine breitere Übersicht ganzer Massen. Nach und nach führt er uns vor: Liliaceen, Siliquosen und Silikulosen, Rachen- und Maskenblumen, Umbellen und Kompositen zuletzt, und indem er auf diesem Wege die Unterschiede in steigender Mannigfaltigkeit und Verschränkung anschaulich macht, führt er uns unmerklich einer vollständigen erfreulichen Übersicht entgegen. Denn da er an Frauenzimmer zu reden hat, versteht er, mäßig und gehörig, auf Gebrauch, Nutzen und Schaden hinzuweisen, und dies um so schicklicher und leichter, da er, alle Beispiele zu seiner Lehre aus der Umgebung nehmend, nur von dem Einheimischen spricht und auf die exotischen Pflanzen, wie sie auch gekannt sein und gepflegt werden mögen, keine Ansprüche macht.

Im Jahr 1822 gab man unter dem Titel La Botanique de Rousseau sämtliche von ihm über diese Gegenstände verfaßten Schriften in klein Folio sehr anständig heraus, begleitet mit farbigen Bildern, nach dem vortrefflichen Redouté alle diejenigen Pflanzen vorstellend, von welchen er gesprochen hatte. Bei deren Überblick bemerkt man mit Vergnügen, wie einheimisch ländlich er bei seinen Studien verfahren, indem nur Pflanzen vorgestellt sind, welche er auf seinen Spaziergängen unmittelbar konnte gewahr werden.

Seine Methode: das Pflanzenreich ins Engere zu bringen, neigt sich, wie wir oben gesehen haben, offenbar zur Einteilung nach Familien; und da ich in jener Zeit auch schon zu Betrachtungen dieser Art hingeleitet war, so machte sein Vortrag auf mich einen desto größern Eindruck.

Und so wie die jungen Studierenden sich auch am liebsten an junge Lehrer halten, so mag der Dilettant gern vom Dilettanten lernen. Dieses wäre freilich in Absicht auf Gründlichkeit bedenklich, wenn nicht die Erfahrung gäbe, daß Dilettanten zum Vorteil der Wissenschaft vieles beigetragen. Und zwar ist dieses ganz natürlich: Männer vom Fach müssen sich um Vollständigkeit bemühen und deshalb den weiten Kreis in seiner Breite durchforschen; dem Liebhaber dagegen ist darum zu tun, durch das Einzelne durchzukommen, und einen Hochpunkt zu erreichen, von woher ihm eine Übersicht, wo nicht des Ganzen, doch des Meisten gelingen könnte.

Von Rousseaus Bemühungen bring' ich nur soviel nach, daß er eine sehr anmutige Sorgfalt für das Trocknen der Pflanzen und Anlegen von Herbarien beweist, und den Verlust desselben innigst bedauert, wenn irgendeins zugrunde geht, ob er gleich auch hier, im Widerspruch mit sich selbst, weder Geschick noch anhaltende Sorgsamkeit haben mochte, um besonders bei seinen vielfachen Wanderungen auf Erhaltung genau zu achten; deswegen er auch dergleichen Gesammeltes nur immer als Heu angesehen wissen will.

Behandelt er aber, einem Freund zuliebe, die Moose mit billiger Sorgfalt, so erkennen wir aufs lebhafteste, welchen gründlichen Anteil ihm die Pflanzenwelt abgewonnen habe; welches besonders die Fragmens pour un Dictionnaire des termes d'usage en Botanique vollkommen bestätigen.

Soviel sei hier gesagt, um einigermaßen anzudeuten, was wir ihm in jener Epoche unsrer Studien schuldig geworden.

Wie er sich nun, befreit von allem nationalen Starrsinn, an die auf jeden Fall vorschreitenden Wirkungen Linnés hielt, so dürfen wir auch wohl von unsrer Seite bemerken, daß es ein großer Vorteil sei, wenn wir beim Eintreten in ein für uns neues wissenschaftliches Fach es in einer Krise und einen außerordentlichen Mann beschäftigt finden, hier das Vorteilhafte durchzuführen. Wir sind jung mit der jungen Methode, unsre Anfänge treffen in eine neue Epoche, und wir werden in die Masse der Bestrebsamen wie in ein Element aufgenommen, das uns trägt und fördert.

Und so ward ich mit meinen übrigen Zeitgenossen Linnés gewahr, seiner Umsicht, seiner alles hinreißenden Wirksamkeit. Ich hatte mich ihm und seiner Lehre mit völligem Zutrauen hingegeben; demungeachtet mußt' ich nach und nach empfinden, daß mich auf dem bezeichneten eingeschlagenen Wege manches, wo nicht irremachte, doch zurückhielt.

Soll ich nun über jene Zustände mit Bewußtsein deutlich werden, so denke man mich als einen gebornen Dichter, der seine Worte, seine Ausdrücke unmittelbar an den jedesmaligen Gegenständen zu bilden trachtet, um ihnen einigermaßen genugzutun. Ein solcher sollte nun eine fertige Terminologie ins Gedächtnis aufnehmen, eine gewisse Anzahl Wörter und Beiwörter bereit haben, damit er, wenn ihm irgendeine Gestalt vorkäme, eine geschickte Auswahl treffend, sie zu charakteristischer Bezeichnung anzuwenden und zu ordnen wisse. Dergleichen Behandlung erschien mir immer als eine Art von Mosaik, wo man einen fertigen Stift neben den andern setzt, um aus tausend Einzelnheiten endlich den Schein eines Bildes hervorzubringen; und so war mir die Forderung in diesem Sinne gewissermaßen widerlich.

Sah ich nun aber auch die Notwendigkeit dieses Verfahrens ein, welches dahin zweckte, sich durch Worte, nach allgemeiner Übereinkunft, über gewisse äußerliche Vorkommenheiten der Pflanzen zu verständigen, und alle schwer zu leistende und oft unsichre Pflanzenabbildungen entbehren zu können; so fand ich doch bei der versuchten genauen Anwendung die Hauptschwierigkeit in der Versatilität der Organe. Wenn ich an demselben Pflanzenstengel erst rundliche, dann eingekerbte, zuletzt beinahe gefiederte Blätter entdeckte, die sich alsdann wieder zusammenzogen, vereinfachten, zu Schüppchen wurden und zuletzt gar verschwanden, da verlor ich den Mut irgendwo einen Pfahl einzuschlagen, oder wohl gar eine Grenzlinie zu ziehen.

Unauflösbar schien mir die Aufgabe, Genera mit Sicherheit zu bezeichnen, ihnen die Spezies unterzuordnen. Wie es vorgeschrieben war, las ich wohl, allein wie sollt' ich eine treffende Bestimmung hoffen, da man bei Linnés Lebzeiten schon manche Geschlechter in sich getrennt und zersplittert, ja sogar Klassen aufgehoben hatte; woraus hervorzugehn schien: der genialste, scharfsichtigste Mann selbst habe die Natur nur en gros gewältigen und beherrschen können. Wurde nun dabei meine Ehrfurcht für ihn im geringsten nicht geschmälert, so mußte deshalb ein ganz eigener Konflikt entstehen, und man denke sich die Verlegenheit, in der sich ein autodidaktischer Tiro abzumühen und durchzukämpfen hatte.

Ununterbrochen jedoch mußt' ich meinen übrigen Lebensgang verfolgen, dessen Pflichten und Erholungen glücklicherweise meist in der freien Natur angewiesen waren. Hier drang sich nun dem unmittelbaren Anschauen gewaltig auf: wie jede Pflanze ihre Gelegenheit sucht, wie sie eine Lage fordert, wo sie in Fülle und Freiheit erscheinen könne. Bergeshöhe, Talestiefe, Licht, Schatten, Trockenheit, Feuchte, Hitze, Wärme, Kälte, Frost und wie die Bedingungen alle heißen mögen! Geschlechter und Arten verlangen sie, um mit völliger Kraft und Menge hervorzusprießen. Zwar geben sie an gewissen Orten, bei manchen Gelegenheiten, der Natur nach, lassen sich zur Varietät hinreißen, ohne jedoch das erworbene Recht an Gestalt und Eigenschaft völlig aufzugeben. Ahnungen hievon berührten mich in der freien Welt, und neue Klarheit schien mir aufzugehen über Gärten und Bücher.

Der Kenner, der sich in das Jahr 1786 zurückzuversetzen geneigt wäre, möchte sich wohl einen Begriff meines Zustandes ausbilden können, in welchem ich mich nun schon zehn Jahre befangen fühlte, ob es gleich selbst für den Psychologen eine Aufgabe bleiben würde, indem ja, bei dieser Darstellung, meine sämtlichen Obliegenheiten, Neigungen, Pflichten und Zerstreuungen mit aufzunehmen wären.

Hier gönne man mir eine ins Ganze greifende Bemerkung einzuschalten: daß alles, was uns von Jugend auf umgab, jedoch nur oberflächlich bekannt war und blieb, stets etwas Gemeines und Triviales für uns behält, das wir als gleichgültig neben uns bestehend ansehen, worüber zu denken wir gewissermaßen unfähig werden. Dagegen finden wir, daß neue Gegenstände in auffallender Mannigfaltigkeit, indem sie den Geist erregen, uns erfahren lassen, daß wir eines reinen Enthusiasmus fähig sind; sie deuten auf ein Höheres, welches zu erlangen uns wohl gegönnt sein dürfte. Dies ist der eigentlichste Gewinn der Reisen, und jeder hat nach seiner Art und Weise genugsamen Vorteil davon. Das Bekannte wird neu durch unerwartete Bezüge, und erregt, mit neuen Gegenständen verknüpft, Aufmerksamkeit, Nachdenken und Urteil.

In diesem Sinne ward meine Richtung gegen die Natur, besonders gegen die Pflanzenwelt, bei einem schnellen Übergang über die Alpen lebhaft angeregt: Der Lärchenbaum, häufiger als sonst, die Zirbelnuß, eine neue Erscheinung, machten sogleich auf klimatischen Einfluß dringend aufmerksam. Andere Pflanzen, mehr oder weniger verändert, blieben bei eiligem Vorüberrollen nicht unbemerkt. Am mehrsten aber erkannt' ich die Fülle einer fremden Vegetation, als ich in den botanischen Garten von Padua hineintrat, wo mir eine hohe und breite Mauer mit feuerroten Glocken der Bignonia radicans zauberisch entgegenleuchtete. Ferner sah ich hier im Freien manchen seltenen Baum emporgewachsen, den ich nur in unsern Glashäusern überwintern gesehen. Auch die mit einer geringen Bedeckung gegen vorübergehenden Frost, während der strengern Jahrszeit, geschützten Pflanzen standen nunmehr im Freien und erfreuten sich der wohltätigen Himmelsluft. Eine Fächerpalme zog meine ganze Aufmerksamkeit auf sich; glücklicherweise standen die einfachen, lanzenförmigen ersten Blätter noch am Boden, die sukzessive Trennung derselben nahm zu, bis endlich das Fächerartige in vollkommener Ausbildung zu sehen war. Aus einer spathagleichen Scheide zuletzt trat ein Zweiglein mit Blüten hervor, und erschien als ein sonderbares, mit dem vorhergehenden Wachstum in keinem Verhältnis stehendes Erzeugnis, fremdartig und überraschend.

Auf mein Ersuchen schnitt mir der Gärtner die Stufenfolge dieser Veränderungen sämtlich ab, und ich belastete mich mit einigen großen Pappen, um diesen Fund mit mir zu führen. Sie liegen, wie ich sie damals mitgenommen, noch wohlbehalten vor mir und ich verehre sie als Fetische, die, meine Aufmerksamkeit zu erregen und zu fesseln völlig geeignet, mir eine gedeihliche Folge meiner Bemühungen zuzusagen schienen.

Das Wechselhafte der Pflanzengestalten, dem ich längst auf seinem eigentümlichen Gange gefolgt, erweckte nun bei mir immer mehr die Vorstellung: die uns umgebenden Pflanzenformen seien nicht ursprünglich determiniert und festgestellt, ihnen sei vielmehr, bei einer eigensinnigen, generischen und spezifischen Hartnäckigkeit, eine glückliche Mobilität und Biegsamkeit verliehen, um in so viele Bedingungen, die über dem Erdkreis auf sie einwirken, sich zu fügen und darnach bilden und umbilden zu können.

Hier kommen die Verschiedenheiten des Bodens in Betracht; reichlich genährt durch Feuchte der Täler, verkümmert durch Trockne der Höhen, geschützt vor Frost und Hitze in jedem Maße, oder beiden unausweichbar bloßgestellt, kann das Geschlecht sich zur Art, die Art zur Varietät, und diese wieder durch andere Bedingungen ins Unendliche sich verändern; und gleichwohl hält sich die Pflanze abgeschlossen in ihrem Reiche, wenn sie sich auch nachbarlich an das harte Gestein, an das beweglichere Leben hüben und drüben anlehnt. Die allerentferntesten jedoch haben eine ausgesprochene Verwandtschaft, sie lassen sich ohne Zwang untereinander vergleichen.

Wie sie sich nun unter einen Begriff sammeln lassen, so wurde mir nach und nach klar und klärer, daß die Anschauung noch auf eine höhere Weise belebt werden könnte: eine Forderung, die mir damals unter der sinnlichen Form einer übersinnlichen Urpflanze vorschwebte. Ich ging allen Gestalten, wie sie mir vorkamen, in ihren Veränderungen nach, und so leuchtete mir am letzten Ziel meiner Reise, in Sizilien, die ursprüngliche Identität aller Pflanzenteile vollkommen ein, und ich suchte diese nunmehr überall zu verfolgen und wieder gewahr zu werden.

Hieraus entstand nun eine Neigung, eine Leidenschaft, die durch alle notwendigen und willkürlichen Geschäfte und Beschäftigungen auf meiner Rückreise durchzog. Wer an sich erfuhr, was ein reichhaltiger Gedanke, sei er nun aus uns selbst entsprungen, sei er von andern mitgeteilt oder eingeimpft, zu sagen hat, muß gestehen, welch eine leidenschaftliche Bewegung in unserm Geiste hervorgebracht werde, wie wir uns begeistert fühlen, indem wir alles dasjenige in Gesamtheit vorausahnen, was in der Folge sich mehr und mehr entwickeln, wozu das Entwickelte weiter führen solle. Und so wird man mir zugeben, daß ich, von einem solchen Gewahrwerden wie von einer Leidenschaft eingenommen und getrieben, mich, wo nicht ausschließlich, doch durch alles übrige Leben hindurch, damit beschäftigen mußte.

So sehr nun aber auch diese Neigung mich innerlichst ergriffen hatte, so war doch an kein geregeltes Studium nach meiner Rückkehr in Rom zu denken; Poesie, Kunst und Altertum, jedes forderte mich gewissermaßen ganz, und ich habe in meinem Leben nicht leicht operosere, mühsamer beschäftigte Tage zugebracht. Männern vom Fach wird es vielleicht gar zu naiv vorkommen, wenn ich erzähle, wie ich tagtäglich, in einem jeden Garten, auf Spaziergängen, kleinen Lustfahrten, mich der neben mir bemerkten Pflanzen bemächtigte. Besonders bei der eintretenden Samenreife war es mir wichtig, die Art zu beobachten, wie manche derselben, der Erde anvertraut, an das Tageslicht wieder hervortraten. So wendete ich meine Aufmerksamkeit auf das Keimen der während ihres Wachstums unförmlichen Cactus opuntia, und sah mit Vergnügen, daß sie ganz unschuldig dikotyledonisch sich in zwei zarten Blättchen enthüllte, sodann aber, bei fernerem Wuchse, die künftige Unform entwickelte.

Auch mit Samenkapseln begegnete mir etwas Auffallendes. Ich hatte derselben mehrere von Acanthus mollis nach Hause getragen und in einem offnen Kästchen niedergelegt; nun geschah es in einer Nacht, daß ich ein Knistern hörte und bald darauf das Umherspringen an Decke und Wände wie von kleinen Körpern. Ich erklärte mir's nicht gleich, fand aber nachher meine Schoten aufgesprungen und die Samen umher zerstreut. Die Trockne des Zimmers hatte die Reife bis zu solcher Elastizität in wenigen Tagen vollendet.

Unter den vielen Samen, die ich auf diese Weise beobachtete, muß ich einiger noch erwähnen, weil sie zu meinem Andenken kürzer oder länger in dem alten Rom fortwuchsen. Pinienkerne gingen gar merkwürdig auf, sie huben sich, wie in einem Ei eingeschlossen, empor, warfen aber diese Haube bald ab und zeigten in einem Kranze von grünen Nadeln schon die Anfänge ihrer künftigen Bestimmung. Vor meiner Abreise pflanzte ich das schon einigermaßen erwachsene Vorbildchen eines künftigen Baumes in den Garten der Madame Angelika, wo es zu einer ansehnlichen Höhe durch manche Jahre gedieh. Teilnehmende Reisende erzählten mir davon zu wechselseitigem Vergnügen. Leider fand der nach ihrem Ableben eintretende Besitzer es wunderlich, auf seinen Blumenbeeten eine Pinie ganz unörtlich hervorgewachsen zu sehen, und verbannte sie sogleich.

Glücklicher waren einige Dattelpflanzen, die ich aus Kernen gezogen hatte; wie ich denn überhaupt die Entwickelung derselben an mehreren Exemplaren beobachtete. Ich übergab sie einem römischen Freunde, der sie in einen Garten pflanzte, wo sie noch gedeihen, wie mir ein erhabener Reisender zu versichern die Gnade hatte. Sie sind bis zur Manneshöhe herangewachsen. Mögen sie dem Besitzer nicht unbequem werden, und fernerhin fortwachsen und gedeihen.

Galt das Bisherige der Fortpflanzung durch Samen, so ward ich auf die Fortpflanzung durch Augen nicht weniger aufmerksam gemacht, und zwar durch Rat Reiffenstein, der auf allen Spaziergängen, hier und dort einen Zweig abreißend, bis zur Pedanterie behauptete: in die Erde gesteckt müsse jeder sogleich fortwachsen. Zum entscheidenden Beweis zeigte er dergleichen Stecklinge gar wohl angeschlagen in seinem Garten. Und wie bedeutend ist nicht in der Folgezeit eine solche allgemein versuchte Vermehrung für die botanisch-merkantile Gärtnerei geworden, die ich ihm wohl zu erleben gewünscht hätte.

Am auffallendsten war mir jedoch ein strauchartig in die Höhe gewachsener Nelkenstock. Man kennt die gewaltige Lebens- und Vermehrungskraft dieser Pflanze; Auge ist über Auge an ihren Zweigen gedrängt, Knoten in Knoten hineingetrichtert; dieses war nun hier durch Dauer gesteigert und die Augen aus unerforschlicher Enge zur höchstmöglichen Entwickelung getrieben, so daß selbst die vollendete Blume wieder vier vollendete Blumen aus ihrem Busen hervorbrachte.

Zu Aufbewahrung dieser Wundergestalt kein Mittel vor mir sehend, übernahm ich es, sie genau zu zeichnen, wobei ich immer zu mehrerer Einsicht in den Grundbegriff der Metamorphose gelangte. Allein die Zerstreuung durch so vielerlei Obliegenheiten ward nur desto hinderlicher, und mein Aufenthalt in Rom, dessen Ende ich voraussah, immer peinlicher und belasteter.

Auf der Rückreise verfolgte ich unablässig diese Gedanken, ich ordnete mir im stillen Sinne einen annehmlichen Vortrag dieser meiner Ansichten, schrieb ihn bald nach meiner Rückkehr nieder und ließ ihn drucken. Er kam 1790 heraus und ich hatte die Absicht, bald eine weitere Erläuterung mit den nötigen Abbildungen nachfolgen zu lassen. Das fortrauschende Leben jedoch unterbrach und hinderte meine guten Absichten, daher ich denn gegenwärtiger Veranlassung des Wiederabdrucks jenes Versuchs mich um so mehr zu erfreuen habe, als sie mich auffordert mancher Teilnahme an diesen schönen Studien seit vierzig Jahren zu gedenken.

Nachdem ich im vorstehenden, so viel nur möglich war, anschaulich zu machen gesucht habe, wie ich in meinen botanischen Studien verfahren, auf die ich geleitet, getrieben, genötigt und, durch Neigung daran festgehalten, einen bedeutenden Teil meiner Lebenstage verwendet; so möchte doch vielleicht der Fall eintreten, daß irgendein sonst wohlwollender Leser hiebei tadeln könnte: als habe ich mich zu viel und zu lange bei Kleinigkeiten und einzelnen Persönlichkeiten aufgehalten; deshalb wünsche ich denn hier zu erklären, daß dieses absichtlich und nicht ohne Vorbedacht geschehen sei, damit mir nach so vielem Besondern einiges Allgemeine beizubringen erlaubt sein möge.

Seit länger als einem halben Jahrhundert kennt man mich, im Vaterlande und auch wohl auswärts, als Dichter und läßt mich allenfalls für einen solchen gelten; daß ich aber mit großer Aufmerksamkeit mich um die Natur in ihren allgemeinen physischen und ihren organischen Phänomenen emsig bemüht und ernstlich angestellte Betrachtungen stetig und leidenschaftlich im stillen verfolgt, dieses ist nicht so allgemein bekannt, noch weniger mit Aufmerksamkeit bedacht worden.

Als daher mein seit vierzig Jahren in deutscher Sprache abgedruckter Versuch: wie man die Gesetze der Pflanzenbildung sich geistreich vorzustellen habe, nunmehr besonders in der Schweiz und Frankreich näher bekannt wurde; so konnte man sich nicht genug verwundern, wie ein Poet, der sich bloß mit sittlichen, dem Gefühl und der Einbildungskraft anheimgegebenen Phänomenen gewöhnlich befasse, sich einen Augenblick von seinem Wege abwenden und, in flüchtigem Vorübergehen, eine solche bedeutende Entdeckung habe gewinnen können.

Diesem Vorurteil zu begegnen, ist eigentlich vorstehender Aufsatz verfaßt; er soll anschaulich machen: wie ich Gelegenheit gefunden einen großen Teil meines Lebens mit Neigung und Leidenschaft auf Naturstudien zu verwenden.

Nicht also durch eine außerordentliche Gabe des Geistes, nicht durch eine momentane Inspiration, noch unvermutet und auf einmal, sondern durch ein folgerechtes Bemühen bin ich endlich zu einem so erfreulichen Resultate gelangt.

Zwar hätte ich gar wohl der hohen Ehre, die man meiner

Sagazität erweisen wollen, ruhig genießen und mich allenfalls damit brüsten können; da es aber im Verfolg wissenschaftlichen Bestrebens gleich schädlich ist, ausschließlich der Erfahrung, als unbedingt der Idee zu gehorchen, so habe ich für meine Schuldigkeit gehalten das Ereignis, wie es mir begegnet, historisch treu, obgleich nicht in aller Ausführlichkeit, ernsten Forschern darzulegen.

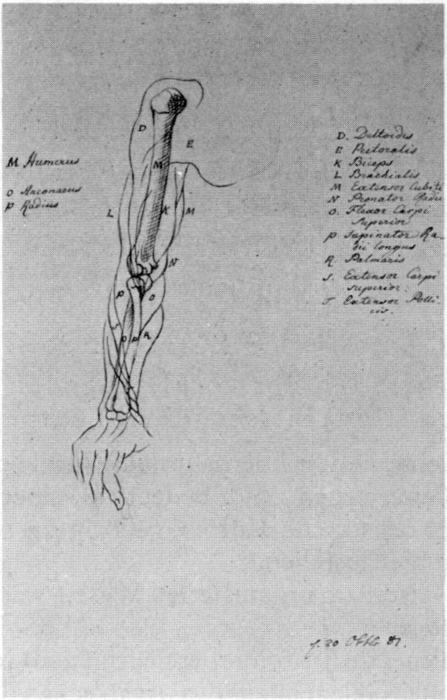


8.

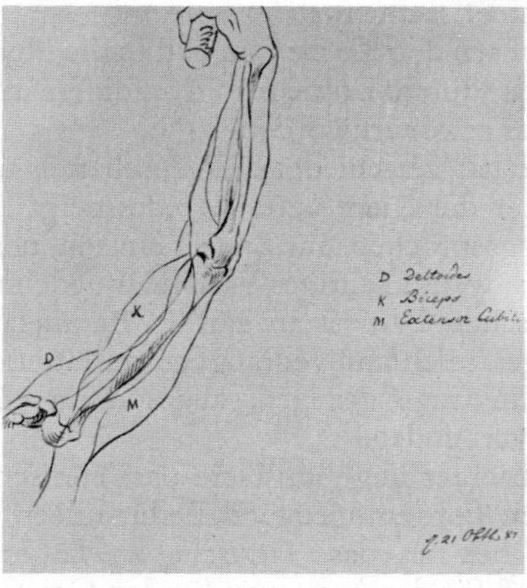


9.

*Anatomie des menschlichen Armes. Jena 1781*

# *ZOOLOGIE*

## *Aus:* ERSTER ENTWURF EINER ALLGEMEINEN EINLEITUNG IN DIE VERGLEICHENDE ANATOMIE, AUSGEHEND VON DER OSTEOLOGIE

Jena, im Januar 1795

### I.

### Von den Vorteilen der vergleichenden Anatomie und von den Hindernissen, die ihr entgegenstehen

Naturgeschichte beruht überhaupt auf Vergleichung.

Äußere Kennzeichen sind bedeutend, aber nicht hinreichend, um organische Körper gehörig zu sondern und wieder zusammenzustellen.

Anatomie leistet am organisierten Wesen, was Chemie am unorganisierten.

Die vergleichende Anatomie beschäftigt den Geist mannigfaltig, gibt uns Gelegenheit die organischen Naturen aus vielen Gesichtspunkten zu betrachten.

Neben Zergliederung des menschlichen Körpers geht die der Tiere immer sachte fort.

Die Einsicht in den Körperbau und in die Physiologie des Menschen ist durch Entdeckungen, die man an Tieren gemacht, sehr erweitert worden.

Die Natur hat verschiedene Eigenschaften und Bestimmungen unter die Tiere verteilt, jedes zeigt sich charakteristisch ausgesprochen. Ihr Bau ist einfach, notdürftig, oft in ein großes, weitschichtiges Volum ausgedehnt.

Des Menschen Bau ist in zartere Ramifikationen vermannigfaltiget, reich und gedrängt ausgestattet, bedeutende Stellen in die Enge gezogen, abgesonderte Teile durch Anastomose verbunden.

Dem Beobachter liegt im Tiere das Tierische mit allen unmittelbaren Forderungen und Bedürfnissen vor Augen.

Im Menschen ist das Tierische zu höhern Zwecken gesteigert und für das Auge, wie für den Geist, in Schatten gestellt.

Die Hindernisse, welche der vergleichenden Anatomie bisher im Wege standen, sind mannigfaltig. Sie hat keine Grenzen und jede bloß empirische Behandlung müdet sich ab in dem weiten Umfang.

Die Beobachtungen blieben einzeln wie sie gemacht wurden stehen. Man konnte sich über Terminologie nicht vereinigen. Gelehrte, Stallmeister, Jäger, Fleischer etc. hatten verschiedene Benennungen hergebracht.

Niemand glaubte an einen Vereinigungspunkt, an den man die Gegenstände hätte anschließen können, oder einen Gesichtspunkt, aus dem man sie anzusehen hätte.

Man wendete, wie in andern Wissenschaften so auch hier, nicht genug geläuterte Vorstellungsarten an. Entweder man nahm die Sache zu trivial und haftete bloß an der Erscheinung, oder man suchte sich durch Endursachen zu helfen, wodurch man sich denn nur immer weiter von der Idee eines lebendigen Wesens entfernte. Ebensosehr und auf gleiche Weise hinderte die fromme Denkart, da man jedes Einzelne zur Ehre Gottes unmittelbar verbrauchen wollte. Man verlor sich in leere Spekulationen, z. B. über die Seele der Tiere, usw.

Die Anatomie des Menschen bis in die feinsten Teile zu verfolgen ward eine unendliche Arbeit gefordert. Ja sogar diese, der Medizin untergeordnet, konnte nur von wenigen als ein besonderes Studium betrieben werden. Noch wenigere hatten Neigung, Zeit, Vermögen und Gelegenheit in der vergleichenden Anatomie etwas Bedeutendes und Zusammenhängendes zu leisten.

## II.

## Über einen aufzustellenden Typus zu Erleichterung der vergleichenden Anatomie

Die Ähnlichkeit der Tiere untereinander und mit dem Menschen ist in die Augen fallend und im allgemeinen anerkannt, im besondern schwerer zu bemerken, im einzelnen nicht immer sogleich darzutun, öfters verkannt und manchmal gar geleugnet. Die verschiedenen Meinungen der Beobachter sind daher schwer zu vereinigen. Denn es fehlt an einer Norm, an der man die verschiedenen Teile prüfen könnte, es fehlt an einer Folge von Grundsätzen, zu denen man sich bekennen müßte.

Man verglich die Tiere mit dem Menschen und die Tiere untereinander, und so war bei vieler Arbeit immer nur etwas Einzelnes erzweckt und, durch diese vermehrten Einzelnheiten, jede Art von Überblick immer unmöglicher. Beispiele aus Buffon würden sich manche vorlegen lassen. Josephis Unternehmen und anderer wäre in diesem Sinne zu beurteilen. Da man nun auf solche Weise alle Tiere mit jedem, und jedes Tier mit allen vergleichen mußte; so sieht man die Unmöglichkeit ein, je auf diesem Wege eine Vereinigung zu finden.

Deshalb geschieht hier ein Vorschlag zu einem anatomischen Typus, zu einem allgemeinen Bilde, worin die Gestalten sämtlicher Tiere, der Möglichkeit nach, enthalten wären, und wornach man jedes Tier in einer gewissen Ordnung beschriebe. Dieser Typus müßte so viel wie möglich in physiologischer Rücksicht aufgestellt sein. Schon aus der allgemeinen Idee eines Typus folgt, daß kein einzelnes Tier als ein solcher Vergleichungskanon aufgestellt werden könne; kein Einzelnes kann Muster des Ganzen sein.

Der Mensch, bei seiner hohen organischen Vollkommenheit, darf, eben dieser Vollkommenheit wegen, nicht als Maßstab der unvollkommenen Tiere aufgestellt werden. Man verfahre vielmehr folgendermaßen.

Die Erfahrung muß uns vorerst die Teile lehren, die allen Tieren gemein sind, und worin diese Teile verschieden sind. Die Idee muß über dem Ganzen walten und auf eine genetische Weise das allgemeine Bild abziehen. Ist ein solcher Typus auch nur zum Versuch aufgestellt, so können wir die bisher gebräuchlichen Vergleichungsarten zur Prüfung desselben sehr wohl benutzen.

Man verglich: Tiere untereinander, Tiere zum Menschen, Menschenrassen untereinander, die beiden Geschlechter wechselseitig, Hauptteile des Körpers, z. B. obere und untere Extremitäten, untergeordnete Teile, z. B. einen Wirbelknochen mit den andern.

Alle diese Vergleichungen können nach aufgestelltem

Typus noch immer stattfinden, nur wird man sie mit besserer Folge und größerem Einfluß auf das Ganze der Wissenschaft vornehmen. Ja dasjenige, was bisher schon geschehen, beurteilen und die wahrgefundenen Beobachtungen an gehörigen Orten einreihen.

Nach aufgebautem Typus verfährt man bei Vergleichung auf doppelte Weise. Erstlich, daß man einzelne Tierarten nach demselben beschreibt. Ist dieses geschehen, so braucht man Tier mit Tier nicht mehr zu vergleichen, sondern man hält die Beschreibungen nur gegeneinander und die Vergleichung macht sich von sich selbst. Sodann kann man aber auch einen besondern Teil durch alle Hauptgattungen durch beschreiben, wodurch eine belehrende Vergleichung vollkommen bewirkt wird. Beide Arten von Monographien müßten jedoch so vollständig als möglich sein, wenn sie fruchten sollten, besonders zur letztern könnten sich mehrere Beobachter vereinigen. Doch müßte man vorerst über ein allgemeines Schema sich verständigen, worauf das Mechanische der Arbeit durch eine Tabelle befördert werden könnte, welche jeder bei seiner Arbeit zugrunde legte. Und so wäre er gewiß, daß er bei der kleinsten, spezialsten Arbeit für alle, für die Wissenschaft gearbeitet hätte. Bei der jetzigen Lage der Dinge ist es traurig, daß jeder wieder von vorne anfangen muß.

## III.

## Allgemeinste Darstellung des Typus

Im vorhergehenden war eigentlich nur von komparierter Anatomie der Säugetiere gesprochen und von den Mitteln, welche das Studium derselben erleichtern könnten; jetzt aber, da wir die Erbauung des Typus unternehmen, müssen wir uns weiter in der organischen Natur umsehen, weil wir ohne einen solchen Überblick kein allgemeines Bild der Säugetiere aufstellen könnten, und weil sich dieses Bild, wenn wir bei dessen Konstruktion die ganze Natur zu Rate ziehen, künftighin rückwärts dergestalt modifizieren läßt, daß auch die Bilder unvollkommener Geschöpfe daraus herzuleiten sind.

Alle einigermaßen entwickelte Geschöpfe zeigen schon am äußern Gebäude drei Hauptabteilungen. Man betrachte die vollendeten Insekten! Ihr Körper besteht in drei Teilen, welche verschiedene Lebensfunktionen ausüben, durch ihre Verbindung untereinander und Wirkung aufeinander die organische Existenz auf einer hohen Stufe darstellen. Diese drei Teile sind das Haupt, der Mittel- und Hinterteil, die Hülfsorgane findet man unter verschiedenen Umständen an ihnen befestigt.

Das Haupt ist seinem Platze nach immer vorn, ist der Versammlungsort der abgesonderten Sinne und enthält die regierenden Sinneswerkzeuge, in einem oder mehreren Nervenknoten, die wir Gehirn zu nennen pflegen, verbunden. Der mittlere Teil enthält die Organe des inneren Lebensantriebes und einer immer fortdauernden Bewegung nach außen; die Organe des inneren Lebensanstoßes sind weniger bedeutend, weil bei diesen Geschöpfen jeder Teil offenbar mit einem eignen Leben begabt ist. Der hinterste Teil enthält die Organe der Nahrung und Fortpflanzung, sowie der gröberen Absonderung.

Sind nun die benannten drei Teile getrennt und oft nur durch fadenartige Röhren verbunden, so zeigt dies einen vollkommenen Zustand an. Deshalb ist der Hauptmoment der sukzessiven Raupenverwandlung zum Insekt eine sukzessive Separation der Systeme, welche im Wurm noch unter der allgemeinen Hülle verborgen lagen, sich teilweis in einem unwirksamen, unausgesprochenen Zustand befanden; nun aber, da die Entwicklung geschehen ist, da die letzten besten Kräfte für sich wirken, so ist die freie Bewegung und Tätigkeit des Geschöpfs vorhanden und durch mannigfaltige Bestimmung und Absonderung der organischen Systeme die Fortpflanzung möglich.

Bei den vollkommenen Tieren ist das Haupt von der zweiten Abteilung mehr oder weniger entschieden abgesondert, die dritte aber durch Verlängerung des Rückgrats mit der vordern verbunden und in eine allgemeine Decke gehüllt; daß sie aber durch eine Scheidewand von dem mittlern System der Brust abgeteilt sei, zeigt uns die Zergliederung.

Hülfsorgane hat das Haupt, insofern sie zur Aneignung der Speisen nötig sind; sie zeigen sich bald als geteilte Zangen, bald als ein mehr oder weniger verbundenes Kinnladenpaar.

Der mittlere Teil hat bei unvollkommenen Tieren sehr vielfache Hülfsorgane, Füße, Flügel und Flügeldecken; bei den vollkommenen Tieren sind an diesem mittlern Teile auch die mittlern Hülfsorgane, Arme oder Vorderfüße, angebracht. Der hintere Teil hat bei den Insekten in ihrem entwickelten Zustand keine Hülfsorgane, hingegen bei vollkommenen Tieren, wo die beiden Systeme angenähert und zusammengedrängt sind, stehen die letzten Hülfsorgane, Füße genannt, am hinteren Ende des dritten Systemes, und so werden wir die Säugetiere durchgängig gebildet finden. Ihr letzter oder hinterster Teil hat mehr oder weniger noch eine Fortsetzung, den Schwanz, die aber eigentlich nur als eine Andeutung der Unendlichkeit organischer Existenzen angesehen werden kann.

## IV.

## Anwendung der allgemeinen Darstellung des Typus auf das Besondere

Die Teile des Tieres, ihre Gestalt untereinander, ihr Verhältnis, ihre besondern Eigenschaften bestimmen die Lebensbedürfnisse des Geschöpfs. Daher die entschiedene, aber eingeschränkte Lebensweise der Tiergattungen und Arten.

Betrachten wir nach jenem erst im allgemeinsten aufgestellten Typus die verschiedenen Teile der vollkommensten, die wir Säugetiere nennen; so finden wir, daß der Bildungskreis der Natur zwar eingeschränkt ist, dabei jedoch, wegen der Menge der Teile und wegen der vielfachen Modifikabilität, die Veränderungen der Gestalt ins Unendliche möglich werden.

Wenn wir die Teile genau kennen und betrachten, so werden wir finden, daß die Mannigfaltigkeit der Gestalt daher entspringt, daß diesem oder jenem Teil ein Übergewicht über die andern zugestanden ist.

So sind, zum Beispiel, Hals und Extremitäten auf Kosten des Körpers bei der Giraffe begünstigt, dahingegen beim Maulwurf das Umgekehrte stattfindet.

Bei dieser Betrachtung tritt uns nun gleich das Gesetz entgegen: daß keinem Teil etwas zugelegt werden könne, ohne daß einem andern dagegen etwas abgezogen werde, und umgekehrt.

Hier sind die Schranken der tierischen Natur, in welchen sich die bildende Kraft auf die wunderbarste und beinahe auf die willkürlichste Weise zu bewegen scheint, ohne daß sie im mindesten fähig wäre den Kreis zu durchbrechen oder ihn zu überspringen. Der Bildungstrieb ist hier in einem zwar beschränkten, aber doch wohleingerichteten Reiche zum Beherrscher gesetzt. Die Rubriken seines Etats, in welche sein Aufwand zu verteilen ist, sind ihm vorgeschrieben, was er auf jedes wenden will, steht ihm, bis auf einen gewissen Grad, frei. Will er der einen mehr zuwenden, so ist er nicht ganz gehindert, allein er ist genötigt an einer andern sogleich etwas fehlen zu lassen; und so kann die Natur sich niemals verschulden, oder wohl gar bankrutt werden.

Wir wollen versuchen uns durch das Labyrinth der tierischen Bildung an diesem Leitfaden durchzuhelfen, und wir werden künftig finden, daß er auch bis zu den formlosesten organischen Naturen hinabreicht. Wir wollen ihn an der Form prüfen, um ihn nachher auch bei den Kräften brauchen zu können.

Wir denken uns also das abgeschlossene Tier als eine kleine Welt, die um ihrer selbst willen und durch sich selbst da ist. So ist auch jedes Geschöpf Zweck seiner selbst, und weil alle seine Teile in der unmittelbarsten Wechselwirkung stehen, ein Verhältnis gegeneinander haben und dadurch den Kreis des Lebens immer erneuern, so ist auch jedes Tier als physiologisch vollkommen anzusehen. Kein Teil desselben ist, von innen betrachtet, unnütz oder, wie man sich manchmal vorstellt, durch den Bildungstrieb gleichsam willkürlich hervorgebracht; obgleich Teile nach außen zu unnütz erscheinen können, weil der innere Zusammenhang der tierischen Natur sie so gestaltete, ohne sich um die äußeren

Verhältnisse zu bekümmern. Man wird also künftig von solchen Gliedern, wie z. B. von den Eckzähnen des Sus Babirussa, nicht fragen, wozu dienen sie? sondern, woher entspringen sie? Man wird nicht behaupten, einem Stier seien die Hörner gegeben, daß er stoße, sondern man wird untersuchen, wie er Hörner haben könne um zu stoßen. Jenen allgemeinen Typus, den wir nun freilich erst konstruieren und in seinen Teilen erst erforschen wollen, werden wir im ganzen unveränderlich finden, werden die höchste Klasse der Tiere, die Säugetiere selbst, unter den verschiedensten Gestalten in ihren Teilen höchst übereinstimmend antreffen.

Nun aber müssen wir, indem wir bei und mit dem Beharrlichen beharren, auch zugleich mit und neben dem Veränderlichen unsere Ansichten zu verändern und mannigfaltige Beweglichkeit lernen, damit wir den Typus in aller seiner Versatilität zu verfolgen gewandt seien und uns dieser Proteus nirgendhin entschlüpfe.

Fragt man aber nach den Anlässen, wodurch eine so mannigfaltige Bestimmbarkeit zum Vorschein komme, so antworten wir vorerst: das Tier wird durch Umstände zu Umständen gebildet; daher seine innere Vollkommenheit und seine Zweckmäßigkeit nach außen.

Um nun jene Idee eines haushälterischen Gebens und Nehmens anschaulich zu machen, führen wir einige Beispiele an: Die Schlange steht in der Organisation weit oben. Sie hat ein entschiedenes Haupt, mit einem vollkommenen Hülfsorgan, einer vorne verbundenen unteren Kinnlade. Allein ihr Körper ist gleichsam unendlich und er kann es deswegen sein, weil er weder Materie noch Kraft auf Hülfsorgane zu verwenden hat. Sobald nun diese in einer anderen Bildung hervortreten, wie z. B. bei der Eidechse nur kurze Arme und Füße hervorgebracht werden, so muß die unbedingte Länge sogleich sich zusammenziehen und ein kürzerer Körper stattfinden. Die langen Beine des Frosches nötigen den Körper dieser Kreatur in eine sehr kurze Form, und die ungestaltete Kröte ist nach ebendiesem Gesetze in die Breite gezogen.

Hier kommt es nun darauf an, wie weit man dieses Prinzip, durch die verschiedenen naturhistorischen Klassen, Geschlechter und Arten, kursorisch durchführen und durch Beurteilung des Habitus und der äußerlichen Kennzeichen die Idee im allgemeinen anschaulich und angenehm machen wollte, damit die Lust und der Mut gereizt würde, mit Aufmerksamkeit und Mühe das Einzelne zu durchsuchen.

Zuerst wäre aber der Typus in der Rücksicht zu betrachten, wie die verschiedenen elementaren Naturkräfte auf ihn wirken, und wie er den allgemeinen äußeren Gesetzen, bis auf einen gewissen Grad, sich gleichfalls fügen muß.

Das Wasser schwellt die Körper, die es umgibt, berührt, in die es mehr oder weniger hineindringt, entschieden auf. So wird der Rumpf des Fisches, besonders das Fleisch desselben aufgeschwellt, nach den Gesetzen des Elementes. Nun muß nach den Gesetzen des organischen Typus auf diese Aufschwellung des Rumpfes das Zusammenziehen der Extremitäten oder Hülfsorgane folgen, oder was noch weiter für Bestimmungen der übrigen Organe daraus entstehen, die sich später zeigen werden.

Die Luft, indem sie das Wasser in sich aufnimmt, trocknet aus. Der Typus also, der sich in der Luft entwickelt, wird, je reiner, je weniger feucht sie ist, desto trockner inwendig werden, und es wird ein mehr oder weniger magerer Vogel entstehen, dessen Fleisch und Knochengerippe reichlich zu bekleiden, dessen Hülfsorgane hinlänglich zu versorgen, für die bildende Kraft noch Stoff genug übrigbleibt. Was bei dem Fische auf das Fleisch gewandt wird, bleibt hier für die Federn übrig. So bildet sich der Adler durch die Luft zur Luft, durch die Berghöhe zur Berghöhe. Der Schwan, die Ente, als eine Art von Amphibien, verraten ihre Neigung zum Wasser schon durch ihre Gestalt. Wie wundersam der Storch, der Strandläufer ihre Nähe zum Wasser und ihre Neigung zur Luft bezeichnen, ist anhaltender Betrachtung wert.

So wird man die Wirkung des Klimas, der Berghöhe, der Wärme und Kälte, nebst den Wirkungen des Wassers und der gemeinen Luft, auch zur Bildung der Säugetiere sehr mächtig finden. Wärme und Feuchtigkeit schwellt auf und bringt selbst innerhalb der Grenzen des Typus unerklärlich scheinende Ungeheuer hervor, indessen Hitze und Trockenheit die vollkommensten und ausgebildetsten Geschöpfe, so sehr sie auch der Natur und Gestalt nach dem Menschen entgegenstehen, z. B. den Löwen und Tiger hervorbringen, und so ist das heiße Klima allein imstande selbst der unvollkommenen Organisation etwas Menschenähnliches zu erteilen, wie z. B. im Affen und Papageien geschieht.

Man kann auch den Typus verhältnismäßig gegen sich selbst betrachten und die Vergleichung innerhalb desselben anstellen, z. B. die Vergleichung der harten und weichen Teile gegeneinander. So scheinen z. B. die Ernährungs- und Zeugungs-Organe weit mehr Kraft wegzunehmen als die Bewegungs- und Antriebsorgane. Herz und Lunge sitzen in einem knöchernen Gehäuse fest, anstatt daß Magen, Gedärme und Gebärmutter in einem weichen Behältnisse schwanken. Man sieht, daß der Bildungs-Intention nach so gut ein Brustgrat als ein Rückgrat stattfindet. Aber das Brustgrat, bei den Tieren das untere, ist, gegen das Rückgrat betrachtet, kurz und schwach. Seine Wirbelknochen sind länglicht, schmal oder breit gedruckt, und wenn das Rückgrat vollkommene oder unvollkommene Rippen zu Nachbarn hat, so stehen am Brustgrate nur Knorpel gegenüber. Das Brustgrat scheint also den sämtlichen oberen Eingeweiden einen Teil seiner Festigkeit, den unteren hingegen seine völlige Existenz aufzuopfern; so wie selbst das Rückgrat diejenigen Rippen, welche an den Lendenwirbeln stehen könnten, der vollkommenen Ausbildung der benachbarten wichtigen weichen Teile aufopfert.

Wenden wir nun sofort das von uns ausgesprochene Gesetz auf verwandte Naturerscheinungen an, so möchte manches interessante Phänomen erklärbar sein. Der Hauptpunkt der ganzen weiblichen Existenz ist die Gebärmutter. Sie nimmt unter den Eingeweiden einen vorzüglichen Platz ein, und äußert, entweder in der Wirklichkeit oder Möglichkeit, die höchsten Kräfte, in Anziehung, Ausdehnung, Zusammenziehung usw. Nun scheint die Bildungskraft auf diesen Teil, durch alle vollkommneren Tiere, so viel verwenden zu müssen, daß sie genötigt ist bei anderen Teilen der Gestalt kärglich zu verfahren, daher möchte ich die mindere Schönheit des Weibchens erklären: auf die Eierstöcke war so viel zu verwenden, daß äußerer Schein nicht mehr stattfinden konnte. In der Ausführung der Arbeit selbst werden uns viele solche Fälle vorkommen, die wir hier im allgemeinen nicht vorausnehmen dürfen.

Durch alle diese Betrachtungen steigen wir zuletzt zum Menschen herauf und es wird die Frage sein: ob? und wann wir den Menschen auf der höchsten Stufe der Organisation antreffen? Hoffentlich wird uns unser Faden durch dieses Labyrinth durchbringen und uns auch über die verschiedenen Abweichungen der menschlichen Gestalt und zuletzt über die schönste Organisation Aufschlüsse geben.

## V.
## Vom osteologischen Typus insbesondere

Ob nun aber diese Vorstellungsart dem zu behandelnden Gegenstande völlig gemäß sei, kann nur dann erst geprüft und entschieden werden, wenn durch umsichtige Anatomie die Teile der Tiere gesondert und wieder miteinander verglichen worden. Auch die Methode, nach welcher wir nunmehr die Ordnung der Teile betrachten, wird künftig erst durch Erfahrung und Gelingen gerechtfertiget.

Das Knochengebäude ist das deutliche Gerüst aller Gestalten. Einmal wohl erkannt, erleichtert es die Erkenntnis aller übrigen Teile. Hier sollte nun freilich, ehe wir weitergehen, manches besprochen werden, z. B. wie es mit der Osteologie des Menschen gegangen? Auch sollte man über partes proprias et improprias einiges verhandeln; doch ist uns diesmal nur gegönnt lakonisch und aphoristisch zu verfahren.

Ohne Widerrede zu befürchten, dürfen wir vorerst behaupten, daß die Einteilung des menschlichen Knochengebäudes bloß zufällig entstanden, daher man denn bei Beschreibungen bald mehr, bald weniger Knochen annahm, auch jeder sie nach Belieben und eigner Ordnung beschrieb.

Wie es ferner nach so vielfältigen Bemühungen um die Knochenlehre des Säugetieres überhaupt aussehe, wäre sorgfältig auszumitteln, wobei denn Campers Urteil über die wichtigsten Schriften der vergleichenden Osteologie jeder Prüfung und Benutzung zustatten käme.

Im ganzen wird man sich auch bei der allgemeinen vergleichenden Osteologie überzeugen, daß sie eben aus Mangel eines ersten Vorbildes und dessen genau bestimmter Abteilung in große Verworrenheit geraten sei; Volcher-Coiter, Duvernay, Daubenton und andere sind nicht frei von Verwechselung der Teile; ein Fehler der beim Beginnen jeder Wissenschaft unvermeidlich, bei dieser aber sehr verzeihlich ist.

Gewisse beschränkende Meinungen setzten sich fest, man wollte z. B. dem Menschen seinen Zwischenknochen abstreiten. Was man dabei zu gewinnen glaubte, war wunderlich genug, hier sollte das Unterscheidungszeichen zwischen uns und dem Affen sein. Dagegen bemerkte man nicht, daß man durch indirekte Leugnung des Typus die schönste Aussicht verlor.

Ferner behauptete man eine Zeitlang, der Eckzahn des Elefanten stehe im Zwischenknochen, da er doch unabänderlich der obern Kinnlade angehört, und ein genauer Beobachter gar wohl bemerken kann, daß von der obern Kinnlade sich eine Lamelle um den ungeheuren Zahn herumschlingt und die Natur keineswegs duldet, daß hier etwas gegen Gesetz und Ordnung geschehe.

Wenn wir nun ausgesprochen, daß der Mensch nicht könne fürs Tier, das Tier nicht für den Menschen als Typus aufgestellt werden, so müssen wir nunmehr das Dritte, was sich zwischen beide hineinsetzt, ungesäumt hinstellen und die Ursache unsers Verfahrens nach und nach zur Sprache bringen.

Notwendig ist es daher, alle Knochenabteilungen, welche nur vorkommen können, aufzusuchen und zu bemerken; hiezu gelangen wir durch Betrachtung der verschiedensten Tierarten, ja durch Untersuchung des Fötus.

Wir nehmen das vierfüßige Tier, wie es vor uns steht und das Haupt vorreckt, von vorn nach hinten, und bauen erst den Schädel, dann das übrige zusammen; die Begriffe, Gedanken, Erfahrungen, die uns hiebei leiteten, sprechen wir zum Teil aus, wir lassen sie vermuten und teilen sie in der Folge mit; ohne weiteres also zur Darlegung des ersten allgemeinsten Schema.

## VI.

## Der osteologische Typus in seiner Einteilung zusammengestellt

A. Das Haupt.

a. Ossa intermaxillaria,

b. Ossa maxillae superioris,

c. Ossa palatina.

Diese Knochen lassen sich in mehr als einem Sinne miteinander vergleichen: sie bilden die Base des Gesichts und Vorderhauptes; sie machen zusammen den Gaumen aus; sie haben in der Form vieles gemein, und stehen deshalb voran, weil wir das Tier von vornen nach hinten zu beschreiben und die beiden ersten nicht allein offenbar die vordersten Teile des Tierkörpers ausmachen, sondern auch den Charakter des Geschöpfs vollkommen aussprechen, weil ihre Form die Nahrungsweise des Geschöpfes bestimmt.

d. Ossa zygomatica,

e. Ossa lacrymalia

setzen wir auf die vorhergehenden und bilden das Gesicht mehr aus; auch wird der untere Rand der Augenhöhle fertig.

f. Ossa nasi,

g. Ossa frontis

setzen wir als Decke über jene, erzeugen den oberen Rand der Augenhöhlen, die Räume für die Geruchsorgane und das Gewölbe des Vorderhirnes.

h. Os sphenoideum anterius

fügen wir dem Ganzen von unten und hinten als Base zu, bereiten dem Vorderhirne das Bette und mehreren Nerven ihre Ausgänge. Der Körper dieses Knochens ist mit dem Körper des Os posterius beim Menschen immer verwachsen.

i. Os ethmoideum,

k. Conchae,

l. Vomer

und so kommen die Werkzeuge des Geruches an ihren Ort.

m. Os sphenoideum posterius

schließt sich an das vordere an. Die Basis des Gehirnbehälters nähert sich ihrer Vollkommenheit.

n. Ossa temporum

bilden die Wände über demselben, verbinden sich vorwärts.

o. Ossa bregmatis

decken diese Abteilung des Gewölbes.

p. Basis ossis occipitis
vergleicht sich den beiden Sphenoideis.

q. Ossa lateralia
machen die Wände, vergleichen sich den Ossibus temporum.

r. Os lambdoideum
schließt das Gebäude, vergleicht sich den Ossibus bregmatis.

s. Ossa petrosa
enthalten die Gehörwerkzeuge und werden an dem leeren Platze eingefügt.

Hier endigen sich die Knochen, die das Gebäude des Hauptes ausmachen und gegeneinander unbeweglich sind.

t. Kleine Knochen des Gehörwerkzeuges.

Bei der Ausführung wird gezeigt, wie diese Knochenabteilungen wirklich existieren, wie sie noch Unterabteilungen haben. Es wird die Proportion und das Verhältnis derselben untereinander, Wirkung aufeinander, Wirkung der äußern und innern Teile dargestellt und der Typus konstruiert und mit Beispielen erläutert.

B. Der Rumpf.

I. Spina dorsalis,

a. Vertebrae colli.
Nähe des Hauptes wirkt auf die Halswirbel, besonders die ersten.

b. dorsi,
die Wirbelknochen, an denen die Rippen angesetzt sind, kleiner als die

c. lumborum,
Lendenwirbel die frei stehen,

d. pelvis,
diese werden durch die Nähe der Beckenknochen mehr oder weniger verändert,

e. caudae,
sind an Zahl sehr verschieden.

Costae,
verae,
spuriae,

II. Spina pectoralis,
Sternum,
Cartilagines.

Die Vergleichung des Rück- und Brustgrates, der Rippen und der Knorpel führt uns auf interessante Punkte.

C. Hülfsorgane.

1. Maxilla inferior,
2. Brachia,

affixa sursum vel retrorsum:
Scapula,
deorsum vel antrorsum:
Clavicula,
Humerus,
Ulna, Radius,
Carpus,
Metacarpus,
Digiti,
Form, Proportion, Zahl.
3. Pedes,
affixi sursum vel adversum:
Ossa ilium,
Ossa ischii,
deorsum vel antrorsum:
Ossa pubis,
Femur, Patella,
Tibia, Fibula,
Tarsus,
Metatarsus.
Digiti.
Innere:
Os hyoides,
Cartilagines, plus, minus ossificatae.

. . .

## DEM MENSCHEN WIE DEN TIEREN IST EIN ZWISCHENKNOCHEN DER OBERN KINNLADE ZUZUSCHREIBEN

Jena, 1786

Einige Versuche osteologischer Zeichnungen sind hier in der Absicht zusammengeheftet worden, um Kennern und Freunden vergleichender Zergliederungskunde eine kleine Entdeckung vorzulegen, die ich glaube gemacht zu haben.

Bei Tierschädeln fällt es gar leicht in die Augen, daß die obere Kinnlade aus mehr als einem Paar Knochen bestehet. Ihr vorderer Teil wird durch sehr sichtbare Nähte und Harmonien mit dem hinteren Teile verbunden und macht ein Paar besondere Knochen aus.

Dieser vorderen Abteilung der oberen Kinnlade ist der Name Os intermaxillare gegeben worden. Die Alten kannten schon diesen Knochen[a]) und neuerdings ist er besonders merkwürdig geworden, da man ihn als ein Unterscheidungszeichen zwischen dem Affen und Menschen angegeben. Man hat ihn jenem Geschlechte zugeschrieben, diesem abgeleugnet[b]), und wenn in natürlichen Dingen nicht der Augenschein überwiese, so würde ich schüchtern sein aufzutreten und zu sagen, daß sich diese Knochenabteilung gleichfalls bei dem Menschen finde.

Ich will mich so kurz als möglich fassen, weil durch bloßes Anschauen und Vergleichen mehrerer Schädel eine ohnedies sehr einfache Behauptung geschwinde beurteilet werden kann.

Der Knochen von welchem ich rede hat seinen Namen daher erhalten, daß er sich zwischen die beiden Hauptknochen der oberen Kinnlade hineinschiebt. Er ist selbst aus zwei Stücken zusammengesetzt, die in der Mitte des Gesichtes aneinanderstoßen.

Er ist bei verschiedenen Tieren von sehr verschiedener Gestalt und verändert, je nachdem er sich vorwärts streckt oder sich zurückezieht, sehr merklich die Bildung. Sein vorderster breitester und stärkster Teil, dem ich den Namen des Körpers gegeben, ist nach der Art des Futters eingerichtet, das die Natur dem Tiere bestimmt hat, denn es muß seine Speise mit diesem Teile zuerst anfassen, ergreifen, abrupfen, abnagen, zerschneiden, sie auf eine oder andere Weise sich zueignen; deswegen ist er bald flach und mit Knorpeln versehen, bald mit stumpfern oder schärferen Schneidezähnen gewaffnet, oder erhält eine andere der Nahrung gemäße Gestalt.

Durch einen Fortsatz an der Seite verbindet er sich aufwärts mit der obern Kinnlade, dem Nasenknochen und manchmal mit dem Stirnbeine.

---

[a]) Galenus, Lib. de ossibus. Cap. III.

[b]) Campers sämtliche kleinere Schriften, herausgegeben von Herbell. Ersten Bandes zweites Stück S. 93 u. 94. Blumenbach de varietate generis humani nativa, pag. 33.

Inwärts von dem ersten Schneidezahn oder von dem Orte aus, den er einnehmen sollte, begibt sich ein Stachel oder eine Spina hinterwärts, legt sich auf den Gaumenfortsatz der oberen Kinnlade an und bildet selbst eine Rinne, worin der untere und vordere Teil des Vomers oder Pflugscharbeins sich einschiebt. Durch diese Spina, den Seitenteil des Körpers dieses Zwischenknochens und den vorderen Teil des Gaumenfortsatzes der obern Kinnlade werden die Kanäle (Canales incisivi oder naso-palatini) gebildet, durch welche kleine Blutgefäße und Nervenzweige des zweiten Astes des fünften Paares gehen.

Deutlich zeigen sich diese drei Teile mit Einem Blicke an einem Pferdeschädel auf der ersten Tafel.

A. Corpus.
B. Apophysis maxillaris.
C. Apophysis palatina.

An diesen Hauptteilen sind wieder viele Unterabteilungen zu bemerken und zu beschreiben. Eine lateinische Terminologie, die ich mit Beihülfe des Herrn Hofrat Loders verfertiget habe und hier beilege, wird dabei zum Leitfaden dienen können. Es hatte solche viele Schwierigkeiten, wenn sie auf alle Tiere passen sollte. Da bei dem einen gewisse Teile sich sehr zurückziehen, zusammenfließen und bei andern gar verschwinden: so wird auch gewiß, wenn man mehr ins Feinere gehen wollte, diese Tafel noch manche Verbesserung zulassen.

Os intermaxillare.

A. Corpus.
  a. Superficies anterior.
    1. Margo superior in quo Spina nasalis.
    2. Margo inferior seu alveolaris.
    3. Angulus inferior exterior corporis.
  b. Superficies posterior, qua Os intermaxillare iungitur Apophysi palatinae Ossis maxillaris superioris.
  c. Superficies lateralis exterior, qua Os intermaxillare iungitur Ossi maxillari superiori.
  d. Superficies lateralis interior, qua alterum Os intermaxillare iungitur alteri.

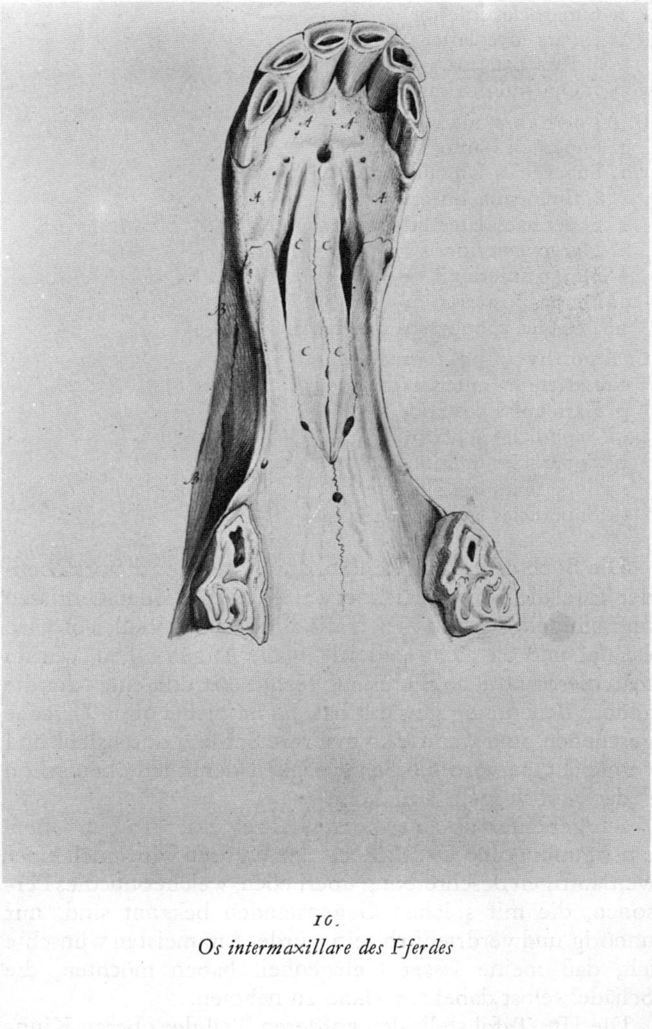

10.

*Os intermaxillare des Pferdes*

e. Superficies superior.
Margo anterior, in quo Spina nasalis. vid. 1.
4. Margo posterior sive Ora superior canalis naso-palatini.
f. Superficies inferior.
5. Pars alveolaris.
6. Pars palatina.
7. Ora inferior canalis naso-palatini.

B. Apophysis maxillaris.
g. Superficies anterior.
h. Superficies lateralis interna.
8. Eminentia linearis.
i. Superficies lateralis externa.
k. Margo exterior.
l. Margo interior.
m. Margo posterior.
n. Angulus apophyseos maxillaris.

C. Apophysis palatina.
o. Extremitas anterior.
p. Extremitas posterior.
q. Superficies superior.
r. Superficies inferior.
s. Superficies lateralis interna.
t. Superficies lateralis externa.

Die Buchstaben und Zahlen, durch welche auf vorstehender Tafel die Teile bezeichnet werden, sind bei den Umrissen und einigen Figuren gleichfalls angebracht. Vielleicht wird es hier und da nicht sogleich in die Augen fallen, warum man diese und jene Einteilung festgesetzt und eine oder die andere Benennung gewählt hat. Es ist nichts ohne Ursache geschehen, und wenn man mehrere Schädel durchsieht und vergleicht, so wird die Schwierigkeit deren ich oben schon gedacht noch mehr auffallen.

Ich gehe nun zu einer kurzen Anzeige der Tafeln. Übereinstimmung und Deutlichkeit der Figuren wird mich einer weitläuftigen Beschreibung überheben, welche ohnedies Personen, die mit solchen Gegenständen bekannt sind, nur unnötig und verdrießlich sein würde. Am meisten wünschte ich, daß meine Leser Gelegenheit haben möchten, die Schädel selbst dabei zur Hand zu nehmen.

Die IIte Tafel stellt den vorderen Teil der oberen Kinn-

Fig. 1.

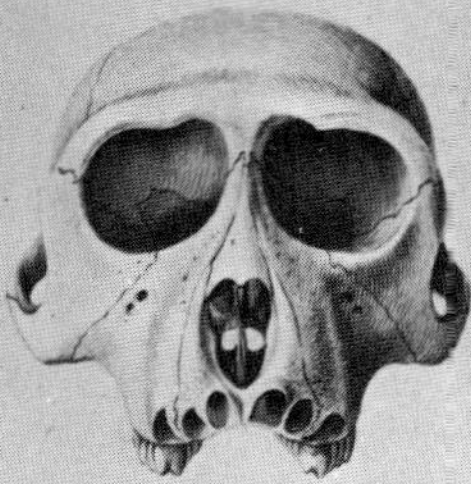

Fig. 2.

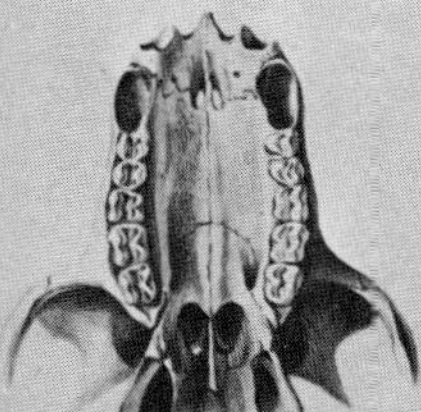

II.
*Affenschädel von vorn und unten*

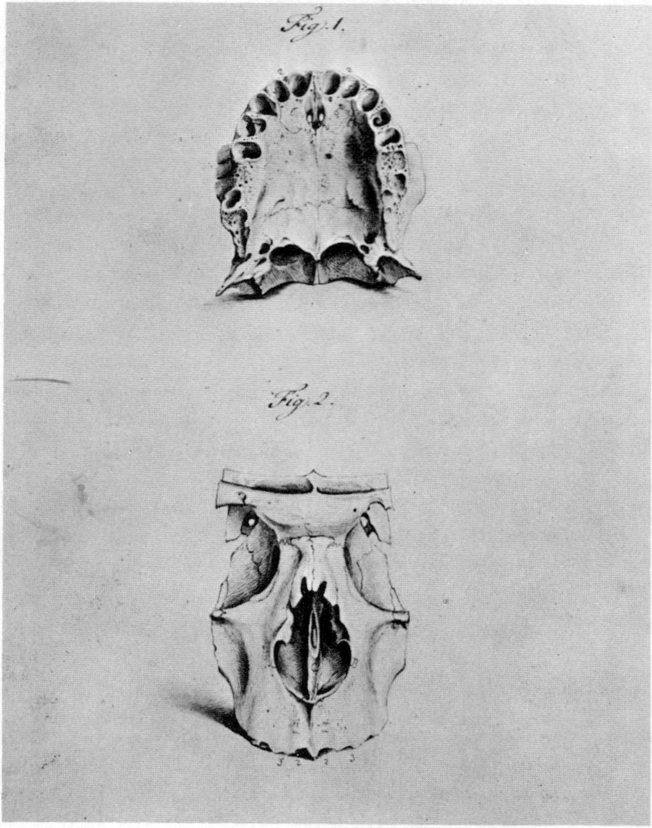


*12.*

*Teile des menschlichen Schädels*

lade des Ochsen von oben vor, ziemlich in natürlicher Größe, dessen flacher und breiter Körper keine Schneidezähne enthält.

Die IIIte Tafel das Os intermaxillare des Pferdes, und zwar n. 1. um ein Drittel, n. 2. und 3. zur Hälfte verkleinert.

Tab. IV. ist die Superficies lateralis interior ossis intermaxillaris eines Pferdes, an dem der vordere Schneidezahn ausgefallen war, und der nachschießende Zahn noch in dem hohlen Körper des Ossis intermaxillaris liegt.

Tab. V. ist ein Fuchsschädel von dreien Seiten. Die Canales naso-palatini sind hier länglich und schon besser geschlossen wie beim Ochsen und Pferde.

Tab. VI. Das Os intermaxillare des Löwen von oben und unten. Man bemerke besonders bei n. 1. die Sutur, welche Apophysin palatinam maxillae superioris von dem Ossi intermaxillari trennt.

Tab. VII. Superficies lateralis interior des Ossis intermaxillaris eines jungen Trichechus rosmarus, größerer Deutlichkeit wegen mit roter Farbe angelegt, zugleich mit dem größten Teile der Maxillae superioris.

Tab. VIII. zeigt einen Affenschädel von vorn und von unten. Man sehe bei n. 2., wie die Sutur aus den Canalibus incisivis herauskommt, gegen den Hundszahn zuläuft, sich an seiner Alveole vorwärts wegschleicht und zwischen dem nächsten Schneidezahne und dem Hundszahne, ganz nah an diesem letzteren, durchgeht und die beiden Alveolen trennt.

Tab. IX. und X. sind diese Teile eines Menschenschädels. Am sichtbarsten fällt das Os intermaxillare vom Menschen bei n. 1. in die Augen. Man sieht ganz deutlich die Sutur, die das Os intermaxillare von der Apophysi palatina maxillae superioris trennt. Sie kommt aus den Canalibus incisivis heraus, deren untere Öffnung in ein gemeinschaftliches Loch zusammenfließt, das den Namen des Foraminis incisivi oder palatini anterioris oder gustativi führt, und verliert sich zwischen dem Hunds- und zweiten Schneidezahn.

Bei n. 2. ist es schon etwas schwerer zu bemerken, wie dieselbe Sutur sich in dem Nasengrunde zeigt. Es ist diese Zeichnung nicht die glücklichste; allein an den meisten

Schädeln, besonders jüngeren, kann man solche sehr deutlich sehen.

Jene erste Sutur hatte schon Vesalius bemerkt[c]) und in seinen Figuren deutlich angegeben. Er sagt, sie reiche bis an die vordere Seite der Hundszähne, dringe aber nirgends so tief durch, daß man dafür halten könne, der obere Kinnladenknochen werde dadurch in zwei geteilt. Er weist, um den Galen zu erklären, der seine Beschreibung bloß nach einem Tiere gemacht hatte, auf die erste Figur pag. 46., wo er dem menschlichen Schädel einen Hundeschädel beigefügt hat, um den an dem Tiere gleichsam deutlicher ausgeprägten Revers der Medaille dem Leser vor Augen zu legen. Die zweite Sutur, die sich im Nasengrunde zeigt, aus den Canalibus naso-palatinis herauskommt und bis in die Gegend der Conchae inferioris verfolgt werden kann, hat er nicht bemerkt. Hingegen finden sich beide in der großen Osteologie des Albins auf der Tafel *I* mit dem Buchstaben *M* bezeichnet. Er nennt sie Suturas maxillae superiori proprias.

In Cheseldens Osteographia finden sie sich nicht, auch in John Hunters Natural history of the human teeth ist keine Spur davon zu sehen; und dennoch sind sie an einem jeden Schädel mehr oder weniger sichtbar und, wenn man aufmerksam beobachtet, ganz und gar nicht zu verkennen.

Tab. X. ist ein halber Oberkiefer eines gesprengten Menschenschädels, und zwar dessen inwendige Seite, durch welche beide Hälften miteinander verbunden werden. Es fehlten an dem Knochen, wornach er gezeichnet worden, zwei Vorderzähne, der Hunds- und erste Backenzahn. Ich habe sie nicht wollen supplieren lassen, besonders da das Fehlende hier von keiner Bedeutung war, vielmehr kann man das Os intermaxillare ganz frei sehen. Auf der Pictura lineari habe ich, was ohnstreitig Os intermaxillare ist, mit Rot getuscht. Man kann die Sutur von den Alveolen des Schneide- und Hundezahnes bis durch die Kanäle verfolgen. Jenseits der Spinae oder Apophysis palatinae, die hier eine Art von Kamm macht, kommt sie wieder hervor und ist bis

[c]) Vesalius de humani corporis fabrica (Basil. 1555) Libr. I. Cap. IX. Fig. II. pag. 48. 52. 53.

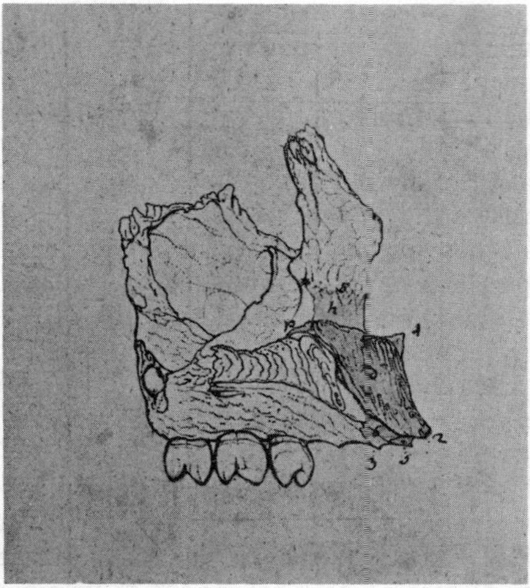

*13.*

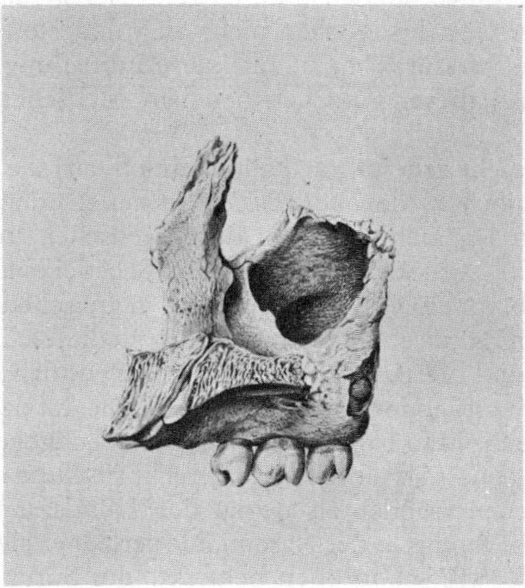

*14.*
*Halber Oberkiefer eines gesprengten Menschenschädels*

an die Eminentiam linearem sichtbar, wo sich die Concha inferior anlegt.

Ich habe in der pictura lineari ein rotes Sternchen dahin gezeichnet.

Man halte diese Tafel gegen Tab. VII., und man wird es bewundernswürdig finden, wie die Gestalt des ossis intermaxillaris eines solchen Ungeheuers, wie der Trichechus rosmarus ist, lehren muß denselben Knochen am Menschen zu erkennen und zu erklären. Auch Tab. VI. n. 1., gegen Tab. IX. n. 1. gehalten, zeigt dieselbe Sutur beim Löwen wie beim Menschen auf das deutlichste. Ich sage nichts vom Affen, weil bei diesem die Übereinstimmung zu auffallend ist.

Es wird also wohl kein Zweifel übrigbleiben, daß diese Knochenabteilung sich sowohl bei Menschen als Tieren findet, ob wir gleich nur einen Teil der Grenzen dieses Knochens an unserm Geschlechte genau bestimmen können, da die übrigen verwachsen und mit der oberen Kinnlade auf das genaueste verbunden sind. So zeigt sich an den äußeren Teilen der Gesichtsknochen nicht die mindeste Sutur oder Harmonie, wodurch man auf die Mutmaßung kommen könnte, daß dieser Knochen bei dem Menschen getrennt sei.

Die Ursache scheint mir hauptsächlich darinne zu liegen. Dieser Knochen, der bei Tieren so außerordentlich vorgeschoben ist, zieht sich bei dem Menschen in ein sehr kleines Maß zurück. Man nehme den Schädel eines Kindes, oder Embryonen vor sich, so wird man sehen, wie die keimenden Zähne einen solchen Drang an diesen Teilen verursachen und die Beinhäutchen so spannen, daß die Natur alle Kräfte anwenden muß, um diese Teile auf das innigste zu verweben. Man halte einen Tierschädel dagegen, wo die Schneidezähne so weit vorwärts gerückt sind und der Drang sowohl gegeneinander als gegen den Hundszahn nicht so stark ist. Inwendig in der Nasenhöhle verhält es sich ebenso. Man kann, wie schon oben bemerkt, die Sutur des ossis intermaxillaris aus den canalibus incisivis bis dahin verfolgen, wo die ossa turbinata oder conchae inferiores sich anlegen. Hier wirkt also der Trieb des Wachstumes dreier verschiedenen Knochen gegeneinander und verbindet sie genauer.

Ich bin überzeugt, daß denjenigen, die diese Wissenschaft tiefer durchschauen, dieser Punkt noch erklärbarer sein wird. Ich habe verschiedene Fälle, wo dieser Knochen auch bei Tieren zum Teil oder ganz verwachsen ist, bemerken können, und es wird sich vielleicht in der Folge mehr darüber sagen lassen. Auch gibt es mehrere Fälle, daß Knochen, die sich bei erwachsenen Tieren leicht trennen lassen, schon bei Kindern nicht mehr abgesondert werden können.

Die Tafeln, die ich beifüge, sind meistens nur die ersten Versucharbeiten eines jungen Künstlers, der sich unter dem Arbeiten gebessert hat. Es ist eigentlich nur die dritte und siebente Tafel völlig nach der Camperischen Methode gearbeitet; doch habe ich nachher das os intermaxillare verschiedener Tiere nach selbiger auf das bestimmteste zeichnen lassen; und sollte ein solcher Beitrag zur vergleichenden Knochenlehre den Kennern interessant sein, so wäre ich nicht abgeneigt, eine Folge dieser Abbildungen in Kupfer stechen zu lassen.

Bei den Cetaceis, Amphibien, Vögeln, Fischen habe ich diesen Knochen teils auch entdeckt, teils seine Spuren gefunden.

Die außerordentliche Mannigfaltigkeit, in der er sich an den verschiedenen Geschöpfen zeigt, verdient wirklich eine ausführliche Betrachtung und wird auch selbst Personen auffallend sein, die an dieser so dürr scheinenden Wissenschaft sonst kein Interesse finden.

Man könnte alsdann mehr ins einzelne gehen und bei genauer stufenweiser Vergleichung mehrerer Tiere vom Einfachsten auf das Zusammengesetztere, vom Kleinen und Eingeengten auf das Ungeheuere und Ausgedehnte fortschreiten.

Welch eine Kluft zwischen dem os intermaxillare der Schildkröte und des Elefanten, und doch läßt sich eine Reihe Formen dazwischenstellen, die beide verbindet. Das, was an ganzen Körpern niemand leugnet, könnte man hier an einem kleinen Teile zeigen.

Man mag die lebendigen Wirkungen der Natur im ganzen

und großen übersehen, oder man mag die Überbleibsel ihrer entflohenen Geister zergliedern: sie bleibt immer gleich, immer mehr bewundernswürdig.

Auch würde die Naturgeschichte einige Bestimmungen dadurch erhalten. Da es ein Hauptkennzeichen unseres Knochens ist, daß er die Schneidezähne enthält: so müssen umgekehrt auch die Zähne die in denselben eingefügt sind als Schneidezähne gelten. Dem Trichechus rosmarus und dem Kamele hat man sie bisher abgesprochen und ich müßte mich sehr irren, wenn man nicht jenem vier und diesem zwei zueignen könnte.

Und so beschließe ich diesen kleinen Versuch mit dem Wunsche, daß er Kennern und Freunden der Naturlehre nicht mißfallen und mir Gelegenheit verschaffen möge, näher mit ihnen verbunden, in dieser reizenden Wissenschaft, soviel es die Umstände erlauben, weitere Fortschritte zu tun.

## FOSSILER STIER

Herr Dr. Jäger teilt in den württembergischen Jahrbüchern für 1820, S. 147 Nachrichten mit, über fossile Knochen, welche in den Jahren 1819 und 1820 zu Stuttgart gefunden worden.

Bei Kellerausgrabung entdeckte man das Stück eines Stoßzahns vom Mammut, es lag unter einer neun Fuß hohen Schicht von rotem Lehm und einer etwa zwei Fuß hohen Gartenerde, welches auf eine Vorzeit hinweist, da der Neckar noch hoch genug stand, um dergleichen Reste nicht nur flutend niederzulegen, sondern sie auch noch in solchem Grade zu überdecken. An einer andern Stelle in gleicher Tiefe fand sich abermals ein großer Backzahn vom Mammut, nicht weniger Backzähne vom Nashorn. Nun zeigten sich aber auch, neben gedachten Fossilien, Bruchstücke von einer großen Ochsenart, die man also wohl als jenen gleichzeitig ansprechen durfte. Sie wurden von Herrn Dr. Jäger gemessen und mit Skeletten jetztzeitiger Tiere verglichen; da fand er nun, um nur eins anzuführen, daß der Hals eines fossilen Schulterblattes hundertundzwei Pariser Linien maß, eines Schweizer Stiers dagegen nur neunundachtzig.

Hierauf gibt uns derselbe Nachricht von früher gefundenen und in Kabinetten aufbewahrten Stierknochen, aus deren Vergleichung unter sich und mit Skeletten von noch lebenden Geschöpfen dieser Art er sich zu folgern getraut, daß der Alt-Stier eine Höhe von sechs bis sieben Fuß wohl erreicht habe, und also bedeutend größer gewesen sei als die noch vorhandenen Arten. Welche nun aber von diesen sich der Gestalt nach jenem am meisten annähern, wird man bei dem Berichtenden gern selbst nachsehen. Auf allen Fall läßt sich das alte Geschöpf als eine weit verbreitete untergegangene Stamm-Rasse betrachten, wovon der gemeine und indische Stier als Abkömmlinge gelten dürften.

Als wir nun diese Mitteilungen überdacht, kamen uns drei ungeheure Horn-Kerne zustatten, welche schon vor mehreren Jahren, im Kies der Ilm, bei Mellingen gefunden worden. Sie sind auf dem Jenaischen Osteologischen Museum zu sehen. Der größte mißt der Länge nach 2 Fuß 6 Zoll, und dessen Umkreis, da wo er auf dem Schädel-Stücke aufsitzt, 1 Fuß 3 Zoll Leipziger Maß.

Nun aber kam uns unter diesen Betrachtungen Nachricht, daß im Mai 1820, auf der Torfgräberei zu Frose im Halberstädtischen, etwa 10 bis 12 Fuß tief, ein solches Skelett gefunden, davon aber nur der Kopf aufbewahrt worden.

Hievon gibt uns Herr Dr. Körte (in Ballenstedts Archiv für die Urwelt Band 3, Heft 2) eine sehr charakteristische Zeichnung, verglichen mit dem Skelett-Kopfe eines vogtländischen Stieres, welchen derselbe sich, mit eigner besonderer Mühe und Sorgfalt, zu bereiten wußte. Wir lassen diesen denkenden Beobachter selbst sprechen.

„Wie zwei Urkunden liegen sie nun beide vor mir; der des Urstiers als Zeugnis dessen, was die Natur von Ewigkeit her gewollt; der des Ochsen als Zeugnis dessen, wie weit sie es bisher mit dieser Formation gebracht. – Ich betrachte die gewaltigen Massen des Urstiers, seine kolossalen Horn-Kerne, seine tief eingesenkte Stirn, seine weit zur Seite herausgebauten Augenhöhlen, seine flachen, engen Gehörkammern und die tiefen Furchen, welche die Stirn-Sehnen eingeschnitten haben. Man vergleiche damit des neuen

Schädels weit mehr nach vorn gestellte, größere Augenhöhlen, sein überall mehr gewölbtes Stirn- und Nasen-Bein, seine weitern, mehr und reiner geschwungenen Gehörkammern, die flacheren Furchen seiner Stirn, und überhaupt das viel mehr Ausgearbeitete seiner einzelnen Teile."

„Der Ausdruck des neuen Schädels ist besonnener, williger, gutmütiger, ja verständiger; die Form im ganzen edler; der des Urstiers roher, trotziger, starrsinniger, stumpfer. Das Profil des Urstiers, besonders in der Stirn, ist offenbar mehr schweinisch, während sich das Profil des neuen mehr dem des Pferdes nähert. –"

„Zwischen dem Urstier und Ochsen liegen Jahrtausende, und ich denke mir, wie das Jahrtausende hindurch von Geschlecht zu Geschlecht immer stärkere tierische Verlangen, auch nach vorn hin bequem zu sehen, die Lage der Augenhöhlen des Urstier-Schädels und ihre Form allmählich verändert; wie das Bestreben, leichter, klarer und noch weiter hin zu hören, die Gehörkammern dieser Tierart erweitert und mehr nach innen gewölbt; und wie der mächtige tierische Instinkt, für Wohlsein und Nahrung immer mehr Eindrücke der sinnlichen Welt in sich aufzunehmen, die Stirn allmählich mehr gehoben hat. – Ich denke mir, wie dem Urstier unbegrenzte Räume offenstanden und wie seiner rohen Gewalt das wildverschränkte Gestrüpp der Urwildnis weichen mußte; wie hinwiederum der jetzige Stier sich reichlicher, wohlgeordneter Weiden und ausgebildeter Vegetabilien erfreut; ich begreife, wie die allmählich tierische Ausbildung den jetzigen dem Joch und der Stallfütterung aneignete, wie sein Ohr der wunderbaren Menschen-Stimme horchte und unwillkürlich folgte, und wie sein Auge der aufrechten Menschen-Gestalt gewohnt und geneigt ward. – Ehe der Mensch war, war der Urstier, er war wenigstens, ehe der Mensch für ihn da war. Der Umgang, die Pflege des Menschen hat des Urstiers Organisation unstreitig gesteigert. Die Kultur hat ihn als unfreies, d. i. vernunftloses und der Hülfe bedürftiges Tier, zum Fressen an der Kette und im Stalle, zum Weiden unter Hund, Knüttel und Peitsche, und bis zum Ochssein tierisch veredelt, d. i. gezähmt."

Um uns aber an so schönen Betrachtungen unmittelbaren Anteil zu gönnen ereignete sich der glückliche Fall, daß in dem Torfmoore bei Haßleben, Amt Großrudestedt, das ganze Skelett eines solchen Tiers im Frühjahr 1821 ausgestochen worden, welches man alsobald nach Weimar schaffte und auf einen Fußboden naturgemäß zusammenlegte, da sich denn fand, daß noch eine Anzahl von Teilen fehle; auch diese wurden auf alsbaldige neue Untersuchungen auf derselben Stelle meist entdeckt und nunmehr die Anstalt getroffen das Ganze in Jena aufzustellen, welches mit Sorgfalt und Bemühung geschah. Die wenigen noch fehlenden Teile wurden, weil bei fortdauernder nasser Witterung die Hoffnung sie zu erlangen verschwand, einstweilen künstlich ergänzt, und so steht es nun, der Betrachtung und Beurteilung für gegenwärtig und künftig anheimgegeben.

Von dem Kopfe sei nachher die Rede; vorläufig setzen wir die Maße des Ganzen nach dem Leipziger Fuß hieher.

Länge von der Mitte des Kopfs bis zu Ende des Beckens 8 Fuß 6$\frac{1}{2}$ Zoll, Höhe vordere 6 Fuß 5$\frac{1}{2}$ Zoll; hintere Höhe 5 Fuß 6$\frac{1}{2}$ Zoll.

Herr Dr. Jäger, da er kein ganzes Skelett vor sich hatte, versuchte durch Vergleichung einzelner Knochen des fossilen Stiers mit denen unserer gegenwärtigen Zeit diesen Mangel zu ersetzen, da er denn für das Ganze ein etwas größeres Maß fand als das unsrige, das wir angegeben.

Was den Kopf unseres Exemplars betrifft, dürfen auch wir Herrn Körtes charakteristische Zeichnung als gleichlautend annehmen, nur fehlt bei dem unsrigen außer dem os intermaxillare noch ein Teil der oberen Maxille und die Tränen-Beine, welche an jenen vorhanden sind. Ebenso können wir uns auf Herrn Körtes Vergleichung mit einem vogtländischen Stier in bezug auf den vor uns liegenden ungarischen berufen.

Denn wir haben durch die besondere Gefälligkeit des Herrn Direktor von Schreibers zu Wien das Kopfskelett eines ungarischen Ochsen erhalten, dieses ist dem Maße nach etwas größer als das vogtländische, da hingegen unser fossiler Kopf etwas kleiner zu sein scheint als der von Frose.

Alles dieses wird sich bei genauerer Behandlung, Messung und Vergleichung finden.

Hiernach kehren wir nun zu jenen Körtischen Betrachtungen wieder zurück, und indem wir sie unserer Überzeugung ganz gemäß finden, fügen wir noch einiges Bestätigende hinzu und erfreuen uns bei dieser Gelegenheit abermals der vor uns liegenden d'Altonischen Blätter.

Alle einzelne Glieder der wildesten, rohsten, völlig ungebildeten Tiere haben eine kräftige vita propria, besonders kann man dieses von den Sinnes-Werkzeugen sagen; sie sind weniger abhängig vom Gehirn, sie bringen gleichsam ihr Gehirn mit sich und sind sich selbst genug. Man sehe auf der 12ten d'Altonischen Tafel Fig. b. das Profil des äthiopischen Schweines und betrachte die Stellung des Auges, das, als wären die Schädelbeine ausgeschlossen, sich unmittelbar mit dem Hinterhauptsknochen zu verbinden scheint.

Hier fehlt das Gehirn beinahe ganz, wie auch in Fig. a. zu bemerken ist, und das Auge hat gerade so viel Leben für sich, als zu seiner Funktion nötig sein mag. Betrachte man nun dagegen einen Tapir, Babirussa, Pecari, das zahme Schwein, so sieht man, wie das Auge schon herunterrückt und zwischen ihm und dem Hinterhauptsknochen noch ein mäßiges Gehirn zu supponieren wäre.

Gehen wir nun wieder zu dem fossilen Stier zurück und nehmen die Körtische Tafel vor uns, so finden wir, daß bei demselben die Kapsel des Augapfels, wenn wir sie so nennen dürfen, weit zur Seite heraus getrieben ist, so daß der Augapfel als ein abgesondertes Glied an einem etwaigen Nervenapparat erscheinen müßte. Bei dem unsrigen ist es derselbe Fall, obgleich nur eine Kapsel völlig erhalten ist, dagegen sich die Augenhöhlen des vogtländischen sowohl als ungarischen mit ihren etwas größeren Öffnungen an den Kopf heranziehen und im Umriß nicht bedeutend erscheinen.

Worin aber der größte und bedeutendste Unterschied zu finden sein möchte, sind die Hörner, deren Richtung sich in der Zeichnung nicht ganz darstellen läßt. Bei dem Urstier gehen sie zur Seite, etwas rückwärts, man bemerkt aber von ihrem Ursprung an in den Kernen gleich eine Richtung nach vorn, welche sich erst recht entscheidet, als sie sich etwa bis auf 2 Fuß 3 Zoll entfernten; nun krümmen sie sich einwärts und laufen in einer solchen Stellung aus, daß, wenn man auf die Hornkerne sich die Hornschale denkt, die als sechs Zoll länger anzunehmen ist, so würden sie in solcher Richtung wieder bis gegen die Wurzel der Hornkerne gelangen, in welcher Stellung also diese sogenannten Waffen dem Geschöpfe ebenso unnütz werden müssen als die Hauzähne dem Sus Babirussa.

Vergleicht man nun hiemit den ungarischen Ochsen, den wir vor uns haben, so sieht man die Riefen der Kerne gleich eine etwas auf- und hinterwärtse Richtung nehmen und mit einer sehr graziosen Wendung sich endlich zuspitzen.

Im allgemeinen werde hier bemerkt: das Lebendige, wenn es ausläuft, so daß es, wo nicht abgestorben, doch abgeschlossen erscheint, pflegt sich zu krümmen, wie wir an Hörnern, Klauen, Zähnen gewöhnlich erblicken; krümmt nun und wendet sichs schlängelnd zugleich, so entsteht daraus das Anmutige, das Schöne. Diese fixierte, obgleich noch immer beweglich scheinende Bewegung ist dem Auge höchst angenehm; Hogarth mußte beim Aufsuchen der einfachsten Schönheitslinie darauf geführt werden, und welchen Vorteil die Alten bei Behandlung der Füllhörner auf Kunstwerken aus diesem Gebilde gezogen, ist jedermann bekannt. Schon einzeln auf Basreliefen, Gemmen, Münzen sind sie erfreulich, unter sich und mit andern Gegenständen komponiert höchst zierlich und bedeutend; und wie allerliebst schlingt sich ein solches Horn um den Arm einer wohltätigen Göttin.

Hatte nun Hogarth die Schönheit bis in dieses Abstrakte verfolgt, so ist nichts natürlicher, als daß dies Abstrakte, wenn es dem Auge wirklich erscheint, mit einem angenehmen Eindruck überraschen müsse. Ich erinnere mich in Sizilien auf der großen Plaine von Catanea eine kleine, nette, reinbraune Art Rindvieh auf der Weide gesehen zu haben, deren Gehörn, wenn das Tier mit freiem Blick den niedlichen Kopf emporhob, einen höchst angenehmen, ja unauslöschlichen Eindruck machte.

Daher folgt denn, daß der Landmann, dem ein so herrliches Geschöpf zugleich nützlich ist, höchst erfreut sein muß, den Kopfschmuck ganzer Herden, dessen Schönheit er unbewußt empfindet, sich lebendig durcheinanderbewegen zu sehen. Wünschen wir nicht immer mit dem Nützlichen auch das Schöne verbunden und umgekehrt dasjenige, womit wir uns notgedrungen beschäftigen, zugleich auch geschmückt zu finden.

Wenn wir nun aus dem Vorigen gesehen haben, daß die Natur aus einer gewissen ernsten, wilden Konzentration die Hörner des Urstiers gegen ihn selbst kehrt, und ihn dadurch der Waffe gewissermaßen beraubt, deren er in seinem Naturzustande so nötig hätte, so sahen wir zugleich, daß im gezähmten Zustand ebendiesen Hörnern eine ganz andere Richtung zuteil wird, indem sie sich zugleich aufwärts, und auswärts mit großer Eleganz bewegt. Dieser schon den Kernen eigentümlichen Anlage fügt sich denn die äußere Hornschale mit gefälliger Nachgiebigkeit und Zierlichkeit; erst den noch kleinen Hornkern verdeckend, muß sie mit ihm bei dem Wachstum sich ausdehnen, da sich denn eine ring- und schuppenförmige Struktur sehen läßt. Diese verschwindet, wie der Kern sich wieder zuzuspitzen anfängt; die Hornschale konzentriert sich immer mehr, bis sie zuletzt, wo sie selbständig, über den Kern hinausragend als konsolidiertes organisches Wesen zum Abschluß gelangt.

Hat es nun die Kultur soweit gebracht, so ist nichts natürlicher, als daß der Landmann, bei sonstiger schöner Gestalt seiner Tiere, auch regelmäßige Bildung der Hörner verlangt. Da nun dieses schöne, herkömmliche Wachstum öfters ausartet, die Hörner sich ungleich vor, rückwärts, auch wohl hinab ziehen, so muß einer solchen für Kenner und Liebhaber unangenehmen Bildung möglichst vorgebeugt werden.

Wie dieses zu leisten sei, konnte ich in dem Egerischen Kreise bei meinem letzten Aufenthalte bemerken; die Zucht des Hornviehs, als des wichtigsten Geschöpfs zum dortigen Feldbau, war sonst höchst bedeutend und wird noch immer, besonders in einigen Ortschaften, wohl betrieben.

Kommen nun solche Geschöpfe in den Fall, gewissem krankhaften oder unregelmäßigen Wachstum nachzugeben und den Besitzer mit einer falschen Richtung zu bedrohen, so bedient man sich, um diesem Hauptschmuck seine vollkommene Zierde zu verleihen, einer Maschine, womit die Hörner gezügelt werden, dies ist der gebräuchliche Ausdruck diese Operation zu bezeichnen.

Von dieser Maschine so viel: sie ist von Eisen, auch wohl von Holz; die eiserne besteht aus zwei Ringen, welche, durch verschiedene Kettenglieder und ein steifes Gelenk verbunden, vermittelst einer Schraube einander genähert oder entfernt werden können; die Ringe, mit etwas Weichem überzogen, legt man an die Hörner und weiß alsdann, durch Zuschrauben und Nachlassen, dem Wuchs derselben die beliebige Richtung zu geben. Im Jenaischen Museum ist ein solches Instrument zu sehen.

VORLÄUFIG AUS DEM ALTERTUM:

ἕλικες βόες. Camuri boum sunt, qui conversa introrsum cornua habent; laevi, quorum cornua terram spectant; his contrarii Licini, qui sursum versum cornua habent.

Jun. Philargyrius zu Virgil. Georg. III, 55.

## DIE LEPADEN

Die tiefgeschöpften und fruchtreichen Mitteilungen des Herrn Dr. Carus sind mir von dem größten Werte; eine Region nach der andern des grenzenlosen Naturreiches, in welchem ich zeit meines Lebens mehr im Glauben und Ahnen, als im Schauen und Wissen mich bewege, klärt sich auf und ich erblicke, was ich im allgemeinen gedacht und gehofft; nunmehr im einzelnen und gar manches über Denken und Hoffen. Hierin finde ich nun die größte Belohnung eines treuen Wirkens und mich erheitert es gar öfters, wenn ich hie und da erinnert werde an Einzelnheiten, die ich wie im Fluge wegfing und sie niederlegte in Hoffnung, daß sie sich einmal irgendwo lebendig anschließen würden, und gerade diese Hefte sind geeignet derselben nach und nach zu gedenken.

Einige Betrachtungen über die Lepaden bring' ich dar wie ich sie in meinen Papieren angedeutet finde.

Jede zweischalige Muschel, die sich in ihren Wänden von der übrigen Welt absondert, sehen wir billig als ein Individuum an; so lebt sie, so bewegt sie sich allenfalls, so nährt sie sich, pflanzt sich fort und so wird sie verzehrt. Die Lepas anatifera, die sogenannte Entenmuschel, erinnert uns gleich mit ihren zwei Hauptdecken an eine Bivalve; allein schnell werden wir bedeutet, hier sei von einer Mehrheit die Rede; wir finden noch zwei Hülfschalen, nötig um das vielgliedrige Geschöpf zu bedecken; wir sehen an der Stelle des Schlosses eine fünfte Schale um dem Ganzen rückgratsweise Halt und Zusammenhang zu geben. Das hier Gesagte wird jedem deutlich, der Cuviers Anatomie dieses Geschöpfs: Mémoires du Muséum d'Histoire naturelle. Tom. II. p. 100 vor sich nimmt.

Wir sehen aber hier kein isoliertes Wesen, sondern verbunden mit einem Stiele oder Schlauch, geschickt sich irgendwo anzusaugen, dessen unteres Ende sich ausdehnt wie ein Uterus, welche Hülle des wachsenden Lebendigen sich sogleich von außen mit unerläßlichen Schaldecken zu schützen geeignet ist.

Auf der Haut dieses Schlauches also finden sich an regelmäßigen Stellen, die sich auf die innere Gestalt, auf bestimmte Teile des Tieres beziehen, prästabilierte fünf Schalenpunkte, welche, sobald sie in die Wirklichkeit eingetreten, sich bis auf einen bestimmten Grad zu vergrößern nicht ablassen.

Hierüber würde nun eine noch so lange Betrachtung der Lepas anatifera uns nicht weiter aufklären; dahingegen die Beschauung einer andern Art, die zu mir unter dem Namen Lepas polliceps gekommen, in uns die tiefsten allgemeinsten Überzeugungen erweckt. Hier ist nämlich, bei derselben Hauptbildung, die Haut des Schlauches nicht glatt, und etwa nur runzlig wie bei jener, sondern rauh mit unzähligen kleinen erhabenen, sich berührenden, rundlichen Punkten dicht besäet. Wir aber nehmen uns die Freiheit zu behaupten, eine jede dieser kleinen Erhöhungen sei von der Natur mit Fähigkeit begabt eine Schale zu bilden, und weil wir dies denken, so glauben wir es wirklich, bei mäßiger Vergrößerung, vor Augen zu sehen. Diese Punkte jedoch sind nur Schalen in der Möglichkeit, welche nicht wirklich werden, solange der Schlauch sein anfängliches natürliches Engenmaß behält. Sobald aber am untern Ende das wachsende Geschöpf seine nächste Umgebung ausdehnt, so erhalten sogleich die möglichen Schalen einen Antrieb wirklich zu werden; bei Lepas anatifera in Regel und Zahl eingeschränkt.

Nun waltet zwar bei Lepas polliceps dieses Gesetz immer noch vor, aber ohne Zahleinschränkung; denn hinter den fünf Hauptpunkten der Schalenwerdung entstehen abermals eilige Nachschalen, deren das innere wachsende Geschöpf, bei Unzulänglichkeit und allzufrüher Stockung der Hauptschalen, zu fernerer Hülfe des Zudeckens und Sicherns bedarf.

Hier bewundern wir die Geschäftigkeit der Natur, den Mangel der ausreichenden Kraft durch die Menge der Tätigkeiten zu ersetzen. Denn da, wo die fünf Hauptschalen nicht bis an die Verengerung reichen, entstehen sogleich in allen durch ihr Zusammenstoßen gebildeten Winkeln neue Schalreihen, die, stufenweise kleiner, zuletzt eine Art von winziger Perlenschnur um die Grenze der Ausdehnung bilden, wo sodann aller Übertritt aus der Möglichkeit in die Wirklichkeit durchaus versagt ist.

Wir erkennen daran, daß die Bedingung dieses Schalwerdens der freie Raum sei, welcher durch die Ausdehnung des untern Schlauchteils entsteht; und hier, bei genauer Betrachtung, scheint es, als wenn jeder Schalpunkt sich eile, die nächsten aufzuzehren, sich auf ihre Kosten zu vergrößen, und zwar in dem Augenblick, ehe sie zum Werden gelangen. Eine schon gewordene noch so kleine Schale kann von einem herankommenden Nachbar nicht aufgespeist werden, alles Gewordene setzt sich miteinander ins Gleichgewicht. Und so sieht man das in der Entenmuschel regelmäßig gebundene, gesetzliche Wachstum in der andern zum freiern Nachrücken aufgefordert, wo mancher einzelne Punkt so viel Besitz und Raum sich anmaßt, als er nur gewinnen kann.

So viel aber ist auch bei diesem Naturprodukt mit Bewunderung zu bemerken: daß selbst die gewissermaßen aufgelöste Regel doch im ganzen keine Verwirrung zur Folge hat, sondern daß die in Lepas anatifera so löblich und gesetzlich entschiedenen Hauptpunkte des Werdens und Wirkens sich auch im polliceps genau nachweisen lassen, nur daß man sodann oberwärts von Stelle zu Stelle kleine Welten sieht, die sich gegeneinander ausdehnen ohne hindern zu können, daß nach ihnen sich ihresgleichen, obgleich beengt und im geringeren Maßstabe, bilden und entwickeln.

Wer das Glück hätte, diese Geschöpfe im Augenblick, wenn das Ende des Schlauches sich ausdehnt und die Schalenwerdung beginnt, mikroskopisch zu betrachten, dem müßte eins der herrlichsten Schauspiele werden, die der Naturfreund sich wünschen kann. Da ich nach meiner Art zu forschen, zu wissen und zu genießen mich nur an Symbole halten darf, so gehören diese Geschöpfe zu den Heiligtümern, welche fetischartig immer vor mir stehen und, durch ihr seltsames Gebilde, die nach dem Regellosen strebende, sich selbst immer reglende und so im kleinsten wie im größten durchaus gott- und menschenähnliche Natur sinnlich vergegenwärtigen.

## *Aus:* VERGLEICHENDE KNOCHENLEHRE

### ULNA UND RADIUS

Betrachtet man die Bildung beider langen Knochen im allgemeinen, so ist die größte Stärke der Ulna nach oben, wo sie durch das Olecranon die Verbindung mit dem Oberarme hat. Die größte Stärke des Radius ist unten, wo er sich mit dem Carpus verbindet.

Wenn beide Knochen am Menschen durch Supination nebeneinander gebracht sind, so liegt die Ulna inwärts nach dem Körper zu, der Radius nach außen; bei den Tieren, bei denen diese Knochen in der Pronation verharren, befindet sich die Ulna nach unten und hinten, der Radius nach vorn und oben, beide Knochen sind getrennt, nach einem gewissen Gleichgewicht gebildet und sehr geschickt beweglich.

Beim Affen lang und schwank; wie denn dessen Knochen überhaupt als verhältnismäßig zu lang und zu schmal angesehen werden können.

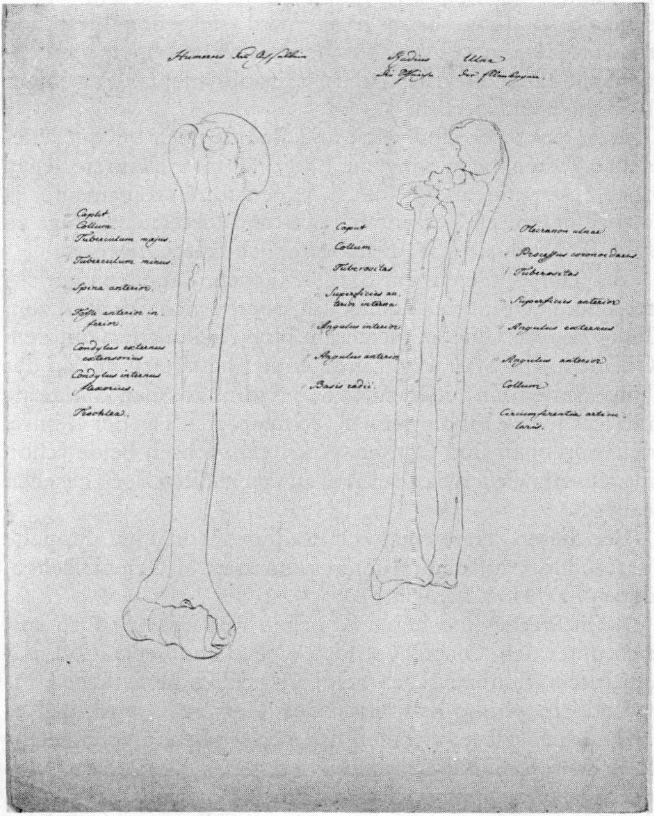


*15.*
*Knochen des menschlichen Armes*

Bei fleischfressenden Tieren zierlich, proportionierlich und beweglich; sie ließen sich wohl nach einer Stufenreihe anordnen, da denn das Katzengeschlecht wohl den Vorzug behaupten möchte. Löwe und Tiger haben eine sehr schöne schlanke Bildung, beim Bären wird sie schon breit und schwer. Hund und Fischotter ließen sich besonders bezeichnen; alle haben Pronation und Supination mehr oder weniger beweglich und zierlich.

Getrennt zwar sind Ulna und Radius noch bei verschiedenen Tieren, beim Schwein, Biber, Marder, allein sie liegen doch fest aufeinander und scheinen durch Ligamente, ja manchmal durch Verzahnung an- und ineinandergefügt zu sein, daß man sie fast für unbeweglich halten möchte.

Bei Tieren, die nur auf Stehen, Gehen, Laufen eingerichtet sind, gewinnt der Radius das Übergewicht, er wird zum Fulcrum, die Ulna ist gleichsam bloß Artikulation mit dem Oberarm. Ihr Stab wird schwach und lehnt sich nur an der Hinterseite nach außen zu an den Radius an, man könnte sie mit Recht eine Fibula nennen. So findet sich's an der Gemse, den Antilopen und Ochsen. Auch verwachsen beide schon manchmal, wie ich das Beispiel an einem alten Bock gesehen habe.

Bei diesen Tieren hat der Radius schon eine doppelte Verbindung mit dem Humerus durch zwei Gelenkflächen, denen der Tibia ähnlich.

Beim Pferde sind beide Knochen verwachsen, doch läßt sich unter dem Olecranon noch eine kleine Separation und ein Interstitium zwischen beiden Knochen bemerken.

Endlich, wo die Körperlast des Tiers groß wird, daß es viel an sich selbst zu tragen hat, und Stehen, Gehen, allenfalls Laufen seine Bestimmung ist, verwachsen beide Knochen fast ohne Spur, wie beim Kamel. Man sieht, der Radius gewinnt immer mehr Übergewicht, die Ulna wird bloß Processus anconaeus des Radius, und ihre zarte Röhre verwächst nach dem bekannten Gesetze.

Rekapitulieren wir das Gesagte auf umgekehrte Weise: Verwachsen und einfach, stark und schwer sind beide Knochen, wenn das Tier genug an sich selbst zu tragen hat, hauptsächlich nur steht und schreitet. Ist das Geschöpf leicht, läuft und springt es, so sind beide Knochen zwar getrennt, doch die Ulna ist gering und beide gegeneinander unbeweglich. Wenn das Tier ergreift und hantiert, sind sie getrennt, mehr oder weniger voneinander entfernt und beweglich, bis vollendete Pronation und Supination dem Menschen die vollkommen zierlichste und geschickteste Bewegung erlauben.

## TIBIA UND FIBULA

haben ungefähr ein Verhältnis gegeneinander, wie Ulna und Radius; doch ist folgendes zu bemerken.

Bei Tieren, die sich der Hinterfüße mannigfaltiger bedienen, z. B. der Phoca, sind diese beiden Knochen nicht so ungleich an Masse als bei andern. Zwar bleibt auch hier Tibia immer der stärkste Knochen, aber Fibula nähert sich ihr, beide artikulieren mit einer Epiphyse und diese sodann mit dem Femur.

Beim Biber, der durchaus ein eigen Geschöpf ausmacht, entfernen sich Tibia und Fibula in der Mitte und bilden eine ovale Öffnung, unten verwachsen sie. Bei fünfzehichten, fleischfressenden, heftig springenden Tieren ist Fibula sehr fein, höchst zierlich beim Löwen.

Bei leichtspringenden Tieren und bei allen bloß schreitenden verliert sie sich ganz. Am Pferde sind die Extremitäten derselben, das obere und untere Knöpfchen, noch knöchern, das übrige ist tendinos.

Beim Affen sind diese beiden Knochen, wie sein übriges Knochengebäude, charakterlos, schwankend und schwach.

Zu näherem Verständnis des Vorgesagten sei noch folgendes hinzugefügt. Als ich im Jahr 1795 den allgemeinen osteologischen Typus nach meiner Art vollbracht hatte, regte sich der Trieb nun auch, dieser Anleitung zufolge, die Knochen der Säugetiere einzeln zu beschreiben. Wollte mir hiebei zustatten kommen, daß ich den Zwischenknochen von der obern Kinnlade gesondert hatte, so gereichte mir gleichfalls zum Vorteil, das inextrikable Flügelbein als zwiefach, als ein vorderes und hinteres anzuerkennen. Auf diesem Wege sollte mir denn gelingen, das Schlafbein, das nach bisheriger Art weder Bild noch Begriff zuließ, in verschiedene Teile naturgemäß zu trennen.

Nun aber hatte ich mich schon jahrelang auf dem bisherigen Wege vergebens abgequält: ob nicht ein anderer, vielleicht der rechte sich vor mir auftun wollte. Ich gestand gern, daß der menschlichen Knochenlehre eine unendliche Genauigkeit in Beschreibung aller Teile des einzelnen Knochens, in der mannigfaltigsten Verschiedenheit seiner Ansichten nötig sei. Der Chirurg muß mit Geistesaugen, oft nicht einmal vom Tastsinn unterstützt, die innen verletzte Stelle zu finden wissen und sieht sich daher genötigt, durch strengste Kenntnis des Einzelnen sich eine Art von durchdringender Allwissenheit zu erwerben.

Daß jedoch eine solche Weise bei der vergleichenden Anatomie nicht zulässig sei, bemerkte ich nach manchem verfehlten Streben. Der Versuch einer solchen Beschreibung läßt uns gleich dessen Anwendung auf das ganze Tierreich als unmöglich erscheinen, indem einem jeden auffällt, daß weder Gedächtnis noch Schrift dergleichen zu fassen, noch irgendeine Einbildungskraft solches gestaltet wieder zu vergegenwärtigen fähig sein möchte.

Noch eine Bezeichnungs- und Beschreibungsart, die man durch Zahl und Maß zu bewirken gedachte, ließ für den lebendigen Vortrag sich ebensowenig benutzen. Zahl und Maß in ihrer Nacktheit heben die Form auf und verbannen den Geist der lebendigen Beschauung. Ich versuchte daher eine andere Art des Beschreibens einzelner Knochen, jedoch im konstruktiven, ineinandergreifenden Zusammenhang, wovon der erste Versuch Felsbein und Bulla voneinander und zugleich vom Schlafbein zu trennen als Beispiel gelten mag.

Wie ich sodann die Vergleichung anzustellen geneigt gewesen, und zwar auf eine kursorische Weise, davon mag der kurze zweite Aufsatz, Ulna und Radius, Tibia und Fibula darstellend, Zeugnis geben. Hier war das Skelett als lebendig, als Grundbedingung aller lebendigen höhern Gestalt gedacht, und deshalb die Beziehung und Bestimmung der einzelnen Teile fest ins Auge gefaßt. Kursorisch verfuhr ich, um mich erst einigermaßen zu orientieren, und sollte diese Arbeit nur erst gleichsam einen Katalog liefern, wobei im Hintergrunde die Absicht lag, bei glücklicher Gelegenheit, die zu vergleichenden Glieder in einem Museum wirklich zusammenzustellen; woraus sich von selbst ergeben müßte, daß jede Gliederreihe einen andern Vergleichungsmoment erfordern würde.

Wie bei den Hülfsorganen, Armen und Füßen zu verfahren, darauf deutet obige Skizze. Man ging vom Starren, fast Unbeweglichen, nur in Einem Sinne Brauchbaren zum Mannigfaltigst- und Geschicktest-Beweglichen, wie denn solches, noch durch mehrere Geschöpfe verfolgt, höchst erwünschte Ansichten verleihen müßte.

Wäre nun aber vom Hals die Rede, so würde man vom längsten zum kürzesten schreiten, von der Giraffe zum Walfisch. Die Betrachtung des Siebbeins ginge von dem weitesten, unbedingtesten aus bis zum verengtesten, gedrängtesten, vom Schuppentier bis zum Affen, vielleicht zum Vogel, da denn der Gedanke sogleich weitergedrängt wird, wenn man sieht, wie vergrößerte Augäpfel jenen Knochen immer mehr in die Enge treiben.

Ungern brechen wir ab, wer aber erkennt nicht, welche unendliche Mannigfaltigkeit der Ansichten auf diese Weise sich ergebe und wie wir veranlaßt, ja gezwungen werden alle übrigen Systeme zugleich mitzudenken.

Führen wir unsere Phantasie noch einen Augenblick zu denen oben näher betrachteten Extremitäten zurück, vergegenwärtigen wir uns, wie sich der Maulwurf zum lockern Erdboden, die Phoca zum Wasser, die Fledermaus zur Luft bildet und wie uns das Knochengerüst, so gut wie das lebendige umhäutete Tier, hievon in Kenntnis zu setzen vermag; so werden wir aufs neue die organische Welt mit erhöhtem leidenschaftlichen Sinne zu fassen trachten.

Wenn vorstehendes den Naturfreunden dieser unserer Tage vielleicht weniger bedeutend scheint als mir vor dreißig Jahren, denn hat uns nicht zuletzt Herr d'Alton über alle unsre Wünsche hinausgehoben? so will ich nur gestehen, daß ich es eigentlich dem Psychologen widme. Ein Mann wie Herr Ernst Stiedenroth sollte seine erlangte hohe Einsicht in die Funktionen des menschlichen Geistkörpers und Körpergeistes treulich anwenden um die Geschichte irgendeiner Wissenschaft zu schreiben, welche denn symbolisch für alle gelten würde.

Die Geschichte der Wissenschaft nimmt immer auf dem Punkte, wo man steht, ein gar vornehmes Ansehen; man schätzt wohl seine Vorgänger und dankt ihnen gewissermaßen für das Verdienst, das sie sich um uns erworben; aber es ist doch immer, als wenn wir mit einem gewissen Achselzucken die Grenzen bedauerten worin sie oft unnütz, ja rückschreitend sich abgequält; niemand sieht sie leicht als Märtyrer an, die ein unwiederbringlicher Trieb in gefährliche, kaum zu überwindende Lagen geführt, und doch ist oft, ja gewöhnlich, mehr Ernst in den Altvätern die unser Dasein gegründet, als unter den genießenden, meistenteils vergeudenden Nachkommen.

Doch von solchen gewissermaßen hypochondrischen Betrachtungen wenden wir uns zu höchst erfreulichen Tätigkeiten, wo Kunst und Wissenschaft, Erkennen und Bilden sich auf sehr hohem Punkte gemeinsam wirkend, zutraulich die Hände bieten.

## DIE SKELETTE DER NAGETIERE, ABGEBILDET UND VERGLICHEN VON D'ALTON

Erste Abteilung: zehn Tafeln, zweite: acht Tafeln.

Bonn. 1823 und 24

Die erste Absicht meiner morphologischen Hefte war: von älteren Papieren einiges aufzubewahren, wo nicht zum Nutzen der Gegenwart und Zukunft, doch zum Andenken eines redlichen Strebens in Betrachtung der Natur. Diesem Sinne zufolge nahm ich vor kurzem abermals gewisse osteologische Fragmente zur Hand und fühlte, besonders bei Revision des Abdrucks, wo uns gewöhnlich alles klarer vorkommt, auf das lebhafteste, daß es nur Vorahnungen, nicht Vorarbeiten gewesen.

In ebendem Augenblick gelangte nun obgemeldetes Werk zu mir und versetzte mich aus der ernsten Region des

Staunens und Glaubens in die behaglichen Gegenden des Schauens und Begreifens.

Überdenk' ich nun das Nagergeschlecht, dessen Knochengestalt, mit angedeuteter äußerer Hülle, meisterhaft auf das mannigfaltigste gebildet vor mir liegt; so erkenn' ich, daß es zwar generisch von innen determiniert und festgehalten sei, nach außen aber zügellos sich ergehend, durch Um- und Umgestaltung sich spezifizierend auf das allervielfachste verändert werde.

Woran die Natur das Geschöpf eigentlich fesselt, ist sein Gebiß; was es ergreifen kann und muß, soll es zermalmen vor allen Dingen. Der unbeholfene Zustand der Wiederkäuer entspringt aus der Unvollkommenheit des Kauens, aus der Notwendigkeit wiederholten Zermalmens des schon halb Gekochten.

Die Nager dagegen sind in diesem Betracht höchst merkwürdig gebildet. Scharfes, aber geringes Erfassen, eilige Sättigung, auch nachher wiederholtes Abraspeln der Gegenstände, fortgesetztes fast krampfhaft leidenschaftliches, absichtslos zerstörendes Knuspern, welches denn doch wieder in den Zweck sich Lager und Wohnungen aufzubauen und einzurichten unmittelbar eingreift und dadurch abermals bewährt: daß im organischen Leben selbst das Unnütze, ja das Schädliche selbst, in den notwendigen Kreis des Daseins aufgenommen, ins Ganze zu wirken und als wesentliches Bindemittel disparater Einzelnheiten gefordert wird.

Im ganzen hat das Nagergeschlecht eine wohlproportionierte erste Anlage; das Maß, in welchem es sich bewegt, ist nicht allzugroß; die ganze Organisation ist Eindrücken aller Art geöffnet und zu einer nach allen Seiten hin richtungsfähigen Versatilität vorbereitet und geeignet.

Wir möchten dieses unstete Schwanken von einer mangelhaften, relativ-schwächlichen, wenn auch sonst in sich kräftigen Zahnung ableiten, wodurch dieses Geschlecht sich einer gewissen Willkür der Bildung bis zur Unform hinzugeben in Lockerheit gelassen ist, wenn dagegen bei Raubtieren, die mit sechs Schneidezähnen abgeschlossen und einem Eckzahn begünstigt sind, alle Monstrosität unmöglich wird.

Wer aber, der sich mit solchen Untersuchungen ernstlich abgab, hat nicht erfahren, daß eben dieses Schwanken von Form zu Unform, von Unform zu Form den redlichen Beschauer in eine Art von Wahnsinn versetzt? denn für uns beschränkte Geschöpfe möchte es fast besser sein, den Irrtum zu fixieren, als im Wahren zu schwanken.

Versuchen wir jedoch in diesem weiten und breiten Felde ein und den andern Pfahl einzuschlagen! Ein paar Kapitaltiere, der Löwe, der Elefant, erreichen durch das Übergewicht der vordern Extremitäten einen besonders hohen, eigentlichen Bestien-Charakter; denn sonst bemerkt man überhaupt an den vierfüßigen Tieren eine Tendenz der hintern Extremitäten sich über die vordern zu erheben, und wir glauben hierin die Grundlage zum reinen, aufrechten Stande des Menschen zu erblicken. Wie sich solches Bestreben jedoch nach und nach zur Disproportion steigern könne, ist bei dem Geschlecht der Nager in die Augen fallend.

Wollen wir aber diese Gestaltsveränderungen gründlich beurteilen und ihren eigentlichen Anlaß zunächst erkennen, so gestehen wir den vier Elementen, nach guter alter Weise, den besondern Einfluß zu. Suchen wir nun das Geschöpf in der Region des Wassers, so zeigt es sich schweinartig im Ufersumpfe, als Biber sich an frischen Gewässern anbauend; alsdann, immer noch einige Feuchtigkeit bedürfend, gräbt sichs in die Erde und liebt wenigstens das Verborgene, furchtsam-neckisch vor der Gegenwart der Menschen und anderer Geschöpfe sich versteckend. Gelangt endlich das Geschöpf auf die Oberfläche, so ist es hupf- und sprunglustig, so daß sie aufgerichtet ihr Wesen treiben und sogar zweifüßig, mit wundersamer Schnelle, sich hin und her bewegen.

Ins völlig Trockne gebracht, finden wir zuletzt den Einfluß der Lufthöhe und des alles belebenden Lichtes ganz entscheidend. Die leichteste Beweglichkeit wird ihnen zuteil, sie handeln und wirken auf das behendeste, bis sogar ein vogelartiger Sprung in einen scheinbaren Flug übergeht.

Warum gibt uns die Betrachtung unseres einheimischen Eichhörnchens soviel Vergnügen? weil es als die höchste Ausbildung seines Geschlechtes eine ganz besondere Ge-

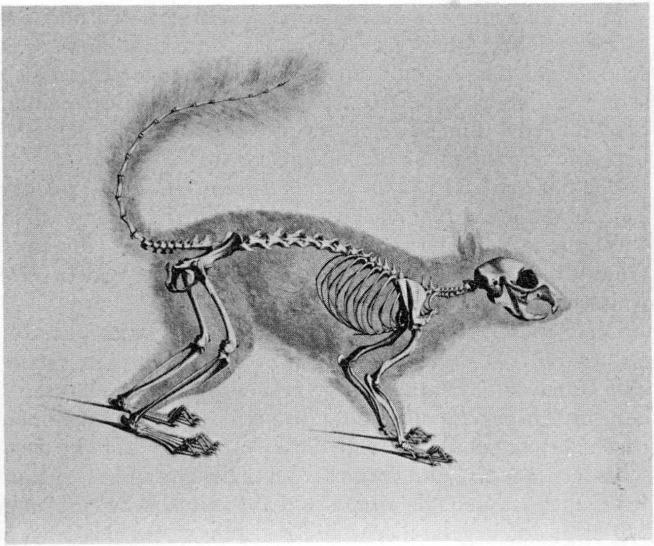

16.
*Skelett des Eichhörnchens*

schicklichkeit vor Augen bringt. Gar zierlich behandelt es ergreiflich kleine appetitliche Gegenstände, mit denen es mutwillig zu spielen scheint, indem es sich doch nur eigentlich den Genuß dadurch vorbereitet und erleichtert. Dies Geschöpfchen, eine Nuß eröffnend, besonders aber einen reifen Fichtenzapfen abspeisend, ist höchst grazios und liebenswürdig anzuschauen.

Nicht aber nur die Grundgestalt verändert sich bis zum Unkenntlichen, auch die äußere Haut verhüllt diese Geschöpfe auf das verschiedenste. Am Schwanze zeigen sich schuppen- und knorpelartige Ringe, am Körper Borsten und Stacheln, sich zum zartesten, sanftesten Felle mit bemerklichen Übergängen endlich ausgleichend.

Bemüht man sich nun die ferneren Ursachen solcher Erscheinungen zu entdecken, so sagt man sich: nicht allein sind es jene elementaren Einflüsse, die eine durchdringende Gewalt hier ausüben, man wird auch auf andere bedeutende Anlässe gar bald hingewiesen.

Diese Geschöpfe haben einen lebhaften Nahrungstrieb. Das Organ des Ergreifens, die zwei Vorderzähne im Ober- und Unterkiefer nahmen schon früher unsere Aufmerksamkeit in Anspruch, sie sind alles und jedes anzukneipen geschickt; daher denn auch dieses Geschöpf auf die verschiedenste Weise und Wege für seine Erhaltung besorgt ist. Ihr Genuß ist vielfach, einige sind auf animalische Nahrung begierig, auf vegetabilische die meisten, wobei das Nagen als ein schnoperndes Vorkosten und außer dem eigentlichen Sättigungsgeschäft in gar mancher Rücksicht zu betrachten ist. Es befördert ein überflüssiges Aneignen der Nahrung zu materieller Anfüllung des Magens und kann auch wohl als fortgesetzte Übung, als unruhiger Beschäftigungstrieb, der zuletzt in Zerstörungskrampf ausartet, angesehen werden.

Nach Befriedigung des nächsten Bedürfnisses haschen sie demnach sehr lebhaft, aber sie möchten dennoch gern in sicherer Fülle wohnen; daher der Sammlertrieb und zunächst gar manche Handlung, die einer überlegten Kunstfertigkeit ganz ähnlich sehen möchte.

Wie sich nun das Gebilde der Nagetiere hin und her wiegt und keine Grenzen zu kennen scheint, so findet es zuletzt sich doch eingeschlossen in der allgemeinen Animalität und muß diesem oder jenem Tiergeschlecht sich annähern; wie es sich denn sowohl gegen die Raubtiere als gegen die Wiederkäuer hinneigt, gegen den Affen wie gegen die Fledermaus, und noch gar andern dazwischenliegenden Geschlechtern sich anähnelt.

Wie könnten wir aber solche weitumsichtige Betrachtungen mit Bequemlichkeit anstellen, wären uns nicht Herrn d'Altons Blätter vorgelegt, bei deren Anblick Bewunderung und Benutzung immerfort einander die Hände bieten. Und wie sollen wir Lob und Dank genugsam ausdrücken, wenn diese durch soviel bedeutende Geschlechter nunmehr durchgeführte, an Reinheit und Richtigkeit sich immer gleich bleibende, an hervortretender Kraft und Ausführlichkeit sich immer steigernde Darstellung so große Dienste leistet. Sie enthebt uns auf einmal aus dem sinneverwirrenden Zustande, in den uns frühere Bemühungen gar oft versetzten, wenn wir Gerippe im ganzen oder einzelnen zu vergleichen suchten. Es sei nun, daß wir sie auf Reisen mehr oder weniger flüchtig, oder durch ein sukzessives Ansammeln bedächtig um uns gestellt ansahen, immer mußten wir unser Bestreben in bezug auf ein Ganzes als unzulänglich und unbefriedigend bedauern.

Jetzo hängt es von uns ab, so große Reihen, als wir nur wünschen, vor uns zu legen, das Gemeinsame wie das Widersprechende nebeneinander zu betrachten und so die Fähigkeit unseres Anschauens, die Fertigkeit unserer Kombinationen und Urteile mit Gemächlichkeit und Ruhe zu prüfen, auch insofern es dem Menschen gegeben ist, uns mit der Natur wie mit uns selbst mehr und mehr in Einklang zu setzen.

Aber jene bildlichen Darstellungen überlassen uns nicht etwa nur einem einsamen Nachdenken, sondern ein genugsamer Text dient uns zugleich als geistreiches Gespräch; wie wir denn ohne solche Mitwirkung das Vorstehende nicht mit einer gewissen Leichtigkeit und Zeitersparnis würden gewonnen haben.

Und so möchte es überflüssig sein, die wichtigen hinzugefügten Druckblätter den Freunden der Natur noch besonders zu empfehlen. Sie enthalten eine allgemeine Vergleichung der Nagetier-Gerippe und sodann allgemeine Bemerkungen über die äußeren Einflüsse auf die organische Entwicklung der Tiere. Wir haben sie oben bei unserer flüchtigen Darstellung treulich genutzt, aber lange nicht erschöpft, und fügen nur noch folgende Resultate hinzu.

Eine innere und ursprüngliche Gemeinschaft aller Organisation liegt zum Grunde; die Verschiedenheit der Gestalten dagegen entspringt aus den notwendigen Beziehungsverhältnissen zur Außenwelt, und man darf daher eine ursprüngliche, gleichzeitige Verschiedenheit und eine unaufhaltsam fortschreitende Umbildung mit Recht annehmen, um die ebenso konstanten als abweichenden Erscheinungen begreifen zu können.

Ein beigelegter Schmutztitel läßt uns vermuten, daß hier eine Abteilung des Ganzen gemeint sei, eine Vorrede spricht deutlich aus, daß nichts Überflüssiges aufgenommen, daß das Werk nicht über Gebühr und Vermögen der Naturfreunde solle ausgedehnt werden: eine Zusage, die durch das bisher Geleistete schon vollkommen erfüllt ist.

Nun aber finden wir dieser Sendung noch einige Druckblätter beigelegt, welche allerdings voranzusetzen sind, indem wir derselben zuletzt erwähnen, sie enthalten die Dedikation an Ihro des Königs von Preußen Majestät.

Hier ist mit schuldigstem Dank anerkannt, daß diese Unternehmung vom Throne her sich bedeutender Unterstützung zu erfreuen habe, ohne welche sie kaum denkbar gewesen wäre. Deshalb vereinigen sich denn auch alle Naturfreunde in ein solches dankbares Anerkennen. Und wenn wir schon lobenswert und nützlich finden, daß die Großen der Erde dasjenige, was ein Privatmann mit Neigung und Sorgfalt gesammelt, nicht zerstreuen lassen, sondern weislich zusammengehalten dem Öffentlichen widmen; wenn mit höchstem Dank erkannt werden muß, Anstalten gegründet zu sehen, wo die Talente erforscht, die Fähigern gefördert und zum Zwecke geführt werden können: so ist es doch vielleicht am preiswürdigsten, wenn eine vorkommende seltene Gelegenheit genutzt wird; wenn die Leistungen des Einzelnen, der sein ganzes Leben mühsam, vielleicht oft mühselig zubrachte, um das ihm eingeborne Talent auszubilden, um etwas als Einzelner zu schaffen, was mehreren unmöglich gewesen wäre, gerade im rechten Augenblick der kräftigen Tat Anerkennung finden; wenn sogleich die höchsten Oberen und die ihnen nachgesetzten hohen Beamten die beneidenswerte Pflicht ausüben, zur dringenden Zeit den entscheidenden Moment zu begünstigen und eine schon im Beschränkten so weit gediehene Frucht mit einer allersprießlichen Reife zu beglücken.

## PRINCIPES DE PHILOSOPHIE ZOOLOGIQUE

Discutés en Mars 1830 au sein de l'académie royale
des sciences
par
Mr. Geoffroy de Saint-Hilaire.
Paris 1830.

### *I. Abschnitt.*

Bei einer Sitzung der Französischen Akademie am 22. Februar dieses Jahrs begab sich ein wichtiger Vorfall, der nicht ohne höchst bedeutende Folgen bleiben kann. In diesem Heiligtum der Wissenschaften, wo alles in Gegenwart eines zahlreichen Publikums auf das anständigste vorzugehen pflegt, wo man mit der Mäßigung, ja der Verstellung wohlerzogener Personen sich begegnet, bei Verschiedenheit der Meinungen nur mit Maß erwidert, das Zweifelhafte eher beseitigt als bestreitet, hier ereignet sich über einen wissenschaftlichen Punkt ein Streit, der persönlich zu werden droht, aber genau besehen weit mehr bedeuten will.

Es offenbart sich hier der immer fortwährende Konflikt zwischen den zwei Denkweisen, in die sich die wissenschaftliche Welt schon lange trennt, der sich auch zwischen unsern nachbarlichen Naturforschern immerfort hinschlich, nun aber diesmal merkwürdig heftig sich hervortut und ausbricht.

Zwei vorzügliche Männer, der perpetuierliche Sekretär der Akademie, Baron Cuvier, und ein würdiges Mitglied, Geoffroy de Saint-Hilaire, treten gegeneinander auf; der erste aller Welt, der zweite den Naturforschern rühmlichst bekannt; seit dreißig Jahren Kollegen an einer Anstalt, lehren sie Naturgeschichte am Jardin des Plantes, in dem unübersehbaren Felde beide eifrigst beschäftigt, erst gemeinschaftlich arbeitend, aber nach und nach durch Verschiedenheit der Ansichten getrennt und sich eher ausweichend.

Cuvier arbeitet unermüdlich als Unterscheidender, das Vorliegende genau Beschreibender und gewinnt sich eine Herrschaft über eine unermeßliche Breite. Geoffroy de Saint-Hilaire hingegen ist im stillen um die Analogien der Geschöpfe und ihre geheimnisvollen Verwandtschaften bemüht; jener geht aus dem Einzelnen in ein Ganzes, welches zwar vorausgesetzt, aber als nie erkennbar betrachtet wird; dieser hegt das Ganze im innern Sinne und lebt in der Überzeugung fort: das Einzelne könne daraus nach und nach entwickelt werden. Wichtig aber ist zu bemerken: daß manches, was diesem in der Erfahrung klar und deutlich nachzuweisen gelingt, von jenem dankbar aufgenommen wird; ebenso verschmäht dieser keineswegs, was ihm von dorther einzeln Entschiedenes zukommt; und so treffen sie auf mehreren Punkten zusammen, ohne daß sie sich deshalb eine Wechselwirkung zugestehen. Denn eine Voranschauung, Vorahnung des Einzelnen im Ganzen will der Trennende, Unterscheidende, auf der Erfahrung Beruhende, von ihr Ausgehende nicht zugeben. Dasjenige erkennen und kennen zu wollen, was man nicht mit Augen sieht, was man nicht greifbar darstellen kann, erklärt er nicht undeutlich für eine Anmaßung. Der andere jedoch, auf gewisse Grundsätze haltend, einer hohen Leitung sich überlassend, will die Autorität jener Behandlungsweise nicht gelten lassen.

Nach diesem einleitenden Vortrag wird uns nunmehr wohl niemand verargen, wenn wir das Obengesagte wiederholen: hier sind zwei verschiedene Denkweisen im Spiele, welche sich in dem menschlichen Geschlecht meistens getrennt und dergestalt verteilt finden, daß sie, wie überall, so auch im Wissenschaftlichen schwer zusammen verbunden angetroffen werden und, wie sie getrennt sind, sich nicht wohl vereinigen mögen. Ja, es geht so weit, daß, wenn ein Teil von dem andern auch etwas nutzen kann, er es doch gewissermaßen widerwillig aufnimmt. Haben wir die Geschichte der Wissenschaften und eine eigne lange Erfahrung vor Augen, so möchte man befürchten, die menschliche Natur werde sich von diesem Zwiespalt kaum jemals retten können. Wir führen das Vorhergesagte noch weiter aus.

Der Unterscheidende wendet so viel Scharfsichtigkeit an, er bedarf einer ununterbrochenen Aufmerksamkeit, einer bis ins kleinste durchdringenden Gewandtheit, die Abweichungen der Gestalten zu bemerken, und zuletzt gleichfalls der entschiedenen Geistesgabe, diese Differenzen zu benennen, daß man ihm nicht wohl verargen kann, wenn er hierauf stolz ist, wenn er diese Behandlungsweise als die einzig gründliche und richtige schätzen mag.

Sieht er nun gar den Ruhm, der ihm deshalb zuteil ward, darauf beruhen, so möchte er nicht leicht über sich gewinnen, die anerkannten Vorzüge mit einem andern zu teilen, der sich, wie es scheint, die Arbeit leichter gemacht hat ein Ziel zu erreichen, wo eigentlich nur für Fleiß, Mühe, Anhaltsamkeit der Kranz dargeboten werden sollte.

Freilich glaubt derjenige, der von der Idee ausgeht, sich auch etwas einbilden zu dürfen, er, der einen Hauptbegriff zu fassen weiß, dem sich die Erfahrung nach und nach unterordnet, der in sicherer Zuversicht lebt: er werde das, was er hie und da gefunden und schon im ganzen ausgesprochen hat, gewiß in einzelnen Fällen wieder antreffen. Einem so gestellten Manne haben wir wohl auch eine Art von Stolz, ein gewisses inneres Gefühl seiner Vorzüge nachzusehen, wenn er von seiner Seite nicht nachgibt, am wenigsten aber eine gewisse Geringschätzung ertragen kann, die ihm von der Gegenseite öfters, wenn auch auf eine leise, mäßige Art, erzeigt wird.

Was aber den Zwiespalt unheilbar macht, dürfte wohl folgendes sein. Da der Unterscheidende durchaus sich mit dem Faßlichen abgibt, das, was er leistet, belegen kann, keine ungewöhnlichen Ansichten fordert, niemals, was paradox erscheinen möchte, vorträgt, so muß er sich ein größeres, ja ein allgemeines Publikum erwerben; dagegen jener sich mehr oder weniger als Eremiten findet, der selbst mit denjenigen, die ihm beipflichten, sich nicht immer zu vereinigen weiß. Schon oft ist in der Wissenschaft dieser Antagonismus hervorgetreten, und es muß sich das Phänomen immer wieder erneuern, da, wie wir eben gesehen, die Elemente hiezu sich immer getrennt nebeneinander fortbilden und, wo sie sich berühren, jederzeit eine Explosion verursachen.

Meist geschieht dies nun, wenn Individuen verschiedener Nationen, verschiedenen Alters oder in sonstiger Entfernung der Zustände aufeinander wirken. In gegenwärtigem Falle erscheint jedoch der merkwürdige Umstand, daß zwei Männer, im Alter gleich vorgerückt, seit achtunddreißig Jahren Kollegen an einer Anstalt, so lange Zeit auf einem Felde in verschiedenen Richtungen verkehrend, sich einander ausweichend, sich duldend, jeder für sich fortwirkend, die feinste Lebensart ausübend, doch zuletzt einem Ausbruch, einer endlichen öffentlichen Widerwärtigkeit ausgesetzt und unterworfen werden.

Nachdem wir nun eine Zeitlang im Allgemeinen verweilt, so ist es nun sachgemäß, dem Werke, dessen Titel wir oben angezeigt haben, näherzutreten.

Seit Anfang März unterhalten uns schon die Pariser Tagesblätter von einem solchen Vorfall, indem sie sich dieser oder jener Seite mit Beifall zuneigen. In einigen folgenden Sessionen dauerte der Widerstreit fort, bis endlich Geoffroy de Saint-Hilaire den Umständen angemessen findet, diese Diskussionen aus jenem Kreise zu entfernen und durch eine eigene Druckschrift vor das größere Publikum zu bringen.

Wir haben gedachtes Heft durchgelesen und studiert, dabei aber manche Schwierigkeit zu überwinden gehabt und uns deshalb zu gegenwärtigem Aufsatz entschlossen, damit uns mancher, der gedachte Schrift in die Hand nimmt, freundlich danken möge, daß wir ihm zu einiger Einleitung verhelfen. Deshalb stehe denn hier als Inhalt des fraglichen Werks die Chronik dieser neusten französischen akademischen Streitigkeiten.

Den 15. Februar 1830 (Seite 35)

trägt Geoffroy de Saint-Hilaire einen Rapport vor über einen Aufsatz, worin einige junge Leute Betrachtungen anstellen, die Organisation der Mollusken betreffend; freilich mit besonderer Vorliebe für die Behandlungsart, die man a priori nennt, und wo die unité de composition organique als der wahre Schlüssel zu den Naturbetrachtungen gerühmt wird.

Den 22. Februar (Seite 53)

tritt Baron Cuvier mit seiner Gegenrede auf und streitet gegen das anmaßliche einzige Prinzip, erklärt es für ein untergeordnetes und spricht ein anderes aus, welches er für höher und für fruchtbarer erklärt.

In derselben Sitzung (Seite 73)

improvisiert Geoffroy de Saint-Hilaire eine Beantwortung, worin er sein Glaubensbekenntnis noch unbewundener ausdruckt.

Sitzung vom 1. März (Seite 81).

Geoffroy de Saint-Hilaire liest einen Aufsatz vor in demselben Sinne, worin er die Theorie der Analogien als neu und höchst brauchbar darzustellen sucht.

Sitzung vom 22. März (Seite 109).

Derselbe unternimmt die Theorie der Analogien auf die Organisation der Fische nützlich anzuwenden.

In derselben Session (Seite 139)

sucht Baron Cuvier die Argumente seines Gegners zu entkräften, indem er an das Os hyoïdes, welches zur Sprache gekommen war, seine Behauptungen anknüpft.

Sitzung vom 29. März (Seite 163).

Geoffroy de Saint-Hilaire verteidigt seine Ansichten des Os hyoides und fügt einige Schlußbetrachtungen hinzu.

Die Zeitschrift „Le Temps“ in der Nummer vom 5. März gibt ein für Geoffroy de Saint-Hilaire günstiges Resümee aus unter der Rubrik „Auf die Lehre von der philosophischen Übereinstimmung der Wesen bezüglich“. Der „National“ tut in der Nummer vom 22. März das gleiche.

Geoffroy de Saint-Hilaire entschließt sich, die Sache aus dem Kreise der Akademie herauszunehmen, läßt das bisher Vorgefallene zusammendrucken und schreibt dazu einen

Vorbericht „Über die Theorie der Analogien“ und datiert solchen vom 15. April.

Hierdurch nun setzt er seine Überzeugung hinlänglich ins klare, so daß er unsern Wünschen, die Angelegenheit möglichst allgemein verständlich vorzuführen, glücklich entgegenkommt, wie er auch in einem Nachtrag (Seite 27) die Notwendigkeit der Verhandlung in Druckschriften behauptet, da bei mündlichen Diskussionen das Recht wie das Unrecht zu verhallen pflege.

Ganz geneigt aber den Ausländern, erwähnt er mit Zufriedenheit und Beistimmung dessen, was die Deutschen und die Edinburger in diesem Fache geleistet, und bekennt sich als ihren Alliierten, woher denn die wissenschaftliche Welt sich bedeutende Vorteile zu versprechen hat.

Hier aber lassen wir zunächst einige nach unsrer Weise aus dem Allgemeinen ins Besondere wechselnde Bemerkungen folgen, damit für uns der möglichste Gewinn sich daraus ergebe.

Wenn uns in der Staaten-, so auch in der Gelehrtengeschichte gar manche Beispiele begegnen, daß irgendein besonderes, oft geringes und zufälliges Ereignis eintritt, das die bisher verhüllten Parteien offen einander gegenüberstellt, so finden wir hier denselben Fall, welcher aber unglücklicherweise das Eigne hat, daß gerade der Anlaß, der diese Kontestationen hervorgerufen, ganz spezieller Art ist und die Angelegenheit auf Wege leitet, wo sie von einer grenzenlosen Verwirrung bedroht wird, indem die wissenschaftlichen Punkte, die zur Sprache kommen, an und für sich weder ein bedeutendes Interesse erregen noch dem größten Teile des Publikums klar werden können; daher es denn wohl verdienstlich sein müßte, den Streit auf seine ersten Elemente zurückzuführen.

Da aber alles, was sich unter Menschen im höheren Sinne ereignet, aus dem ethischen Standpunkte betrachtet, beschaut und beurteilt werden muß, zunächst aber die Persönlichkeit, die Individualität der fraglichen Personen vorzüglich zu beachten ist, so wollen wir uns vor allen Dingen mit der Lebensgeschichte der beiden genannten Männer, wenn auch nur im allgemeinsten, bekannt machen.

Geoffroy de Saint-Hilaire, geb. 1772, wird als Professor der Zoologie im Jahre 1793 angestellt, und zwar als man den Jardin du Roi zu einer öffentlichen Lehrschule bestimmt. Bald nachher wird Cuvier gleichfalls zu dieser Anstalt berufen; beide arbeiten zutraulich zusammen, wie es wohlmeinende Jünglinge pflegen, unbewußt ihrer innern Differenz.

Geoffroy de Saint-Hilaire gesellt sich im Jahre 1798 zu der ungeheuer-problematischen Expedition nach Ägypten und wird dadurch seinem Lehrgeschäft gewissermaßen entfremdet; aber die ihm inwohnende Gesinnung, aus dem Allgemeinen ins Besondere zu gehen, befestigt sich nur immer mehr, und nach seiner Rückkunft, bei dem Anteil an dem großen ägyptischen Werke, findet er die erwünschteste Gelegenheit, seine Methode anzuwenden und zu nutzen.

Das Vertrauen, das seine Einsichten sowie sein Charakter erworben, beweist sich in der Folge abermals dadurch, daß ihn das Gouvernement im Jahr 1810 nach Portugal sendet, um dort, wie man sich ausdrückt, die Studien zu organisieren; er kommt von dieser ephemeren Unternehmung zurück und bereichert das Pariser Museum durch manches Bedeutende.

Wie er nun in seinem Fache unermüdet zu arbeiten fortfährt, so wird er auch von der Nation als Biedermann anerkannt und im Jahr 1815 zum Deputierten erwählt. Dies war aber der Schauplatz nicht, auf welchem er glänzen sollte; niemals bestieg er die Tribüne.

Die Grundsätze, nach welchen er die Natur betrachtet, spricht er endlich in einem 1818 herausgegebenen Werke deutlich aus und erklärt seinen Hauptgedanken: die Organisation der Tiere sei einem allgemeinen, nur hie und da modifizierten Plan, woher die Unterscheidung derselben abzuleiten sei, unterworfen.

Wenden wir uns nun zu seinem Gegner:

Georg Leopold Cuvier, geboren 1769 in dem damals noch württembergischen Mömpelgard; er gewinnt hiebei genauere Kenntnis der deutschen Sprache und Literatur; seine entschiedene Neigung zur Naturgeschichte gibt ihm ein Verhältnis zu dem trefflichen Kielmeyer, welches auch nachher aus der Ferne fortgesetzt wird. Wir erinnern uns, im Jahr 1797 frühere Briefe Cuviers an den genannten Naturforscher gesehen zu haben, merkwürdig durch die in den Text charakteristisch und meisterhaft eingezeichneten Anatomien von durchforschten niedern Organisationen.

Bei seinem Aufenthalt in der Normandie bearbeitet er die Linnéische Klasse der Würmer, bleibt den Pariser Naturfreunden nicht unbekannt, und Geoffroy de Saint-Hilaire bestimmt ihn, nach der Hauptstadt zu kommen. Sie verbinden sich zu der Herausgabe mehrerer Werke zu didaktischen Zwecken, besonders suchen sie eine Anordnung der Säugetiere zu gewinnen.

Die Vorzüge eines solchen Mannes bleiben ferner nicht unbeachtet; er wird 1795 bei der Zentralschule zu Paris angestellt und als Mitglied des Instituts in dessen erste Klasse aufgenommen. Für den Bedarf jener Schule gibt er im Jahre 1798 heraus: Tableaux élémentaires de l'histoire naturelle des animaux. 8.

Er erhält die Stelle eines Professors der vergleichenden Anatomie und gewinnt sich durch seinen Scharfblick die weite, klare Übersicht, durch einen hellen, glänzenden Vortrag den allgemeinsten und lautesten Beifall. Nach Daubentons Abgang wird ihm dessen Platz beim Collège de France, und von Napoleon anerkannt, tritt er zum Departement des öffentlichen Unterrichts. Als ein Mitglied desselben reist er durch Holland und einen Teil von Deutschland, durch die als Departemente dem Kaisertum damals einverleibten Provinzen, die Lehr- und Schulanstalten zu untersuchen; sein erstatteter Bericht ist beizuschaffen. Vorläufig ward mir bekannt, er habe darin die Vorzüge deutscher Schulen vor den französischen herauszusetzen nicht unterlassen.

Seit 1813 wird er zu höhern Staatsverhältnissen berufen, in welchen er nach der Bourbonen Rückkehr bestätigt wird und bis auf den heutigen Tag in öffentlicher sowohl als wissenschaftlicher Wirksamkeit fortfährt.

Seine Arbeiten sind unübersehbar; sie umfassen das ganze Naturreich, und seine Darlegungen dienen auch uns zur Kenntnis der Gegenstände und zum Muster der Behandlung.

Nicht allein das grenzenlose Reich der lebendigen Organisationen hat er zu erforschen und zu ordnen getrachtet, auch die längst ausgestorbenen Geschlechter danken ihm ihre wissenschaftliche Wiederauferstehung.

Wie genau er denn auch das ganze menschliche Weltwesen kenne und in die Charaktere der vorzüglich Mitwirkenden einzudringen vermöge, gewahrt man in den Ehrendenkmälern, die er verstorbenen Gliedern des Instituts aufzurichten weiß; wo denn zugleich seine so ausgebreiteten Übersichten aller wissenschaftlichen Regionen zu erkennen sind.

Verziehen sei das Skizzenhafte dieser biographischen Versuche; hier war nicht die Rede, die allenfalls Teilnehmenden zu unterrichten, ihnen etwas Neues vorzulegen, sondern sie nur an dasjenige zu erinnern, was ihnen von beiden würdigen Männern längst bekannt sein mußte.

Nun aber möchte man wohl fragen: welche Ursache, welche Befugnis hat der Deutsche, von diesem Streit nähere Kenntnis zu nehmen? ja vielleicht als Partei sich zu irgendeiner Seite zu gesellen? Darf man aber wohl behaupten, daß jede wissenschaftliche Frage, wo sie auch zur Sprache komme, jede gebildete Nation interessiere, wie man denn auch wohl die szientifische Welt als einen einzigen Körper betrachten darf, so ist hier nachzuweisen, daß wir diesmal besonders aufgerufen sind.

Geoffroy de Saint-Hilaire nennt mehrere deutsche Männer als mit ihm in gleicher Gesinnung begriffen; Baron Cuvier dagegen scheint von unsern deutschen Bemühungen in diesem Felde die ungünstigsten Begriffe sich gebildet zu haben; es äußert sich derselbe in einer Eingabe vom 5. April (Seite 24 in der Note) folgendermaßen: „Ich weiß wohl, ich weiß, daß für gewisse Geister hinter dieser Theorie der Analogien, wenigstens verworrenerweise, eine andere, sehr alte Theorie sich verbergen mag, die, schon längst widerlegt, von einigen Deutschen wieder hervorgesucht worden, um das pantheistische System zu begünstigen, welches sie Naturphilosophie nennen." Diese Äußerung Wort für Wort zu kommentieren, den Sinn derselben deutlich zu machen, die fromme Unschuld deutscher Naturdenker klar hinzulegen, bedürfte es wohl auch eines Oktavbändchens; wir wollen in der Folge suchen, auf die kürzeste Weise unsern Zweck zu erreichen.

Die Lage eines Naturforschers wie Geoffroy de Saint-Hilaire ist freilich von der Art, daß es ihm Vergnügen machen muß, von den Bemühungen deutscher Forscher einigermaßen unterrichtet zu sein, sich zu überzeugen, daß sie ähnliche Gesinnungen hegen wie er, daß sie auf demselben Wege sich bemühen und daß er also von ihrer Seite sich einsichtigen Beifall und, wenn er es verlangt, hinreichenden Beistand zu erwarten hat. Wie denn überhaupt in der neuern Zeit es unsern westlichen Nachbarn niemals zu Schaden gedieh, wenn sie von deutschem Forschen und Bestreben einige Kenntnis nahmen.

Die deutschen Naturforscher, welche bei dieser Gelegenheit genannt werden, sind: Kielmeyer, Meckel, Oken, Spix, Tiedemann, und zugleich werden unsrer Teilnahme an diesen Studien dreißig Jahre zugestanden. Allein ich darf wohl behaupten, daß es über funfzig sind, die uns schon mit wahrhafter Neigung an solche Untersuchungen gekettet sehen. Kaum erinnert sich noch jemand außer mir jener Anfänge, und mir sei gegönnt, hier jener treuen Jugendforschungen zu erwähnen, wodurch sogar einiges Licht auf gegenwärtige Streitigkeiten fallen könnte.

„Ich lehre nicht, ich erzähle.“ (Montaigne.)

---

## *II. Abschnitt.*

„Ich lehre nicht, ich erzähle“ – damit schloß ich den ersten Abschnitt meiner Betrachtungen über das genannte Werk; nun aber find ich, um den Standpunkt, woraus ich beurteilt werden möchte, noch näher zu bestimmen, ratsam, die Worte eines Franzosen hier vorzusetzen, welche besser als irgend etwas anderes die Art, womit ich mich verständlich zu machen suche, kürzlich aussprechen möchten.

„Es gibt geistreiche Männer, die eine eigne Art des Vortrags haben; nach ihrer Weise fangen sie an, sprechen zuerst von sich selbst und machen sich nur ungern von ihrer Persönlichkeit los. Ehe sie euch die Resultate ihres Nachdenkens vorlegen, fühlen sie ein Bedürfnis, erst aufzuzählen, wo und wie dergleichen Betrachtungen ihnen zukamen."

Werde mir deshalb in diesem Sinne zugegeben, den Gang der Geschichte jener Wissenschaften, denen ich meine Jahre gewidmet, ohne weitere Anmaßung, synchronistisch mit meinem Leben, freilich nur im allgemeinsten zu behandeln.

Hiernach also wäre zu erwähnen, wie früh ein Anklang der Naturgeschichte, unbestimmt, aber eindringlich, auf mich gewirkt hat. Graf Buffon gab, gerade in meinem Geburtsjahr 1749, den ersten Teil seiner „Histoire Naturelle" heraus und erregte großen Anteil unter den damals französischer Einwirkung sehr zugänglichen Deutschen. Die Bände folgten jahrweise, und so begleitete das Interesse einer gebildeten Gesellschaft mein Wachstum, ohne daß ich mehr als den Namen dieses bedeutenden Mannes sowie die Namen seiner eminenten Zeitgenossen wäre gewahr worden.

Graf Buffon, geboren 1707. Dieser vorzügliche Mann hatte eine heitere, freie Übersicht, Lust am Leben und Freude am Lebendigen des Daseins; froh interessiert er sich für alles, was da ist. Lebemann, Weltmann, hat er durchaus den Wunsch, im Belehren zu gefallen, im Unterrichten sich einzuschmeicheln. Seine Darstellungen sind mehr Schilderungen als Beschreibungen; er führt die Kreatur in ihrer Ganzheit vor, besonders gern in bezug auf den Menschen; deswegen er diesem die Haustiere gleich folgen läßt. Er bemächtigt sich alles Bekannten; die Naturforscher nicht allein weiß er zu nutzen, der Resultate aller Reisenden versteht er sich zu bedienen. Man sieht ihn in Paris, dem großen Mittelpunkte der Wissenschaften, als Intendanten des schon bedeutenden königlichen Kabinetts, begünstigt im Äußern, wohlhabend, in den Grafenstand erhoben und sich auch so vornehm als anmutig gegen seine Leser betragend.

Auf diesem Standpunkt weiß er sich aus dem Einzelnen das Umfassende zu bilden, und wenn er auch, was uns hier zunächst berührt, in dem zweiten Band Seite 544 niederschreibt: „Die Arme des Menschen gleichen auf keine Weise den Vorderfüßen der Tiere, so wenig als den Flügeln der Vögel" – so spricht er im Sinne der natürlich hinblickenden, die Gegenstände wie sie sind aufnehmenden Menge. Aber in seinem Innern entwickelt sichs besser; denn im vierten Bande Seite 379 sagt er: „Es gibt eine ursprüngliche und allgemeine Vorzeichnung, die man sehr weit verfolgen kann", und somit hat er die Grundmaxime der vergleichenden Naturlehre ein für allemal festgesetzt.

Man verzeihe diese flüchtigen, fast frevelhaft eilenden Worte, womit wir einen so verdienten Mann vorüberführen; es ist genug, uns zu überzeugen, daß, ohngeachtet der grenzenlosen Einzelnheiten, denen er sich hingibt, er nicht verfehlte, ein Umfassendes anzuerkennen. Gewiß ist: wenn wir jetzt seine Werke durchgehen, so finden wir, daß er aller Hauptprobleme sich bewußt war, mit welchen die Naturlehre sich beschäftigt, ernstlich bemüht, sie, wenn auch nicht immer glücklich, aufzulösen; dabei leidet die Ehrfurcht, die wir für ihn empfinden, nicht im mindesten, wenn man einsieht, daß wir Späteren, als hätten wir manche der dort aufgeworfenen Fragen schon vollkommen gelöst, nur allzu frühzeitig triumphieren. Dem allen ungeachtet müssen wir gestehen, daß, wenn er sich eine höhere Ansicht zu gewinnen suchte, er die Hülfe der Einbildungskraft nicht verschmähte; wodurch denn freilich der Beifall der Welt merklich zunahm, er aber sich von dem eigentlichen Element, woraus die Wissenschaft gebildet werden soll, einigermaßen entfernte und diese Angelegenheiten in das Feld der Rhetorik und Dialektik hinüberzuführen schien.

Suchen wir in einer so bedeutenden Sache immer deutlicher zu werden:

Graf Buffon wird als Oberaufseher des Jardin du Roi angestellt; er soll eine Ausarbeitung der Naturgeschichte darauf gründen. Seine Tendenz geht in das Ganze, insofern es lebt, ineinanderwirkt und sich besonders auf den Menschen bezieht.

Für das Detail bedarf er eines Gehülfen und beruft Daubenton, einen Landsmann.

Dieser faßt die Angelegenheit von der entgegengesetzten Seite, ist ein genauer, scharfer Anatomiker. Dieses Fach wird ihm viel schuldig, allein er hält sich dergestalt am Einzelnen, daß er auch das Nächstverwandte nicht aneinanderfügen mag.

Leider veranlaßt diese ganz verschiedene Behandlungsart auch zwischen diesen beiden Männern eine nicht herzustellende Trennung. Wie sie sich auch mag entschieden haben, genug, Daubenton nimmt seit dem Jahre 1768 keinen Teil mehr an der Buffonschen Naturgeschichte, arbeitet aber emsig für sich allein fort, und nachdem Buffon im hohen Alter abgegangen, bleibt der gleichfalls bejahrte Daubenton an seiner Stelle und zieht sich in Geoffroy de St.-Hilaire einen jüngern Mitarbeiter heran. Dieser wünscht sich einen Gesellen und findet ihn in Cuvier. Sonderbar genug, daß sich in diesen beiden gleichfalls höchst verdienten Männern im stillen die gleiche Differenz entwickelt, nur auf einer höheren Stufe. Cuvier hält sich entschieden und in einem systematisch ordnenden Sinne ans Einzelne; denn eine größere Übersicht leitet schon und nötigt zu einer Methode der Aufstellung. Geoffroy, seiner Denkart gemäß, sucht ins Ganze zu dringen, aber nicht wie Buffon ins Vorhandene, Bestehende, Ausgebildete, sondern ins Wirkende, Werdende, sich Entwickelnde. Und so nährt sich heimlich der abermalige Widerstreit und bleibt länger verborgen als der ältere, indem höhere gesellige Bildung, gewisse Konvenienzen, schweigende Schonungen den Ausbruch ein Jahr nach dem andern hinhalten, bis denn doch endlich eine geringe Veranlassung die nach außen und innen künstlich getrennte Elektrizität der Leidner Flasche, den geheimen Zwiespalt durch eine gewaltige Explosion offenbart.

Fahren wir jedoch fort, über jene vier so oft genannten und in der Naturwissenschaft immer wieder zu nennenden Männer unsre Betrachtungen anzustellen, wenn wir uns auch einigermaßen wiederholen sollten; denn sie sind es, die, allen übrigen unbeschadet, als Stifter und Beförderer der französischen Naturgeschichte vorleuchten und den Kern bilden, aus welchem sich so manches Wünschenswerte glücklich hervortut, seit fast einem Jahrhunderte der wichtigen Anstalt vorgesetzt, dieselbe vermehrend, benutzend und auf alle Weise die Naturgeschichte fördernd, die synthetische und analytische Behandlungsweise der Wissenschaft repräsentierend. Buffon nimmt die Außenwelt, wie er sie findet, in ihrer Mannigfaltigkeit als ein zusammengehörendes, bestehendes, in wechselseitigen Bezügen sich begegnendes Ganze. Daubenton, als Anatom, fortwährend im Trennen und Sondern begriffen, hütet sich, irgend das, was er einzeln gefunden, mit einem andern zusammenzufügen; sorgfältig stellt er alles nebeneinander hin, mißt und beschreibt ein jedes für sich.

In demselben Sinne, nur mit mehr Freiheit und Umsicht, arbeitet Cuvier; ihm ist die Gabe verliehen, grenzenlose Einzelnheiten zu bemerken, zu unterscheiden, untereinander zu vergleichen, sie zu stellen, zu ordnen und sich dergestalt großes Verdienst zu erwerben.

Aber auch er hat eine gewisse Apprehension gegen eine höhere Methode, die er denn doch selbst nicht entbehrt und, obgleich unbewußt, dennoch anwendet, und so stellt er in einem höheren Sinne die Eigenschaften Daubentons wieder dar. Ebenso möchten wir sagen, daß Geoffroy einigermaßen auf Buffon zurückweist. Denn wenn dieser die große Synthese der empirischen Welt gelten läßt und in sich aufnimmt, sich aber zugleich mit allen Merkmalen, die sich ihm zum Behuf der Unterscheidung darbieten, bekannt macht und sie benutzt, so tritt Geoffroy bereits der großen abstrakten, von jenem nur geahneten Einheit näher, erschrickt nicht vor ihr und weiß, indem er sie auffaßt, ihre Ableitungen zu seinem Vorteil zu nutzen.

Vielleicht kommt der Fall in der Geschichte des Wissens und der Wissenschaft nicht wieder vor, daß an dem gleichen Ort, auf ebenderselben Stelle, in bezug auf dieselben Gegenstände, Amt und Pflicht gemäß, durch so lange Zeit eine Wissenschaft im beständigen Gegensatze von so höchst bedeutenden Männern wäre gefördert worden, welche, anstatt durch die Einheit der ihnen vorgelegten Aufgabe sich zu einer gemeinsamen Bearbeitung, wenn auch aus verschiedenen Gesichtspunkten, einladen zu lassen, nicht durch den Gegenstand, sondern durch die Art ihn anzusehen bis zu feindseligem Widerstreit hingerissen, gegeneinander auftreten. Ein so merkwürdiger Fall aber muß uns allen, muß der Wissenschaft selbst zum besten gereichen! Möge doch jeder von uns bei dieser Gelegenheit sagen, daß Sondern und Verknüpfen zwei unzertrennliche Lebensakte sind. Vielleicht ist es besser gesagt: daß es unerläßlich ist, man möge wollen oder nicht, aus dem Ganzen ins Einzelne, aus dem Einzelnen ins Ganze zu gehen, und je lebendiger diese Funktionen des Geistes, wie Aus- und Einatmen, sich zusammen verhalten, desto besser wird für die Wissenschaften und ihre Freunde gesorgt sein.

Wir verlassen diesen Punkt, um darauf wieder zurückzukehren, wenn wir nur erst von denjenigen Männern gesprochen haben, die in den siebziger und achtziger Jahren des vorigen Hunderts uns auf dem eigens eingeschlagenen Wege förderten.

Petrus Camper, ein Mann von ganz eignem Beobachtungs- und Verknüpfungsgeiste, der mit dem aufmerksamen Beschauen zugleich eine glückliche Nachbildungsgabe verband und so, durch Reproduktion des Erfahrenen, dieses in sich selbst belebte und sein Nachdenken durch Selbsttätigkeit zu schärfen wußte.

Seine großen Verdienste sind allgemein anerkannt; ich erwähne hier nur seiner Faziallinie, wodurch das Vorrücken der Stirn, als Gefäß des geistigen Organs, über die untere mehr tierische Bildung anschaulicher und dem Nachdenken angeeigneter worden.

Geoffroy gibt ihm das herrliche Zeugnis (Seite 149 in der Note): „Ein weitumfassender Geist, hochgebildet und immerfort nachdenkend; er hatte von der Übereinstimmung organischer Systeme so ein lebhaftes und tiefes Gefühl, daß er mit Vorliebe alle außerordentlichen Fälle aufsuchte, wo er einen Anlaß fände, sich mit Problemen zu beschäftigen, eine Gelegenheit, Scharfsinn zu üben, um sogenannte Anomalien auf die Regel zurückzuführen." Und was ließe sich nicht alles hinzufügen, wenn hier mehr als Andeutung sollte geliefert werden!

Hier möchte nun der Ort sein zu bemerken, daß der Naturforscher auf diesem Wege am ersten und leichtesten den Wert, die Würde des Gesetzes, der Regel erkennen lernt. Sehen wir immerfort nur das Geregelte, so denken wir, es müsse so sein, von jeher sei es also bestimmt und deswegen stationär. Sehen wir aber die Abweichungen, Mißbildungen, ungeheure Mißgestalten, so erkennen wir, daß die Regel zwar fest und ewig, aber zugleich lebendig sei, daß die Wesen zwar nicht aus derselben heraus, aber doch innerhalb derselben sich ins Unförmliche umbilden können, jederzeit aber, wie mit Zügeln zurückgehalten, die unausweichliche Herrschaft des Gesetzes anerkennen müssen.

Samuel Thomas Sömmerring ward durch Camper angeregt. Ein höchst fähiger, zum Schauen, Bemerken, Denken aufgeweckter lebendiger Geist. Seine Arbeit über das Gehirn und der höchst sinnige Ausspruch: der Mensch unterscheide sich von den Tieren hauptsächlich dadurch, daß die Masse seines Gehirns den Komplex der übrigen Nerven in einem hohen Grad überwiege, welches bei den übrigen Tieren nicht statthabe, war höchst folgereich.

Und was gewann nicht in jener empfänglichen Zeit der gelbe Fleck im Mittelpunkte der Retina für eine Teilnahme! Wieviel wurden in der Folge die Sinnesorgane, das Auge, das Ohr, seinem Einblick, seiner nachbildenden Hand schuldig!

Sein Umgang, ein briefliches Verhältnis zu ihm war durchaus erweckend und fördernd. Ein neues Faktum, eine frische Ansicht, eine tiefere Erwägung wurden mitgeteilt und jede Wirksamkeit aufgeregt. Alles Aufkeimende entwickelte sich schnell, und eine frische Jugend ahnete die Hindernisse nicht, die sich ihr entgegenzustellen auf dem Wege waren.

Johann Heinrich Merck, als Kriegszahlmeister im Hessen-Darmstädtischen angestellt, verdient auf alle Weise hier genannt zu werden. Er war ein Mann von unermüdeter geistiger Tätigkeit, die sich nur deswegen nicht durch bedeutende Wirkungen auszeichnete, weil er, als talentvoller Dilettant, nach allen Seiten hingezogen und getrieben wurde. Auch er ergab sich der vergleichenden Anatomie mit Lebhaftigkeit, wo ihm denn auch ein zeichnerisches Talent, das sich leicht und bestimmt auszudrücken wußte, glücklich zu Hülfe kam.

Die eigentliche Veranlassung jedoch hierzu gaben die merkwürdigen Fossilien, auf die man in jener Zeit erst eine wissenschaftliche Aufmerksamkeit richtete und welche mannigfaltig und wiederholt in der Flußregion des Rheins ausgegraben wurden. Mit habsüchtiger Liebhaberei bemächtigte er sich mancher vorzüglichen Exemplare, deren Sammlung nach seinem Ableben in das Großherzoglich-Hessische Museum geschafft und eingeordnet und auch daselbst durch den einsichtigen Kustos von Schleiermacher sorgfältig verwahrt und vermehrt worden.

Mein inniges Verhältnis zu beiden Männern steigerte zuerst bei persönlicher Bekanntschaft, sodann durch fortgesetzte Korrespondenz meine Neigung zu diesen Studien; deshalb suchte ich, meiner angebornen Anlage gemäß, vor allen Dingen nach einem Leitfaden oder, wie man es auch nennen möchte, nach einem Punkt, wovon man ausginge, eine Maxime, an der man sich halten, einen Kreis, aus welchem nicht abzuirren wäre.

Ergeben sich nun heutigestags in unserem Felde auffallende Differenzen, so ist nichts natürlicher, als daß diese damals sich noch mehr und öfter hervortun mußten, weil jeder, von seinem Standpunkt ausgehend, jedes zu seinen Zwecken, alles zu allem nützlich anzuwenden bemüht war.

Bei der vergleichenden Anatomie im weitesten Sinne, insofern sie eine Morphologie begründen sollte, war man denn doch immerfort so mit den Unterschieden wie mit den Übereinstimmungen beschäftigt. Aber ich bemerkte gar bald, daß man sich bisher ohne Methode nur in die Breite bemüht habe; man verglich, wie es gerade vorkam, Tier mit Tier, Tiere mit Tieren, Tiere mit Menschen, woraus eine unübersehbare Weitläuftigkeit und eine sinnebetäubende Verworrenheit entstand, indem es teils allenfalls paßte, teils aber ganz und gar sich nicht fügen wollte.

Nun legt ich die Bücher beiseite und ging unmittelbar an die Natur, an ein übersehbares Tierskelett; die Stellung auf vier Füßen war die entschiedenste, und ich fing an, von vorne nach hinten, der Ordnung nach, zu untersuchen.

Hier fiel der Zwischenknochen vor allen als der vorderste in die Augen, und ich betrachtete ihn daher durch die verschiedensten Tiergeschlechter.

Aber ganz andere Betrachtungen wurden eben dazumal

rege. Die nahe Verwandtschaft des Affen zu dem Menschen nötigte den Naturforscher zu peinlichen Überlegungen, und der vortreffliche Camper glaubte den Unterschied zwischen Affen und Menschen darin gefunden zu haben, daß jenem ein Zwischenknochen der oberen Kinnlade zugeteilt sei, diesem aber ein solcher fehle.

Ich kann nicht ausdrücken, welche schmerzliche Empfindung es mir war, mit demjenigen in entschiedenem Gegensatz zu stehen, dem ich so viel schuldig geworden, dem ich mich zu nähern, mich als seinen Schüler zu bekennen, von dem ich alles zu lernen hoffte.

Wer sich meine damaligen Bemühungen zu vergegenwärtigen die Absicht hätte, findet, was schriftlich verfaßt worden, in dem ersten Bande dessen, was ich zur Morphologie geliefert habe, und welche Mühe man sich gegeben, auch bildlich, worauf doch alles ankommt, die verschiedenen abweichenden Gestalten jenes Knochens zu verzeichnen, läßt sich nunmehr aus den Verhandlungen der Kaiserlich Leopoldinisch-Carolinischen Akademie der Naturforscher ersehen, wo sowohl der Text wieder abgedruckt als die dazugehörigen, lange Jahre im verborgenen gebliebenen Tafeln freundlichst aufgenommen worden. Beides findet sich in der ersten Abteilung des funfzehnten Bandes.

Doch ehe wir jenen Band aufschlagen, hab ich noch etwas zu erzählen, zu bemerken und zu bekennen, welches, wenn es auch nicht von großer Bedeutung wäre, doch unseren strebenden Nachkommen zum Vorteil gereichen kann.

Nicht allein die ganz frische Jugend, sondern auch der schon herangebildete Mann wird, sobald ihm ein prägnanter folgerechter Gedanke aufgegangen, sich mitteilen, bei andern eine gleiche Denkweise aufregen wollen.

Ich merkte daher den Mißgriff nicht, da ich die Abhandlung, die man soeben finden wird, ins Lateinische übersetzt, mit teils umrissenen, teils ausgeführten Zeichnungen ausgestattet, an Peter Camper zu übersenden die unbesonnene Gutmütigkeit hatte. Ich erhielt darauf eine sehr ausführliche, wohlwollende Antwort, worin er die Aufmerksamkeit, die ich diesen Gegenständen geschenkt, höchlich lobte, die

Zeichnungen zwar nicht mißbilligte, wie aber solche Gegenstände besser von der Natur abzunehmen seien, guten Rat erteilte und einige Vorteile zu beachten gab. Er schien sogar über diese Bemühung etwas verwundert, fragte, ob ich dieses Heft etwa abgedruckt haben wollte, zeigte die Schwierigkeiten wegen der Kupfer umständlich an, auch die Mittel, sie zu überwinden. Genug, er nahm als Vater und Gönner allen billigen Anteil an der Sache.

Aber davon war nicht die geringste Spur, daß er meinen Zweck bemerkt habe, seiner Meinung entgegenzutreten und irgend etwas anderes als ein Programm zu beabsichtigen. Ich erwiderte bescheiden und erhielt noch einige ausführliche wohlwollende Schreiben, genau besehen nur materiellen Inhalts, die sich aber keineswegs auf meinen Zweck bezogen, dergestalt, daß ich zuletzt, da diese eingeleitete Verbindung nichts fördern konnte, sie ruhig fallen ließ, ohne jedoch daraus, wie ich wohl hätte sollen, die bedeutende Erfahrung zu schöpfen, daß man einen Meister nicht von seinem Irrtum überzeugen könne, weil er ja in seine Meisterschaft aufgenommen und dadurch legitimiert ward.

Verloren sind leider mit so vielen andern Dokumenten jene Briefe, welche den tüchtigen Zustand jenes hohen Mannes und zugleich meine glaubige jüngerhafte Deferenz sehr lebhaft vergegenwärtigen müßten.

Aber noch ein anderes Mißgeschick betraf mich: ein ausgezeichneter Mann, Johann Friedrich Blumenbach, der sich mit Glück der Naturwissenschaft gewidmet, auch besonders die vergleichende Anatomie durchzuarbeiten begonnen, trat in seinem Kompendium derselben auf Campers Seite und sprach dem Menschen den Zwischenknochen ab. Meine Verlegenheit wurde dadurch aufs höchste gesteigert, indem ein schätzbares Lehrbuch, ein vertrauenswürdiger Lehrer meine Gesinnungen, meine Absichten durchaus beseitigen sollte.

Aber ein so geistreicher, fort untersuchender und denkender Mann konnte nicht immer bei einer vorgefaßten Meinung verharren, und ich bin ihm, bei traulichen Verhältnissen, über diesen Punkt wie über viele andere eine teilnehmende Belehrung schuldig geworden, indem er mich benachrichtigte, daß der Zwischenknochen bei wasserköpfigen Kindern von der obern Kinnlade getrennt, auch bei dem doppelten Wolfsrachen als krankhaft abgesondert sich manifestiere.

Nun aber kann ich jene damals mit Protest zurückgewiesenen Arbeiten, welche so viele Jahre im stillen geruht, hervorrufen und für dieselben mir einige Aufmerksamkeit erbitten.

Auf die erwähnten Abbildungen habe ich mich zunächst, vollkommener Deutlichkeit wegen, zu berufen, noch mehr aber auf das d'Altonische große osteologische Werk hinzudeuten, wo eine weit größere, freiere, ins Ganze gehende Übersicht zu gewinnen ist.

Bei allem diesem aber hab ich Ursache, den Leser zu ersuchen, sämtliches bisher Gesagte und noch zu Sagende als mittelbar oder unmittelbar bezüglich auf den Streit jener beiden trefflichen französischen Naturforscher, von welchem gegenwärtig immer die Rede bleibt, durchaus anzusehn.

Sodann darf ich voraussetzen, man werde jene soeben bezeichnete Tafeln vor sich zu nehmen und sie mit uns durchzugehen geneigt sein.

Sobald man von Abbildungen spricht, versteht sich, daß eigentlich von Gestalt gehandelt werde; im gegenwärtigen Falle aber sind wir unmittelbar auf die Funktion der Teile hingewiesen; denn die Gestalt steht in bezug auf die ganze Organisation, wozu der Teil gehört, und somit auch auf die Außenwelt, von welcher das vollständig organisierte Wesen als ein Teil betrachtet werden muß. In diesem Sinne also gehen wir ohne Bedenken weiter zu Werke.

Auf der ersten Tafel sehen wir diesen Knochen, welchen wir als den vordersten des ganzen Tierbaues erkennen, auf verschiedene Weise gestaltet; eine nähere Betrachtung läßt uns bemerken, daß durch ihn die nötigste Nahrung dem Tiere zugeeignet werde: so verschieden daher die Nahrung, so verschieden wird auch dieses Organ gestaltet sein. Bei dem Reh finden wir einen leichten, zahnlosen, knöchernen Bügel, um Grashalmen und Blattzweige mäßig abzurupfen. An dem Ochsen sehen wir ohngefähr dieselbige Gestalt, nur breiter, plumper, kräftiger nach Maßgabe der Bedürfnisse des Geschöpfes. In der dritten Figur haben wir das Kamel, welches schafartig eine gewisse beinah monstrose Unentschiedenheit zeigt, so daß der Zwischenknochen von der obern Kinnlade, Schneidezahn vom Eckzahn kaum zu unterscheiden sind.

Auf der zweiten Tafel zeigt sich das Pferd mit einem bedeutenden Zwischenknochen, sechs abgestumpfte Schneidezähne enthaltend; der hier, bei einem jungen Subjekt, unentwickelte Eckzahn ist der obern Kinnlade vollkommen zugeeignet.

Bemerkenswert ist an der zweiten Figur derselben Tafel die obere Kinnlade des Sus babirussa von der Seite betrachtet; hier sieht man in der obern Kinnlade den wunderbaren Eckzahn ganz eigentlich enthalten, indem dessen Alveole an den schweinartig bezahnten Zwischenkiefer kaum anstreift und nicht die mindeste Einwirkung auf denselben bemerken läßt.

Auf der dritten Tafel schenken wir unsre Aufmerksamkeit der dritten Figur, dem Wolfsgebiß. Der vorgeschobene, mit sechs tüchtigen scharfen Schneidezähnen versehene Zwischenknochen unterscheidet sich an Figura b durch eine Sutur sehr deutlich von der obern Kinnlade und läßt, obgleich sehr vorgeschoben, die genaue Nachbarschaft mit dem Eckzahne ersehen. Das Löwengebiß, mehr zusammengezogen, zahnkräftiger und gewaltsamer, zeigt jene Unterscheidung und Nachbarschaft noch genauer. Des Eisbärs gleiches Vordergebiß, mächtig, aber unbehülflich, plump, eine charakterlose Bildung, auf alle Fälle weniger zum Ergreifen als zum Zerknirschen fähig, die Canales palatini breit und offen; von jener Sutur aber keine Spur, die man jedoch im Geiste zeichnen und ihr den Lauf anweisen wird.

Auf der vierten Tafel Trichechus rosmarus gibt zu mancherlei Betrachtungen Anlaß. Das große Übergewicht der Eckzähne gebietet dem Zwischenknochen zurückzutreten, und das widerwärtige Geschöpf erhält dadurch ein menschenähnliches Ansehn. Fig. 1, eines schon erwachsenen Tieres verkleinerte Abzeichnung, läßt den abgesonderten Zwischenknochen deutlich sehen; auch beobachtet man, wie die mächtige, in der obern Kinnlade gegründete Wurzel bei fortwachsendem Hinaufstreben eine Art Geschwulst auf der Wangenfläche hervorbrachte. Die Figuren 2 und 3 sind nach einem jungen Tiere gleicher Größe gebildet. Bei diesem Exemplar ließ sich der Zwischenknochen völlig von der obern Kinnlade sondern, da alsdann der Eckzahn in seiner der obern Kinnlade ganz allein angehörigen Alveole ungestört zurückbleibt.

Nach allem diesem dürfen wir kühnlich behaupten, daß der große Elefantenzahn gleichfalls in der obern Kinnlade wurzele; wobei wir zu bedenken haben, daß bei der ungeheuren Forderung, die hier an die obere Kinnlade geschieht, der benachbarte Zwischenknochen, wo nicht zur Bildung der ungeheuren Alveolen, doch zu deren Verstärkung eine Lamelle hergeben sollte.

So viel haben wir bei sorgfältiger Untersuchung mehrerer Exemplare auszufinden geglaubt, wenn auch schon die im 12. Bande vorgestellten Schädelabbildungen hierin keine Entscheidung herbeiführen.

Denn hier ist es, wo uns der Genius der Analogie als Schutzengel zur Seite stehen möge, damit wir eine an vielen Beispielen erprobte Wahrheit nicht in einem einzigen zweifelhaften Fall verkennen, sondern auch da dem Gesetz gebührende Ehre erweisen, wo es sich uns in der Erscheinung entziehen möchte.

Auf der fünften Tafel ist Affe und Mensch einander entgegengestellt. Was den letzteren betrifft, so ist, nach einem besondern Präparat, Trennung und Verschmelzung des gedachten Knochens deutlich genug angegeben. Vielleicht wären beide Gestalten als Ziel der ganzen Abhandlung mannigfaltiger und klarer abzubilden und gegeneinanderzustellen gewesen. Aber gerade zuletzt, in der prägnantesten Zeit, stockte Neigung und Tätigkeit in jenem Fache, so daß wir schon dankbar anerkennen müssen, wenn eine hochzuverehrende Sozietät der Naturforscher diese Fragmente ihrer Aufmerksamkeit würdigen und das Andenken redlicher Bemühungen in dem unzerstörbaren Körper ihrer Akten aufbewahren wollen.

Noch aber müssen wir unsre Leser um fortgesetzte Aufmerksamkeit bitten, denn von Herrn Geoffroy selbst veranlaßt, haben wir noch ein anderes Organ in ebendiesem Sinne zu betrachten.

Die Natur bleibt ewig respektabel, ewig bis auf einen gewissen Punkt erkennbar, ewig dem Verständigen brauchbar. Sie wendet uns gar mannigfaltige Seiten zu; was sie verbirgt, deutet sie wenigstens an, dem Beobachter wie dem Denker gibt sie vielfältigen Anlaß, und wir haben Ursache, kein Mittel zu verschmähen, wodurch ihr Äußeres schärfer zu bemerken und ihr Inneres gründlich zu erforschen ist. Wir nehmen daher zu unsern Zwecken ohne weiteres die Funktion in Schutz.

Funktion, recht begriffen, ist das Dasein in Tätigkeit gedacht, und so beschäftigen wir uns, von Geoffroy selbst aufgerufen, mit dem Arme des Menschen, mit den Vorderfüßen des Tieres.

Ohne gelehrt scheinen zu wollen, beginnen wir von Aristoteles, Hippokrates und Galen, nach dem Bericht des letzteren. Die heiteren Griechen schrieben der Natur einen allerliebsten Verstand zu. Habe sie doch alles so artig eingerichtet, daß man das Ganze immer vollkommen finden müsse. Den kräftigen Tieren verleihe sie Klauen und Hörner, den schwächeren leichte Beine. Der Mensch aber sei besonders versorgt durch seine vieltätige Hand, wodurch er statt Hörner und Klauen sich Schwert und Spieß anzuschaffen wisse. Ebenso ist der Zweck, warum der Mittelfinger länger sei als die übrigen, recht lustig zu vernehmen.

Wollen wir jedoch nach unsrer Art weiter fortschreiten, müssen wir das große d'Altonische Werk vor uns legen und aus dessen Reichtum die Belege zu unsern Betrachtungen entnehmen.

Den Vorderarm des Menschen, die Verbindung desselben mit der Hand, und welche Wunder hier geleistet werden, nehmen wir als allgemein bekannt an. Es ist nichts Geistiges, was nicht in diesen Bereich fiele.

Betrachte man hiernach die reißenden Tiere, wie ihre Klauen und Krallen nur zum Aneignen der Nahrung geschickt und geschäftig sind und wie sie, außer einigem Spieltrieb, dem Zwischenknochen untergeordnet und die Knechte des Freßwerkzeugs bleiben.

Die fünf Finger sind bei dem Pferde in einen Huf geschlossen, wir sehen dies in geistiger Anschauung, wenn uns nicht auch einmal durch irgendeine Monstrosität die Teilbarkeit des Hufes in Finger davon überzeugte. Dieses edle Geschöpf bedarf keines gewaltsamen Ansichreißens seiner Nahrung; eine luftige, nicht allzu feuchte Weide befördert sein freies Dasein, welches eigentlich nur einer grenzenlosen Bewegung von hin und her schwärmendem behäglichen Mutwillen geeignet zu sein scheint; welche Naturbestimmung denn auch der Mensch zu nützlichen und leidenschaftlichen Zwecken gar wohl zu gebrauchen weiß.

Betrachten wir nun diesen Teil aufmerksam durch die verschiedensten Tiergattungen, so finden wir, daß die Vollkommenheit desselben und seiner Funktionen zunimmt und abnimmt, je nachdem Pronation und Supination mehr oder weniger leicht und vollständig ausgeübt werden kann. Solchen Vorteil besitzen in mehr oder minderem Grade gar viele Tiere; da sie aber den Vorderarm notwendig zum Stehen und Fortschreiten benutzen, so existieren sie die meiste Zeit in der Pronation, und da auf diese Weise der Radius mit dem Daumen, welchem er organisch verbunden ist, nach innen gekehrt wird, so wird derselbe, als den eigentlichen Schwerpunkt bezeichnend, nach Beschaffenheit der Umstände bedeutender, ja zuletzt fast alleinig an seiner Stelle.

Zu den beweglichsten Vorderarmen und den geschicktesten Händen können wir wohl die des Eichhörnchens und verwandter Nagetiere zählen. Ihr leichter Körper, insofern er zur aufrechten Stellung mehr oder weniger gelangt, und die hüpfende Bewegung lassen die Vorderhände nicht plump werden. Es ist nichts anmutiger anzusehn als das Eichhörnchen, das einen Tannzapfen abschält: die mittlere Säule wird ganz rein weggeworfen, und es wäre wohl der Beobachtung wert, ob diese Geschöpfe nicht die Samenkörner in der Spiralfolge, wie sie sich entwickelt haben, abknuspern und sich zueignen.

Hier können wir schicklich der beiden vorstehenden Nagezähne dieser Familie gedenken, die, im Zwischenknochen enthalten, auf unsern Tafeln nicht dargestellt worden, aber desto mannigfaltiger in den d'Altonischen Heften vorgeführt sind.

Höchst merkwürdig scheint es zu sein, daß durch eine geheimnisvolle Übereinstimmung bei vollkommenerer Tätigkeit der Hand auch zugleich die Vorderzähne eine höhere Kultur bekommen. Denn während diese bei andern Tieren die Nahrung ergreifen, so wird sie hier von den Händen auf geschickte Weise zum Mund gebracht, wodurch nunmehr die Zähne bloß zum Nagen determiniert werden und so dieses einigermaßen technisch wird.

Hier aber werden wir in Versuchung geführt, jenes oben ausgesprochene griechische Diktum nicht sowohl zu wiederholen als weiterschreitend abzuändern. „Die Tiere werden von ihren Gliedern tyrannisiert", möchten wir sagen, indem sie sich zwar derselben zu Verlängerung und Fortpflanzung ihres Daseins ohne weiteres bedienen; da jedoch die Tätigkeit einer jeden solchen Bestimmung, auch ohne Bedürfnis, immer fortwährt, so müssen deshalb die Nagetiere, wenn sie gesättigt sind, zu zerstören anfangen, bis endlich diese Tendenz durch den Biber ein Analogon vernünftiger Architektonik hervorbringt.

Doch auf diese Weise dürfen wir nicht fortfahren, weil wir uns ins Grenzenlose verlieren müßten, deswegen wir uns kurz zusammenfassen.

Wie das Tier sich immer weiter zum Stehen und Gehen bestimmt fühlt, desto mehr wird der Radius an Kraft zunehmen, dem Körper der Ulna von seiner Masse abziehen, so daß diese zuletzt fast verschwindet und nur das Olekranon als notwendigste Artikulation mit dem Oberarme übrigbleibt. Gehe man die vorliegenden d'Altonischen Bildnisse durch, so wird man hierüber gründliche Betrachtungen anstellen und immer zuletzt an diesem Teil und anderen das Dasein, das sich durch die Gestalt hervortut, in lebendiger, verhältnismäßiger Funktion erblicken.

Nun aber haben wir des Falles zu gedenken, wo noch hinreichende Andeutung des Organs übrig ist, auch da, wo alle Funktion völlig aufhört, welches uns auf einer neuen Seite in die Geheimnisse der Natur zu dringen befähigt.

Man nehme das Heft d'Altons des Jüngeren, die straußartigen Vögel vorstellend, zur Hand und betrachte von der ersten bis zur vierten Tafel, vom Skelette des Straußes bis zu dem des neuholländischen Kasuars, und bemerke, wie sich der Vorderarm stufenweise zusammenzieht und vereinfacht.

Ob nun gleich dieses Organ, welches den Menschen eigentlich zum Menschen, den Vogel zum Vogel macht, zuletzt auf das sonderbarste abbreviert erscheint, daß man dasselbe als eine zufällige Mißbildung ansprechen könnte, so sind doch die sämtlichen einzelnen Gliedmaßen daran gar wohl zu unterscheiden; das Analogon ihrer Gestalt ist nicht zu verkennen, ebensowenig, wie weit sie sich erstrecken, wo sie sich einfügen und, obgleich die vordersten sich an Zahl verringern, die überbleibenden ihre bestimmte Nachbarschaft nicht aufgeben.

Diesen wichtigen Punkt, den man bei Untersuchung der höheren tierischen Osteologie ins Auge fassen muß, hat Geoffroy vollkommen richtig eingesehen und entschieden ausgedrückt: daß man irgendeinen besondern Knochen, der sich uns zu verbergen scheint, am sichersten innerhalb der Grenzen seiner Nachbarschaft entdecken könne.

Von einer andern Hauptwahrheit, die sich hier unmittelbar anschließt, ist er gleichfalls durchdrungen: daß nämlich die haushältische Natur sich einen Etat, ein Budget vorgeschrieben, in dessen einzelnen Kapiteln sie sich die vollkommenste Willkür vorbehält, in der Hauptsumme jedoch sich völlig treu bleibt, indem, wenn an der einen Seite zuviel ausgegeben worden, sie es der andern abzieht und auf die entschiedenste Weise sich ins gleiche stellt. Diese beiden sichern Wegweiser, denen unsre Deutschen seit so manchen Jahren soviel verdanken, sind von Herrn Geoffroy dergestalt anerkannt, daß sie ihm auf seinem wissenschaftlichen Lebensgange jederzeit die besten Dienste leisten; wie sie denn überhaupt den traurigen Behelf der Endursachen völlig beseitigen werden.

So viel sei genug, um anzudeuten, daß wir keine Art der Manifestation des labyrinthischen Organismus außer acht lassen dürfen, wenn wir durch Anschauung des Äußeren zur Einsicht in das Innerste gelangen wollen.

Aus dem bisher Verhandelten ist ersichtlich, daß Geoffroy zu einer hohen, der Idee gemäßen Denkweise gelangt sei. Leider bietet ihm seine Sprache auf manchen Punkten nicht den richtigen Ausdruck, und da sein Gegner sich im gleichen Falle befindet, so wird dadurch der Streit unklar und verworren. Wir wollen suchen, diesen Umstand bescheidentlich aufzuklären. Denn wir möchten diese Gelegenheit nicht versäumen bemerklich zu machen, wie ein bedenklicher Wortgebrauch bei französischen Vorträgen, ja bei Streitigkeiten vortrefflicher Männer zu bedeutenden Irrungen Veranlassung gibt. Man glaubt in reiner Prosa zu reden und man spricht schon tropisch; den Tropen wendet einer anders an als der andere, führt ihn in verwandtem Sinne weiter, und so wird der Streit unendlich und das Rätsel unauflöslich.

Matériaux. Dieses Wortes bedient man sich, um die Teile eines organischen Wesens auszudrücken, die zusammen entweder ein Ganzes oder einen untergeordneten Teil des Ganzen ausmachen. In diesem Sinne würde man den Zwischenknochen, die obere Kinnlade, das Gaumenbein Materialien nennen, woraus das Gewölbe des Rachens zusammengesetzt ist; ebenso den Knochen des Oberarms, die beiden des Vorderarms und die mannigfaltigen der Hand als Materialien betrachten, woraus der Arm des Menschen, der Vorderfuß des Tieres zusammengesetzt ist.

Im allgemeinsten Sinne bezeichnen wir aber durch das Wort Materialien unzusammenhängende, wohl auch nicht zusammengehörige, ihre Bezüge durch willkürliche Bestimmung erhaltende Körper. Balken, Bretter, Latten sind Materialien einer Art, aus denen man gar mancherlei Gebäude und so denn auch z. B. ein Dach zusammenfügen kann. Ziegeln, Kupfer, Blei, Zink haben mit jenen gar nichts gemein und werden doch nach Umständen das Dach abzuschließen nötig.

Wir müssen daher dem französischen Wort matériaux einen viel höheren Sinn unterlegen, als ihm zukommt, ob es gleich ungern geschieht, weil wir die Folgen voraussehen.

Composition. Ein gleichfalls unglückliches Wort, mechanisch mit dem vorigen mechanischen verwandt. Die Franzosen haben solches, als sie über Künste zu denken und zu schreiben anfingen, in unsre Kunstlehren eingeführt; denn so heißt es, der Maler komponiere sein Gemälde; der Musikus wird sogar ein für allemal Komponist genannt, und doch, wenn beide den wahren Namen eines Künstlers verdienen wollen, so setzen sie ihre Werke nicht zusammen, sondern sie entwickeln irgend ein inwohnendes Bild, einen höhern Anklang natur- und kunstgemäß.

Ebenso wie in der Kunst ist, wenn von der Natur gesprochen wird, dieser Ausdruck herabwürdigend. Die Organe komponieren sich nicht als vorher fertig, sie entwickeln sich aus- und aneinander zu einem notwendigen, ins Ganze greifenden Dasein. Da mag denn von Funktion, Gestalt, Farbe, Maß, Masse, Gewicht oder von andern Bestimmungen, wie sie heißen mögen, die Rede sein, alles ist beim Betrachten und Forschen zulässig; das Lebendige geht ungestört seinen Gang, pflanzt sich weiter, schwebt, schwankt und erreicht zuletzt seine Vollendung.

Embranchement ist gleichfalls ein technisches Wort des Zimmerhandwerks und drückt aus, die Balken und Sparren in- und aneinanderzufügen. Ein Fall, wo dieses Wort zulässig und ausdrücklich erscheint, ist, wenn es gebraucht wird, um die Verzweigung einer Straße in mehrere zu bezeichnen.

Wir glauben hier im einzelnen so wie im ganzen die Nachwirkung jener Epoche zu sehen, wo die Nation dem Sensualism hingegeben war, gewohnt, sich materieller, mechanischer, atomistischer Ausdrücke zu bedienen; da denn der forterbende Sprachgebrauch zwar im gemeinen Dialog hinreicht, sobald aber die Unterhaltung sich ins Geistige erhebt, den höheren Ansichten vorzüglicher Männer offenbar widerstrebt.

Noch ein Wort führen wir an, das Wort Plan. Weil sich, um die Materialien wohl zu komponieren, eine gewisse voraus überdachte Anordnung nötig macht, so bedienen jene sich des Wortes Plan, werden aber sogleich dadurch auf den Begriff eines Hauses, einer Stadt geleitet, welche, noch so vernünftig angelegt, immer noch keine Analogie zu einem organischen Wesen darbieten können. Dennoch brauchen sie, unbedacht, Gebäude und Straßen als Gleichnis; da denn zugleich der Ausdruck Unité du Plan zum Mißverständnisse, zum Hin- und Widersprechen Anlaß gibt und die Frage, worauf alles ankommt, durchaus verdüstert wird.

Unité du Type würde die Sache schon näher auf den rechten Weg geleitet haben, und dies lag so nahe, indem sie das Wort Type im Kontext der Rede gar wohl zu brauchen wissen, da es eigentlich obenan stehen und zur Ausgleichung des Streites beitragen sollte.

Wiederholen wir zunächst nur, daß Graf Buffon schon im Jahre 1753 drucken läßt, er bekenne sich zu einem dessin primitif et général – qu'on peut suivre très loin – sur lequel tout semble avoir été conçu. Tome IV. p. 379.

„Was bedarf es weiter Zeugnis?"

Hier aber möchte es der Ort sein, zu der Streitigkeit, von der wir ausgingen, wieder zurückzukehren und ihre Folgen nach der Zeitreihe, insofern es uns möglich ward, vorzutragen.

Erinnern wird man sich, daß dasjenige Heft, welches unser Vorstehendes veranlaßte, vom 15. April 1830 datiert ist. Die sämtlichen Tagesblätter nehmen sogleich Kenntnis von der Sache und sprechen sich für und dawider aus.

Im Monat Juni bringen die Herausgeber der Revue encyclopédique die Angelegenheit zur Sprache, nicht ohne Gunst für Geoffroy. Sie erklären dieselbe für europäisch, d. h. in- und außerhalb des wissenschaftlichen Kreises bedeutend. Sie rücken einen Aufsatz des vorzüglichen Mannes in extenso ein, welcher allgemein gekannt zu sein verdient, da er, kurz und zusammengefaßt, wie es eigentlich gemeint sei, ausspricht.

Wie leidenschaftlich der Streit behandelt werde, sieht man daraus, daß am 19. Juli, wo die politische Gärung schon einen hohen Grad erreicht hatte, diese weit abliegende wissenschaftlich-theoretische Frage solche Geister beschäftigt und aufregt.

Dem sei nun, wie ihm sei, wir werden durch diese Kontrovers auf die innern besondern Verhältnisse der Französischen Akademie der Wissenschaften hingewiesen; denn daß diese innere Mißhelligkeit nicht eher laut geworden, davon mag folgendes wohl die Ursache gewesen sein.

In den früheren Zeiten waren die Sitzungen der Akademie geschlossen, nur die Mitglieder fanden sich ein und diskutierten über Erfahrungen und Meinungen. Nach und nach ließ man Freunde der Wissenschaften als Zuhörer freundlich herein, andere Zudringende konnten in der Folge nicht wohl abgehalten werden, und so sah man sich endlich in Gegenwart eines bedeutenden Publikums.

Wenn wir den Weltlauf mit Sorgfalt betrachten, so erfahren wir, daß alle öffentliche Verhandlungen, sie mögen religiös, politisch oder wissenschaftlich sein, früher oder später durchaus formell werden.

Die französischen Akademisten enthielten sich deshalb, wie in guter Gesellschaft herkömmlich, aller gründlichen und zugleich heftigen Kontrovers; man diskutierte nicht über die Vorträge, sie wurden an Kommissionen zur Untersuchung gegeben und nach deren Gutachten behandelt, worauf denn einem oder dem andern Aufsatz die Ehre widerfuhr, in die Memoiren der Akademie aufgenommen zu werden. So viel ist es, was uns im allgemeinen bekannt geworden.

Nun aber wird in unserem Falle gemeldet, die einmal ausgebrochene Streitigkeit werde auch auf ein solches Herkommen bedeutenden Einfluß haben.

In der Akademiesitzung vom 19. Juli vernehmen wir einen Nachklang jener Differenzen, und nun kommen sogar die beiden perpetuierlichen Sekretäre Cuvier und Arago in Konflikt.

Bisher war, wie wir vernommen haben, die Gewohnheit, in einer jeden folgenden Session nur die Rubriken der vorhergehenden vorgetragenen Nummern zu referieren und freilich dadurch alles zu beseitigen.

Der andere perpetuierliche Sekretär Arago macht jedoch gerade diesmal eine unerwartete Ausnahme und trägt die von Cuvier eingelegte Protestation umständlich vor. Dieser reprotestiert jedoch gegen solche Neuerungen, welche großen Zeitaufwand nach sich ziehen müßten, indem er sich zugleich über die Unvollständigkeit des eben vorgetragenen Resümees beklagt.

Geoffroy de Saint-Hilaire widerspricht; es werden die

Beispiele anderer Institute angeführt, wo dergleichen mit Nutzen geschehe.

Dem wird abermals widersprochen, und man hält es zuletzt für nötig, diese Angelegenheit weiterer Überlegung anheimzugeben.

In einer Sitzung vom 11. Oktober liest Geoffroy einen Aufsatz über die besonderen Formen des Hinterhaupts der Krokodile und des Teleosaurus; hier wirft er nun Herrn Cuvier eine Versäumnis in Beobachtung dieser Teile vor; der letztere steht auf, sehr wider seinen Willen, wie er versichert, aber durch diese Vorwürfe genötigt, um solche nicht stillschweigend zuzugeben. Uns ist dieses ein merkwürdiges Beispiel, welchen großen Schaden es bringe, wenn der Streit um höhere Ansichten bei Einzelnheiten zur Sprache kommt.

Bald darauf erfolgt eine Session, deren wir mit den eignen Worten des Herrn Geoffroy hier gedenken wollen, wie er sich darüber in der „Gazette Médicale“ vom 23. Oktober vernehmen läßt.

„Gegenwärtige Zeitung und andere öffentlichen Blätter hatten die Neuigkeit verbreitet, jene zwischen Herrn Cuvier und mir entsponnene Streitigkeit sollte in der nächsten akademischen Sitzung wiederaufgenommen werden. Man eilte herbei, um die Entwicklungen meines Gegners zu vernehmen, welche er über das Felsbein der Krokodile vorläufig angekündigt hatte.

Der Saal war mehr als gewöhnlich angefüllt, und man glaubte unter den Zuhörern nicht nur solche zu sehen, welche, von reinem Interesse beseelt, aus den wissenschaftlichen Gärten herankommen; man hatte vielmehr Neugierige zu bemerken und Äußerungen eines atheniensischen Parterres von ganz abweichenden Gesinnungen zu vernehmen.

Dieser Umstand, Herrn Cuvier mitgeteilt, bewog ihn, den Vortrag seines Aufsatzes auf eine andere Sitzung zu verschieben.

Von seinem anfänglichen Vorhaben in Kenntnis gesetzt, hielt ich mich zu antworten bereit, war es aber nun sehr zufrieden, diese Sache dergestalt sich auflösen zu sehen.

Denn einem wissenschaftlichen Wettkampfe zieh ich vor, meine Folgerungen und Schlüsse bei der Akademie zu hinterlegen.

Meinen Aufsatz hatte ich niedergeschrieben, in der Absicht, wenn ich aus dem Stegreife über die Angelegenheit gesprochen hätte, denselben zur Aufbewahrung dem akademischen Archiv anzuvertrauen, mit der Bedingung: ne varietur.“

Seit jenen Ereignissen ist nun schon ein Jahr vorüber, und man überzeugt sich aus dem Gesagten, daß wir auf die Folge einer so bedeutenden wissenschaftlichen Explosion, selbst nach der großen politischen, aufmerksam geblieben. Jetzt aber, damit das Vorstehende nicht ganz veralte, wollen wir nur so viel erklären, daß wir glauben bemerkt zu haben, es werden die wissenschaftlichen Untersuchungen in diesem Felde zeither bei unsern Nachbarn mit mehr Freiheit und auf eine geistreichere Weise behandelt.

Von unsern deutschen Teilnehmenden haben wir folgende Namen erwähnt gefunden: Bojanus, Carus, Kielmeyer, Meckel, Oken, Spix, Tiedemann. Darf man nun voraussetzen, daß die Verdienste dieser Männer anerkannt und genutzt werden, daß die genetische Denkweise, deren sich der Deutsche nun einmal nicht entschlagen kann, mehr Kredit gewinne, so können wir uns gewiß von jener Seite einer fortgesetzten teilnehmenden Mitarbeit erfreuen.

# *ZUR GEOLOGIE*

## *INSTRUKTION FÜR DEN BERGBEFLISSENEN J. C. W. VOIGT. 1780*

Auf einer mineralogischen Reise durch das Herzogtum Weimar wäre der Ettersberg zuerst zu besteigen, seine oberen Lagen zuerst zu betrachten und alsdenn herunterwärts sowohl nach Zimmern und Hopfgarten zu als auch herüber bis an die Ilm, was von Lagen zu entdecken sein möchte, zu untersuchen, in was für Ordnung sie aufeinander folgen und in welcher Höhe gewisse Arten von Versteinerungen, besonders der Bufonites, stehen.

Die Erfurter Bemühungen nach Steinkohlen bei Hopfgarten sind zu untersuchen und nach denen in dem hiesigen Territorio ehemals gleichfalls darnach auf dem Ettersberg geschehenen Bemühungen sich zu erkundigen.

Bei Besichtigung der übrigen Hügel des Landes, wo der Krötenstein immer wieder vorkommt, wäre drauf zu sehen, ob die Lagen mit denen auf dem Ettersberg in der Waage liegen.

Den Lauf der Ilm, weil er die Gebirge am tiefsten entblößt, sorgfältig durchzugehen.

Den Ötternischen Steinbruch anzusehen und überall sich umzutun, ob nicht etwa sonst noch irgendwo ein dergleichen Stein sich zu Tage zeiget.

Die Lagen des Berkischen Sandsteins zu betrachten, das Tuffsteinlager bei Weimar, die zusammengebackenen Steine zu bemerken, wo sie verschiedentlich vorkommen, was sich von Gneis und Granit zeigen sollte, gleichfalls zu notieren, auf die Spuren von Alabaster und Frauenglas, besonders bei Klein-Brembach, achtzuhaben, auf die in dem alten Verzeichnis meistens mit ungeschickten Namen angegebenen und schlecht beschriebenen Steinarten zu merken, nicht weniger die Erdarten in Betrachtung zu ziehen und alles, was sowohl bloß der Wißbegierde wegen des Zusammenhangs der mannigfaltigen Gegenden angenehm ist, als auch was besonders die Mineralogie näher betrifft und wo etwa zum Bauen oder sonstigen Gebrauch nützliche Steine vorkommen können, deutlich auseinanderzusetzen.

---

In Eisenach auf ebensolche Weise zu verfahren und besonders das Stedtfelder Werk und den Ruhlaer Mineralbrunnen und alle Gebirgarten, sie seien Fels oder Flöz, zu beobachten.

Steinkohlenwerk zu Fischbach und Kreuzburg,
das Werk zu Kupfersuhl,
den Anfang des Thüringer Waldes,
den Inselberg.

## MINERALOGIE VON THÜRINGEN UND ANGRENZENDER LÄNDER

Den 11. Mai von Gotha nach Sundhausen, Leina guter Boden von den letzten weichenden Wassern des alten Meeres wohl gemischt (wie die ganze Fläche, worin Gotha liegt). Über Leina leimichter, bald mit grobem Porphyr, Kieseln gemischt. Endlich hinter Rödichen Sand in losen Lagern, teils zu Stein verbunden. So bis Reinhardsbrunn und Friedrichroda. Eine halbe Stunde von Friedrichroda nach der Ruhl zu ist der Herzog-Ernst-Stollen durch den Sand und alle unterliegende Lager getrieben: ein Kompendium der ganzen Thüringer-Wald-Mineralogie. Der Berg, über den man vor Friedrichroda nach Schmalkalden geht, ist auch Sand. Auf diesen ungeheuren Lagern geht man immer fort; sie schlingen sich in das Waldgebirg ein. Bei Klein-Schmalkalden kommt Porphyr hervor, weiter den Weg herab Gneus. Diese Gesteinart ist hier selten. Voigt hat sie noch irgend in der Nähe gefunden. Bei Schmalkalden geht der rote Sand wieder an und dauert bis Meiningen, wo sich der Kalk endlich auflegt. Von Meiningen auf Maßfeld roterd Ton und Kalk; drauf so bis Hildburghausen. Hinter Hildburghausen steigt der Sand stark in die Höhe. Alsdann ist die ganze Gegend bis Koburg roter und weißer

Letten, schwerer Boden; versteht sich, wo nicht die letzten Fluten Leimen und gute gemischte Erde hinterlassen haben.

Der Berg, worauf die Koburger Festung stehet, ist Sand, und zwar ragen oben kleine, sehr grobkörnichte Felsen heraus, welche äußerst hart sind, wie alle Felsen dieser Art an der Luft werden. Alles Erdreich, was man von oben herunter übersieht, ist rötlich und zeigt den Ton an, der an den höhern Stellen mit Sand gemischt ist. So ist es auch von Koburg gegen Sonneberg zu, wo der Sand, wenn man gegen Steinach kommt, immer ungemischter wird. Wahrscheinlich ist der Muckberg auch ein Sandgebirg. In dem Oberamt Sonneberg sind die vordern und niedern Gebirge derer Ämter Neuhaus, Schalkau und Rauenstein Sand und Ton, worauf denn oben der Kalk aufliegt. Hinter dem Städtchen Sonneberg und so weiter hinauf sind die Gebirge Tonschiefer, welcher sich von ganz verschiedener Härte erzeiget und auch sehr verschieden trennet. Merkwürdig war mir ein Sandsteinbruch ohnweit Limbach in einer Höhe an dem Tonschiefer, wie ich noch keinen gesehen, so daß ich es auch nicht glauben wollte, bis mich meine eigene Augen davon überzeugten. Sollte man in der Folge Gelegenheit und Muße finden, denen Revolutionen der alten Wasser nachzugehen, so wäre dieses ein merkwürdiger Punkt. Man würde, wie ich überzeugt bin, hier das höchste Niveau, das die alten Wasser gehalten, bestimmen können. Es liegen, wie in allen dergleichen Brüchen, verschiedene Lagen übereinander; sie sind aber meistens sehr rein, und einige darunter stehen gut im Feuer und werden zu Glas- und Porzellanöfen gebraucht.

Auf meinem Rückweg von Sonneberg über Steinach, Reichmannsdorf, Hoheneiche habe ich bis vor Saalfeld meinen Weg über nichts als Tonschiefer fortgesetzt.

## *ÜBER DEN GRANIT*

Der Granit war in den ältsten Zeiten schon eine merkwürdige Steinart und ist es zu den unsrigen noch mehr geworden. Die Alten kannten ihn nicht unter diesem Namen. Sie nannten ihn Syenit von Syene, einem Orte an den

Grenzen von Äthiopien. Die ungeheuren Massen dieses Steines flößten Gedanken zu ungeheuren Werken den Ägyptiern ein. Ihre Könige richteten der Sonne zu Ehren Spitzsäulen aus ihm, und von seiner rotgesprengten Farbe erhielt er in der Folge den Namen des Feurigbunten. Noch sind die Sphinxe, die Memnonsbilder, die ungeheuren Säulen die Bewunderung der Reisenden, und noch am heutigen Tage hebt der ohnmächtige Herr von Rom die Trümmer eines alten Obelisken in die Höhe, die seine allgewaltige Vorfahren aus einem fremden Weltteile ganz herüberbrachten.

Die Neuern gaben dieser Gesteinart den Namen, den sie jetzt trägt, von ihrem körnichten Ansehen, und sie mußte in unsern Tagen erst einige Augenblicke der Erniedrigung dulden, ehe sie sich zu dem Ansehen, in dem sie nun bei allen Naturkündigern steht, emporhob. Die ungeheuren Massen jener Spitzsäulen und die wunderbare Abwechselung ihres Kornes verleiteten einen italienischen Naturforscher zu glauben, daß sie von den Ägyptiern durch Kunst aus einer flüssigen Masse zusammengehäuft seien.

Aber diese Meinung verwehte geschwind, und die Würde dieses Gesteins wurde von vielen trefflich beobachtenden Reisenden endlich befestigt. Jeder Weg in unbekannte Gebirge bestätigte die alte Erfahrung, daß das Höchste und das Tiefste Granit sei, daß diese Steinart, die man nun näher kennen und von andern unterscheiden lernte, die Grundfeste unserer Erde sei, worauf sich alle übrigen mannigfaltigen Gebirge hinaufgebildet. In den innersten Eingeweiden der Erde ruht sie unerschüttert, ihre hohe Rücken steigen empor, deren Gipfel nie das alles umgebende Wasser erreichte. So viel wissen wir von diesem Gesteine und wenig mehr. Aus bekannten Bestandteilen, auf eine geheimnisreiche Weise zusammengesetzt, erlaubt es ebensowenig seinen Ursprung aus Feuer wie aus Wasser herzuleiten. Höchst mannigfaltig in der größten Einfalt wechselt seine Mischung ins Unzählige ab. Die Lage und das Verhältnis seiner Teile, seine Dauer, seine Farbe ändert sich mit jedem Gebirge, und die Massen eines jeden Gebirges sind oft von Schritt zu Schritte wieder in sich unterschieden und im ganzen doch wieder immer einander gleich. Und so wird jeder, der den Reiz kennt, den natürliche Geheimnisse für den Menschen haben, sich nicht wundern, daß ich den Kreis der Beobachtungen, den ich sonst betreten, verlassen und mich mit einer recht leidenschaftlichen Neigung in diesen gewandt habe. Ich fürchte den Vorwurf nicht, daß es ein Geist des Widerspruches sein müsse, der mich von Betrachtung und Schilderung des menschlichen Herzens, des jüngsten, mannigfaltigsten, beweglichsten, veränderlichsten, erschütterlichsten Teiles der Schöpfung, zu der Beobachtung des ältesten, festesten, tiefsten, unerschütterlichsten Sohnes der Natur geführt hat. Denn man wird mir gerne zugeben, daß alle natürlichen Dinge in einem genauen Zusammenhange stehen, daß der forschende Geist sich nicht gerne von etwas Erreichbarem ausschließen läßt. Ja man gönne mir, der ich durch die Abwechselungen der menschlichen Gesinnungen, durch die schnelle Bewegungen derselben in mir selbst und in andern manches gelitten habe und leide, die erhabene Ruhe, die jene einsame stumme Nähe der großen, leise sprechenden Natur gewährt, und wer davon eine Ahndung hat, folge mir.

Mit diesen Gesinnungen nähere ich mich euch, ihr ältesten, würdigsten Denkmäler der Zeit. Auf einem hohen nackten Gipfel sitzend und eine weite Gegend überschauend, kann ich mir sagen: Hier ruhst du unmittelbar auf einem Grunde, der bis zu den tiefsten Orten der Erde hinreicht, keine neuere Schicht, keine aufgehäufte zusammengeschwemmte Trümmer haben sich zwischen dich und den festen Boden der Urwelt gelegt, du gehst nicht wie in jenen fruchtbaren schönen Tälern über ein anhaltendes Grab, diese Gipfel haben nichts Lebendiges erzeugt und nichts Lebendiges verschlungen, sie sind vor allem Leben und über alles Leben. In diesem Augenblicke, da die innern anziehenden und bewegenden Kräfte der Erde gleichsam unmittelbar auf mich wirken, da die Einflüsse des Himmels mich näher umschweben, werde ich zu höheren Betrachtungen der Natur hinaufgestimmt, und wie der Menschengeist alles belebt, so wird auch ein Gleichnis in mir rege, dessen Erhabenheit ich nicht widerstehen kann. So einsam, sage ich zu mir selber, indem ich diesen ganz nackten Gipfel hinabsehe und kaum in der Ferne am Fuße ein geringwachsendes Moos erblicke, so einsam, sage ich, wird es dem Menschen zumute, der nur den ältsten, ersten, tiefsten Gefühlen der Wahrheit seine Seele eröffnen will. Ja, er kann zu sich sagen: Hier auf dem ältesten, ewigen Altare, der unmittelbar auf die Tiefe der Schöpfung gebaut ist, bring ich dem Wesen aller Wesen ein Opfer. Ich fühle die ersten, festesten Anfänge unsers Daseins, ich überschaue die Welt, ihre schrofferen und gelinderen Täler und ihre fernen fruchtbaren Weiden, meine Seele wird über sich selbst und über alles erhaben und sehnt sich nach dem nähern Himmel. Aber bald ruft die brennende Sonne Durst und Hunger, seine menschlichen Bedürfnisse, zurück. Er sieht sich nach jenen Tälern um, über die sich sein Geist schon hinausschwang, er beneidet die Bewohner jener fruchtbareren quellreichen Ebnen, die auf dem Schutte und Trümmern von Irrtümern und Meinungen ihre glücklichen Wohnungen aufgeschlagen haben, den Staub ihrer Voreltern aufkratzen und das geringe Bedürfnis ihrer Tage in einem engen Kreise ruhig befriedigen. Vorbereitet durch diese Gedanken, dringt die Seele in die vergangene Jahrhunderte hinauf, sie vergegenwärtigt sich alle Erfahrungen sorgfältiger Beobachter, alle Vermutungen feuriger Geister. Diese Klippe, sage ich zu mir selber, stand schroffer, zackiger, höher in die Wolken, da dieser Gipfel noch als eine meerumfloßne Insel in den alten Wassern dastand, um sie sauste der Geist, der über den Wogen brütete, und in ihrem weiten Schoße die höheren Berge aus den Trümmern des Urgebirges und aus ihren Trümmern und den Resten der eigenen Bewohner die späteren und ferneren Berge sich bildeten. Schon fängt das Moos zuerst sich zu erzeugen an, schon bewegen sich seltner die schaligen Bewohner des Meeres, es senkt sich das Wasser, die höhern Berge werden grün, es fängt alles an, von Leben zu wimmeln. – –

Aber bald setzen sich diesem Leben neue Szenen der Zerstörungen entgegen. In der Ferne heben sich tobende Vulkane in die Höhe, sie scheinen der Welt den Untergang zu drohen, jedoch unerschüttert bleibt die Grundfeste, auf der ich noch sicher ruhe, indes die Bewohner der fernen Ufer und Inseln unter dem untreuen Boden begraben werden. Ich kehre von jeder schweifenden Betrachtung zurück und sehe die Felsen selbst an, deren Gegenwart meine Seele erhebt und sicher macht. Ich sehe ihre Masse von verworrenen Rissen durchschnitten, hier gerade, dort gelehnt in die Höhe stehen, bald scharf übereinander gebaut, bald in unförmlichen Klumpen wie übereinander geworfen, und fast möchte ich bei dem ersten Anblicke ausrufen: Hier ist nichts in seiner ersten, alten Lage, hier ist alles Trümmer, Unordnung und Zerstörung. Ebendiese Meinung werden wir finden, wenn wir von dem lebendigen Anschauen dieser Gebirge uns in die Studierstube zurückeziehen und die Bücher unserer Vorfahren aufschlagen. Hier heißt es bald, das Urgebirge sei durchaus ganz, als wenn es aus einem Stücke gegossen wäre, bald, es sei durch Flözklüfte in Lager und Bänke getrennt, die durch eine große Anzahl Gänge nach allen Richtungen durchschnitten werden, bald, es sei dieses Gestein keine Schichten, sondern in ganzen Massen, die ohne das geringste Regelmäßige abwechselnd getrennt seien, ein anderer Beobachter will dagegen bald starke Schichten, bald wieder Verwirrung angetroffen haben. Wie vereinigen wir alle diese Widersprüche und finden einen Leitfaden zu ferneren Beobachtungen?

Dies ist es, was ich zu tun mir gegenwärtig vorsetze; und sollte ich auch nicht so glücklich sein, wie ich wünsche und hoffe, so werden doch meine Bemühungen andern Gelegenheit geben, weiterzugehen; denn bei Beobachtungen sind selbst die Irrtümer nützlich, indem sie aufmerksam machen und dem Scharfsichtigen Gelegenheit geben, sich zu üben. Nur möchte eine Warnung hier nicht überflüssig sein, mehr für Ausländer, wenn diese Schrift bis zu ihnen kommen sollte, als für Deutsche: diese Gesteinart von andern wohl unterscheiden zu lernen. Noch verwechseln die Italiener eine Lava mit dem kleinkörnichten Granit und die Franzosen den Gneis, den sie blättrichten Granit oder Granit der zweiten Ordnung nennen; ja, sogar wir Deutsche, die wir sonst in dergleichen Dingen so gewissenhaft sind, haben noch vor kurzem das Toteliegende, eine zusammengebackene Steinart aus Quarz und Hornsteinarten und meist unter den Schieferflözen, ferner die graue Wacke des Harzes, ein jüngeres Gemisch von Quarz und Schieferteilen, mit dem Granit verwechselt.

## DER KAMMERBERG BEI EGER

Der Kammerbühl (Hügel), sonst auch der Kammerberg, hat seinen Namen von einem benachbarten Waldbezirke und einer dortigen Anlage weniger Häuser, die Kammer genannt. Er zeigt sich, wenn man von Franzenbrunn nach Eger geht, etwa eine halbe Stunde rechts vom Wege, wird kenntlich an einem offnen Lusthäuschen auf seiner Höhe und merkwürdig durch vulkanische Produkte, aus denen er besteht. Ob sie echte oder pseudovulkanische seien, kann die Frage entstehen; aber man neige sich auf welche Seite man will, so wird bei diesem Falle wegen besonderer Umstände manches problematisch bleiben.

Wir geben zu unserer Darstellung ein Kupfer und legen dabei eine Sammlung zum Grunde. Denn wenn man gleich mit Worten vieles leisten kann, so ist es doch wohlgetan, bei natürlichen Dingen die Sache selbst oder ein Bild vor sich zu nehmen, indem dadurch jedermann schneller mit dem bekannt wird, wovon die Rede ist.

Läßt sich Böhmen als ein großes Tal ansehen, dessen Wasser bei Außig abfließen, so kann man den Egerdistrikt als ein kleineres denken, welches durch den Fluß dieses Namens sich seiner Wasser entledigt. Betrachten wir endlich die Gegend, von der zunächst hier die Rede ist, so erblickt unsre Einbildungskraft gar leicht an der Stelle des großen Franzenbrunner Moors einen vormaligen Gebirgssee, umgeben von Hügeln und weiterhin von Bergen, dessen gegenwärtig noch nicht völlig ausgetrockneter Boden mit einem Torflager bedeckt, von mineralischem Alkali und andern chemischen Bestandteilen durchdrungen ist, in welchem sich mancherlei Gasarten häufig entwickeln, wovon die sehr lebhaften und gehaltreichen mineralischen Quellen und andere physische Phänomene ein vollständiges Zeugnis ablegen.

17.
*Der Kammerberg bei Eger*

Die Hügel und Gebirge, welche diese Moorfläche umgeben, sind sämtlich aus der Urzeit. Granit mit großen Feldspatkristallen, dem Karlsbader ähnlich, findet sich zunächst bei der Einsiedelei von Liebenstein. Ein feinkörniger mit gleichgemischten Teilen, der vorzüglich zum Bauen benutzt wird, bei Hohehäusel. Nicht weniger bricht Gneis bei Rossereit. Aus Glimmerschiefer jedoch, der uns hier besonders interessiert, besteht der Rücken, welcher das Franzenbrunner Moor von dem Egertale scheidet. Aus der Verwitterung dieses Gesteins entstand der Boden der meisten Felder dieser sanften Anhöhen; deswegen man auch allenthalben Überreste von Quarz findet. Die Hohle hinter Dresenhof ist in den Glimmerschiefer eingeschnitten.

Auf diesem Rücken, sanft doch entschieden erhoben, einzeln und abgesondert, liegt der von allen Seiten her gesehene Kammerbühl. Seine Lage ist an und für sich schon hoch, und um so bedeutender wird die Aussicht auf seiner Höhe.

Man versetze sich in das offne Lusthäuschen, und man findet sich in einem Kreis näherer und fernerer Hügel und Gebirge. Im Nordwesten hat man die regelmäßigen schönen und heitern Gebäude Franzenbrunns vor sich. Wie man sich nach der Rechten wendet, erblickt man über einer weiten, wohlbebauten und bewohnten Landschaft in der Ferne den sächsischen Fichtelberg, die Karlsbader Berge; sodann näher die weit umherleuchtenden Türme von Maria-Culm, dann das Städtchen Königswart, wohin zu das Moor seinen Abfluß nach der Eger nimmt; dahinter den Königswarter Berg, weiter ostwärts den Tillberg, wo der Glimmerschiefer mit Granaten sich findet. Ungesehen in der Tiefe bleibt die Stadt Eger; auch der Fluß zeigt sich nicht. Über dem Tale hingegen, das er einschneidet, steht das Kloster Sankt Anna auf einer ansehnlichen Höhe, auf welcher schöne Feldfrüchte in verwittertem Glimmerschiefer gebaut werden. Hierauf folgt ein waldbewachsener Berg, der eine Einsiedelei verbirgt, in der Ferne treten sodann der Bayreuther Fichtelberg und die Wunsiedler Berge hervor. Herwärts sieht man sodann das Schloß Hohberg; völlig im Abend den Kappelberg, mehrere Ansiedlungen, Dörfer und Schlösser bis sich denn durch die Dörfer Ober- und Unter-Lohma der Kreis wieder an Franzenbrunn anschließt.

Wir befinden uns also auf dem Gipfel eines länglichten nackten Hügels, der sich von Südwesten nach Nordosten zieht; ringsumher läuft er gegen seine Base flach aus; nur ist die Westseite steiler. Eben dieses flache Auslaufen macht seine Peripherie ungewiß; doch kann man sie über 2000 Schritte annehmen. Die Länge des Rückens von dem Lusthäuschen bis an den Hohlweg, in welchem noch schlackige Spuren zu finden sind, beträgt 500 Schritte. Gegen Länge und Breite ist die Höhe gering; die Vegetation behilft sich dürftig unmittelbar auf verwitterter Schlacke.

Geht man von dem Lusthäuschen den Rücken gegen Nordosten hinab, so trifft man sogleich auf eine kleine Vertiefung, die offenbar von Menschenhänden ausgegraben ist. Hat man auf dem sanften Abhang etwa 150 Schritte zurückgelegt, so gelangt man an die Stelle, wo zum Gebrauch des Chausseebaues die Seite des Hügels aufgegraben, eine große Masse weggefördert, sein Innres aufgeschlossen und für den Betrachter ein bedeutendes Profil gewonnen worden. Der Durchschnitt, der sich hier beobachten läßt, kann an seiner höchsten Stelle etwa 30 Fuß hoch sein. Hier zeigen sich Lagen vulkanischer Produkte, regelmäßige Lagen, welche sanft, doch etwas mehr als der Hügel nach Nordosten abfallen und eine geringe Neigung von Süden nach Norden haben. Sie sind an Farbe verschieden, unten schwarz und braunrot; höher nimmt das Braunrote überhand, weiter hinaufwärts zeigt sich die Farbe weniger ausgesprochen; da wo sie sich der Oberfläche nähern, ziehen sie sich ins Graulichgelbe.

Höchst merkwürdig ist an diesen sämtlichen Lagen, daß sie so sanft abfallen, daß sie ohne eine Art von Bewegung oder Unordnung ganz ruhig aufeinander folgen, daß sie eine geringe Höhe haben: denn man kann auf die 30 Fuß, welche das Ganze beträgt, ohne genau auf Schattierung zu sehen, bequem ihrer vierzig zählen.

Die Teile, aus welchen diese Lagen bestehen, sind durchaus lose, voneinander abgesondert, nirgends eine kompakte zusammenhängende Masse. Das größte und seltenste Stück, das man darin finden möchte, wird wenig über eine Elle betragen.

Manche Teile dieses wunderbaren Gemenges zeigen ihren Ursprung ganz deutlich. So findet man häufig genug Glimmerschiefer an Farbe und Form völlig unverändert, bald fester, bald mürber. In den obern Lagen trifft man denselben öfter als in den untern gerötet an.

Seltner sind jedoch solche Stücke, welche von einer leichtflüssigen zarten Schlacke zum Teil umgeben sind. Bei einigen dieser Art scheint der Stein selbst angegriffen und zum Teil in Schmelzung geraten. Aller dieser Glimmerschiefer ist, wie gesagt, der Form nach unverändert; es zeigt sich keine Abrundung, ja kaum eine Abstumpfung. Die Schlakken, die auf ihm aufsitzen, sind so scharf und frisch, als wenn sie eben erst erkaltet wären.

Gleichfalls ziemlich scharfkantig sind die Teile des Glimmerschiefers, die, entweder einzeln oder in mehreren Stücken, von fester Schlacke völlig eingeschlossen, gänzlich überschlackt sind. Hieraus entstehen die Kugeln, die sich wiewohl seltner finden und deren Form uns verführen könnte, sie für Geschiebe zu halten. Vielmehr aber hat sich die Schlacke um einen fremden Kern konsolidiert und mehr oder weniger regelmäßig kugelförmige Körper gebildet.

In den oberen Lagen, besonders den roten, findet sich der Glimmerschiefer gerötet, mürbe, zerreiblich und wohl gar in eine sehr zarte, fettig anzufühlende, rote Tonmasse verwandelt.

Den Anteil des Glimmerschiefers, den Quarz, findet man gleichfalls unverändert, meistens von außen rot, welche Farbe sich in die Klüfte hineingezogen hat. Noch verbunden mit dem Glimmerschiefer kommt er überschlackt vor, welches bei den abgesonderten Stücken nicht der Fall ist.

Nunmehr wenden wir unsre Aufmerksamkeit zur vollkommenen Schlacke, welche völlig durchgeschmolzen, ziemlich leicht, schaumartig aufgebläht, breiartig geflossen, von außen uneben, scharf und voller Höhlungen, inwendig aber öfters dichter ist. Aus ihr vorzüglich besteht der ganze Hügel. Man findet sie in einzelnen, für sich fertig gewordenen, abgeschlossenen Stücken. Die größten von einer Elle und drüber sind selten; die spannenlangen, flachen verdienen Musterstücke zu sein, so wie die faustgroßen, unregelmäßig geballten. Alle sind scharf, frisch, vollständig, als wenn sie soeben erstarrt wären.

Hinabwärts finden sie sich von allen Größen und verlieren sich endlich ins Staubartige. Dieses letzte füllt alle Zwischenräume aus, so daß die ganze Masse zwar lose, aber dicht aufeinander liegt. Die schwarze Farbe ist die gewöhnliche. Auch sind die Schlacken inwendig alle schwarz. Die Röte, welche sie manchmal von außen überzieht, scheint sich von dem geröteten, in eine Tonmasse veränderten, leicht auflöslichen Glimmerschiefer herzuschreiben, der in den roten Lagen häufig ist, in welchen auch lose Konglomerate von gleicher Farbe vorkommen.

Alle diese Körper sind leicht zu gewinnen, indem jeder einzelne aus der Masse herausgezogen werden kann. Die Beobachtung jedoch und Sammlung hat einige Unbequemlichkeit und Gefahr; indem man nämlich zum Behuf des Chausseebaus von der Masse unten wegnimmt, so stürzen die obern Teile nach, die Wände werden steil und überhängend, dabei denn der einströmende Regen große Partien zu nahem Sturze vorbereitet.

Auf der Oberfläche des Hügels sind die Schlacken alle von bräunlicher Farbe, welche auch ziemlich ins Innre der kleineren Stücke eindringt. Das Äußere ist durchaus stumpfer und würde auf eine andere Art von Schmelzung deuten, wenn man nicht diese Abstumpfung, sowie die Farbe, der Witterung, welche hier seit undenklichen Zeiten gewirkt, zuschreiben müßte.

Ob nun gleich in allen diesen Schlacken sich ihr Ursprüngliches völlig zu verlieren scheint, so findet man doch durchaus selbst in denen, welche vollkommen geflossen sind, von der untersten bis zur obersten Schicht deutliche Stücke von Glimmerschiefer und Quarz unverändert, daß man also an dem Material, woraus sie entstanden, nicht zweifeln kann.

Versetzen wir uns nunmehr in das Lusthäuschen zurück und begeben uns von oben herunter nach der Südwestseite; so zeigt sich ein zwar ähnliches, aber doch in einem gewissen Sinn ganz entgegengesetztes Gestein. Die Südwestseite ist im ganzen abhängiger als die Nordostseite. Inwiefern sie flözartig sei, läßt sich nicht beurteilen, weil hier keine Entblößung stattgefunden. Hingegen stehen besonders gegen Süden große Felspartien zu Tage, die sich in einer Direktion von dem höchsten Punkte des Hügels bis an den Fuß desselben erstrecken. Diese Felsen sind von zweierlei Art: die obern noch völlig schlackenähnlich, so daß die einzelnen Teile von jener erstgemeldeten obersten braunen Flözlage dem äußern Ansehen nach kaum zu unterscheiden sind, durchaus porös, jedoch keineswegs scharf, lückenhaft wie aus Knötchen zusammengesetzt. Daß dieses jedoch ihre ursprüngliche Natur sei und keine Abstumpfung obwalte, zeigt sich in den Höhlungen und Lücken, die sich hervortun, wenn man Stücke vom Felsen trennt. Hier ist das Innre dem Äußern gleich, das Innre, wohin keine Verwitterung wirken können.

Der Hauptunterschied aber zwischen diesem als Fels anstehenden Gestein und allem vorigen ist seine größere Festigkeit und größere Schwere. So bröcklicht und lose es aussieht, so schwer ist ihm etwas abzugewinnen, ob es gleich eher zu gewinnen ist als das Folgende.

Dieses liegt in großen Felsmassen am Fuße des Hügels. Zwischen diesem und dem vorerwähnten findet sich eine Kluft, wahrscheinlich durch frühere Steinbrüche entstanden. Denn der alte viereckte Turm auf der Zitadelle von Eger, dessen Erbauung wohl in den Zeiten der Römer zu suchen sein möchte, ist aus diesem Stein gehauen; ja man findet in dem gegenwärtigen Felsen hier und da mehrere Löcher in einer Reihe, welche auf das Einsetzen von gabel- und kammförmigen Werkzeugen hindeuten, die vielleicht zu Bewegung der nächstgelegenen Massen dienten.

Dieses untere Gestein, von dem wir sprechen, ist der Witterung, der Vegetation, dem Hammer fast unbezwinglich. Seine Kanten sind noch immer scharf, die verschiedenen Moosüberzüge uralt, und nur mit tüchtigen Werkzeugen ist man imstande, bedeutende Teile davon zu trennen. Es ist schwer und fest, ohne jedoch auf dem Bruche durchaus dicht zu sein. Denn ein großer Teil desselben ist auf das feinste porös: deswegen auch der frischeste Bruch rauh und unscheinbar ist. Ja das festeste und dichteste selbst, dessen Bruch sich uneben und splitterig zeigt, hat größere und kleinere Höhlungen in sich, wie man sich selbst an kleinern Stücken überzeugen kann. Die Farbe ist durchaus lichtgrau, manchmal aus dem Blaulichen ins Gelbliche übergehend.

Nachdem wir dasjenige, was uns der äußere Sinn in dem gegenwärtigen Falle gewahr werden läßt, umständlich und deutlich vorgetragen, so ist es natürlich, daß wir auch unser Inneres zu Rate ziehen und versuchen, was Urteil und Einbildungskraft diesen Gegenständen wohl abgewinnen könnten.

Betrachtet man die Lage des Kammerbühls von seiner eigenen Höhe, oder von Sankt Annen herunter, so bemerkt man leicht, daß er noch lange unter Wasser gestanden, als die höhern, das Tal umgebenden Gebirge schon längst aus demselben hervorragten. Stellen wir uns vor, wie sich die Wasser nach und nach vermindert, so sehen wir ihn als Insel erscheinen, umspült von den Gewässern; endlich bei weiterm Entweichen des Wassers als Vorgebirg, indem er auf der Nordostseite mit dem übrigen Rücken schon trocken zusammenhing, da auf der Südwestseite die Wasser des Egertals noch mit den Wassern des gegenwärtigen Moors einen Zusammenhang hatten.

Finden wir nun bei seiner gegenwärtigen völligen Abtrocknung eine doppelte Erscheinung, ein Flözartiges und ein Felsartiges, so sprechen wir billig von jenem zuerst, weil wir zu seiner Entstehung das Wasser notwendig zu Hülfe rufen müssen.

Ehe wir doch zur Sache selbst gehen, bleibt uns noch eine Vorfrage zu erörtern, ob der Inhalt dieses flözartig sich zeigenden Hügels auf der Stelle entstanden, oder ob er von ferne hiehergeführt worden. Wir sind geneigt, das erste zu bejahen: denn es müßten ungeheure Massen ähnlichen Gesteines in der Nachbarschaft sich finden, wie doch der Fall nicht ist, wenn dieser Hügel durch Strömungen hier sollte zusammengetrieben sein. Ferner finden wir den Glimmerschiefer, auf dem das Ganze ruht, noch unverändert in den Lagen. Die Produkte sind alle scharf, und besonders der umschlackte Glimmerschiefer von so zartem Gewebe, daß er alles vorhergängige Treiben und Reiben ausschließt. Nichts findet man abgerundet als jene Kugeln, deren Äußeres jedoch nicht glatt, sondern rauh überschlackt ist. Will man zu deren Entstehung eine fremde Gewalt zu Hülfe rufen, so findet ja bei wiederholten Explosionen noch wirksamer Vulkane ein solches Ballotieren an manchen in den Krater zurückfallenden Materien statt.

Lassen wir also diesen Hügel an der Stelle, die er einnimmt, vulkanisch entstehen, so sind wir wegen der flachen, flözartigen Lage seiner Schichten genötigt, die Zeit der völligen Wasserbedeckung zu dieser Epoche anzunehmen. Denn alle Explosionen in freier Luft wirken mehr oder weniger perpendikular, und die zurückstürzenden Materialien werden, wo nicht unregelmäßigere, doch wenigstens viel steilere Schichten aufbauen. Explosionen unter dem Wasser, dessen Tiefe wir übrigens unbewegt und ruhig denken werden, müssen sowohl wegen des Widerstandes, als auch weil die entwickelte Luft mit Gewalt in der Mitte sich den Weg nach der Höhe bahnt, gegen die Seite treiben, und das Niedersinkende wird sich in flacheren Schichten ausbreiten. Ferner geben uns die vorkommenden Umstände die Veranlassung, zu vermuten, daß das Geschmolzene augenblicklich explodiert worden. Der unveränderte Glimmerschiefer, die vollkommene Schärfe der Schlacken, ihre Abgeschlossenheit (denn von einem zusammenhängenden Geschmolzenen ist keine Spur) scheinen diese Vermutung zu begünstigen.

Ein und dieselbe Wirkung muß von Anfang an bis zu völliger Vollendung des gegenwärtigen Hügels fortgedauert haben. Denn wir finden von unten hinauf die Lagen sich immer auf gleiche Weise folgend. Das Wasser mag entwichen sein wann es will; genug, es läßt sich nicht dartun, daß nachher etwa noch Explosionen in freier Luft stattgefunden.

Vielmehr findet man Anlaß, zu vermuten, daß die Fluten noch eine Zeitlang den untern Teil des Hügels überspült, den ausgehenden Teil der Lagen auf den höchsten Punkten weggenommen und sodann noch lange den Fuß des Hügels umspült und die leichteren Schlacken immer weiter ausgebreitet, ja zuletzt über dieselben, ganz am Auslaufen der schiefen Fläche, den durch die Verwitterung des umherstehenden Glimmerschiefers entstandenen Lehm darübergezogen, in welchem sich keine weitre Spuren vulkanischer Produkte finden.

Ebenso scheint es uns, daß der eigentliche Krater, der Ort, woher die Explosionen gekommen, den wir südlich am Fuße des Hügels suchen würden, durch die Gewässer zugespült und vor unsern Augen verdeckt worden.

Konnten wir auf diese Weise den flözartigen Teil dieses Hügels einigermaßen in seinem Ursprunge vergegenwärtigen; so wird dieses viel schwerer, wenn wir uns den felsartigen denken.

Stellen wir uns vor, er habe früher als der flözartige existiert, dieses Felsgestein habe uranfänglich basaltähnlich auf dem Glimmerschiefer aufgesessen, ein Teil desselben habe, durch vulkanische Wirkung verändert und verschmolzen, zu dem Inhalt jener Flözlage mit beigetragen; so steht entgegen, daß bei der genauesten Untersuchung keine Spur dieses Gesteins in gedachten Lagen sich gefunden. Geben wir ihm eine spätere Entstehung, nachdem der übrige Hügel schon fertig geworden, so bleibt uns die Wahl, ihn von irgendeiner basaltähnlichen, dem Wasser ihren Ursprung dankenden Gebirgsbildung abzuleiten oder ihm gleichfalls einen vulkanischen Ursprung mit oder nach den Flözlagen zu geben.

Wir leugnen nicht, daß wir uns zu dieser letztern Meinung hinneigen. Alle vulkanischen Wirkungen teilen sich in Explosionen des einzelnen Geschmolzenen und in zusammenhängenden Erguß des in großer Menge flüssig Gewordenen. Warum sollten hier in diesem offenbar, wenigstens von einer Seite, vulkanischen Falle nicht auch beide Wirkungen stattgefunden haben? Sie können, wie uns die noch gegenwärtig tätigen Vulkane belehren, gleichzeitig sein, aufeinander folgen, miteinander abwechseln, einander gegenseitig aufheben und zerstören, wodurch die kompliziertesten Resultate entstehen und verschwinden.

Was uns geneigt macht, auch diese Felsmassen für vulkanisch zu halten, ist ihre innere Beschaffenheit, die sich bei losgetrennten Stücken entdeckt. Die obern, gleich unter dem Lusthäuschen hervortretenden Felsen nämlich unterscheiden sich von den ungezweifelten Schlacken der obersten Schicht nur durch größere Festigkeit, so wie die untersten Felsmassen auf dem frischesten Bruche sich rauh und porös zeigen. Da sich jedoch in diesen Massen wenig oder keine Spur einer Abkunft vom Glimmerschiefer und Quarz zeigt, so sind wir geneigt zu vermuten, daß nach niedergesunkenem Wasser die Explosionen aufgehört haben, das konzentrierte Feuer aber an dieser Stelle die Flözschichten nochmals durchgeschmolzen und ein kompakteres, zusammenhängenderes Gestein hervorgebracht habe, wodurch denn die Südseite des Hügels steiler als die übrigen geworden.

Doch indem wir hier von erhitzenden Naturoperationen sprechen, so bemerken wir, daß wir uns auch an einer heißen theoretischen Stelle befinden, da nämlich, wo der Streit zwischen Vulkanisten und Neptunisten sich noch nicht ganz abgekühlt hat. Vielleicht ist es daher nötig, ausdrücklich zu erklären, was sich zwar von selbst versteht, daß wir diesem Versuch, uns den Ursprung des Kammerbühls zu vergegenwärtigen, keinen dogmatischen Wert beilegen, sondern vielmehr jeden auffordern, seinen Scharfsinn gleichfalls an diesem Gegenstand zu üben.

Möchte man doch bei dergleichen Bemühungen immer wohl bedenken, daß alle solche Versuche, die Probleme der Natur zu lösen, eigentlich nur Konflikte der Denkkraft mit dem Anschauen sind. Das Anschauen gibt uns auf einmal den vollkommenen Begriff von etwas Geleistetem; die Denkkraft, die sich doch auch etwas auf sich einbildet, möchte nicht zurückbleiben, sondern auf ihre Weise zeigen und auslegen, wie es geleistet werden konnte und mußte. Da sie sich selbst nicht ganz zulänglich fühlt, so ruft sie die Einbildungskraft zu Hülfe, und so entstehen nach und nach solche Gedankenwesen (entia rationis), denen das große Verdienst bleibt, uns auf das Anschauen zurückzuführen und uns zu größerer Aufmerksamkeit, zu vollkommenerer Einsicht hinzudrängen.

So könnte man auch in dem gegenwärtigen Falle, nach genauer Überlegung aller Umstände, noch manches zur Aufklärung der Sache tun. Mit Erlaubnis des Grundbesitzers würden wenige Arbeiter uns gar bald zu erfreulichen Entdeckungen verhelfen. Wir haben indes, was Zeit und Umstände erlauben wollen, vorzuarbeiten gesucht, leider von allen Büchern und Hülfsmitteln entfernt, nicht bekannt mit dem, was vor uns über diese Gegenstände schon öffentlich geäußert worden. Möchten unsre Nachfolger dies alles zusammenfassen, die Natur wiederholt betrachten, die Beschaffenheit der Teile genauer bestimmen, die Bedingungen der Umstände schärfer angeben, die Masse entschiedener bezeichnen und dadurch das, was ihre Vorfahren getan, vervollständigen oder, wie man unhöflicher zu sagen pflegt, berichtigen.

## Sammlung

Die hier zum Grunde gelegte Sammlung ist in das Kabinett der mineralogischen Sozietät zu Jena gebracht worden, wo man sie jedem Freunde der Natur mit Vergnügen vorzeigen wird, der sich solche übrigens, wenn er den Kammerbühl besucht, nach gegenwärtiger Anleitung leicht selbst wird verschaffen können.

1. Granit, kleinkörnig, von Hohehäusel.

2. Gneis von Rossereit.

3. Glimmerschiefer ohne Quarz, von Dresenhof.

4. Glimmerschiefer mit Quarz, ebendaher.

5. Glimmerschiefer Nr 3, durch das Feuer des Porzellanofens gerötet.

6. Glimmerschiefer Nr 4, gleichfalls im Porzellanofen gerötet.

Man hat diesen Versuch angestellt, um desto deutlicher zu zeigen, daß der in den Schichten des Kammerbergs befindliche mehr oder weniger gerötete Glimmerschiefer durch ein starkes Feuer gegangen.

7. Glimmerschiefer ohne Quarz, aus den Schichten des Kammerbergs. Seine Farbe ist jedoch grau und unverändert.

8. Derselbe durchs Porzellanfeuer gegangen, wodurch er rötlich geworden.

9. Geröteter Glimmerschiefer aus den Schichten des Kammerbergs.

10. Desgleichen.

11. Desgleichen mit etwas Schlackigem auf der Oberfläche.

12. Glimmerschiefer mit angeschlackter Oberfläche.

13. Quarz im Glimmerschiefer mit angeschlackter Oberfläche.

14. Glimmerschiefer mit vollkommner Schlacke teilweise überzogen.

Bedeutende Stücke dieser Art sind selten.

15. Unregelmäßig kugelförmiges, umschlacktes Gestein.

16. Quarz von außen und auf allen Klüften gerötet.

17. Glimmerschiefer einem zerreiblichen Tone sich nähernd.

18. Fett anzufühlender roter Ton, dessen Ursprung nicht mehr zu erkennen.

19. In Schlacke übergehendes festes Gestein.

20. Dergleichen noch unscheinbarer.

21. Vollkommene Schlacke.

22. Dergleichen von außen gerötet.

23. Dergleichen von außen gebräunt, unter der Vegetation.

24. Festes schlackenähnliches Gestein von den Felsmassen, unter dem Lusthäuschen.

25. Festes basaltähnliches Gestein, am Fuße des Hügels.

## *ÜBER BILDUNG VON EDELSTEINEN*

Alle Gebirgsmassen trennen und bilden sich kosmisch; innerhalb der Masse aber erzeugt sich eine Neigung, sich eigenst gestaltet darzustellen.

Wir haben Granit im Granit kristallisiert in Karlsbad, auf dem Odenwald und gewiß an hundert Orten.

Wir haben Gneis im Gneis kristallisiert. Jene bekannte Doppelkristalle nämlich werden durch Glimmers Verflächungslust gezogen und gebogen. Sie erscheinen nun als die Flasern, um welche sich der ausgesonderte Glimmer wellenhaft hinüberlegt.

In dem Porphyr bilden sich Kristalle, jener Urform ähnlich; in Ilmenau und Teplitz sind sie entschieden, aber nicht häufig gefunden worden.

Dieses Bestreben, daß die Masse sich in der Form veredeln will, geht durch alle Epochen, ja bis auf den heutigen Tag. Der neuste Gips ist so gut porphyrartig als der Porphyr selbst, und ich habe eigene Rücksichten hiernach bei meinen Sammlungen genommen.

Ja die Metalle selbst, Zinn, Wolfram und das Verwandte, haben in Masse Gestalt angenommen. Wobei ich nur bemerke, daß dieses sowohl massenhaft als ganghaft kann geschehen sein.

Das Zweite ist zu beachten: die Veredelung in Freiheit, wenn die Masse Räume läßt, daß die in denselben von den frühsten bis in die spätesten Zeiten ewig zirkulierenden Gasarten die Eigentümlichkeiten des Gebirgs auflösen, befreien, verwandeln, zu Verwandtem Geselligkeit verstatten. Hier scheinen diejenigen Körper entstanden, die wir Edelsteine nennen.

Vom Gotthard brachte ich die Seite eines Ganges mit, dessen Nebengestein aus Quarz, Feldspat und Hornblende bestand. Auf dieser Gangfläche haben sich Feldspat, Hornblende und Quarz bewundernswürdig jedes für sich kristallisiert, und so habe ich es in allen Gebirgsarten gefunden.

Die erste Frage wird nun sein: Erkennen wir etwas als Edelstein, das sich in der Masse veredelte?

Vielleicht in untergeordnetem Sinne, wie vormals Schwefelkies geschliffen und dergleichen.

Die zweite Frage schließt sich an: Welches Alter haben die Gebirgsarten, in welchen wir unsere anerkannten sogenannten Edelsteine finden? Die allerschärfste Untersuchung ginge hier voraus; denn wenn wir den Nachrichten trauen dürfen – ernstliche Reisende die sie uns geben von Visapur und Soumelpur –, so scheinen die Diamanten sehr modern zu sein.

Was mich betrifft, so traue ich der Natur zu, daß sie noch am heutigen Tage Edelsteine uns unbekannter Art bilden könne. Wer darf sagen, was noch heute an und in den ungeheueren meerbedeckten Gebirgsflächen möglich ist. Ja ich möchte dem Abgetrockneten, Zusammenhängenden (Kontinent) eine ähnliche, obgleich minder produktive Kraft nicht versagen.

Den 26. März 1816.

## *VERHÄLTNIS ZUR WISSENSCHAFT, BESONDERS ZUR GEOLOGIE*

Man gewöhnt uns von Jugend auf, die Wissenschaften als Objekte anzusehen, die wir uns zueignen, nutzen, beherrschen können.

Ohne diesen Glauben würde niemand etwas lernen wollen. Und doch behandelt jeder die Wissenschaften nach seinem Charakter.

Der junge Mann verlangt Gewißheit, verlangt didaktischen, dogmatischen Vortrag.

Kommt man tiefer in die Sache, so sieht man, wie eigentlich das Subjektive auch in den Wissenschaften waltet, und man prosperiert nicht eher, als bis man anfängt, sich selbst und seinen Charakter kennenzulernen.

Da nun aber unser Individuum, es sei so entschieden als es wolle, doch von der Zeit abhängt, wohin es gesetzt, von dem Ort, wohin es gestellt ist, so haben diese Zufälligkeiten Einfluß auf das notwendig Gegebene.

Zu diesen Betrachtungen ward ich besonders aufgefordert, da ich aus Neigung und zu praktischen Zwecken mich in das wissenschaftliche Feld begeben, zu gewissen Überzeugungen gelangt, denselben nachgegangen bin, wodurch sich denn endlich eine gewisse Denkweise bei mir bildete und festsetzte, wonach ich die Gegenstände schätzte und beurteilte.

So nahm ich auf, was mir gemäß war, lehnte ab, was mich störte, und da ich öffentlich zu lehren nicht nötig hatte, belehrt ich mich auf meine eigene Weise, ohne mich nach irgend etwas Gegebenem oder Herkömmlichem zu richten.

Deswegen konnt ich jede neue Entdeckung freudig aufnehmen und was ich selbst gewahr ward ausbilden.

Das Vorteilhafte kam mir zugute, und das Widerwärtige brauchte ich nicht zu achten.

Nun aber ist in den Wissenschaften ein ewiger Kreislauf; nicht daß die Gegenstände sich änderten, sondern daß bei neuen Erfahrungen jeder Einzelne in den Fall gesetzt wird, sich selbst geltend zu machen, Wissen und Wissenschaften nach seiner eigenen Weise zu behandeln.

Weil nun aber die menschlichen Denkweisen auch in einen gewissen Zirkel eingeschlossen sind, so kommen die Methoden bei der Umkehrung immer wieder auf die alte Seite; atomistische und dynamische Vorstellungen werden immer wechseln, aber nur a potiori, denn keine vertritt die andere ganz und gar, nicht einmal ein Individuum, denn der entschiedenste Dynamiker wird, ehe er sichs versieht, atomistisch reden, und so kann sich auch der Atomiste nicht dergestalt abschließen, daß er nicht hie und da dynamisch werden sollte.

Es ist wie mit der . . . und ästhetischen Methode, wo eine nur das Umgekehrte der andern ist und bei lebendiger Behandlung der Gegenstände bald die eine, bald die andere sich zum Gebrauche darbietet.

Zur Darstellung meines geologischen Ganges werde veranlaßt, daß ich erlebe, wie eine der meinigen ganz entgegengesetzte Denkweise hervortritt, der ich mich nicht fügen kann, keineswegs sie jedoch zu bestreiten gedenke.

Alles, was wir aussprechen, sind Glaubensbekenntnisse, und so werde das meinige in diesem Fache begonnen.

## Geologie

Interesse an natürlichen Gegenständen oder auch sonst sichtbaren.

Trieb, um Anschauungen andern mitzuteilen.

Bildliche Darstellung.

Auch von mir empfunden, sobald ich mich mit Naturgeschichte und Naturlehre abgegeben.

Osteologische Zeichnungen früher erwähnt, gegenwärtig von einem gleichen Unternehmen zu sprechen, welches dem Knochenbau der Erde, der Geologie, zugute kommen sollte.

Ilmenauer Bergbau.

Anlegung zum Studium des Innern der Erde; inwiefern es sich von außen manifestiert oder inwendig aufgeschlossen worden.

Erste Winterreise auf den Harz, wovon noch ein dithyrambisches Gedicht übrig ist.

Fortgesetzte Betrachtung der Felsengestalten.

Massen, die sich in Teile trennen.

Überzeugung, daß dieses Trennen nach gewissen Gesetzen geschehe.

Schwierigkeit, sich hierüber auszudrücken.

Versuch deshalb.

Vertikale oder dem Vertikalen sich nähernde Felsentrennungen.

Beziehen sich mehr oder weniger entschieden gegen die Hauptthimmelsgegenden und werden von andern sehr selten rechtwinklig, meist schiefwinklig durchschnitten, so daß rhombische Bruchstücke entstehen.

Um zu mehrerer Überzeugung zu gelangen, inwiefern die Richtung gedachter Ablösung sich auf die Hauptweltgegenden beziehe, hatte man viele Beobachtungen angestellt.

Man glaubte gefunden zu haben, daß bei der Solideszenz eine Richtung der Klüfte nach Norden stattgefunden; die Querklüfte aber von Westen nach Osten nicht rechtwinklig kreuzend, die rhombischen Ablösungen verursachend.

Man hatte ein Modell im Sinne.

Dazu sollten Vorarbeiten an der Natur gemacht werden.

Deshalb genaue Zeichnungen aufzunehmen.

Reise im August 1784 auf den Harz, mit Rat Krausen.

Kurze Lebensgeschichte.

Künstlerisch-gesellige Eigenschaften dieses Mannes.

Alle Zeichnungen in dem Sinne, daß durchaus auf die Ablösungen, Trennung und Gestaltung der Gebirgs- und Felsenpartieen Rücksicht genommen worden, wohin auch die leider allzukurz gefaßten Bemerkungen des Tagebuchs gerichtet sind.

Es ist abzudrucken mit Noten, welche die Absicht deutlicher machen, zugleich aber die Zeichnungen für künftig klar und nützlich darzustellen.

Jena, den 7. Oktbr. 1820.

## ZUR GEOLOGIE, BESONDERS DER BÖHMISCHEN

What is the inference? Only this, that geology partakes of the uncertainity which pervades every other departement of science.

—

Gib mir wo ich stehe!
Archimedes.

Nimm dir wo du stehen kannst!
Nose.

—

Zu der Zeit, als der Erdkörper mich wissenschaftlich zu interessieren anfing und ich seine Gebirgsmassen im ganzen wie in den Teilen innerlich und äußerlich kennenzulernen mich bestrebte, in jenen Tagen war uns ein fester Punkt gezeigt, wo wir stehen sollten und wie wir ihn nicht besser wünschten; wir waren auf den Granit, als das Höchste und das Tiefste, angewiesen, wir respektierten ihn in diesem Sinne, und man bemühte sich, ihn näher kennenzulernen. Da ergab sich denn bald, daß man unter demselben Namen mannigfaltiges, dem Ansehen nach höchst verschiedenes Gestein begreifen müsse; der Syenit wurde abgesondert, aber auch alsdann blieben noch unübersehbare Mannigfaltigkeiten übrig. Das Hauptkennzeichen jedoch ward festgehalten: daß er aus drei innig verbundenen, dem Gehalt nach verwandten, dem Ansehen nach verschiedenen Teilen bestehe, aus Quarz, Feldspat und Glimmer, welche gleiche Rechte des Beisammenseins ausübten; man konnte von keinem sagen, daß er das Enthaltende, von keinem, daß er das Enthaltene sei; doch ließ sich bemerken, daß, bei der großen Mannigfaltigkeit des Gebildes, ein Teil über den andern das Übergewicht gewinnen könne.

Bei meinem öftern Aufenthalt in Karlsbad mußte besonders auffallen, daß große Feldspatkristalle, die zwar selbst noch alle Teile des Granits enthielten, in der dortigen Gebirgsart überhäuft, den größten Bestandteil desselben ausmachten. Wir wollen nur des Bezirks Elbogen gedenken, wo man sagen kann, die Natur habe sich mit der kristallinischen Feldspatbildung übernommen und sich in diesem Anteile völlig ausgegeben. Sogleich erscheint aber auch, daß die beiden andern Teile sich von der Gemeinschaft lossagen. Der Glimmer besonders ballt sich in Kugeln, und man sieht, daß die Dreieinheit gefährdet sei. Nun fängt der Glimmer an eine Hauptrolle zu spielen, er legt sich zu Blättern und nötigt die übrigen Anteile, sich gleichfalls zu dieser Lage zu bequemen. Die Scheidung geht jedoch immer weiter; wir finden auf dem Wege nach Schlaggenwalde Glimmer und Quarz in großen Steinmassen vollkommen getrennt, bis wir endlich zu Felsmassen gelangen, die ganz aus Quarz bestehen, Flecken jedoch von einem dergestalt durchquarzten Glimmer enthalten, daß er als Glimmer kaum mehr zu erkennen ist.

Bei allen diesen Erscheinungen ist eine vollkommene Scheidung sichtbar. Jeder Teil maßt sich das Übergewicht an, wo und wie er kann, und wir sehen uns an der Schwelle der wichtigsten Ereignisse. Denn wenn man auch dem Granit in seinem vollkommensten Urzustande einen Eisengehalt nicht ableugnen wird, so erscheint doch in der von uns betretenen abgeleiteten Epoche zuerst das Zinn und eröffnet auf einmal den übrigen Metallen die Laufbahn.

Wundersam genug tritt zugleich mit diesem Metall so manches andere Mineral hervor: der Eisenglanz spielt eine große Rolle, der Wolfram, das Scheel, der Kalk, verschieden gesäuert, als Flußspat und Apatit, und was wäre nicht noch alles hinzuzufügen! Wenn nun in dem eigentlichen Granit kein Zinn gefunden worden, in welcher abgeleiteten Gebirgsart treffen wir denn auf diese wichtige Erscheinung? Zuerst also in Schlaggenwalde, in einem Gestein, welchem um Granit zu sein nur der Feldspat fehlt, wo aber Glimmer und Quarz sich nach Granitweise dergestalt verbunden, daß sie, friedlich gepaart, im Gleichgewicht stehen, keins für das Enthaltende, keins für das Enthaltene geachtet werden kann. Die Bergleute haben solches Gestein Greisen genannt, sehr glücklich, mit einer geringen Abweichung von Gneis. Denke man nun, daß man, über Schlaggenwalde bei Einsiedeln, Serpentin anstehend findet, daß Cölestin sich in jener Gegend gezeigt, daß die feinkörnigen Granite, sowie Gneis mit bedeutenden Almandinen, sich bei Marienbad und gegen die Quellen der Töpel finden, so wird man gern gestehen, daß hier eine wichtige geognostische Epoche zu studieren sei.

Dies alles möge hier im besondern gesagt sein, um das Interesse zu legitimieren, welches ich an der Zinnformation genommen: denn wenn es bedeutend ist, irgendwo festen Fuß zu fassen, so ist es noch bedeutender, den ersten Schritt von da aus so zu tun, daß man auch wieder einen festen Fleck betrete, der abermals zum Grund- und Stützpunkt dienen könne. Deshalb habe die Zinnformation viele Jahre betrachtet. Da nun auf dem Thüringer Wald, wo ich meine Lehrjahre antrat, keine Spur davon zu finden ist, so begann ich von den Seifen auf dem Fichtelberge. In Schlaggenwalde war ich mehrmals, Geyer und Ehrenfriedersdorf kannte ich durch Charpentier und sonstige genaue Beschreibung, die dort erzeugten Minern aufs genauste durch herrliche Stufen, die ich meinem verewigten Freunde Trebra verdanke. Von Graupen konnte ich mir genauere Kenntnis verschaffen, von Zinnwalde und Altenberge flüchtige Übersicht, und, in Gedanken, bis ans Riesengebirge, wo sich Spuren finden sollen, verfolgte ich die Vorkommenheiten. Von allen genannten Hauptorten bedeutende Stufenfolgen zu verschaffen hatte das Glück. Der Mineralienhändler Herr Mawe in London versorgte mich mit einer vollkommen befriedigenden Sammlung aus Cornwallis, und Herrn

Ritter von Giesecke bin ich, außer einem eingreifenden Nachtrag aus den englischen Zinnseifen, auch noch Malaka-Zinn schuldig geworden. Dies alles liegt wohlgeordnet und erfreulich beisammen; der Vorsatz aber, etwas Auslangendes hierüber zu liefern, erlosch in einem frommen Wunsche, wie so vieles, was ich für die Naturwissenschaft unternommen und so gerne geleistet hätte.

...

## KAMMERBERG BEI EGER

Man wird aus unserer früheren Darstellung des Kammerbergs bei Eger sich wieder ins Gedächtnis rufen, was wir über einen so wichtigen Naturgegenstand gesprochen und wie wir diese Hügel-Erhöhung als einen reinen Vulkan angesehen, der sich unter dem Meere, unmittelbar auf und aus Glimmerschiefer gebildet habe.

Als ich am 26. April dieses Jahres auf meiner Reise nach Karlsbad durch Eger ging, erfuhr ich, von dem so unterrichteten als tätigen und gefälligen Herrn Polizeirat Grüner, daß man auf der Fläche des großen, zum Behuf der Chausseen ausgegrabenen Raumes des Kammerberger Vulkans mit einem Schacht niedergegangen, um zu sehen, was in der Tiefe zu finden sein möchte und ob man nicht vielleicht auf Steinkohlen treffen dürfte.

Auf meiner Rückkehr, den 28. Mai, ward ich von dem wackern Manne aufs freundlichste empfangen; er legte mir die kurze Geschichte der Abteufung, welche doch schon sistiert worden, nicht weniger die gefundenen Mineralkörper vor. Man hatte beim Absinken von etwa 1 ½ Lachtern erst eine etwas festere Lava, dann die gewöhnliche völlig verschlackte in größeren und kleineren Stücken gefunden, als man auf eine lose rötliche Masse traf, welche offenbar ein durchs Feuer veränderter feiner Glimmersand war. Dieser zeigte sich teils mit kleinen Lavatrümmern vermischt, teils mit Lavabrocken fest verbunden. Unter diesem, etwa zwei Lachtern Teufe vom Tage herab, traf man auf den feinsten weißen Glimmersand, dessen man eine gute Partie ausförderte, nachher aber, weil weiter nichts zu erwarten schien, die Untersuchung aufgab. Wäre man tiefer gegangen (wobei denn freilich der feine Sand eine genaue Zimmerung erfordert hätte), so würde man gewiß den Glimmerschiefer getroffen haben, wodurch denn unsere früher geäußerte Meinung Bestätigung gefunden hätte. Bei dem ganzen Unternehmen hatte sich nur etwa ein fingerlanges Stück gefunden, welches allenfalls für Steinkohle gelten könnte.

Man besprach die Sache weiter und gelangte bis zur Höhe des ehemaligen Lusthäuschens; hier konnte man, von oben herunterschauend, gar wohl bemerken, daß am Fuße des Hügels, an der Seite nach Franzenbrunn zu, der weiße Glimmersand, auf den man in dem Schacht getroffen, wirklich zu Tage ausgehe und man auf demselben schon zu irgendeinem Zwecke nachgegraben. Hieraus könnte man schließen, daß die vulkanische Höhe des Kammerbergs nur oberflächlich auf einem teils sandigen, teils staubartigen, teils schiefrig festen Glimmergrunde aufgebreitet sei. Wollte man nun etwas Bedeutendes zur Einsicht in diese Naturerscheinung mit einigem Kostenaufwand tun, so ginge man, auf der Spur des am Abhange sich manifestierenden Glimmersandes, mit einem Stollen gerade auf den Punkt des Hügels los, wo, gleich neben der höchsten Höhe des ehemaligen Sommerhauses, sich eine Vertiefung befindet, die man jederzeit für den Krater gehalten hat. Ein solcher Stollen hätte kein Wasser abzuleiten, und man würde die ganze vulkanische Werkstätte unterfahren und, was so selten geschehen kann, die ersten Berührungspunkte des ältern natürlichen Gebirges mit dem veränderten, geschmolzenen, aufgeblähten Gestein beobachten. Einzig in seiner Art wäre dieses Unternehmen, und wenn man zuletzt auf der hinteren Seite in der Gegend der festen Laven wieder ans Tageslicht käme, so müßte dies für den Naturforscher eine ganz unschätzbare Ansicht sein.

Hiezu macht man uns nun, eben als ich zu schließen gedenke, die beste Hoffnung, indem versichert wird, daß auf Anraten und Antrieb des Herrn Grafen Caspar Sternberg, dem wir schon so viel schuldig geworden, ein solches Unternehmen wirklich ausgeführt werden solle. Überlege nunmehr jeder Forscher, was für Fragen er in diesem Falle an die Natur zu tun habe, welche Beantwortung zu wünschen sei.

## BILDUNG DES ERDKÖRPERS

Deutschland
geognostisch-geologisch dargestellt
von Chr. Keferstein, Weimar 1821

Eine Zeitschrift, zwei Hefte, 1. Heft: General-Karte von Deutschland, zwei Durchschnitte von Süd nach Nord; 2. Heft: zwei Durchschnitte von West nach Ost. Karte von Tirol.

Den Dank, welchen Freunde der Geognosie Herrn Keferstein schuldig werden, kann ihm niemand froher und aufrichtiger abtragen als ich, da mir seine bedeutende Arbeit gerade zur rechten Zeit förderlich und nützlich wird. In einem Alter, wo man Resultate wünscht, ohne daß man sich selbst imstande fühlte, in manchen Fächern zu einer Vollständigkeit von Erfahrung zu gelangen, das Längstvorhandene mit dem Neuentdeckten übersehbar zu verknüpfen, ist es höchst willkommen, wenn Jüngere unsern Vorsatz leisten, unseren Wunsch erfüllen.

Wenn ich gedenke, was ich mich seit funfzig Jahren in diesem Fache gemüht, wie mir kein Berg zu hoch, kein Schacht zu tief, kein Stollen zu niedrig und keine Höhle labyrinthisch genug war, und nun mir das einzelne vergegenwärtigen, zu einem allgemeinen Bilde verknüpfen möchte; so kommt mir vorliegende Arbeit, insofern sich meine Forschung auf Deutschland bezog, sehr günstig zustatten.

Wie ich also, teils zufällig, teils vorsätzlich, mit Land- und Gebirg-Strecken bekannt geworden, was ich von Erfahrungen notiert, von Zeichnungen trefflicher Künstler aufbewahrt, an Gedanken fort und fort gehegt, das alles wird sich jetzt deutlicher und kurzgefaßter entwickeln lassen, wenn ich, Herrn Kefersteins Karten und geognostische Zeitschrift immer vor Augen habend, Älteres und Neueres darauf beziehe, wodurch ich denn, ohne daß ich ein zusammengreifendes Ganze zu liefern imstande wäre, doch, indem ich mich an ein Ganzes anschließe, zu einer gewissen Einheit gelangen kann.

---

Herrn Kefersteins Unternehmen, sobald die wohlgelungene Arbeit mir zu Augen gekommen, erregte meinen ganzen Anteil, und ich tat zu Färbung der geognostischen Karte Vorschläge; worauf sich diese gründen, entwicklen wir folgendermaßen:

Man durfte sich nicht schmeicheln, eine dem Auge vollkommen gefällige ästhetische Wirkung hervorzubringen; man suchte nur die Aufgabe zu lösen: daß der Eindruck, welcher immer bunt bleiben mußte, entschieden bedeutend und nicht widerwärtig wäre. Der Hauptformation, welche Granit, Gneis, Glimmerschiefer mit allen Abweichungen und Einlagerungen enthält, erteilte man die Karminfarbe, das reinste, schönste Rot; dem unmittelbar anstoßenden Schiefer gab man das harmonierende reine Grün; darauf dem Alpenkalk das Violette, auch dem Roten verwandt, dem Grünen nicht widerstrebend.

Den Roten Sandstein, eine höchst wichtige, meist nur in schmalen Streifen erscheinende Bildung, bezeichnete man mit einem hervorstechenden Gelbrot; den Porphyr andeuten sollte die bräunliche Farbe, weil sie überall kenntlich ist und nichts verdirbt. Dem Quadersandstein eignete man das reine Gelb zu; dem Bunten Sandstein ein angerötetes Chamois; dem Muschelkalk blieb das reine Blau; dem Jurakalk ein Spangrün und zuletzt ein kaum zu bemerkendes Blaßblau der Kreidebildung.

Diese Farben neben- und durcheinander machen keinen unangenehmeren Eindruck als irgendeine illuminierte Karte, und vorausgesetzt, daß man sich immer der besten Farbestoffe bediene, des reinsten Auftrags befleißige, werden sie durchaus einen freundlichen, zweckmäßigen Anblick gewähren. Auf der allgemeinen Karte von Deutschland fühlt man die Totalität; die Karte von Tirol, wo nicht alle Farben vorkommen, ist charakteristisch, man sagt sich gleich, daß man nichts Zerstückeltes, nur große Massen gewahre; andere Gegenden werden andere Eindrücke verleihen. Das auffallende Schwarz des Basaltes läßt sich, in Betracht der Bedeutsamkeit dieser Formation, gar wohl vergeben.

Wird nun der intendierte geognostische Atlas auf solche Weise durchgeführt, so wäre zu wünschen, daß die Freunde dieser Wissenschaft sich vereinigten und dieselben Farben zu Bezeichnung ebendesselben Gesteins anwendeten, woraus eine schnellere Übersicht hervorträte und manche Bequemlichkeit entstünde. Wir haben deshalb umständlicher ausgesprochen, daß die vorliegende Färbung ursächlich und nicht zufällig angeordnet worden. Überhaupt wäre noch manches zu besprechen, ehe man Landkarten eigens zu geologischen Zwecken widmen und stechen ließe, da denn, durch gewisse vom Kupferstecher schon eingegrabene Zeichen, auch die Haupt-Epochen in ihren Unterabteilungen kenntlich zu machen wären.

## HERRN VON HOFFS GEOLOGISCHES WERK

Wenn man das Studium dieses trefflichen Werkes antritt, so scheint es uns gleich, man setze sich zu Rat, und ein umsichtiger, seinem Gegenstande mit Liebe zugetaner Referent trüge den fraglichen Fall umständlich und zugleich gewissenhaft vor, dergestalt, daß er zwar wünscht, seine Kollegen von seiner Meinung zu überzeugen, aber nicht den mindesten Versuch wagt, sie zu überreden.

Uns hat dieses Werk aus tiefer Wintereinsamkeit in die weite Welt geführt und angeregt, aus eigener Erfahrung folgende zustimmende Beiträge freundlichst mitzuteilen.

Zu Herrn von Hoffs Geschichte der Erdoberfläche, Seite 427.

1. Aufmerksamkeit auf Granitblöcke in Thüringen:
   a) Granitblock bei dem Baume von Münchholzhausen,
   b) dergl. im Mühltale,

c) dergl. bei Eckartsberga,
d) schönster Gneis bei Dennstedt, vielleicht, obgleich nicht mit vollkommener Überzeugung, vom Thüringer Wald herzuschreiben.

2. Geschiebe jenseits des Thüringer Waldgebirges, und was sich davon herschreiben möchte:
a) Zwischen Dessau und Potsdam,
b) bei Potsdam,
c) um Berlin selbst,
d) im Mecklenburgischen,
e) Danziger.

Hypothese von Bergrat Voigt in Ilmenau als Eistransport, inwiefern sie geachtet worden.

Notiz durch Herrn v. Preen von großen, durch den Sund einströmenden Eismassen, Granitblöcke heranführend.

Weimar, den 17. Jänner 1823.

Zu Seite 427.

Als ich vor mehr als vierzig Jahren nach Thüringen gelangte und durch die Freiberger Akademie nun Lust und Liebe zur Gebirgs- und Mineralkenntnis ausgebreitet fand, ergriff auch mich diese Leidenschaft, und ich ward mit andern, gleichzeitig Strebenden zur genausten Aufmerksamkeit auf diese Gegenstände gefordert. Wir kannten recht gut unsere Lage auf den Höhen eines Flözgebirges, um desto mehr fiel uns die Erscheinung auf, daß Granitblöcke sich hie und da hervortaten.

Unter einem Baume am Weg gegen Münchholzhausen lag ein solcher, wahrscheinlich aus den Äckern dahin gewälzter Klump, den wir aus Verehrung gegen seine urgebirgliche Herkunft nach Weimar schafften, um ein ansehnliches Gefäß daraus zu formen.

Ein anderer, gleichfalls abgerundeter Block ward im Mühltale entdeckt und, weil er, im Kalkschutte begraben, nicht groß genug geschätzt ward, nur mit Unstatten nach Jena gebracht, wo er noch vor der Türe der Museen liegt. Merkwürdiger als beide erschienen jedoch dergleichen Blöcke an dem Schloß zu Eckartsberga, welche noch als Musterstücke in meiner Sammlung liegen, wegen großer, wohlausgesprochener Bestandteile, besonders wegen eines sehr lebhaft roten Feldspates gar wohl in die Augen fallen und an den Granit, woraus die Obelisken bestehen, erinnern.

Diesen sämtlich erwähnten Stellen zunächst lag freilich der Thüringer Wald, von woher in früheren flutenden, strömenden Zeiten gar gehäufte und bedeutende Geschiebe bis in unsere Gegenden geführt wurden, und man mochte zunächst gar wohl jenen großen Wirkungen auch dieses wunderbare Vorkommen zuschreiben.

Begeben wir uns jedoch weiter nach Norden, wo vom Urgebirg keine Spur mehr vorhanden ist, wo der Boden aufgeschwemmt, mehr oder weniger sandig gefunden wird, so wird das Vorkommen solcher Geschiebe immer häufiger, bis uns zuletzt der Heilige Damm als eine schwerfällige Düne entgegentritt.

Kehren wir südlicher zurück, so wird zwischen *Dessau* und Potsdam der naturforschende Reisende durch die frischen Bruchstücke zerschlagener Urgebirgsarten in Verwunderung gesetzt und kommt in Versuchung, sich mit einer ausgesuchten Sammlung derselben zu belasten. In der Gegend um Potsdam ist es derselbe Fall, sowie um Berlin; von dorther haben mir junge Freunde sehr schöne Sammlungen gesendet, wovon ich hier in kurzem nähere Nachricht gebe und zugleich bemerke, daß man dieses Gestein zu bearbeiten angefangen, wie es denn teilweise auch gar wohl verdienen mag.

---

Wenden wir uns nunmehr weiter nordwärts, so finden wir im Mecklenburgischen unserer Wißbegierde gar treulich vorgearbeitet; denn dort hat der Landesfürst bedeutende Anstalten zum Schneiden und Schleifen solcher umherliegenden Blöcke schon längst angelegt, wodurch uns die herrlichsten Prachttafeln, wie sie kaum das Altertum liefert, zugute kommen, wobei die Bemerkung am Platze ist, daß diese Blöcke für desto kostbarer gelten können, als die festesten, die Kernteile eines zerstörten Urgebirgs in ihnen vor uns liegen.

Schon ist der Granit schön und bedeutungsvoll, jedoch mehr erfreulich sogar ein Gneis mit Almandinen, an welchem der Grund sowohl als die eingestreuten Kristalle eine völlig gleiche Politur annehmen.

Einzig in seiner Art ist jedoch ein neuerlich gefundener Block, welcher zerschnitten und poliert eine unter dem allgemeinen Namen nicht zu begreifende Gebirgsart darstellt; sie würde allenfalls eine cyanythe Porphyrart mit großen Almandinkristallen genannt werden können. Sie ist nicht geschichtet, hingegen ist in der gleich ausgeteilten Masse Hornblende, Feldspat und Quarz, obgleich innigst vereinigt, wohl zu erkennen; große nach außen nicht freibegrenzte Almandinpunkte geben dem übrigen ernsthaften Stein ein prächtiges Ansehen. Hievon sollen für den Großherzog von Mecklenburg bedeutende Tafeln geschnitten sein; ich erhielt von dem Kammerherrn von Preen, einem unglücklicherweise uns zu früh entrissenen Freund und Mitarbeiter, eine den Charakter hinreichend aussprechende länglich viereckige Tafel.

Gleichfalls der höchsten Aufmerksamkeit wert ist eine Gesteinart, die man breccienartig nennen kann, indem sie mit dem englischen Puddingstone viel Verwandtschaft hat, nur daß sie quarzhafter ist und die bindende Masse nicht auflöslich wie bei jenem. In den großherzoglichen Zimmern steht ein kleiner Untertisch von diesem Gestein, an welchem man zu sehen glaubt, daß bei Solideszenz des Ganzen die einzelnen scheinbaren Kiesel auch noch weich oder halb erhärtet gewesen, denn sie sind durch klüftige Spalten und mit einer feineren Quarzmasse durchzogen. Schon früher waren einige Naturforscher geneigt, auch die Puddingstone nicht für ein Konglomerat, sondern für eine porphyrartige Erzeugung zu halten, welcher Meinung wir auch nach sonst bekannter Sinnesart beizupflichten geneigt waren. Auch hievon ist mir ein schönes unterrichtendes Stück durch meine mecklenburgischen Freunde geworden.

Da in den mecklenburgischen Fabriken kleine Steinmuster mitgeteilt werden, so können Freunde der Natur sich wenigstens teilweise von dem, was wir sagen, durch Anschauung überzeugen.

Bei Beschauung dieser und der vorgenannten preußischen Geschiebe enthält man sich nicht, sie für ausländisch zu erklären; die Ähnlichkeit mit den nordisch überseeischen Felsgebilden ist allzu auffallend, als daß man sich die Verwandtschaft verleugnen könnte; es fragt sich nur, wie man durch die Untiefen des Baltischen Meeres, durch welche Gewalt und auf welche Art und Weise man sie wieder herüber aufs trockne deutsche Land schafft.

Dergleichen Musterstücke von Geschieben sind mir denn auch durch Freunde geworden bis Danzig hinauf, wo ebenso schöner roter Feldspat in großer Masse, verbunden mit den übrigen unverkennbaren Granitteilen, zum Vorschein kommt.

---

Bergrat Voigt zu Ilmenau, ein eigener Mann, dessen Denk- und Sinnesweise, dessen Behandlungsart der Geognosie wohl geschildert zu werden verdiente, durfte sich eines gewissen natürlichen Sinnes rühmen, der ohne großes Nachsinnen und Forschen, ohne allgemeine Grundsätze, doch immer an Ort und Stelle, wenn es nur die Vulkanität nicht betraf, die Reinheit seines glücklichen Auges bewies, so wie seine Meinung immer einen Beweis von frischer Sinnlichkeit gab. Dieser, als wir uns lange über die wunderbaren Erscheinungen der Blöcke, über Thüringen und über die ganze nördliche Welt ausgebreitet, öfters besprachen und wie angehende Studierende das Problem nicht loswerden konnten, geriet auf den Gedanken, diese Blöcke durch große Eistafeln herantragen zu lassen; denn da es unleugbar schien, daß zu gewissen Urzeiten die Ostsee bis ans sächsische Erzgebirg und an den Harz herangegangen sei, so dürfe man natürlich finden, daß bei laueren Frühlingstagen im Süden die großen Eistafeln aus Norden herangeschwommen seien und die großen Urgebirgsblöcke, wie sie unterwegs an hereinstürzenden Felswänden, Meerengen und Inselgruppen aufgeladen, hierher abgesetzt hätten. Wir bildeten mehr oder weniger dieses Phänomen in der Einbildungskraft aus, ließen uns die Hypothese eine Zeitlang gefallen, dann scherzten wir darüber, Voigt aber konnte von seinem Ernst nicht lassen, und ich glaube, er hat irgendwo den Gedanken abdrucken lassen.

Dem sei nun aber, wie ihm wolle, in diesen letzten Jahren erhielt ich von meinem nicht genug zu belobenden Freunde, dem Kammerherrn von Preen, die Nachricht, daß bei eintretendem Frühling große Eismassen, mit Granit beladen, den Sund hereingeschwommen seien.

## TEMPEL ZU PUZZUOL

Merkwürdiger ist nichts in der Welt der Meinung, als daß man, um Phänomene zu erklären, die gewaltsamsten Mittel zu Hülfe ruft, anstatt daß man bei ruhiger Umsicht das nächste Natürliche bei der Hand gehabt hätte.

So wie nun ein mächtiger Geolog, dem übernatürliche Hebel zu Gebote stehen (Seite *447 in v. Hoffs „Geschichte der Erdoberfläche“*), Schweden und Norwegen ohne Bedenken aus der Tiefe in die Höhe hebt und durch dieses desperate Mittel sich aus einer gewissen Verlegenheit zu helfen sucht, so tritt Seite *457* ein anderer auf, der den mächtigsten Damm durchsticht, so daß die Ufer des Mittelländischen Meeres dreißig Fuß und zwar auf eine Zeitlang unter Wasser gesetzt werden. Hievon soll nun der Tempel zu Puzzuol ein Zeugnis geben.

Dieser Tempel ist zu Diocletians Zeiten gebaut, schon dies hätte einem kunstverständigen Naturforscher sagen sollen, daß nach dem Jahre das Meer weder so hoch, weder so lange in dieser Höhe habe stehen können, aber der mechanischen Erklärungsart ist nichts zu absurd, was sie nicht ganz natürlich fände. Doch wir wollen Schritt vor Schritt vorwärtsgehen.

### ARCHITEKTONISCH-NATURHISTORISCHES PROBLEM

Nach meiner Rückkehr aus Sizilien fand sich in Neapel noch manches nachzuholen, was in dem Drange des südlichen Lebens versäumt worden war; dahin gehörte denn

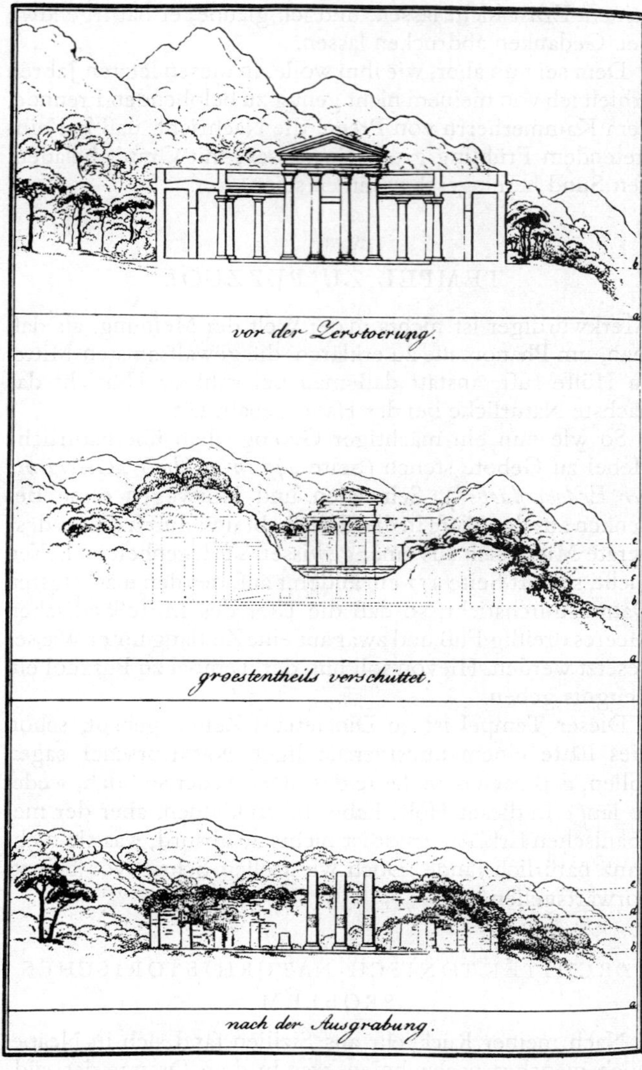


*18. Jupitertempel in Pozzuoli*

auch der Tempel des Jupiter Serapis bei Puzzuol, an dessen übriggebliebenen Säulen sich ein unerklärliches Phänomen dem Erd- und Naturforscher längst bemerklich machte.

Am 19. Mai 1787 verfügten wir uns dahin; ich betrachtete mir alle Umstände genau und setzte gar bald bei mir fest, wie die Erscheinung zu erklären sei. Was ich schon damals in mein Tagebuch schrieb und aufzeichnete, will ich nach so geraumer Zeit mit allem, was mir zeither bekannt geworden, hier in anschaulicher Folge in bezug auf eine wohlgeratene Kupfertafel getreulich vortragen.

Die Lage des Tempels, eigentlich aber seiner noch vorhandenen Überreste, ist nordwärts von Puzzuol, etwa zweihundert Toisen von der Stadt entfernt; er lag unmittelbar am Meer, etwa funfzehn Fuß über den Wasserspiegel erhöht.

Noch immer nimmt das Mauerwerk einen Raum ein von fünfundzwanzig Toisen ins Gevierte; davon gehen ab die Zellen der Priester ringsum, so daß für den innern Hof, einen umgebenden Säulengang mitgerechnet, neunzehn Toisen übrigbleiben. In der Mitte findet sich eine runde Erhöhung, mit vier steilen Stufen zu ersteigen; sie hat zehn und eine halbe Toise im Durchschnitt und trug auf Säulen einen runden durchsichtigen Tempel ohne Zelle.

Die Zahl der freistehenden Säulen daran war sechzehn, den Hof umgaben sechsunddreißig, und da einer jeden Säule auch eine Statue zugeteilt worden, so mußten zweiundfunfzig derselben in diesem mäßigen Raume Platz finden. Denke man sich nun das Ganze korinthischer Ordnung, wie die Proportionen der Säulen, desgleichen die noch umherliegenden Gesimsglieder beweisen, so wird man gestehen, daß es hier auf eine große Prachtwirkung abgesehen war. Diese ward noch dadurch erhöht, daß der Stoff edel, Massen sowohl als Bekleidung Marmor gewesen; wie denn die engen Priesterzellen und die seltsamen Reinigungszimmer alles von köstlichem Marmor getäfelt, geplattet und eingerichtet gefunden worden.

Alle diese Kennzeichen, vorzüglich auch der Plan, näher betrachtet, deuten eher auf das dritte als zweite Jahrhundert; der Wert gemeldeter architektonischen Zieraten, welcher am sichersten entscheiden würde, ist uns nicht mehr gegenwärtig.

Noch ungewisser bleibt die Epoche, wann dieser Tempel durch vulkanische Asche und sonstigen feurigen Auswurf verschüttet worden; doch geben wir von dem, was man noch sieht, sowie von dem, was man sich zu folgern erlaubt, in bezug auf die Kupfertafel zunächst Rechenschaft.

In dem oberen Felde derselben sieht man einen Aufriß des Tempels in seiner Integrität, und zwar den Hof im Durchschnitt genommen; die vier hohen Säulen des Portikus standen im Grunde des Hofs vor dem Allerheiligsten; man sieht ferner den von einem Säulengang umgebenen Hof und dahinter die priesterlichen Gemächer.

Daß der Tempel in einer uns unbekannten Epoche des Mittelalters verschüttet wurde, ist kein Wunder. Man nehme den Plan der Campi Phlegraei vor sich und betrachte Krater an Krater, Erhöhung und Vertiefung immerfort wechselnd, so wird man sich überzeugen, daß der Boden hier niemals zur Ruhe gekommen. Unser Tempel liegt nur anderthalb Stunden vom neuen Berge (Monte nuovo), der im September 1538 zu einer Höhe von tausend Fuß emporgewachsen, entfernt, und gar nur eine halbe von der Solfatara, welche noch immer brennt und glüht.

Man beschaue nun das mittlere Bild und denke sich den niedergehenden dichten Aschenregen, so werden die Priesterwohnungen, davon bedeckt, zu Hügeln anschwellen, der freie Hof hingegen wird nur bis zu einer gewissen Höhe angefüllt werden. Dadurch verblieb in der Mitte eine Vertiefung, welche sich nur zwölf Fuß über den alten Boden erhub, aus welchem die übriggebliebenen Hauptsäulen, auch wohl der obere Teil der Säulen des Umgangs hie und da hervorragten.

Der Bach, der zur Reinigung durch den Tempel geführt war, wovon die ausgegrabenen Rinnen und Röhren, die wunderlich durchschnittenen Marmorbänke genugsam zeugen, das mit Sorgfalt hergeleitete Wasser, das noch jetzt nicht fern vorbeifließt, bildete stockend einen Teich, der denn etwa fünf Fuß hoch gewesen sein und in dieser Höhe die Säulen des Portikus bespült haben mag.

Innerhalb dieses Gewässers entstehen Pholaden und fressen den griechischen Cipollinmarmor ringsum an, und zwar völlig in der Wasserwaage.

Wie viele Jahre dieser Schatz verborgen geblieben, ist unbekannt, wahrscheinlich bebuschte sich der Wall ringsumher; auch ist die Gegend überhaupt so ruinenreich, daß die wenigen hervorragenden Säulen kaum die Aufmerksamkeit an sich ziehen mochten.

Endlich aber fanden neuere Architekten hier eine erwünschte Fundgrube. Man leitete das Wasser ab und unternahm eine Ausgrabung, nicht aber, um das alte Monument wiederherzustellen; es wurde vielmehr als Steinbruch behandelt und der Marmor bei dem Bau von Caserta, der 1752 begann, verbraucht.

Dies ist denn auch die Ursache, warum der aufgeräumte Platz so wenig gebildete Reste sehen läßt und die drei Säulen, auf gereinigtem geplatteten Boden stehend, unsere Aufmerksamkeit besonders auf sich ziehen. Diese sind es denn, die in der ganzen Höhe von zwölf Fuß über dem Boden völlig rein gesehen werden, sodann aber fünf Fuß weiter hinauf von Pholaden zerfressen sind. Bei näherer Untersuchung hat man das Maß der durch diese Geschöpfe bewirkten Vertiefungen vier Zoll gefunden und die Schalenreste unversehrt herausgezogen.

Seit jener Zeit des Aufgrabens und Benutzens scheint jedoch weiter nichts angerührt worden zu sein; denn das Werk: Antichità di Puzzuolo, ein Folioband, in welchem bildliche Darstellungen und Text, beides in Kupfer gestochen, gefunden werden, zwar ohne Jahrzahl, aber bei der Vermählung Ferdinands IV. mit Karolinen von Österreich, also im Jahr 1768 dem hohen Paare gewidmet, zeigt auf der funfzehnten Tafel den damaligen Zustand ungefähr so, wie wir ihn auch gefunden, und wie eine Zeichnung, durch Herrn V e r s c h a f f e l t 1790 verfertigt, welche auf hiesiger Großherzoglichen Bibliothek aufbewahrt, denselben Gegenstand der Hauptsache nach übereinstimmend vorlegt.

Auch das bedeutende Werk: Voyage pittoresque, ou description des Royaumes de Naples et de Sicile, und zwar in dem zweiten Teile des ersten Bandes, beschäftigt sich gleichfalls von Seite 167 an mit unserem Tempel. Der Text ist schätzenswert und gibt mancherlei gute Nachrichten, wenn er uns gleich zu keinem Ziele führt. Zwei Abbildungen gedachter Seite gegenüber sind nach flüchtigen Skizzen willkürlich zu gefälligem Schein ausgeführt, aber doch der Wahrheit nicht ganz entfremdet.

Weniger Gutes läßt sich von der in demselbigen Werk zu Seite 172 gehörigen Restauration sagen, wie es die Herausgeber selbst eingestehen; es ist bloß eine phantastische Theaterdekoration, viel zu geräumig und kolossal, da dieses ganze heilige Gebäude, wie schon die Dimensionen anzeigen, in sehr mäßigen Verhältnissen aufgeführt, obgleich überflüssig verziert war.

Hiervon kann man sich durch den Grundriß überzeugen, welcher im erstgenannten Werk Antichità di Puzzuolo, Tafel XVI, eingeschaltet und in dem Voyage pittoresque zu Seite 170 kopiert erscheint.

Aus allem diesem aber ist ersichtlich, daß für einen geschickten und gewandten Architekten hier noch viel zu tun bleibe: genauere Maßangabe, als wir liefern konnten, deshalb Revision des Grundrisses nach Anleitung obgenannter Werke, genaue Untersuchung der noch umherliegenden Trümmer, kennerhafte Beurteilung des Geschmacks daran, woraus die Zeit der Erbauung am ersten abzuleiten wäre, kunstgemäße Restauration des Ganzen sowohl als des Einzelnen im Sinn der Epoche, in welcher das Gebäude errichtet worden.

Dem Antiquar wäre dadurch vorgearbeitet, der von seiner Seite die Art des Gottesdienstes, welche hier geübt wurde, nachweisen möchte; blutig muß er gewesen sein, denn es finden sich noch eherne Ringe im Fußboden, woran man die Stiere geheftet, deren Blut abzuleiten die umhergehenden Rinnen bestimmt gewesen; ja, es findet sich im Zentrum der Mittelerhöhung eine gleiche Öffnung, wodurch das Opferblut abfließen konnte. Uns scheint dies alles auf eine spätere Zeit, auf einen geheimnisvollen düstern Götzendienst hinzudeuten.

Nach allem diesem kehr ich zu dem Hauptzwecke zurück, den Pholaden-Löchern, die man wohl ungezweifelt solchen

Tieren zuschreiben muß. Wie sie da hinaufgereicht und nur einen gewissen Streifen um die Säulen angenagt, entwickelt unsere oben gegebene Erklärung; sie ist lokal und bringt mit dem geringsten Aufwande die Sache zur Klarheit und wird sich gewiß des Beifalls echter Naturforscher zu erfreuen haben.

Man scheint in dieser Angelegenheit, wie so oft geschieht, von falscher Voraussetzung ausgegangen zu sein. Die Säulen, sagte man, sind von Pholaden angefressen, diese leben nur im Meere, das Meer muß also so hoch gestiegen und die Säulen eine Zeitlang von ihm umgeben worden sein.

Eine solche Schlußfolge darf man nur umkehren und sagen: eben weil man die Wirkung von Pholaden hier mehr als dreißig Fuß über dem Meeresspiegel findet und sich ein zufälliger Teich hier oben nachweisen läßt, so müssen Pholaden, von welcher Art sie auch seien, im süßen oder doch durch vulkanische Asche angesalzten Wasser existieren können. Und hier spreche ich im allgemeinen unbedenklich aus: eine Erklärung, die sich auf eine neue Erfahrung stützt, ist achtungswert.

Denke man sich nun gegenteils in der dunkelsten Pfaffen- und Ritterzeit das Mittelländische Meer dreißig Fuß über seinen waagerechten Stand sich erhebend – welche Veränderungen müßten die sämtlichen Ufer in ihren Zuständen erfahren haben? Wieviel Buchten mußten erweitert, wieviel Landstrecken zerwühlt, wie manche Häfen ausgefüllt werden? Und das Gewässer sollte noch überdies längere Zeit in diesem Stande geblieben sein? Davon wäre aber in keiner Chronik, in keiner Fürsten-, Stadt-, Kirchen- oder Klostergeschichte Meldung geschehen, da doch in allen Jahrhunderten nach der Römer Herrschaft Nachrichten und Überlieferungen niemals völlig abreißen.

Hier unterbricht man uns aber und ruft: „Was streitet ihr? Mit wem streitet ihr? Hat denn irgend jemand behauptet, jene Meereswallung habe sich so spät während unserer christlichen Zeitrechnung ereignet? Nein! sie gehört früheren Jahren an, vielleicht gar dem poetischen Kreise."

Es sei! Wir ergeben uns gern, da wir Streit und Widerstreit nicht lieben; für uns ist's genug, daß ein Tempel, im dritten Jahrhundert erbaut, wohl schwerlich könne in dem Maße vom Meere jemals überschwemmt worden sein.

Und so will ich denn nur noch, auf beiliegende Tafel mich beziehend, einiges wiederholen und wenige Bemerkungen hinzufügen. Auf der obern Abteilung, wie auf den übrigen ist a die Linie der Meeresfläche, b die geringe Erhöhung des Tempels über dieselbe.

Auf dem mittleren Bilde ist unsere Überzeugung ausgedrückt; die Linie c deutet auf die Verschüttung des Tempelhofes und den Grund des Teiches; d auf die Höhe des Wasserstandes in demselbigen Teiche; zwischen beiden Punkten war den gefräßigen Muscheln der Aufenthalt vergönnt; e sodann deutet auf den Wall, der bei der Verschüttung sich über und um den Tempel hinlegte, wie man denn Säulen und Mauerwerk im durchschnittenen Terrain punktiert sieht.

Im unteren Felde, wo sich die ausgegrabenen Räume zeigen, korrespondieren die von Pholaden angefressenen punktierten Säulenhöhen mit dem vormaligen Teiche c d und machen die Absicht unserer Erklärung vollkommen deutlich; nur ist zu bemerken, daß man in der Wirklichkeit das umgebende Mauerwerk des Tempels nicht so frei, wie hier um der Übereinstimmung willen gezeichnet worden, sondern verschüttet antreffen wird, da man zu jener Zeit nur das Nachgraben so weit verfolgte, als man Ausbeute für seine Zwecke vorfand.

Sollte ich nun noch etwas hinzufügen, so hätte ich die Ursachen anzugeben, warum ich nicht längst mit dieser Erklärung hervorgetreten. In diesem wie in andern Fällen hatte ich mich selbst überzeugt und fühlte keinen Beruf, in dieser widersprechenden Welt auch andere überzeugen zu wollen. Als ich meine Italienische Reise herausgab, hielt ich gerade diese Stelle meines Hefts zurück, weil mir eine solche Ausführung mit dem übrigen nicht zu passen schien, auch im Tagebuch der Hauptgedanke nur angedeutet und mit wenigen Federzügen erläutert war.

Nun treffen aber in diesen letzten Zeiten zwei Umstände zusammen, die mich zu dieser Eröffnung bestimmen und sie möglich machen; ein so freundlicher als genial-gewandter

Baumeister zeichnete nach meinen geringen Andeutungen die parallelisierende Tafel, welche ohne weitere umständliche Ausführung, nur von wenig Worten begleitet, die Sache schon ins klare gesetzt hätte; sie wird, sehr sauber von Schwerdgeburth gestochen, Naturfreunden genugtun.

Zugleich aber regte mich auf, daß Herr von Hoff in seinem unschätzbaren Werke, wodurch er dem sinnigen Naturforscher so viele unnötige Fragen, Untersuchungen, Folgerungen und Antworten erspart, auch des gegenwärtigen Falles gedenken mochte. Bedächtig setzt er das Problematische auseinander und wünscht eine weniger desperate Erklärung als jene, die eine Erhöhung des Mittelmeers zu einem so winzigen Zwecke für nötig erachtet. Diesem würdigen Manne sei denn zuvörderst gegenwärtiger Aufsatz gewidmet, mit Vorbehalt, unseren verpflichteten Dank für die große durchgreifende Arbeit öfters, und zwar bei Gelegenheit anderer bedeutenden Punkte unbewunden auszusprechen.

## ÜBER DEN BAU UND DIE WIRKUNGSART DER VULKANE IN VERSCHIEDENEN ERDSTRICHEN VON ALEXANDER VON HUMBOLDT

Berlin 1823

Genanntes Heft, von Freundes Hand verfaßt und zugesendet, nehme ich dankbarlichst auf, indem es zu keiner gelegenern Zeit bei mir anlangen konnte. Ein weit umsichtiger, tiefblickender Mann, der auch seine Gegenständlichkeit, und zwar eine grenzenlose, vor Augen hat, gibt hier aus hohem Standpunkt eine Ansicht, wie man sich von der neuern ausgedehntern vulkanistischen Lehre eigentlich zu überzeugen habe.

Das fleißigste Studium dieser wenigen Blätter, dem Buchstaben und dem Sinne nach, soll mir eine wichtige Aufgabe lösen helfen, soll mich fördern, wenn ich versuche, zu denken wie ein solcher Mann, welches jedoch nur möglich ist, wenn sein Gegenständliches mir zum Gegenständlichen wird, worauf ich denn mit allen Kräften hinzuarbeiten habe.

Gelingt es, dann wird es mir nicht zur Beschämung, vielmehr zur Ehre gereichen, mein Absagen der alten, mein Annehmen der neuen Lehre in die Hände eines so trefflichen Mannes und geprüften Freundes niederzulegen.

## *Aus:* ZUR GEOLOGIE

### Umherliegende Granite

können verschiedentlich abgeleitet werden.

1. Als Reste von an derselben Stelle gestandenen Felsenklippen,

die, zum größten Teil verwittert, ihre festesten Überbleibsel liegen lassen.

Wichtigste Erscheinung der Lux- oder Luisenburg bei Alexandersbad, von uns aufs genauste betrachtet und behandelt.

Weniger auffallende, aber doch stark genug sprechende der Landgrafenstein und sonstige gewiß noch bedeutend aufzufindende.

Dergleichen stehengebliebene Felsen in den Wüsten Ägyptens.

Durch Verwitterung verschwindende in Nieder-Ägypten bei Alexandrien.

2. Herbeigeführte oder in der Nähe umhergetriebene Massen.

Hiebei können wir des Eises nicht entbehren.

Große Eisschollen, welche Granit in den Sund bringen.

Nachricht hievon durch Herrn von Preen.

Frühzeitiges Abscheiden desselben.

Fernerer Beobachtung empfohlen.

Früherer Andrang solcher Fluten und Eisstürme, die noch immer auf der Ostsee sind.

Können gar wohl die Felsen des Heiligen Dammes umgestürzt, weiter nach Preußen hereingeführt haben, ohne daß man nötig hätte, alle von Norden herzuleiten.

Es geht nur daraus hervor, daß die Natur hüben und drüben der Ostsee wie überall in ihren Bildungen einfach und übereinstimmend verfahren sei.

## Kälte

Zu dem vielen Eis brauchen wir Kälte. Ich habe eine Vermutung, daß eine Epoche großer Kälte wenigstens über Europa gegangen sei, etwa zur Zeit, als die Wasser das Kontinent noch etwa bis auf 1000 Fuß Höhe bedeckten und der Genfer See zur Tauzeit noch mit den nordischen Meeren zusammenhing.

Damals gingen die Gletscher des Savoyer Gebirgs bis an den See, und die noch bis auf den heutigen Tag auf den Gletschern niedergehenden langen Steinreihen, mit dem Eigennamen Gufferlinien bezeichnet, ebensogut durch das Arve- und Transetal herunterziehen und die oben sich ablösenden Felsen unabgestumpft und -abgerundet in ihrer natürlichen Schärfe bis an den See bringen konnten, wo sie uns noch heutzutag bei Thonon scharenweis in Verwunderung setzen.

*Weimar*, d. 5. Nov. 1829.

---

## *Lage der Flöze*

Auch folgendes Phänomen gibt zu verschiedenen Auslegungen Anlaß. Da die gewöhnlichen Flöze der Horizontallage sich nähern, so finden sich doch andere mehr oder weniger geneigt, wie auch wohl stark abhängig dem Vertikalen sich nähernd und endlich sogar überhängig. Hier glaubte man nun annehmen zu müssen, daß diese Flöze erst in horizontaler Lage entstanden, nachher aber durch ein von innen bewirktes Aufheben des Berges in diese widernatürliche Lage gekommen.

Ich kenne einen einzigen solchen Fall, der aber praktisch einen besonders schädlichen Einfluß gehabt, und deshalb von allen Seiten betrachtet werden müssen; er ist umständlich beschrieben in:

Geschichte des Ilmenauischen Bergwerks von C. W. Voigt 1821.

Man hat Ursache, anzunehmen, daß in den ersten Epochen unsrer Erdbildung alles Chemische und überhaupt alles Dynamische kräftiger und stärker wirksam gewesen.

Ist doch die Anziehungskraft einzelner Felsmassen noch nicht erloschen. Ich nehme an: sie war damals so stark, daß sie die in dem allgemeinen Auflösungsmittel schwimmenden metallischen und irdischen Teile, die sich in ihrer Nähe fanden, an sich zog, indessen das übrige in Masse niederging, wodurch also ein steil aufgerichtetes, ja ein überhängendes Flöz zugleich mit dem horizontalen gebildet wurde, welches eben der vorgemeldete Fall ist, auf dessen Ausführung in dem obgedachten Werke gar wohl verweisen kann.

## *EISZEIT*

Hausmanns Vorlesung in der Königl. Sozietät der Wissenschaften zu Göttingen: De origine saxorum, per Germaniae septemtrionalis regiones arenosas dispersorum, kommt uns zu diesen Betrachtungen sehr erwünscht. Es ist eine vorzügliche Darstellung der von ihrer Stelle enthobenen, an manchen entfernten Stellen teils abgekanteten, teils abgerundeten, abgesetzten Niedergebirgstrümmer, woran sich obiges Heft gar belehrend anschließt. Setze ich nun bekannt voraus, was jene beiden Männer uns umständlich dargestellt, so bekenne ich mich zu der längst ausgesprochenen, wieder bestrittenen Meinung, daß wir diese Erscheinung einem hohen Frostzustande des Erdbodens zu danken haben. Anstatt zu fürchterlich undenkbaren Aufstürzungen aus den tiefsten Abgründen (Aufstürzungen, wir müssen ein so seltsames Wort bilden, da die Franzosen bei dieser Gelegenheit das Wort refoulement brauchen) und bei Umhersprengung die Einbildungskraft zu nötigen: so lasse ich bei noch hohem Wasserstand der Erde die Gletscher noch weiter nach dem Lande und dem Genfer See sich ausdehnen.

Auf dies Eismeer stürzen noch täglich große Felsmassen herunter; diese werden noch täglich von dem vorschiebenden Eise fortgeschoben und gelangen endlich auf einen Boden, weit entfernt von ihrem Ursprunge. Auf diese Weise konnten sie im Tal der Arve recht gut heruntergelangen, sich im Rhonetal südwestlich ausbreiten und endlich bei erwärmter Atmosphäre an dem Ufer des Genfer See niedersinken.

Was die ähnlichen Erscheinungen in Norddeutschland betrifft, so trete ich, wie schon gesagt, auf die Seite derer, welche sie durch ein aufgetautes Eis herüberführen lassen.

Hierin bestärkte mich die mir vor mehrern Jahren zugekommene Nachricht, daß bei eintretendem Frühjahr große Granitmassen auf Eisschollen in den Sund geführt worden. Der mecklenburgische Kammerherr Herr v. Preen gab mir diese Nachricht in einem Briefe, der sich noch unter meinen Heften finden wird. Sein frühzeitiger unglücklicher Tod unterbrach das schöne fruchtbare Verhältnis. Zerstreut durch andere Neigung und Sorgen, versäumt ich weitere Erkundigung. Ob hievon schon etwas öffentlich bekanntgeworden, weiß ich nicht, aber ein so höchst interessantes Faktum möchte wohl von den Anwohnern jener Gegenden leichter zu verifizieren sein, als daß das Königreich Schweden sachte sich aus dem Meere noch immer hervorhebe.

## *ENTWURF ZU EINER EINFÜHRUNG IN GEOLOGISCHE PROBLEME*

...

Von manchem andern, was ich im stillen hege mitzuteilen, find ich wohl Fassung und Sammlung.

Die Sache mag sein wie sie will, so muß geschrieben stehen, daß ich diese vermaledeite Polterkammer der neuen Weltschöpfung verfluche, und es wird gewiß irgendein junger geistreicher Mann aufstehen, der sich diesem allgemeinen verrückten Konsens zu widersetzen Mut hat. Einiges will ich näher ausführen. 1. Wie es mit den Flözen aussieht, welche ihrer der Perpendikel sich nähernden Lage wegen sollten aus der Tiefe gehoben sein, und 2. wie man die umherliegenden Granitblöcke allenfalls zu denken habe.

Im ganzen denkt kein Mensch, daß wir als sehr beschränkte schwache Personen uns ums Ungeheure beschäftigen ohne zu fragen, wie man ihm gewachsen sei? Denn was ist die ganze Heberei der Gebirge zuletzt, als ein mechanisches Mittel, ohne dem Verstand irgendeine Möglichkeit, der Einbildungskraft irgendeine Tulichkeit zu verleihen. Es sind bloß Worte, schlechte Worte, die weder

Begriff noch Bild geben. Hiemit sei genug gesagt, wo nicht zuviel.

Das Schrecklichste, was man hören muß, ist die wiederholte Versicherung: die sämtlichen Naturforscher seien hierin derselben Überzeugung. Wer aber die Menschen kennt, der weiß, wie das zugeht; gute, tüchtige, kühne Köpfe putzen durch Wahrscheinlichkeiten sich eine solche Meinung heraus; sie machen sich Anhänger und Schüler, eine solche Masse gewinnt eine literarische Gewalt, man steigert die Meinung, übertreibt sie und führt sie mit einer gewissen leidenschaftlichen Bewegung durch. Hundert und aber hundert wohldenkende vernünftige Männer, die in andern Fächern arbeiten, die auch ihren Kreis wollen lebendig, wirksam, geehrt und respektiert sehen, was haben sie Bessers und Klügers zu tun, als jenen ihr Feld zu lassen und ihre Zustimmung zu dem zu geben, was ihnen nichts angeht. Das heißt man alsdann: allgemeine Übereinstimmung der Forscher.

Ich habe dieses, was ich hier sage, in concreto an ganz würdigen Männern gesehen; ihre Sache war: im Felde der Naturlehre ihr Fach, ihr Geschäft, ihre Erfahrungen und Wissen zu innigen, zu isolieren, zu vervollständigen und durchzuarbeiten. Hier waren sie vortrefflich, durch Unterscheiden und Ordnen belehrend, ihr Urteil sicher, genug höchst schätzenswert. In andern Fächern aber waren sie ganz gemein. Was der Tag hatte, was der Tag brachte, was allenfalls in Kompendien und Zeitschriften stand, das wußten sie, das billigten sie; nahmen aber auch nicht den geringsten weiteren Teil daran.

## GEOLOGISCHE PROBLEME UND VERSUCH IHRER AUFLÖSUNG

### 1.

Horizontal liegende Flöze, welche sich an steilen Felswänden oberhalb fortsetzen, werden durch Hebung einer solchen Bergwand erklärt.

Wir sagen: in frühster Zeit jener Entstehungen war alles Dynamische kräftiger als späterhin, die Anziehungskraft der Teile größer. Die niedergehenden Elemente des Flözes senkten sich zwar nieder und belegten die Fläche, aber in gleicher Maße wurden sie angezogen von den Seitenwänden der nahestehenden Berge, sodaß sie nicht allein an sehr steilen Flächen, sondern sogar an überhängenden sich festsetzen und die weitere Füllung des Raums abwarten konnten.

2.

Die auf großen Flächen weit entfernten Granitmassen haben auch zu vielem Nachdenken Gelegenheit gegeben.

Wir halten dafür, daß die Erklärung des Phänomens auf mehr als eine Weise geschehen müsse.

Die, besonders an der savoyischen Seite, an dem Genfer See sich befindenden Blöcke, die nicht abgerundet, sondern scharfkantig sind, wie sie vom höchsten Gebirg losgerissen worden, erklärt man: daß sie bei dem tumultuarischen Aufstand der weit rückwärts im Land gelegenen Gebirge seien dahin geschleudert worden.

Wir sagen, es habe eine Zeit gegeben, wo die Gletscher weit tiefer herabgingen, ja bis an den Genfer See reichten; da denn die von dem Gebirg sich ablösenden Felsblöcke ganz bequem bis an den See herunterrutschen konnten. Dergleichen Prozessionen von Felsstücken ziehen noch bis auf den heutigen Tag von den Gletschern herunter; sie haben einen besonderen Namen. (Dieses alles, sowie die Lage der Täler, in welchen die alten Gletscher bis an den See herunterführten, ist auszuführen.)

Die im nördlichen Deutschland umherliegenden Granit- und andere Urgebirgsblöcke haben einen verschiedenen Ursprung.

Der nunmehr zu einem bedeutenden Kunstwerk verarbeitete Landgrafenstein gibt uns das sicherste Zeugnis, daß es dem nördlichen Deutschland am Urgebirg nicht fehlte.

Wir behaupten, daß teils zusammenhängende, teils einzeln stehende Klippen in dieser weiten und breiten Landschaft wahrscheinlich aus dem Wasser hervorragten, daß besonders der Heilige Damm die Überreste anzeigt einer solchen Urgebirgsreihe, welche, so wie das übrige weiter ins Land hinein zum größeren Teil auflöslich, nur in ihren festesten Teilen den zerstörenden Jahrtausenden entgangen ist. Daher sind die dort gefundenen, seit geraumer Zeit bearbeiteten Steine von so großer Schönheit und Wert, weil sie uns das Festeste und Edelste geognostischer Gegenstände seit Jahrtausenden vorlegen.

Wenn ich nun schon bisher zu meinen Ableitungen, oder wenn man will Erklärungen, hohen Wasserstand und starke Kälte bedurfte, so sieht man wohl, daß ich geneigt bin, den Einfluß zuzugestehen, den man den nordischen Gewässern und Gewaltstürmen auf diese Phänomene bisher auszusprechen schon geneigt war.

Wenn eine große Kälte, bei tausend Fuß Höhe des allgemeinen Wasserstandes, einen großen Teil des nördlichen Deutschlands durch eine Eisfläche verband, so läßt sich denken, was beim Auftauen die durcheinandergetriebenen Eisschollen für eine Zerstörung anrichten und bei nördlichen, nordwest- und -östlichen Stürmen die auf die Schollen niedergestürzten Granitblöcke weiter gegen Süden führen mußten.

Wenn nun zuerst diese erste Urgebirgsmasse im nördlichen Deutschland gerettet ist (welches vorzüglich durch die ägyptischen Verwitterungen, welche bis auf den heutigen Tag fortgehen und die Fläche immer mehr zur Fläche, die Wüste immer mehr zur Wüste machen, geschehen muß), so wird man sich zu erklären haben, daß man jenem Herüberführen auch aus den überbaltischen Regionen durch das Eis nicht abgeneigt ist; denn es gehen noch bis auf den heutigen Tag große Eismassen in den Sund ein, welche die von dem felsigen Ufer abgerissenen Urgebirgsmassen mit sich heranbringen.

Allein diese Wirkung ist nur als sekundär anzusehen. Indem wir im nördlichen Deutschland die Urgebirgsarten der nördlichsten Reiche erkennen, so folgt noch nicht, daß sie dort hergekommen; denn dieselbigen Arten des Urgebirgs können so hüben wie drüben zu Tage ausgegangen sein. Ist doch das Urgebirg eben deshalb so respektabel, weil es sich überall gleichsieht und man Granit und Gneis aus Brasilien, wie mir die Exemplare zuhanden gekommen sind, von den europäisch-nördlichen nicht zu unterscheiden vermöchte.

Wunderliche Art der Erklärungslustigen! Was fest und unerschütterlich ist, soll erst werden und sich bewegen; was ewig fort sich bewegt und verändert, soll stationär sein und bleiben, und das alles bloß, damit etwas gesagt werde! –

## *ZUR WITTERUNGSLEHRE*

### LUKE HOWARD TO GOETHE
### A BIOGRAPHICAL SKETCH

Eine Übersetzung dieser höchst schätzbaren, vor kurzem an mich gelangten Handschrift wird im nächsten Hefte zur Wissenschaftslehre den ersten Platz finden, gewiß zur Freude aller wahren Weisheitsliebenden; vorläufig darüber folgendes.

Wie sehr mich die Howardsche Wolkenbestimmung angezogen, davon zeugt manches Blatt des wissenschaftlichen Bandes, wohin auch eigentlich diese Nachricht gehörte. Wie sehr mir die Formung des Formlosen, ein gesetzlicher Gestaltenwechsel des Unbegrenzten erwünscht sein mußte, folgt aus meinem ganzen Bestreben in Wissenschaft und Kunst; ich suchte mich von dieser Lehre zu durchdringen, befleißigte mich einer Anwendung derselben zu Hause wie auf Reisen, in jeder Jahreszeit und auf bedeutend verschiedenen Barometerhöhen; da fand ich denn durch jene sondernde Terminologie immer Fördernis, wenn ich sie unter mannigfachen Bedingungen im Übergange und Verschmelzen studierte. Ich entwarf manches Bild nach der Natur und suchte das Bewegliche, dem Begriff gemäß, auf Blättern zu fixieren; berief Künstler dazu und bin vielleicht bald imstande, eine Reihe von charakteristisch befriedigenden Abbildungen zu liefern, wovon bis jetzt ein durchgängiger Mangel bedauert wird.

Da aber bei wachsender Überzeugung: daß alles, was durch den Menschen geschieht, in ethischem Sinne betrachtet werden müsse, der sittliche Wert jedoch nur aus dem Lebensgange zu beurteilen sei; ersuchte ich einen stets tätigen gefälligen Freund, Herrn Hüttner in London, mir, wo möglich, und wären es auch nur die einfachsten Linien von Howards Lebenswege zu verschaffen, damit ich erkennte, wie ein solcher Geist sich ausgebildet? welche Gelegenheit, welche Umstände ihn auf Pfade geführt, die Natur natürlich anzuschauen, sich ihr zu ergeben, ihre

Gesetze zu erkennen und ihr solche naturmenschlich wieder vorzuschreiben?

Meine Strophen zu Howards Ehren waren in England übersetzt und empfahlen sich besonders durch eine aufklärende rhythmische Einleitung, sie wurden durch den Druck bekannt, und also durfte ich hoffen, daß irgendein Wohlwollender meinen Wünschen begegnen werde.

Dieses ist denn auch über mein Erwarten geschehen, indem ich einen eigenhändigen Brief von Luke Howard erhalte, welcher eine ausführliche Familien-, Lebens-, Bildungs- und Gesinnungsgeschichte, mit der größten Klarheit, Reinheit und Offenheit geschrieben, freundlichst begleitet und mir davon öffentlichen Gebrauch zu machen vergönnt. Es gibt vielleicht kein schöneres Beispiel, welchen Geistern die Natur sich gern offenbart, mit welchen Gemütern sie innige Gemeinschaft fortdauernd zu unterhalten geneigt ist.

Gleich beim Empfang dieses liebenswürdigen Dokumentes ward ich unwiderstehlich angezogen und verschaffte mir durch Übersetzung den schönsten Genuß, wie es denn das nächste wissenschaftliche Heft zu zieren bestimmt ist.

## *Aus:* VERSUCH EINER WITTERUNGSLEHRE 1825

### Einleitendes und Allgemeines.

Das Wahre, mit dem Göttlichen identisch, läßt sich niemals von uns direkt erkennen, wir schauen es nur im Abglanz, im Beispiel, Symbol, in einzelnen und verwandten Erscheinungen; wir werden es gewahr als unbegreifliches Leben und können dem Wunsch nicht entsagen, es dennoch zu begreifen.

Dieses gilt von allen Phänomenen der faßlichen Welt, wir aber wollen diesmal nur von der schwer zu fassenden Witterungslehre sprechen.

Die Witterung offenbart sich uns, insofern wir handelnde wirkende Menschen sind, vorzüglich durch Wärme und Kälte, durch Feuchte und Trockne, durch Maß und Übermaß solcher Zustände, und das alles empfinden wir unmittelbar, ohne weiteres Nachdenken und Untersuchen.

Nun hat man manches Instrument ersonnen, um ebenjene uns täglich anfechtende Wirkungen dem Grade nach zu versinnlichen; das Thermometer beschäftiget jedermann, und wenn er schmachtet oder friert, so scheint er in gewissem Sinne beruhigt, wenn er nur sein Leiden nach Réaumur oder Fahrenheit dem Grade nach aussprechen kann.

Nach dem Hygrometer wird weniger gesehen. Nässe und Dürre nehmen wir täglich und monatlich auf, wie sie eintreten. Aber der Wind beschäftiget jedermann; die vielen aufgesteckten Fahnen lassen einen jeden wissen, woher er komme und wohin er gehe, jedoch was es eigentlich im ganzen heißen solle, bleibt hier, wie bei den übrigen Erscheinungen, ungewiß.

Merkwürdig ist es aber, daß gerade die wichtigste Bestimmung der atmosphärischen Zustände von dem Tagesmenschen am allerwenigsten bemerkt wird; denn es gehört eine kränkliche Natur dazu um gewahr zu werden, es gehört schon eine höhere Bildung dazu um zu beobachten diejenige atmosphärische Veränderung, die uns das Barometer anzeigt.

Diejenige Eigenschaft der Atmosphäre daher, die uns so lange verborgen blieb, da sie bald schwerer bald leichter, in einer Folgezeit an demselbigen Ort, oder zu gleicher Zeit an verschiedenen Orten und zwar in verschiedenen Höhen sich manifestiert, ist es, die wir denn doch in neuerer Zeit immer an der Spitze aller Witterungsbeobachtungen sehen und der auch wir einen besonderen Vorzug einräumen.

Hier ist nun vor allen Dingen der Hauptpunkt zu beachten: daß alles, was ist oder erscheint, dauert oder vorübergeht, nicht ganz isoliert, nicht ganz nackt gedacht werden dürfe; eines wird immer noch von einem anderen durchdrungen, begleitet, umkleidet, umhüllt; es verursacht und erleidet Einwirkungen, und wenn so viele Wesen durcheinander arbeiten, wo soll am Ende die Einsicht, die Entscheidung herkommen, was das Herrschende, was das Dienende sei, was voranzugehen bestimmt, was zu folgen genötigt werde? Dieses ist's, was die große Schwierigkeit alles theoretischen Behauptens mit sich führt, hier liegt die Gefahr: Ursache und Wirkung, Krankheit und Symptom, Tat und Charakter zu verwechseln.

Hier aber bleibt für den ernst Betrachtenden nichts übrig, als daß er sich entschließe, irgendwo den Mittelpunkt hinzusetzen und alsdann zu sehen und zu suchen, wie er das übrige peripherisch behandle. Ein solches haben auch wir gewagt, wie sich aus dem Folgenden weiter zeigen wird.

Eigentlich ist es denn die Atmosphäre, in der und mit der wir uns gegenwärtig beschäftigen. Wir leben darin als Bewohner der Meeresufer, wir steigen nach und nach hinauf bis auf die höchsten Gebirge, wo es zu leben schwer wird; allein mit Gedanken steigen wir weiter, wir wagten den Mond, die Mitplaneten und ihre Monde, zuletzt die gegeneinander unbeweglichen Gestirne als mitwirkend zu betrachten, und der Mensch, der alles notwendig auf sich bezieht, unterläßt nicht, sich mit dem Wahne zu schmeicheln, daß wirklich das All, dessen Teil er freilich ausmacht, auch einen besondern merklichen Einfluß auf ihn ausübe.

Daher wenn er auch die astrologischen Grillen, als regiere der gestirnte Himmel die Schicksale der Menschen, verständig aufgab, so wollte er doch die Überzeugung nicht fahren lassen, daß, wo nicht die Fixsterne, doch die Planeten, wo nicht die Planeten, doch der Mond die Witterung bedinge, bestimme und auf dieselbe einen regelmäßigen Einfluß ausübe.

Alle dergleichen Einwirkungen aber lehnen wir ab; die Witterungserscheinungen auf der Erde halten wir weder für kosmisch noch planetarisch, sondern wir müssen sie nach unseren Prämissen für rein tellurisch erklären.

...wir stellen uns vor, daß innerhalb der Erde eine rotierende Bewegung sei, welche den ungeheuren Ball in vierundzwanzig Stunden um sich selbst herum nötigt und die man sich als lebendige Schraube ohne Ende versinnlichen mag.

Aber dieses ist nicht genug; diese Bewegung hat ein gewisses Pulsieren, ein Zu- und Abnehmen, ohne welches keine Lebendigkeit zu denken wäre, es ist gleichfalls ein regelmäßiges Ausdehnen und Zusammenziehen, das sich in vierundzwanzig Stunden wiederholt, am schwächsten Nachmittag und Nachmitternacht wirkt...

Wiederaufnahme.

Hiernach werden also zwei Grundbewegungen des lebendigen Erdkörpers angenommen und sämtliche barometrische Erscheinungen als symbolische Äußerung derselben betrachtet.

Zuerst deutet uns die sogenannte Oszillation auf eine gesetzmäßige Bewegung um die Achse, wodurch die Umdrehung der Erde hervorgebracht wird, woraus denn Tag und Nacht erfolgt. Dieses Bewegende senkt sich in vierundzwanzig Stunden zweimal und erhebt sich zweimal, wie solches aus mannigfaltigen bisherigen Beobachtungen hervorgeht; wir versinnlichen sie uns als lebendige Spirale, als belebte Schraube ohne Ende; sie bewirkt als anziehend und nachlassend das tägliche Steigen und Fallen des Barometers unter der Linie; dort wo die größte Erdmasse sich umrollt muß sie am bemerklichsten sein, gegen die Pole sich vermindern, ja Null werden, wie auch schon von Beobachtern ausgesprochen ist. Diese Rotation hat auf die Atmosphäre entschiedenen Einfluß, Klarheit und Regen erscheinen tagtäglich abwechselnd...

Die zweite allgemein bekannte Bewegung, die wir einer vermehrten oder verminderten Schwerkraft gleichfalls zuschreiben, und sie einem Ein- und Ausatmen vom Mittelpunkte gegen die Peripherie vergleichen; diese darzutun haben wir das Steigen und Fallen des Barometers als Symptom betrachtet.

Bändigen und Entlassen der Elemente.

Indem wir nun vorstehendes unablässig durchzudenken, anzuwenden und zu prüfen bemüht sind, werden wir durch manches eintretende Ereignis immer weiter geführt; man lasse uns daher in Betracht des Gesagten und Ausgeführten noch folgendes vortragen.

Es ist offenbar, daß das, was wir Elemente nennen, seinen eigenen wilden wüsten Gang zu nehmen immerhin den Trieb hat. Insofern sich nun der Mensch den Besitz der Erde ergriffen und ihn zu erhalten Pflicht hat, muß er sich zum Widerstand bereiten und wachsam erhalten. Aber einzelne Vorsichtsmaßregeln sind keineswegs so wirksam, als wenn man dem Regellosen das Gesetz entgegenzustellen vermöchte, und hier hat uns die Natur aufs herrlichste vorgearbeitet, und zwar indem sie ein gestaltetes Leben dem Gestaltlosen entgegensetzt.

Die Elemente daher sind als kolossale Gegner zu betrachten, mit denen wir ewig zu kämpfen haben, und sie nur durch die höchste Kraft des Geistes, durch Mut und List im einzelnen Fall bewältigen.

Die Elemente sind die Willkür selbst zu nennen; die Erde möchte sich des Wassers immerfort bemächtigen und es zur Solideszenz zwingen, als Erde, Fels oder Eis, in ihren Umfang nötigen.

Ebenso unruhig möchte das Wasser die Erde, die es ungern verließ, wieder in seinen Abgrund reißen. Die Luft, die uns freundlich umhüllen und beleben sollte, rast auf einmal als Sturm daher, uns niederzuschmettern und zu ersticken; das Feuer ergreift unaufhaltsam, was von Brennbarem, Schmelzbarem zu erreichen ist. Diese Betrachtungen schlagen uns nieder, indem wir solche so oft bei großem unersetzlichen Unheil anzustellen haben. Herz und Geist erhebend ist dagegen, wenn man zu schauen kommt, was der Mensch dagegen getan hat, sich zu waffnen, zu wehren, ja seinen Feind als Sklaven zu benutzen.

Das Höchste jedoch, was in solchen Fällen dem Gedanken gelingt, ist, gewahr zu werden, was die Natur in sich selbst als Gesetz und Regel trägt, jenem ungezügelten, gesetzlosen Wesen zu imponieren. Wieviel ist nicht davon zu unserer Kenntnis gekommen, hier dürfen wir nur des Nächsten gedenken.

Die erhöhte Anziehungskraft der Erde, von der wir durch

das Steigen des Barometers in Kenntnis gesetzt sind, ist die Gewalt, die den Zustand der Atmosphäre regelt und den Elementen ein Ziel setzt; sie widersteht der übermäßigen Wasserbildung, den gewaltsamsten Luftbewegungen; ja die Elektrizität scheint dadurch in der eigentlichsten Indifferenz gehalten zu werden.

Niederer Barometerstand hingegen entläßt die Elemente, und hier ist vor allen Dingen zu bemerken, daß die untere Region der Kontinental-Atmosphäre Neigung habe, von Westen nach Osten zu strömen; Feuchtigkeit, Regengüsse, Wellen, Wogen, alles zieht milder oder stürmischer ostwärts, und wo diese Phänomene unterwegs auch entspringen mögen, so werden sie schon mit der Tendenz nach Osten zu dringen geboren.

Hiebei deuten wir noch auf einen bedeutenden bedenklichen Punkt: wenn nämlich das Barometer lange tief gestanden hat und die Elemente des Gehorsams ganz entwöhnt sind, so kehren sie nicht alsobald bei erhöhter Barometerbewegung in ihre Grenzen zurück; sie verfolgen vielmehr noch einige Zeit das vorige Gleis und erst nach und nach, wenn der obere Himmel schon längst zu ruhiger Entschiedenheit gekommen, gibt sich das in den untern Räumen Aufgeregte in das erwünschte Gleichgewicht. Leider werden wir auch von dieser letzten Periode zunächst betroffen und haben besonders als Meeranwohner und Schiffahrende großen Schaden davon. Der Schluß des Jahres 1824, der Anfang des gegenwärtigen gibt davon die traurigste Kunde; West und Südwest erregen, begleiten die traurigsten Meeres- und Küstenereignisse.

Ist man nun einmal auf dem Wege seine Gedanken ins Allgemeine zu richten, so findet sich kaum eine Grenze; gar geneigt wären wir daher, das Erdbeben als entbundene tellurische Elektrizität, die Vulkane als erregtes Elementarfeuer anzusehen und solche mit den barometrischen Erscheinungen im Verhältnis zu denken. Hiemit aber trifft die Erfahrung nicht überein, diese Bewegungen und Ereignisse scheinen besondern Lokalitäten, mit mehr oder minderer Wirkung in die Ferne, ganz eigens anzugehören.

## Analogie.

Hat man sich vermessen, wie man wohl gelegentlich verführt wird, ein größeres oder kleineres wissenschaftliches Gebäude aufzuführen, so tut man wohl, zu Prüfung desselben sich nach Analogien umzusehen; befolg ich aber diesen Rat im gegenwärtigen Falle, so finde ich, daß die vorstehende Ausführung derjenigen ähnelt, welche ich bei dem Vortrag der Farbenlehre gebraucht.

In der Chromatik nämlich setze ich Licht und Finsternis einander gegenüber; diese würden zueinander in Ewigkeit keinen Bezug haben, stellte sich nicht die Materie zwischen beide; diese sei nun undurchsichtig, durchsichtig oder gar belebt, so wird Helles und Dunkles an ihr sich manifestieren und die Farbe sogleich in tausend Bedingungen an ihr entstehen.

Ebenso haben wir nun Anziehungskraft und deren Erscheinung, Schwere, an der einen Seite, dagegen an der andern Erwärmungskraft und deren Erscheinen, Ausdehnung, als unabhängig gegen einander über gestellt; zwischen beide hinein setzten wir die Atmosphäre, den von eigentlich sogenannten Körperlichkeiten leeren Raum, und wir sehen, je nachdem obgenannte beide Kräfte auf die feine Luft-Materialität wirken, das was wir Witterung nennen entstehen und so das Element, in dem und von dem wir leben, aufs mannigfaltigste und zugleich gesetzlichste bestimmt.

## Anerkennung des Gesetzlichen.

Bei dieser, wie man sieht, höchst komplizierten Sache glauben wir daher ganz richtig zu verfahren, daß wir uns erst am Gewissesten halten; dies ist nun dasjenige, was in der Erscheinung in gleichmäßigem Bezug sich öfters wiederholt und auf eine ewige Regel hindeutet. Dabei dürfen wir uns nur nicht irremachen lassen, daß das, was wir als zusammenwirkend, als übereinstimmend betrachtet haben, auch zuzeiten abzuweichen und sich zu widersprechen scheint. Besonders ist es nötig in Fällen wie dieser, wo man, bei vielfältiger Verwickelung, Ursache und Wirkung so leicht verwechselt, wo man Korrelate als wechselseitig bestimmend und bedingend ansieht. Wir nehmen zwar ein Witterungs-Grundgesetz an, achten aber desto genauer auf die unendlichen physischen, geologischen, topographischen Verschiedenheiten, um uns die Abweichungen der Erscheinung womöglich deuten zu können. Hält man fest an der Regel, so findet man sich auch immer in der Erfahrung zu derselben zurückgeführt; wer das Gesetz verkennt, verzweifelt an der Erfahrung, denn im allerhöchsten Sinne ist jede Ausnahme schon in der Regel begriffen.

## Selbstprüfung.

Während man mit dem Wagestück, wie vorstehender Aufsatz, beschäftigt ist, kann man nicht unterlassen sich auf mancherlei Weise selbst zu prüfen, und es geschieht dies am allerbesten und sichersten, wenn man in die Geschichte zurücksieht.

Alle Forscher, wenn man auch nur bei denjenigen stehenbleibt, welche nach der Wiederherstellung der Wissenschaften gearbeitet haben, fanden sich genötigt, mit demjenigen, was die Erfahrung ihnen dargebracht, so gut als möglich zu gebaren. Die Summe des wahrhaft Bekannten ließ in ihrer Breite gar manche Lücken, welche denn, weil jeder zum Ganzen strebt, bald mit Verstand, bald mit Einbildungskraft auszufüllen dieser und jener bemüht war. Wie die Erfahrung wuchs, wurde das, was die Einbildungskraft gefabelt, was der Verstand voreilig geschlossen hatte, sogleich beseitigt; ein reines Faktum setzte sich an die Stelle, und die Erscheinungen zeigten sich nach und nach immer mehr wirklich und zu gleicher Zeit harmonischer. Ein einziges Beispiel stehe hier statt aller.

Von dem frühsten Unterricht meiner Lehrjahre bis auf die neueren Zeiten erinnere ich mich gar wohl, daß der große und unproportionierte Raum zwischen Mars und Jupiter jedermann auffallend gewesen und zu gar mancherlei Auslegungen Gelegenheit gegeben. Man sehe unseres herrlichen Kants Bemühungen, sich über dieses Phänomen einigermaßen zu beruhigen.

Hier lag also ein Problem, man darf sagen am Tage, denn der Tag selbst verbarg, daß sich hier mehrere kleine Gestirne um sich selbst bewegten und die Stelle eines größeren dem Raum angehörigen Gestirns auf die wundersamste Weise eingenommen hatten.

Dergleichen Probleme liegen zu Tausenden innerhalb des Kreises der Naturforschung, und sie würden sich früher auflösen, wenn man nicht zu schnell verführe, um sie durch Meinungen zu beseitigen und zu verdüstern.

Indessen behauptet alles was man Hypothese nennt ihr altes Recht, wenn sie nur das Problem, besonders wenn es gar keiner Auflösung fähig scheint, einigermaßen von der Stelle schiebt und es dahin versetzt, wo das Beschauen erleichtert wird. Ein solches Verdienst hatte die antiphlogistische Chemie; es waren dieselben Gegenstände, von denen gehandelt wurde, aber sie waren in andere Stellen, in andere Reihen gerückt, so daß man ihnen auf neue Weise von andern Seiten beikommen konnte.

Was meinen Versuch betrifft, die Hauptbedingungen der Witterungslehre für tellurisch zu erklären und einer veränderlichen pulsierenden Schwerkraft der Erde die atmosphärischen Erscheinungen in gewissem Sinne zuzuschreiben, ist von derselben Art. Die völlige Unzulänglichkeit, so konstante Phänomene den Planeten, dem Monde, einer unbekannten Ebbe und Flut des Luftkreises zuzuschreiben, ließ sich Tag für Tag mehr empfinden, und wenn ich die Vorstellung darüber nunmehr vereinfacht habe, so kann man dem eigentlichen Grund der Sache sich um soviel näher glauben.

Denn ob ich gleich mir nicht einbilde, daß hiemit alles gefunden und abgetan sei, so bin ich doch überzeugt, wenn man auf diesem Wege die Forschungen fortsetzt und die sich hervortuenden näheren Bedingungen und Bestimmungen genau beachtet, so wird man auf etwas kommen, was ich selbst weder denke noch denken kann, was aber sowohl die Auflösung dieses Problems als mehrerer verwandten mit sich führen wird.

# ZUR FARBENLEHRE

## DIDAKTISCHER TEIL

Der durchlauchtigsten Herzogin und Frauen
Luisen
regierenden Herzogin von Sachsen-Weimar und Eisenach

Durchlauchtigste Herzogin,
Gnädigste Frau.

Wäre der Inhalt des gegenwärtigen Werkes auch nicht durchaus geeignet, Ew. Durchlaucht vorgelegt zu werden, könnte die Behandlung des Gegebenen bei schärferer Prüfung kaum genugtun, so gehören doch diese Bände Ew. Durchlaucht ganz eigentlich an und sind seit ihrer früheren Entstehung Höchstdenenselben gewidmet geblieben.

Denn hätten Ew. Durchlaucht nicht die Gnade gehabt, über die Farbenlehre sowie über verwandte Naturerscheinungen einem mündlichen Vortrag Ihre Aufmerksamkeit zu schenken, so hätte ich mich wohl schwerlich imstande gefunden, mir selbst manches klar zu machen, manches Auseinanderliegende zusammenzufassen und meine Arbeit, wo nicht zu vollenden, doch wenigstens abzuschließen.

Wenn es bei einem mündlichen Vortrage möglich wird, die Phänomene sogleich vor Augen zu bringen, manches in verschiedenen Rücksichten wiederkehrend darzustellen, so ist dieses freilich ein großer Vorteil, welchen das geschriebene, das gedruckte Blatt vermißt. Möge jedoch dasjenige, was auf dem Papier mitgeteilt werden konnte, Höchstdieselben zu einigem Wohlgefallen an jene Stunden erinnern, die mir unvergeßlich bleiben, so wie mir ununterbrochen alles das mannigfaltige Gute vorschwebt, das ich seit längerer Zeit und in den bedeutendsten Augenblicken meines Lebens mit und vor vielen andern Ew. Durchlaucht verdanke.

Mit innigster Verehrung mich unterzeichnend

Ew. Durchlaucht

untertänigster

Weimar, den 30. Januar 1808. J. W. v. Goethe.

# VORWORT

Ob man nicht, indem von den Farben gesprochen werden soll, vor allen Dingen des Lichtes zu erwähnen habe, ist eine ganz natürliche Frage, auf die wir jedoch nur kurz und aufrichtig erwidern: es scheine bedenklich, da bisher schon so viel und mancherlei von dem Lichte gesagt worden, das Gesagte zu wiederholen oder das oft Wiederholte zu vermehren.

Denn eigentlich unternehmen wir umsonst, das Wesen eines Dinges auszudrücken. Wirkungen werden wir gewahr, und eine vollständige Geschichte dieser Wirkungen umfaßte wohl allenfalls das Wesen jenes Dinges. Vergebens bemühen wir uns, den Charakter eines Menschen zu schildern; man stelle dagegen seine Handlungen, seine Taten zusammen, und ein Bild des Charakters wird uns entgegentreten.

Die Farben sind Taten des Lichts, Taten und Leiden. In diesem Sinne können wir von denselben Aufschlüsse über das Licht erwarten. Farben und Licht stehen zwar untereinander in dem genausten Verhältnis, aber wir müssen uns beide als der ganzen Natur angehörig denken: denn sie ist es ganz, die sich dadurch dem Sinne des Auges besonders offenbaren will.

Ebenso entdeckt sich die ganze Natur einem anderen Sinne. Man schließe das Auge, man öffne, man schärfe das Ohr, und vom leisesten Hauch bis zum wildesten Geräusch, vom einfachsten Klang bis zur höchsten Zusammenstimmung, von dem heftigsten leidenschaftlichen Schrei bis zum sanftesten Worte der Vernunft ist es nur die Natur, die spricht, ihr Dasein, ihre Kraft, ihr Leben und ihre Verhältnisse offenbart, so daß ein Blinder, dem das unendlich Sichtbare versagt ist, im Hörbaren ein unendlich Lebendiges fassen kann.

So spricht die Natur hinabwärts zu andern Sinnen, zu bekannten, verkannten, unbekannten Sinnen, so spricht sie mit sich selbst und zu uns durch tausend Erscheinungen. Dem Aufmerksamen ist sie nirgends tot noch stumm; ja dem starren Erdkörper hat sie einen Vertrauten zugegeben, ein Metall, an dessen kleinsten Teilen wir dasjenige, was in der ganzen Masse vorgeht, gewahr werden sollten.

So mannigfaltig, so verwickelt und unverständlich uns oft diese Sprache scheinen mag, so bleiben doch ihre Elemente immer dieselbigen. Mit leisem Gewicht und Gegengewicht wägt sich die Natur hin und her, und so entsteht ein Hüben und Drüben, ein Oben und Unten, ein Zuvor und Hernach, wodurch alle die Erscheinungen bedingt werden, die uns im Raum und in der Zeit entgegentreten.

Diese allgemeinen Bewegungen und Bestimmungen werden wir auf die verschiedenste Weise gewahr, bald als ein einfaches Abstoßen und Anziehen, bald als ein aufblickendes und verschwindendes Licht, als Bewegung der Luft, als Erschütterung des Körpers, als Säurung und Entsäurung, jedoch immer als verbindend oder trennend, das Dasein bewegend und irgendeine Art von Leben befördernd.

Indem man aber jenes Gewicht und Gegengewicht von ungleicher Wirkung zu finden glaubt, so hat man auch dieses Verhältnis zu bezeichnen versucht. Man hat ein Mehr und Weniger, ein Wirken ein Widerstreben, ein Tun ein Leiden, ein Vordringendes ein Zurückhaltendes, ein Heftiges ein Mäßigendes, ein Männliches ein Weibliches überall bemerkt und genannt, und so entsteht eine Sprache, eine Symbolik, die man auf ähnliche Fälle als Gleichnis, als nahverwandten Ausdruck, als unmittelbar passendes Wort anwenden und benutzen mag.

Diese universellen Bezeichnungen, diese Natursprache auch auf die Farbenlehre anzuwenden, diese Sprache durch die Farbenlehre, durch die Mannigfaltigkeit ihrer Erscheinungen zu bereichern, zu erweitern und so die Mitteilung höherer Anschauungen unter den Freunden der Natur zu erleichtern, war die Hauptabsicht des gegenwärtigen Werkes.

Die Arbeit selbst zerlegt sich in drei Teile. Der erste gibt den Entwurf einer Farbenlehre. In demselben sind die unzähligen Fälle der Erscheinungen unter gewisse Hauptphänomene zusammengefaßt, welche nach einer Ordnung aufgeführt werden, die zu rechtfertigen der Einleitung überlassen bleibt. Hier aber ist zu bemerken, daß, ob man sich gleich überall an die Erfahrungen gehalten, sie überall zum Grunde gelegt, doch die theoretische Ansicht nicht verschwiegen werden konnte, welche den Anlaß zu jener Aufstellung und Anordnung gegeben.

Ist es doch eine höchst wunderliche Forderung, die wohl manchmal gemacht, aber auch selbst von denen, die sie machen, nicht erfüllt wird: Erfahrungen solle man ohne irgendein theoretisches Band vortragen und dem Leser, dem Schüler überlassen, sich selbst nach Belieben irgendeine Überzeugung zu bilden. Denn das bloße Anblicken einer Sache kann uns nicht fördern. Jedes Ansehen geht über in ein Betrachten, jedes Betrachten in ein Sinnen, jedes Sinnen in ein Verknüpfen, und so kann man sagen, daß wir schon bei jedem aufmerksamen Blick in die Welt theoretisieren. Dieses aber mit Bewußtsein, mit Selbstkenntnis, mit Freiheit und, um uns eines gewagten Wortes zu bedienen, mit Ironie zu tun und vorzunehmen, eine solche Gewandtheit ist nötig, wenn die Abstraktion, vor der wir uns fürchten, unschädlich und das Erfahrungsresultat, das wir hoffen, recht lebendig und nützlich werden soll.

Im zweiten Teil beschäftigen wir uns mit Enthüllung der Newtonischen Theorie, welche einer freien Ansicht der Farbenerscheinungen bisher mit Gewalt und Ansehen entgegengestanden; wir bestreiten eine Hypothese, die, ob sie gleich nicht mehr brauchbar gefunden wird, doch noch immer eine herkömmliche Achtung unter den Menschen behält. Ihr eigentliches Verhältnis muß deutlich werden, die alten Irrtümer sind wegzuräumen, wenn die Farbenlehre nicht, wie bisher, hinter so manchem anderen, besser bearbeiteten Teile der Naturlehre zurückbleiben soll.

Da aber der zweite Teil unseres Werkes seinem Inhalte nach trocken, der Ausführung nach vielleicht zu heftig und leidenschaftlich scheinen möchte, so erlaube man uns hier ein heiteres Gleichnis, um jenen ernsteren Stoff vorzubereiten und jene lebhafte Behandlung einigermaßen zu entschuldigen.

Wir vergleichen die Newtonische Farbentheorie mit einer alten Burg, welche von dem Erbauer anfangs mit jugendlicher Übereilung angelegt, nach dem Bedürfnis der Zeit und Umstände jedoch nach und nach von ihm erweitert und ausgestattet, nicht weniger bei Anlaß von Fehden und

Feindseligkeiten immer mehr befestigt und gesichert worden.

So verfuhren auch seine Nachfolger und Erben. Man war genötigt, das Gebäude zu vergrößern, hier daneben, hier daran, dort hinaus zu bauen, genötigt durch die Vermehrung innerer Bedürfnisse, durch die Zudringlichkeit äußerer Widersacher und durch manche Zufälligkeiten.

Alle diese fremdartigen Teile und Zutaten mußten wieder in Verbindung gebracht werden durch die seltsamsten Galerien, Hallen und Gänge. Alle Beschädigungen, es sei von Feindes Hand oder durch die Gewalt der Zeit, wurden gleich wieder hergestellt. Man zog, wie es nötig ward, tiefere Gräben, erhöhte die Mauern und ließ es nicht an Türmen, Erkern und Schießscharten fehlen. Diese Sorgfalt, diese Bemühungen brachten ein Vorurteil von dem hohen Werte der Festung hervor und erhielten's, obgleich Bau- und Befestigungskunst die Zeit über sehr gestiegen waren und man sich in andern Fällen viel bessere Wohnungen und Waffenplätze einzurichten gelernt hatte. Vorzüglich aber hielt man die alte Burg in Ehren, weil sie niemals eingenommen worden, weil sie so manchen Angriff abgeschlagen, manche Befehdung vereitelt und sich immer als Jungfrau gehalten hatte. Dieser Name, dieser Ruf dauert noch bis jetzt. Niemanden fällt es auf, daß der alte Bau unbewohnbar geworden. Immer wird von seiner vortrefflichen Dauer, von seiner köstlichen Einrichtung gesprochen. Pilger wallfahrten dahin; flüchtige Abrisse zeigt man in allen Schulen herum und empfiehlt sie der empfänglichen Jugend zur Verehrung, indessen das Gebäude bereits leer steht, nur von einigen Invaliden bewacht, die sich ganz ernsthaft für gerüstet halten.

Es ist also hier die Rede nicht von einer langwierigen Belagerung oder einer zweifelhaften Fehde. Wir finden vielmehr jenes achte Wunder der Welt schon als ein verlassenes, Einsturz drohendes Altertum und beginnen sogleich von Giebel und Dach herab es ohne weitere Umstände abzutragen, damit die Sonne doch endlich einmal in das alte Ratten- und Eulennest hineinscheine und dem Auge des verwunderten Wanderers offenbare jene labyrinthisch unzusammenhängende Bauart, das enge Notdürftige, das zufällig Aufgedrungene, das absichtlich Gekünstelte, das kümmerlich Geflickte. Ein solcher Einblick ist aber alsdann nur möglich, wenn eine Mauer nach der andern, ein Gewölbe nach dem andern fällt und der Schutt, soviel sich tun läßt, auf der Stelle hinweggeräumt wird.

Dieses zu leisten und womöglich den Platz zu ebnen, die gewonnenen Materialien aber so zu ordnen, daß sie bei einem neuen Gebäude wieder benutzt werden können, ist die beschwerliche Pflicht, die wir uns in diesem zweiten Teile auferlegt haben. Gelingt es uns nun, mit froher Anwendung möglichster Kraft und Geschickes, jene Bastille zu schleifen und einen freien Raum zu gewinnen, so ist keinesweges die Absicht, ihn etwa sogleich wieder mit einem neuen Gebäude zu überbauen und zu belästigen; wir wollen uns vielmehr desselben bedienen, um eine schöne Reihe mannigfaltiger Gestalten vorzuführen.

Der dritte Teil bleibt daher historischen Untersuchungen und Vorarbeiten gewidmet. Äußerten wir oben, daß die Geschichte des Menschen den Menschen darstelle, so läßt sich hier auch wohl behaupten, daß die Geschichte der Wissenschaft die Wissenschaft selbst sei. Man kann dasjenige, was man besitzt, nicht rein erkennen, bis man das, was andre vor uns besessen, zu erkennen weiß. Man wird sich an den Vorzügen seiner Zeit nicht wahrhaft und redlich freuen, wenn man die Vorzüge der Vergangenheit nicht zu würdigen versteht. Aber eine Geschichte der Farbenlehre zu schreiben oder auch nur vorzubereiten, war unmöglich, solange die Newtonische Lehre bestand. Denn kein aristokratischer Dünkel hat jemals mit solchem unerträglichen Übermute auf diejenigen herabgesehen, die nicht zu seiner Gilde gehörten, als die Newtonische Schule von jeher über alles abgesprochen hat, was vor ihr geleistet war und neben ihr geleistet ward. Mit Verdruß und Unwillen sieht man, wie Priestley in seiner „Geschichte der Optik“, und so manche vor und nach ihm, das Heil der Farbenwelt von der Epoche eines gespalten sein sollenden Lichtes herdatieren und mit hohem Augbraun auf die Ältern und Mittleren herabsehen, die auf dem rechten Wege ruhig hingingen und im einzelnen

Beobachtungen und Gedanken überliefert haben, die wir nicht besser anstellen können, nicht richtiger fassen werden.

Von demjenigen nun, der die Geschichte irgendeines Wissens überliefern will, können wir mit Recht verlangen, daß er uns Nachricht gebe, wie die Phänomene nach und nach bekannt geworden, was man darüber phantasiert, gewähnt, gemeint und gedacht habe. Dieses alles im Zusammenhange vorzutragen, hat große Schwierigkeiten, und eine Geschichte zu schreiben, ist immer eine bedenkliche Sache. Denn bei dem redlichsten Vorsatz kommt man in Gefahr, unredlich zu sein; ja, wer eine solche Darstellung unternimmt, erklärt zum voraus, daß er manches ins Licht, manches in Schatten setzen werde.

Und doch hat sich der Verfasser auf eine solche Arbeit lange gefreut. Da aber meist nur der Vorsatz als ein Ganzes vor unserer Seele steht, das Vollbringen aber gewöhnlich nur stückweise geleistet wird, so ergeben wir uns darein, statt der Geschichte Materialien zu derselben zu liefern. Sie bestehen in Übersetzungen, Auszügen, eigenen und fremden Urteilen, Winken und Andeutungen, in einer Sammlung, der, wenn sie nicht allen Forderungen entspricht, doch das Lob nicht mangeln wird, daß sie mit Ernst und Liebe gemacht sei. Übrigens mögen vielleicht solche Materialien, zwar nicht ganz unbearbeitet, aber doch unverarbeitet, dem denkenden Leser um desto angenehmer sein, als er selbst sich nach eigener Art und Weise ein Ganzes daraus zu bilden die Bequemlichkeit findet.

Mit gedachtem dritten, historischen Teil ist jedoch noch nicht alles getan. Wir haben daher noch einen vierten, supplementaren hinzugefügt. Dieser enthält die Revision, um derentwillen vorzüglich die Paragraphen mit Nummern versehen worden. Denn indem bei der Redaktion einer solchen Arbeit einiges vergessen werden kann, einiges beseitigt werden muß, um die Aufmerksamkeit nicht abzuleiten, anderes erst hinterdrein erfahren wird, auch anderes einer Bestimmung und Berichtigung bedarf, so sind Nachträge, Zusätze und Verbesserungen unerläßlich. Bei dieser Gelegenheit haben wir denn auch die Zitate nachgebracht. Sodann enthält dieser Band noch einige einzelne Aufsätze, z. B. über die atmosphärischen Farben, welche, indem sie in dem Entwurf zerstreut vorkommen, hier zusammen und auf einmal vor die Phantasie gebracht werden.

Führt nun dieser Aufsatz den Leser in das freie Leben, so sucht ein anderer das künstliche Wissen zu befördern, indem er den zur Farbenlehre künftig nötigen Apparat umständlich beschreibt.

Schließlich bleibt uns nur noch übrig, der Tafeln zu gedenken, welche wir dem Ganzen beigefügt. Und hier werden wir freilich an jene Unvollständigkeit und Unvollkommenheit erinnert, welche unser Werk mit allen Werken dieser Art gemein hat.

Denn wie ein gutes Theaterstück eigentlich kaum zur Hälfte zu Papier gebracht werden kann, vielmehr der größere Teil desselben dem Glanz der Bühne, der Persönlichkeit des Schauspielers, der Kraft seiner Stimme, der Eigentümlichkeit seiner Bewegungen, ja dem Geiste und der guten Laune des Zuschauers anheimgegeben bleibt, so ist es noch viel mehr der Fall mit einem Buche, das von natürlichen Erscheinungen handelt. Wenn es genossen, wenn es genutzt werden soll, so muß dem Leser die Natur entweder wirklich oder in lebhafter Phantasie gegenwärtig sein. Denn eigentlich sollte der Schreibende sprechen und seinen Zuhörern die Phänomene, teils wie sie uns ungesucht entgegenkommen, teils wie sie durch absichtliche Vorrichtungen nach Zweck und Willen dargestellt werden können, als Text erst anschaulich machen; alsdann würde jedes Erläutern, Erklären, Auslegen einer lebendigen Wirkung nicht ermangeln.

Ein höchst unzulängliches Surrogat sind hiezu die Tafeln, die man dergleichen Schriften beizulegen pflegt. Ein freies physisches Phänomen, das nach allen Seiten wirkt, ist nicht in Linien zu fassen und im Durchschnitt anzudeuten. Niemand fällt es ein, chemische Versuche mit Figuren zu erläutern; bei den physischen, nah verwandten ist es jedoch hergebracht, weil sich eins und das andre dadurch leisten läßt. Aber sehr oft stellen diese Figuren nur Begriffe dar; es sind symbolische Hülfsmittel, hieroglyphische Überlieferungsweisen, welche sich nach und nach an die Stelle des Phänomens, an die Stelle der Natur setzen und die wahre Erkenntnis hindern, anstatt sie zu befördern. Entbehren konnten auch wir der Tafeln nicht; doch haben wir sie so einzurichten gesucht, daß man sie zum didaktischen und polemischen Gebrauch getrost zur Hand nehmen, ja gewisse derselben als einen Teil des nötigen Apparats ansehen kann.

Und so bleibt uns denn nichts weiter übrig, als auf die Arbeit selbst hinzuweisen und nur vorher noch eine Bitte zu wiederholen, die schon so mancher Autor vergebens getan hat und die besonders der deutsche Leser neuerer Zeit so selten gewährt:

Si quid novisti rectius istis,
Candidus imperti; si non, his utere mecum.

# ENTWURF EINER FARBENLEHRE

Si vera nostra sunt aut falsa, erunt talia, licet nostra per vitam defendimus. Post fata nostra pueri qui nunc ludunt nostri iudices erunt.

## Einleitung

Die Lust zum Wissen wird bei dem Menschen zuerst dadurch angeregt, daß er bedeutende Phänomene gewahr wird, die seine Aufmerksamkeit an sich ziehen. Damit nun diese dauernd bleibe, so muß sich eine innigere Teilnahme finden, die uns nach und nach mit den Gegenständen bekannter macht. Alsdann bemerken wir erst eine große Mannigfaltigkeit, die uns als Menge entgegendringt. Wir sind genötigt zu sondern, zu unterscheiden und wieder zusammenzustellen, wodurch zuletzt eine Ordnung entsteht, die sich mit mehr oder weniger Zufriedenheit übersehen läßt.

Dieses in irgendeinem Fache nur einigermaßen zu leisten, wird eine anhaltende strenge Beschäftigung nötig. Deswegen finden wir, daß die Menschen lieber durch eine allgemeine theoretische Ansicht, durch irgendeine Erklärungsart die

Phänomene beiseitebringen, anstatt sich die Mühe zu geben, das Einzelne kennen zu lernen und ein Ganzes zu erbauen.

Der Versuch, die Farbenerscheinungen auf- und zusammenzustellen, ist nur zweimal gemacht worden, das erstemal von Theophrast, sodann von Boyle. Dem gegenwärtigen wird man die dritte Stelle nicht streitig machen.

Das nähere Verhältnis erzählt uns die Geschichte. Hier sagen wir nur so viel, daß in dem verflossenen Jahrhundert an eine solche Zusammenstellung nicht gedacht werden konnte, weil Newton seiner Hypothese einen verwickelten und abgeleiteten Versuch zum Grund gelegt hatte, auf welchen man die übrigen zudringenden Erscheinungen, wenn man sie nicht verschweigen und beseitigen konnte, künstlich bezog und sie in ängstlichen Verhältnissen umherstellte, wie etwa ein Astronom verfahren müßte, der aus Grille den Mond in die Mitte unseres Systems setzen möchte. Er wäre genötigt, die Erde, die Sonne mit allen übrigen Planeten um den subalternen Körper herumzubewegen und durch künstliche Berechnungen und Vorstellungsweisen das Irrige seines ersten Annehmens zu verstecken und zu beschönigen.

Schreiten wir nun in Erinnerung dessen, was wir oben vorwortlich beigebracht, weiter vor. Dort setzten wir das Licht als anerkannt voraus, hier tun wir ein Gleiches mit dem Auge. Wir sagten, die ganze Natur offenbare sich durch die Farbe dem Sinne des Auges. Nunmehr behaupten wir, wenn es auch einigermaßen sonderbar klingen mag, daß das Auge keine Form sehe, indem Hell, Dunkel und Farbe zusammen allein dasjenige ausmachen, was den Gegenstand vom Gegenstand, die Teile des Gegenstandes von einander fürs Auge unterscheidet. Und so erbauen wir aus diesen dreien die sichtbare Welt und machen dadurch zugleich die Malerei möglich, welche auf der Tafel eine weit vollkommner sichtbare Welt, als die wirkliche sein kann, hervorzubringen vermag.

Das Auge hat sein Dasein dem Licht zu danken. Aus gleichgültigen tierischen Hülfsorganen ruft sich das Licht ein Organ hervor, das seinesgleichen werde, und so bildet sich das Auge am Lichte fürs Licht, damit das innere Licht dem äußeren entgegentrete.

Hierbei erinnern wir uns der alten ionischen Schule, welche mit so großer Bedeutsamkeit immer wiederholte: nur von Gleichem werde Gleiches erkannt, wie auch der Worte eines alten Mystikers, die wir in deutschen Reimen folgendermaßen ausdrücken möchten:

Wär nicht das Auge sonnenhaft,
Wie könnten wir das Licht erblicken?
Lebt nicht in uns des Gottes eigne Kraft,
Wie könnt uns Göttliches entzücken?

Jene unmittelbare Verwandtschaft des Lichtes und des Auges wird niemand leugnen; aber sich beide zugleich als eins und dasselbe zu denken, hat mehr Schwierigkeit. Indessen wird es faßlicher, wenn man behauptet, im Auge wohne ein ruhendes Licht, das bei der mindesten Veranlassung von innen oder von außen erregt werde. Wir können in der Finsternis durch Forderungen der Einbildungskraft uns die hellsten Bilder hervorrufen. Im Traume erscheinen uns die Gegenstände wie am vollen Tage. Im wachenden Zustande wird uns die leiseste äußere Lichteinwirkung bemerkbar; ja, wenn das Organ einen mechanischen Anstoß erleidet, so springen Licht und Farben hervor.

Vielleicht aber machen hier diejenigen, welche nach einer gewissen Ordnung zu verfahren pflegen, bemerklich, daß wir ja noch nicht einmal entschieden erklärt, was denn Farbe sei? Dieser Frage möchten wir gar gern hier abermals ausweichen und uns auf unsere Ausführung berufen, wo wir umständlich gezeigt, wie sie erscheine. Denn es bleibt uns auch hier nichts übrig, als zu wiederholen, die Farbe sei die gesetzmäßige Natur in bezug auf den Sinn des Auges. Auch hier müssen wir annehmen, daß jemand diesen Sinn habe, daß jemand die Einwirkung der Natur auf diesen Sinn kenne; denn mit dem Blinden läßt sich nicht von der Farbe reden.

Damit wir aber nicht gar zu ängstlich eine Erklärung zu vermeiden scheinen, so möchten wir das Erstgesagte folgendermaßen umschreiben: die Farbe sei ein elementares Naturphänomen für den Sinn des Auges, das sich, wie die übrigen alle, durch Trennung und Gegensatz, durch Mischung und Vereinigung, durch Erhöhung und Neutralisation, durch Mitteilung und Verteilung usw. manifestiert und unter diesen allgemeinen Naturformeln am besten angeschaut und begriffen werden kann.

Diese Art, sich die Sache vorzustellen, können wir niemand aufdringen. Wer sie bequem findet, wie wir, wird sie gern in sich aufnehmen. Ebensowenig haben wir Lust, sie künftig durch Kampf und Streit zu verteidigen. Denn es hatte von jeher etwas Gefährliches, von der Farbe zu handeln, dergestalt, daß einer unserer Vorgänger gelegentlich gar zu äußern wagt: Hält man dem Stier ein rotes Tuch vor, so wird er wütend; aber der Philosoph, wenn man nur überhaupt von Farbe spricht, fängt an zu rasen.

Sollen wir jedoch nunmehr von unserem Vortrag, auf den wir uns berufen, einige Rechenschaft geben, so müssen wir vor allen Dingen anzeigen, wie wir die verschiedenen Bedingungen, unter welchen die Farbe sich zeigen mag, gesondert. Wir fanden dreierlei Erscheinungsweisen, dreierlei Arten von Farben oder, wenn man lieber will, dreierlei Ansichten derselben, deren Unterschied sich aussprechen läßt.

Wir betrachteten also die Farben zuerst, insofern sie dem Auge angehören und auf einer Wirkung und Gegenwirkung desselben beruhen; ferner zogen sie unsere Aufmerksamkeit an sich, indem wir sie an farblosen Mitteln oder durch deren Beihülfe gewahrten; zuletzt aber wurden sie uns merkwürdig, indem wir sie als den Gegenständen angehörig denken konnten. Die ersten nannten wir physiologische, die zweiten physische, die dritten chemische Farben. Jene sind unaufhaltsam flüchtig, die andern vorübergehend, aber allenfalls verweilend, die letzten festzuhalten bis zur spätesten Dauer.

Indem wir sie nun in solcher naturgemäßen Ordnung, zum Behuf eines didaktischen Vortrags, möglichst sonderten und auseinander hielten, gelang es uns zugleich, sie in einer stetigen Reihe darzustellen, die flüchtigen mit den verweilenden und diese wieder mit den dauernden zu verknüpfen und so die erst sorgfältig gezogenen Abteilungen für ein höheres Anschauen wieder aufzuheben.

Hierauf haben wir in einer vierten Abteilung unserer Arbeit, was bis dahin von den Farben unter mannigfaltigen besonderen Bedingungen bemerkt worden, im allgemeinen ausgesprochen und dadurch eigentlich den Abriß einer künftigen Farbenlehre entworfen. Gegenwärtig sagen wir nur so viel voraus, daß zur Erzeugung der Farbe Licht und Finsternis, Helles und Dunkles oder, wenn man sich einer allgemeineren Formel bedienen will, Licht und Nichtlicht gefordert werde. Zunächst am Licht entsteht uns eine Farbe, die wir Gelb nennen, eine andere zunächst an der Finsternis, die wir mit dem Worte Blau bezeichnen. Diese beiden, wenn wir sie in ihrem reinsten Zustand dergestalt vermischen, daß sie sich völlig das Gleichgewicht halten, bringen eine dritte hervor, welche wir Grün heißen. Jene beiden ersten Farben können aber auch jede an sich selbst eine neue Erscheinung hervorbringen, indem sie sich verdichten oder verdunkeln. Sie erhalten ein rötliches Ansehen, welches sich bis auf einen so hohen Grad steigern kann, daß man das ursprüngliche Blau und Gelb kaum darin mehr erkennen mag. Doch läßt sich das höchste und reine Rot, vorzüglich in physischen Fällen, dadurch hervorbringen, daß man die beiden Enden des Gelbroten und Blauroten vereinigt. Dieses ist die lebendige Ansicht der Farbenerscheinung und -erzeugung. Man kann aber auch zu dem spezifiziert fertigen Blauen und Gelben ein fertiges Rot annehmen und rückwärts durch Mischung hervorbringen, was wir vorwärts durch Intensieren bewirkt haben. Mit diesen drei oder sechs Farben, welche sich bequem in einen Kreis einschließen lassen, hat die Elementare Farbenlehre allein zu tun. Alle übrigen ins Unendliche gehenden Abänderungen gehören mehr in das Angewandte, gehören zur Technik des Malers, des Färbers, überhaupt ins Leben.

Sollen wir sodann noch eine allgemeine Eigenschaft aussprechen, so sind die Farben durchaus als Halblichter, als Halbschatten anzusehen, weshalb sie denn auch, wenn sie zusammengemischt ihre spezifischen Eigenschaften wechselseitig aufheben, ein Schattiges, ein Graues hervorbringen.

In unserer fünften Abteilung sollten sodann jene nachbarlichen Verhältnisse dargestellt werden, in welchen unsere Farbenlehre mit dem übrigen Wissen, Tun und Treiben zu stehen wünschte. So wichtig diese Abteilung ist, so mag sie vielleicht gerade eben deswegen nicht zum besten gelungen sein. Doch wenn man bedenkt, daß eigentlich nachbarliche Verhältnisse sich nicht eher aussprechen lassen, als bis sie sich gemacht haben, so kann man sich über das Mißlingen eines solchen ersten Versuches wohl trösten. Denn freilich ist erst abzuwarten, wie diejenigen, denen wir zu dienen suchten, denen wir etwas Gefälliges und Nützliches zu erzeigen dachten, das von uns möglichst Geleistete aufnehmen werden, ob sie sich es zueignen, ob sie es benutzen und weiterführen, oder ob sie es ablehnen, wegdrängen und notdürftig für sich bestehen lassen. Indessen dürfen wir sagen, was wir glauben und was wir hoffen.

Vom Philosophen glauben wir Dank zu verdienen, daß wir gesucht die Phänomene bis zu ihren Urquellen zu verfolgen, bis dorthin, wo sie bloß erscheinen und sind und wo sich nichts weiter an ihnen erklären läßt. Ferner wird ihm willkommen sein, daß wir die Erscheinungen in eine leicht übersehbare Ordnung gestellt, wenn er diese Ordnung selbst auch nicht ganz billigen sollte.

Den Arzt, besonders denjenigen, der das Organ des Auges zu beobachten, es zu erhalten, dessen Mängeln abzuhelfen und dessen Übel zu heilen berufen ist, glauben wir uns vorzüglich zum Freunde zu machen. In der Abteilung von den physiologischen Farben, in dem Anhange, der die pathologischen andeutet, findet er sich ganz zu Hause. Und wir werden gewiß durch die Bemühungen jener Männer, die zu unserer Zeit dieses Fach mit Glück behandeln, jene erste, bisher vernachlässigte und, man kann wohl sagen, wichtigste Abteilung der Farbenlehre ausführlich bearbeitet sehen.

Am freundlichsten sollte der Physiker uns entgegenkommen, da wir ihm die Bequemlichkeit verschaffen, die Lehre von den Farben in der Reihe aller übrigen elementaren Erscheinungen vorzutragen und sich dabei einer übereinstimmenden Sprache, ja fast derselbigen Worte und Zeichen, wie unter den übrigen Rubriken, zu bedienen. Freilich machen wir ihm, insofern er Lehrer ist, etwas mehr Mühe: denn das Kapitel von den Farben läßt sich künftig nicht wie bisher mit wenig Paragraphen und Versuchen abtun; auch wird sich der Schüler nicht leicht so frugal, als man ihn sonst bedienen mögen, ohne Murren abspeisen lassen. Dagegen findet sich späterhin ein anderer Vorteil. Denn wenn die Newtonische Lehre leicht zu lernen war, so zeigten sich bei ihrer Anwendung unüberwindliche Schwierigkeiten. Unsere Lehre ist vielleicht schwerer zu fassen, aber alsdann ist auch alles getan, denn sie führt ihre Anwendung mit sich.

Der Chemiker, welcher auf die Farben als Kriterien achtet, um die geheimern Eigenschaften körperlicher Wesen zu entdecken, hat bisher bei Benennung und Bezeichnung der Farben manches Hindernis gefunden; ja man ist nach einer näheren und feineren Betrachtung bewogen worden, die Farbe als ein unsicheres und trügliches Kennzeichen bei chemischen Operationen anzusehen. Doch hoffen wir, sie durch unsere Darstellung und durch die vorgeschlagene Nomenklatur wieder zu Ehren zu bringen und die Überzeugung zu erwecken, daß ein Werdendes, Wachsendes, ein Bewegliches, der Umwendung Fähiges nicht betrüglich sei, vielmehr geschickt, die zartesten Wirkungen der Natur zu offenbaren.

Blicken wir jedoch weiter umher, so wandelt uns eine Furcht an, dem Mathematiker zu mißfallen. Durch eine sonderbare Verknüpfung von Umständen ist die Farbenlehre in das Reich, vor den Gerichtsstuhl des Mathematikers gezogen worden, wohin sie nicht gehört. Dies geschah wegen ihrer Verwandtschaft mit den übrigen Gesetzen des Sehens, welche der Mathematiker zu behandeln eigentlich berufen war. Es geschah ferner dadurch, daß ein großer Mathematiker die Farbenlehre bearbeitete und, da er sich als Physiker geirrt hatte, die ganze Kraft seines Talents aufbot, um diesem Irrtum Konsistenz zu verschaffen. Wird beides eingesehen, so muß jedes Mißverständnis bald gehoben sein, und der Mathematiker wird gern besonders die physische Abteilung der Farbenlehre mit bearbeiten helfen.

Dem Techniker, dem Färber hingegen muß unsre Arbeit durchaus willkommen sein. Denn gerade diejenigen, welche über die Phänomene der Färberei nachdachten, waren am wenigsten durch die bisherige Theorie befriedigt. Sie waren die ersten, welche die Unzulänglichkeit der Newtonischen Lehre gewahr wurden. Denn es ist ein großer Unterschied, von welcher Seite man sich einem Wissen, einer Wissenschaft nähert, durch welche Pforte man hereinkommt. Der echte Praktiker, der Fabrikant, dem sich die Phänomene täglich mit Gewalt aufdringen, welcher Nutzen oder Schaden von der Ausübung seiner Überzeugungen empfindet, dem Geld- und Zeitverlust nicht gleichgültig ist, der vorwärts will, von anderen Geleistetes erreichen, übertreffen soll, er empfindet viel geschwinder das Hohle, das Falsche einer Theorie als der Gelehrte, dem zuletzt die hergebrachten Worte für bare Münze gelten, als der Mathematiker, dessen Formel immer noch richtig bleibt, wenn auch die Unterlage nicht zu ihr paßt, auf die sie angewendet worden. Und so werden auch wir, da wir von der Seite der Malerei, von der Seite ästhetischer Färbung der Oberflächen in die Farbenlehre hereingekommen, für den Maler das Dankenswerteste geleistet haben, wenn wir in der sechsten Abteilung die sinnlichen und sittlichen Wirkungen der Farbe zu bestimmen gesucht und sie dadurch dem Kunstgebrauch annähern wollen. Ist auch hierbei, wie durchaus, manches nur Skizze geblieben, so soll ja alles Theoretische eigentlich nur die Grundzüge andeuten, auf welchen sich hernach die Tat lebendig ergehen und zu gesetzlichem Hervorbringen gelangen mag.

## ERSTE ABTEILUNG
## PHYSIOLOGISCHE FARBEN

1. Diese Farben, welche wir billig obenan setzen, weil sie dem Subjekt, weil sie dem Auge teils völlig, teils größtens zugehören, diese Farben, welche das Fundament der ganzen Lehre machen und uns die chromatische Harmonie, worüber so viel gestritten wird, offenbaren, wurden bisher als außerwesentlich, zufällig, als Täuschung und Gebrechen betrachtet. Die Erscheinungen derselben sind von frühern Zeiten her bekannt, aber weil man ihre Flüchtigkeit nicht haschen konnte, so verbannte man sie in das Reich der schädlichen Gespenster und bezeichnete sie in diesem Sinne gar verschiedentlich.

2. Also heißen sie colores adventicii nach Boyle, imaginarii und phantastici nach Rizzetti, nach Buffon couleurs accidentelles, nach Scherffer Scheinfarben; Augentäuschungen und Gesichtsbetrug nach mehreren, nach Hamberger vitia fugitiva, nach Darwin ocular spectra.

3. Wir haben sie physiologische genannt, weil sie dem gesunden Auge angehören, weil wir sie als die notwendigen Bedingungen des Sehens betrachten, auf dessen lebendiges Wechselwirken in sich selbst und nach außen sie hindeuten.

4. Wir fügen ihnen sogleich die pathologischen hinzu, welche, wie jeder abnorme Zustand auf den gesetzlichen, so auch hier auf die physiologischen Farben eine vollkommenere Einsicht verbreiten.

## I. Licht und Finsternis zum Auge

5. Die Retina befindet sich, je nachdem Licht oder Finsternis auf sie wirken, in zwei verschiedenen Zuständen, die einander völlig entgegenstehen.

6. Wenn wir die Augen innerhalb eines ganz finstern Raums offen halten, so wird uns ein gewisser Mangel empfindbar. Das Organ ist sich selbst überlassen, es zieht sich in sich selbst zurück, ihm fehlt jene reizende befriedigende Berührung, durch die es mit der äußern Welt verbunden und zum Ganzen wird.

7. Wenden wir das Auge gegen eine stark beleuchtete weiße Fläche, so wird es geblendet und für eine Zeitlang unfähig, mäßig beleuchtete Gegenstände zu unterscheiden.

8. Jeder dieser äußersten Zustände nimmt auf die angegebene Weise die ganze Netzhaut ein, und insofern werden wir nur einen derselben auf einmal gewahr. Dort (6) fanden wir das Organ in der höchsten Abspannung und Empfänglichkeit, hier (7) in der äußersten Überspannung und Unempfindlichkeit.

9. Gehen wir schnell aus einem dieser Zustände in den andern über, wenn auch nicht von einer äußersten Grenze zur andern, sondern etwa nur aus dem Hellen ins Dämmernde, so ist der Unterschied bedeutend, und wir können bemerken, daß die Zustände eine Zeitlang dauern.

10. Wer aus der Tageshelle in einen dämmrigen Ort übergeht, unterscheidet nichts in der ersten Zeit; nach und nach stellen sich die Augen zur Empfänglichkeit wieder her, starke früher als schwache, jene schon in einer Minute, wenn diese sieben bis acht Minuten brauchen.

11. Bei wissenschaftlichen Beobachtungen kann die Unempfänglichkeit des Auges für schwache Lichteindrücke, wenn man aus dem Hellen ins Dunkle geht, zu sonderbaren Irrtümern Gelegenheit geben. So glaubte ein Beobachter, dessen Auge sich langsam herstellte, eine ganze Zeit, das faule Holz leuchte nicht um Mittag, selbst in der dunkeln Kammer. Er sah nämlich das schwache Leuchten nicht, weil er aus dem hellen Sonnenschein in die dunkle Kammer zu gehen pflegte und erst später einmal so lange darin verweilte, bis sich das Auge wieder hergestellt hatte.

Ebenso mag es dem Doktor Wall mit dem elektrischen Scheine des Bernsteins gegangen sein, den er bei Tage, selbst im dunkeln Zimmer, kaum gewahr werden konnte.

Das Nichtsehen der Sterne bei Tage, das Bessersehen der Gemälde durch eine doppelte Röhre ist auch hieher zu rechnen.

12. Wer einen völlig dunkeln Ort mit einem, den die Sonne bescheint, verwechselt, wird geblendet. Wer aus der Dämmrung ins nicht blendende Helle kommt, bemerkt alle Gegenstände frischer und besser; daher ein ausgeruhtes Auge durchaus für mäßige Erscheinungen empfänglicher ist.

Bei Gefangenen, welche lange im Finstern gesessen, ist die Empfänglichkeit der Retina so groß, daß sie im Finstern (wahrscheinlich in einem wenig erhellten Dunkel) schon Gegenstände unterscheiden.

13. Die Netzhaut befindet sich bei dem, was wir *sehen* heißen, zu gleicher Zeit in verschiedenen, ja in entgegengesetzten Zuständen. Das höchste, nicht blendende Helle wirkt neben dem völlig Dunkeln. Zugleich werden wir alle Mittelstufen des Helldunkeln und alle Farbenbestimmungen gewahr.

14. Wir wollen gedachte Elemente der sichtbaren Welt nach und nach betrachten und bemerken, wie sich das Organ

gegen dieselben verhalte, und zu diesem Zweck die einfachsten Bilder vornehmen.

## II. Schwarze und weiße Bilder zum Auge

15. Wie sich die Netzhaut gegen Hell und Dunkel überhaupt verhält, so verhält sie sich auch gegen dunkle und helle einzelne Gegenstände. Wenn Licht und Finsternis ihr im ganzen verschiedene Stimmungen geben, so werden schwarze und weiße Bilder, die zu gleicher Zeit ins Auge fallen, diejenigen Zustände nebeneinander bewirken, welche durch Licht und Finsternis in einer Folge hervorgebracht wurden.

16. Ein dunkler Gegenstand erscheint kleiner als ein heller von derselben Größe. Man sehe zugleich eine weiße Rundung auf schwarzem, eine schwarze auf weißem Grunde, welche nach einerlei Zirkelschlag ausgeschnitten sind, in einiger Entfernung an, und wir werden die letztere etwa um ein Fünftel kleiner als die erste halten. Man mache das schwarze Bild um soviel größer, und sie werden gleich erscheinen.

17. So bemerkte Tycho de Brahe, daß der Mond in der Konjunktion (der finstere) um den fünften Teil kleiner erscheine als in der Opposition (der volle helle). Die erste Mondsichel scheint einer größern Scheibe anzugehören als der an sie grenzenden dunkeln, die man zur Zeit des Neulichtes manchmal unterscheiden kann. Schwarze Kleider machen die Personen viel schmäler aussehen als helle. Hinter einem Rand gesehene Lichter machen in den Rand einen scheinbaren Einschnitt. Ein Lineal, hinter welchem ein Kerzenlicht hervorblickt, hat für uns eine Scharte. Die auf- und untergehende Sonne scheint einen Einschnitt in den Horizont zu machen.

18. Das Schwarze, als Repräsentant der Finsternis, läßt das Organ im Zustande der Ruhe, das Weiße, als Stellvertreter des Lichts, versetzt es in Tätigkeit. Man schlösse vielleicht aus gedachtem Phänomen (16), daß die ruhige Netzhaut, wenn sie sich selbst überlassen ist, in sich selbst zusammengezogen sei und einen kleinern Raum einnehme als in dem Zustande der Tätigkeit, in den sie durch den Reiz des Lichtes versetzt wird.

Kepler sagt daher sehr schön: Certum est vel in retina causa picturae, vel in spiritibus causa impressionis exsistere dilatationem lucidorum (Paralip. in Vitellionem p. 220). Pater Scherffer hat eine ähnliche Mutmaßung.

19. Wie dem auch sei, beide Zustände, zu welchen das Organ durch ein solches Bild bestimmt wird, bestehen auf demselben örtlich und dauern eine Zeitlang fort, wenn auch schon der äußre Anlaß entfernt ist. Im gemeinen Leben bemerken wir es kaum; denn selten kommen Bilder vor, die sehr stark voneinander abstechen. Wir vermeiden diejenigen anzusehn, die uns blenden. Wir blicken von einem Gegenstand auf den andern, die Sukzession der Bilder scheint uns rein, wir werden nicht gewahr, daß sich von dem vorhergehenden etwas ins nachfolgende hinüberschleicht.

20. Wer auf ein Fensterkreuz, das einen dämmernden Himmel zum Hintergrunde hat, morgens beim Erwachen, wenn das Auge besonders empfänglich ist, scharf hinblickt und sodann die Augen schließt oder gegen einen ganz dunkeln Ort hinsieht, wird ein schwarzes Kreuz auf hellem Grunde noch eine Weile vor sich sehen.

21. Jedes Bild nimmt seinen bestimmten Platz auf der Netzhaut ein, und zwar einen größern oder kleinern, nach dem Maße, in welchem es nahe oder fern gesehen wird. Schließen wir das Auge sogleich, wenn wir in die Sonne gesehen haben, so werden wir uns wundern, wie klein das zurückgebliebene Bild erscheint.

22. Kehren wir dagegen das geöffnete Auge nach einer Wand und betrachten das uns vorschwebende Gespenst in bezug auf andre Gegenstände, so werden wir es immer größer erblicken, je weiter von uns es durch irgendeine Fläche aufgefangen wird. Dieses Phänomen erklärt sich wohl aus dem perspektivischen Gesetz, daß uns der kleine nähere Gegenstand den größern entfernten zudeckt.

23. Nach Beschaffenheit der Augen ist die Dauer dieses Eindrucks verschieden. Sie verhält sich wie die Herstellung der Netzhaut bei dem Übergang aus dem Hellen ins Dunkle (10) und kann also nach Minuten und Sekunden abgemessen werden, und zwar viel genauer, als es bisher durch eine geschwungene brennende Lunte, die dem hinblickenden Auge als ein Zirkel erscheint, geschehen konnte.

24. Besonders auch kommt die Energie in Betracht, womit eine Lichtwirkung das Auge trifft. Am längsten bleibt das Bild der Sonne, andre mehr oder weniger leuchtende Körper lassen ihre Spur länger oder kürzer zurück.

25. Diese Bilder verschwinden nach und nach, und zwar indem sie sowohl an Deutlichkeit als an Größe verlieren.

26. Sie nehmen von der Peripherie herein ab, und man glaubt bemerkt zu haben, daß bei viereckten Bildern sich nach und nach die Ecken abstumpfen und zuletzt ein immer kleineres rundes Bild vorschwebt.

27. Ein solches Bild, dessen Eindruck nicht mehr bemerklich ist, läßt sich auf der Retina gleichsam wieder beleben, wenn wir die Augen öffnen und schließen und mit Erregung und Schonung abwechseln.

28. Daß Bilder sich bei Augenkrankheiten vierzehn bis siebzehn Minuten, ja länger auf der Retina erhielten, deutet auf äußerste Schwäche des Organs, auf dessen Unfähigkeit, sich wieder herzustellen, so wie das Vorschweben leidenschaftlich geliebter oder verhaßter Gegenstände aus dem Sinnlichen ins Geistige deutet.

29. Blickt man, indessen der Eindruck obgedachten Fensterbildes noch dauert, nach einer hellgrauen Fläche, so erscheint das Kreuz hell und der Scheibenraum dunkel. In jenem Falle (20) blieb der Zustand sich selbst gleich, so daß auch der Eindruck identisch verharren konnte; hier aber wird eine Umkehrung bewirkt, die unsere Aufmerksamkeit aufregt und von der uns die Beobachter mehrere Fälle überliefert haben.

30. Die Gelehrten, welche auf den Cordilleras ihre Beobachtungen anstellten, sahen um den Schatten ihrer Köpfe, der auf Wolken fiel, einen hellen Schein. Dieser Fall gehört wohl hieher; denn indem sie das dunkle Bild des Schattens fixierten und sich zugleich von der Stelle bewegten, so schien ihnen das geforderte helle Bild um das dunkle zu schweben. Man betrachte ein schwarzes Rund auf einer hellgrauen Fläche, so wird man bald, wenn man die Richtung des Blicks im geringsten verändert, einen hellen Schein um das dunkle Rund schweben sehen.

Auch mir ist ein Ähnliches begegnet. Indem ich nämlich

auf dem Felde sitzend mit einem Manne sprach, der, in einiger Entfernung vor mir stehend, einen grauen Himmel zum Hintergrund hatte, so erschien mir, nachdem ich ihn lange scharf und unverwandt angesehen, als ich den Blick ein wenig gewendet, sein Kopf von einem blendenden Schein umgeben.

Wahrscheinlich gehört hieher auch das Phänomen, daß Personen, die bei Aufgang der Sonne an feuchten Wiesen hergehen, einen Schein um ihr Haupt erblicken, der zugleich farbig sein mag, weil sich von den Phänomenen der Refraktion etwas einmischt.

So hat man auch um die Schatten der Luftballone, welche auf Wolken fielen, helle und einigermaßen gefärbte Kreise bemerken wollen.

Pater Beccaria stellte einige Versuche an über die Wetterelektrizität, wobei er den papiernen Drachen in die Höhe steigen ließ. Es zeigte sich um diese Maschine ein kleines glänzendes Wölkchen von abwechselnder Größe, ja auch um einen Teil der Schnur. Es verschwand zuweilen, und wenn der Drache sich schneller bewegte, schien es auf dem vorigen Platze einige Augenblicke hin und wider zu schweben. Diese Erscheinung, welche die damaligen Beobachter nicht erklären konnten, war das im Auge zurückgebliebene, gegen den hellen Himmel in ein helles verwandelte Bild des dunklen Drachen.

Bei optischen, besonders chromatischen Versuchen, wo man oft mit blendenden Lichtern, sie seien farblos oder farbig, zu tun hat, muß man sich sehr vorsehen, daß nicht das zurückgebliebene Spektrum einer vorhergehenden Beobachtung sich mit in eine folgende Beobachtung mische und dieselbe verwirrt und unrein mache.

31. Diese Erscheinungen hat man sich folgendermaßen zu erklären gesucht. Der Ort der Retina, auf welchen das Bild des dunklen Kreuzes fiel, ist als ausgeruht und empfänglich anzusehen. Auf ihn wirkt die mäßig erhellte Fläche lebhafter als auf die übrigen Teile der Netzhaut, welche durch die Fensterscheiben das Licht empfingen und, nachdem sie durch einen so viel stärkern Reiz in Tätigkeit gesetzt worden, die graue Fläche nur als dunkel gewahr werden.

32. Diese Erklärungsart scheint für den gegenwärtigen Fall ziemlich hinreichend; in Betrachtung künftiger Erscheinungen aber sind wir genötigt, das Phänomen aus höhern Quellen abzuleiten.

33. Das Auge eines Wachenden äußert seine Lebendigkeit besonders darin, daß es durchaus in seinen Zuständen abzuwechseln verlangt, die sich am einfachsten vom Dunkeln zum Hellen und umgekehrt bewegen. Das Auge kann und mag nicht einen Moment in einem besondern, in einem durch das Objekt spezifizierten Zustande identisch verharren. Es ist vielmehr zu einer Art von Opposition genötigt, die, indem sie das Extrem dem Extreme, das Mittlere dem Mittleren entgegensetzt, sogleich das Entgegengesetzte verbindet und in der Sukzession sowohl als in der Gleichzeitigkeit und Gleichörtlichkeit nach einem Ganzen strebt.

34. Vielleicht entsteht das außerordentliche Behagen, das wir bei dem wohlbehandelten Helldunkel farbloser Gemälde und ähnlicher Kunstwerke empfinden, vorzüglich aus dem gleichzeitigen Gewahrwerden eines Ganzen, das von dem Organ sonst nur in einer Folge mehr gesucht als hervorgebracht wird und, wie es auch gelingen möge, niemals festgehalten werden kann.

## III. Graue Flächen und Bilder

35. Ein großer Teil chromatischer Versuche verlangt ein mäßiges Licht. Dieses können wir sogleich durch mehr oder minder graue Flächen bewirken, und wir haben uns daher mit dem Grauen zeitig bekannt zu machen, wobei wir kaum zu bemerken brauchen, daß in manchen Fällen eine im Schatten oder in der Dämmerung stehende weiße Fläche für eine graue gelten kann.

36. Da eine graue Fläche zwischen Hell und Dunkel innen steht, so läßt sich das, was wir oben (29) als Phänomen vorgetragen, zum bequemen Versuch erheben.

37. Man halte ein schwarzes Bild vor eine graue Fläche und sehe unverwandt, indem es weggenommen wird, auf denselben Fleck; der Raum, den es einnahm, erscheint um vieles heller. Man halte auf ebendiese Art ein weißes Bild

hin, und der Raum wird nachher dunkler als die übrige Fläche erscheinen. Man verwende das Auge auf der Tafel hin und wider, so werden in beiden Fällen die Bilder sich gleichfalls hin und her bewegen.

38. Ein graues Bild auf schwarzem Grunde erscheint viel heller als dasselbe Bild auf weißem. Stellt man beide Fälle nebeneinander, so kann man sich kaum überzeugen, daß beide Bilder aus Einem Topf gefärbt seien. Wir glauben hier abermals die große Regsamkeit der Netzhaut zu bemerken und den stillen Widerspruch, den jedes Lebendige zu äußern gedrungen ist, wenn ihm irgendein bestimmter Zustand dargeboten wird. So setzt das Einatmen schon das Ausatmen voraus und umgekehrt, so jede Systole ihre Diastole. Es ist die ewige Formel des Lebens, die sich auch hier äußert. Wie dem Auge das Dunkle geboten wird, so fordert es das Helle; es fordert Dunkel, wenn man ihm Hell entgegenbringt, und zeigt eben dadurch seine Lebendigkeit, sein Recht, das Objekt zu fassen, indem es etwas, das dem Objekt entgegengesetzt ist, aus sich selbst hervorbringt.

## IV. Blendendes farbloses Bild

39. Wenn man ein blendendes völlig farbloses Bild ansieht, so macht solches einen starken dauernden Eindruck, und das Abklingen desselben ist von einer Farbenerscheinung begleitet.

40. In einem Zimmer, das möglichst verdunkelt worden, habe man im Laden eine runde Öffnung, etwa drei Zoll im Durchmesser, die man nach Belieben auf- und zudecken kann; durch selbige lasse man die Sonne auf ein weißes Papier scheinen und sehe in einiger Entfernung starr das erleuchtete Rund an; man schließe darauf die Öffnung und blicke nach dem dunkelsten Orte des Zimmers, so wird man eine runde Erscheinung vor sich schweben sehen. Die Mitte des Kreises wird man hell, farblos, einigermaßen gelb sehen, der Rand aber wird sogleich purpurfarben erscheinen.

Es dauert eine Zeitlang, bis diese Purpurfarbe von außen herein den ganzen Kreis zudeckt und endlich den hellen Mittelpunkt völlig vertreibt. Kaum erscheint aber das ganze

Rund purpurfarben, so fängt der Rand an blau zu werden, das Blaue verdrängt nach und nach hereinwärts den Purpur. Ist die Erscheinung vollkommen blau, so wird der Rand dunkel und unfärbig. Es währet lange, bis der unfärbige Rand völlig das Blaue vertreibt und der ganze Raum unfärbig wird. Das Bild nimmt sodann nach und nach ab, und zwar dergestalt, daß es zugleich schwächer und kleiner wird. Hier sehen wir abermals, wie sich die Netzhaut durch eine Sukzession von Schwingungen gegen den gewaltsamen äußern Eindruck nach und nach wieder herstellt. (25. 26.)

41. Die Verhältnisse des Zeitmaßes dieser Erscheinung habe ich an meinem Auge, bei mehrern Versuchen übereinstimmend, folgendermaßen gefunden.

Auf das blendende Bild hatte ich fünf Sekunden gesehen, darauf den Schieber geschlossen; da erblickt ich das farbige Scheinbild schwebend, und nach dreizehn Sekunden erschien es ganz purpurfarben. Nun vergingen wieder neunundzwanzig Sekunden, bis das Ganze blau erschien, und achtundvierzig, bis es mir farblos vorschwebte. Durch Schließen und Öffnen des Auges belebte ich das Bild immer wieder (27), so daß es sich erst nach Verlauf von sieben Minuten ganz verlor.

Künftige Beobachter werden diese Zeiten kürzer oder länger finden, je nachdem sie stärkere oder schwächere Augen haben (23). Sehr merkwürdig aber wäre es, wenn man demungeachtet durchaus ein gewisses Zahlenverhältnis dabei entdecken könnte.

42. Aber dieses sonderbare Phänomen erregt nicht sobald unsre Aufmerksamkeit, als wir schon eine neue Modifikation desselben gewahr werden.

Haben wir, wie oben gedacht, den Lichteindruck im Auge aufgenommen und sehen in einem mäßig erleuchteten Zimmer auf einen hellgrauen Gegenstand, so schwebt abermals ein Phänomen vor uns, aber ein dunkles, das sich nach und nach von außen mit einem grünen Rande einfaßt, welcher, ebenso wie vorher der purpurne Rand, sich über das ganze Rund hineinwärts verbreitet. Ist dieses geschehen, so sieht man nunmehr ein schmutziges Gelb, das, wie in dem vorigen Versuche das Blau, die Scheibe ausfüllt und zuletzt von einer Unfarbe verschlungen wird.

43. Diese beiden Versuche lassen sich kombinieren, wenn man in einem mäßig hellen Zimmer eine schwarze und weiße Tafel nebeneinander hinsetzt und, solange das Auge den Lichteindruck behält, bald auf die weiße, bald auf die schwarze Tafel scharf hinblickt. Man wird alsdann im Anfange bald ein purpurnes, bald ein grünes Phänomen und so weiter das übrige gewahr werden. Ja, wenn man sich geübt hat, so lassen sich, indem man das schwebende Phänomen dahin bringt, wo die zwei Tafeln aneinanderstoßen, die beiden entgegengesetzten Farben zugleich erblicken, welches um so bequemer geschehen kann, als die Tafeln entfernter stehen, indem das Spektrum alsdann größer erscheint.

44. Ich befand mich gegen Abend in einer Eisenschmiede, als eben die glühende Masse unter den Hammer gebracht wurde. Ich hatte scharf darauf gesehen, wendete mich um und blickte zufällig in einen offenstehenden Kohlenschoppen. Ein ungeheures purpurfarbnes Bild schwebte nun vor meinen Augen, und als ich den Blick von der dunkeln Öffnung weg nach dem hellen Bretterverschlag wendete, so erschien mir das Phänomen halb grün, halb purpurfarben, je nachdem es einen dunklern oder hellern Grund hinter sich hatte. Auf das Abklingen dieser Erscheinung merkte ich damals nicht.

45. Wie das Abklingen eines umschriebenen Glanzbildes verhält sich auch das Abklingen einer totalen Blendung der Retina. Die Purpurfarbe, welche die vom Schnee Geblendeten erblicken, gehört hieher so wie die ungemein schöne grüne Farbe dunkler Gegenstände, nachdem man auf ein weißes Papier in der Sonne lange hingesehen. Wie es sich näher damit verhalte, werden diejenigen künftig untersuchen, deren jugendliche Augen um der Wissenschaft willen noch etwas auszustehen fähig sind.

46. Hieher gehören gleichfalls die schwarzen Buchstaben, die im Abendlichte rot erscheinen. Vielleicht gehört auch die Geschichte hieher, daß sich Blutstropfen auf dem Tische zeigten, an den sich Heinrich der Vierte von Frankreich mit dem Herzog von Guise, um Würfel zu spielen, gesetzt hatte.

## V. Farbige Bilder

47. Wir wurden die physiologischen Farben zuerst beim Abklingen farbloser blendender Bilder sowie auch bei abklingenden allgemeinen farblosen Blendungen gewahr. Nun finden wir analoge Erscheinungen, wenn dem Auge eine schon spezifizierte Farbe geboten wird, wobei uns alles, was wir bisher erfahren haben, immer gegenwärtig bleiben muß.

48. Wie von den farblosen Bildern, so bleibt auch von den farbigen der Eindruck im Auge, nur daß uns die zur Opposition aufgeforderte und durch den Gegensatz eine Totalität hervorbringende Lebendigkeit der Netzhaut anschaulicher wird.

49. Man halte ein kleines Stück lebhaft farbigen Papiers oder seidnen Zeuges vor eine mäßig erleuchtete weiße Tafel, schaue unverwandt auf die kleine farbige Fläche und hebe sie, ohne das Auge zu verrücken, nach einiger Zeit hinweg, so wird das Spektrum einer andern Farbe auf der weißen Tafel zu sehen sein. Man kann auch das farbige Papier an seinem Orte lassen und mit dem Auge auf einen andern Fleck der weißen Tafel hinblicken, so wird jene farbige Erscheinung sich auch dort sehen lassen; denn sie entspringt aus einem Bilde, das nunmehr dem Auge angehört.

50. Um in der Kürze zu bemerken, welche Farben denn eigentlich durch diesen Gegensatz hervorgerufen werden, bediene man sich des illuminierten Farbenkreises unserer Tafeln, der überhaupt naturgemäß eingerichtet ist und auch hier seine guten Dienste leistet, indem die in demselben diametral einander entgegengesetzten Farben diejenigen sind, welche sich im Auge wechselsweise fordern. So fordert Gelb das Violette, Orange das Blaue, Purpur das Grüne und umgekehrt. So fordern sich alle Abstufungen wechselsweise, die einfachere Farbe fordert die zusammengesetztere und umgekehrt.

51. Öfter, als wir denken, kommen uns die hieher gehörigen Fälle im gemeinen Leben vor, ja der Aufmerksame sieht diese Erscheinungen überall, da sie hingegen von dem ununterrichteten Teil der Menschen wie von unsern Vorfahren als flüchtige Fehler angesehen werden, ja manchmal

gar, als wären es Vorbedeutungen von Augenkrankheiten, sorgliches Nachdenken erregen. Einige bedeutende Fälle mögen hier Platz nehmen.

52. Als ich gegen Abend in ein Wirtshaus eintrat und ein wohlgewachsenes Mädchen mit blendend weißem Gesicht, schwarzen Haaren und einem scharlachroten Mieder zu mir ins Zimmer trat, blickte ich sie, die in einiger Entfernung vor mir stand, in der Halbdämmerung scharf an. Indem sie sich nun darauf hinwegbewegte, sah ich auf der mir entgegenstehenden weißen Wand ein schwarzes Gesicht, mit einem hellen Schein umgeben, und die übrige Bekleidung der völlig deutlichen Figur erschien von einem schönen Meergrün.

53. Unter dem optischen Apparat befinden sich Brustbilder von Farben und Schattierungen, denen entgegengesetzt, welche die Natur zeigt, und man will, wenn man sie eine Zeitlang angeschaut, die Scheingestalt alsdann ziemlich natürlich gesehen haben. Die Sache ist an sich selbst richtig und der Erfahrung gemäß; denn in obigem Falle hätte mir eine Mohrin mit weißer Binde ein weißes Gesicht schwarz umgeben hervorgebracht; nur will es bei jenen gewöhnlich klein gemalten Bildern nicht jedermann glücken, die Teile der Scheinfigur gewahr zu werden.

54. Ein Phänomen, das schon früher bei den Naturforschern Aufmerksamkeit erregt, läßt sich, wie ich überzeugt bin, auch aus diesen Erscheinungen ableiten.

Man erzählt, daß gewisse Blumen im Sommer bei Abendzeit gleichsam blitzen, phosphoreszieren oder ein augenblickliches Licht ausströmen. Einige Beobachter geben diese Erfahrungen genauer an.

Dieses Phänomen selbst zu sehen hatte ich mich oft bemüht, ja sogar, um es hervorzubringen, künstliche Versuche angestellt.

Am 19. Juni 1799, als ich zu später Abendzeit bei der in eine klare Nacht übergehenden Dämmerung mit einem Freunde im Garten auf und ab ging, bemerkten wir sehr deutlich an den Blumen des orientalischen Mohns, die vor allen andern eine sehr mächtig rote Farbe haben, etwas Flammenähnliches, das sich in ihrer Nähe zeigte. Wir stellten uns vor die Stauden hin, sahen aufmerksam darauf, konnten aber nichts weiter bemerken, bis uns endlich bei abermaligem Hin- und Widergehen gelang, indem wir seitwärts darauf blickten, die Erscheinung so oft zu wiederholen, als uns beliebte. Es zeigte sich, daß es ein physiologisches Farbenphänomen und der scheinbare Blitz eigentlich das Scheinbild der Blume in der geforderten blaugrünen Farbe sei.

Wenn man eine Blume gerad ansieht, so kommt die Erscheinung nicht hervor; doch müßte es auch geschehen, sobald man mit dem Blick wankte. Schielt man aber mit dem Augenwinkel hin, so entsteht eine momentane Doppelerscheinung, bei welcher das Scheinbild gleich neben und an dem wahren Bilde erblickt wird.

Die Dämmerung ist Ursache, daß das Auge völlig ausgeruht und empfänglich ist, und die Farbe des Mohns ist mächtig genug, bei einer Sommerdämmerung der längsten Tage noch vollkommen zu wirken und ein gefordertes Bild hervorzurufen.

Ich bin überzeugt, daß man diese Erscheinung zum Versuche erheben und den gleichen Effekt durch Papierblumen hervorbringen könnte.

Will man indessen sich auf die Erfahrung in der Natur vorbereiten, so gewöhne man sich, indem man durch den Garten geht, die farbigen Blumen scharf anzusehen und sogleich auf den Sandweg hinzublicken; man wird diesen alsdann mit Flecken der entgegengesetzten Farbe bestreut sehen. Diese Erfahrung glückt bei bedecktem Himmel, aber auch selbst beim hellsten Sonnenschein, der, indem er die Farbe der Blume erhöht, sie fähig macht, die geforderte Farbe mächtig genug hervorzubringen, daß sie selbst bei einem blendenden Lichte noch bemerkt werden kann. So bringen die Päonien schön grüne, die Kalendeln lebhaft blaue Spektra hervor.

55. So wie bei den Versuchen mit farbigen Bildern auf einzelnen Teilen der Retina ein Farbenwechsel gesetzmäßig entsteht, so geschieht dasselbe, wenn die ganze Netzhaut von Einer Farbe affiziert wird. Hievon können wir uns überzeugen, wenn wir farbige Glasscheiben vors Auge nehmen. Man blicke eine Zeitlang durch eine blaue Scheibe, so wird die Welt nachher dem befreiten Auge wie von der Sonne

erleuchtet erscheinen, wenn auch gleich der Tag grau und die Gegend herbstlich farblos wäre. Ebenso sehen wir, indem wir eine grüne Brille weglegen, die Gegenstände mit einem rötlichen Schein überglänzt. Ich sollte daher glauben, daß es nicht wohlgetan sei, zu Schonung der Augen sich grüner Gläser oder grünen Papiers zu bedienen, weil jede Farbspezifikation dem Auge Gewalt antut und das Organ zur Opposition nötigt.

56. Haben wir bisher die entgegengesetzten Farben sich einander sukzessiv auf der Retina fordern sehen, so bleibt uns noch übrig zu erfahren, daß diese gesetzliche Forderung auch simultan bestehen könne. Malt sich auf einem Teile der Netzhaut ein farbiges Bild, so findet sich der übrige Teil sogleich in einer Disposition, die bemerkten korrespondierenden Farben hervorzubringen. Setzt man obige Versuche fort und blickt z. B. vor einer weißen Fläche auf ein gelbes Stück Papier, so ist der übrige Teil des Auges schon disponiert, auf gedachter farbloser Fläche das Violette hervorzubringen. Allein das wenige Gelbe ist nicht mächtig genug, jene Wirkung deutlich zu leisten. Bringt man aber auf eine gelbe Wand weiße Papiere, so wird man sie mit einem violetten Ton überzogen sehen.

57. Ob man gleich mit allen Farben diese Versuche anstellen kann, so sind doch besonders dazu Grün und Purpur zu empfehlen, weil diese Farben einander auffallend hervorrufen. Auch im Leben begegnen uns diese Fälle häufig. Blickt ein grünes Papier durch gestreiften oder geblümten Musselin hindurch, so werden die Streifen oder Blumen rötlich erscheinen. Durch grüne Schaltern ein graues Haus gesehen, erscheint gleichfalls rötlich. Die Purpurfarbe an dem bewegten Meer ist auch eine geforderte Farbe. Der beleuchtete Teil der Wellen erscheint grün in seiner eigenen Farbe und der beschattete in der entgegengesetzten purpurnen. Die verschiedene Richtung der Wellen gegen das Auge bringt ebendie Wirkung hervor. Durch eine Öffnung roter oder grüner Vorhänge erscheinen die Gegenstände draußen mit der geforderten Farbe. Übrigens werden sich diese Erscheinungen dem Aufmerksamen überall, ja bis zur Unbequemlichkeit zeigen.

58. Haben wir das Simultane dieser Wirkungen bisher in den direkten Fällen kennen gelernt, so können wir solche auch in den umgekehrten bemerken. Nimmt man ein sehr lebhaft orange gefärbtes Stückchen Papier vor die weiße Fläche, so wird man, wenn man es scharf ansieht, das auf der übrigen Fläche geforderte Blau schwerlich gewahr werden. Nimmt man aber das orange Papier weg und erscheint an dessen Platz das blaue Scheinbild, so wird sich in dem Augenblick, da dieses völlig wirksam ist, die übrige Fläche wie in einer Art von Wetterleuchten mit einem rötlichgelben Schein überziehen und wird dem Beobachter die produktive Forderung dieser Gesetzlichkeit zum lebhaften Anschauen bringen.

59. Wie die geforderten Farben, da wo sie nicht sind, neben und nach der fordernden leicht erscheinen, so werden sie erhöht, da wo sie sind. In einem Hofe, der mit grauen Kalksteinen gepflastert und mit Gras durchwachsen war, erschien das Gras von einer unendlich schönen Grüne, als Abendwolken einen rötlichen, kaum bemerklichen Schein auf das Pflaster warfen. Im umgekehrten Falle sieht derjenige, der bei einer mittleren Helle des Himmels auf Wiesen wandelt und nichts als Grün vor sich sieht, öfters die Baumstämme und Wege mit einem rötlichen Scheine leuchten. Bei Landschaftsmalern, besonders denjenigen, die mit Aquarellfarben arbeiten, kommt dieser Ton öfters vor. Wahrscheinlich sehen sie ihn in der Natur, ahmen ihn unbewußt nach, und ihre Arbeit wird als unnatürlich getadelt.

60. Diese Phänomene sind von der größten Wichtigkeit, indem sie uns auf die Gesetze des Sehens hindeuten und zu künftiger Betrachtung der Farben eine notwendige Vorbereitung sind. Das Auge verlangt dabei ganz eigentlich Totalität und schließt in sich selbst den Farbenkreis ab. In dem vom Gelben geforderten Violetten liegt das Rote und Blaue, im Orange das Gelbe und Rote, dem das Blaue entspricht; das Grüne vereinigt Blau und Gelb und fordert das Rote, und so in allen Abstufungen der verschiedensten Mischungen. Daß man in diesem Falle genötigt werde, drei Hauptfarben anzunehmen, ist schon früher von den Beobachtern bemerkt worden.

61. Wenn in der Totalität die Elemente, woraus sie zusammenwächst, noch bemerklich sind, nennen wir sie billig Harmonie, und wie die Lehre von der Harmonie der Farben sich aus diesen Phänomenen herleite, wie nur durch diese Eigenschaften die Farbe fähig sei, zu ästhetischem Gebrauch angewendet zu werden, muß sich in der Folge zeigen, wenn wir den ganzen Kreis der Beobachtungen durchlaufen haben und auf den Punkt, wovon wir ausgegangen sind, zurückkehren.

## VI. Farbige Schatten

62. Ehe wir jedoch weiter schreiten, haben wir noch höchst merkwürdige Fälle dieser lebendig geforderten, nebeneinander bestehenden Farben zu beobachten, und zwar indem wir unsre Aufmerksamkeit auf die farbigen Schatten richten. Um zu diesen überzugehen, wenden wir uns vorerst zur Betrachtung der farblosen Schatten.

63. Ein Schatten von der Sonne auf eine weiße Fläche geworfen, gibt uns keine Empfindung von Farbe, solange die Sonne in ihrer völligen Kraft wirkt. Er scheint schwarz oder, wenn ein Gegenlicht hinzudringen kann, schwächer, halberhellt, grau.

64. Zu den farbigen Schatten gehören zwei Bedingungen, erstlich, daß das wirksame Licht auf irgendeine Art die weiße Fläche färbe, zweitens, daß ein Gegenlicht den geworfenen Schatten auf einen gewissen Grad erleuchte.

65. Man setze bei der Dämmerung auf ein weißes Papier eine niedrig brennende Kerze; zwischen sie und das abnehmende Tageslicht stelle man einen Bleistift aufrecht, so daß der Schatten, welchen die Kerze wirft, von dem schwachen Tageslicht erhellt, aber nicht aufgehoben werden kann, und der Schatten wird von dem schönsten Blau erscheinen.

66. Daß dieser Schatten blau sei, bemerkt man alsobald; aber man überzeugt sich nur durch Aufmerksamkeit, daß das weiße Papier als eine rötlichgelbe Fläche wirkt, durch welchen Schein jene blaue Farbe im Auge gefordert wird.

67. Bei allen farbigen Schatten daher muß man auf der Fläche, auf welche er geworfen wird, eine erregte Farbe ver-

muten, welche sich auch bei aufmerksamerer Betrachtung wohl erkennen läßt. Doch überzeuge man sich vorher durch folgenden Versuch.

68. Man nehme zur Nachtzeit zwei brennende Kerzen und stelle sie gegeneinander auf eine weiße Fläche; man halte einen dünnen Stab zwischen beiden aufrecht, so daß zwei Schatten entstehen; man nehme ein farbiges Glas und halte es vor das eine Licht, also daß die weiße Fläche gefärbt erscheine, und in demselben Augenblick wird der von dem nunmehr färbenden Lichte geworfene und von dem farblosen Lichte beleuchtete Schatten die geforderte Farbe anzeigen.

69. Es tritt hier eine wichtige Betrachtung ein, auf die wir noch öfters zurückkommen werden. Die Farbe selbst ist ein Schattiges (σκιερόν), deswegen Kircher vollkommen recht hat, sie lumen opacatum zu nennen, und wie sie mit dem Schatten verwandt ist, so verbindet sie sich auch gern mit ihm, sie erscheint uns gern in ihm und durch ihn, sobald der Anlaß nur gegeben ist, und so müssen wir bei Gelegenheit der farbigen Schatten zugleich eines Phänomens erwähnen, dessen Ableitung und Entwickelung erst später vorgenommen werden kann.

70. Man wähle in der Dämmerung den Zeitpunkt, wo das einfallende Himmelslicht noch einen Schatten zu werfen imstande ist, der von dem Kerzenlichte nicht ganz aufgehoben werden kann, so daß vielmehr ein doppelter fällt, einmal vom Kerzenlicht gegen das Himmelslicht und sodann vom Himmelslicht gegen das Kerzenlicht. Wenn der erstere blau ist, so wird der letztere hochgelb erscheinen. Dieses hohe Gelb ist aber eigentlich nur der über das ganze Papier von dem Kerzenlicht verbreitete gelbrötliche Schein, der im Schatten sichtbar wird.

71. Hievon kann man sich bei dem obigen Versuche mit zwei Kerzen und farbigen Gläsern am besten überzeugen, so wie die unglaubliche Leichtigkeit, womit der Schatten eine Farbe annimmt, bei der nähern Betrachtung der Widerscheine und sonst mehrmals zur Sprache kommt.

72. Und so wäre denn auch die Erscheinung der farbigen Schatten, welche den Beobachtern bisher so viel zu schaffen

gemacht, bequem abgeleitet. Ein jeder, der künftighin farbige Schatten bemerkt, beobachte nur, mit welcher Farbe die helle Fläche, worauf sie erscheinen, etwa tingiert sein möchte. Ja, man kann die Farbe des Schattens als ein Chromatoskop der beleuchteten Flächen ansehen, indem man die der Farbe des Schattens entgegenstehende Farbe auf der Fläche vermuten und bei näherer Aufmerksamkeit in jedem Falle gewahr werden kann.

73. Wegen dieser nunmehr bequem abzuleitenden farbigen Schatten hat man sich bisher viel gequält und sie, weil sie meistenteils unter freiem Himmel beobachtet wurden und vorzüglich blau erschienen, einer gewissen heimlich blauen und blau färbenden Eigenschaft der Luft zugeschrieben. Man kann sich aber bei jenem Versuche mit dem Kerzenlicht im Zimmer überzeugen, daß keine Art von blauem Schein oder Widerschein dazu nötig ist, indem man den Versuch an einem grauen trüben Tag, ja hinter zugezogenen weißen Vorhängen anstellen kann, in einem Zimmer, wo sich auch nicht das mindeste Blaue befindet, und der blaue Schatten wird sich nur um desto schöner zeigen.

74. Saussure sagt in der Beschreibung seiner Reise auf den Montblanc:

„Eine zweite nicht uninteressante Bemerkung betrifft die Farben der Schatten, die wir trotz der genausten Beobachtung nie dunkelblau fanden, ob es gleich in der Ebene häufig der Fall gewesen war. Wir sahen sie im Gegenteil von neunundfunfzigmal einmal gelblich, sechsmal blaßbläulich, achtzehnmal farbenlos oder schwarz und vierunddreißigmal blaßviolett.

Wenn also einige Physiker annehmen, daß diese Farben mehr von zufälligen, in der Luft zerstreuten, den Schatten ihre eigentümlichen Nuancen mitteilenden Dünsten herrühren, nicht aber durch eine bestimmte Luft- oder reflektierte Himmelsfarbe verursacht werden, so scheinen jene Beobachtungen ihrer Meinung günstig zu sein.“

Die von de Saussure angezeigten Erfahrungen werden wir nun bequem einrangieren können.

Auf der großen Höhe war der Himmel meistenteils rein von Dünsten. Die Sonne wirkte in ihrer ganzen Kraft auf den weißen Schnee, so daß er dem Auge völlig weiß erschien, und sie sahen bei dieser Gelegenheit die Schatten völlig farbenlos. War die Luft mit wenigen Dünsten geschwängert und entstand dadurch ein gelblicher Ton des Schnees, so folgten violette Schatten, und zwar waren diese die meisten. Auch sahen sie bläuliche Schatten, jedoch seltener, und daß die blauen und violetten nur blaß waren, kam von der hellen und heiteren Umgebung, wodurch die Schattenstärke gemindert wurde. Nur einmal sahen sie den Schatten gelblich, welches, wie wir oben (70) gesehen haben, ein Schatten ist, der von einem farblosen Gegenlichte geworfen und von dem färbenden Hauptlichte erleuchtet worden.

75. Auf einer Harzreise im Winter stieg ich gegen Abend vom Brocken herunter; die weiten Flächen auf- und abwärts waren beschneit, die Heide von Schnee bedeckt, alle zerstreut stehenden Bäume und vorragenden Klippen, auch alle Baum- und Felsenmassen völlig bereift, die Sonne senkte sich eben gegen die Oderteiche hinunter.

Waren den Tag über, bei dem gelblichen Ton des Schnees, schon leise violette Schatten bemerklich gewesen, so mußte man sie nun für hochblau ansprechen, als ein gesteigertes Gelb von den beleuchteten Teilen widerschien.

Als aber die Sonne sich endlich ihrem Niedergang näherte und ihr durch die stärkeren Dünste höchst gemäßigter Strahl die ganze mich umgebende Welt mit der schönsten Purpurfarbe überzog, da verwandelte sich die Schattenfarbe in ein Grün, das nach seiner Klarheit einem Meergrün, nach seiner Schönheit einem Smaragdgrün verglichen werden konnte. Die Erscheinung ward immer lebhafter, man glaubte sich in einer Feenwelt zu befinden, denn alles hatte sich in die zwei lebhaften und so schön übereinstimmenden Farben gekleidet, bis endlich mit dem Sonnenuntergang die Prachterscheinung sich in eine graue Dämmerung und nach und nach in eine mond- und sternhelle Nacht verlor.

76. Einer der schönsten Fälle farbiger Schatten kann bei dem Vollmonde beobachtet werden. Der Kerzen- und Mondenschein lassen sich völlig ins Gleichgewicht bringen. Beide Schatten können gleich stark und deutlich dargestellt werden, so daß beide Farben sich vollkommen balancieren.

Man setzt die Tafel dem Scheine des Vollmondes entgegen, das Kerzenlicht ein wenig an die Seite, in gehöriger Entfernung, vor die Tafel hält man einen undurchsichtigen Körper; alsdann entsteht ein doppelter Schatten, und zwar wird derjenige, den der Mond wirft und das Kerzenlicht bescheint, gewaltig rotgelb, und umgekehrt der, den das Licht wirft und der Mond bescheint, vom schönsten Blau gesehen werden. Wo beide Schatten zusammentreffen und sich zu einem vereinigen, ist er schwarz. Der gelbe Schatten läßt sich vielleicht auf keine Weise auffallender darstellen. Die unmittelbare Nähe des blauen, der dazwischentretende schwarze Schatten machen die Erscheinung desto angenehmer. Ja, wenn der Blick lange auf der Tafel verweilt, so wird das geforderte Blau das fordernde Gelb wieder gegenseitig fordernd steigern und ins Gelbrote treiben, welches denn wieder seinen Gegensatz, eine Art von Meergrün, hervorbringt.

77. Hier ist der Ort, zu bemerken, daß es wahrscheinlich eines Zeitmomentes bedarf, um die geforderte Farbe hervorzubringen. Die Retina muß von der fordernden Farbe erst recht affiziert sein, ehe die geforderte lebhaft bemerklich wird.

78. Wenn Taucher sich unter dem Meere befinden und das Sonnenlicht in ihre Glocke scheint, so ist alles Beleuchtete, was sie umgibt, purpurfarbig (wovon künftig die Ursache anzugeben ist); die Schatten dagegen sehen grün aus. Ebendasselbe Phänomen, was ich auf einem hohen Berge gewahr wurde (75), bemerken sie in der Tiefe des Meers, und so ist die Natur mit sich selbst durchaus übereinstimmend.

79. Einige Erfahrungen und Versuche, welche sich zwischen die Kapitel von farbigen Bildern und von farbigen Schatten gleichsam einschieben, werden hier nachgebracht.

Man habe an einem Winterabende einen weißen Papierladen inwendig vor dem Fenster eines Zimmers; in diesem Laden sei eine Öffnung, wodurch man den Schnee eines etwa benachbarten Daches sehen könne; es sei draußen noch einigermaßen dämmrig und ein Licht komme in das Zimmer, so wird der Schnee durch die Öffnung vollkommen blau erscheinen, weil nämlich das Papier durch das Kerzenlicht gelb gefärbt wird. Der Schnee, welchen man durch die Öffnung sieht, tritt hier an die Stelle eines durch ein Gegenlicht erhellten Schattens oder, wenn man will, eines grauen Bildes auf gelber Fläche.

80. Ein andrer sehr interessanter Versuch mache den Schluß.

Nimmt man eine Tafel grünen Glases von einiger Stärke und läßt darin die Fensterstäbe sich spiegeln, so wird man sie doppelt sehen, und zwar wird das Bild, das von der untern Fläche des Glases kommt, grün sein, das Bild hingegen, das sich von der obern Fläche herleitet und eigentlich farblos sein sollte, wird purpurfarben erscheinen.

An einem Gefäß, dessen Boden spiegelartig ist, welches man mit Wasser füllen kann, läßt sich der Versuch sehr artig anstellen, indem man bei reinem Wasser erst die farblosen Bilder zeigen und durch Färbung desselben sodann die farbigen Bilder produzieren kann.

## VII. Schwachwirkende Lichter

81. Das energische Licht erscheint rein weiß, und diesen Eindruck macht es auch im höchsten Grade der Blendung. Das nicht in seiner ganzen Gewalt wirkende Licht kann auch noch unter verschiedenen Bedingungen farblos bleiben. Mehrere Naturforscher und Mathematiker haben die Stufen desselben zu messen gesucht. Lambert, Bouguer, Rumford.

82. Jedoch findet sich bei schwächer wirkenden Lichtern bald eine Farbenerscheinung, indem sie sich wie abklingende Bilder verhalten (39).

83. Irgendein Licht wirkt schwächer, entweder wenn seine Energie, es geschehe wie es wolle, gemindert wird oder wenn das Auge in eine Disposition gerät, die Wirkung nicht genugsam erfahren zu können. Jene Erscheinungen, welche objektiv genannt werden können, finden ihren Platz bei den physischen Farben. Wir erwähnen hier nur des Übergangs vom Weißglühen bis zum Rotglühen des erhitzten Eisens. Nicht weniger bemerken wir, daß Kerzen auch bei Nachtzeit, nach Maßgabe wie man sie vom Auge entfernt, röter scheinen.

84. Der Kerzenschein bei Nacht wirkt in der Nähe als ein gelbes Licht; wir können es an der Wirkung bemerken, welche auf die übrigen Farben hervorgebracht wird. Ein Blaßgelb ist bei Nacht wenig von dem Weißen zu unterscheiden; das Blaue nähert sich dem Grünen und ein Rosenfarb dem Orangen.

85. Der Schein des Kerzenlichts bei der Dämmerung wirkt lebhaft als ein gelbes Licht, welches die blauen Schatten am besten beweisen, die bei dieser Gelegenheit im Auge hervorgerufen werden.

86. Die Retina kann durch ein starkes Licht dergestalt gereizt werden, daß sie schwächere Lichter nicht erkennen kann (11). Erkennt sie solche, so erscheinen sie farbig; daher sieht ein Kerzenlicht bei Tage rötlich aus, es verhält sich wie ein abklingendes; ja ein Kerzenlicht, das man bei Nacht länger und schärfer ansieht, erscheint immer röter.

87. Es gibt schwach wirkende Lichter, welche demungeachtet eine weiße, höchstens hellgelbliche Erscheinung auf der Retina machen, wie der Mond in seiner vollen Klarheit. Das faule Holz hat sogar eine Art von bläulichem Schein. Dieses alles wird künftig wieder zur Sprache kommen.

88. Wenn man nahe an eine weiße oder grauliche Wand nachts ein Licht stellt, so wird sie von diesem Mittelpunkt aus auf eine ziemliche Weite erleuchtet sein. Betrachtet man den daher entstehenden Kreis aus einiger Ferne, so erscheint uns der Rand der erleuchteten Fläche mit einem gelben, nach außen rotgelben Kreise umgeben, und wir werden aufmerksam gemacht, daß das Licht, wenn es scheinend oder widerscheinend nicht in seiner größten Energie auf uns wirkt, unserm Auge den Eindruck vom Gelben, Rötlichen und zuletzt sogar vom Roten gebe. Hier finden wir den Übergang zu den Höfen, die wir um leuchtende Punkte auf eine oder die andre Weise zu sehen pflegen.

## VIII. Subjektive Höfe

89. Man kann die Höfe in subjektive und objektive einteilen. Die letzten werden unter den physischen Farben abgehandelt, nur die ersten gehören hieher. Sie unterschei-

den sich von den objektiven darin, daß sie verschwinden, wenn man den leuchtenden Gegenstand, der sie auf der Netzhaut hervorbringt, zudeckt.

90. Wir haben oben den Eindruck des leuchtenden Bildes auf die Retina gesehen und wie es sich auf derselben vergrößert; aber damit ist die Wirkung noch nicht vollendet. Es wirkt nicht allein als Bild, sondern auch als Energie über sich hinaus; es verbreitet sich vom Mittelpunkte aus nach der Peripherie.

91. Daß ein solcher Nimbus um das leuchtende Bild in unserm Auge bewirket werde, kann man am besten in der dunkeln Kammer sehen, wenn man gegen eine mäßig große Öffnung im Fensterladen hinblickt. Hier ist das helle Bild von einem runden Nebelschein umgeben.

Einen solchen Nebelschein sah ich mit einem gelben und gelbroten Kreise umgeben, als ich mehrere Nächte in einem Schlafwagen zubrachte und morgens bei dämmerndem Tageslichte die Augen aufschlug.

92. Die Höfe erscheinen am lebhaftesten, wenn das Auge ausgeruht und empfänglich ist. Nicht weniger vor einem dunklen Hintergrund. Beides ist die Ursache, daß wir sie so stark sehen, wenn wir nachts aufwachen und uns ein Licht entgegengebracht wird. Diese Bedingungen fanden sich auch zusammen, als Descartes im Schiff sitzend geschlafen hatte und so lebhafte farbige Scheine um das Licht bemerkte.

93. Ein Licht muß mäßig leuchten, nicht blenden, wenn es einen Hof im Auge erregen soll, wenigstens würden die Höfe eines blendenden Lichtes nicht bemerkt werden können. Wir sehen einen solchen Glanzhof um die Sonne, welche von einer Wasserfläche ins Auge fällt.

94. Genau beobachtet, ist ein solcher Hof an seinem Rande mit einem gelben Saume eingefaßt. Aber auch hier ist jene energische Wirkung noch nicht geendigt, sondern sie scheint sich in abwechselnden Kreisen weiter fortzubewegen.

95. Es gibt viele Fälle, die auf eine kreisartige Wirkung der Retina deuten, es sei nun, daß sie durch die runde Form des Auges selbst und seiner verschiedenen Teile oder sonst hervorgebracht werde.

96. Wenn man das Auge von dem innern Augenwinkel her

nur ein wenig drückt, so entstehen dunklere oder hellere Kreise. Man kann bei Nachtzeit manchmal auch ohne Druck eine Sukzession solcher Kreise gewahr werden, von denen sich einer aus dem andern entwickelt, einer vom andern verschlungen wird.

97. Wir haben schon einen gelben Rand um den von einem nah gestellten Licht erleuchteten weißen Raum gesehen. Dies wäre eine Art von objektivem Hof (88).

98. Die subjektiven Höfe können wir uns als den Konflikt des Lichtes mit einem lebendigen Raume denken. Aus dem Konflikt des Bewegenden mit dem Bewegten entsteht eine undulierende Bewegung. Man kann das Gleichnis von den Ringen im Wasser hernehmen. Der hineingeworfene Stein treibt das Wasser nach allen Seiten, die Wirkung erreicht eine höchste Stufe, sie klingt ab und gelangt, im Gegensatz, zur Tiefe. Die Wirkung geht fort, kulminiert aufs neue, und so wiederholen sich die Kreise. Erinnert man sich der konzentrischen Ringe, die in einem mit Wasser gefüllten Trinkglase entstehen, wenn man versucht, einen Ton durch Reiben des Randes hervorzubringen, gedenkt man der intermittierenden Schwingungen beim Abklingen der Glocken, so nähert man sich wohl in der Vorstellung demjenigen, was auf der Retina vorgehen mag, wenn sie von einem leuchtenden Gegenstand getroffen wird, nur daß sie als lebendig schon eine gewisse kreisartige Disposition in ihrer Organisation hat.

99. Die um das leuchtende Bild sich zeigende helle Kreisfläche ist gelb mit Rot geendigt. Darauf folgt ein grünlicher Kreis, der mit einem roten Rande geschlossen ist. Dies scheint das gewöhnliche Phänomen zu sein bei einer gewissen Größe des leuchtenden Körpers. Diese Höfe werden größer, je weiter man sich von dem leuchtenden Bilde entfernt.

100. Die Höfe können aber auch im Auge unendlich klein und vielfach erscheinen, wenn der erste Anstoß klein und mächtig ist. Der Versuch macht sich am besten mit einer auf der Erde liegenden, von der Sonne beschienenen Goldflinter. In diesen Fällen erscheinen die Höfe in bunten Strahlen. Jene farbige Erscheinung, welche die Sonne im Auge macht, indem sie durch Baumblätter dringt, scheint auch hieher zu gehören.

## PATHOLOGISCHE FARBEN

### Anhang

101. Die physiologischen Farben kennen wir nunmehr hinreichend, um sie von den pathologischen zu unterscheiden. Wir wissen, welche Erscheinungen dem gesunden Auge zugehören und nötig sind, damit sich das Organ vollkommen lebendig und tätig erzeige.

102. Die krankhaften Phänomene deuten gleichfalls auf organische und physische Gesetze; denn wenn ein besonderes lebendiges Wesen von derjenigen Regel abweicht, durch die es gebildet ist, so strebt es ins allgemeine Leben hin, immer auf einem gesetzlichen Wege, und macht uns auf seiner ganzen Bahn jene Maximen anschaulich, aus welchen die Welt entsprungen ist und durch welche sie zusammengehalten wird.

103. Wir sprechen hier zuerst von einem sehr merkwürdigen Zustande, in welchem sich die Augen mancher Personen befinden. Indem er eine Abweichung von der gewöhnlichen Art, die Farben zu sehen, anzeigt, so gehört er wohl zu den krankhaften; da er aber regelmäßig ist, öfter vorkommt, sich auf mehrere Familienglieder erstreckt und sich wahrscheinlich nicht heilen läßt, so stellen wir ihn billig auf die Grenze.

104. Ich kannte zwei Subjekte, die damit behaftet waren, nicht über zwanzig Jahr alt; beide hatten blaugraue Augen, ein scharfes Gesicht in der Nähe und Ferne, bei Tages- und Kerzenlicht, und ihre Art, die Farben zu sehen, war in der Hauptsache völlig übereinstimmend.

105. Mit uns treffen sie zusammen, daß sie Weiß, Schwarz und Grau nach unsrer Weise benennen; Weiß sahen sie beide ohne Beimischung. Der eine wollte bei Schwarz etwas Bräunliches und bei Grau etwas Rötliches bemerken. Überhaupt scheinen sie die Abstufung von Hell und Dunkel sehr zart zu empfinden.

106. Mit uns scheinen sie Gelb, Rotgelb und Gelbrot zu sehen; bei dem letzten sagen sie, sie sähen das Gelbe gleichsam über dem Rot schweben, wie lasiert. Karmin, in der Mitte einer Untertasse dicht aufgetrocknet, nannten sie Rot.

107. Nun aber tritt eine auffallende Differenz ein. Man streiche mit einem genetzten Pinsel den Karmin leicht über die weiße Schale, so werden sie diese entstehende helle Farbe der Farbe des Himmels vergleichen und solche Blau nennen. Zeigt man ihnen daneben eine Rose, so nennen sie diese auch blau und können bei allen Proben, die man anstellt, das Hellblau nicht von dem Rosenfarb unterscheiden. Sie verwechseln Rosenfarb, Blau und Violett durchaus; nur durch kleine Schattierungen des Helleren, Dunkleren, Lebhafteren, Schwächeren scheinen sich diese Farben für sie voneinander abzusondern.

108. Ferner können sie Grün von einem Dunkelorange, besonders aber von einem Rotbraun nicht unterscheiden.

109. Wenn man die Unterhaltung mit ihnen dem Zufall überläßt und sie bloß über vorliegende Gegenstände befragt, so gerät man in die größte Verwirrung und fürchtet, wahnsinnig zu werden. Mit einiger Methode hingegen kommt man dem Gesetz dieser Gesetzwidrigkeit schon um vieles näher.

110. Sie haben, wie man aus dem Obigen sehen kann, weniger Farben als wir; daher denn die Verwechselung von verschiedenen Farben entsteht. Sie nennen den Himmel rosenfarb und die Rose blau oder umgekehrt. Nun fragt sich: sehen sie beides blau oder beides rosenfarb? sehen sie das Grün orange oder das Orange grün?

111. Diese seltsamen Rätsel scheinen sich zu lösen, wenn man annimmt, daß sie kein Blau, sondern an dessen Statt einen diluierten Purpur, ein Rosenfarb, ein helles reines Rot sehen. Symbolisch kann man sich diese Lösung einstweilen folgendermaßen vorstellen.

112. Nehmen wir aus unserm Farbenkreise das Blaue heraus, so fehlt uns Blau, Violett und Grün. Das reine Rot verbreitet sich an der Stelle der beiden ersten, und wenn es wieder das Gelbe berührt, bringt es anstatt des Grünen abermals ein Orange hervor.

113. Indem wir uns von dieser Erklärungsart überzeugt halten, haben wir diese merkwürdige Abweichung vom gewöhnlichen Sehen *Akyanoblepsie* genannt und zu besserer Einsicht mehrere Figuren gezeichnet und illuminiert,

bei deren Erklärung wir künftig das Weitre beizubringen gedenken. Auch findet man daselbst eine Landschaft, gefärbt nach der Weise, wie diese Menschen wahrscheinlich die Natur sehen, den Himmel rosenfarb und alles Grüne in Tönen vom Gelben bis zum Braunroten, ungefähr wie es uns im Herbst erscheint.

114. Wir sprechen nunmehr von krankhaften sowohl als allen widernatürlichen, außernatürlichen, seltenen Affektionen der Retina, wobei ohne äußres Licht das Auge zu einer Lichterscheinung disponiert werden kann, und behalten uns vor, des galvanischen Lichtes künftig zu erwähnen.

115. Bei einem Schlag aufs Auge scheinen Funken umher zu sprühen. Ferner, wenn man in gewissen körperlichen Dispositionen, besonders bei erhitztem Blute und reger Empfindlichkeit, das Auge erst sachte, dann immer stärker drückt, so kann man ein blendendes unerträgliches Licht erregen.

116. Operierte Starkranke, wenn sie Schmerz und Hitze im Auge haben, sehen häufig feurige Blitze und Funken, welche zuweilen acht bis vierzehn Tage bleiben oder doch so lange, bis Schmerz und Hitze weicht.

117. Ein Kranker, wenn er Ohrenschmerz bekam, sah jederzeit Lichtfunken und Kugeln im Auge, solange der Schmerz dauerte.

118. Wurmkranke haben oft sonderbare Erscheinungen im Auge, bald Feuerfunken, bald Lichtgespenster, bald schreckhafte Figuren, die sie nicht entfernen können, bald sehen sie doppelt.

119. Hypochondristen sehen häufig schwarze Figuren als Fäden, Haare, Spinnen, Fliegen, Wespen. Diese Erscheinungen zeigen sich auch bei anfangendem schwarzen Star. Manche sehen halbdurchsichtige kleine Röhren, wie Flügel von Insekten, Wasserbläschen von verschiedener Größe, welche beim Heben des Auges niedersinken, zuweilen geradeso in Verbindung hängen wie Froschlaich und bald als völlige Sphären, bald als Linsen bemerkt werden.

120. Wie dort das Licht ohne äußeres Licht, so entspringen auch diese Bilder ohne äußre Bilder. Sie sind teils vorübergehend, teils lebenslänglich dauernd. Hiebei tritt auch manchmal eine Farbe ein; denn Hypochondristen sehen auch

häufig gelbrote schmale Bänder im Auge, oft heftiger und häufiger am Morgen oder bei leerem Magen.

121. Daß der Eindruck irgendeines Bildes im Auge einige Zeit verharre, kennen wir als ein physiologisches Phänomen (23), die allzulange Dauer eines solchen Eindrucks hingegen kann als krankhaft angesehen werden.

122. Je schwächer das Auge ist, desto länger bleibt das Bild in demselben. Die Retina stellt sich nicht sobald wieder her, und man kann die Wirkung als eine Art von Paralyse ansehen (28).

123. Von blendenden Bildern ist es nicht zu verwundern. Wenn man in die Sonne sieht, so kann man das Bild mehrere Tage mit sich herumtragen. Boyle erzählt einen Fall von zehn Jahren.

124. Das gleiche findet auch verhältnismäßig von Bildern, welche nicht blendend sind, statt. Büsch erzählt von sich selbst, daß ihm ein Kupferstich vollkommen mit allen seinen Teilen bei siebzehn Minuten im Auge geblieben.

125. Mehrere Personen, welche zu Krampf und Vollblütigkeit geneigt waren, behielten das Bild eines hochroten Kattuns mit weißen Muscheln viele Minuten lang im Auge und sahen es wie einen Flor vor allem schweben. Nur nach langem Reiben des Auges verlor sichs.

126. Scherffer bemerkt, daß die Purpurfarbe eines abklingenden starken Lichteindrucks einige Stunden dauern könne.

127. Wie wir durch Druck auf den Augapfel eine Lichterscheinung auf der Retina hervorbringen können, so entsteht bei schwachem Druck eine rote Farbe und wird gleichsam ein abklingendes Licht hervorgebracht.

128. Viele Kranke, wenn sie erwachen, sehen alles in der Farbe des Morgenrots, wie durch einen roten Flor; auch wenn sie am Abend lesen und zwischendurch einnicken und wieder aufwachen, pflegt es zu geschehen. Dieses bleibt minutenlang und vergeht allenfalls, wenn das Auge etwas gerieben wird. Dabei sind zuweilen rote Sterne und Kugeln. Dieses Rotsehen dauert auch wohl eine lange Zeit.

129. Die Luftfahrer, besonders Zambeccari und seine Gefährten, wollen in ihrer höchsten Erhebung den Mond blutrot gesehen haben. Da sie sich über die irdischen Dünste

emporgeschwungen hatten, durch welche wir den Mond und die Sonne wohl in einer solchen Farbe sehen, so läßt sich vermuten, daß diese Erscheinung zu den pathologischen Farben gehöre. Es mögen nämlich die Sinne durch den ungewohnten Zustand dergestalt affiziert sein, daß der ganze Körper und besonders auch die Retina in eine Art von Unrührbarkeit und Unreizbarkeit verfällt. Es ist daher nicht unmöglich, daß der Mond als ein höchst abgestumpftes Licht wirke und also das Gefühl der roten Farbe hervorbringe. Den Hamburger Luftfahrern erschien auch die Sonne blutrot.

Wenn die Luftfahrenden zusammen sprechen und sich kaum hören, sollte nicht auch dieses der Unreizbarkeit der Nerven ebensogut als der Dünne der Luft zugeschrieben werden können?

130. Die Gegenstände werden von Kranken auch manchmal vielfärbig gesehen. Boyle erzählt von einer Dame, daß sie nach einem Sturze, wobei ein Auge gequetscht worden, die Gegenstände, besonders aber die weißen, lebhaft bis zum Unerträglichen schimmern gesehen.

131. Die Ärzte nennen Chrupsie, wenn in typhischen Krankheiten, besonders der Augen, die Patienten an den Rändern der Bilder, wo Hell und Dunkel aneinander grenzen, farbige Umgebungen zu sehen versichern. Wahrscheinlich entsteht in den Liquoren eine Veränderung, wodurch ihre Achromasie aufgehoben wird.

132. Beim grauen Star läßt eine starkgetrübte Kristalllinse den Kranken einen roten Schein sehen. In einem solchen Falle, der durch Elektrizität behandelt wurde, veränderte sich der rote Schein nach und nach in einen gelben, zuletzt in einen weißen, und der Kranke fing an, wieder Gegenstände gewahr zu werden, woraus man schließen konnte, daß der trübe Zustand der Linse sich nach und nach der Durchsichtigkeit nähere. Diese Erscheinung wird sich, sobald wir mit den physischen Farben nähere Bekanntschaft gemacht, bequem ableiten lassen.

133. Kann man nun annehmen, daß ein gelbsüchtiger Kranker durch einen wirklich gelbgefärbten Liquor hindurchsehe, so werden wir schon in die Abteilung der che-

mischen Farben verwiesen, und wir sehen leicht ein, daß wir das Kapitel von den pathologischen Farben nur dann erst vollkommen ausarbeiten können, wenn wir uns mit der Farbenlehre in ihrem ganzen Umfang bekannt gemacht; deshalb sei es an dem Gegenwärtigen genug, bis wir später das Angedeutete weiter ausführen können.

134. Nur möchte hier zum Schlusse noch einiger besondern Dispositionen des Auges vorläufig zu erwähnen sein.

Es gibt Maler, welche, anstatt daß sie die natürliche Farbe wiedergeben sollten, einen allgemeinen Ton, einen warmen oder kalten, über das Bild verbreiten. So zeigt sich auch bei manchen eine Vorliebe für gewisse Farben, bei andern ein Ungefühl für Harmonie.

135. Endlich ist noch bemerkenswert, daß wilde Nationen, ungebildete Menschen, Kinder eine große Vorliebe für lebhafte Farben empfinden, daß Tiere bei gewissen Farben in Zorn geraten, daß gebildete Menschen in Kleidung und sonstiger Umgebung die lebhaften Farben vermeiden und sie durchgängig von sich zu entfernen suchen.

## ZWEITE ABTEILUNG
## PHYSISCHE FARBEN

136. Physische Farben nennen wir diejenigen, zu deren Hervorbringung gewisse materielle Mittel nötig sind, welche aber selbst keine Farbe haben und teils durchsichtig, teils trüb und durchscheinend, teils völlig undurchsichtig sein können. Dergleichen Farben werden also in unserm Auge durch solche äußere bestimmte Anlässe erzeugt oder, wenn sie schon auf irgendeine Weise außer uns erzeugt sind, in unser Auge zurückgeworfen. Ob wir nun schon hiedurch denselben eine Art von Objektivität zuschreiben, so bleibt doch das Vorübergehende, Nichtfestzuhaltende meistens ihr Kennzeichen.

137. Sie heißen daher auch bei den frühern Naturforschern colores apparentes, fluxi, fugitivi, phantastici, falsi, variantes. Zugleich werden sie speciosi und emphatici wegen ihrer auffallenden Herrlichkeit genannt. Sie schließen sich un-

mittelbar an die physiologischen an und scheinen nur um einen geringen Grad mehr Realität zu haben. Denn wenn bei jenen vorzüglich das Auge wirksam war und wir die Phänomene derselben nur in uns, nicht aber außer uns darzustellen vermochten, so tritt nun hier der Fall ein, daß zwar Farben im Auge durch farblose Gegenstände erregt werden, daß wir aber auch eine farblose Fläche an die Stelle unserer Retina setzen und auf derselben die Erscheinung außer uns gewahr werden können; wobei uns jedoch alle Erfahrungen auf das bestimmteste überzeugen, daß hier nicht von fertigen, sondern von werdenden und wechselnden Farben die Rede sei.

138. Wir sehen uns deshalb bei diesen physischen Farben durchaus imstande, einem subjektiven Phänomen ein objektives an die Seite zu setzen und öfters durch die Verbindung beider mit Glück tiefer in die Natur der Erscheinung einzudringen.

139. Bei den Erfahrungen also, wobei wir die physischen Farben gewahr werden, wird das Auge nicht für sich als wirkend, das Licht niemals in unmittelbarem Bezuge auf das Auge betrachtet, sondern wir richten unsere Aufmerksamkeit besonders darauf, wie durch Mittel, und zwar farblose Mittel, verschiedene Bedingungen entstehen.

140. Das Licht kann auf dreierlei Weise unter diesen Umständen bedingt werden. Erstlich, wenn es von der Oberfläche eines Mittels zurückstrahlt, da denn die katoptrischen Versuche zur Sprache kommen. Zweitens, wenn es an dem Rande eines Mittels her strahlt. Die dabei eintretenden Erscheinungen wurden ehmals perioptische genannt, wir nennen sie paroptische. Drittens, wenn es durch einen durchscheinenden oder durchsichtigen Körper durchgeht, welches die dioptrischen Versuche sind. Eine vierte Art physischer Farben haben wir epoptische genannt, indem sich die Erscheinung ohne vorgängige Mitteilung (βαφή) auf einer farblosen Oberfläche der Körper unter verschiedenen Bedingungen sehen läßt.

141. Beurteilen wir diese Rubriken in bezug auf die von uns beliebten Hauptabteilungen, nach welchen wir die Farben in physiologischer, physischer und chemischer Rück-

sicht betrachten, so finden wir, daß die katoptrischen Farben sich nahe an die physiologischen anschließen, die paroptischen sich schon etwas mehr ablösen und gewissermaßen selbstständig werden, die dioptrischen sich ganz eigentlich physisch erweisen und eine entschieden objektive Seite haben; die epoptischen, obgleich in ihren Anfängen auch nur apparent, machen den Übergang zu den chemischen Farben.

142. Wenn wir also unsern Vortrag stetig nach Anleitung der Natur fortführen wollten, so dürften wir nur in der jetzt eben bezeichneten Ordnung auch fernerhin verfahren; weil aber bei didaktischen Vorträgen es nicht sowohl darauf ankommt, dasjenige, wovon die Rede ist, aneinanderzuknüpfen, vielmehr solches wohl auseinander zu sondern, damit erst zuletzt, wenn alles einzelne vor die Seele gebracht ist, eine große Einheit das Besondere verschlinge, so wollen wir uns gleich zu den dioptrischen Farben wenden, um den Leser alsbald in die Mitte der physischen Farben zu versetzen und ihm ihre Eigenschaften auffallender zu machen.

## IX. Dioptrische Farben

143. Man nennt dioptrische Farben diejenigen, zu deren Entstehung ein farbloses Mittel gefordert wird, dergestalt, daß Licht und Finsternis hindurchwirken, entweder aufs Auge oder auf entgegenstehende Flächen. Es wird also gefordert, daß das Mittel durchsichtig oder wenigstens bis auf einen gewissen Grad durchscheinend sei.

144. Nach diesen Bedingungen teilen wir die dioptrischen Erscheinungen in zwei Klassen und setzen in die erste diejenigen, welche bei durchscheinenden trüben Mitteln entstehen, in die zweite aber solche, die sich alsdann zeigen, wenn das Mittel in dem höchstmöglichen Grade durchsichtig ist.

## X. Dioptrische Farben der ersten Klasse

145. Der Raum, den wir uns leer denken, hätte durchaus für uns die Eigenschaft der Durchsichtigkeit. Wenn sich nun derselbe dergestalt füllt, daß unser Auge die Ausfüllung

nicht gewahr wird, so entsteht ein materielles, mehr oder weniger körperliches, durchsichtiges Mittel, das luft- und gasartig, flüssig oder auch fest sein kann.

146. Die reine durchscheinende Trübe leitet sich aus dem Durchsichtigen her. Sie kann sich uns also auch auf gedachte dreifache Weise darstellen.

147. Die vollendete Trübe ist das Weiße, die gleichgültigste, hellste, erste undurchsichtige Raumerfüllung.

148. Das Durchsichtige selbst, empirisch betrachtet, ist schon der erste Grad des Trüben. Die ferneren Grade des Trüben bis zum undurchsichtigen Weißen sind unendlich.

149. Auf welcher Stufe wir auch das Trübe vor seiner Undurchsichtigkeit festhalten, gewährt es uns, wenn wir es in Verhältnis zum Hellen und Dunkeln setzen, einfache und bedeutende Phänomene.

150. Das höchstenergische Licht, wie das der Sonne, des Phosphors in Lebensluft verbrennend, ist blendend und farblos. So kommt auch das Licht der Fixsterne meistens farblos zu uns. Dieses Licht aber durch ein auch nur wenig trübes Mittel gesehen, erscheint uns gelb. Nimmt die Trübe eines solchen Mittels zu oder wird seine Tiefe vermehrt, so sehen wir das Licht nach und nach eine gelbrote Farbe annehmen, die sich endlich bis zum Rubinroten steigert.

151. Wird hingegen durch ein trübes, von einem darauffallenden Lichte erleuchtetes Mittel die Finsternis gesehen, so erscheint uns eine blaue Farbe, welche immer heller und blässer wird, je mehr sich die Trübe des Mittels vermehrt, hingegen immer dunkler und satter sich zeigt, je durchsichtiger das Trübe werden kann, ja bei dem mindesten Grad der reinsten Trübe als das schönste Violett dem Auge fühlbar wird.

152. Wenn diese Wirkung auf die beschriebene Weise in unserm Auge vorgeht und also subjektiv genannt werden kann, so haben wir uns auch durch objektive Erscheinungen von derselben noch mehr zu vergewissern. Denn ein so gemäßigtes und getrübtes Licht wirft auch auf die Gegenstände einen gelben, gelbroten oder purpurnen Schein, und ob sich gleich die Wirkung der Finsternis durch das Trübe nicht ebenso mächtig äußert, so zeigt sich doch der blaue

Himmel in der Camera obscura ganz deutlich auf dem weißen Papier neben jeder andern körperlichen Farbe.

153. Wenn wir die Fälle durchgehn, unter welchen uns dieses wichtige Grundphänomen erscheint, so erwähnen wir billig zuerst der atmosphärischen Farben, deren meiste hieher geordnet werden können.

154. Die Sonne, durch einen gewissen Grad von Dünsten gesehen, zeigt sich mit einer gelblichen Scheibe. Oft ist die Mitte noch blendend gelb, wenn sich die Ränder schon rot zeigen. Beim Heerrauch (wie 1794 auch im Norden der Fall war) und noch mehr bei der Disposition der Atmosphäre, wenn in südlichen Gegenden der Scirocco herrscht, erscheint die Sonne rubinrot mit allen sie im letzten Falle gewöhnlich umgebenden Wolken, die alsdann jene Farbe im Widerschein zurückwerfen.

Morgen- und Abendröte entsteht aus derselben Ursache. Die Sonne wird durch eine Röte verkündigt, indem sie durch eine größere Masse von Dünsten zu uns strahlt. Je weiter sie heraufkommt, desto heller und gelber wird der Schein.

155. Wird die Finsternis des unendlichen Raums durch atmosphärische, vom Tageslicht erleuchtete Dünste hindurch angesehen, so erscheint die blaue Farbe. Auf hohen Gebirgen sieht man am Tage den Himmel königsblau, weil nur wenig feine Dünste vor dem unendlichen finstern Raum schweben; sobald man in die Täler herabsteigt, wird das Blaue heller, bis es endlich in gewissen Regionen und bei zunehmenden Dünsten ganz in ein Weißblau übergeht.

156. Ebenso scheinen uns auch die Berge blau; denn indem wir sie in einer solchen Ferne erblicken, daß wir die Lokalfarben nicht mehr sehen und kein Licht von ihrer Oberfläche mehr auf unser Auge wirkt, so gelten sie als ein reiner finsterer Gegenstand, der nun durch die dazwischentretenden trüben Dünste blau erscheint.

157. Auch sprechen wir die Schattenteile näherer Gegenstände für blau an, wenn die Luft mit feinen Dünsten gesättigt ist.

158. Die Eisberge hingegen erscheinen in großer Entfernung noch immer weiß und eher gelblich, weil sie immer noch als hell durch den Dunstkreis auf unser Auge wirken.

159. Die blaue Erscheinung an dem untern Teil des Kerzenlichtes gehört auch hieher. Man halte die Flamme vor einen weißen Grund, und man wird nichts Blaues sehen, welche Farbe hingegen sogleich erscheinen wird, wenn man die Flamme gegen einen schwarzen Grund hält. Dieses Phänomen erscheint am lebhaftesten bei einem angezündeten Löffel Weingeist. Wir können also den untern Teil der Flamme für einen Dunst ansprechen, welcher, obgleich unendlich fein, doch vor der dunklen Fläche sichtbar wird: er ist so fein, daß man bequem durch ihn lesen kann; dahingegen die Spitze der Flamme, welche uns die Gegenstände verdeckt, als ein selbstleuchtender Körper anzusehen ist.

160. Übrigens ist der Rauch gleichfalls als ein trübes Mittel anzusehen, das uns vor einem hellen Grunde gelb oder rötlich, vor einem dunklen aber blau erscheint.

161. Wenden wir uns nun zu den flüssigen Mitteln, so finden wir, daß ein jedes Wasser, auf eine zarte Weise getrübt, denselben Effekt hervorbringe.

162. Die Infusion des nephritischen Holzes (der Guilandina Linnaei), welche früher so großes Aufsehen machte, ist nur ein trüber Liquor, der im dunklen hölzernen Becher blau aussehen, in einem durchsichtigen Glase aber, gegen die Sonne gehalten, eine gelbe Erscheinung hervorbringen muß.

163. Einige Tropfen wohlriechender Wasser, eines Weingeistfirnisses, mancher metallischen Solutionen können das Wasser zu solchen Versuchen in allen Graden trübe machen. Seifenspiritus tut fast die beste Wirkung.

164. Der Grund des Meeres erscheint den Tauchern bei hellem Sonnenschein purpurfarb, wobei das Meerwasser als ein trübes und tiefes Mittel wirkt. Sie bemerken bei dieser Gelegenheit die Schatten grün, welches die geforderte Farbe ist. (78.)

165. Unter den festen Mitteln begegnet uns in der Natur zuerst der Opal, dessen Farben wenigstens zum Teil daraus zu erklären sind, daß er eigentlich ein trübes Mittel sei, wodurch bald helle, bald dunkle Unterlagen sichtbar werden.

166. Zu allen Versuchen aber ist das Opalglas (vitrum astroides, girasole) der erwünschteste Körper. Es wird auf

verschiedene Weise verfertigt und seine Trübe durch Metallkalke hervorgebracht. Auch trübt man das Glas dadurch, daß man gepülverte und kalzinierte Knochen mit ihm zusammenschmelzt, deswegen man es auch Beinglas nennt; doch geht dieses gar zu leicht ins Undurchsichtige über.

167. Man kann dieses Glas zu Versuchen auf vielerlei Weise zurichten; denn entweder man macht es nur wenig trüb, da man denn durch mehrere Schichten übereinander das Licht vom hellsten Gelb bis zum tiefsten Purpur führen kann, oder man kann auch stark getrübtes Glas in dünnern und stärkeren Scheiben anwenden. Auf beide Arten lassen sich die Versuche anstellen; besonders darf man aber, um die hohe blaue Farbe zu sehen, das Glas weder allzu trüb noch allzu stark nehmen. Denn da es natürlich ist, daß das Finstere nur schwach durch die Trübe hindurch wirke, so geht die Trübe, wenn sie zu dicht wird, gar schnell in das Weiße hinüber.

168. Fensterscheiben durch die Stellen, an welchen sie blind geworden sind, werfen einen gelben Schein auf die Gegenstände, und ebendiese Stellen sehen blau aus, wenn wir durch sie nach einem dunklen Gegenstande blicken.

169. Das angerauchte Glas gehört auch hieher und ist gleichfalls als ein trübes Mittel anzusehen. Es zeigt uns die Sonne mehr oder weniger rubinrot, und ob man gleich diese Erscheinung der schwarzbraunen Farbe des Rußes zuschreiben könnte, so kann man sich doch überzeugen, daß hier ein trübes Mittel wirke, wenn man ein solches mäßig angerauchtes Glas, auf der vordern Seite durch die Sonne erleuchtet, vor einen dunklen Gegenstand hält, da wir denn einen blaulichen Schein gewahr werden.

170. Mit Pergamentblättern läßt sich in der dunkeln Kammer ein auffallender Versuch anstellen. Wenn man vor die Öffnung des eben von der Sonne beschienenen Fensterladens ein Stück Pergament befestigt, so wird es weißlich erscheinen; fügt man ein zweites hinzu, so entsteht eine gelbliche Farbe, die immer zunimmt und endlich bis ins Rote übergeht, je mehr man Blätter nach und nach hinzufügt.

171. Einer solchen Wirkung der getrübten Kristallinse beim grauen Star ist schon oben gedacht. (132.)

172. Sind wir nun auf diesem Wege schon bis zu der Wirkung eines kaum noch durchscheinenden Trüben gelangt, so bleibt uns noch übrig, einer wunderbaren Erscheinung augenblicklicher Trübe zu gedenken.

Das Porträt eines angesehenen Theologen war von einem Künstler, welcher praktisch besonders gut mit der Farbe umzugehen wußte, vor mehrern Jahren gemalt worden. Der hochwürdige Mann stand in einem glänzenden Samtrocke da, welcher fast mehr als das Gesicht die Augen der Anschauer auf sich zog und Bewunderung erregte. Indessen hatte das Bild nach und nach durch Lichterdampf und Staub von seiner ersten Lebhaftigkeit vieles verloren. Man übergab es daher einem Maler, der es reinigen und mit einem neuen Firnis überziehen sollte. Dieser fängt nun sorgfältig an, zuerst das Bild mit einem feuchten Schwamm abzuwaschen; kaum aber hat er es einigemal überfahren und den stärksten Schmutz weggewischt, als zu seinem Erstaunen der schwarze Samtrock sich plötzlich in einen hellblauen Plüschrock verwandelt, wodurch der geistliche Herr ein sehr weltliches, obgleich altmodisches Ansehn gewinnt. Der Maler getraut sich nicht weiterzuwaschen, begreift nicht, wie ein Hellblau zum Grunde des tiefsten Schwarzen liegen, noch weniger, wie er eine Lasur so schnell könne weggescheuert haben, welche ein solches Blau, wie er vor sich sah, in Schwarz zu verwandeln imstande gewesen wäre.

Genug, er fühlte sich sehr bestürzt, das Bild auf diesen Grad verdorben zu haben: es war nichts Geistliches mehr daran zu sehen als nur die vielgelockte runde Perücke, wobei der Tausch eines verschossenen Plüschrocks gegen einen trefflichen neuen Samtrock durchaus unerwünscht blieb. Das Übel schien indessen unheilbar, und unser guter Künstler lehnte mißmutig das Bild gegen die Wand und legte sich nicht ohne Sorgen zu Bette.

Wie erfreut aber war er den andern Morgen, als er das Gemälde wieder vornahm und den schwarzen Samtrock in völligem Glanze wieder erblickte. Er konnte sich nicht enthalten, den Rock an einem Ende abermals zu benetzen, da denn die blaue Farbe wieder erschien und nach einiger Zeit verschwand.

Als ich Nachricht von diesem Phänomen erhielt, begab ich mich sogleich zu dem Wunderbilde. Es ward in meiner Gegenwart mit einem feuchten Schwamme überfahren, und die Veränderung zeigte sich sehr schnell. Ich sah einen zwar etwas verschossenen, aber völlig hellblauen Plüschrock, auf welchem an dem Ärmel einige braune Striche die Falten andeuteten.

Ich erklärte mir dieses Phänomen aus der Lehre von den trüben Mitteln. Der Künstler mochte seine schon gemalte schwarze Farbe, um sie recht tief zu machen, mit einem besondern Firnis lasieren, welcher beim Waschen einige Feuchtigkeit in sich sog und dadurch trübe ward, wodurch das unterliegende Schwarz sogleich als Blau erschien. Vielleicht kommen diejenigen, welche viel mit Firnissen umgehen, durch Zufall oder Nachdenken auf den Weg, diese sonderbare Erscheinung den Freunden der Naturforschung als Experiment darzustellen. Mir hat es nach mancherlei Proben nicht gelingen wollen.

173. Haben wir nun die herrlichsten Fälle atmosphärischer Erscheinungen sowie andre geringere, aber doch immer genugsam bedeutende aus der Haupterfahrung mit trüben Mitteln hergeleitet, so zweifeln wir nicht, daß aufmerksame Naturfreunde immer weitergehen und sich üben werden, die im Leben mannigfaltig vorkommenden Erscheinungen auf ebendiesem Wege abzuleiten und zu erklären, so wie wir hoffen können, daß die Naturforscher sich nach einem hinlänglichen Apparat umsehen werden, um so bedeutende Erfahrungen den Wißbegierigen vor Augen zu bringen.

174. Ja wir möchten jene im allgemeinen ausgesprochene Haupterscheinung ein Grund- und Urphänomen nennen, und es sei uns erlaubt, hier, was wir darunter verstehen, sogleich beizubringen.

175. Das, was wir in der Erfahrung gewahr werden, sind meistens nur Fälle, welche sich mit einiger Aufmerksamkeit unter allgemeine empirische Rubriken bringen lassen. Diese subordinieren sich abermals unter wissenschaftliche Rubriken, welche weiter hinaufdeuten, wobei uns gewisse unerläßliche Bedingungen des Erscheinenden näher bekannt werden. Von nun an fügt sich alles nach und nach unter

höhere Regeln und Gesetze, die sich aber nicht durch Worte und Hypothesen dem Verstande, sondern gleichfalls durch Phänomene dem Anschauen offenbaren. Wir nennen sie Urphänomene, weil nichts in der Erscheinung über ihnen liegt, sie aber dagegen völlig geeignet sind, daß man stufenweise, wie wir vorhin hinaufgestiegen, von ihnen herab bis zu dem gemeinsten Falle der täglichen Erfahrung niedersteigen kann. Ein solches Urphänomen ist dasjenige, das wir bisher dargestellt haben. Wir sehen auf der einen Seite das Licht, das Helle, auf der andern die Finsternis, das Dunkle; wir bringen die Trübe zwischen beide, und aus diesen Gegensätzen, mit Hülfe gedachter Vermittlung, entwickeln sich, gleichfalls in einem Gegensatz, die Farben, deuten aber alsbald, durch einen Wechselbezug, unmittelbar auf ein Gemeinsames wieder zurück.

176. In diesem Sinne halten wir den in der Naturforschung begangenen Fehler für sehr groß, daß man ein abgeleitetes Phänomen an die obere Stelle, das Urphänomen an die niedere Stelle setzte, ja sogar das abgeleitete Phänomen wieder auf den Kopf stellte und an ihm das Zusammengesetzte für ein Einfaches, das Einfache für ein Zusammengesetztes gelten ließ, durch welches Hinterstzuvörderst die wunderlichsten Verwicklungen und Verwirrungen in die Naturlehre gekommen sind, an welchen sie noch leidet.

177. Wäre denn aber auch ein solches Urphänomen gefunden, so bleibt immer noch das Übel, daß man es nicht als ein solches anerkennen will, daß wir hinter ihm und über ihm noch etwas Weiteres aufsuchen, da wir doch hier die Grenze des Schauens eingestehen sollten. Der Naturforscher lasse die Urphänomene in ihrer ewigen Ruhe und Herrlichkeit dastehen, der Philosoph nehme sie in seine Region auf, und er wird finden, daß ihm nicht in einzelnen Fällen, allgemeinen Rubriken, Meinungen und Hypothesen, sondern im Grund- und Urphänomen ein würdiger Stoff zu weiterer Behandlung und Bearbeitung überliefert werde.

## XI. Dioptrische Farben
### der zweiten Klasse
### Refraktion

178. Die dioptrischen Farben der beiden Klassen schließen sich genau aneinander an, wie sich bei einiger Betrachtung sogleich finden läßt. Die der ersten Klasse erschienen in dem Felde der trüben Mittel, die der zweiten sollen uns nun in durchsichtigen Mitteln erscheinen. Da aber jedes empirisch Durchsichtige an sich schon als trüb angesehen werden kann, wie uns jede vermehrte Masse eines durchsichtig genannten Mittels zeigt, so ist die nahe Verwandtschaft beider Arten genugsam einleuchtend.

179. Doch wir abstrahieren vorerst, indem wir uns zu den durchsichtigen Mitteln wenden, von aller ihnen einigermaßen beiwohnenden Trübe und richten unsre ganze Aufmerksamkeit auf das hier eintretende Phänomen, das unter dem Kunstnamen der Refraktion bekannt ist.

180. Wir haben schon bei Gelegenheit der physiologischen Farben dasjenige, was man sonst Augentäuschungen zu nennen pflegte, als Tätigkeiten des gesunden und richtig wirkenden Auges gerettet (2), und wir kommen hier abermals in den Fall, zu Ehren unserer Sinne und zu Bestätigung ihrer Zuverlässigkeit einiges auszuführen.

181. In der ganzen sinnlichen Welt kommt alles überhaupt auf das Verhältnis der Gegenstände untereinander an, vorzüglich aber auf das Verhältnis des bedeutendsten irdischen Gegenstandes, des Menschen, zu den übrigen. Hierdurch trennt sich die Welt in zwei Teile, und der Mensch stellt sich als ein Subjekt dem Objekt entgegen. Hier ist es, wo sich der Praktiker in der Erfahrung, der Denker in der Spekulation abmüdet und einen Kampf zu bestehen aufgefordert ist, der durch keinen Frieden und durch keine Entscheidung geschlossen werden kann.

182. Immer bleibt es aber auch hier die Hauptsache, daß die Beziehungen wahrhaft eingesehen werden. Da nun unsre Sinne, insofern sie gesund sind, die äußern Beziehungen am wahrhaftesten aussprechen, so können wir uns überzeugen, daß sie überall, wo sie dem Wirklichen zu widersprechen

scheinen, das wahre Verhältnis desto sichrer bezeichnen. So erscheint uns das Entfernte kleiner, und ebendadurch werden wir die Entfernung gewahr. An farblosen Gegenständen brachten wir durch farblose Mittel farbige Erscheinungen hervor und wurden zugleich auf die Grade des Trüben solcher Mittel aufmerksam.

183. Ebenso werden unserm Auge die verschiedenen Grade der Dichtigkeit durchsichtiger Mittel, ja sogar noch andre physische und chemische Eigenschaften derselben bei Gelegenheit der Refraktion bekannt und fordern uns auf, andre Prüfungen anzustellen, um in die von einer Seite schon eröffneten Geheimnisse auf physischem und chemischem Wege völlig einzudringen.

184. Gegenstände durch mehr oder weniger dichte Mittel gesehen, erscheinen uns nicht an der Stelle, an der sie sich nach den Gesetzen der Perspektive befinden sollten. Hierauf beruhen die dioptrischen Erscheinungen der zweiten Klasse.

185. Diejenigen Gesetze des Sehens, welche sich durch mathematische Formeln ausdrücken lassen, haben zum Grunde, daß, so wie das Licht sich in gerader Linie bewegt, auch eine gerade Linie zwischen dem sehenden Organ und dem gesehenen Gegenstand müsse zu ziehen sein. Kommt also der Fall, daß das Licht zu uns in einer gebogenen oder gebrochenen Linie anlangt, daß wir die Gegenstände in einer gebogenen oder gebrochenen Linie sehen, so werden wir alsbald erinnert, daß die dazwischenliegenden Mittel sich verdichtet, daß sie diese oder jene fremde Natur angenommen haben.

186. Diese Abweichung vom Gesetz des geradlinigen Sehens wird im allgemeinen die Refraktion genannt, und ob wir gleich voraussetzen können, daß unsre Leser damit bekannt sind, so wollen wir sie doch kürzlich von ihrer objektiven und subjektiven Seite hier nochmals darstellen.

187. Man lasse in ein leeres kubisches Gefäß das Sonnenlicht schräg in der Diagonale hineinscheinen, dergestalt, daß nur die dem Licht entgegengesetzte Wand, nicht aber der Boden erleuchtet sei; man gieße sodann Wasser in dieses Gefäß, und der Bezug des Lichtes zu demselben wird sogleich verändert sein. Das Licht zieht sich gegen die Seite,

wo es herkommt, zurück, und ein Teil des Bodens wird gleichfalls erleuchtet. An dem Punkte, wo nunmehr das Licht in das dichtere Mittel tritt, weicht es von seiner geradlinigen Richtung ab und scheint gebrochen, deswegen man auch dieses Phänomen die Brechung genannt hat. So viel von dem objektiven Versuche.

188. Zu der subjektiven Erfahrung gelangen wir aber folgendermaßen. Man setze das Auge an die Stelle der Sonne; das Auge schaue gleichfalls in der Diagonale über die eine Wand, so daß es die ihm entgegenstehende jenseitige innre Wandfläche vollkommen, nichts aber vom Boden sehen könne. Man gieße Wasser in das Gefäß, und das Auge wird nun einen Teil des Bodens gleichfalls erblicken, und zwar geschieht es auf eine Weise, daß wir glauben, wir sehen noch immer in gerader Linie; denn der Boden scheint uns heraufgehoben, daher wir das subjektive Phänomen mit dem Namen der Hebung bezeichnen. Einiges, was noch besonders merkwürdig hiebei ist, wird künftig vorgetragen werden.

189. Sprechen wir dieses Phänomen nunmehr im allgemeinen aus, so können wir, was wir oben angedeutet, hier wiederholen, daß nämlich der Bezug der Gegenstände verändert, verrückt werde.

190. Da wir aber bei unserer gegenwärtigen Darstellung die objektiven Erscheinungen von den subjektiven zu trennen gemeint sind, so sprechen wir das Phänomen vorerst subjektiv aus und sagen, es zeige sich eine Verrückung des Gesehenen oder des zu Sehenden.

191. Es kann nun aber das unbegrenzt Gesehene verrückt werden, ohne daß uns die Wirkung bemerklich wird. Verrückt sich hingegen das begrenzt Gesehene, so haben wir Merkzeichen, daß eine Verrückung geschieht. Wollen wir uns also von einer solchen Veränderung des Bezuges unterrichten, so werden wir uns vorzüglich an die Verrückung des begrenzt Gesehenen, an die Verrückung des Bildes zu halten haben.

192. Diese Wirkung überhaupt kann aber geschehen durch parallele Mittel; denn jedes parallele Mittel verrückt den Gegenstand und bringt ihn sogar im Perpendikel dem Auge entgegen. Merklicher aber wird dieses Verrücken durch nicht parallele Mittel.

193. Diese können eine völlig sphärische Gestalt haben, auch als konvexe oder als konkave Linsen angewandt werden. Wir bedienen uns derselben gleichfalls bei unsern Erfahrungen. Weil sie aber nicht allein das Bild von der Stelle verrücken, sondern dasselbe auch auf mancherlei Weise verändern, so gebrauchen wir lieber solche Mittel, deren Flächen zwar nicht parallel gegeneinander, aber doch sämtlich eben sind, nämlich Prismen, die einen Triangel zur Base haben, die man zwar auch als Teile einer Linse betrachten kann, die aber zu unsern Erfahrungen deshalb besonders tauglich sind, weil sie das Bild sehr stark von der Stelle verrücken, ohne jedoch an seiner Gestalt eine bedeutende Veränderung hervorzubringen.

194. Nunmehr, um unsre Erfahrungen mit möglichster Genauigkeit anzustellen und alle Verwechslung abzulehnen, halten wir uns zuerst an

subjektive Versuche,

bei welchen nämlich der Gegenstand durch ein brechendes Mittel von dem Beobachter gesehen wird. Sobald wir diese der Reihe nach abgehandelt, sollen die objektiven Versuche in gleicher Ordnung folgen.

## XII. Refraktion ohne Farbenerscheinung

195. Die Refraktion kann ihre Wirkung äußern, ohne daß man eine Farbenerscheinung gewahr werde. So sehr auch durch Refraktion das unbegrenzt Gesehene, eine farblose oder einfach gefärbte Fläche verrückt werde, so entsteht innerhalb derselben doch keine Farbe. Man kann sich hievon auf mancherlei Weise überzeugen.

196. Man setze einen gläsernen Kubus auf irgendeine Fläche und schaue im Perpendikel oder im Winkel darauf, so wird die reine Fläche dem Auge völlig entgegengehoben, aber es zeigt sich keine Farbe. Wenn man durchs Prisma einen rein grauen oder blauen Himmel, eine rein weiße oder farbige Wand betrachtet, so wird der Teil der Fläche, den wir eben ins Auge gefaßt haben, völlig von seiner Stelle

gerückt sein, ohne daß wir deshalb die mindeste Farbenerscheinung darauf bemerken.

## XIII. Bedingungen der Farbenerscheinung

197. Haben wir bei den vorigen Versuchen und Beobachtungen alle reinen Flächen, groß oder klein, farblos gefunden, so bemerken wir an den Rändern da, wo sich eine solche Fläche gegen einen hellern oder dunklern Gegenstand abschneidet, eine farbige Erscheinung.

198. Durch Verbindung von Rand und Fläche entstehen Bilder. Wir sprechen daher die Haupterfahrung dergestalt aus: es müssen Bilder verrückt werden, wenn eine Farbenerscheinung sich zeigen soll.

199. Wir nehmen das einfachste Bild vor uns, ein helles Rund auf dunklem Grunde A. An diesem findet eine Verrückung statt, wenn wir seine Ränder von dem Mittelpunkte aus scheinbar nach außen dehnen, indem wir es vergrößern. Dieses geschieht durch jedes konvexe Glas, und wir erblicken in diesem Falle einen blauen Rand B.

200. Den Umkreis ebendesselben Bildes können wir nach dem Mittelpunkte zu scheinbar hineinbewegen, indem wir das Rund zusammenziehen, da alsdann die Ränder gelb erscheinen C. Dieses geschieht durch ein konkaves Glas, das aber nicht, wie die gewöhnlichen Lorgnetten, dünn geschliffen sein darf, sondern einige Masse haben muß. Damit man aber diesen Versuch auf einmal mit dem konvexen Glas machen könne, so bringe man in das helle Rund auf schwarzem Grunde eine kleinere schwarze Scheibe. Denn vergrößert man durch ein konvexes Glas die schwarze Scheibe auf weißem Grund, so geschieht dieselbe Operation, als wenn man ein weißes Rund verkleinerte; denn wir führen den schwarzen Rand nach dem weißen zu, und wir erblicken also den gelblichen Farbenrand zugleich mit dem blauen D.

201. Diese beiden Erscheinungen, die blaue und gelbe, zeigen sich an und über dem Weißen. Sie nehmen, insofern sie über das Schwarze reichen, einen rötlichen Schein an.

202. Und hiermit sind die Grundphänomene aller Farbenerscheinung bei Gelegenheit der Refraktion ausgesprochen,

welche denn freilich auf mancherlei Weise wiederholt, variiert, erhöht, verringert, verbunden, verwickelt, verwirrt, zuletzt aber immer wieder auf ihre ursprüngliche Einfalt zurückgeführt werden können.

203. Untersuchen wir nun die Operation, welche wir vorgenommen, so finden wir, daß wir in dem einen Falle den hellen Rand gegen die dunkle, in dem andern den dunkeln Rand gegen die helle Fläche scheinbar geführt, eins durch das andre verdrängt, eins über das andre weggeschoben haben. Wir wollen nunmehr sämtliche Erfahrungen schrittweise zu entwickeln suchen.

204. Rückt man die helle Scheibe, wie es besonders durch Prismen geschehen kann, im ganzen von ihrer Stelle, so wird sie in der Richtung gefärbt, in der sie scheinbar bewegt wird, und zwar nach jenen Gesetzen. Man betrachte durch ein Prisma die in a befindliche Scheibe dergestalt, daß sie nach b verrückt erscheine, so wird der obere Rand nach dem Gesetz der Figur B blau und blaurot erscheinen, der untere nach dem Gesetz der Scheibe C gelb und gelbrot. Denn im ersten Fall wird das helle Bild in den dunklen Rand hinüber- und in dem andern der dunkle Rand über das helle Bild gleichsam hineingeführt. Ein Gleiches gilt, wenn man die Scheibe von a nach c, von a nach d und so im ganzen Kreise scheinbar herumführt.

205. Wie sich nun die einfache Wirkung verhält, so verhält sich auch die zusammengesetzte. Man sehe durch das horizontale Prisma a b nach einer hinter demselben in einiger Entfernung befindlichen weißen Scheibe in e, so wird die Scheibe nach f erhoben und nach dem obigen Gesetz gefärbt sein. Man hebe dies Prisma weg und schaue durch ein vertikales c d nach ebendem Bilde, so wird es in h erscheinen und nach ebendemselben Gesetze gefärbt. Man bringe nun beide Prismen übereinander, so erscheint die Scheibe nach einem allgemeinen Naturgesetz in der Diagonale verrückt und gefärbt, wie es die Richtung e g mit sich bringt.

206. Geben wir auf diese entgegengesetzten Farbenränder der Scheibe wohl acht, so finden wir, daß sie nur in der Richtung ihrer scheinbaren Bewegung entstehen. Ein rundes Bild läßt uns über dieses Verhältnis einigermaßen

ungewiß, ein vierecktes hingegen belehrt uns klärlich darüber.

207. Das viereckte Bild a, in der Richtung a b oder a d verrückt, zeigt uns an den Seiten, die mit der Richtung parallel gehen, keine Farben; in der Richtung a c hingegen, da sich das Quadrat in seiner eignen Diagonale bewegt, erscheinen alle Grenzen des Bildes gefärbt.

208. Hier bestätigt sich also jener Ausspruch (203 f.), ein Bild müsse dergestalt verrückt werden, daß seine helle Grenze über die dunkle, die dunkle Grenze aber über die helle, das Bild über seine Begrenzung, die Begrenzung über das Bild scheinbar hingeführt werde. Bewegen sich aber die geradlinigen Grenzen eines Bildes durch Refraktion immerfort, daß sie nur nebeneinander, nicht aber übereinander ihren Weg zurücklegen, so entstehen keine Farben, und wenn sie auch bis ins Unendliche fortgeführt würden.

## XIV. Bedingungen, unter welchen die Farbenerscheinung zunimmt

209. Wir haben in dem vorigen gesehen, daß alle Farbenerscheinung bei Gelegenheit der Refraktion darauf beruht, daß der Rand eines Bildes gegen das Bild selbst oder über den Grund gerückt, daß das Bild gleichsam über sich selbst oder über den Grund hingeführt werde. Und nun zeigt sich auch bei vermehrter Verrückung des Bildes die Farbenerscheinung in einem breitern Maße, und zwar bei subjektiven Versuchen, bei denen wir immer noch verweilen, unter folgenden Bedingungen:

210. Erstlich, wenn das Auge gegen parallele Mittel eine schiefere Richtung annimmt.

Zweitens, wenn das Mittel aufhört, parallel zu sein, und einen mehr oder weniger spitzen Winkel bildet.

Drittens durch das verstärkte Maß des Mittels, es sei nun, daß parallele Mittel am Volumen zunehmen oder die Grade des spitzen Winkels verstärkt werden, doch so, daß sie keinen rechten Winkel erreichen.

Viertens durch Entfernung des mit brechenden Mitteln bewaffneten Auges von dem zu verrückenden Bilde.

Fünftens durch eine chemische Eigenschaft, welche dem Glase mitgeteilt, auch in demselben erhöht werden kann.

211. Die größte Verrückung des Bildes, ohne daß desselben Gestalt bedeutend verändert werde, bringen wir durch Prismen hervor, und dies ist die Ursache, warum durch so gestaltete Gläser die Farbenerscheinung höchst mächtig werden kann. Wir wollen uns jedoch bei dem Gebrauch derselben von jenen glänzenden Erscheinungen nicht blenden lassen, vielmehr die oben festgesetzten einfachen Anfänge ruhig im Sinne behalten.

212. Diejenige Farbe, welche bei Verrückung eines Bildes vorausgeht, ist immer die breitere, und wir nennen sie einen Saum; diejenige Farbe, welche an der Grenze zurückbleibt, ist die schmälere, und wir nennen sie einen Rand.

213. Bewegen wir eine dunkle Grenze gegen das Helle, so geht der gelbe breitere Saum voran, und der schmälere gelbrote Rand folgt mit der Grenze. Rücken wir eine helle Grenze gegen das Dunkle, so geht der breitere violette Saum voraus, und der schmälere blaue Rand folgt.

214. Ist das Bild groß, so bleibt dessen Mitte ungefärbt. Sie ist als eine unbegrenzte Fläche anzusehen, die verrückt, aber nicht verändert wird. Ist es aber so schmal, daß unter obgedachten vier Bedingungen der gelbe Saum den blauen Rand erreichen kann, so wird die Mitte völlig durch Farben zugedeckt. Man mache diesen Versuch mit einem weißen Streifen auf schwarzem Grunde; über einem solchen werden sich die beiden Extreme bald vereinigen und das Grün erzeugen. Man erblickt alsdann folgende Reihe von Farben:

Gelbrot
Gelb
Grün
Blau
Blaurot.

215. Bringt man auf weiß Papier einen schwarzen Streifen; so wird sich der violette Saum darüber hinbreiten und den gelbroten Rand erreichen. Hier wird das dazwischen liegende Schwarz so wie vorher das dazwischen liegende Weiß aufgehoben und an seiner Stelle ein prächtig reines Rot

erscheinen, das wir oft mit dem Namen Purpur bezeichnet haben. Nunmehr ist die Farbenfolge nachstehende:

Blau
Blaurot
Purpur
Gelbrot
Gelb.

216. Nach und nach können in dem ersten Falle (214) Gelb und Blau dergestalt übereinandergreifen, daß diese beiden Farben sich völlig zu Grün verbinden und das farbige Bild folgendermaßen erscheint:

Gelbrot
Grün
Blaurot.

Im zweiten Falle (215) sieht man unter ähnlichen Umständen nur:

Blau
Purpur
Gelb,

welche Erscheinung am schönsten sich an Fensterstäben zeigt, die einen grauen Himmel zum Hintergrunde haben.

217. Bei allem diesem lassen wir niemals aus dem Sinne, daß diese Erscheinung nie als eine fertige, vollendete, sondern immer als eine werdende, zunehmende und in manchem Sinn bestimmbare Erscheinung anzusehen sei. Deswegen sie auch bei Negation obiger fünf Bedingungen (210) wieder nach und nach abnimmt und zuletzt völlig verschwindet.

## XV. Ableitung der angezeigten Phänomene

218. Ehe wir nun weitergehen, haben wir die erstgedachten ziemlich einfachen Phänomene aus dem Vorhergehenden abzuleiten oder, wenn man will, zu erklären, damit eine deutliche Einsicht in die folgenden, mehr zusammengesetzten Erscheinungen dem Liebhaber der Natur werden könne.

219. Vor allen Dingen erinnern wir uns, daß wir im Reiche der Bilder wandeln. Beim Sehen überhaupt ist das begrenzt Gesehene immer das, worauf wir vorzüglich merken, und in dem gegenwärtigen Falle, da wir von Farbenerscheinung bei Gelegenheit der Refraktion sprechen, kommt nur das begrenzt Gesehene, kommt nur das Bild in Betrachtung.

220. Wir können aber die Bilder überhaupt zu unsern chromatischen Darstellungen in primäre und sekundäre Bilder einteilen. Die Ausdrücke selbst bezeichnen, was wir darunter verstehen, und nachfolgendes wird unsern Sinn noch deutlicher machen.

221. Man kann die primären Bilder ansehen erstlich als ursprüngliche, als Bilder, die von dem anwesenden Gegenstande in unserm Auge erregt werden, und die uns von seinem wirklichen Dasein versichern. Diesen kann man die sekundären Bilder entgegensetzen als abgeleitete Bilder, die, wenn der Gegenstand weggenommen ist, im Auge zurückbleiben, jene Schein- und Gegenbilder, welche wir in der Lehre von physiologischen Farben umständlich abgehandelt haben.

222. Man kann die primären Bilder zweitens auch als direkte Bilder ansehen, welche wie jene ursprünglichen unmittelbar von dem Gegenstande zu unserm Auge gelangen. Diesen kann man die sekundären als indirekte Bilder entgegensetzen, welche erst von einer spiegelnden Fläche aus der zweiten Hand uns überliefert werden. Es sind dieses die katoptrischen Bilder, welche auch in gewissen Fällen zu Doppelbildern werden können.

223. Wenn nämlich der spiegelnde Körper durchsichtig ist und zwei hintereinander liegende parallele Flächen hat, so kann von jeder Fläche ein Bild ins Auge kommen, und so entstehen Doppelbilder, insofern das obere Bild das untere nicht ganz deckt, welches auf mehr als eine Weise der Fall ist.

Man halte eine Spielkarte nahe vor einen Spiegel. Man wird alsdann zuerst das starke lebhafte Bild der Karte erscheinen sehen, allein den Rand des ganzen sowohl als jedes einzelnen darauf befindlichen Bildes mit einem Saume verbrämt, welcher der Anfang des zweiten Bildes ist. Diese Wirkung ist bei verschiedenen Spiegeln, nach Verschiedenheit der Stärke des Glases und nach vorgekommenen Zufälligkeiten beim Schleifen, gleichfalls verschieden. Tritt man mit einer weißen Weste auf schwarzen Unterkleidern vor manchen Spiegel, so erscheint der Saum sehr stark, wobei man auch sehr deutlich die Doppelbilder der Metallknöpfe auf dunklem Tuche erkennen kann.

224. Wer sich mit andern, von uns früher angedeuteten Versuchen (80) schon bekannt gemacht hat, der wird sich auch hier eher zurechtfinden. Die Fensterstäbe, von Glastafeln zurückgeworfen, zeigen sich doppelt und lassen sich bei mehrerer Stärke der Tafel und vergrößertem Zurückwerfungswinkel gegen das Auge völlig trennen. So zeigt auch ein Gefäß voll Wasser mit flachem spiegelndem Boden die ihm vorgehaltnen Gegenstände doppelt und nach Verhältnis mehr oder weniger voneinander getrennt; wobei zu bemerken ist, daß da, wo beide Bilder einander decken, eigentlich das vollkommen lebhafte Bild entsteht, wo es aber auseinandertritt und doppelt wird, sich nun mehr schwache, durchscheinende und gespensterhafte Bilder zeigen.

225. Will man wissen, welches das untere und welches das obere Bild sei, so nehme man gefärbte Mittel, da denn ein helles Bild, das von der untern Fläche zurückgeworfen wird, die Farbe des Mittels, das aber von der obern zurückgeworfen wird, die geforderte Farbe hat. Umgekehrt ist es mit dunklen Bildern, weswegen man auch hier schwarze und weiße Tafeln sehr wohl brauchen kann. Wie leicht die Doppelbilder sich Farbe mitteilen lassen, Farbe hervorrufen, wird auch hier wieder auffallend sein.

226. Drittens kann man die primären Bilder auch als Hauptbilder ansehen und ihnen die sekundären als Nebenbilder gleichsam anfügen. Ein solches Nebenbild ist eine Art von Doppelbild, nur daß es sich von dem Hauptbilde nicht trennen läßt, ob es sich gleich immer von demselben zu entfernen strebt. Von solchen ist nun bei den prismatischen Erscheinungen die Rede.

227. Das unbegrenzt durch Refraktion Gesehene zeigt keine Farbenerscheinung (195). Das Gesehene muß begrenzt

sein. Es wird daher ein Bild gefordert; dieses Bild wird durch Refraktion verrückt, aber nicht vollkommen, nicht rein, nicht scharf verrückt, sondern unvollkommen, dergestalt, daß ein Nebenbild entstehet.

228. Bei einer jeden Erscheinung der Natur, besonders aber bei einer bedeutenden, auffallenden, muß man nicht stehenbleiben, man muß sich nicht an sie heften, nicht an ihr kleben, sie nicht isoliert betrachten, sondern in der ganzen Natur umhersehen, wo sich etwas Ähnliches, etwas Verwandtes zeigt; denn nur durch Zusammenstellen des Verwandten entsteht nach und nach eine Totalität, die sich selbst ausspricht und keiner weitern Erklärung bedarf.

229. Wir erinnern uns also hier, daß bei gewissen Fällen Refraktion unleugbare Doppelbilder hervorbringt, wie es bei dem sogenannten Isländischen Kristalle der Fall ist. Dergleichen Doppelbilder entstehen aber auch bei Refraktion durch große Bergkristalle und sonst; Phänomene, die noch nicht genugsam beobachtet sind.

230. Da nun aber in gedachtem Falle (227) nicht von Doppel-, sondern von Nebenbildern die Rede ist, so gedenken wir einer von uns schon dargelegten, aber noch nicht vollkommen ausgeführten Erscheinung. Man erinnere sich jener frühern Erfahrung, daß ein helles Bild mit einem dunklen Grunde, ein dunkles mit einem hellen Grunde schon in Absicht auf unsre Retina in einer Art von Konflikt stehe (16). Das Helle erscheint in diesem Falle größer, das Dunkle kleiner.

231. Bei genauer Beobachtung dieses Phänomens läßt sich bemerken, daß die Bilder nicht scharf vom Grunde abgeschnitten, sondern mit einer Art von grauem, einigermaßen gefärbtem Rande, mit einem Nebenbild erscheinen. Bringen nun Bilder schon in dem nackten Auge solche Wirkungen hervor, was wird erst geschehen, wenn ein dichtes Mittel dazwischentritt. Nicht das allein, was uns im höchsten Sinne lebendig erscheint, übt Wirkungen aus und erleidet sie, sondern auch alles, was nur irgendeinen Bezug aufeinander hat, ist wirksam aufeinander, und zwar oft in sehr hohem Maße.

232. Es entstehet also, wenn die Refraktion auf ein Bild wirkt, an dem Hauptbilde ein Nebenbild, und zwar scheint

es, daß das wahre Bild einigermaßen zurückbleibe und sich dem Verrücken gleichsam widersetze. Ein Nebenbild aber in der Richtung, wie das Bild durch Refraktion über sich selbst und über den Grund hin bewegt wird, eilt vor, und zwar schmäler oder breiter, wie oben schon ausgeführt worden (212–216).

233. Auch haben wir bemerkt (224), daß Doppelbilder als halbierte Bilder, als eine Art von durchsichtigem Gespenst erscheinen, so wie sich die Doppelschatten jedesmal als Halbschatten zeigen müssen. Diese nehmen die Farbe leicht an und bringen sie schnell hervor (69). Jene gleichfalls (80). Und ebender Fall tritt auch bei den Nebenbildern ein, welche zwar von dem Hauptbilde nicht ab-, aber auch als halbierte Bilder aus demselben hervortreten und daher so schnell, so leicht und so energisch gefärbt erscheinen können.

234. Daß nun die prismatische Farbenerscheinung ein Nebenbild sei, davon kann man sich auf mehr als eine Weise überzeugen. Es entsteht genau nach der Form des Hauptbildes. Dieses sei nun gerade oder im Bogen begrenzt, gezackt oder wellenförmig, durchaus hält sich das Nebenbild genau an den Umriß des Hauptbildes.

235. Aber nicht allein die Form des wahren Bildes, sondern auch andre Bestimmungen desselben teilen sich dem Nebenbilde mit. Schneidet sich das Hauptbild scharf vom Grunde ab, wie Weiß auf Schwarz, so erscheint das farbige Nebenbild gleichfalls in seiner höchsten Energie. Es ist lebhaft, deutlich und gewaltig. Am allermächtigsten aber ist es, wenn ein leuchtendes Bild sich auf einem dunkeln Grunde zeigt, wozu man verschiedene Vorrichtungen machen kann.

236. Stuft sich aber das Hauptbild schwach von dem Grunde ab, wie sich graue Bilder gegen Schwarz und Weiß oder gar gegeneinander verhalten, so ist auch das Nebenbild schwach und kann bei einer geringen Differenz von Tinten beinahe unmerklich werden.

237. So ist es ferner höchst merkwürdig, was an farbigen Bildern auf hellem, dunklem oder farbigem Grunde beobachtet wird. Hier entsteht ein Zusammentritt der Farbe des Nebenbildes mit der realen Farbe des Hauptbildes, und

es erscheint daher eine zusammengesetzte, entweder durch Übereinstimmung begünstigte oder durch Widerwärtigkeit verkümmerte Farbe.

238. Überhaupt aber ist das Kennzeichen des Doppel- und Nebenbildes die Halbdurchsichtigkeit. Man denke sich daher innerhalb eines durchsichtigen Mittels, dessen innre Anlage, nur halbdurchsichtig, nur durchscheinend zu werden, schon oben ausgeführt ist (147); man denke sich innerhalb desselben ein halbdurchsichtiges Scheinbild, so wird man dieses sogleich für ein trübes Bild ansprechen.

239. Und so lassen sich die Farben bei Gelegenheit der Refraktion aus der Lehre von den trüben Mitteln gar bequem ableiten. Denn wo der voreilende Saum des trüben Nebenbildes sich vom Dunklen über das Helle zieht, erscheint das Gelbe; umgekehrt, wo eine helle Grenze über die dunkle Umgebung hinaustritt, erscheint das Blaue (150. 151).

240. Die voreilende Farbe ist immer die breitere. So greift die gelbe über das Licht mit einem breiten Saume; da, wo sie aber an das Dunkle grenzt, entsteht, nach der Lehre der Steigerung und Beschattung, das Gelbrote als ein schmälerer Rand.

241. An der entgegengesetzten Seite hält sich das gedrängte Blau an der Grenze, der vorstrebende Saum aber, als ein leichtes Trübes über das Schwarze verbreitet, läßt uns die violette Farbe sehen, nach ebendenselben Bedingungen, welche oben bei der Lehre von den trüben Mitteln angegeben worden, und welche sich künftig in mehreren andern Fällen gleichmäßig wirksam zeigen werden.

242. Da eine Ableitung wie die gegenwärtige sich eigentlich vor dem Anschauen des Forschers legitimieren muß, so verlangen wir von jedem, daß er sich nicht auf eine flüchtige, sondern gründliche Weise mit dem bisher Vorgeführten bekannt mache. Hier werden nicht willkürliche Zeichen, Buchstaben, und was man sonst belieben möchte, statt der Erscheinungen hingestellt; hier werden nicht Redensarten überliefert, die man hundertmal wiederholen kann, ohne etwas dabei zu denken noch jemanden etwas dadurch denken zu machen, sondern es ist von Erscheinungen die Rede, die man vor den Augen des Leibes und des Geistes gegenwärtig

haben muß, um ihre Abkunft, ihre Herleitung sich und andern mit Klarheit entwickeln zu können.

## XVI. Abnahme der farbigen Erscheinung

243. Da man jene vorschreitenden fünf Bedingungen (210), unter welchen die Farbenerscheinung zunimmt, nur rückgängig annehmen darf, um die Abnahme des Phänomens leicht einzusehen und zu bewirken, so wäre nur noch dasjenige, was dabei das Auge gewahr wird, kürzlich zu beschreiben und durchzuführen.

244. Auf dem höchsten Punkte wechselseitiger Deckung der entgegengesetzten Ränder erscheinen die Farben folgendermaßen (216):

| | |
|---|---|
| Gelbrot | Blau |
| Grün | Purpur |
| Blaurot | Gelb. |

245. Bei minderer Deckung zeigt sich das Phänomen folgendermaßen (214. 215):

| | |
|---|---|
| Gelbrot | Blau |
| Gelb | Blaurot |
| Grün | Purpur |
| Blau | Gelbrot |
| Blaurot | Gelb. |

Hier erscheinen also die Bilder noch völlig gefärbt; aber diese Reihen sind nicht als ursprüngliche, stetig sich auseinander entwickelnde, stufen- und skalenartige Reihen anzusehen; sie können und müssen vielmehr in ihre Elemente zerlegt werden, wobei man denn ihre Natur und Eigenschaft besser kennen lernt.

246. Diese Elemente aber sind (199. 200. 201):

| | |
|---|---|
| Gelbrot | Blau |
| Gelb | Blaurot |
| Weißes | Schwarzes |
| Blau | Gelbrot |
| Blaurot | Gelb. |

Hier tritt nun das Hauptbild, das bisher ganz zugedeckt und gleichsam verloren gewesen, in der Mitte der Erscheinung wieder hervor, behauptet sein Recht und läßt uns die sekundäre Natur der Nebenbilder, die sich als Ränder und Säume zeigen, völlig erkennen.

247. Es hängt von uns ab, diese Ränder und Säume so schmal werden zu lassen, als es uns beliebt, ja noch Refraktion übrigzubehalten, ohne daß uns deswegen eine Farbe an der Grenze erschiene.

Dieses nunmehr genugsam entwickelte farbige Phänomen lassen wir denn nicht als ein ursprüngliches gelten, sondern wir haben es auf ein früheres und einfacheres zurückgeführt und solches aus dem Urphänomen des Lichtes und der Finsternis, durch die Trübe vermittelt, in Verbindung mit der Lehre von den sekundären Bildern abgeleitet, und so gerüstet werden wir die Erscheinungen, welche graue und farbige Bilder, durch Brechung verrückt, hervorbringen, zuletzt umständlich vortragen und damit den Abschnitt subjektiver Erscheinungen völlig abschließen.

## XVII. Graue Bilder durch Brechung verrückt

248. Wir haben bisher nur schwarze und weiße Bilder auf entgegengesetztem Grunde durchs Prisma betrachtet, weil sich an denselben die farbigen Ränder und Säume am deutlichsten ausnehmen. Gegenwärtig wiederholen wir jene Versuche mit grauen Bildern und finden abermals die bekannten Wirkungen.

249. Nannten wir das Schwarze den Repräsentanten der Finsternis, das Weiße den Stellvertreter des Lichts (18), so können wir sagen, daß das Graue den Halbschatten repräsentiere, welcher mehr oder weniger an Licht und Finsternis teilnimmt und also zwischen beiden innesteht (36). Zu unserm gegenwärtigen Zwecke rufen wir folgende Phänomene ins Gedächtnis.

250. Graue Bilder erscheinen heller auf schwarzem als auf weißem Grunde (33) und erscheinen in solchen Fällen als ein Helles auf dem Schwarzen größer, als ein Dunkles auf dem Weißen kleiner (16).

251. Je dunkler das Grau ist, desto mehr erscheint es als ein schwaches Bild auf Schwarz, als ein starkes Bild auf

Weiß, und umgekehrt; daher gibt Dunkelgrau auf Schwarz nur schwache, dasselbe auf Weiß starke, Hellgrau auf Weiß schwache, auf Schwarz starke Nebenbilder.

252. Grau auf Schwarz wird uns durchs Prisma jene Phänomene zeigen, die wir bisher mit Weiß auf Schwarz hervorgebracht haben; die Ränder werden nach ebender Regel gefärbt, die Säume zeigen sich nur schwächer. Bringen wir Grau auf Weiß, so erblicken wir ebendie Ränder und Säume, welche hervorgebracht wurden, wenn wir Schwarz auf Weiß durchs Prisma betrachteten.

253. Verschiedene Schattierungen von Grau, stufenweise aneinandergesetzt, werden, je nachdem man das Dunklere oben- oder untenhin bringt, entweder nur Blau und Violett oder nur Rot und Gelb an den Rändern zeigen.

254. Eine Reihe grauer Schattierungen, horizontal aneinandergestellt, wird, wie sie oben oder unten an eine schwarze oder weiße Fläche stößt, nach den bekannten Regeln gefärbt.

255. Auf der zu diesem Abschnitt bestimmten, von jedem Naturfreund für seinen Apparat zu vergrößernden Tafel kann man diese Phänomene durchs Prisma mit einem Blicke gewahr werden.

256. Höchst wichtig aber ist die Beobachtung und Betrachtung eines grauen Bildes, welches zwischen einer schwarzen und einer weißen Fläche dergestalt angebracht ist, daß die Teilungslinie vertikal durch das Bild durchgeht.

257. An diesem grauen Bilde werden die Farben nach der bekannten Regel, aber nach dem verschiedenen Verhältnisse des Hellen zum Dunklen auf einer Linie entgegengesetzt erscheinen. Denn indem das Graue zum Schwarzen sich als hell zeigt, so hat es oben das Rote und Gelbe, unten das Blaue und Violette. Indem es sich zum Weißen als dunkel verhält, so sieht man oben den blauen und violetten, unten hingegen den roten und gelben Rand. Diese Beobachtung wird für die nächste Abteilung höchst wichtig.

## XVIII. Farbige Bilder durch Brechung verrückt

258. Eine farbige große Fläche zeigt innerhalb ihrer selbst so wenig als eine schwarze, weiße oder graue irgendeine prismatische Farbe; es müßte denn zufällig oder vorsätzlich auf ihr Hell und Dunkel abwechseln. Es sind also auch nur Beobachtungen durchs Prisma an farbigen Flächen anzustellen, insofern sie durch einen Rand von einer andern verschieden tingierten Fläche abgesondert werden, also auch nur an farbigen Bildern.

259. Es kommen alle Farben, welcher Art sie auch sein mögen, darin mit dem Grauen überein, daß sie dunkler als Weiß und heller als Schwarz erscheinen. Dieses Schattenhafte der Farbe (σκιερόν) ist schon früher angedeutet worden (69) und wird uns immer bedeutender werden. Wenn wir also vorerst farbige Bilder auf schwarze und weiße Flächen bringen und sie durchs Prisma betrachten, so werden wir alles, was wir bei grauen Flächen bemerkt haben, hier abermals finden.

260. Verrücken wir ein farbiges Bild, so entsteht wie bei farblosen Bildern, nach ebenden Gesetzen, ein Nebenbild. Dieses Nebenbild behält, was die Farbe betrifft, seine ursprüngliche Natur bei und wirkt auf der einen Seite als ein Blaues und Blaurotes, auf der entgegengesetzten als ein Gelbes und Gelbrotes. Daher muß der Fall eintreten, daß die Scheinfarbe des Randes und des Saumes mit der realen Farbe eines farbigen Bildes homogen sei; es kann aber auch im andern Falle das mit einem Pigment gefärbte Bild mit dem erscheinenden Rand und Saum sich heterogen finden. In dem ersten Falle identifiziert sich das Scheinbild mit dem wahren und scheint dasselbe zu vergrößern; dahingegen in dem zweiten Falle das wahre Bild durch das Scheinbild verunreinigt, undeutlich gemacht und verkleinert werden kann. Wir wollen die Fälle durchgehen, wo diese Wirkungen sich am sonderbarsten zeigen.

261. Man nehme die zu diesen Versuchen vorbereitete Tafel vor sich und betrachte das rote und blaue Viereck auf schwarzem Grunde nebeneinander nach der gewöhnlichen Weise durchs Prisma, so werden, da beide Farben heller

sind als der Grund, an beiden sowohl oben als unten gleiche farbige Ränder und Säume entstehen, nur werden sie dem Auge des Beobachters nicht gleich deutlich erscheinen.

262. Das Rote ist verhältnismäßig gegen das Schwarze viel heller als das Blaue. Die Farben der Ränder werden also an dem Roten stärker als an dem Blauen erscheinen, welches hier wie ein Dunkelgraues wirkt, das wenig von dem Schwarzen unterschieden ist (251).

263. Der obere rote Rand wird sich mit der Zinnoberfarbe des Vierecks identifizieren, und so wird das rote Viereck hinaufwärts ein wenig vergrößert erscheinen; der gelbe herabwärtsstrebende Saum aber gibt der roten Fläche nur einen höhern Glanz und wird erst bei genauerer Aufmerksamkeit bemerkbar.

264. Dagegen ist der rote Rand und der gelbe Saum mit dem blauen Viereck heterogen; es wird also an dem Rande eine schmutzigrote und hereinwärts in das Viereck eine schmutziggrüne Farbe entstehen, und so wird beim flüchtigen Anblick das blaue Viereck von dieser Seite zu verlieren scheinen.

265. An der untern Grenze der beiden Vierecke wird ein blauer Rand und ein violetter Saum entstehen und die entgegengesetzte Wirkung hervorbringen. Denn der blaue Rand, der mit der Zinnoberfläche heterogen ist, wird das Gelbrote beschmutzen und eine Art von Grün hervorbringen, so daß das Rote von dieser Seite verkürzt und hinaufgerückt erscheint und der violette Saum nach dem Schwarzen zu kaum bemerkt wird.

266. Dagegen wird der blaue Scheinrand sich mit der blauen Fläche identifizieren, ihr nicht allein nichts nehmen, sondern vielmehr noch geben, und dieselbe wird also dadurch und durch den violetten benachbarten Saum dem Anscheine nach vergrößert und scheinbar heruntergerückt werden.

267. Die Wirkung der homogenen und heterogenen Ränder, wie ich sie gegenwärtig genau beschrieben habe, ist so mächtig und so sonderbar, daß einem flüchtigen Beschauer beim ersten Anblicke die beiden Vierecke aus ihrer wechselseitig horizontalen Lage geschoben und im entgegengesetzten Sinne verrückt scheinen, das Rote hinaufwärts, das Blaue

herabwärts. Doch niemand, der in einer gewissen Folge zu beobachten, Versuche aneinanderzuknüpfen, auseinander herzuleiten versteht, wird sich von einer solchen Scheinwirkung täuschen lassen.

268. Eine richtige Einsicht in dieses bedeutende Phänomen wird aber dadurch erleichtert, daß gewisse scharfe, ja ängstliche Bedingungen nötig sind, wenn diese Täuschung stattfinden soll. Man muß nämlich zu dem roten Viereck ein mit Zinnober oder dem besten Mennig, zu dem blauen ein mit Indig recht satt gefärbtes Papier besorgen. Alsdann verbindet sich der blaue und rote prismatische Rand da, wo er homogen ist, unmerklich mit dem Bilde; da, wo er heterogen ist, beschmutzt er die Farbe des Vierecks, ohne eine sehr deutliche Mittelfarbe hervorzubringen. Das Rot des Vierecks darf nicht zu sehr ins Gelbe fallen, sonst wird oben der dunkelrote Scheinrand zu sehr bemerklich; es muß aber von der andern Seite genug vom Gelben haben, sonst wird die Veränderung durch den gelben Saum zu deutlich. Das Blaue darf nicht hell sein, sonst wird der rote Rand sichtbar und der gelbe Saum bringt zu offenbar ein Grün hervor, und man kann den untern violetten Saum nicht mehr für die verrückte Gestalt eines hellblauen Vierecks ansehen oder ausgeben.

269. Von allem diesem wird künftig umständlicher die Rede sein, wenn wir vom Apparate zu dieser Abteilung handeln werden. Jeder Naturforscher bereite sich die Tafeln selbst, um dieses Taschenspielerstückchen hervorbringen zu können und sich dabei zu überzeugen, daß die farbigen Ränder selbst in diesem Falle einer geschärften Aufmerksamkeit nicht entgehen können.

270. Indessen sind andere mannigfaltige Zusammenstellungen, wie sie unsre Tafel zeigt, völlig geeignet, allen Zweifel über diesen Punkt jedem Aufmerksamen zu benehmen.

271. Man betrachte dagegen ein weißes, neben dem blauen stehendes Viereck auf schwarzem Grunde, so werden an dem weißen, welches hier an der Stelle des roten steht, die entgegengesetzten Ränder in ihrer höchsten Energie sich zeigen. Es erstreckt sich an demselben der rote Rand fast noch mehr als oben am roten selbst über die Horizontallinie

des blauen hinauf; der untere blaue Rand aber ist an dem weißen in seiner ganzen Schöne sichtbar; dagegen verliert er sich in dem blauen Viereck durch Identifikation. Der violette Saum hinabwärts ist viel deutlicher an dem weißen als an dem blauen.

272. Man vergleiche nun die mit Fleiß übereinandergestellten Paare gedachter Vierecke, das rote mit dem weißen, die beiden blauen Vierecke miteinander, das blaue mit dem roten, das blaue mit dem weißen, und man wird die Verhältnisse dieser Flächen zu ihren farbigen Rändern und Säumen deutlich einsehen.

273. Noch auffallender erscheinen die Ränder und ihre Verhältnisse zu den farbigen Bildern, wenn man die farbigen Vierecke und das schwarze auf weißem Grunde betrachtet. Denn hier fällt jene Täuschung völlig weg, und die Wirkungen der Ränder sind so sichtbar, als wir sie nur in irgendeinem andern Falle bemerkt haben. Man betrachte zuerst das blaue und rote Viereck durchs Prisma. An beiden entsteht der blaue Rand nunmehr oben. Dieser, homogen mit dem blauen Bilde, verbindet sich demselben und scheint es in die Höhe zu heben, nur daß der hellblaue Rand oberwärts zu sehr absticht. Der violette Saum ist auch herabwärts ins Blaue deutlich genug. Ebendieser obere blaue Scheinrand ist nun mit dem roten Viereck heterogen, er ist in der Gegenwirkung begriffen und kaum sichtbar. Der violette Saum indessen bringt, verbunden mit dem Gelbroten des Bildes, eine Pfirsichblütfarbe zuwege.

274. Wenn nun aus der angegebenen Ursache die oberen Ränder dieser Vierecke nicht horizontal erscheinen, so erscheinen die untern desto gleicher; denn indem beide Farben, die rote und die blaue, gegen das Weiße gerechnet, dunkler sind, als sie gegen das Schwarze hell waren, welches besonders von der letztern gilt, so entsteht unter beiden der rote Rand mit seinem gelben Saume sehr deutlich. Er zeigt sich unter dem gelbroten Bilde in seiner ganzen Schönheit und unter dem dunkelblauen beinahe, wie er unter dem schwarzen erschien; wie man bemerken kann, wenn man abermals die übereinandergesetzten Bilder und ihre Ränder und Säume vergleicht.

275. Um nun diesen Versuchen die größte Mannigfaltigkeit und Deutlichkeit zu geben, sind Vierecke von verschiedenen Farben in der Mitte der Tafel dergestalt angebracht, daß die Grenze des Schwarzen und Weißen vertikal durch sie durchgeht. Man wird sie, nach jenen uns überhaupt und besonders bei farbigen Bildern genugsam bekannt gewordenen Regeln, an jedem Rand zwiefach gefärbt finden, und die Vierecke werden in sich selbst entzweigerissen und hinauf- oder herunterwärts gerückt erscheinen. Wir erinnern uns hiebei jenes grauen, gleichfalls auf der Grenzscheidung des Schwarzen und Weißen beobachteten Bildes (257).

276. Da nun das Phänomen, das wir vorhin an einem roten und blauen Viereck auf schwarzem Grunde bis zur Täuschung gesehen haben, das Hinauf- und Hinabrücken zweier verschieden gefärbten Bilder, uns hier an zwei Hälften eines und desselben Bildes von einer und derselben Farbe sichtbar wird, so werden wir dadurch abermals auf die farbigen Ränder, ihre Säume und auf die Wirkungen ihrer homogenen und heterogenen Natur hingewiesen, wie sie sich zu den Bildern verhält, an denen die Erscheinung vorgeht.

Ich überlasse den Beobachtern, die mannigfaltigen Schattierungen der halb auf Schwarz, halb auf Weiß angebrachten farbigen Vierecke selbst zu vergleichen, und bemerke nur noch die widersinnige scheinbare Verzerrung, da Rot und Gelb auf Schwarz hinaufwärts, auf Weiß herunterwärts, Blau auf Schwarz herunterwärts und auf Weiß hinaufwärts gezogen scheinen, welches doch alles dem bisher weitläuftig Abgehandelten gemäß ist.

277. Nun stelle der Beobachter die Tafel dergestalt vor sich, daß die vorgedachten, auf der Grenze des Schwarzen und Weißen stehenden Vierecke sich vor ihm in einer horizontalen Reihe befinden und daß zugleich der schwarze Teil oben, der weiße aber unten sei. Er betrachte durchs Prisma jene Vierecke, und er wird bemerken, daß das rote Viereck durch den Ansatz zweier roten Ränder gewinnt; er wird bei genauer Aufmerksamkeit den gelben Saum auf dem roten Bilde bemerken, und der untere gelbe Saum nach dem Weißen zu wird völlig deutlich sein.

278. Oben an dem gelben Viereck ist der rote Rand sehr

merklich, weil das Gelbe als hell gegen das Schwarz genugsam absticht. Der gelbe Saum identifiziert sich mit der gelben Fläche, nur wird solche etwas schöner dadurch; der untere Rand zeigt nur wenig Rot, weil das helle Gelb gegen das Weiße nicht genugsam absticht. Der untere gelbe Saum aber ist deutlich genug.

279. An dem blauen Viereck hingegen ist der obere rote Rand kaum sichtbar; der gelbe Saum bringt herunterwärts ein schmutziges Grün im Bilde hervor; der untere rote Rand und der gelbe Saum zeigen sich in lebhaften Farben.

280. Bemerkt man nun in diesen Fällen, daß das rote Bild durch einen Ansatz auf beiden Seiten zu gewinnen, das dunkelblaue von einer Seite wenigstens zu verlieren scheint, so wird man, wenn man die Pappe umkehrt, so daß der weiße Teil sich oben, der schwarze sich unten befindet, das umgekehrte Phänomen erblicken.

281. Denn da nunmehr die homogenen Ränder und Säume an den blauen Vierecken oben und unten entstehen, so scheinen diese vergrößert, ja ein Teil der Bilder selbst schöner gefärbt, und nur eine genaue Beobachtung wird die Ränder und Säume von der Farbe der Fläche selbst unterscheiden lehren.

282. Das gelbe und rote dagegen werden in dieser Stellung der Tafel von den heterogenen Rändern eingeschränkt und die Wirkung der Lokalfarbe verkümmert. Der obere blaue Rand ist an beiden fast gar nicht sichtbar. Der violette Saum zeigt sich als ein schönes Pfirsichblüt auf dem roten, als ein sehr blasses auf dem gelben; die beiden untern Ränder sind grün, an dem roten schmutzig, lebhaft an dem gelben; den violetten Saum bemerkt man unter dem roten wenig, mehr unter dem gelben.

283. Ein jeder Naturfreund mache sich zur Pflicht, mit allen den vorgetragenen Erscheinungen genau bekannt zu werden, und halte es nicht für lästig, ein einziges Phänomen durch so manche bedingende Umstände durchzuführen. Ja, diese Erfahrungen lassen sich noch ins Unendliche durch Bilder von verschiedenen Farben auf und zwischen verschiedenfarbigen Flächen vervielfältigen. Unter allen Umständen aber wird jedem Aufmerksamen deutlich werden,

daß farbige Vierecke nebeneinander nur deswegen durch das Prisma verschoben erscheinen, weil ein Ansatz von homogenen und heterogenen Rändern eine Täuschung hervorbringt. Diese ist man nur alsdann zu verbannen fähig, wenn man eine Reihe von Versuchen nebeneinanderzustellen und ihre Übereinstimmung darzutun genugsame Geduld hat.

Warum wir aber vorstehende Versuche mit farbigen Bildern, welche auf mehr als eine Weise vorgetragen werden konnten, gerade so und so umständlich dargestellt, wird in der Folge deutlicher werden. Gedachte Phänomene waren früher zwar nicht unbekannt, aber sehr verkannt, deswegen wir sie zu Erleichterung eines künftigen historischen Vortrags genau entwickeln mußten.

284. Wir wollen nunmehr zum Schlusse den Freunden der Natur eine Vorrichtung anzeigen, durch welche diese Erscheinungen auf einmal deutlich, ja in ihrem größten Glanze gesehen werden können.

Man schneide aus einer Pappe fünf ungefähr einen Zoll große, völlig gleiche Vierecke nebeneinander aus, genau in horizontaler Linie. Man bringe dahinter fünf farbige Gläser in der bekannten Ordnung, Orange, Gelb, Grün, Blau, Violett. Man befestige diese Tafel in einer Öffnung der Camera obscura, so daß der helle Himmel durch sie gesehen wird oder daß die Sonne darauf scheint, und man wird höchst energische Bilder vor sich haben. Man betrachte sie nun durchs Prisma und beobachte die durch jene Versuche an gemalten Bildern schon bekannten Phänomene, nämlich die teils begünstigenden, teils verkümmernden Ränder und Säume und die dadurch bewirkte scheinbare Verrückung der spezifisch gefärbten Bilder aus der horizontalen Linie.

Das, was der Beobachter hier sehen wird, folgt genugsam aus dem früher Abgeleiteten; daher wir es auch nicht einzeln abermals durchführen, um so weniger, als wir auf diese Erscheinungen zurückzukehren noch öfteren Anlaß finden werden.

## XIX. Achromasie und Hyperchromasie

285. In der frühern Zeit, da man noch manches, was in der Natur regelmäßig und konstant war, für ein bloßes Abirren, für zufällig hielt, gab man auf die Farben weniger acht, welche bei Gelegenheit der Refraktion entstehen, und hielt sie für eine Erscheinung, die sich von besondern Nebenumständen herschreiben möchte.

286. Nachdem man sich aber überzeugt hatte, daß diese Farbenerscheinung die Refraktion jederzeit begleite, so war es natürlich, daß man sie auch als innig und einzig mit der Refraktion verwandt ansah und nicht anders glaubte, als daß das Maß der Farbenerscheinung sich nach dem Maße der Brechung richten und beide gleichen Schritt miteinander halten müßten.

287. Wenn man also nicht gänzlich, doch einigermaßen das Phänomen einer stärkeren oder schwächeren Brechung der verschiedenen Dichtigkeit der Mittel zuschrieb, wie denn auch reinere atmosphärische Luft, mit Dünsten angefüllte, Wasser, Glas nach ihren steigenden Dichtigkeiten die sogenannte Brechung, die Verrückung des Bildes vermehren, so mußte man kaum zweifeln, daß auch in selbigem Maße die Farbenerscheinung sich steigern müsse, und man glaubte völlig gewiß zu sein, daß bei verschiedenen Mitteln, welche man im Gegensinne der Brechung zueinander brachte, sich, solange Brechung vorhanden sei, die Farbe zeigen, sobald aber die Farbe verschwände, auch die Brechung aufgehoben sein müsse.

288. In späterer Zeit hingegen ward entdeckt, daß dieses als gleich angenommene Verhältnis ungleich sei, daß zwei Mittel das Bild gleich weit verrücken und doch sehr ungleiche Farbensäume hervorbringen können.

289. Man fand, daß man zu jener physischen Eigenschaft, welcher man die Refraktion zuschrieb, noch eine chemische hinzuzudenken habe (210), wie wir solches künftig, wenn wir uns chemischen Rücksichten nähern, weiter auszuführen denken, so wie wir die nähern Umstände dieser wichtigen Entdeckung in der Geschichte der Farbenlehre aufzuzeichnen haben. Gegenwärtig sei folgendes genug.

290. Es zeigt sich bei Mitteln von gleicher oder wenigstens nahezu gleicher Brechungskraft der merkwürdige Umstand, daß ein Mehr und Weniger der Farbenerscheinung durch eine chemische Behandlung hervorgebracht werden kann; das Mehr wird nämlich durch Säuren, das Weniger durch Alkalien bestimmt. Bringt man unter eine gemeine Glasmasse Metalloxyde, so wird die Farbenerscheinung solcher Gläser, ohne daß die Refraktion merklich verändert werde, sehr erhöht. Daß das Mindere hingegen auf der alkalischen Seite liege, kann leicht vermutet werden.

291. Diejenigen Glasarten, welche nach der Entdeckung zuerst angewendet worden, nennen die Engländer Flint- und Crownglas, und zwar gehört jenem ersten die stärkere, diesem zweiten die geringere Farbenerscheinung an.

292. Zu unserer gegenwärtigen Darstellung bedienen wir uns dieser beiden Ausdrücke als Kunstwörter und nehmen an, daß in beiden die Refraktion gleich sei, das Flintglas aber die Farbenerscheinung um ein Drittel stärker als das Crownglas hervorbringe, wobei wir unserm Leser eine gewissermaßen symbolische Zeichnung zur Hand geben.

293. Man denke sich auf einer schwarzen Tafel, welche hier des bequemeren Vortrags wegen in Kasen geteilt ist, zwischen den Parallellinien a b und c d fünf weiße Vierecke. Das Viereck Nr. 1 stehe vor dem nackten Auge unverrückt auf seinem Platz.

294. Das Viereck Nr. 2 aber sei durch ein vor das Auge gehaltenes Prisma von Crownglas g um drei Kasen verrückt und zeige die Farbensäume in einer gewissen Breite; ferner sei das Viereck Nr. 3 durch ein Prisma von Flintglas h gleichfalls um drei Kasen heruntergedrückt, dergestalt, daß es die farbigen Säume nunmehr um ein Drittel breiter als Nr. 2 zeige.

295. Ferner stelle man sich vor, das Viereck Nr. 4 sei eben wie das Nr. 2 durch ein Prisma von Crownglas erst drei Kasen verrückt gewesen, dann sei es aber durch ein entgegengestelltes Prisma h von Flintglas wieder auf seinen vorigen Fleck, wo man es nun sieht, gehoben worden.

296. Hier hebt sich nun die Refraktion zwar gegeneinander auf; allein da das Prisma h bei der Verrückung durch drei

Kasen um ein Drittel breitere Farbensäume, als dem Prisma g eigen sind, hervorbringt, so muß bei aufgehobener Refraktion noch ein Überschuß von Farbensaum übrigbleiben, und zwar im Sinne der scheinbaren Bewegung, welche das Prisma h dem Bilde erteilt, und folglich umgekehrt, wie wir die Farben an den herabgerückten Nummern 2 und 3 erblicken. Dieses Überschießende der Farbe haben wir Hyperchromasie genannt, woraus sich denn die Achromasie unmittelbar folgern läßt.

297. Denn gesetzt, es wäre das Viereck Nr. 5 von seinem ersten supponierten Platze wie Nr. 2 durch ein Prisma von Crownglas g um drei Kasen heruntergerückt worden, so dürfte man nur den Winkel eines Prismas von Flintglas h verkleinern, solches im umgekehrten Sinne an das Prisma g anschließen, um das Viereck Nr. 5 zwei Kasen scheinbar hinaufzuheben, wobei die Hyperchromasie des vorigen Falles wegfiele, das Bild nicht ganz an seine erste Stelle gelangte und doch schon farblos erschiene. Man sieht auch an den fortpunktierten Linien der zusammengesetzten Prismen unter Nr. 5, daß ein wirkliches Prisma übrigbleibt und also auch auf diesem Wege, sobald man sich die Linien krumm denkt, ein Okularglas entstehen kann, wodurch denn die achromatischen Ferngläser abgeleitet sind.

298. Zu diesen Versuchen, wie wir sie hier vortragen, ist ein kleines, aus drei verschiedenen Prismen zusammengesetztes Prisma, wie solche in England verfertigt werden, höchst geschickt. Hoffentlich werden künftig unsre inländischen Künstler mit diesem notwendigen Instrumente jeden Naturfreund versehen.

## XX. Vorzüge der subjektiven Versuche. Übergang zu den objektiven

299. Wir haben die Farbenerscheinungen, welche sich bei Gelegenheit der Refraktion sehen lassen, zuerst durch subjektive Versuche dargestellt und das Ganze in sich dergestalt abgeschlossen, daß wir auch schon jene Phänomene aus der Lehre von den trüben Mitteln und Doppelbildern ableiteten.

300. Da bei Vorträgen, die sich auf die Natur beziehen, doch alles auf Sehen und Schauen ankommt, so sind diese Versuche um desto erwünschter, als sie sich leicht und bequem anstellen lassen. Jeder Liebhaber kann sich den Apparat ohne große Umstände und Kosten anschaffen, ja, wer mit Papparbeiten einigermaßen umzugehen weiß, einen großen Teil selbst verfertigen. Wenige Tafeln, auf welchen schwarze, weiße, graue und farbige Bilder auf hellem und dunkelm Grunde abwechseln, sind dazu hinreichend. Man stellt sie unverrückt vor sich hin, betrachtet bequem und anhaltend die Erscheinungen an dem Rande der Bilder; man entfernt sich, man nähert sich wieder und beobachtet genau den Stufengang des Phänomens.

301. Ferner lassen sich auch durch geringe Prismen, die nicht von dem reinsten Glase sind, die Erscheinungen noch deutlich genug beobachten. Was jedoch wegen dieser Glasgerätschaften noch zu wünschen sein möchte, wird in dem Abschnitt, der den Apparat abhandelt, umständlich zu finden sein.

302. Ein Hauptvorteil dieser Versuche ist sodann, daß man sie zu jeder Tageszeit anstellen kann, in jedem Zimmer, es sei nach einer Weltgegend gerichtet, nach welcher es wolle; man braucht nicht auf Sonnenschein zu warten, der einem nordischen Beobachter überhaupt nicht reichlich gewogen ist.

## Die objektiven Versuche

303. verlangen hingegen notwendig den Sonnenschein, der, wenn er sich auch einstellt, nicht immer den wünschenswerten Bezug auf den ihm entgegengestellten Apparat haben kann. Bald steht die Sonne zu hoch, bald zu tief, und doch auch nur kurze Zeit in dem Meridian des am besten gelegenen Zimmers. Unter dem Beobachten weicht sie; man muß mit dem Apparat nachrücken, wodurch in manchen Fällen die Versuche unsicher werden. Wenn die Sonne durchs Prisma scheint, so offenbart sie alle Ungleichheiten, innere Fäden und Bläschen des Glases, wodurch die Erscheinung verwirrt, getrübt und mißfärbig gemacht wird.

304. Doch müssen die Versuche beider Arten gleich genau bekannt sein. Sie scheinen einander entgegengesetzt und gehen immer miteinander parallel; was die einen zeigen, zeigen die andern auch, und doch hat jede Art wieder ihre Eigenheiten, wodurch gewisse Wirkungen der Natur auf mehr als eine Weise offenbar werden.

305. Sodann gibt es bedeutende Phänomene, welche man durch Verbindung der subjektiven und objektiven Versuche hervorbringt. Nicht weniger gewähren uns die objektiven den Vorteil, daß wir sie meist durch Linearzeichnungen darstellen und die innern Verhältnisse des Phänomens auf unsern Tafeln vor Augen legen können. Wir säumen daher nicht, die objektiven Versuche sogleich dergestalt vorzutragen, daß die Phänomene mit den subjektiv vorgestellten durchaus gleichen Schritt halten; deswegen wir auch neben der Zahl eines jeden Paragraphen die Zahl der früheren in Parenthese unmittelbar anfügen. Doch setzen wir im ganzen voraus, daß der Leser sich mit den Tafeln, der Forscher mit dem Apparat bekannt mache, damit die Zwillingsphänomene, von denen die Rede ist, auf eine oder die andere Weise dem Liebhaber vor Augen seien.

## XXI. Refraktion ohne Farbenerscheinung

306 (195. 196). Daß die Refraktion ihre Wirkung äußre, ohne eine Farbenerscheinung hervorzubringen, ist bei objektiven Versuchen nicht so vollkommen als bei subjektiven darzutun. Wir haben zwar unbegrenzte Räume, nach welchen wir durchs Prisma schauen und uns überzeugen können, daß ohne Grenze keine Farbe entstehe; aber wir haben kein unbegrenzt Leuchtendes, welches wir könnten aufs Prisma wirken lassen. Unser Licht kommt uns von begrenzten Körpern, und die Sonne, welche unsre meisten objektiven prismatischen Erscheinungen hervorbringt, ist ja selbst nur ein kleines begrenzt leuchtendes Bild.

307. Indessen können wir jede größere Öffnung, durch welche die Sonne durchscheint, jedes größere Mittel, wodurch das Sonnenlicht aufgefangen und aus seiner Richtung gebracht wird, schon insofern als unbegrenzt ansehen, indem

wir bloß die Mitte der Flächen, nicht aber ihre Grenzen betrachten.

308 (197). Man stelle ein großes Wasserprisma in die Sonne, und ein heller Raum wird sich in die Höhe gebrochen an einer entgegengesetzten Tafel zeigen und die Mitte dieses erleuchteten Raumes farblos sein. Ebendasselbe erreicht man, wenn man mit Glasprismen, welche Winkel von wenigen Graden haben, den Versuch anstellt. Ja, diese Erscheinung zeigt sich selbst bei Glasprismen, deren brechender Winkel sechzig Grad ist, wenn man nur die Tafel nahe genug heranbringt.

## XXII. Bedingungen der Farbenerscheinung

309 (198). Wenn nun gedachter erleuchteter Raum zwar gebrochen, von der Stelle gerückt, aber nicht gefärbt erscheint, so sieht man jedoch an den horizontalen Grenzen desselben eine farbige Erscheinung. Daß auch hier die Farbe bloß durch Verrückung eines Bildes entstehe, ist umständlicher darzutun.

Das Leuchtende, welches hier wirkt, ist ein Begrenztes, und die Sonne wirkt hier, indem sie scheint und strahlt, als ein Bild. Man mache die Öffnung in dem Laden der Camera obscura so klein, als man kann, immer wird das ganze Bild der Sonne hereindringen. Das von ihrer Scheibe herströmende Licht wird sich in der kleinsten Öffnung kreuzen und den Winkel machen, der ihrem scheinbaren Diameter gemäß ist. Hier kommt ein Konus mit der Spitze außen an, und inwendig verbreitert sich diese Spitze wieder, bringt ein durch eine Tafel aufzufassendes rundes, sich durch die Entfernung der Tafel auf immer vergrößerndes Bild hervor, welches Bild nebst allen übrigen Bildern der äußeren Landschaft auf einer weißen gegengehaltenen Fläche im dunklen Zimmer umgekehrt erscheint.

310. Wie wenig also hier von einzelnen Sonnenstrahlen oder Strahlenbündeln und -büscheln, von Strahlenzylindern, -stäben, und wie man sich das alles vorstellen mag, die Rede sein kann, ist auffallend. Zu Bequemlichkeit gewisser Lineardarstellungen nehme man das Sonnenlicht als parallel

einfallend an; aber man wisse, daß dieses nur eine Fiktion ist, welche man sich gar wohl erlauben kann da, wo der zwischen die Fiktion und die wahre Erscheinung fallende Bruch unbedeutend ist. Man hüte sich aber, diese Fiktion wieder zum Phänomen zu machen und mit einem solchen fingierten Phänomen weiter fort zu operieren.

311. Man vergrößre nunmehr die Öffnung in dem Fensterladen so weit man will, man mache sie rund oder viereckt, ja man öffne den Laden ganz und lasse die Sonne durch den völligen Fensterraum in das Zimmer scheinen; der Raum, den sie erleuchtet, wird immer so viel größer sein, als der Winkel, den ihr Durchmesser macht, verlangt, und also ist auch selbst der ganze durch das größte Fenster von der Sonne erleuchtete Raum nur das Sonnenbild plus der Weite der Öffnung. Wir werden hierauf zurückzukehren künftig Gelegenheit finden.

312 (199). Fangen wir nun das Sonnenbild durch konvexe Gläser auf, so ziehen wir es gegen den Fokus zusammen. Hier muß nach den oben ausgeführten Regeln ein gelber Saum und ein gelbroter Rand entstehen, wenn das Bild auf einem weißen Papiere aufgefangen wird. Weil aber dieser Versuch blendend und unbequem ist, so macht er sich am schönsten mit dem Bilde des Vollmonds. Wenn man dieses durch ein konvexes Glas zusammenzieht, so erscheint der farbige Rand in der größten Schönheit; denn der Mond sendet an sich schon ein gemäßigtes Licht, und er kann also um desto eher die Farbe, welche aus Mäßigung des Lichts entsteht, hervorbringen, wobei zugleich das Auge des Beobachters nur leise und angenehm berührt wird.

313 (200). Wenn man ein leuchtendes Bild durch konkave Gläser auffaßt, so wird es vergrößert und also ausgedehnt. Hier erscheint das Bild blau begrenzt.

314. Beide entgegengesetzte Erscheinungen kann man durch ein konvexes Glas sowohl simultan als sukzessiv hervorbringen, und zwar simultan, wenn man auf das konvexe Glas in der Mitte eine undurchsichtige Scheibe klebt und nun das Sonnenbild auffängt. Hier wird nun sowohl das leuchtende Bild als der in ihm befindliche schwarze Kern zusammengezogen, und so müssen auch die entgegen-

gesetzten Farberscheinungen entstehen. Ferner kann man diesen Gegensatz sukzessiv gewahr werden, wenn man das leuchtende Bild erst bis gegen den Fokus zusammenzieht, da man denn Gelb und Gelbrot gewahr wird, dann aber hinter dem Fokus dasselbe sich ausdehnen läßt, da es denn sogleich eine blaue Grenze zeigt.

315 (201). Auch hier gilt, was bei den subjektiven Erfahrungen gesagt worden, daß das Blaue und Gelbe sich an und über dem Weißen zeige und daß beide Farben einen rötlichen Schein annehmen, insofern sie über das Schwarze reichen.

316 (202. 203). Diese Grunderscheinungen wiederholen sich bei allen folgenden objektiven Erfahrungen, so wie sie die Grundlage der subjektiven ausmachten. Auch die Operation, welche vorgenommen wird, ist ebendieselbe; ein heller Rand wird gegen eine dunkle Fläche, eine dunkle Fläche gegen eine helle Grenze geführt. Die Grenzen müssen einen Weg machen und sich gleichsam übereinanderdrängen, bei diesen Versuchen wie bei jenen.

317 (204). Lassen wir also das Sonnenbild durch eine größere oder kleinere Öffnung in die dunkle Kammer, fangen wir es durch ein Prisma auf, dessen brechender Winkel hier wie gewöhnlich unten sein mag, so kommt das leuchtende Bild nicht in gerader Linie nach dem Fußboden, sondern es wird an eine vertikal gesetzte Tafel hinaufgebrochen. Hier ist es Zeit, des Gegensatzes zu gedenken, in welchem sich die subjektive und objektive Verrückung des Bildes befindet.

318. Sehen wir durch ein Prisma, dessen brechender Winkel sich unten befindet, nach einem in der Höhe befindlichen Bilde, so wird dieses Bild heruntergerückt, anstatt daß ein einfallendes leuchtendes Bild von demselben Prisma in die Höhe geschoben wird. Was wir hier der Kürze wegen nur historisch angeben, läßt sich aus den Regeln der Brechung und Hebung ohne Schwierigkeit ableiten.

319. Indem nun also auf diese Weise das leuchtende Bild von seiner Stelle gerückt wird, so gehen auch die Farbensäume nach den früher ausgeführten Regeln ihren Weg. Der violette Saum geht jederzeit voraus und also bei objektiven hinaufwärts, wenn er bei subjektiven herunterwärts geht.

320 (205). Ebenso überzeuge sich der Beobachter von der Färbung in der Diagonale, wenn die Verrückung durch zwei Prismen in dieser Richtung geschieht, wie bei dem subjektiven Falle deutlich genug angegeben; man schaffe sich aber hiezu Prismen mit Winkeln von wenigen, etwa funfzehn Graden.

321 (206. 207). Daß die Färbung des Bildes auch hier nach der Richtung seiner Bewegung geschehe, wird man einsehen, wenn man eine Öffnung im Laden von mäßiger Größe viereckt macht und das leuchtende Bild durch das Wasserprisma gehen läßt, erst die Ränder in horizontaler und vertikaler Richtung, sodann in der diagonalen.

322 (208). Wobei sich denn abermals zeigen wird, daß die Grenzen nicht nebeneinander weg, sondern übereinander geführt werden müssen.

## XXIII. Bedingungen des Zunehmens der Erscheinung

323 (209). Auch hier bringt eine vermehrte Verrückung des Bildes eine stärkere Farbenerscheinung zuwege.

324 (210). Diese vermehrte Verrückung aber hat statt

1) durch schiefere Richtung des auffallenden leuchtenden Bildes auf parallele Mittel;

2) durch Veränderung der parallelen Form in eine mehr oder weniger spitzwinklige;

3) durch verstärktes Maß des Mittels, des parallelen oder winkelhaften, teils weil das Bild auf diesem Wege stärker verrückt wird, teils weil eine der Masse angehörige Eigenschaft mit zur Wirkung gelangt;

4) durch die Entfernung der Tafel von dem brechenden Mittel, so daß das heraustretende gefärbte Bild einen längeren Weg zurücklegt.

5) zeigt sich eine chemische Eigenschaft unter allen diesen Umständen wirksam, welche wir schon unter den Rubriken der Achromasie und Hyperchromasie näher angedeutet haben.

325 (211). Die objektiven Versuche geben uns den Vorteil, daß wir das Werdende des Phänomens, seine sukzessive

Genese außer uns darstellen und zugleich mit Linearzeichnungen deutlich machen können, welches bei subjektiven der Fall nicht ist.

326. Wenn man das aus dem Prisma heraustretende leuchtende Bild und seine wachsende Farbenerscheinung auf einer entgegengehaltenen Tafel stufenweise beobachten und sich Durchschnitte von diesem Konus mit elliptischer Base vor Augen stellen kann, so läßt sich auch das Phänomen auf seinem ganzen Wege zum schönsten folgendermaßen sichtbar machen. Man errege nämlich in der Linie, in welcher das Bild durch den dunklen Raum geht, eine weiße feine Staubwolke, welche durch feinen, recht trocknen Haarpuder am besten hervorgebracht wird. Die mehr oder weniger gefärbte Erscheinung wird nun durch die weißen Atomen aufgefangen und dem Auge in ihrer ganzen Breite und Länge dargestellt.

327. Ebenso haben wir Linearzeichnungen bereitet und solche unter unsre Tafeln aufgenommen, wo die Erscheinung von ihrem ersten Ursprunge an dargestellt ist und an welchen man sich deutlich machen kann, warum das leuchtende Bild durch Prismen so viel stärker als durch parallele Mittel gefärbt wird.

328 (212). An den beiden entgegengesetzten Grenzen steht eine entgegengesetzte Erscheinung in einem spitzen Winkel auf, die sich, wie sie weiter in dem Raume vorwärtsgeht, nach Maßgabe dieses Winkels verbreitert. So strebt in der Richtung, in welcher das leuchtende Bild verrückt worden, ein violetter Saum in das Dunkle hinaus, ein blauer schmalerer Rand bleibt an der Grenze. Von der andern Seite strebt ein gelber Saum in das Helle hinein, und ein gelbroter Rand bleibt an der Grenze.

329 (213). Hier ist also die Bewegung des Dunklen gegen das Helle, des Hellen gegen das Dunkle wohl zu beachten.

330 (214). Eines großen Bildes Mitte bleibt lange ungefärbt, besonders bei Mitteln von minderer Dichtigkeit und geringerem Maße, bis endlich die entgegengesetzten Säume und Ränder einander erreichen, da alsdann bei dem leuchtenden Bild in der Mitte ein Grün entsteht.

331 (215). Wenn nun die objektiven Versuche gewöhnlich

nur mit dem leuchtenden Sonnenbilde gemacht wurden, so ist ein objektiver Versuch mit einem dunklen Bilde bisher fast gar nicht vorgekommen. Wir haben hierzu aber auch eine bequeme Vorrichtung angegeben. Jenes große Wasserprisma nämlich stelle man in die Sonne und klebe auf die äußere oder innere Seite eine runde Pappenscheibe, so wird die farbige Erscheinung abermals an den Rändern vorgehen, nach jenem bekannten Gesetz entspringen, die Ränder werden erscheinen, sich in jener Maße verbreitern und in der Mitte der Purpur entstehen. Man kann neben das Rund ein Viereck in beliebiger Richtung hinzufügen und sich von dem oben mehrmals Angegebenen und Ausgesprochenen von neuem überzeugen.

332 (216). Nimmt man von dem gedachten Prisma diese dunklen Bilder wieder hinweg, wobei jedoch die Glastafeln jedesmal sorgfältig zu reinigen sind, und hält einen schwachen Stab, etwa einen starken Bleistift, vor die Mitte des horizontalen Prisma, so wird man das völlige Übereinandergreifen des violetten Saums und des roten Randes bewirken und nur die drei Farben, die zwei äußern und die mittlere, sehen.

333. Schneidet man eine vor das Prisma zu schiebende Pappe dergestalt aus, daß in der Mitte derselben eine horizontale längliche Öffnung gebildet wird, und läßt alsdann das Sonnenlicht hindurchfallen, so wird man die völlige Vereinigung des gelben Saumes und des blauen Randes nunmehr über das Helle bewirken und nur Gelbrot, Grün und Violett sehen; auf welche Art und Weise, ist bei Erklärung der Tafeln weiter auseinandergesetzt.

334 (217). Die prismatische Erscheinung ist also keinesweges fertig und vollendet, indem das leuchtende Bild aus dem Prisma hervortritt. Man wird alsdann nur erst ihre Anfänge im Gegensatz gewahr; dann wächst sie, das Entgegengesetzte vereinigt sich und verschränkt sich zuletzt aufs innigste. Der von einer Tafel aufgefangene Durchschnitt dieses Phänomens ist in jeder Entfernung vom Prisma anders, so daß weder von einer stetigen Folge der Farben noch von einem durchaus gleichen Maß derselben die Rede sein kann, weshalb der Liebhaber und Beobachter

sich an die Natur und unsre naturgemäßen Tafeln wenden wird, welchen zum Überfluß eine abermalige Erklärung sowie eine genugsame Anweisung und Anleitung zu allen Versuchen hinzugefügt ist.

## XXIV. Ableitung der angezeigten Phänomene

335 (218). Wenn wir diese Ableitung schon bei Gelegenheit der subjektiven Versuche umständlich vorgetragen, wenn alles, was dort gegolten hat, auch hier gilt, so bedarf es keiner weitläufigen Ausführung mehr, um zu zeigen, daß dasjenige, was in der Erscheinung völlig parallel geht, sich auch aus ebendenselben Quellen ableiten lasse.

336 (219). Daß wir auch bei objektiven Versuchen mit Bildern zu tun haben, ist oben umständlich dargetan worden. Die Sonne mag durch die kleinste Öffnung hereinscheinen, so dringt doch immer das Bild ihrer ganzen Scheibe hindurch. Man mag das größte Prisma in das freie Sonnenlicht stellen, so ist es doch immer wieder das Sonnenbild, das sich an den Rändern der brechenden Flächen selbst begrenzt und die Nebenbilder dieser Begrenzung hervorbringt. Man mag eine vielfach ausgeschnittene Pappe vor das Wasserprisma schieben, so sind es doch nur die Bilder aller Art, welche, nachdem sie durch Brechung von ihrer Stelle gerückt worden, farbige Ränder und Säume und in denselben durchaus vollkommene Nebenbilder zeigen.

337 (235). Haben uns bei subjektiven Versuchen stark voneinander abstechende Bilder eine höchst lebhafte Farbenerscheinung zuwege gebracht, so wird diese bei objektiven Versuchen noch viel lebhafter und herrlicher sein, weil das Sonnenbild von der höchsten Energie ist, die wir kennen, daher auch dessen Nebenbild mächtig und, ungeachtet seines sekundären getrübten und verdunkelten Zustandes, noch immer herrlich und glänzend sein muß. Die vom Sonnenlicht durchs Prisma auf irgendeinen Gegenstand geworfenen Farben bringen ein gewaltiges Licht mit sich, indem sie das höchst energische Urlicht gleichsam im Hintergrunde haben.

338 (238). Inwiefern wir auch diese Nebenbilder trüb nennen und sie aus der Lehre von den trüben Mitteln ableiten dürfen, wird jedem, der uns bis hieher aufmerksam gefolgt, klar sein, besonders aber dem, der sich den nötigen Apparat verschafft, um die Bestimmtheit und Lebhaftigkeit, womit trübe Mittel wirken, sich jederzeit vergegenwärtigen zu können.

## XXV. Abnahme der farbigen Erscheinung

339 (243). Haben wir uns bei Darstellung der Abnahme unserer farbigen Erscheinung in subjektiven Fällen kurz fassen können, so wird es uns erlaubt sein, hier noch kürzer zu verfahren, indem wir uns auf jene deutliche Darstellung berufen. Nur eines mag wegen seiner großen Bedeutung als ein Hauptmoment des ganzen Vortrags hier dem Leser zu besonderer Aufmerksamkeit empfohlen werden.

340 (244–247). Der Abnahme der prismatischen Erscheinung muß erst eine Entfaltung derselben vorangehen. Aus dem gefärbten Sonnenbilde verschwinden in gehöriger Entfernung der Tafel vom Prisma zuletzt die blaue und gelbe Farbe, indem beide übereinandergreifen, völlig, und man sieht nur Gelbrot, Grün und Blaurot. Nähert man die Tafel dem brechenden Mittel, so erscheinen Gelb und Blau schon wieder, und man erblickt die fünf Farben mit ihren Schattierungen. Rückt man mit der Tafel noch näher, so treten Gelb und Blau völlig auseinander, das Grüne verschwindet, und zwischen den gefärbten Rändern und Säumen zeigt sich das Bild farblos. Je näher man mit der Tafel gegen das Prisma zurückt, desto schmäler werden gedachte Ränder und Säume, bis sie endlich an und auf dem Prisma Null werden.

## XXVI. Graue Bilder

341 (248). Wir haben die grauen Bilder als höchst wichtig bei subjektiven Versuchen dargestellt. Sie zeigen uns durch die Schwäche der Nebenbilder, daß ebendiese Nebenbilder sich jederzeit von dem Hauptbilde herschreiben. Will man

nun die objektiven Versuche auch hier parallel durchführen, so könnte dieses auf eine bequeme Weise geschehen, wenn man ein mehr oder weniger matt geschliffenes Glas vor die Öffnung hielte, durch welche das Sonnenbild hereinfällt. Es würde dadurch ein gedämpftes Bild hervorgebracht werden, welches nach der Refraktion viel mattere Farben als das von der Sonnenscheibe unmittelbar abgeleitete auf der Tafel zeigen würde, und so würde auch von dem höchst energischen Sonnenbilde nur ein schwaches, der Dämpfung gemäßes Nebenbild entstehen; wie denn freilich durch diesen Versuch dasjenige, was uns schon genugsam bekannt ist, nur noch aber und abermal bekräftigt wird.

## XXVII. Farbige Bilder

342 (260). Es gibt mancherlei Arten, farbige Bilder zum Behuf objektiver Versuche hervorzubringen. Erstlich kann man farbiges Glas vor die Öffnung halten, wodurch sogleich ein farbiges Bild hervorgebracht wird. Zweitens kann man das Wasserprisma mit farbigen Liquoren füllen. Drittens kann man die von einem Prisma schon hervorgebrachten emphatischen Farben durch proportionierte kleine Öffnungen eines Bleches durchlassen und also kleine Bilder zu einer zweiten Refraktion vorbereiten. Diese letzte Art ist die beschwerlichste, indem bei dem beständigen Fortrücken der Sonne ein solches Bild nicht festgehalten noch in beliebiger Richtung bestätigt werden kann. Die zweite Art hat auch ihre Unbequemlichkeiten, weil nicht alle farbige Liquoren schön hell und klar zu bereiten sind. Daher die erste um so mehr den Vorzug verdient, als die Physiker schon bisher die von dem Sonnenlicht durchs Prisma hervorgebrachten Farben, diejenigen, welche durch Liquoren und Gläser erzeugt werden, und die, welche schon auf Papier oder Tuch fixiert sind, bei der Demonstration als gleichwirkend gelten lassen.

343. Da es nun also bloß darauf ankommt, daß das Bild gefärbt werde, so gewährt uns das schon eingeführte große Wasserprisma hierzu die beste Gelegenheit; denn indem man vor seine großen Flächen, welche das Licht ungefärbt durchlassen, eine Pappe vorschieben kann, in welche man

Öffnungen von verschiedener Figur geschnitten, um unterschiedene Bilder und also auch unterschiedene Nebenbilder hervorzubringen, so darf man nur vor die Öffnungen der Pappe farbige Gläser befestigen, um zu beobachten, welche Wirkung die Refraktion im objektiven Sinne auf farbige Bilder hervorbringt.

344. Man bediene sich nämlich jener schon beschriebenen Tafel (284) mit farbigen Gläsern, welche man genau in der Größe eingerichtet, daß sie in die Falzen des großen Wasserprismas eingeschoben werden kann. Man lasse nunmehr die Sonne hindurchscheinen, so wird man die hinaufwärts gebrochenen farbigen Bilder jedes nach seiner Art gesäumt und gerändert sehen, indem sich diese Säume und Ränder an einigen Bildern ganz deutlich zeigen, an andern sich mit der spezifischen Farbe des Glases vermischen, sie erhöhen oder verkümmern, und jedermann wird sich überzeugen können, daß hier abermals nur von diesem von uns subjektiv und objektiv so umständlich vorgetragenen einfachen Phänomen die Rede sei.

## XXVIII. Achromasie und Hyperchromasie

345 (285–290). Wie man die hyperchromatischen und achromatischen Versuche auch objektiv anstellen könne, dazu brauchen wir nur nach allem, was oben weitläuftig ausgeführt worden, eine kurze Anleitung zu geben, besonders da wir voraussetzen können, daß jenes erwähnte zusammengesetzte Prisma sich in den Händen des Naturfreundes befinde.

346. Man lasse durch ein spitzwinkliges Prisma von wenigen Graden, aus Crownglas geschliffen, das Sonnenbild dergestalt durchgehen, daß es auf der entgegengesetzten Tafel in die Höhe gebrochen werde; die Ränder werden nach dem bekannten Gesetz gefärbt erscheinen, das Violette und Blaue nämlich oben und außen, das Gelbe und Gelbrote unten und innen. Da nun der brechende Winkel dieses Prismas sich unten befindet, so setze man ihm ein andres proportioniertes von Flintglas entgegen, dessen brechender Winkel nach oben gerichtet sei. Das Sonnenbild werde dadurch wieder an seinen Platz geführt, wo es denn durch

den Überschuß der farberregenden Kraft des herabführenden Prismas von Flintglas (nach dem Gesetze dieser Herabführung) wenig gefärbt sein, das Blaue und Violette unten und außen, das Gelbe und Gelbrote oben und innen zeigen wird.

347. Man rücke nun durch ein proportioniertes Prisma von Crownglas das ganze Bild wieder um weniges in die Höhe, so wird die Hyperchromasie aufgehoben, das Sonnenbild vom Platze gerückt und doch farblos erscheinen.

348. Mit einem aus drei Gläsern zusammengesetzten achromatischen Objektivglase kann man ebendiese Versuche stufenweise machen, wenn man es sich nicht reuen läßt, solches aus der Hülse, worein es der Künstler eingenietet hat, herauszubrechen. Die beiden konvexen Gläser von Crownglas, indem sie das Bild nach dem Fokus zusammenziehen, das konkave Glas von Flintglas, indem es das Sonnenbild hinter sich ausdehnt, zeigen an dem Rande die hergebrachten Farben. Ein Konvexglas mit dem Konkavglase zusammengenommen zeigt die Farben nach dem Gesetz des letztern. Sind alle drei Gläser zusammengelegt, so mag man das Sonnenbild nach dem Fokus zusammenziehen oder sich dasselbe hinter dem Brennpunkte ausdehnen lassen, niemals zeigen sich farbige Ränder, und die von dem Künstler intendierte Achromasie bewährt sich hier abermals.

349. Da jedoch das Crownglas durchaus eine grünliche Farbe hat, so daß besonders bei großen und starken Objektiven etwas von einem grünlichen Schein mit unterlaufen und sich daneben die geforderte Purpurfarbe unter gewissen Umständen einstellen mag, welches uns jedoch bei wiederholten Versuchen mit mehreren Objektiven nicht vorgekommen, so hat man hierzu die wunderbarsten Erklärungen ersonnen und sich, da man theoretisch die Unmöglichkeit achromatischer Ferngläser zu beweisen genötigt war, gewissermaßen gefreut, eine solche radikale Verbesserung leugnen zu können, wovon jedoch nur in der Geschichte dieser Erfindungen umständlich gehandelt werden kann.

## XXIX. Verbindung objektiver und subjektiver Versuche

350. Wenn wir oben angezeigt haben, daß die objektiv und subjektiv betrachtete Refraktion im Gegensinne wirken müsse (318), so wird daraus folgen, daß, wenn man die Versuche verbindet, entgegengesetzte und einander aufhebende Erscheinungen sich zeigen werden.

351. Durch ein horizontal gestelltes Prisma werde das Sonnenbild an eine Wand hinaufgeworfen. Ist das Prisma lang genug, daß der Beobachter zugleich hindurchsehen kann, so wird er das durch die objektive Refraktion hinaufgerückte Bild wieder heruntergerückt und solches an der Stelle sehen, wo es ohne Refraktion erschienen wäre.

352. Hierbei zeigt sich ein bedeutendes, aber gleichfalls aus der Natur der Sache herfließendes Phänomen. Da nämlich, wie schon so oft erinnert worden, das objektiv an die Wand geworfene gefärbte Sonnenbild keine fertige noch unveränderliche Erscheinung ist, so wird bei obgedachter Operation das Bild nicht allein für das Auge heruntergezogen, sondern auch seiner Ränder und Säume völlig beraubt und in eine farblose Kreisgestalt zurückgebracht.

353. Bedient man sich zu diesem Versuche zweier völlig gleichen Prismen, so kann man sie nebeneinanderstellen, durch das eine das Sonnenbild durchfallen lassen, durch das andre aber hindurchsehen.

354. Geht der Beschauer mit dem zweiten Prisma nunmehr weiter vorwärts, so zieht sich das Bild wieder hinauf und wird stufenweise nach dem Gesetz des ersten Prismas gefärbt. Tritt der Beschauer nun wieder zurück, bis er das Bild wieder auf den Nullpunkt gebracht hat, und geht sodann immer weiter von dem Bilde weg, so bewegt sich das für ihn rund und farblos gewordene Bild immer weiter herab und färbt sich im entgegengesetzten Sinne, so daß wir dasselbe Bild, wenn wir zugleich durch das Prisma hindurch- und daran hersehen, nach objektiven und subjektiven Gesetzen gefärbt erblicken.

355. Wie dieser Versuch zu vermannigfaltigen sei, ergibt sich von selbst. Ist der brechende Winkel des Prismas,

wodurch das Sonnenbild objektiv in die Höhe gehoben wird, größer als der des Prismas, wodurch der Beobachter blickt, so muß der Beobachter viel weiter zurücktreten, um das farbige Bild an der Wand so weit herunterzuführen, daß es farblos werde, und umgekehrt.

356. Daß man auf diesem Wege die Achromasie und Hyperchromasie gleichfalls darstellen könne, fällt in die Augen, welches wir weiter auseinanderzusetzen und auszuführen dem Liebhaber wohl selbst überlassen können, so wie wir auch andere komplizierte Versuche, wobei man Prismen und Linsen zugleich anwendet, auch die objektiven und subjektiven Erfahrungen auf mancherlei Weise durcheinandermischt, erst späterhin darlegen und auf die einfachen, uns nunmehr genugsam bekannten Phänomene zurückführen werden.

## XXX. Übergang

357. Wenn wir auf die bisherige Darstellung und Ableitung der dioptrischen Farben zurücksehen, können wir keine Reue empfinden, weder daß wir sie so umständlich abgehandelt, noch daß wir sie vor den übrigen physischen Farben außer der von uns selbst angegebenen Ordnung vorgetragen haben. Doch gedenken wir hier an der Stelle des Übergangs unsern Lesern und Mitarbeitern deshalb einige Rechenschaft zu geben.

358. Sollten wir uns verantworten, daß wir die Lehre von den dioptrischen Farben, besonders der zweiten Klasse, vielleicht zu weitläufig ausgeführt, so hätten wir folgendes zu bemerken. Der Vortrag irgendeines Gegenstandes unsres Wissens kann sich teils auf die innre Notwendigkeit der abzuhandelnden Materie, teils aber auch auf das Bedürfnis der Zeit, in welcher der Vortrag geschieht, beziehen. Bei dem unsrigen waren wir genötigt, beide Rücksichten immer vor Augen zu haben. Einmal war es die Absicht, unsre sämtlichen Erfahrungen sowie unsre Überzeugungen nach einer lange geprüften Methode vorzulegen; sodann aber mußten wir unser Augenmerk darauf richten, manche zwar bekannte, aber doch verkannte, besonders auch in falschen

Verknüpfungen aufgestellte Phänomene in ihrer natürlichen Entwicklung und wahrhaft erfahrungsmäßigen Ordnung darzustellen, damit wir künftig bei polemischer und historischer Behandlung schon eine vollständige Vorarbeit zu leichterer Übersicht ins Mittel bringen könnten. Daher ist denn freilich eine größere Umständlichkeit nötig geworden, welche eigentlich nur dem gegenwärtigen Bedürfnis zum Opfer gebracht wird. Künftig, wenn man erst das Einfache als einfach, das Zusammengesetzte als zusammengesetzt, das Erste und Obere als ein solches, das Zweite, Abgeleitete auch als ein solches anerkennen und schauen wird, dann läßt sich dieser ganze Vortrag ins Engere zusammenziehen, welches, wenn es uns nicht selbst noch glücken sollte, wir einer heiter tätigen Mit- und Nachwelt überlassen.

359. Was ferner die Ordnung der Kapitel überhaupt betrifft, so mag man bedenken, daß selbst verwandte Naturphänomene in keiner eigentlichen Folge oder stetigen Reihe sich aneinanderschließen, sondern daß sie durch Tätigkeiten hervorgebracht werden, welche verschränkt wirken, so daß es gewissermaßen gleichgültig ist, was für eine Erscheinung man zuerst und was für eine man zuletzt betrachtet, weil es doch nur darauf ankommt, daß man sich alle möglichst vergegenwärtige, um sie zuletzt unter einem Gesichtspunkt, teils nach ihrer Natur, teils nach Menschenweise und Bequemlichkeit, zusammenzufassen.

360. Doch kann man im gegenwärtigen besondern Falle behaupten, daß die dioptrischen Farben billig an die Spitze der physischen gestellt werden, sowohl wegen ihres auffallenden Glanzes und übrigen Bedeutsamkeit als auch, weil, um dieselben abzuleiten, manches zur Sprache kommen mußte, welches uns zunächst große Erleichterung gewähren wird.

361. Denn man hat bisher das Licht als eine Art von Abstraktum, als ein für sich bestehendes und wirkendes, gewissermaßen sich selbst bedingendes, bei geringen Anlässen aus sich selbst die Farben hervorbringendes Wesen angesehen. Von dieser Vorstellungsart jedoch die Naturfreunde abzulenken, sie aufmerksam zu machen, daß bei prismatischen und andern Erscheinungen nicht von einem

unbegrenzten bedingenden, sondern von einem begrenzten bedingten Lichte, von einem Lichtbilde, ja von Bildern überhaupt, hellen oder dunklen, die Rede sei: dies ist die Aufgabe, welche zu lösen, das Ziel, welches zu erreichen wäre.

362. Was bei dioptrischen Fällen, besonders der zweiten Klasse, nämlich bei Refraktionsfällen, vorgeht, ist uns nunmehr genugsam bekannt und dient uns zur Einleitung ins Künftige.

363. Die katoptrischen Fälle erinnern uns an die physiologischen, nur daß wir jenen mehr Objektivität zuschreiben und sie deshalb unter die physischen zu zählen uns berechtigt glauben. Wichtig aber ist es, daß wir hier abermals nicht ein abstraktes Licht, sondern ein Lichtbild zu beachten finden.

364. Gehen wir zu den paroptischen über, so werden wir, wenn das Frühere gut gefaßt worden, uns mit Verwundrung und Zufriedenheit abermals im Reiche der Bilder finden. Besonders wird uns der Schatten eines Körpers als ein sekundäres, den Körper so genau begleitendes Bild manchen Aufschluß geben.

365. Doch greifen wir diesen fernern Darstellungen nicht vor, um, wie bisher geschehen, nach unserer Überzeugung regelmäßigen Schritt zu halten.

## XXXI. Katoptrische Farben

366. Wenn wir von katoptrischen Farben sprechen, so deuten wir damit an, daß uns Farben bekannt sind, welche bei Gelegenheit einer Spiegelung erscheinen. Wir setzen voraus, daß das Licht sowohl als die Fläche, wovon es zurückstrahlt, sich in einem völlig farblosen Zustand befinde. In diesem Sinne gehören diese Erscheinungen unter die physischen Farben. Sie entstehen bei Gelegenheit der Reflexion, wie wir oben die dioptrischen der zweiten Klasse bei Gelegenheit der Refraktion hervortreten sahen. Ohne jedoch weiter im Allgemeinen zu verweilen, wenden wir uns gleich zu den besondern Fällen und zu den Bedingungen, welche nötig sind, daß gedachte Phänomene sich zeigen.

367. Wenn man eine feine Stahlsaite vom Röllchen abnimmt, sie ihrer Elastizität gemäß verworren durcheinanderlaufen läßt und sie an ein Fenster in die Tageshelle legt, so wird man die Höhen der Kreise und Windungen erhellt, aber weder glänzend noch farbig sehen. Tritt die Sonne hingegen hervor, so zieht sich diese Hellung auf einen Punkt zusammen, und das Auge erblickt ein kleines glänzendes Sonnenbild, das, wenn man es nahe betrachtet, keine Farbe zeigt. Geht man aber zurück und faßt den Abglanz in einiger Entfernung mit den Augen auf, so sieht man viele kleine, auf die mannigfaltigste Weise gefärbte Sonnenbilder, und ob man gleich Grün und Purpur am meisten zu sehen glaubt, so zeigen sich doch auch bei genauerer Aufmerksamkeit die übrigen Farben.

368. Nimmt man eine Lorgnette und sieht dadurch auf die Erscheinung, so sind die Farben verschwunden sowie der ausgedehntere Glanz, in dem sie erscheinen, und man erblickt nur die kleinen leuchtenden Punkte, die wiederholten Sonnenbilder. Hieraus erkennt man, daß die Erfahrung subjektiver Natur ist und daß sich die Erscheinung an jene anschließt, die wir unter dem Namen der strahlenden Höfe eingeführt haben (100).

369. Allein wir können dieses Phänomen auch von der objektiven Seite zeigen. Man befestige unter eine mäßige Öffnung in dem Laden der Camera obscura ein weißes Papier und halte, wenn die Sonne durch die Öffnung scheint, die verworrene Drahtsaite in das Licht, so daß sie dem Papiere gegenübersteht. Das Sonnenlicht wird auf und in die Ringe der Drahtsaite fallen, sich aber nicht, wie im konzentrierenden menschlichen Auge, auf einem Punkte zeigen, sondern, weil das Papier auf jedem Teile seiner Fläche den Abglanz des Lichtes aufnehmen kann, in haarförmigen Streifen, welche zugleich bunt sind, sehen lassen.

370. Dieser Versuch ist rein katoptrisch; denn da man sich nicht denken kann, daß das Licht in die Oberfläche des Stahls hineindringe und etwa darin verändert werde, so überzeugen wir uns leicht, daß hier bloß von einer reinen Spiegelung die Rede sei, die sich, insofern sie subjektiv ist, an die Lehre von den schwach wirkenden und abklingenden

Lichtern anschließt und, insofern sie objektiv gemacht werden kann, auf ein außer dem Menschen Reales, sogar in den leisesten Erscheinungen, hindeutet.

371. Wir haben gesehen, daß hier nicht allein ein Licht, sondern ein energisches Licht, und selbst dieses nicht im Abstrakten und Allgemeinen, sondern ein begrenztes Licht, ein Lichtbild nötig sei, um diese Wirkung hervorzubringen. Wir werden uns hiervon bei verwandten Fällen noch mehr überzeugen.

372. Eine polierte Silberplatte gibt in der Sonne einen blendenden Schein von sich, aber es wird bei dieser Gelegenheit keine Farbe gesehen. Ritzt man hingegen die Oberfläche leicht, so erscheinen bunte, besonders grüne und purpurne Farben unter einem gewissen Winkel dem Auge. Bei ziselierten und guillochierten Metallen tritt auch dieses Phänomen auffallend hervor; doch läßt sich durchaus bemerken, daß, wenn es erscheinen soll, irgendein Bild, eine Abwechselung des Dunklen und Hellen bei der Abspiegelung mitwirken müsse, so daß ein Fensterstab, der Ast eines Baumes, ein zufälliges oder mit Vorsatz aufgestelltes Hindernis eine merkliche Wirkung hervorbringt. Auch diese Erscheinung läßt sich in der Camera obscura objektivieren.

373. Läßt man ein poliertes Silber durch Scheidewasser dergestalt anfressen, daß das darin befindliche Kupfer aufgelöst und die Oberfläche gewissermaßen rauh werde, und läßt alsdann das Sonnenbild sich auf der Platte spiegeln, so wird es von jedem unendlich kleinen erhöhten Punkte einzeln zurückglänzen und die Oberfläche der Platte in bunten Farben erscheinen. Ebenso wenn man ein schwarzes ungeglättetes Papier in die Sonne hält und aufmerksam darauf blickt, sieht man es in seinen kleinsten Teilen bunt in den lebhaftesten Farben glänzen.

374. Diese sämtlichen Erfahrungen deuten auf ebendieselben Bedingungen hin. In dem ersten Falle scheint das Lichtbild von einer schmalen Linie zurück, in dem zweiten wahrscheinlich von scharfen Kanten, in dem dritten von sehr kleinen Punkten. Bei allen wird ein lebhaftes Licht und eine Begrenzung desselben verlangt. Nicht weniger wird zu diesen sämtlichen Farberscheinungen erfordert, daß sich das

Auge in einer proportionierten Ferne von den reflektierenden Punkten befinde.

375. Stellt man diese Beobachtungen unter dem Mikroskop an, so wird die Erscheinung an Kraft und Glanz unendlich wachsen; denn man sieht alsdann die kleinsten Teile der Körper, von der Sonne beschienen, in diesen Reflexionsfarben schimmern, die, mit den Refraktionsfarben verwandt, sich nun auf die höchste Stufe ihrer Herrlichkeit erheben. Man bemerkt in solchem Falle ein wurmförmig Buntes auf der Oberfläche organischer Körper, wovon das Nähere künftig vorgelegt werden soll.

376. Übrigens sind die Farben, welche bei der Reflexion sich zeigen, vorzüglich Purpur und Grün; woraus sich vermuten läßt, daß besonders die streifige Erscheinung aus einer zarten Purpurlinie bestehe, welche an ihren beiden Seiten teils mit Blau, teils mit Gelb eingefaßt ist. Treten die Linien sehr nahe zusammen, so muß der Zwischenraum grün erscheinen, ein Phänomen, das uns noch oft vorkommen wird.

377. In der Natur begegnen uns dergleichen Farben öfters. Die Farben der Spinneweben setzen wir denen, die von Stahlsaiten widerscheinen, völlig gleich, ob sich schon daran nicht so gut als an dem Stahl die Undurchdringlichkeit beglaubigen läßt, weswegen man auch diese Farben mit zu den Refraktionserscheinungen hat ziehen wollen.

378. Beim Perlemutter werden wir unendlich feine, nebeneinanderliegende organische Fibern und Lamellen gewahr, von welchen, wie oben beim geritzten Silber, mannigfaltige Farben, vorzüglich aber Purpur und Grün entspringen mögen.

379. Die changeanten Farben der Vogelfedern werden hier gleichfalls erwähnt, obgleich bei allem Organischen eine chemische Vorbereitung und eine Aneignung der Farbe an den Körper gedacht werden kann, wovon bei Gelegenheit der chemischen Farben weiter die Rede sein wird.

380. Daß die Erscheinungen der objektiven Höfe auch in der Nähe katoptrischer Phänomene liegen, wird leicht zugegeben werden, ob wir gleich nicht leugnen, daß auch Refraktion mit im Spiele sei. Wir wollen hier nur einiges

bemerken, bis wir nach völlig durchlaufenem theoretischen Kreise eine vollkommnere Anwendung des uns alsdann im allgemeinen Bekannten auf die einzelnen Naturerscheinungen zu machen imstande sein werden.

381. Wir gedenken zuerst jenes gelben und roten Kreises an einer weißen oder graulichen Wand, den wir durch ein nah gestelltes Licht hervorgebracht (88). Das Licht, indem es von einem Körper zurückscheint, wird gemäßigt, das gemäßigte Licht erregt die Empfindung der gelben und ferner der roten Farbe.

382. Eine solche Kerze erleuchte die Wand lebhaft in unmittelbarer Nähe. Je weiter der Schein sich verbreitet, desto schwächer wird er; allein er ist doch immer die Wirkung der Flamme, die Fortsetzung ihrer Energie, die ausgedehnte Wirkung ihres Bildes. Man könnte diese Kreise daher gar wohl Grenzbilder nennen, weil sie die Grenze der Tätigkeit ausmachen und doch auch nur ein erweitertes Bild der Flamme darstellen.

383. Wenn der Himmel um die Sonne weiß und leuchtend ist, indem leichte Dünste die Atmosphäre erfüllen, wenn Dünste oder Wolken um den Mond schweben, so spiegelt sich der Abglanz der Scheibe in denselben. Die Höfe, die wir alsdann erblicken, sind einfach oder doppelt, kleiner oder größer, zuweilen sehr groß, oft farblos, manchmal farbig.

384. Einen sehr schönen Hof um den Mond sah ich den 15. November 1799 bei hohem Barometerstande und dennoch wolkigem und dunstigem Himmel. Der Hof war völlig farbig, und die Kreise folgten sich wie bei subjektiven Höfen ums Licht. Daß er objektiv war, konnte ich bald einsehen, indem ich das Bild des Mondes zuhielt und der Hof dennoch vollkommen gesehen wurde.

385. Die verschiedene Größe der Höfe scheint auf die Nähe oder Ferne des Dunstes von dem Auge des Beobachters einen Bezug zu haben.

386. Da leicht angehauchte Fensterscheiben die Lebhaftigkeit der subjektiven Höfe vermehren und sie gewissermaßen zu objektiven machen, so ließe sich vielleicht mit einer einfachen Vorrichtung bei recht rasch kalter Winterzeit hiervon die nähere Bestimmung auffinden.

387. Wie sehr wir Ursache haben, auch bei diesen Kreisen auf das Bild und dessen Wirkung zu dringen, zeigt sich bei dem Phänomen der sogenannten Nebensonnen. Dergleichen Nachbarbilder finden sich immer auf gewissen Punkten der Höfe und Kreise und stellen das wieder nur begrenzter dar, was in dem ganzen Kreise immerfort allgemeiner vorgeht. An die Erscheinung des Regenbogens wird sich dieses alles bequemer anschließen.

388. Zum Schlusse bleibt uns nichts weiter übrig, als daß wir die Verwandtschaft der katoptrischen Farben mit den paroptischen einleiten.

Die paroptischen Farben werden wir diejenigen nennen, welche entstehen, wenn das Licht an einem undurchsichtigen farblosen Körper herstrahlt. Wie nahe sie mit den dioptrischen der zweiten Klasse verwandt sind, wird jedermann leicht einsehen, der mit uns überzeugt ist, daß die Farben der Refraktion bloß an den Rändern entstehen. Die Verwandtschaft der katoptrischen und paroptischen aber wird uns in dem folgenden Kapitel klar werden.

## XXXII. Paroptische Farben

389. Die paroptischen Farben wurden bisher perioptische genannt, weil man sich eine Wirkung des Lichts gleichsam um den Körper herum dachte, die man einer gewissen Biegbarkeit des Lichtes nach dem Körper hin und vom Körper ab zuschrieb.

390. Auch diese Farben kann man in objektive und subjektive einteilen, weil auch sie teils außer uns, gleichsam wie auf der Fläche gemalt, teils in uns unmittelbar auf der Retina erscheinen. Wir finden bei diesem Kapitel das vorteilhafteste, die objektiven zuerst zu nehmen, weil die subjektiven sich so nah an andre, uns schon bekannte Erscheinungen anschließen, daß man sie kaum davon zu trennen vermag.

391. Die paroptischen Farben werden also genannt, weil, um sie hervorzubringen, das Licht an einem Rande herstrahlen muß. Allein nicht immer, wenn das Licht an einem Rande herstrahlt, erscheinen sie; es sind dazu noch ganz besondre Nebenbedingungen nötig.

392. Ferner ist zu bemerken, daß hier abermals das Licht keineswegs in abstracto wirke (361), sondern die Sonne scheint an einem Rande her. Das ganze von dem Sonnenbild ausströmende Licht wirkt an einer Körpergrenze vorbei und verursacht Schatten. An diesen Schatten, innerhalb derselben, werden wir künftig die Farbe gewahr werden.

393. Vor allen Dingen aber betrachten wir die hieher gehörigen Erfahrungen in vollem Lichte. Wir setzen den Beobachter ins Freie, ehe wir ihn in die Beschränkung der dunklen Kammer führen.

394. Wer im Sonnenschein in einem Garten oder sonst auf glatten Wegen wandelt, wird leicht bemerken, daß sein Schatten nur unten am Fuß, der die Erde betritt, scharf begrenzt erscheint; weiter hinauf, besonders um das Haupt, verfließt er sanft in die helle Fläche. Denn indem das Sonnenlicht nicht allein aus der Mitte der Sonne herströmt, sondern auch von den beiden Enden dieses leuchtenden Gestirnes übers Kreuz wirkt, so entsteht eine objektive Parallaxe, die an beiden Seiten des Körpers einen Halbschatten hervorbringt.

395. Wenn der Spaziergänger seine Hand erhebt, so sieht er an den Fingern deutlich das Auseinanderweichen der beiden Halbschatten nach außen, die Verschmälerung des Hauptschattens nach innen, beides Wirkungen des sich kreuzenden Lichtes.

396. Man kann vor einer glatten Wand diese Versuche mit Stäben von verschiedener Stärke sowie auch mit Kugeln wiederholen und vervielfältigen; immer wird man finden, daß, je weiter der Körper von der Tafel entfernt wird, desto mehr verbreitet sich der schwache Doppelschatten, desto mehr verschmälert sich der starke Hauptschatten, bis dieser zuletzt ganz aufgehoben scheint, ja die Doppelschatten endlich so schwach werden, daß sie beinahe verschwinden, wie sie denn in mehrerer Entfernung unbemerklich sind.

397. Daß dieses von dem sich kreuzenden Lichte herrühre, davon kann man sich leicht überzeugen, so wie denn auch der Schatten eines zugespitzten Körpers zwei Spitzen deutlich zeigt. Wir dürfen also niemals außer Augen lassen, daß in diesem Falle das ganze Sonnenbild wirke, Schatten her-

vorbringe, sie in Doppelschatten verwandle und endlich sogar aufhebe.

398. Man nehme nunmehr statt der festen Körper ausgeschnittene Öffnungen von verschiedener bestimmter Größe nebeneinander und lasse das Sonnenlicht auf eine etwas entfernte Tafel hindurchfallen, so wird man finden, daß das helle Bild, welches auf der Tafel von der Sonne hervorgebracht wird, größer sei als die Öffnung, welches daher kommt, daß der eine Rand der Sonne durch die entgegengesetzte Seite der Öffnung noch hindurchscheint, wenn der andre durch sie schon verdeckt ist. Daher ist das helle Bild an seinen Rändern schwächer beleuchtet.

399. Nimmt man viereckte Öffnungen, von welcher Größe man wolle, so wird das helle Bild auf einer Tafel, die neun Fuß von den Öffnungen steht, um einen Zoll an jeder Seite größer sein als die Öffnung, welches mit dem Winkel des scheinbaren Sonnendiameters ziemlich übereinkommt.

400. Daß ebendiese Randerleuchtung nach und nach abnehme, ist ganz natürlich, weil zuletzt nur ein Minimum des Sonnenlichtes vom Sonnenrande übers Kreuz durch den Rand der Öffnung einwirken kann.

401. Wir sehen also hier abermals, wie sehr wir Ursache haben, uns in der Erfahrung vor der Annahme von parallelen Strahlen, Strahlenbüscheln und -bündeln und dergleichen hypothetischen Wesen zu hüten (309. 310).

402. Wir können uns vielmehr das Scheinen der Sonne oder irgendeines Lichtes als eine unendliche Abspiegelung des beschränkten Lichtbildes vorstellen, woraus sich denn wohl ableiten läßt, wie alle viereckte Öffnungen, durch welche die Sonne scheint, in gewissen Entfernungen, je nachdem sie größer oder kleiner sind, ein rundes Bild geben müssen.

403. Obige Versuche kann man durch Öffnungen von mancherlei Form und Größe wiederholen, und es wird sich immer dasselbe in verschiedenen Abweichungen zeigen; wobei man jedoch immer bemerken wird, daß im vollen Lichte und bei der einfachen Operation des Herscheinens der Sonne an einem Rand keine Farbe sich sehen lasse.

404. Wir wenden uns daher zu den Versuchen mit dem gedämpften Lichte, welches nötig ist, damit die Farben-

erscheinung eintrete. Man mache eine kleine Öffnung in den Laden der dunklen Kammer, man fange das übers Kreuz eindringende Sonnenbild mit einem weißen Papiere auf, und man wird, je kleiner die Öffnung ist, ein desto matteres Licht erblicken, und zwar ganz natürlich, weil die Erleuchtung nicht von der ganzen Sonne, sondern nur von einzelnen Punkten, nur teilweise gewirkt wird.

405. Betrachtet man dieses matte Sonnenbild genau, so findet man es gegen seine Ränder zu immer matter und mit einem gelben Saume begrenzt, der sich deutlich zeigt, am deutlichsten aber, wenn sich ein Nebel oder eine durchscheinende Wolke vor die Sonne zieht, ihr Licht mäßiget und dämpft. Sollten wir uns nicht gleich hiebei jenes Hofes an der Wand und des Scheins eines nahe davorstehenden Lichtes erinnern (88)?

406. Betrachtet man jenes oben beschriebene Sonnenbild genauer, so sieht man, daß es mit diesem gelben Saume noch nicht abgetan ist, sondern man bemerkt noch einen zweiten, blaulichen Kreis, wo nicht gar eine hofartige Wiederholung des Farbensaums. Ist das Zimmer recht dunkel, so sieht man, daß der zunächst um die Sonne erhellte Himmel gleichfalls einwirkt, man sieht den blauen Himmel, ja sogar die ganze Landschaft auf dem Papiere und überzeugt sich abermals, daß hier nur von dem Sonnenbilde die Rede sei.

407. Nimmt man eine etwas größere viereckte Öffnung, welche durch das Hineinstrahlen der Sonne nicht gleich rund wird, so kann man die Halbschatten von jedem Rande, das Zusammentreffen derselben in den Ecken, die Färbung derselben nach Maßgabe obgemeldeter Erscheinung der runden Öffnung genau bemerken.

408. Wir haben nunmehr ein parallaktisch scheinendes Licht gedämpft, indem wir es durch kleine Öffnungen scheinen ließen, wir haben ihm aber seine parallaktische Eigenschaft nicht genommen, so daß es abermals Doppelschatten der Körper, wenngleich mit gedämpfter Wirkung, hervorbringen kann. Diese sind nunmehr diejenigen, auf welche man bisher aufmerksam gewesen, welche in verschiedenen hellen und dunkeln, farbigen und farblosen Kreisen aufeinander folgen und vermehrte, ja gewissermaßen unzählige

Höfe hervorbringen. Sie sind oft gezeichnet und in Kupfer gestochen worden, indem man Nadeln, Haare und andre schmale Körper in das gedämpfte Licht brachte, die vielfachen hofartigen Doppelschatten bemerkte und sie einer Aus- und Einbiegung des Lichtes zuschrieb und dadurch erklären wollte, wie der Kernschatten aufgehoben und wie ein Helles an der Stelle des Dunkeln erscheinen könne.

409. Wir aber halten vorerst daran fest, daß es abermals parallaktische Doppelschatten sind, welche mit farbigen Säumen und Höfen begrenzt erscheinen.

410. Wenn man alles dieses nun gesehen, untersucht und sich deutlich gemacht hat, so kann man zu dem Versuche mit den Messerklingen schreiten, welches nur ein Aneinanderrücken und parallaktisches Übereinandergreifen der uns schon bekannten Halbschatten und Höfe genannt werden kann.

411. Zuletzt hat man jene Versuche mit Haaren, Nadeln und Drähten in jenem Halblichte, das die Sonne wirkt, sowie im Halblichte, das sich vom blauen Himmel herschreibt und auf dem Papiere zeigt, anzustellen und zu betrachten, wodurch man der wahren Ansicht dieser Phänomene sich immer mehr bemeistern wird.

412. Da nun aber bei diesen Versuchen alles darauf ankommt, daß man sich von der parallaktischen Wirkung des scheinenden Lichtes überzeuge, so kann man sich das, worauf es ankommt, durch zwei Lichter deutlicher machen, wodurch sich die zwei Schatten übereinander führen und völlig sondern lassen. Bei Tage kann es durch zwei Öffnungen am Fensterladen geschehen, bei Nacht durch zwei Kerzen; ja es gibt manche Zufälligkeiten in Gebäuden beim Auf- und Zuschlagen von Läden, wo man diese Erscheinungen besser beobachten kann als bei dem sorgfältigsten Apparate. Jedoch lassen sich alle und jede zum Versuch erheben, wenn man einen Kasten einrichtet, in den man oben hineinsehen kann und dessen Türe man sachte zulehnt, nachdem man vorher ein Doppellicht einfallen lassen. Daß hierbei die von uns unter den physiologischen Farben abgehandelten farbigen Schatten sehr leicht eintreten, läßt sich erwarten.

413. Überhaupt erinnre man sich, was wir über die Natur der Doppelschatten, Halblichter und dergleichen früher

ausgeführt haben, besonders aber mache man Versuche mit verschiedenen nebeneinandergestellten Schattierungen von Grau, wo jeder Streif an seinem dunklen Nachbar hell, am hellen dunkel erscheinen wird. Bringt man abends mit drei oder mehreren Lichtern Schatten hervor, die sich stufenweise decken, so kann man dieses Phänomen sehr deutlich gewahr werden, und man wird sich überzeugen, daß hier der physiologische Fall eintritt, den wir oben weiter ausgeführt haben (38).

414. Inwiefern nun aber alles, was von Erscheinungen die paroptischen Farben begleitet, aus der Lehre vom gemäßigten Lichte, von Halbschatten und von physiologischer Bestimmung der Retina sich ableiten lasse, oder ob wir genötigt sein werden, zu gewissen innern Eigenschaften des Lichts unsere Zuflucht zu nehmen, wie man es bisher getan, mag die Zeit lehren. Hier sei es genug, die Bedingungen angezeigt zu haben, unter welchen die paroptischen Farben entstehen, so wie wir denn auch hoffen können, daß unsre Winke auf den Zusammenhang mit dem bisherigen Vortrag von Freunden der Natur nicht unbeachtet bleiben werden.

415. Die Verwandtschaft der paroptischen Farben mit den dioptrischen der zweiten Klasse wird sich auch jeder Denkende gern ausbilden. Hier wie dort ist von Rändern die Rede, hier wie dort von einem Lichte, das an dem Rande herscheint. Wie natürlich ist es also, daß die paroptischen Wirkungen durch die dioptrischen erhöht, verstärkt und verherrlicht werden können. Doch kann hier nur von den objektiven Refraktionsfällen die Rede sein, da das leuchtende Bild wirklich durch das Mittel durchscheint; denn diese sind eigentlich mit den paroptischen verwandt. Die subjektiven Refraktionsfälle, da wir die Bilder durchs Mittel sehen, stehen aber von den paroptischen völlig ab und sind auch schon wegen ihrer Reinheit von uns gepriesen worden.

416. Wie die paroptischen Farben mit den katoptrischen zusammenhängen, läßt sich aus dem Gesagten schon vermuten; denn da die katoptrischen Farben nur an Ritzen, Punkten, Stahlsaiten, zarten Fäden sich zeigen, so ist es ungefähr derselbe Fall, als wenn das Licht an einem Rande herschiene. Es muß jederzeit von einem Rande zurück-

scheinen, damit unser Auge eine Farbe gewahr werde. Wie auch hier die Beschränkung des leuchtenden Bildes sowie die Mäßigung des Lichtes zu betrachten sei, ist oben schon angezeigt worden.

417. Von den subjektiven paroptischen Farben führen wir nur noch weniges an, weil sie sich teils mit den physiologischen, teils mit den dioptrischen der zweiten Klasse in Verbindung setzen lassen und sie größtenteils kaum hieher zu gehören scheinen, ob sie gleich, wenn man genau aufmerkt, über die ganze Lehre und ihre Verknüpfung ein erfreuliches Licht verbreiten.

418. Wenn man ein Lineal dergestalt vor die Augen hält, daß die Flamme des Lichts über dasselbe hervorscheint, so sieht man das Lineal gleichsam eingeschnitten und schartig an der Stelle, wo das Licht hervorragt. Es scheint sich dieses aus der ausdehnenden Kraft des Lichtes auf der Retina ableiten zu lassen (18).

419. Dasselbige Phänomen im großen zeigt sich beim Aufgang der Sonne, welche, wenn sie rein, aber nicht allzu mächtig aufgeht, also daß man sie noch anblicken kann, jederzeit einen scharfen Einschnitt in den Horizont macht.

420. Wenn man bei grauem Himmel gegen ein Fenster tritt, so daß das dunkle Kreuz sich gegen denselben abschneidet, wenn man die Augen alsdann auf das horizontale Holz richtet, ferner den Kopf etwas vorzubiegen, zu blinzen und aufwärts zu sehen anfängt, so wird man bald unten an dem Holze einen schönen gelbroten Saum, oben über demselben einen schönen hellblauen entdecken. Je dunkelgrauer und gleicher der Himmel, je dämmernder das Zimmer und folglich je ruhiger das Auge, desto lebhafter wird sich die Erscheinung zeigen, ob sie sich gleich einem aufmerksamen Beobachter auch bei hellem Tage darstellen wird.

421. Man biege nunmehr den Kopf zurück und blinzle mit den Augen dergestalt, daß man den horizontalen Fensterstab unter sich sehe, so wird auch das Phänomen umgekehrt erscheinen. Man wird nämlich die obere Kante gelb und die untre blau sehen.

422. In einer dunkeln Kammer stellen sich die Beobachtungen am besten an. Wenn man vor die Öffnung, vor

welche man gewöhnlich das Sonnenmikroskop schraubt, ein weißes Papier heftet, wird man den untern Rand des Kreises blau, den obern gelb erblicken, selbst indem man die Augen ganz offen hat oder sie nur insofern zublinzt, daß kein Hof sich mehr um das Weiße herum zeigt. Biegt man den Kopf zurück, so sieht man die Farben umgekehrt.

423. Diese Phänomene scheinen daher zu entstehen, daß die Feuchtigkeiten unsres Auges eigentlich nur in der Mitte, wo das Sehen vorgeht, wirklich achromatisch sind, daß aber gegen die Peripherie zu und in unnatürlichen Stellungen, als Auf- und Niederbiegen des Kopfes, wirklich eine chromatische Eigenschaft, besonders wenn scharf absetzende Bilder betrachtet werden, übrigbleibe. Daher diese Phänomene zu jenen gehören mögen, welche mit den dioptrischen der zweiten Klasse verwandt sind.

424. Ähnliche Farben erscheinen, wenn man gegen schwarze und weiße Bilder durch den Nadelstich einer Karte sieht. Statt des weißen Bildes kann man auch den lichten Punkt im Bleche des Ladens der Camera obscura wählen, wenn die Vorrichtung zu den paroptischen Farben gemacht ist.

425. Wenn man durch eine Röhre durchsieht, deren untre Öffnung verengt oder durch verschiedene Ausschnitte bedingt ist, erscheinen die Farben gleichfalls.

426. An die paroptischen Erscheinungen aber schließen sich meines Bedünkens folgende Phänomene näher an. Wenn man eine Nadelspitze nah vor das Auge hält, so entsteht in demselben ein Doppelbild. Besonders merkwürdig ist aber, wenn man durch die zu paroptischen Versuchen eingerichteten Messerklingen hindurch und gegen einen grauen Himmel sieht. Man blickt nämlich wie durch einen Flor, und es zeigen sich im Auge sehr viele Fäden, welches eigentlich nur die wiederholten Bilder der Klingenschärfen sind, davon das eine immer von dem folgenden sukzessiv oder wohl auch von dem gegenüber wirkenden parallaktisch bedingt und in eine Fadengestalt verwandelt wird.

427. So ist denn auch noch schließlich zu bemerken, daß, wenn man durch die Klingen nach einem lichten Punkt im Fensterladen hinsieht, auf der Retina dieselben farbigen Streifen und Höfe wie auf dem Papiere entstehen.

428. Und so sei dieses Kapitel gegenwärtig um so mehr geschlossen, als ein Freund übernommen hat, dasselbe nochmals genau durchzuexperimentieren, von dessen Bemerkungen wir bei Gelegenheit der Revision der Tafeln und des Apparats in der Folge weitere Rechenschaft zu geben hoffen.

## XXXIII. Epoptische Farben

429. Haben wir bisher uns mit solchen Farben abgegeben, welche zwar sehr lebhaft erscheinen, aber auch bei aufgehobener Bedingung sogleich wieder verschwinden, so machen wir nun die Erfahrung von solchen, welche zwar auch als vorübergehend beobachtet werden, aber unter gewissen Umständen sich dergestalt fixieren, daß sie auch nach aufgehobenen Bedingungen, welche ihre Erscheinung hervorbrachten, bestehen bleiben und also den Übergang von den physischen zu den chemischen Farben ausmachen.

430. Sie entspringen durch verschiedene Veranlassungen auf der Oberfläche eines farblosen Körpers, ursprünglich, ohne Mitteilung, Färbe, Taufe (βαφή), und wir werden sie nun von ihrer leisesten Erscheinung bis zu ihrer hartnäckigsten Dauer durch die verschiedenen Bedingungen ihres Entstehens hindurch verfolgen, welche wir zu leichterer Übersicht hier sogleich summarisch anführen.

431. Erste Bedingung: Berührung zweier glatten Flächen harter durchsichtiger Körper.

Erster Fall: wenn Glasmassen, Glastafeln, Linsen aneinandergedrückt werden.

Zweiter Fall: wenn in einer soliden Glas-, Kristall- oder Eismasse ein Sprung entsteht.

Dritter Fall: indem sich Lamellen durchsichtiger Steine voneinander trennen.

Zweite Bedingung: wenn eine Glasfläche oder ein geschliffner Stein angehaucht wird.

Dritte Bedingung: Verbindung von beiden obigen, daß man nämlich die Glastafel anhaucht, eine andre drauflegt, die Farben durch den Druck erregt, dann das Glas abschiebt, da sich denn die Farben nachziehen und mit dem Hauche verfliegen.

Vierte Bedingung: Blasen verschiedener Flüssigkeiten, Seife, Schokolade, Bier, Wein, feine Glasblasen.

Fünfte Bedingung: sehr feine Häutchen und Lamellen mineralischer und metallischer Auflösungen; das Kalkhäutchen, die Oberfläche stehender Wasser, besonders eisenschüssiger; ingleichen Häutchen von Öl auf dem Wasser, besonders von Firnis auf Scheidewasser.

Sechste Bedingung: wenn Metalle erhitzt werden. Anlaufen des Stahls und andrer Metalle.

Siebente Bedingung: wenn die Oberfläche des Glases angegriffen wird.

432. Erste Bedingung, erster Fall. Wenn zwei konvexe Gläser oder ein Konvex- und Planglas, am besten ein Konvex- und Hohlglas sich einander berühren, so entstehn konzentrische farbige Kreise. Bei dem gelindesten Druck zeigt sich sogleich das Phänomen, welches nach und nach durch verschiedene Stufen geführt werden kann. Wir beschreiben sogleich die vollendete Erscheinung, weil wir die verschiedenen Grade, durch welche sie durchgeht, rückwärts alsdann desto besser werden einsehen lernen.

433. Die Mitte ist farblos; daselbst, wo die Gläser durch den stärksten Druck gleichsam zu Einem vereinigt sind, zeigt sich ein dunkelgrauer Punkt, um denselben ein silberweißer Raum, alsdann folgen in abnehmenden Entfernungen verschiedene isolierte Ringe, welche sämtlich aus drei Farben, die unmittelbar miteinander verbunden sind, bestehen. Jeder dieser Ringe, deren etwa drei bis vier gezählt werden können, ist inwendig gelb, in der Mitte purpurfarben und auswendig blau. Zwischen zwei Ringen findet sich ein silberweißer Zwischenraum. Die letzten Ringe gegen die Peripherie des Phänomens stehen immer enger zusammen. Sie wechseln mit Purpur und Grün, ohne einen dazwischen bemerklichen silberweißen Raum.

434. Wir wollen nunmehr die sukzessive Entstehung des Phänomens vom gelindesten Druck an beobachten.

435. Beim gelindesten Druck erscheint die Mitte selbst grün gefärbt. Darauf folgen bis an die Peripherie sämtlicher konzentrischen Kreise purpurne und grüne Ringe. Sie sind verhältnismäßig breit, und man sieht keine Spur eines silber-

weißen Raumes zwischen ihnen. Die grüne Mitte entsteht durch das Blau eines unentwickelten Zirkels, das sich mit dem Gelb des ersten Kreises vermischt. Alle übrigen Kreise sind bei dieser gelinden Berührung breit, ihre gelben und blauen Ränder vermischen sich und bringen das schöne Grün hervor. Der Purpur aber eines jeden Ringes bleibt rein und unberührt, daher zeigen sich sämtliche Kreise von diesen beiden Farben.

436. Ein etwas stärkerer Druck entfernt den ersten Kreis von dem unentwickelten um etwas weniges und isoliert ihn, so daß er sich nun ganz vollkommen zeigt. Die Mitte erscheint nun als ein blauer Punkt; denn das Gelbe des ersten Kreises ist nun durch einen silberweißen Raum von ihr getrennt. Aus dem Blauen entwickelt sich in der Mitte ein Purpur, welcher jederzeit nach außen seinen zugehörigen blauen Rand behält. Der zweite, dritte Ring, von innen gerechnet, ist nun schon völlig isoliert. Kommen abweichende Fälle vor, so wird man sie aus dem Gesagten und noch zu Sagenden zu beurteilen wissen.

437. Bei einem stärkern Druck wird die Mitte gelb, sie ist mit einem purpurfarbenen und blauen Rand umgeben. Endlich zieht sich auch dieses Gelb völlig aus der Mitte. Der innerste Kreis ist gebildet, und die gelbe Farbe umgibt dessen Rand. Nun erscheint die ganze Mitte silberweiß, bis zuletzt bei dem stärksten Druck sich der dunkle Punkt zeigt und das Phänomen, wie es zu Anfang beschrieben wurde, vollendet ist.

438. Das Maß der konzentrischen Ringe und ihrer Entfernungen bezieht sich auf die Form der Gläser, welche zusammengedrückt werden.

439. Wir haben oben bemerkt, daß die farbige Mitte aus einem unentwickelten Kreise bestehe. Es findet sich aber oft bei dem gelindesten Druck, daß mehrere unentwickelte Kreise daselbst gleichsam im Keime liegen, welche nach und nach vor dem Auge des Beobachters entwickelt werden können.

440. Die Regelmäßigkeit dieser Ringe entspringt aus der Form des Konvexglases, und der Durchmesser des Phänomens richtet sich nach dem größern oder kleinern Kugel-

schnitt, wornach eine Linse geschliffen ist. Man schließt daher leicht, daß man durch das Aneinanderdrücken von Plangläsern nur unregelmäßige Erscheinungen sehen werde, welche wellenförmig nach Art der gewässerten Seidenzeuge erscheinen und sich von dem Punkte des Drucks aus nach allen Enden verbreiten. Doch ist auf diesem Wege das Phänomen viel herrlicher als auf jenem und für einen jeden auffallend und reizend. Stellt man nun den Versuch auf diese Weise an, so wird man völlig wie bei dem oben beschriebenen bemerken, daß bei gelindem Druck die grünen und purpurnen Wellen zum Vorschein kommen, beim stärkeren aber Streifen, welche blau, purpurn und gelb sind, sich isolieren. In dem ersten Falle berühren sich ihre Außenseiten, in dem zweiten sind sie durch einen silberweißen Raum getrennt.

441. Ehe wir nun zur fernern Bestimmung dieses Phänomens übergehen, wollen wir die bequemste Art, dasselbe hervorzubringen, mitteilen.

Man lege ein großes Konvexglas vor sich auf den Tisch gegen ein Fenster und auf dasselbe eine Tafel wohlgeschliffenen Spiegelglases, ungefähr von der Größe einer Spielkarte, so wird die bloße Schwere der Tafel sie schon dergestalt andrücken, daß eins oder das andre der beschriebenen Phänomene entsteht, und man wird schon durch die verschiedene Schwere der Glastafel, durch andre Zufälligkeiten, wie z. B. wenn man die Glastafel auf die abhängende Seite des Konvexglases führt, wo sie nicht so stark aufdrückt als in der Mitte, alle von uns beschriebenen Grade nach und nach hervorbringen können.

442. Um das Phänomen zu bemerken, muß man schief auf die Fläche sehen, auf welcher uns dasselbe erscheint. Äußerst merkwürdig ist aber, daß, wenn man sich immer mehr neigt und unter einem spitzeren Winkel nach dem Phänomen sieht, die Kreise sich nicht allein erweitern, sondern aus der Mitte sich noch andre Kreise entwickeln, von denen sich, wenn man perpendikulär auch durch das stärkste Vergrößerungsglas darauf sah, keine Spur entdecken ließ.

443. Wenn das Phänomen gleich in seiner größten Schönheit erscheinen soll, so hat man sich der äußersten Reinlichkeit zu befleißigen. Macht man den Versuch mit Spiegel-

glasplatten, so tut man wohl, lederne Handschuh anzuziehen. Man kann bequem die innern Flächen, welche sich auf das genaueste berühren müssen, vor dem Versuche reinigen und die äußern bei dem Versuche selbst unter dem Drücken rein erhalten.

444. Man sieht aus obigem, daß eine genaue Berührung zweier glatten Flächen nötig ist. Geschliffene Gläser tun den besten Dienst. Glasplatten zeigen die schönsten Farben, wenn sie aneinander festhängen, und aus ebendieser Ursache soll das Phänomen an Schönheit wachsen, wenn sie unter die Luftpumpe gelegt werden und man die Luft auspumpt.

445. Die Erscheinung der farbigen Ringe kann am schönsten hervorgebracht werden, wenn man ein konvexes und konkaves Glas, die nach einerlei Kugelschnitt geschliffen sind, zusammenbringt. Ich habe die Erscheinung niemals glänzender gesehen als bei dem Objektivglase eines achromatischen Fernrohrs, bei welchem das Crownglas mit dem Flintglase sich allzu genau berühren mochte.

446. Merkwürdig ist die Erscheinung, wenn ungleichartige Flächen, z. B. ein geschliffner Kristall an eine Glasplatte gedrückt wird. Die Erscheinung zeigt sich keinesweges in großen fließenden Wellen, wie bei der Verbindung des Glases mit dem Glase, sondern sie ist klein und zackig und gleichsam unterbrochen, so daß es scheint, die Fläche des geschliffenen Kristalls, die aus unendlich kleinen Durchschnitten der Lamellen besteht, berühre das Glas nicht in einer solchen Kontinuität, als es von einem andern Glase geschieht.

447. Die Farbenerscheinung verschwindet durch den stärksten Druck, der die beiden Flächen so innig verbindet, daß sie nur einen Körper auszumachen scheinen. Daher entsteht der dunkle Punkt in der Mitte, weil die gedrückte Linse auf diesem Punkte kein Licht mehr zurückwirft, so wie ebenderselbe Punkt, wenn man ihn gegen das Licht sieht, völlig hell und durchsichtig ist. Bei Nachlassung des Drucks verschwinden die Farben allmählich, und völlig, wenn man die Flächen voneinanderschiebt.

448. Ebendiese Erscheinungen kommen noch in zwei

ähnlichen Fällen vor. Wenn ganze durchsichtige Massen sich voneinander in dem Grade trennen, daß die Flächen ihrer Teile sich noch hinreichend berühren, so sieht man dieselben Kreise und Wellen mehr oder weniger. Man kann sie sehr schön hervorbringen, wenn man eine erhitzte Glasmasse ins Wasser taucht, in deren verschiedenen Rissen und Sprüngen man die Farben in mannigfaltigen Zeichnungen bequem beobachten kann. Die Natur zeigt uns oft dasselbe Phänomen an gesprungenem Bergkristall.

449. Häufig aber zeigt sich diese Erscheinung in der mineralischen Welt an solchen Steinarten, welche ihrer Natur nach blättrig sind. Diese ursprünglichen Lamellen sind zwar so innig verbunden, daß Steine dieser Art auch völlig durchsichtig und farblos erscheinen können; doch werden die innerlichen Blätter durch manche Zufälle getrennt, ohne daß die Berührung aufgehoben werde; und so wird die uns nun genugsam bekannte Erscheinung öfters hervorgebracht, besonders bei Kalkspäten, bei Fraueneis, bei der Adularia und mehrern ähnlich gebildeten Mineralien. Es zeigt also eine Unkenntnis der nächsten Ursachen einer Erscheinung, welche zufällig so oft hervorgebracht wird, wenn man sie in der Mineralogie für so bedeutend hielt und den Exemplaren, welche sie zeigten, einen besondern Wert beilegte.

450. Es bleibt uns nur noch übrig, von der höchst merkwürdigen Umwendung dieses Phänomens zu sprechen, wie sie uns von den Naturforschern überliefert worden. Wenn man nämlich, anstatt die Farben bei reflektiertem Lichte zu betrachten, sie bei durchfallendem Licht beobachtet, so sollen an derselben Stelle die entgegengesetzten, und zwar auf ebendie Weise, wie wir solche oben physiologisch als Farben, die einander fordern, angegeben haben, erscheinen. An der Stelle des Blauen soll man das Gelbe und umgekehrt, an der Stelle des Roten das Grüne usw. sehen. Die näheren Versuche sollen künftig angegeben werden, um so mehr, als bei uns über diesen Punkt noch einige Zweifel obwalten.

451. Verlangte man nun von uns, daß wir über diese bisher vorgetragenen epoptischen Farben, die unter der ersten Bedingung erscheinen, etwas Allgemeines aussprechen und diese Phänomene an die frühern physischen Erscheinungen

anknüpfen sollten, so würden wir folgendermaßen zu Werke gehen.

452. Die Gläser, welche zu den Versuchen gebraucht werden, sind als ein empirisch möglichst Durchsichtiges anzusehen. Sie werden aber nach unsrer Überzeugung durch eine innige Berührung, wie sie der Druck verursacht, sogleich auf ihren Oberflächen, jedoch nur auf das leiseste getrübt. Innerhalb dieser Trübe entstehn sogleich die Farben, und zwar enthält jeder Ring das ganze System; denn indem die beiden entgegengesetzten, das Gelb und Blau, mit ihren roten Enden verbunden sind, zeigt sich der Purpur. Das Grüne hingegen, wie bei dem prismatischen Versuch, wenn Gelb und Blau sich erreichen.

453. Wie durchaus bei Entstehung der Farbe das ganze System gefordert wird, haben wir schon früher mehrmals erfahren, und es liegt auch in der Natur jeder physischen Erscheinung, es liegt schon in dem Begriff von polarischer Entgegensetzung, wodurch eine elementare Einheit zur Erscheinung kommt.

454. Daß bei durchscheinendem Licht eine andre Farbe sich zeigt als bei reflektiertem, erinnert uns an jene dioptrischen Farben der ersten Klasse, die wir auf ebendiese Weise aus dem Trüben entspringen sahen. Daß aber auch hier ein Trübes obwalte, daran kann fast kein Zweifel sein; denn das Ineinandergreifen der glättesten Glasplatten, welches so stark ist, daß sie fest aneinanderhängen, bringt eine Halbvereinigung hervor, die jeder von beiden Flächen etwas an Glätte und Durchsichtigkeit entzieht. Den völligen Ausschlag aber möchte die Betrachtung geben, daß in der Mitte, wo die Linse am festesten auf das andre Glas aufgedrückt und eine vollkommene Vereinigung hergestellt wird, eine völlige Durchsichtigkeit entstehe, wobei man keine Farbe mehr gewahr wird. Jedoch mag alles dieses seine Bestätigung erst nach vollendeter allgemeiner Übersicht des Ganzen erhalten.

455. Zweite Bedingung. Wenn man eine angehauchte Glasplatte mit dem Finger abwischt und sogleich wieder anhaucht, sieht man sehr lebhaft durcheinander schwebende Farben, welche, indem der Hauch abläuft, ihren Ort ver-

ändern und zuletzt mit dem Hauche verschwinden. Wiederholt man diese Operation, so werden die Farben lebhafter und schöner und scheinen auch länger als die ersten Male zu bestehen.

456. So schnell auch dieses Phänomen vorübergeht und so konfus es zu sein scheint, so glaub ich doch folgendes bemerkt zu haben. Im Anfange erscheinen alle Grundfarben und ihre Zusammensetzungen. Haucht man stärker, so kann man die Erscheinung in einer Folge gewahr werden. Dabei läßt sich bemerken, daß, wenn der Hauch im Ablaufen sich von allen Seiten gegen die Mitte des Glases zieht, die blaue Farbe zuletzt verschwindet.

457. Das Phänomen entsteht am leichtesten zwischen den zarten Streifen, welche der Strich des Fingers auf der klaren Fläche zurückläßt, oder es erfordert eine sonstige, gewissermaßen rauhe Disposition der Oberfläche des Körpers. Auf manchen Gläsern kann man durch den bloßen Hauch schon die Farbenerscheinung hervorbringen, auf andern hingegen ist das Reiben mit dem Finger nötig; ja ich habe geschliffene Spiegelgläser gefunden, von welchen die eine Seite angehaucht sogleich die Farben lebhaft zeigte, die andre aber nicht. Nach den überbliebenen Facetten zu urteilen, war jene ehemals die freie Seite des Spiegels, diese aber die innere, durch das Quecksilber bedeckte gewesen.

458. Wie nun diese Versuche sich am besten in der Kälte anstellen lassen, weil sich die Platte schneller und reiner anhauchen läßt und der Hauch schneller wieder abläuft, so kann man auch bei starkem Frost, in der Kutsche fahrend, das Phänomen im großen gewahr werden, wenn die Kutschfenster sehr rein geputzt und sämtlich aufgezogen sind. Der Hauch der in der Kutsche sitzenden Personen schlägt auf das zarteste an die Scheiben und erregt sogleich das lebhafteste Farbenspiel. Inwiefern eine regelmäßige Sukzession darin sei, habe ich nicht bemerken können. Besonders lebhaft aber erscheinen die Farben, wenn sie einen dunklen Gegenstand zum Hintergrunde haben. Dieser Farbenwechsel dauert aber nicht lange; denn sobald sich der Hauch in stärkere Tropfen sammelt oder zu Eisnadeln gefriert, so ist die Erscheinung alsbald aufgehoben.

459. Dritte Bedingung. Man kann die beiden vorhergehenden Versuche des Druckes und Hauches verbinden, indem man nämlich eine Glasplatte anhaucht und die andre sogleich daraufdrückt. Es entstehen alsdann die Farben wie beim Drucke zweier unangehauchten, nur mit dem Unterschiede, daß die Feuchtigkeit hie und da einige Unterbrechung der Wellen verursacht. Schiebt man eine Glasplatte von der andern weg, so läuft der Hauch farbig ab.

460. Man könnte jedoch behaupten, daß dieser verbundene Versuch nichts mehr als die einzelnen sage; denn wie es scheint, so verschwinden die durch den Druck erregten Farben in dem Maße, wie man die Gläser voneinander abschiebt, und die behauchten Stellen laufen alsdann mit ihren eignen Farben ab.

461. Vierte Bedingung. Farbige Erscheinungen lassen sich fast an allen Blasen beobachten. Die Seifenblasen sind die bekanntesten, und ihre Schönheit ist am leichtesten darzustellen. Doch findet man sie auch beim Weine, Bier, bei geistigen reinen Liquoren, besonders auch im Schaume der Schokolade.

462. Wie wir oben einen unendlich schmalen Raum zwischen zwei Flächen, welche sich berühren, erforderten, so kann man das Häutchen der Seifenblase als ein unendlich dünnes Blättchen zwischen zwei elastischen Körpern ansehen; denn die Erscheinung zeigt sich doch eigentlich zwischen der innern, die Blase auftreibenden Luft und zwischen der atmosphärischen.

463. Die Blase, indem man sie hervorbringt, ist farblos; dann fangen farbige Züge wie des Marmorpapieres an, sich sehen zu lassen, die sich endlich über die ganze Blase verbreiten oder vielmehr um sie herumgetrieben werden, indem man sie aufbläst.

464. Es gibt verschiedene Arten, die Blase zu machen; frei, indem man den Strohhalm nur in die Auflösung taucht und die hängende Blase durch den Atem auftreibt. Hier ist die Entstehung der Farbenerscheinung schwer zu beobachten, weil die schnelle Rotation keine genaue Bemerkung zuläßt und alle Farben durcheinandergehen. Doch läßt sich bemerken, daß die Farben am Strohhalm anfangen. Ferner

kann man in die Auflösung selbst blasen, jedoch vorsichtig, damit nur Eine Blase entstehe. Sie bleibt, wenn man sie nicht sehr auftreibt, weiß; wenn aber die Auflösung nicht allzu wäßrig ist, so setzen sich Kreise um die perpendikulare Achse der Blase, die gewöhnlich grün und purpurn abwechseln, indem sie nah aneinanderstoßen. Zuletzt kann man auch mehrere Blasen nebeneinander hervorbringen, die noch mit der Auflösung zusammenhangen. In diesem Falle entstehen die Farben an den Wänden, wo zwei Blasen einander plattgedrückt haben.

465. An den Blasen des Schokoladenschaums sind die Farben fast bequemer zu beobachten als an den Seifenblasen. Sie sind beständiger, obgleich kleiner. In ihnen wird durch die Wärme ein Treiben, eine Bewegung hervorgebracht und unterhalten, die zur Entwicklung, Sukzession und endlich zum Ordnen des Phänomens nötig zu sein scheinen.

466. Ist die Blase klein oder zwischen andern eingeschlossen, so treiben sich farbige Züge auf der Oberfläche herum, dem marmorierten Papiere ähnlich; man sieht alle Farben unsres Schemas durcheinanderziehen, die reinen, gesteigerten, gemischten, alle deutlich hell und schön. Bei kleinen Blasen dauert das Phänomen immer fort.

467. Ist die Blase größer oder wird sie nach und nach isoliert dadurch, daß die andern neben ihr zerspringen, so bemerkt man bald, daß dieses Treiben und Ziehen der Farben auf etwas abzwecke. Wir sehen nämlich auf dem höchsten Punkte der Blase einen kleinen Kreis entstehen, der in der Mitte gelb ist; die übrigen farbigen Züge bewegen sich noch immer wurmförmig um ihn her.

468. Es dauert nicht lange, so vergrößert sich der Kreis und sinkt nach allen Seiten hinab. In der Mitte behält er sein Gelb, nach unten und außen wird er purpurfarben und bald blau. Unter diesem entsteht wieder ein neuer Kreis von ebendieser Farbenfolge. Stehen sie nahe genug beisammen, so entsteht aus Vermischung der Endfarben ein Grün.

469. Wenn ich drei solcher Hauptkreise zählen konnte, so war die Mitte farblos, und dieser Raum wurde nach und nach größer, indem die Kreise mehr niedersanken, bis zuletzt die Blase zerplatzte.

470. Fünfte Bedingung. Es können auf verschiedene Weise sehr zarte Häutchen entstehen, an welchen man ein sehr lebhaftes Farbenspiel entdeckt, indem nämlich sämtliche Farben entweder in der bekannten Ordnung oder mehr verworren durcheinanderlaufend gesehen werden. Das Wasser, in welchem ungelöschter Kalk aufgelöst worden, überzieht sich bald mit einem farbigen Häutchen. Ein Gleiches geschieht auf der Oberfläche stehender Wasser, vorzüglich solcher, welche Eisen enthalten. Die Lamellen des feinen Weinsteins, die sich, besonders von rotem französischen Weine, in den Bouteillen anlegen, glänzen von den schönsten Farben, wenn sie auf sorgfältige Weise losgeweicht und an das Tageslicht gebracht werden. Öltropfen auf Wasser, Branntwein und andern Flüssigkeiten bringen auch dergleichen Ringe und Flämmchen hervor. Der schönste Versuch aber, den man machen kann, ist folgender. Man gieße nicht allzu starkes Scheidewasser in eine Schale und tropfe mit einem Pinsel von jenem Firnis darauf, welchen die Kupferstecher brauchen, um während des Ätzens gewisse Stellen ihrer Platten zu decken. Sogleich entsteht unter lebhafter Bewegung ein Häutchen, das sich in Kreise ausbreitet und zugleich die lebhaftesten Farbenerscheinungen hervorbringt.

471. Sechste Bedingung. Wenn Metalle erhitzt werden, so entstehen auf ihrer Oberfläche flüchtig aufeinanderfolgende Farben, welche jedoch nach Belieben festgehalten werden können.

472. Man erhitze einen polierten Stahl, und er wird in einem gewissen Grad der Wärme gelb überlaufen. Nimmt man ihn schnell von den Kohlen weg, so bleibt ihm diese Farbe.

473. Sobald der Stahl heißer wird, erscheint das Gelbe dunkler, höher und geht bald in den Purpur hinüber. Dieser ist schwer festzuhalten, denn er eilt sehr schnell ins Hochblaue.

474. Dieses schöne Blau ist festzuhalten, wenn man schnell den Stahl aus der Hitze nimmt und ihn in Asche steckt. Die blau angelaufnen Stahlarbeiten werden auf diesem Wege hervorgebracht. Fährt man aber fort, den Stahl frei über dem Feuer zu halten, so wird er in kurzem hellblau, und so bleibt er.

475. Diese Farben ziehen wie ein Hauch über die Stahlplatte, eine scheint vor der andern zu fliehen; aber eigentlich entwickelt sich immer die folgende aus der vorhergehenden.

476. Wenn man ein Federmesser ins Licht hält, so wird ein farbiger Streif quer über die Klinge entstehen. Der Teil des Streifes, der am tiefsten in der Flamme war, ist hellblau, das sich ins Blaurote verliert. Der Purpur steht in der Mitte, dann folgt Gelbrot und Gelb.

477. Dieses Phänomen leitet sich aus dem vorhergehenden ab; denn die Klinge nach dem Stiele zu ist weniger erhitzt als an der Spitze, welche sich in der Flamme befindet, und so müssen alle Farben, die sonst nacheinander entstehen, auf einmal erscheinen, und man kann sie auf das beste figiert aufbewahren.

478. Robert Boyle gibt diese Farbensukzession folgendermaßen an: a florido flavo ad flavum saturum et rubescentem (quem artifices sanguineum vocant) inde ad languidum, postea ad saturiorem cyaneum. Dieses wäre ganz gut, wenn man die Worte languidus und saturior ihre Stellen verwechseln ließe. Inwiefern die Bemerkung richtig ist, daß die verschiedenen Farben auf die Grade der folgenden Härtung Einfluß haben, lassen wir dahingestellt sein. Die Farben sind hier nur Anzeichen der verschiedenen Grade der Hitze.

479. Wenn man Blei kalziniert, wird die Oberfläche erst graulich. Dieses grauliche Pulver wird durch größere Hitze gelb und sodann orange. Auch das Silber zeigt bei der Erhitzung Farben. Der Blick des Silbers beim Abtreiben gehört auch hieher. Wenn metallische Gläser schmelzen, entstehen gleichfalls Farben auf der Oberfläche.

480. Siebente Bedingung. Wenn die Oberfläche des Glases angegriffen wird. Das Blindwerden des Glases ist uns oben schon merkwürdig gewesen. Man bezeichnet durch diesen Ausdruck, wenn die Oberfläche des Glases dergestalt angegriffen wird, daß es uns trüb erscheint.

481. Das weiße Glas wird am ersten blind, desgleichen gegossenes und nachher geschliffenes Glas, das blauliche weniger, das grüne am wenigsten.

482. Eine Glastafel hat zweierlei Seiten, davon man die eine die Spiegelseite nennt. Es ist die, welche im Ofen oben

liegt, an der man rundliche Erhöhungen bemerken kann. Sie ist glätter als die andere, die im Ofen unten liegt und an welcher man manchmal Kritzen bemerkt. Man nimmt deswegen gern die Spiegelseite in die Zimmer, weil sie durch die von innen anschlagende Feuchtigkeit weniger als die andre angegriffen und das Glas daher weniger blind wird.

483. Dieses Blindwerden oder Trüben des Glases geht nach und nach in eine Farbenerscheinung über, die sehr lebhaft werden kann und bei welcher vielleicht auch eine gewisse Sukzession oder sonst etwas Ordnungsgemäßes zu entdecken wäre.

484. Und so hätten wir denn auch die physischen Farben von ihrer leisesten Wirkung an bis dahin geführt, wo sich diese flüchtigen Erscheinungen an die Körper festsetzen, und wir wären auf diese Weise an die Grenze gelangt, wo die chemischen Farben eintreten, ja gewissermaßen haben wir diese Grenze schon überschritten; welches für die Stetigkeit unsres Vortrags ein gutes Vorurteil erregen mag. Sollen wir aber noch zu Ende dieser Abteilung etwas Allgemeines aussprechen und auf ihren innern Zusammenhang hindeuten, so fügen wir zu dem, was wir oben (451–454) gesagt haben, noch folgendes hinzu.

485. Das Anlaufen des Stahls und die verwandten Erfahrungen könnte man vielleicht ganz bequem aus der Lehre von den trüben Mitteln herleiten. Polierter Stahl wirft mächtig das Licht zurück. Man denke sich das durch die Hitze bewirkte Anlaufen als eine gelinde Trübe; sogleich müßte daher ein Hellgelb erscheinen, welches bei zunehmender Trübe immer verdichteter, gedrängter und röter, ja zuletzt purpur- und rubinrot erscheinen muß. Wäre nun zuletzt diese Farbe auf den höchsten Punkt des Dunkelwerdens gesteigert und man dächte sich die immer fortwaltende Trübe, so würde diese nunmehr sich über ein Finsteres verbreiten und zuerst ein Violett, dann ein Dunkelblau und endlich ein Hellblau hervorbringen und so die Reihe der Erscheinungen beschließen.

Wir wollen nicht behaupten, daß man mit dieser Erklärungsart völlig auslange, unsre Absicht ist vielmehr, nur auf den Weg zu deuten, auf welchem zuletzt die alles umfassende Formel, das eigentliche Wort des Rätsels gefunden werden kann.

## DRITTE ABTEILUNG
## CHEMISCHE FARBEN

486. So nennen wir diejenigen, welche wir an gewissen Körpern erregen, mehr oder weniger fixieren, an ihnen steigern, von ihnen wieder wegnehmen und andern Körpern mitteilen können, denen wir denn auch deshalb eine gewisse immanente Eigenschaft zuschreiben. Die Dauer ist meist ihr Kennzeichen.

487. In diesen Rücksichten bezeichnete man früher die chemischen Farben mit verschiedenen Beiwörtern. Sie hießen colores proprii, corporei, materiales, veri, permanentes, fixi.

488. Wie sich das Bewegliche und Vorübergehende der physischen Farben nach und nach an den Körpern fixiere, haben wir in dem Vorhergehenden bemerkt und den Übergang eingeleitet.

489. Die Farbe fixiert sich an den Körpern mehr oder weniger dauerhaft, oberflächlich oder durchdringend.

490. Alle Körper sind der Farbe fähig, entweder daß sie an ihnen erregt, gesteigert, stufenweise fixiert oder wenigstens ihnen mitgeteilt werden kann.

### XXXIV. Chemischer Gegensatz

491. Indem wir bei Darstellung der farbigen Erscheinung auf einen Gegensatz durchaus aufmerksam zu machen Ursache hatten, so finden wir, indem wir den Boden der Chemie betreten, die chemischen Gegensätze uns auf eine bedeutende Weise begegnend. Wir sprechen hier zu unsern Zwecken nur von demjenigen, den man unter dem allgemeinen Namen von Säure und Alkali zu begreifen pflegt.

492. Wenn wir den chromatischen Gegensatz nach Anleitung aller übrigen physischen Gegensätze durch ein Mehr

oder Weniger bezeichnen, der gelben Seite das Mehr, der blauen das Weniger zuschreiben, so schließen sich diese beiden Seiten nun auch in chemischen Fällen an die Seiten des chemisch Entgegengesetzten an. Das Gelb und Gelbrote widmet sich den Säuren, das Blau und Blaurote den Alkalien, und so lassen sich die Erscheinungen der chemischen Farben, freilich mit noch manchen andern eintretenden Betrachtungen, auf eine ziemlich einfache Weise durchführen.

493. Da übrigens die Hauptphänomene der chemischen Farben bei Säuerungen der Metalle vorkommen, so sieht man, wie wichtig diese Betrachtung hier an der Spitze sei. Was übrigens noch weiter zu bedenken eintritt, werden wir unter einzelnen Rubriken näher bemerken, wobei wir jedoch ausdrücklich erklären, daß wir dem Chemiker nur im Allgemeinsten vorzuarbeiten gedenken, ohne uns in irgendein Besondres, ohne uns in die zartern chemischen Aufgaben und Fragen mischen oder sie beantworten zu wollen. Unsre Absicht kann nur sein, eine Skizze zu geben, wie sich allenfalls nach unserer Überzeugung die chemische Farbenlehre an die allgemeine physische anschließen könnte.

## XXXV. Ableitung des Weißen

494. Wir haben hiezu schon oben bei Gelegenheit der dioptrischen Farben der ersten Klasse (155 ff.) einige Schritte getan. Durchsichtige Körper stehen auf der höchsten Stufe unorganischer Materialität. Zunächst daran fügt sich die reine Trübe, und das Weiße kann als die vollendete reine Trübe angesehen werden.

495. Reines Wasser zu Schnee kristallisiert erscheint weiß, indem die Durchsichtigkeit der einzelnen Teile kein durchsichtiges Ganzes macht. Verschiedene Salzkristalle, denen das Kristallisationswasser entweicht, erscheinen als ein weißes Pulver. Man könnte den zufällig undurchsichtigen Zustand des rein Durchsichtigen Weiß nennen, so wie ein zermalmtes Glas als ein weißes Pulver erscheint. Man kann dabei die Aufhebung einer dynamischen Verbindung und die Darstellung der atomistischen Eigenschaft der Materie in Betracht ziehn.

496. Die bekannten unzerlegten Erden sind in ihrem reinen Zustand alle weiß. Sie gehn durch natürliche Kristallisation in Durchsichtigkeit über; Kieselerde in den Bergkristall, Tonerde in den Glimmer, Bittererde in den Talk; Kalkerde und Schwererde erscheinen in so mancherlei Späten durchsichtig.

497. Da uns bei Färbung mineralischer Körper die Metallkalke vorzüglich begegnen werden, so bemerken wir noch zum Schlusse, daß angehende gelinde Säurungen weiße Kalke darstellen, wie das Blei durch die Essigsäure in Bleiweiß verwandelt wird.

## XXXVI. Ableitung des Schwarzen

498. Das Schwarze entspringt uns nicht so uranfänglich wie das Weiße. Wir treffen es im vegetabilischen Reiche bei Halbverbrennungen an, und die Kohle, der auch übrigens höchst merkwürdige Körper, zeigt uns die schwarze Farbe. Auch wenn Holz, z. B. Bretter, durch Licht, Luft und Feuchtigkeit seines Brennlichen zum Teil beraubt wird, so erscheint erst die graue, dann die schwarze Farbe. Wie wir denn auch animalische Teile durch eine Halbverbrennung in Kohle verwandeln können.

499. Ebenso finden wir auch bei den Metallen, daß oft eine Halboxydation stattfindet, wenn die schwarze Farbe erregt werden soll. So werden durch schwache Säuerung mehrere Metalle, besonders das Eisen, schwarz, durch Essig, durch gelinde saure Gärungen, z. B. eines Reisdekokts usw.

500. Nicht weniger läßt sich vermuten, daß eine Ab- oder Rücksäuerung die schwarze Farbe hervorbringe. Dieser Fall ist bei der Entstehung der Tinte, da das in der starken Schwefelsäure aufgelöste Eisen gelblich wird, durch die Gallusinfusion aber zum Teil entsäuert, nunmehr schwarz erscheint.

## XXXVII. Erregung der Farbe

501. Als wir oben in der Abteilung von physischen Farben trübe Mittel behandelten, sahen wir die Farbe eher als das Weiße und Schwarze. Nun setzen wir ein gewordnes Weißes,

ein gewordnes Schwarzes fixiert voraus und fragen, wie sich an ihm die Farbe erregen lasse.

502. Auch hier können wir sagen, ein Weißes, das sich verdunkelt, das sich trübt, wird gelb; das Schwarze, das sich erhellt, wird blau.

503. Auf der aktiven Seite, unmittelbar am Lichte, am Hellen, am Weißen, entsteht das Gelbe. Wie leicht vergilbt alles, was weiße Oberflächen hat, das Papier, die Leinwand, Baumwolle, Seide, Wachs; besonders auch durchsichtige Liquoren, welche zum Brennen geneigt sind, werden leicht gelb, d. h. mit andern Worten, sie gehen leicht in eine gelinde Trübung über.

504. So ist die Erregung auf der passiven Seite am Finstern, Dunkeln, Schwarzen sogleich mit der blauen oder vielmehr mit einer rötlichblauen Erscheinung begleitet. Eisen, in Schwefelsäure aufgelöst und sehr mit Wasser diluiert, bringt in einem gegen das Licht gehaltnen Glase, sobald nur einige Tropfen Gallus dazukommen, eine schöne violette Farbe hervor, welche die Eigenschaften des Rauchtopases, das Orphninon eines verbrannten Purpurs, wie sich die Alten ausdrücken, dem Auge darstellt.

505. Ob an den reinen Erden durch chemische Operationen der Natur und Kunst ohne Beimischung von Metallkalken eine Farbe erregt werden könne, ist eine wichtige Frage, die gewöhnlich mit Nein beantwortet wird. Sie hängt vielleicht mit der Frage zusammen, inwiefern sich durch Oxydation den Erden etwas abgewinnen lasse.

506. Für die Verneinung der Frage spricht allerdings der Umstand, daß überall, wo man mineralische Farben findet, sich eine Spur von Metall, besonders von Eisen zeigt; wobei man freilich in Betracht zieht, wie leicht sich das Eisen oxydiere, wie leicht der Eisenkalk verschiedene Farben annehme, wie unendlich teilbar derselbe sei und wie geschwind er seine Farbe mitteile. Demungeachtet wäre zu wünschen, daß neue Versuche hierüber angestellt und die Zweifel entweder bestärkt oder beseitigt würden.

507. Wie dem auch sein mag, so ist die Rezeptivität der Erden gegen schon vorhandne Farben sehr groß, worunter sich die Alaunerde besonders auszeichnet.

508. Wenn wir nun zu den Metallen übergehen, welche sich im unorganischen Reiche beinahe privativ das Recht, farbig zu erscheinen, zugeeignet haben, so finden wir, daß sie sich in ihrem reinen, selbstständigen, regulinischen Zustande schon dadurch von den reinen Erden unterscheiden, daß sie sich zu irgendeiner Farbe hinneigen.

509. Wenn das Silber sich dem reinen Weißen am meisten nähert, ja das reine Weiß, erhöht durch metallischen Glanz, wirklich darstellt, so ziehen Stahl, Zinn, Blei usw. ins bleiche Blaugraue hinüber; dagegen das Gold sich zum reinen Gelben erhöht, das Kupfer zum Roten hinanrückt, welches unter gewissen Umständen sich fast bis zum Purpur steigert, durch Zink hingegen wieder zur gelben Goldfarbe hinabgezogen wird.

510. Zeigen Metalle nun im gediegenen Zustande solche spezifische Determinationen zu diesem oder jenem Farbenausdruck, so werden sie durch die Wirkung der Oxydation gewissermaßen in eine gemeinsame Lage versetzt. Denn die Elementarfarben treten nun rein hervor, und obgleich dieses und jenes Metall zu dieser oder jener Farbe eine besondre Bestimmbarkeit zu haben scheint, so wissen wir doch von einigen, daß sie den ganzen Farbenkreis durchlaufen können, von andern, daß sie mehr als eine Farbe darzustellen fähig sind; wobei sich jedoch das Zinn durch seine Unfärblichkeit auszeichnet. Wir geben künftig eine Tabelle, inwiefern die verschiedenen Metalle mehr oder weniger durch die verschiedenen Farben durchgeführt werden können.

511. Daß die reine glatte Oberfläche eines gediegenen Metalles bei Erhitzung von einem Farbenhauch überzogen wird, welcher mit steigender Wärme eine Reihe von Erscheinungen durchläuft, deutet nach unserer Überzeugung auf die Fähigkeit der Metalle, den ganzen Farbenkreis zu durchlaufen. Am schönsten werden wir dieses Phänomen am polierten Stahl gewahr, aber Silber, Kupfer, Messing, Blei, Zinn lassen uns leicht ähnliche Erscheinungen sehen. Wahrscheinlich ist hier eine oberflächliche Säurung im Spiele, wie man aus der fortgesetzten Operation, besonders bei den leichter verkalklichen Metallen, schließen kann.

512. Daß ein geglühtes Eisen leichter eine Säurung durch

saure Liquoren erleidet, scheint auch dahin zu deuten, indem eine Wirkung der andern entgegenkommt. Noch bemerken wir, daß der Stahl, je nachdem er in verschiedenen Epochen seiner Farbenerscheinung gehärtet wird, einigen Unterschied der Elastizität zeigen soll, welches ganz naturgemäß ist, indem die verschiedenen Farbenerscheinungen die verschiedenen Grade der Hitze andeuten.

513. Geht man über diesen oberflächlichen Hauch, über dieses Häutchen hinweg, beobachtet man, wie Metalle in Massen penetrativ gesäuert werden, so erscheint mit dem ersten Grade Weiß oder Schwarz, wie man beim Bleiweiß, Eisen und Quecksilber bemerken kann.

514. Fragen wir nun weiter nach eigentlicher Erregung der Farbe, so finden wir sie auf der Plusseite am häufigsten. Das oft erwähnte Anlaufen glatter metallischer Flächen geht von dem Gelben aus. Das Eisen geht bald in den gelben Ocker, das Blei aus dem Bleiweiß in den Massicot, das Quecksilber aus dem Äthiops in den gelben Turbit hinüber. Die Auflösungen des Goldes und der Platina in Säuren sind gelb.

515. Die Erregungen auf der Minusseite sind seltner. Ein wenig gesäuertes Kupfer erscheint blau. Bei Bereitung des Berliner Blau sind Alkalien im Spiele.

516. Überhaupt aber sind diese Farbenerscheinungen von so beweglicher Art, daß die Chemiker selbst, sobald sie ins Feinere gehen, sie als trügliche Kennzeichen betrachten. Wir aber können zu unsern Zwecken diese Materie nur im Durchschnitt behandeln und wollen nur so viel bemerken, daß man vielleicht die metallischen Farbenerscheinungen, wenigstens zum didaktischen Behuf, einstweilen ordnen könne, wie sie durch Säurung, Aufsäurung, Absäurung und Entsäurung entstehen, sich auf mannigfaltige Weise zeigen und verschwinden.

## XXXVIII. Steigerung

517. Die Steigerung erscheint uns als eine in sich selbst Drängung, Sättigung, Beschattung der Farben. So haben wir schon oben bei farblosen Mitteln gesehen, daß wir durch

Vermehrung der Trübe einen leuchtenden Gegenstand vom leisesten Gelb bis zum höchsten Rubinrot steigern können. Umgekehrt steigert sich das Blau in das schönste Violett, wenn wir eine erleuchtete Trübe vor der Finsternis verdünnen und vermindern (150. 151).

518. Ist die Farbe spezifiziert, so tritt ein Ähnliches hervor. Man lasse nämlich Stufengefäße aus weißem Porzellan machen und fülle das eine mit einer reinen gelben Feuchtigkeit, so wird diese von oben herunter bis auf den Boden stufenweise immer röter und zuletzt orange erscheinen. In das andre Gefäß gieße man eine blaue reine Solution, die obersten Stufen werden ein Himmelblau, der Grund des Gefäßes ein schönes Violett zeigen. Stellt man das Gefäß in die Sonne, so ist die Schattenseite der obern Stufen auch schon violett. Wirft man mit der Hand oder einem andern Gegenstande Schatten über den erleuchteten Teil des Gefäßes, so erscheint dieser Schatten gleichfalls rötlich.

519. Es ist dieses eine der wichtigsten Erscheinungen in der Farbenlehre, indem wir ganz greiflich erfahren, daß ein quantitatives Verhältnis einen qualitativen Eindruck auf unsre Sinne hervorbringe. Und indem wir schon früher, bei Gelegenheit der letzten epoptischen Farben (485), unsre Vermutungen eröffnet, wie man das Anlaufen des Stahls vielleicht aus der Lehre von trüben Mitteln herleiten könnte, so bringen wir dieses hier abermals ins Gedächtnis.

520. Übrigens folgt alle chemische Steigerung unmittelbar auf die Erregung. Sie geht unaufhaltsam und stetig fort, wobei man zu bemerken hat, daß die Steigerung auf der Plusseite die gewöhnlichste ist. Der gelbe Eisenocker steigert sich sowohl durchs Feuer als durch andre Operationen zu einer sehr hohen Röte. Massicot wird in Mennige, Turbit in Zinnober gesteigert, welcher letztere schon auf eine sehr hohe Stufe des Gelbroten gelangt. Eine innige Durchdringung des Metalls durch die Säure, eine Teilung desselben ins empirisch Unendliche geht hierbei vor.

521. Die Steigerung auf der Minusseite ist seltner, ob wir gleich bemerken, daß, je reiner und gedrängter das Berliner Blau oder das Kobaltglas bereitet wird, es immer einen rötlichen Schein annimmt und mehr ins Violette spielt.

522. Für diese unmerkliche Steigerung des Gelben und Blauen ins Rote haben die Franzosen einen artigen Ausdruck, indem sie sagen, die Farbe habe einen œil de rouge, welches wir durch einen rötlichen Blick ausdrücken könnten.

## XXXIX. Kulmination

523. Sie erfolgt bei fortschreitender Steigerung. Das Rote, worin weder Gelb noch Blau zu entdecken ist, macht hier den Zenit.

524. Suchen wir ein auffallendes Beispiel einer Kulmination von der Plusseite her, so finden wir es abermals beim anlaufenden Stahl, welcher bis in den Purpurzenit gelangt und auf diesem Punkte festgehalten werden kann.

525. Sollen wir die vorhin (516) angegebene Terminologie hier anwenden, so würden wir sagen: die erste Säuerung bringe das Gelbe hervor, die Aufsäurung das Gelbrote; hier entstehe ein gewisses Summum, da denn eine Absäurung und endlich eine Entsäurung eintrete.

526. Hohe Punkte von Säuerung bringen eine Purpurfarbe hervor. Gold, aus seiner Auflösung durch Zinnauflösung gefällt, erscheint purpurfarben. Das Oxyd des Arseniks, mit Schwefel verbunden, bringt eine Rubinfarbe hervor.

527. Wiefern aber eine Art von Absäurung bei mancher Kulmination mitwirke, wäre zu untersuchen; denn eine Einwirkung der Alkalien auf das Gelbrote scheint auch die Kulmination hervorzubringen, indem die Farbe gegen das Minus zu in den Zenit genötigt wird.

528. Aus dem besten ungarischen Zinnober, welcher das höchste Gelbrot zeigt, bereiten die Holländer eine Farbe, die man Vermillon nennt. Es ist auch nur ein Zinnober, der sich aber der Purpurfarbe nähert, und es läßt sich vermuten, daß man durch Alkalien ihn der Kulmination näherzubringen sucht.

529. Vegetabilische Säfte sind, auf diese Weise behandelt, ein in die Augen fallendes Beispiel. Kurkuma, Orlean, Saflor und andre, deren färbendes Wesen man mit Weingeist ausgezogen und nun Tinkturen von gelber, gelb- und hyazinth-

roter Farbe vor sich hat, gehen durch Beimischung von Alkalien in den Zenit, ja drüber hinaus nach dem Blauroten zu.

530. Kein Fall einer Kulmination von der Minusseite ist mir im mineralischen und vegetabilischen Reiche bekannt. In dem animalischen ist der Saft der Purpurschnecke merkwürdig, von dessen Steigerung und Kulmination von der Minusseite her wir künftig sprechen werden.

## XL. Balancieren

531. Die Beweglichkeit der Farbe ist so groß, daß selbst diejenigen Pigmente, welche man glaubt spezifiziert zu haben, sich wieder hin und her wenden lassen. Sie ist in der Nähe des Kulminationspunktes am merkwürdigsten und wird durch wechselsweise Anwendung der Säuren und Alkalien am auffallendsten bewirkt.

532. Die Franzosen bedienen sich, um diese Erscheinung bei der Färberei auszudrücken, des Wortes virer, welches von einer Seite nach der andern wenden heißt, und drücken dadurch auf eine sehr geschickte Weise dasjenige aus, was man sonst durch Mischungsverhältnisse zu bezeichnen und anzugeben versucht.

533. Hievon ist diejenige Operation, die wir mit dem Lackmus zu machen pflegen, eine der bekanntesten und auffallendsten. Lackmus ist ein Farbematerial, das durch Alkalien zum Rotblauen spezifiziert worden. Es wird dieses sehr leicht durch Säuren ins Rotgelbe hinüber- und durch Alkalien wieder herübergezogen. Inwiefern in diesem Fall durch zarte Versuche ein Kulminationspunkt zu entdecken und festzuhalten sei, wird denen, die in dieser Kunst geübt sind, überlassen, so wie die Färbekunst, besonders die Scharlachfärberei, von diesem Hin- und Herwenden mannigfaltige Beispiele zu liefern imstande ist.

## XLI. Durchwandern des Kreises

534. Die Erregung und Steigerung kommt mehr auf der Plus- als auf der Minusseite vor. So geht auch die Farbe bei Durchwanderung des ganzen Wegs meist von der Plusseite aus.

535. Eine stetige, in die Augen fallende Durchwanderung des Wegs vom Gelben durchs Rote zum Blauen zeigt sich beim Anlaufen des Stahls.

536. Die Metalle lassen sich durch verschiedene Stufen und Arten der Oxydation auf verschiedenen Punkten des Farbenkreises spezifizieren.

537. Da sie auch grün erscheinen, so ist die Frage, ob man eine stetige Durchwanderung aus dem Gelben durchs Grüne ins Blaue und umgekehrt in dem Mineralreiche kennt. Eisenkalk, mit Glas zusammengeschmolzen, bringt erst eine grüne, bei verstärktem Feuer eine blaue Farbe hervor.

538. Es ist wohl hier am Platz, von dem Grünen überhaupt zu sprechen. Es entsteht vor uns vorzüglich im atomistischen Sinne, und zwar völlig rein, wenn wir Gelb und Blau zusammenbringen; allein auch schon ein unreines beschmutztes Gelb bringt uns den Eindruck des Grünlichen hervor. Gelb mit Schwarz macht schon Grün; aber auch dieses leitet sich davon ab, daß Schwarz mit dem Blauen verwandt ist. Ein unvollkommnes Gelb wie das Schwefelgelb gibt uns den Eindruck von einem Grünlichen. Ebenso werden wir ein unvollkommenes Blau als Grün gewahr. Das Grüne der Weinflaschen entsteht, so scheint es, durch eine unvollkommene Verbindung des Eisenkalks mit dem Glase. Bringt man durch größere Hitze eine vollkommenere Verbindung hervor, so entsteht ein schönes blaues Glas.

539. Aus allem diesem scheint so viel hervorzugehen, daß eine gewisse Kluft zwischen Gelb und Blau in der Natur sich findet, welche zwar durch Verschränkung und Vermischung atomistisch gehoben und zum Grünen verknüpft werden kann, daß aber eigentlich die wahre Vermittlung vom Gelben und Blauen nur durch das Rote geschieht.

540. Was jedoch dem Unorganischen nicht gemäß zu sein scheint, das werden wir, wenn von organischen Naturen die Rede ist, möglich finden, indem in diesem letzten Reiche eine solche Durchwandrung des Kreises vom Gelben durchs Grüne und Blaue bis zum Purpur wirklich vorkommt.

## XLII. Umkehrung

541. Auch eine unmittelbare Umkehrung in den geforderten Gegensatz zeigt sich als eine sehr merkwürdige Erscheinung, wovon wir gegenwärtig nur folgendes anzugeben wissen.

542. Das mineralische Chamäleon, welches eigentlich ein Braunsteinoxyd enthält, kann man in seinem ganz trocknen Zustande als ein grünes Pulver ansehen. Streut man es in Wasser, so zeigt sich in dem ersten Augenblick der Auflösung die grüne Farbe sehr schön; aber sie verwandelt sich sogleich in die dem Grünen entgegengesetzte Purpurfarbe, ohne daß irgendeine Zwischenstufe bemerklich wäre.

543. Derselbe Fall ist mit der sympathetischen Tinte, welche auch als ein rötlicher Liquor angesehen werden kann, dessen Austrocknung durch Wärme die grüne Farbe auf dem Papiere zeigt.

544. Eigentlich scheint hier der Konflikt zwischen Trockne und Feuchtigkeit dieses Phänomen hervorzubringen, wie, wenn wir uns nicht irren, auch schon von den Scheidekünstlern angegeben worden. Was sich weiter daraus ableiten, woran sich diese Phänomene anknüpfen lassen, darüber können wir von der Zeit hinlängliche Belehrung erwarten.

## XLIII. Fixation

545. So beweglich wir bisher die Farbe, selbst bei ihrer körperlichen Erscheinung, gesehen haben, so fixiert sie sich doch zuletzt unter gewissen Umständen.

546. Es gibt Körper, welche fähig sind, ganz in Farbestoff verwandelt zu werden, und hier kann man sagen, die Farbe fixiere sich in sich selbst, beharre auf einer gewissen Stufe und spezifiziere sich. So entstehen Färbematerialien aus allen Reichen, deren besonders das vegetabilische eine große Menge darbietet, worunter doch einige sich besonders auszeichnen und als die Stellvertreter der andern angesehen werden können, wie auf der aktiven Seite der Krapp, auf der passiven der Indig.

547. Um diese Materialien bedeutend und zum Gebrauch vorteilhaft zu machen, gehört, daß die färbende Eigenschaft

in ihnen innig zusammengedrängt und der färbende Stoff zu einer unendlichen empirischen Teilbarkeit erhoben werde, welches auf allerlei Weise und besonders bei den genannten durch Gärung und Fäulnis hervorgebracht wird.

548. Diese materiellen Farbenstoffe fixieren sich nun wieder an andern Körpern. So werfen sie sich im Mineralreich an Erden und Metallkalke, sie verbinden sich durch Schmelzung mit Gläsern und erhalten hier bei durchscheinendem Licht die höchste Schönheit, so wie man ihnen eine ewige Dauer zuschreiben kann.

549. Vegetabilische und animalische Körper ergreifen sie mit mehr oder weniger Gewalt und halten daran mehr oder weniger fest, teils ihrer Natur nach, wie denn Gelb vergänglicher ist als Blau, oder nach der Natur der Unterlagen. An vegetabilischen dauern sie weniger als an animalischen, und selbst innerhalb dieser Reiche gibt es abermals Verschiedenheit. Flachs- oder baumwollnes Garn, Seide oder Wolle zeigen gar verschiedene Verhältnisse zu den Färbestoffen.

550. Hier tritt nun die wichtige Lehre von den Beizen hervor, welche als Vermittler zwischen der Farbe und dem Körper angesehen werden können. Die Färbebücher sprechen hievon umständlich. Uns sei genug, dahin gedeutet zu haben, daß durch diese Operation die Farbe eine nur mit dem Körper zu verwüstende Dauer erhält, ja sogar durch den Gebrauch an Klarheit und Schönheit wachsen kann.

## XLIV. Mischung, reale

551. Eine jede Mischung setzt eine Spezifikation voraus, und wir sind daher, wenn wir von Mischung reden, im atomistischen Felde. Man muß erst gewisse Körper auf irgendeinem Punkte des Farbenkreises spezifiziert vor sich sehen, ehe man durch Mischung derselben neue Schattierungen hervorbringen will.

552. Man nehme im allgemeinen Gelb, Blau und Rot als reine, als Grundfarben fertig an. Rot und Blau wird Violett, Rot und Gelb Orange, Gelb und Blau Grün hervorbringen.

553. Man hat sich sehr bemüht, durch Zahl-, Maß- und Gewichtsverhältnisse diese Mischungen näher zu bestimmen, hat aber dadurch wenig Ersprießliches geleistet.

554. Die Malerei beruht eigentlich auf der Mischung solcher spezifizierten, ja individualisierten Farbenkörper und ihrer unendlichen möglichen Verbindungen, welche allein durch das zarteste, geübteste Auge empfunden und unter dessen Urteil bewirkt werden können.

555. Die innige Verbindung dieser Mischungen geschieht durch die reinste Teilung der Körper durch Reiben, Schlämmen usw., nicht weniger durch Säfte, welche das Staubartige zusammenhalten und das Unorganische gleichsam organisch verbinden; dergleichen sind die Öle, Harze usw.

556. Sämtliche Farben zusammengemischt behalten ihren allgemeinen Charakter als σκιερόν, und da sie nicht mehr nebeneinander gesehen werden, wird keine Totalität, keine Harmonie empfunden, und so entsteht das Grau, das, wie die sichtbare Farbe, immer etwas dunkler als Weiß und immer etwas heller als Schwarz erscheint.

557. Dieses Grau kann auf verschiedene Weise hervorgebracht werden. Einmal, wenn man aus Gelb und Blau ein Smaragdgrün mischt und alsdann so viel reines Rot hinzubringt, bis sich alle drei gleichsam neutralisiert haben. Ferner entsteht gleichfalls ein Grau, wenn man eine Skala der ursprünglichen und abgeleiteten Farben in einer gewissen Proportion zusammenstellt und hernach vermischt.

558. Daß alle Farben zusammengemischt Weiß machen, ist eine Absurdität, die man nebst andern Absurditäten schon ein Jahrhundert gläubig und dem Augenschein entgegen zu wiederholen gewohnt ist.

559. Die zusammengemischten Farben tragen ihr Dunkles in die Mischung über. Je dunkler die Farben sind, desto dunkler wird das entstehende Grau, welches zuletzt sich dem Schwarzen nähert. Je heller die Farben sind, desto heller wird das Grau, welches zuletzt sich dem Weißen nähert.

## XLV. Mischung, scheinbare

560. Die scheinbare Mischung wird hier um so mehr gleich mit abgehandelt, als sie in manchem Sinne von großer Bedeutung ist und man sogar die von uns als real angegebene Mischung für scheinbar halten könnte. Denn

die Elemente, woraus die zusammengesetzte Farbe entsprungen ist, sind nur zu klein, um einzeln gesehen zu werden. Gelbes und blaues Pulver zusammengerieben erscheint dem nackten Auge grün, wenn man durch ein Vergrößerungsglas noch Gelb und Blau voneinander abgesondert bemerken kann. So machen auch gelbe und blaue Streifen in der Entfernung eine grüne Fläche, welches alles auch von der Vermischung der übrigen spezifizierten Farben gilt.

561. Unter dem Apparat wird künftig auch das Schwungrad abgehandelt werden, auf welchem die scheinbare Mischung durch Schnelligkeit hervorgebracht wird. Auf einer Scheibe bringt man verschiedene Farben im Kreise nebeneinander an, dreht dieselben durch die Gewalt des Schwunges mit größter Schnelligkeit herum und kann so, wenn man mehrere Scheiben zubereitet, alle möglichen Mischungen vor Augen stellen, so wie zuletzt auch die Mischung aller Farben zum Grau naturgemäß auf oben angezeigte Weise.

562. Physiologische Farben nehmen gleichfalls Mischung an. Wenn man z. B. den blauen Schatten (65) auf einem leicht gelben Papiere hervorbringt, so erscheint derselbe grün. Ein Gleiches gilt von den übrigen Farben, wenn man die Vorrichtung darnach zu machen weiß.

563. Wenn man die im Auge verweilenden farbigen Scheinbilder (39 ff.) auf farbige Flächen führt, so entsteht auch eine Mischung und Determination des Bildes zu einer andern Farbe, die sich aus beiden herschreibt.

564. Physische Farben stellen gleichfalls eine Mischung dar. Hieher gehören die Versuche, wenn man bunte Bilder durchs Prisma sieht, wie wir solches oben (258–284) umständlich angegeben haben.

565. Am meisten aber machten sich die Physiker mit jenen Erscheinungen zu tun, welche entstehen, wenn man die prismatischen Farben auf gefärbte Flächen wirft.

566. Das, was man dabei gewahr wird, ist sehr einfach. Erstlich muß man bedenken, daß die prismatischen Farben viel lebhafter sind als die Farben der Fläche, worauf man sie fallen läßt. Zweitens kommt in Betracht, daß die prismatische Farbe entweder homogen mit der Fläche oder heterogen

sein kann. Im ersten Fall erhöht und verherrlicht sie solche und wird dadurch verherrlicht, wie der farbige Stein durch eine gleichgefärbte Folie. Im entgegengesetzten Falle beschmutzt, stört und zerstört eine die andre.

567. Man kann diese Versuche durch farbige Gläser wiederholen und das Sonnenlicht durch dieselben auf farbige Flächen fallen lassen, und durchaus werden ähnliche Resultate erscheinen.

568. Ein Gleiches wird bewirkt, wenn der Beobachter durch farbige Gläser nach gefärbten Gegenständen hinsieht, deren Farben sodann nach Beschaffenheit erhöht, erniedrigt oder aufgehoben werden.

569. Läßt man die prismatischen Farben durch farbige Gläser durchgehen, so treten die Erscheinungen völlig analog hervor, wobei mehr oder weniger Energie, mehr oder weniger Helle und Dunkle, Klarheit und Reinheit des Glases in Betracht kommt und manchen zarten Unterschied hervorbringt, wie jeder genaue Beobachter wird bemerken können, der diese Phänomene durchzuarbeiten Lust und Geduld hat.

570. So ist es auch wohl kaum nötig, zu erwähnen, daß mehrere farbige Gläser übereinander, nicht weniger ölgetränkte, durchscheinende Papiere alle und jede Arten von Mischung hervorbringen und dem Auge nach Belieben des Experimentierenden darstellen.

571. Schließlich gehören hieher die Lasuren der Maler, wodurch eine viel geistigere Mischung entsteht, als durch die mechanisch atomistische, deren sie sich gewöhnlich bedienen, hervorgebracht werden kann.

## XLVI. Mitteilung, wirkliche

572. Wenn wir nunmehr auf gedachte Weise uns Farbematerialien verschafft haben, so entsteht ferner die Frage, wie wir solche farblosen Körpern mitteilen können, deren Beantwortung für das Leben, den Gebrauch, die Benutzung, die Technik von der größten Bedeutung ist.

573. Hier kommt abermals die dunkle Eigenschaft einer jeden Farbe zur Sprache. Von dem Gelben, das ganz nah

am Weißen liegt, durchs Orange und Mennigfarbe zum Reinroten und Karmin, durch alle Abstufungen des Violetten bis in das satteste Blau, das ganz am Schwarzen liegt, nimmt die Farbe immer an Dunkelheit zu. Das Blaue, einmal spezifiziert, läßt sich verdünnen, erhellen, mit dem Gelben verbinden, wodurch es Grün wird und sich nach der Lichtseite hinzieht. Keineswegs geschieht dies aber seiner Natur nach.

574. Bei den physiologischen Farben haben wir schon gesehen, daß sie ein Minus sind als das Licht, indem sie beim Abklingen des Lichteindrucks entstehen, ja zuletzt diesen Eindruck ganz als ein Dunkles zurücklassen. Bei physischen Versuchen belehrt uns schon der Gebrauch trüber Mittel, die Wirkung trüber Nebenbilder, daß hier von einem gedämpften Lichte, von einem Übergang ins Dunkle die Rede sei.

575. Bei der chemischen Entstehung der Pigmente werden wir dasselbe bei der ersten Erregung gewahr. Der gelbe Hauch, der sich über den Stahl zieht, verdunkelt schon die glänzende Oberfläche. Bei der Verwandlung des Bleiweißes in Massicot ist es deutlich, daß das Gelbe dunkler als Weiß sei.

576. Diese Operation ist von der größten Zartheit und so auch die Steigerung, welche immer fortwächst, die Körper, welche bearbeitet werden, immer inniger und kräftiger färbt und so auf die größte Feinheit der behandelten Teile, auf unendliche Teilbarkeit hinweist.

577. Mit den Farben, welche sich gegen das Dunkle hinbegeben, und folglich besonders mit dem Blauen können wir ganz an das Schwarze hinanrücken; wie uns denn ein recht vollkommnes Berliner Blau, ein durch Vitriolsäure behandelter Indig fast als Schwarz erscheint.

578. Hier ist nun der Ort, einer merkwürdigen Erscheinung zu gedenken, daß nämlich Pigmente in ihrem höchst gesättigten und gedrängten Zustande, besonders aus dem Pflanzenreiche, als erstgedachter Indig oder auf seine höchste Stufe geführter Krapp, ihre Farbe nicht mehr zeigen; vielmehr erscheint auf ihrer Oberfläche ein entschiedener Metallglanz, in welchem die physiologisch geforderte Farbe spielt.

579. Schon jeder gute Indig zeigt eine Kupferfarbe auf dem Bruch, welches im Handel ein Kennzeichen ausmacht. Der durch Schwefelsäure bearbeitete aber, wenn man ihn dick aufstreicht oder eintrocknet, so daß weder das weiße Papier noch die Porzellanschale durchwirken kann, läßt eine Farbe sehen, die dem Orange nah kommt.

580. Die hochpurpurfarbne spanische Schminke, wahrscheinlich aus Krapp bereitet, zeigt auf der Oberfläche einen vollkommnen grünen Metallglanz. Streicht man beide Farben, die blaue und rote, mit einem Pinsel auf Porzellan oder Papier auseinander, so hat man sie wieder in ihrer Natur, indem das Helle der Unterlage durch sie hindurchscheint.

581. Farbige Liquoren erscheinen schwarz, wenn kein Licht durch sie hindurchfällt, wie man sich in parallelepipedischen Blechgefäßen mit Glasboden sehr leicht überzeugen kann. In einem solchen wird jede durchsichtige farbige Infusion, wenn man einen schwarzen Grund unterlegt, schwarz und farblos erscheinen.

582. Macht man die Vorrichtung, daß das Bild einer Flamme von der untern Fläche zurückstrahlen kann, so erscheint diese gefärbt. Hebt man das Gefäß in die Höhe und läßt das Licht auf druntergehaltenes weißes Papier fallen, so erscheint die Farbe auf diesem. Jede helle Unterlage, durch ein solches gefärbtes Mittel gesehen, zeigt die Farbe desselben.

583. Jede Farbe also, um gesehen zu werden, muß ein Licht im Hinterhalte haben. Daher kommt es, daß, je heller und glänzender die Unterlagen sind, desto schöner erscheinen die Farben. Zieht man Lackfarben auf einen metallisch glänzenden weißen Grund, wie unsre sogenannten Folien verfertigt werden, so zeigt sich die Herrlichkeit der Farbe bei diesem zurückwirkenden Licht so sehr als bei irgendeinem prismatischen Versuche. Ja die Energie der physischen Farben beruht hauptsächlich darauf, daß mit und hinter ihnen das Licht immerfort wirksam ist.

584. Lichtenberg, der zwar seiner Zeit und Lage nach der hergebrachten Vorstellung folgen mußte, war doch ein zu guter Beobachter und zu geistreich, als daß er das, was ihm vor Augen erschien, nicht hätte bemerken und nach seiner

Weise erklären und zurechtlegen sollen. Er sagt in der Vorrede zu Delaval: „Auch scheint es mir aus andern Gründen ... wahrscheinlich, daß unser Organ, um eine Farbe zu empfinden, etwas von allem Licht (weißes) zugleich mit empfinden müsse."

585. Sich weiße Unterlagen zu verschaffen, ist das Hauptgeschäft des Färbers. Farblosen Erden, besonders dem Alaun, kann jede spezifizierte Farbe leicht mitgeteilt werden. Besonders aber hat der Färber mit Produkten der animalischen und der Pflanzenorganisation zu schaffen.

586. Alles Lebendige strebt zur Farbe, zum Besondern, zur Spezifikation, zum Effekt, zur Undurchsichtigkeit bis ins Unendlichfeine. Alles Abgelebte zieht sich nach dem Weißen, zur Abstraktion, zur Allgemeinheit, zur Verklärung, zur Durchsichtigkeit.

587. Wie dieses durch Technik bewirkt werde, ist in dem Kapitel von Entziehung der Farbe anzudeuten. Hier bei der Mitteilung haben wir vorzüglich zu bedenken, daß Tiere und Vegetabilien im lebendigen Zustande Farbe an ihnen hervorbringen und solche daher, wenn sie ihnen völlig entzogen ist, um desto leichter wieder in sich aufnehmen.

## XLVII. Mitteilung, scheinbare

588. Die Mitteilung trifft, wie man leicht sehen kann, mit der Mischung zusammen, sowohl die wahre als die scheinbare. Wir wiederholen deswegen nicht, was oben so viel als nötig ausgeführt worden.

589. Doch bemerken wir gegenwärtig umständlicher die Wichtigkeit einer scheinbaren Mitteilung, welche durch den Widerschein geschieht. Es ist dieses zwar sehr bekannte, doch immer ahndungsvolle Phänomen dem Physiker wie dem Maler von der größten Bedeutung.

590. Man nehme eine jede spezifizierte farbige Fläche, man stelle sie in die Sonne und lasse den Widerschein auf andre, farblose Gegenstände fallen. Dieser Widerschein ist eine Art gemäßigten Lichts, ein Halblicht, ein Halbschatten, der außer seiner gedämpften Natur die spezifische Farbe der Fläche mit abspiegelt.

591. Wirkt dieser Widerschein auf lichte Flächen, so wird er aufgehoben, und man bemerkt die Farbe wenig, die er mit sich bringt. Wirkt er aber auf Schattenstellen, so zeigt sich eine gleichsam magische Verbindung mit dem σκιερῷ. Der Schatten ist das eigentliche Element der Farbe, und hier tritt zu demselben eine schattige Farbe beleuchtend, färbend und belebend. Und so entsteht eine ebenso mächtige als angenehme Erscheinung, welche dem Maler, der sie zu benutzen weiß, die herrlichsten Dienste leistet. Hier sind die Vorbilder der sogenannten Reflexe, die in der Geschichte der Kunst erst später bemerkt werden, und die man seltner als billig in ihrer ganzen Mannigfaltigkeit anzuwenden gewußt hat.

592. Die Scholastiker nannten diese Farben colores notionales und intentionales; wie uns denn überhaupt die Geschichte zeigen wird, daß jene Schule die Phänomene schon gut genug beachtete, auch sie gehörig zu sondern wußte, wennschon die ganze Behandlungsart solcher Gegenstände von der unsrigen sehr verschieden ist.

## XLVIII. Entziehung

593. Den Körpern werden auf mancherlei Weise die Farben entzogen, sie mögen dieselben von Natur besitzen, oder wir mögen ihnen solche mitgeteilt haben. Wir sind daher imstande, ihnen zu unserm Vorteil zweckmäßig die Farbe zu nehmen, aber sie entflieht auch oft zu unserm Nachteil gegen unsern Willen.

594. Nicht allein die Grunderden sind in ihrem natürlichen Zustande weiß, sondern auch vegetabilische und animalische Stoffe können, ohne daß ihr Gewebe zerstört wird, in einen weißen Zustand versetzt werden. Da uns nun zu mancherlei Gebrauch ein reinliches Weiß höchst nötig und angenehm ist, wie wir uns besonders gern der leinenen und baumwollenen Zeuge ungefärbt bedienen, auch seidene Zeuge, das Papier und anderes uns desto angenehmer sind, je weißer sie gefunden werden, weil auch ferner, wie wir oben gesehen, das Hauptfundament der ganzen Färberei weiße Unterlagen sind, so hat sich die Technik, teils zufällig, teils mit Nachdenken, auf das Entziehen der Farbe aus diesen Stoffen so

emsig geworfen, daß man hierüber unzählige Versuche gemacht und gar manches Bedeutende entdeckt hat.

595. In dieser völligen Entziehung der Farbe liegt eigentlich die Beschäftigung der Bleichkunst, welche von mehreren empirischer oder methodischer abgehandelt worden. Wir geben die Hauptmomente hier nur kürzlich an.

596. Das Licht wird als eines der ersten Mittel, die Farbe den Körpern zu entziehen, angesehen, und zwar nicht allein das Sonnenlicht, sondern das bloße gewaltlose Tageslicht. Denn wie beide Lichter, sowohl das direkte von der Sonne als auch das abgeleitete Himmelslicht, die Bononischen Phosphoren entzünden, so wirken auch beide Lichter auf gefärbte Flächen. Es sei nun, daß das Licht die ihm verwandte Farbe ergreife, sie, die soviel Flammenartiges hat, gleichsam entzünde, verbrenne und das an ihr Spezifizierte wieder in ein Allgemeines auflöse, oder daß eine andre uns unbekannte Operation geschehe, genug, das Licht übt eine große Gewalt gegen farbige Flächen aus und bleicht sie mehr oder weniger. Doch zeigen auch hier die verschiedenen Farben eine verschiedene Zerstörlichkeit und Dauer, wie denn das Gelbe, besonders das aus gewissen Stoffen bereitete, hier zuerst davonfliegt.

597. Aber nicht allein das Licht, sondern auch die Luft und besonders das Wasser wirken gewaltig auf die Entziehung der Farbe. Man will sogar bemerkt haben, daß wohlbefeuchtete, bei Nacht auf dem Rasen ausgebreitete Garne besser bleichen als solche, welche gleichfalls wohlbefeuchtet dem Sonnenlicht ausgesetzt werden. Und so mag sich denn freilich das Wasser auch hier als ein Auflösendes, Vermittlendes, das Zufällige Aufhebendes und das Besondre ins Allgemeine Zurückführendes beweisen.

598. Durch Reagenzien wird auch eine solche Entziehung bewirkt. Der Weingeist hat eine besondre Neigung, dasjenige, was die Pflanzen färbt, an sich zu ziehen und sich damit, oft auf eine sehr beständige Weise, zu färben. Die Schwefelsäure zeigt sich, besonders gegen Wolle und Seide, als farbentziehend sehr wirksam, und wem ist nicht der Gebrauch des Schwefeldampfes da bekannt, wo man etwas vergilbtes oder beflecktes Weiß herzustellen gedenkt.

599. Die stärksten Säuren sind in der neuren Zeit als kürzere Bleichmittel angeraten worden.

600. Ebenso wirken im Gegensinne die alkalischen Reagenzien, die Laugen an sich, die zu Seife mit Lauge verbundenen Öle und Fettigkeiten usw., wie dieses alles in den ausdrücklich zu diesem Zwecke verfaßten Schriften umständlich gefunden wird.

601. Übrigens möchte es wohl der Mühe wert sein, gewisse zarte Versuche zu machen, inwiefern Licht und Luft auf das Entziehen der Farbe ihre Tätigkeit äußern. Man könnte vielleicht unter luftleeren, mit gemeiner Luft oder besondern Luftarten gefüllten Glocken solche Farbstoffe dem Licht aussetzen, deren Flüchtigkeit man kennt, und beobachten, ob sich nicht an das Glas wieder etwas von der verflüchtigten Farbe ansetzte oder sonst ein Niederschlag sich zeigte und ob alsdann dieses Wiedererscheinende dem Unsichtbargewordnen völlig gleich sei oder ob es eine Veränderung erlitten habe. Geschickte Experimentatoren ersinnen sich hierzu wohl mancherlei Vorrichtungen.

602. Wenn wir nun also zuerst die Naturwirkungen betrachtet haben, wie wir sie zu unsern Absichten anwenden, so ist noch einiges zu sagen von dem, wie sie feindlich gegen uns wirken.

603. Die Malerei ist in dem Falle, daß sie die schönsten Arbeiten des Geistes und der Mühe durch die Zeit auf mancherlei Weise zerstört sieht. – Man hat daher sich immer viel Mühe gegeben, dauernde Pigmente zu finden und sie auf eine Weise unter sich sowie mit der Unterlage zu vereinigen, daß ihre Dauer dadurch noch mehr gesichert werde, wie uns hiervon die Technik der Malerschulen genugsam unterrichten kann.

604. Auch ist hier der Platz, einer Halbkunst zu gedenken, welcher wir in Absicht auf Färberei sehr vieles schuldig sind, ich meine die Tapetenwirkerei. Indem man nämlich in den Fall kam, die zartesten Schattierungen der Gemälde nachzuahmen und daher die verschiedenst gefärbten Stoffe oft nebeneinanderzubringen, so bemerkte man bald, daß die Farben nicht alle gleich dauerhaft waren, sondern die eine eher als die andre dem gewobenen Bilde entzogen wurde.

Es entsprang daher das eifrigste Bestreben, den sämtlichen Farben und Schattierungen eine gleiche Dauer zu versichern, welches besonders in Frankreich unter Colbert geschah, dessen Verfügungen über diesen Punkt in der Geschichte der Färbekunst Epoche machen. Die sogenannte Schönfärberei, welche sich nur zu einer vergänglichen Anmut verpflichtete, ward eine besondre Gilde; mit desto größerm Ernst hingegen suchte man diejenige Technik, welche für die Dauer stehn sollte, zu begründen.

So wären wir bei Betrachtung des Entziehens, der Flüchtigkeit und Vergänglichkeit glänzender Farbenerscheinungen wieder auf die Forderung der Dauer zurückgekehrt und hätten auch in diesem Sinne unsern Kreis abermals abgeschlossen.

## XLIX. Nomenklatur

605. Nach dem, was wir bisher von dem Entstehen, dem Fortschreiten und der Verwandtschaft der Farben ausgeführt, wird sich besser übersehen lassen, welche Nomenklatur künftig wünschenswert wäre und was von der bisherigen zu halten sei.

606. Die Nomenklatur der Farben ging wie alle Nomenklaturen, besonders aber diejenigen, welche sinnliche Gegenstände bezeichnen, vom Besondern aus ins Allgemeine und vom Allgemeinen wieder zurück ins Besondre. Der Name der Spezies ward ein Geschlechtsname, dem sich wieder das Einzelne unterordnete.

607. Dieser Weg konnte bei der Beweglichkeit und Unbestimmtheit des frühern Sprachgebrauchs zurückgelegt werden, besonders da man in den ersten Zeiten sich auf ein lebhafteres sinnliches Anschauen verlassen durfte. Man bezeichnete die Eigenschaften der Gegenstände unbestimmt, weil sie jedermann deutlich in der Imagination festhielt.

608. Der reine Farbenkreis war zwar enge, er schien aber an unzähligen Gegenständen spezifiziert und individualisiert und mit Nebenbestimmungen bedingt. Man sehe die Mannigfaltigkeit der griechischen und römischen Ausdrücke ..., und man wird mit Vergnügen dabei gewahr werden, wie

beweglich und läßlich die Worte beinahe durch den ganzen Farbenkreis herum gebraucht worden.

609. In späteren Zeiten trat durch die mannigfaltigen Operationen der Färbekunst manche neue Schattierung ein. Selbst die Modefarben und ihre Benennungen stellten ein unendliches Heer von Farbenindividualitäten dar. Auch die Farbenterminologie der neuern Sprachen werden wir gelegentlich aufführen, wobei sich denn zeigen wird, daß man immer auf genauere Bestimmungen ausgegangen und ein Fixiertes, Spezifiziertes auch durch die Sprache festzuhalten und zu vereinzelnen gesucht hat.

610. Was die deutsche Terminologie betrifft, so hat sie den Vorteil, daß wir vier einsilbige, an ihren Ursprung nicht mehr erinnernde Namen besitzen, nämlich Gelb, Blau, Rot, Grün. Sie stellen nur das Allgemeinste der Farbe der Einbildungskraft dar, ohne auf etwas Spezifisches hinzudeuten.

611. Wollten wir in jeden Zwischenraum zwischen diesen vieren noch zwei Bestimmungen setzen, als Rotgelb und Gelbrot, Rotblau und Blaurot, Gelbgrün und Grüngelb, Blaugrün und Grünblau, so würden wir die Schattierungen des Farbenkreises bestimmt genug ausdrücken; und wenn wir die Bezeichnungen von Hell und Dunkel hinzufügen wollten, ingleichen die Beschmutzungen einigermaßen andeuten, wozu uns die gleichfalls einsilbigen Worte Schwarz, Weiß, Grau und Braun zu Diensten stehen, so würden wir ziemlich auslangen und die vorkommenden Erscheinungen ausdrücken, ohne uns zu bekümmern, ob sie auf dynamischem oder atomistischem Wege entstanden sind.

612. Man könnte jedoch immer hiebei die spezifischen und individuellen Ausdrücke vorteilhaft benutzen, so wie wir uns auch des Worts Orange und Violett bedienten. Ingleichen haben wir das Wort Purpur gebraucht, um das reine, in der Mitte stehende Rot zu bezeichnen, weil der Saft der Purpurschnecke, besonders wenn er feine Leinwand durchdrungen hat, vorzüglich durch das Sonnenlicht zu dem höchsten Punkte der Kulmination zu bringen ist.

## L. Mineralien

613. Die Farben der Mineralien sind alle chemischer Natur, und so kann ihre Entstehungsweise aus dem, was wir von den chemischen Farben gesagt haben, ziemlich entwickelt werden.

614. Die Farbenbenennungen stehn unter den äußern Kennzeichen obenan, und man hat sich im Sinne der neuern Zeit große Mühe gegeben, jede vorkommende Erscheinung genau zu bestimmen und festzuhalten; man hat aber dadurch, wie uns dünkt, neue Schwierigkeiten erregt, welche beim Gebrauch manche Unbequemlichkeit veranlassen.

615. Freilich führt auch dieses, sobald man bedenkt, wie die Sache entstanden, seine Entschuldigung mit sich. Der Maler hatte von jeher das Vorrecht, die Farbe zu handhaben. Die wenigen spezifizierten Farben standen fest, und dennoch kamen durch künstliche Mischungen unzählige Schattierungen hervor, welche die Oberfläche der natürlichen Gegenstände nachahmten. War es daher ein Wunder, wenn man auch diesen Mischungsweg einschlug und den Künstler aufrief, gefärbte Musterflächen aufzustellen, nach denen man die natürlichen Gegenstände beurteilen und bezeichnen könnte. Man fragte nicht, wie geht die Natur zu Werke, um diese und jene Farbe auf ihrem innern lebendigen Wege hervorzubringen, sondern wie belebt der Maler das Tote, um ein dem Lebendigen ähnliches Scheinbild darzustellen. Man ging also immer von Mischung aus und kehrte auf Mischung zurück, so daß man zuletzt das Gemischte wieder zu mischen vornahm, um einige sonderbare Spezifikationen und Individualisationen auszudrücken und zu unterscheiden.

616. Übrigens läßt sich bei der gedachten eingeführten mineralischen Farbenterminologie noch manches erinnern. Man hat nämlich die Benennungen nicht, wie es doch meistens möglich gewesen wäre, aus dem Mineralreich, sondern von allerlei sichtbaren Gegenständen genommen, da man doch mit größerem Vorteil auf eigenem Grund und Boden hätte bleiben können. Ferner hat man zuviel einzelne, spezifische Ausdrücke aufgenommen und, indem man durch

Vermischung dieser Spezifikationen wieder neue Bestimmungen hervorzubringen suchte, nicht bedacht, daß man dadurch vor der Imagination das Bild und vor dem Verstand den Begriff völlig aufhebe. Zuletzt stehen denn auch diese gewissermaßen als Grundbestimmungen gebrauchten einzelnen Farbenbenennungen nicht in der besten Ordnung, wie sie etwa voneinander sich ableiten, daher denn der Schüler jede Bestimmung einzeln lernen und sich ein beinahe totes Positives einprägen muß. Die weitere Ausführung dieses Angedeuteten stünde hier nicht am rechten Orte.

## LI. Pflanzen

617. Man kann die Farben organischer Körper überhaupt als eine höhere chemische Operation ansehen, weswegen sie auch die Alten durch das Wort „Kochung" (πέψις) ausgedrückt haben. Alle Elementarfarben sowohl als die gemischten und abgeleiteten kommen auf der Oberfläche organischer Naturen vor, dahingegen das Innere, man kann nicht sagen unfärbig, doch eigentlich mißfärbig erscheint, wenn es zutage gebracht wird. Da wir bald an einem andern Orte von unsern Ansichten über organische Natur einiges mitzuteilen denken, so stehe nur dasjenige hier, was früher mit der Farbenlehre in Verbindung gebracht war, indessen wir zu jenen besondern Zwecken das Weitre vorbereiten. Von den Pflanzen sei also zuerst gesprochen.

618. Die Samen, Bulben, Wurzeln, und was überhaupt vom Lichte ausgeschlossen ist oder unmittelbar von der Erde sich umgeben befindet, zeigt sich meistenteils weiß.

619. Die im Finstern aus Samen erzogenen Pflanzen sind weiß oder ins Gelbe ziehend. Das Licht hingegen, indem es auf ihre Farben wirkt, wirkt zugleich auf ihre Form.

620. Die Pflanzen, die im Finstern wachsen, setzen sich von Knoten zu Knoten zwar lange fort, aber die Stengel zwischen zwei Knoten sind länger als billig; keine Seitenzweige werden erzeugt, und die Metamorphose der Pflanzen hat nicht statt.

621. Das Licht versetzt sie dagegen sogleich in einen tätigen Zustand, die Pflanze erscheint grün, und der Gang

der Metamorphose bis zur Begattung geht unaufhaltsam fort.

622. Wir wissen, daß die Stengelblätter nur Vorbereitungen und Vorbedeutungen auf die Blumen- und Fruchtwerkzeuge sind, und so kann man in den Stengelblättern schon Farben sehen, die von weiten auf die Blume hindeuten, wie bei den Amaranten der Fall ist.

623. Es gibt weiße Blumen, deren Blätter sich zur größten Reinheit durchgearbeitet haben, aber auch farbige, in denen die schöne Elementarerscheinung hin und wider spielt. Es gibt deren, die sich nur teilweise vom Grünen auf eine höhere Stufe losgearbeitet haben.

624. Blumen einerlei Geschlechts, ja einerlei Art finden sich von allen Farben. Rosen und besonders Malven z. B. gehen einen großen Teil des Farbenkreises durch, vom Weißen ins Gelbe, sodann durch das Rotgelbe in den Purpur und von da in das Dunkelste, was der Purpur, indem er sich dem Blauen nähert, ergreifen kann.

625. Andere fangen schon auf einer höhern Stufe an, wie z. B. die Mohne, welche von dem Gelbroten ausgehen und sich in das Violette hinüberziehen.

626. Doch sind auch Farben bei Arten, Gattungen, ja Familien und Klassen, wo nicht beständig, doch herrschend, besonders die gelbe Farbe; die blaue ist überhaupt seltner.

627. Bei den saftigen Hüllen der Frucht geht etwas Ähnliches vor, indem sie sich von der grünen Farbe durch das Gelbliche und Gelbe bis zu dem höchsten Rot erhöhen, wobei die Farbe der Schale die Stufen der Reife andeutet. Einige sind ringsum gefärbt, einige nur an der Sonnenseite, in welchem letzten Falle man die Steigerung des Gelben ins Rote durch größere An- und Übereinanderdrängung sehr wohl beobachten kann.

628. Auch sind mehrere Früchte innerlich gefärbt, besonders sind purpurrote Säfte gewöhnlich.

629. Wie die Farbe sowohl oberflächlich auf der Blume als durchdringend in der Frucht sich befindet, so verbreitet sie sich auch durch die übrigen Teile, indem sie die Wurzeln und die Säfte der Stengel färbt, und zwar mit sehr reicher und mächtiger Farbe.

630. So geht auch die Farbe des Holzes vom Gelben durch die verschiedenen Stufen des Roten bis ins Purpurfarbene und Braune hinüber. Blaue Hölzer sind mir nicht bekannt, und so zeigt sich schon auf dieser Stufe der Organisation die aktive Seite mächtig, wenn in dem allgemeinen Grün der Pflanzen beide Seiten sich balancieren mögen.

631. Wir haben oben gesehen, daß der aus der Erde dringende Keim sich mehrenteils weiß und gelblich zeigt, durch Einwirkung von Licht und Luft aber in die grüne Farbe übergeht. Ein Ähnliches geschieht bei jungen Blättern der Bäume, wie man z. B. an den Birken sehen kann, deren junge Blätter gelblich sind und beim Auskochen einen schönen gelben Saft von sich geben. Nachher werden sie immer grüner, so wie die Blätter von andern Bäumen nach und nach in das Blaugrüne übergehen.

632. So scheint auch das Gelbe wesentlicher den Blättern anzugehören als der blaue Anteil: denn dieser verschwindet im Herbste, und das Gelbe des Blattes scheint in eine braune Farbe übergegangen. Noch merkwürdiger aber sind die besonderen Fälle, da die Blätter im Herbste wieder rein gelb werden und andre sich bis zu dem höchsten Rot hinaufsteigern.

633. Übrigens haben einige Pflanzen die Eigenschaft, durch künstliche Behandlung fast durchaus in ein Farbematerial verwandelt zu werden, das so fein, wirksam und unendlich teilbar ist als irgendein anderes. Beispiele sind der Indigo und Krapp, mit denen so viel geleistet wird. Auch werden Flechten zum Färben benutzt.

634. Diesem Phänomen steht ein anderes unmittelbar entgegen, daß man nämlich den färbenden Teil der Pflanzen ausziehen und gleichsam besonders darstellen kann, ohne daß ihre Organisation dadurch etwas zu leiden scheint. Die Farben der Blumen lassen sich durch Weingeist ausziehen und tingieren denselben; die Blumenblätter dagegen erscheinen weiß.

635. Es gibt verschiedene Bearbeitungen der Blumen und ihrer Säfte durch Reagenzien. Dieses hat Boyle in vielen Experimenten geleistet. Man bleicht die Rosen durch Schwefel und stellt sie durch andre Säuern wieder her. Durch Tobaksrauch werden die Rosen grün.

## LII. Würmer, Insekten, Fische

636. Von den Tieren, welche auf den niedern Stufen der Organisation verweilen, sei hier vorläufig folgendes gesagt. Die Würmer, welche sich in der Erde aufhalten, der Finsternis und der kalten Feuchtigkeit gewidmet sind, zeigen sich mißfärbig, die Eingeweidewürmer, von warmer Feuchtigkeit im Finstern ausgebrütet und genährt, unfärbig; zu Bestimmung der Farbe scheint ausdrücklich Licht zu gehören.

637. Diejenigen Geschöpfe, welche im Wasser wohnen, welches als ein obgleich sehr dichtes Mittel dennoch hinreichendes Licht hindurchläßt, erscheinen mehr oder weniger gefärbt. Die Zoophyten, welche die reinste Kalkerde zu beleben scheinen, sind meistenteils weiß; doch finden wir die Korallen bis zum schönsten Gelbrot hinaufgesteigert, welches in andern Wurmgehäusen sich bis nahe zum Purpur hinanhebt.

638. Die Gehäuse der Schaltiere sind schön gezeichnet und gefärbt; doch ist zu bemerken, daß weder die Landschnecken noch die Schale der Muscheln des süßen Wassers mit so hohen Farben geziert sind als die des Meerwassers.

639. Bei Betrachtung der Muschelschalen, besonders der gewundenen, bemerken wir, daß zu ihrem Entstehen eine Versammlung unter sich ähnlicher tierischer Organe sich wachsend vorwärts bewegte und, indem sie sich um eine Achse drehten, das Gehäuse durch eine Folge von Riefen, Rändern, Rinnen und Erhöhungen nach einem immer sich vergrößernden Maßstab hervorbrachten. Wir bemerken aber auch zugleich, daß diesen Organen irgendein mannigfaltig färbender Saft beiwohnen mußte, der die Oberfläche des Gehäuses, wahrscheinlich durch unmittelbare Einwirkung des Meerwassers, mit farbigen Linien, Punkten, Flecken und Schattierungen epochenweis bezeichnete und so die Spuren seines steigenden Wachstums auf der Außenseite dauernd hinterließ, indes die innere meistens weiß oder nur blaßgefärbt angetroffen wird.

640. Daß in den Muscheln solche Säfte sich befinden, zeigt uns die Erfahrung auch außerdem genugsam, indem

sie uns dieselben noch in ihrem flüssigen und färbenden Zustande darbietet, wovon der Saft des Tintenfisches ein Zeugnis gibt, ein weit stärkeres aber derjenige Purpursaft, welcher in mehreren Schnecken gefunden wird, der von alters her so berühmt ist und in der neuern Zeit auch wohl benutzt wird. Es gibt nämlich unter den Eingeweiden mancher Würmer, welche sich in Schalgehäusen aufhalten, ein gewisses Gefäß, das mit einem roten Safte gefüllt ist. Dieser enthält ein sehr stark und dauerhaft färbendes Wesen, so daß man die ganzen Tiere zerknirschen, kochen und aus dieser animalischen Brühe doch noch eine hinreichend färbende Feuchtigkeit herausnehmen konnte. Es läßt sich aber dieses farbgefüllte Gefäß auch von dem Tiere absondern, wodurch denn freilich ein konzentrierterer Saft gewonnen wird.

641. Dieser Saft hat das Eigene, daß er, dem Licht und der Luft ausgesetzt, erst gelblich, dann grünlich erscheint, dann ins Blaue, von da ins Violette übergeht, immer aber ein höheres Rot annimmt und zuletzt durch Einwirkung der Sonne, besonders wenn er auf Batist aufgetragen worden, eine reine hohe rote Farbe annimmt.

642. Wir hätten also hier eine Steigerung von der Minusseite bis zur Kulmination, die wir bei den unorganischen Fällen nicht leicht gewahr wurden; ja wir können diese Erscheinung beinahe ein Durchwandern des ganzen Kreises nennen, und wir sind überzeugt, daß durch gehörige Versuche wirklich die ganze Durchwanderung des Kreises bewirkt werden könne: denn es ist wohl kein Zweifel, daß sich durch wohlangewendete Säuern der Purpur vom Kulminationspunkte herüber nach dem Scharlach führen ließe.

643. Diese Feuchtigkeit scheint von der einen Seite mit der Begattung zusammenzuhängen, ja sogar finden sich Eier, die Anfänge künftiger Schaltiere, welche ein solches färbendes Wesen enthalten. Von der andern Seite scheint aber dieser Saft auf das bei höher stehenden Tieren sich entwickelnde Blut zu deuten. Denn das Blut läßt uns ähnliche Eigenschaften der Farbe sehen. In seinem verdünntesten Zustande erscheint es uns gelb, verdichtet, wie es in den Adern sich befindet, rot, und zwar zeigt das arterielle Blut ein höheres Rot, wahrscheinlich wegen der Säurung,

die ihm beim Atemholen widerfährt; das venöse Blut geht mehr nach dem Violetten hin und zeigt durch diese Beweglichkeit auf jenes uns genugsam bekannte Steigern und Wandern.

644. Sprechen wir, ehe wir das Element des Wassers verlassen, noch einiges von den Fischen, deren schuppige Oberfläche zu gewissen Farben öfters teils im ganzen, teils streifig, teils fleckenweis spezifiziert ist, noch öfter ein gewisses Farbenspiel zeigt, das auf die Verwandtschaft der Schuppen mit den Gehäusen der Schaltiere, dem Perlemutter, ja selbst der Perle hinweist. Nicht zu übergehen ist hierbei, daß heißere Himmelsstriche, auch schon in das Wasser wirksam, die Farben der Fische hervorbringen, verschönern und erhöhen.

645. Auf Otahiti bemerkte Forster Fische, deren Oberflächen sehr schön spielten, besonders im Augenblick, da der Fisch starb. Man erinnre sich hierbei des Chamäleons und andrer ähnlichen Erscheinungen, welche, dereinst zusammengestellt, diese Wirkungen deutlicher erkennen lassen.

646. Noch zuletzt, obgleich außer der Reihe, ist wohl noch das Farbenspiel gewisser Mollusken zu erwähnen, sowie die Phosphoreszenz einiger Seegeschöpfe, welche sich auch in Farben spielend verlieren soll.

647. Wenden wir nunmehr unsre Betrachtung auf diejenigen Geschöpfe, welche dem Licht und der Luft und der trocknen Wärme angehören, so finden wir uns freilich erst recht im lebendigen Farbenreiche. Hier erscheinen uns an trefflich organisierten Teilen die Elementarfarben in ihrer größten Reinheit und Schönheit. Sie deuten uns aber doch, daß ebendiese Geschöpfe noch auf einer niedern Stufe der Organisation stehen, eben weil diese Elementarfarben noch unverarbeitet bei ihnen hervortreten können. Auch hier scheint die Hitze viel zu Ausarbeitung dieser Erscheinung beizutragen.

648. Wir finden Insekten, welche als ganz konzentrierter Farbenstoff anzusehen sind, worunter besonders die Kokkusarten berühmt sind; wobei wir zu bemerken nicht unterlassen, daß ihre Weise, sich an Vegetabilien anzusiedeln, ja in dieselben hineinzunisten, auch zugleich jene Auswüchse

hervorbringt, welche als Beizen zu Befestigung der Farben so große Dienste leisten.

649. Am auffallendsten aber zeigt sich die Farbengewalt, verbunden mit regelmäßiger Organisation, an denjenigen Insekten, welche eine vollkommene Metamorphose zu ihrer Entwicklung bedürfen, an Käfern, vorzüglich aber an Schmetterlingen.

650. Diese letztern, die man wahrhafte Ausgeburten des Lichtes und der Luft nennen könnte, zeigen schon in ihrem Raupenzustand oft die schönsten Farben, welche, spezifiziert wie sie sind, auf die künftigen Farben des Schmetterlings deuten, eine Betrachtung, die, wenn sie künftig weiterverfolgt wird, gewiß in manches Geheimnis der Organisation eine erfreuliche Einsicht gewähren muß.

651. Wenn wir übrigens die Flügel des Schmetterlings näher betrachten und in seinem netzartigen Gewebe die Spuren eines Armes entdecken und ferner die Art, wie dieser gleichsam verflächte Arm durch zarte Federn bedeckt und zum Organ des Fliegens bestimmt worden, so glauben wir ein Gesetz gewahr zu werden, wonach sich die große Mannigfaltigkeit der Färbung richtet, welches künftig näher zu entwickeln sein wird.

652. Daß auch überhaupt die Hitze auf Größe des Geschöpfes, auf Ausbildung der Form, auf mehrere Herrlichkeit der Farben Einfluß habe, bedarf wohl kaum erinnert zu werden.

## LIII. Vögel

653. Je weiter wir nun uns gegen die höhern Organisationen bewegen, desto mehr haben wir Ursache, flüchtig und vorübergehend nur einiges hinzustreuen. Denn alles, was solchen organischen Wesen natürlich begegnet, ist eine Wirkung von so vielen Prämissen, daß, ohne dieselben wenigstens angedeutet zu haben, nur etwas Unzulängliches und Gewagtes ausgesprochen wird.

654. Wie wir bei den Pflanzen finden, daß ihr Höheres, die ausgebildeten Blüten und Früchte auf dem Stamme gleichsam gewurzelt sind und sich von vollkommneren

Säften nähren, als ihnen die Wurzel zuerst zugebracht hat, wie wir bemerken, daß die Schmarotzerpflanzen, die das Organische als ihr Element behandeln, an Kräften und Eigenschaften sich ganz vorzüglich beweisen, so können wir auch die Federn der Vögel in einem gewissen Sinne mit den Pflanzen vergleichen. Die Federn entspringen als ein Letztes aus der Oberfläche eines Körpers, der noch viel nach außen herzugeben hat, und sind deswegen sehr reich ausgestattete Organe.

655. Die Kiele erwachsen nicht allein verhältnismäßig zu einer ansehnlichen Größe, sondern sie sind durchaus geästet, wodurch sie eigentlich zu Federn werden, und manche dieser Ausästungen, Befiederungen sind wieder subdividiert, wodurch sie abermals an die Pflanzen erinnern.

656. Die Federn sind sehr verschieden an Form und Größe, aber sie bleiben immer dasselbe Organ, das sich nur nach Beschaffenheit des Körperteiles, aus welchem es entspringt, bildet und umbildet.

657. Mit der Form verwandelt sich auch die Farbe, und ein gewisses Gesetz leitet sowohl die allgemeine Färbung als auch die besondre, wie wir sie nennen möchten, diejenige nämlich, wodurch die einzelne Feder scheckig wird. Dieses ist es, woraus alle Zeichnung des bunten Gefieders entspringt und woraus zuletzt das Pfauenauge hervorgeht. Es ist ein Ähnliches mit jenem, das wir bei Gelegenheit der Metamorphose der Pflanzen früher entwickelt und welches darzulegen wir die nächste Gelegenheit ergreifen werden.

658. Nötigen uns hier Zeit und Umstände, über dieses organische Gesetz hinauszugehen, so ist doch hier unsre Pflicht, der chemischen Wirkungen zu gedenken, welche sich bei Färbung der Federn auf eine uns nun schon hinlänglich bekannte Weise zu äußern pflegen.

659. Das Gefieder ist allfarbig, doch im ganzen das gelbe, das sich zum roten steigert, häufiger als das blaue.

660. Die Einwirkung des Lichts auf die Federn und ihre Farben ist durchaus bemerklich. So ist z. B. auf der Brust gewisser Papageien die Feder eigentlich gelb. Der schuppenartig hervortretende Teil, den das Licht bescheint, ist aus dem Gelben ins Rote gesteigert. So sieht die Brust eines

solchen Tiers hochrot aus; wenn man aber in die Federn bläst, erscheint das Gelbe.

661. So ist durchaus der unbedeckte Teil der Federn von dem im ruhigen Zustand bedeckten höchlich unterschieden, so daß sogar nur der unbedeckte Teil, z. B. bei Raben, bunte Farben spielt, der bedeckte aber nicht, nach welcher Anleitung man die Schwanzfedern, wenn sie durcheinandergeworfen sind, sogleich wieder zurechtlegen kann.

## LIV. Säugetiere und Menschen

662. Hier fangen die Elementarfarben an, uns ganz zu verlassen. Wir sind auf der höchsten Stufe, auf der wir nur flüchtig verweilen.

663. Das Säugetier steht überhaupt entschieden auf der Lebensseite. Alles, was sich an ihm äußert, ist lebendig. Von dem Innern sprechen wir nicht, also hier nur einiges von der Oberfläche. Die Haare unterscheiden sich schon dadurch von den Federn, daß sie der Haut mehr angehören, daß sie einfach, fadenartig, nicht geästet sind. An den verschiedenen Teilen des Körpers sind sie aber auch nach Art der Federn kürzer, länger, zarter und stärker, farblos oder gefärbt, und dies alles nach Gesetzen, welche sich aussprechen lassen.

664. Weiß und Schwarz, Gelb, Gelbrot und Braun wechseln auf mannigfaltige Weise, doch erscheinen sie niemals auf eine solche Art, daß sie uns an die Elementarfarben erinnerten. Sie sind alle vielmehr gemischte, durch organische Kochung bezwungene Farben und bezeichnen mehr oder weniger die Stufenhöhe des Wesens, dem sie angehören.

665. Eine von den wichtigsten Betrachtungen der Morphologie, insofern sie Oberflächen beobachtet, ist diese, daß auch bei den vierfüßigen Tieren die Flecken der Haut auf die innern Teile, über welche sie gezogen ist, einen Bezug haben. So willkürlich übrigens die Natur dem flüchtigen Anblick hier zu wirken scheint, so konsequent wird dennoch ein tiefes Gesetz beobachtet, dessen Entwicklung und Anwendung freilich nur einer genauen Sorgfalt und treuen Teilnehmung vorbehalten ist.

666. Wenn bei Affen gewisse nackte Teile bunt, mit Elementarfarben erscheinen, so zeigt dies die weite Entfernung eines solchen Geschöpfs von der Vollkommenheit an: denn man kann sagen, je edler ein Geschöpf ist, je mehr ist alles Stoffartige in ihm verarbeitet; je wesentlicher seine Oberfläche mit dem Innern zusammenhängt, desto weniger können auf derselben Elementarfarben erscheinen. Denn da, wo alles ein vollkommenes Ganzes zusammen ausmachen soll, kann sich nicht hier und da etwas Spezifisches absondern.

667. Von dem Menschen haben wir wenig zu sagen, denn er trennt sich ganz von der allgemeinen Naturlehre los, in der wir jetzt eigentlich wandeln. Auf des Menschen Inneres ist so viel verwandt, daß seine Oberfläche nur sparsamer begabt werden konnte.

668. Wenn man nimmt, daß schon unter der Haut die Tiere mit Interkutanmuskeln mehr belastet als begünstigt sind, wenn man sieht, daß gar manches Überflüssige nach außen strebt, wie z. B. die großen Ohren und Schwänze, nicht weniger die Haare, Mähnen, Zotten, so sieht man wohl, daß die Natur vieles abzugeben und zu verschwenden hatte.

669. Dagegen ist die Oberfläche des Menschen glatt und rein und läßt bei den vollkommensten außer wenigen mit Haar mehr gezierten als bedeckten Stellen die schöne Form sehen: denn, im Vorbeigehen sei es gesagt, ein Überfluß der Haare an Brust, Armen, Schenkeln deutet eher auf Schwäche als auf Stärke; wie denn wahrscheinlich nur die Poeten, durch den Anlaß einer übrigens starken Tiernatur verführt, mitunter solche haarige Helden zu Ehren gebracht haben.

670. Doch haben wir hauptsächlich an diesem Ort von der Farbe zu reden. Und so ist die Farbe der menschlichen Haut in allen ihren Abweichungen durchaus keine Elementarfarbe, sondern eine durch organische Kochung höchst bearbeitete Erscheinung.

671. Daß die Farbe der Haut und Haare auf einen Unterschied der Charaktere deute, ist wohl keine Frage, wie wir ja schon einen bedeutenden Unterschied an blonden und braunen Menschen gewahr werden, wodurch wir auf die Vermutung geleitet worden, daß ein oder das andre organische System vorwaltend eine solche Verschiedenheit her-

vorbringe. Ein Gleiches läßt sich wohl auf Nationen anwenden, wobei vielleicht zu bemerken wäre, daß auch gewisse Farben mit gewissen Bildungen zusammentreffen, worauf wir schon durch die Mohrenphysiognomien aufmerksam geworden.

672. Übrigens wäre wohl hier der Ort, der Zweiflerfrage zu begegnen, ob denn nicht alle Menschenbildung und -farbe gleich schön und nur durch Gewohnheit und Eigendünkel eine der andern vorgezogen werde. Wir getrauen uns aber in Gefolg alles dessen, was bisher vorgekommen, zu behaupten, daß der weiße Mensch, d. h. derjenige, dessen Oberfläche vom Weißen ins Gelbliche, Bräunliche, Rötliche spielt, kurz dessen Oberfläche am gleichgültigsten erscheint, am wenigsten sich zu irgend etwas Besondrem hinneigt, der schönste sei. Und so wird auch wohl künftig, wenn von der Form die Rede sein wird, ein solcher Gipfel menschlicher Gestalt sich vor das Anschauen bringen lassen; nicht als ob diese alte Streitfrage hierdurch für immer entschieden sein sollte, denn es gibt Menschen genug, welche Ursache haben, diese Deutsamkeit des Äußern in Zweifel zu setzen, sondern daß dasjenige ausgesprochen werde, was aus einer Folge von Beobachtung und Urteil einem Sicherheit und Beruhigung suchenden Gemüte hervorspringt. Und so fügen wir zum Schluß noch einige auf die elementarchemische Farbenlehre sich beziehende Betrachtungen bei.

## LV. Physische und chemische Wirkungen farbiger Beleuchtung

673. Die physischen und chemischen Wirkungen farbloser Beleuchtung sind bekannt, so daß es hier unnötig sein dürfte, sie weitläuftig auseinanderzusetzen. Das farblose Licht zeigt sich unter verschiedenen Bedingungen, als Wärme erregend, als ein Leuchten gewissen Körpern mitteilend, als auf Säurung und Entsäurung wirkend. In der Art und Stärke dieser Wirkungen findet sich wohl mancher Unterschied, aber keine solche Differenz, die auf einen Gegensatz hinwiese, wie solche bei farbigen Beleuchtungen erscheint, wovon wir nunmehr kürzlich Rechenschaft zu geben gedenken.

674. Von der Wirkung farbiger Beleuchtung als wärmeerregend wissen wir folgendes zu sagen: An einem sehr sensiblen sogenannten Luftthermometer beobachte man die Temperatur des dunklen Zimmers. Bringt man die Kugel darauf in das direkt hereinscheinende Sonnenlicht, so ist nichts natürlicher, als daß die Flüssigkeit einen viel höhern Grad der Wärme anzeige. Schiebt man alsdann farbige Gläser vor, so folgt auch ganz natürlich, daß sich der Wärmegrad vermindre, erstlich weil die Wirkung des direkten Lichts schon durch das Glas etwas gehindert ist, sodann aber vorzüglich, weil ein farbiges Glas, als ein Dunkles, ein wenigeres Licht hindurchläßt.

675. Hiebei zeigt sich aber dem aufmerksamen Beobachter ein Unterschied der Wärmeerregung, je nachdem diese oder jene Farbe dem Glase eigen ist. Das gelbe und gelbrote Glas bringt eine höhere Temperatur als das blaue und blaurote hervor, und zwar ist der Unterschied von Bedeutung.

676. Will man diesen Versuch mit dem sogenannten prismatischen Spektrum anstellen, so bemerke man am Thermometer erst die Temperatur des Zimmers, lasse alsdann das blaufärbige Licht auf die Kugel fallen, so wird ein etwas höherer Wärmegrad angezeigt, welcher immer wächst, wenn man die übrigen Farben nach und nach auf die Kugel bringt. In der gelbroten ist die Temperatur am stärksten, noch stärker aber unter dem Gelbroten.

Macht man die Vorrichtung mit dem Wasserprisma, so daß man das weiße Licht in der Mitte vollkommen haben kann, so ist dieses zwar gebrochne, aber noch nicht gefärbte Licht das wärmste; die übrigen Farben verhalten sich hingegen wie vorher gesagt.

677. Da es hier nur um Andeutung, nicht aber um Ableitung und Erklärung dieser Phänomene zu tun ist, so bemerken wir nur im Vorbeigehen, daß sich am Spektrum unter dem Roten keinesweges das Licht vollkommen abschneidet, sondern daß immer noch ein gebrochnes, von seinem Wege abgelenktes, sich hinter dem prismatischen Farbenbilde gleichsam herschleichendes Licht zu bemerken ist, so daß man bei näherer Betrachtung wohl kaum nötig haben wird, zu unsichtbaren Strahlen und deren Brechung seine Zuflucht zu nehmen.

678. Die Mitteilung des Lichtes durch farbige Beleuchtung zeigt dieselbige Differenz. Den Bononischen Phosphoren teilt sich das Licht mit durch blaue und violette Gläser, keinesweges aber durch gelbe und gelbrote; ja man will sogar bemerkt haben, daß die Phosphoren, welchen man durch violette und blaue Gläser den Glühschein mitgeteilt, wenn man solche nachher unter die gelben und gelbroten Scheiben gebracht, früher verlöschen als die, welche man im dunklen Zimmer ruhig liegen läßt.

679. Man kann diese Versuche wie die vorhergehenden auch durch das prismatische Spektrum machen, und es zeigen sich immer dieselben Resultate.

680. Von der Wirkung farbiger Beleuchtung auf Säurung und Entsäurung kann man sich folgendermaßen unterrichten. Man streiche feuchtes, ganz weißes Hornsilber auf einen Papierstreifen, man lege ihn ins Licht, daß er einigermaßen grau werde, und schneide ihn alsdenn in drei Stücke. Das eine lege man in ein Buch als bleibendes Muster, das andre unter ein gelbrotes, das dritte unter ein blaurotes Glas. Dieses letzte Stück wird immer dunkelgrauer werden und eine Entsäurung anzeigen. Das unter dem gelbroten befindliche wird immer heller grau, tritt also dem ersten Zustand vollkommnerer Säurung wieder näher. Von beiden kann man sich durch Vergleichung mit dem Musterstücke überzeugen.

681. Man hat auch eine schöne Vorrichtung gemacht, diese Versuche mit dem prismatischen Bilde anzustellen. Die Resultate sind denen bisher erwähnten gemäß, und wir werden das Nähere davon späterhin vortragen und dabei die Arbeiten eines genauen Beobachters benutzen, der sich bisher mit diesen Versuchen sorgfältig beschäftigte.

## LVI. Chemische Wirkung bei der dioptrischen Achromasie

682. Zuerst ersuchen wir unsre Leser, dasjenige wieder nachzusehen, was wir oben (285–298) über diese Materie vorgetragen, damit es hier keiner weitern Wiederholung bedürfe.

683. Man kann also einem Glase die Eigenschaft geben, daß es, ohne viel stärker zu refrangieren als vorher, d. h. ohne das Bild um ein sehr Merkliches weiter zu verrücken, dennoch viel breitere Farbensäume hervorbringt.

684. Diese Eigenschaft wird dem Glase durch Metallkalke mitgeteilt. Daher Mennige, mit einem reinen Glase innig zusammengeschmolzen und vereinigt, diese Wirkung hervorbringt. Flintglas (291) ist ein solches mit Bleikalk bereitetes Glas. Auf diesem Wege ist man weitergegangen und hat die sogenannte Spießglanzbutter, die sich nach einer neuern Bereitung als reine Flüssigkeit darstellen läßt, in linsenförmigen und prismatischen Gefäßen benutzt und hat eine sehr starke Farbenerscheinung bei mäßiger Refraktion hervorgebracht und die von uns sogenannte Hyperchromasie sehr lebhaft dargestellt.

685. Bedenkt man nun, daß das gemeine Glas, wenigstens überwiegend, alkalischer Natur sei, indem es vorzüglich aus Sand und Laugensalzen zusammengeschmolzen wird, so möchte wohl eine Reihe von Versuchen belehrend sein, welche das Verhältnis völlig alkalischer Liquoren zu völligen Säuren auseinandersetzten.

686. Wäre nun das Maximum und Minimum gefunden, so wäre die Frage, ob nicht irgendein brechend Mittel zu erdenken sei, in welchem die von der Refraktion beinah unabhängig auf- und absteigende Farbenerscheinung bei Verrückung des Bildes völlig Null werden könnte.

687. Wie sehr wünschenswert wäre es daher für diesen letzten Punkt sowohl als für unsre ganze dritte Abteilung, ja für die Farbenlehre überhaupt, daß die mit Bearbeitung der Chemie unter immer fortschreitenden neuen Ansichten beschäftigten Männer auch hier eingreifen und das, was wir beinahe nur mit rohen Zügen angedeutet, in das Feinere verfolgen und in einem allgemeinen, der ganzen Wissenschaft zusagenden Sinne bearbeiten möchten.

# VIERTE ABTEILUNG
# ALLGEMEINE ANSICHTEN NACH INNEN

688. Wir haben bisher die Phänomene fast gewaltsam auseinandergehalten, die sich teils ihrer Natur nach, teils dem Bedürfnis unsres Geistes gemäß immer wieder zu vereinigen strebten. Wir haben sie nach einer gewissen Methode in drei Abteilungen vorgetragen und die Farben zuerst bemerkt als flüchtige Wirkung und Gegenwirkung des Auges selbst, ferner als vorübergehende Wirkung farbloser, durchscheinender, durchsichtiger, undurchsichtiger Körper auf das Licht, besonders auf das Lichtbild; endlich sind wir zu dem Punkte gelangt, wo wir sie als dauernd, als den Körpern wirklich einwohnend zuversichtlich ansprechen konnten.

689. In dieser stetigen Reihe haben wir, soviel es möglich sein wollte, die Erscheinungen zu bestimmen, zu sondern und zu ordnen gesucht. Jetzt, da wir nicht mehr fürchten, sie zu vermischen oder zu verwirren, können wir unternehmen, erstlich das Allgemeine, was sich von diesen Erscheinungen innerhalb des geschlossenen Kreises prädizieren läßt, anzugeben, zweitens anzudeuten, wie sich dieser besondre Kreis an die übrigen Glieder verwandter Naturerscheinungen anschließt und sich mit ihnen verkettet.

## Wie leicht die Farbe entsteht

690. Wir haben beobachtet, daß die Farbe unter mancherlei Bedingungen sehr leicht und schnell entstehe. Die Empfindlichkeit des Auges gegen das Licht, die gesetzliche Gegenwirkung der Retina gegen dasselbe bringen augenblicklich ein leichtes Farbenspiel hervor. Jedes gemäßigte Licht kann als farbig angesehen werden, ja wir dürfen jedes Licht, insofern es gesehen wird, farbig nennen. Farbloses Licht, farblose Flächen sind gewissermaßen Abstraktionen; in der Erfahrung werden wir sie kaum gewahr.

691. Wenn das Licht einen farblosen Körper berührt, von ihm zurückprallt, an ihm her-, durch ihn durchgeht, so erscheinen die Farben sogleich; nur müssen wir hierbei bedenken, was so oft von uns urgiert worden, daß nicht jene

Hauptbedingungen der Refraktion, der Reflexion usw. hinreichend sind, die Erscheinung hervorzubringen. Das Licht wirkt zwar manchmal dabei an und für sich, öfters aber als ein bestimmtes, begrenztes, als ein Lichtbild. Die Trübe der Mittel ist oft eine notwendige Bedingung, so wie auch Halb- und Doppelschatten zu manchen farbigen Erscheinungen erfordert werden. Durchaus aber entsteht die Farbe augenblicklich und mit der größten Leichtigkeit. So finden wir denn auch ferner, daß durch Druck, Hauch, Rotation, Wärme, durch mancherlei Arten von Bewegung und Veränderung an glatten reinen Körpern sowie an farblosen Liquoren die Farbe sogleich hervorgebracht werde.

692. In den Bestandteilen der Körper darf nur die geringste Veränderung vor sich gehen, es sei nun durch Mischung mit andern oder durch sonstige Bestimmungen, so entsteht die Farbe an den Körpern oder verändert sich an denselben.

## Wie energisch die Farbe sei

693. Die physischen Farben und besonders die prismatischen wurden ehemals wegen ihrer besondern Herrlichkeit und Energie colores emphatici genannt. Bei näherer Betrachtung aber kann man allen Farberscheinungen eine hohe Emphase zuschreiben, vorausgesetzt, daß sie unter den reinsten und vollkommensten Bedingungen dargestellt werden.

694. Die dunkle Natur der Farbe, ihre hohe gesättigte Qualität ist das, wodurch sie den ernsthaften und zugleich reizenden Eindruck hervorbringt, und indem man sie als eine Bedingung des Lichtes ansehen kann, so kann sie auch das Licht nicht entbehren als der mitwirkenden Ursache ihrer Erscheinung, als der Unterlage ihres Erscheinens, als einer aufscheinenden und die Farbe manifestierenden Gewalt.

## Wie entschieden die Farbe sei

695. Entstehen der Farbe und Sichentscheiden ist eins. Wenn das Licht mit einer allgemeinen Gleichgültigkeit sich und die Gegenstände darstellt und uns von einer bedeutungs-

losen Gegenwart gewiß macht, so zeigt sich die Farbe jederzeit spezifisch, charakteristisch, bedeutend.

696. Im allgemeinen betrachtet, entscheidet sie sich nach zwei Seiten. Sie stellt einen Gegensatz dar, den wir eine Polarität nennen und durch ein + und – recht gut bezeichnen können.

| Plus. | Minus. |
|---|---|
| Gelb. | Blau. |
| Wirkung. | Beraubung. |
| Licht. | Schatten. |
| Hell. | Dunkel. |
| Kraft. | Schwäche. |
| Wärme. | Kälte. |
| Nähe. | Ferne. |
| Abstoßen. | Anziehen. |
| Verwandtschaft mit Säuren. | Verwandtschaft mit Alkalien. |

## Mischung der beiden Seiten

697. Wenn man diesen spezifizierten Gegensatz in sich vermischt, so heben sich die beiderseitigen Eigenschaften nicht auf; sind sie aber auf den Punkt des Gleichgewichts gebracht, daß man keine der beiden besonders erkennt, so erhält die Mischung wieder etwas Spezifisches fürs Auge, sie erscheint als eine Einheit, bei der wir an die Zusammensetzung nicht denken. Diese Einheit nennen wir Grün.

698. Wenn nun zwei aus derselben Quelle entspringende entgegengesetzte Phänomene, indem man sie zusammenbringt, sich nicht aufheben, sondern sich zu einem dritten angenehm Bemerkbaren verbinden, so ist dies schon ein Phänomen, das auf Übereinstimmung hindeutet. Das Vollkommnere ist noch zurück.

## Steigerung ins Rote

699. Das Blaue und Gelbe läßt sich nicht verdichten, ohne daß zugleich eine andre Erscheinung mit eintrete. Die Farbe ist in ihrem lichtesten Zustand ein Dunkles, wird sie ver-

dichtet, so muß sie dunkler werden, aber zugleich erhält sie einen Schein, den wir mit dem Worte rötlich bezeichnen.

700. Dieser Schein wächst immer fort, so daß er auf der höchsten Stufe der Steigerung prävaliert. Ein gewaltsamer Lichteindruck klingt purpurfarben ab. Bei dem Gelbroten der prismatischen Versuche, das unmittelbar aus dem Gelben entspringt, denkt man kaum mehr an das Gelbe.

701. Die Steigerung entsteht schon durch farblose trübe Mittel, und hier sehen wir die Wirkung in ihrer höchsten Reinheit und Allgemeinheit. Farbige spezifizierte durchsichtige Liquoren zeigen diese Steigerung sehr auffallend in den Stufengefäßen. Diese Steigerung ist unaufhaltsam schnell und stetig; sie ist allgemein und kommt sowohl bei physiologischen als physischen und chemischen Farben vor.

## Verbindung der gesteigerten Enden

702. Haben die Enden des einfachen Gegensatzes durch Mischung ein schönes und angenehmes Phänomen bewirkt, so werden die gesteigerten Enden, wenn man sie verbindet, noch eine anmutigere Farbe hervorbringen, ja es läßt sich denken, daß hier der höchste Punkt der ganzen Erscheinung sein werde.

703. Und so ist es auch: denn es entsteht das reine Rot, das wir oft um seiner hohen Würde willen den Purpur genannt haben.

704. Es gibt verschiedene Arten, wie der Purpur in der Erscheinung entsteht, durch Übereinanderführung des violetten Saums und gelbroten Randes bei prismatischen Versuchen, durch fortgesetzte Steigerung bei chemischen, durch den organischen Gegensatz bei physiologischen Versuchen.

705. Als Pigment entsteht er nicht durch Mischung oder Vereinigung, sondern durch Fixierung einer Körperlichkeit auf dem hohen kulminierenden Farbenpunkte. Daher der Maler Ursache hat, drei Grundfarben anzunehmen, indem er aus diesen die übrigen sämtlich zusammensetzt. Der Physiker hingegen nimmt nur zwei Grundfarben an, aus denen er die übrigen entwickelt und zusammensetzt.

### Vollständigkeit der mannigfaltigen Erscheinung

706. Die mannigfaltigen Erscheinungen auf ihren verschiedenen Stufen fixiert und nebeneinander betrachtet bringen Totalität hervor. Diese Totalität ist Harmonie fürs Auge.

707. Der Farbenkreis ist vor unsern Augen entstanden, die mannigfaltigen Verhältnisse des Werdens sind uns deutlich. Zwei reine ursprüngliche Gegensätze sind das Fundament des Ganzen. Es zeigt sich sodann eine Steigerung, wodurch sie sich beide einem Dritten nähern; dadurch entsteht auf jeder Seite ein Tiefstes und ein Höchstes, ein Einfachstes und Bedingtestes, ein Gemeinstes und ein Edelstes. Sodann kommen zwei Vereinungen (Vermischungen, Verbindungen, wie man es nennen will) zur Sprache, einmal der einfachen anfänglichen und sodann der gesteigerten Gegensätze.

### Übereinstimmung der vollständigen Erscheinung

708. Die Totalität nebeneinander zu sehen, macht einen harmonischen Eindruck aufs Auge. Man hat hier den Unterschied zwischen dem physischen Gegensatz und der harmonischen Entgegenstellung zu bedenken. Der erste beruht auf der reinen nackten ursprünglichen Dualität, insofern sie als ein Getrenntes angesehen wird; die zweite beruht auf der abgeleiteten, entwickelten und dargestellten Totalität.

709. Jede einzelne Gegeneinanderstellung, die harmonisch sein soll, muß Totalität enthalten. Hievon werden wir durch die physiologischen Versuche belehrt. Eine Entwicklung der sämtlichen möglichen Entgegenstellungen um den ganzen Farbenkreis wird nächstens geleistet.

### Wie leicht die Farbe von einer Seite auf die andre zu wenden

710. Die Beweglichkeit der Farbe haben wir schon bei der Steigerung und bei der Durchwanderung des Kreises zu bedenken Ursache gehabt; aber auch sogar hinüber und herüber werfen sie sich notwendig und geschwind.

711. Physiologische Farben zeigen sich anders auf dunklem als auf hellem Grund. Bei den physikalischen ist die Verbindung des objektiven und subjektiven Versuchs höchst merkwürdig. Die epoptischen Farben sollen beim durchscheinenden Licht und beim aufscheinenden entgegengesetzt sein. Wie die chemischen Farben durch Feuer und Alkalien umzuwenden, ist seines Orts hinlänglich gezeigt worden.

## Wie leicht die Farbe verschwindet

712. Was seit der schnellen Erregung und ihrer Entscheidung bisher bedacht worden, die Mischung, die Steigerung, die Verbindung, die Trennung sowie die harmonische Forderung, alles geschieht mit der größten Schnelligkeit und Bereitwilligkeit; aber ebenso schnell verschwindet auch die Farbe wieder gänzlich.

713. Die physiologischen Erscheinungen sind auf keine Weise festzuhalten, die physischen dauern nur so lange, als die äußre Bedingung währt, die chemischen selbst haben eine große Beweglichkeit und sind durch entgegengesetzte Reagenzien herüber- und hinüberzuwerfen, ja sogar aufzuheben.

## Wie fest die Farbe bleibt

714. Die chemischen Farben geben ein Zeugnis sehr langer Dauer. Die Farben, durch Schmelzung in Gläsern fixiert, sowie durch Natur in Edelsteinen, trotzen aller Zeit und Gegenwirkung.

715. Die Färberei fixiert von ihrer Seite die Farben sehr mächtig. Und Pigmente, welche durch Reagenzien sonst leicht herüber- und hinübergeführt werden, lassen sich durch Beizen zur größten Beständigkeit an und in Körper übertragen.

# FÜNFTE ABTEILUNG
# NACHBARLICHE VERHÄLTNISSE

## Verhältnis zur Philosophie

716. Man kann von dem Physiker nicht fordern, daß er Philosoph sei; aber man kann von ihm erwarten, daß er so viel philosophische Bildung habe, um sich gründlich von der Welt zu unterscheiden und mit ihr wieder im höhern Sinne zusammenzutreten. Er soll sich eine Methode bilden, die dem Anschauen gemäß ist; er soll sich hüten, das Anschauen in Begriffe, den Begriff in Worte zu verwandeln und mit diesen Worten, als wären's Gegenstände, umzugehen und zu verfahren; er soll von den Bemühungen des Philosophen Kenntnis haben, um die Phänomene bis an die philosophische Region hinanzuführen.

717. Man kann von dem Philosophen nicht verlangen, daß er Physiker sei, und dennoch ist seine Einwirkung auf den physischen Kreis so notwendig und so wünschenswert. Dazu bedarf er nicht des Einzelnen, sondern nur der Einsicht in jene Endpunkte, wo das Einzelne zusammentrifft.

718. Wir haben früher (175 ff.) dieser wichtigen Betrachtung im Vorbeigehen erwähnt und sprechen sie hier, als am schicklichen Orte, nochmals aus. Das Schlimmste, was der Physik sowie mancher andern Wissenschaft widerfahren kann, ist, daß man das Abgeleitete für das Ursprüngliche hält und, da man das Ursprüngliche aus Abgeleitetem nicht ableiten kann, das Ursprüngliche aus dem Abgeleiteten zu erklären sucht. Dadurch entsteht eine unendliche Verwirrung, ein Wortkram und eine fortdauernde Bemühung, Ausflüchte zu suchen und zu finden, wo das Wahre nur irgend hervortritt und mächtig werden will.

719. Indem sich der Beobachter, der Naturforscher auf diese Weise abquält, weil die Erscheinungen der Meinung jederzeit widersprechen, so kann der Philosoph mit einem falschen Resultate in seiner Sphäre noch immer operieren, indem kein Resultat so falsch ist, daß es nicht als Form ohne allen Gehalt auf irgendeine Weise gelten könnte.

720. Kann dagegen der Physiker zur Erkenntnis des-

jenigen gelangen, was wir ein Urphänomen genannt haben, so ist er geborgen und der Philosoph mit ihm. Er, denn er überzeugt sich, daß er an die Grenze seiner Wissenschaft gelangt sei, daß er sich auf der empirischen Höhe befinde, wo er rückwärts die Erfahrung in allen ihren Stufen überschauen und vorwärts in das Reich der Theorie, wo nicht eintreten, doch einblicken könne. Der Philosoph ist geborgen, denn er nimmt aus des Physikers Hand ein Letztes, das bei ihm nun ein Erstes wird. Er bekümmert sich nun mit Recht nicht mehr um die Erscheinung, wenn man darunter das Abgeleitete versteht, wie man es entweder schon wissenschaftlich zusammengestellt findet oder wie es gar in empirischen Fällen zerstreut und verworren vor die Sinne tritt. Will er ja auch diesen Weg durchlaufen und einen Blick ins Einzelne nicht verschmähen, so tut er es mit Bequemlichkeit, anstatt daß er bei anderer Behandlung sich entweder zu lange in den Zwischenregionen aufhält oder sie nur flüchtig durchstreift, ohne sie genau kennen zu lernen.

721. In diesem Sinne die Farbenlehre dem Philosophen zu nähern, war des Verfassers Wunsch, und wenn ihm solches in der Ausführung selbst aus mancherlei Ursachen nicht gelungen sein sollte, so wird er bei Revision seiner Arbeit, bei Rekapitulation des Vorgetragenen sowie in dem polemischen und historischen Teile dieses Ziel immer im Auge haben und später, wo manches deutlicher wird auszusprechen sein, auf diese Betrachtung zurückkehren.

## Verhältnis zur Mathematik

722. Man kann von dem Physiker, welcher die Naturlehre in ihrem ganzen Umfange behandeln will, verlangen, daß er Mathematiker sei. In den mittleren Zeiten war die Mathematik das vorzüglichste unter den Organen, durch welche man sich der Geheimnisse der Natur zu bemächtigen hoffte, und noch ist in gewissen Teilen der Naturlehre die Meßkunst, wie billig, herrschend.

723. Der Verfasser kann sich keiner Kultur von dieser Seite rühmen und verweilt auch deshalb nur in den von der

Meßkunst unabhängigen Regionen, die sich in der neuern Zeit weit und breit aufgetan haben.

724. Wer bekennt nicht, daß die Mathematik als eins der herrlichsten menschlichen Organe der Physik von einer Seite sehr vieles genutzt, daß sie aber durch falsche Anwendung ihrer Behandlungsweise dieser Wissenschaft gar manches geschadet, läßt sich auch nicht wohl leugnen, und man findet's hier und da notdürftig eingestanden.

725. Die Farbenlehre besonders hat sehr viel gelitten, und ihre Fortschritte sind äußerst gehindert worden, daß man sie mit der übrigen Optik, welche der Meßkunst nicht entbehren kann, vermengte, da sie doch eigentlich von jener ganz abgesondert betrachtet werden kann.

726. Dazu kam noch das Übel, daß ein großer Mathematiker über den physischen Ursprung der Farben eine ganz falsche Vorstellung bei sich festsetzte und durch seine großen Verdienste als Meßkünstler die Fehler, die er als Naturforscher begangen, vor einer in Vorurteilen stets befangnen Welt auf lange Zeit sanktionierte.

727. Der Verfasser des Gegenwärtigen hat die Farbenlehre durchaus von der Mathematik entfernt zu halten gesucht, ob sich gleich gewisse Punkte deutlich genug ergeben, wo die Beihülfe der Meßkunst wünschenswert sein würde. Wären die vorurteilsfreien Mathematiker, mit denen er umzugehen das Glück hatte und hat, nicht durch andre Geschäfte abgehalten gewesen, um mit ihm gemeine Sache machen zu können, so würde der Behandlung von dieser Seite einiges Verdienst nicht fehlen. Aber so mag denn auch dieser Mangel zum Vorteil gereichen, indem es nunmehr des geistreichen Mathematikers Geschäft werden kann, selbst aufzusuchen, wo denn die Farbenlehre seiner Hülfe bedarf und wie er zur Vollendung dieses Teils der Naturwissenschaft das Seinige beitragen kann.

728. Überhaupt wäre es zu wünschen, daß die Deutschen, die so vieles Gute leisten, indem sie sich das Gute fremder Nationen aneignen, sich nach und nach gewöhnten, in Gesellschaft zu arbeiten. Wir leben zwar in einer diesem Wunsche gerade entgegengesetzten Epoche. Jeder will nicht nur original in seinen Ansichten, sondern auch im Gange seines

Lebens und Tuns von den Bemühungen anderer unabhängig, wo nicht sein, doch, daß er es sei, sich überreden. Man bemerkt sehr oft, daß Männer, die freilich manches geleistet, nur sich selbst, ihre eigenen Schriften, Journale und Kompendien zitieren, anstatt daß es für den Einzelnen und für die Welt viel vorteilhafter wäre, wenn mehrere zu gemeinsamer Arbeit gerufen würden. Das Betragen unserer Nachbarn, der Franzosen, ist hierin musterhaft, wie man z. B. in der Vorrede Cuviers zu seinem „Tableau élémentaire de l'Histoire naturelle des animaux" mit Vergnügen sehen wird.

729. Wer die Wissenschaften und ihren Gang mit treuem Auge beobachtet hat, wird sogar die Frage aufwerfen: ob es denn vorteilhaft sei, so manche, obgleich verwandte, Beschäftigungen und Bemühungen in Einer Person zu vereinigen, und ob es nicht bei der Beschränktheit der menschlichen Natur gemäßer sei, z. B. den aufsuchenden und findenden von dem behandelnden und anwendenden Manne zu unterscheiden. Haben sich doch die himmelbeobachtenden und sternaufsuchenden Astronomen von den bahnberechnenden, das Ganze umfassenden und näher bestimmenden in der neuern Zeit gewissermaßen getrennt. Die Geschichte der Farbenlehre wird uns zu diesen Betrachtungen öfter zurückführen.

## Verhältnis zur Technik des Färbers

730. Sind wir bei unsern Arbeiten dem Mathematiker aus dem Wege gegangen, so haben wir dagegen gesucht, der Technik des Färbers zu begegnen. Und obgleich diejenige Abteilung, welche die Farben in chemischer Rücksicht abhandelt, nicht die vollständigste und umständlichste ist, so wird doch sowohl darin als in dem, was wir Allgemeines von den Farben ausgesprochen, der Färber weit mehr seine Rechnung finden als bei der bisherigen Theorie, die ihn ohne allen Trost ließ.

731. Merkwürdig ist es, in diesem Sinne die Anleitungen zur Färbekunst zu betrachten. Wie der katholische Christ, wenn er in seinen Tempel tritt, sich mit Weihwasser be-

sprengt und vor dem Hochwürdigen die Kniee beugt und vielleicht alsdann ohne sonderliche Andacht seine Angelegenheiten mit Freunden bespricht oder Liebesabenteuern nachgeht, so fangen die sämtlichen Färbelehren mit einer respektvollen Erwähnung der Theorie geziemend an, ohne daß sich auch nachher nur eine Spur fände, daß etwas aus dieser Theorie herflösse, daß diese Theorie irgend etwas erleuchte, erläutere und zu praktischen Handgriffen irgendeinen Vorteil gewähre.

732. Dagegen finden sich Männer, welche den Umfang des praktischen Färbewesens wohl eingesehen, in dem Falle, sich mit der herkömmlichen Theorie zu entzweien, ihre Blößen mehr oder weniger zu entdecken und ein der Natur und Erfahrung gemäßeres Allgemeines aufzusuchen. Wenn uns in der Geschichte die Namen Castel und Gülich begegnen, so werden wir hierüber weitläuftiger zu handeln Ursache haben; wobei sich zugleich Gelegenheit finden wird zu zeigen, wie eine fortgesetzte Empirie, indem sie in allem Zufälligen umhergreift, den Kreis, in den sie gebannt ist, wirklich ausläuft und sich als ein hohes Vollendetes dem Theoretiker, wenn er klare Augen und ein redliches Gemüt hat, zu seiner großen Bequemlichkeit überliefert.

## Verhältnis zur Physiologie und Pathologie

733. Wenn wir in der Abteilung, welche die Farben in physiologischer und pathologischer Rücksicht betrachtet, fast nur allgemein bekannte Phänomene überliefert, so werden dagegen einige neue Ansichten dem Physiologen nicht unwillkommen sein. Besonders hoffen wir seine Zufriedenheit dadurch erreicht zu haben, daß wir gewisse Phänomene, welche isoliert standen, zu ihren ähnlichen und gleichen gebracht und ihm dadurch gewissermaßen vorgearbeitet haben.

734. Was den pathologischen Anhang betrifft, so ist er freilich unzulänglich und inkohärent. Wir besitzen aber die vortrefflichsten Männer, die nicht allein in diesem Fache höchst erfahren und kenntnisreich sind, sondern auch zugleich wegen eines so gebildeten Geistes verehrt werden,

daß es ihnen wenig Mühe machen kann, diese Rubriken umzuschreiben und das, was ich angedeutet, vollständig auszuführen und zugleich an die höheren Einsichten in den Organismus anzuschließen.

## Verhältnis zur Naturgeschichte

735. Insofern wir hoffen können, daß die Naturgeschichte auch nach und nach sich in eine Ableitung der Naturerscheinungen aus höhern Phänomenen umbilden wird, so glaubt der Verfasser auch hierzu einiges angedeutet und vorbereitet zu haben. Indem die Farbe in ihrer größten Mannigfaltigkeit sich auf der Oberfläche lebendiger Wesen dem Auge darstellt, so ist sie ein wichtiger Teil der äußeren Zeichen, wodurch wir gewahr werden, was im Innern vorgeht.

736. Zwar ist ihr von einer Seite wegen ihrer Unbestimmtheit und Versatilität nicht allzuviel zu trauen, doch wird ebendiese Beweglichkeit, insofern sie sich uns als eine konstante Erscheinung zeigt, wieder ein Kriterion des beweglichen Lebens; und der Verfasser wünscht nichts mehr, als daß ihm Frist gegönnt sei, das, was er hierüber wahrgenommen, in einer Folge, zu der hier der Ort nicht war, weitläuftiger auseinanderzusetzen.

## Verhältnis zur allgemeinen Physik

737. Der Zustand, in welchem sich die allgemeine Physik gegenwärtig befindet, scheint auch unserer Arbeit besonders günstig, indem die Naturlehre durch rastlose, mannigfaltige Behandlung sich nach und nach zu einer solchen Höhe erhoben hat, daß es nicht unmöglich scheint, die grenzenlose Empirie an einen methodischen Mittelpunkt heranzuziehen.

738. Dessen, was zu weit von unserm besondern Kreise abliegt, nicht zu gedenken, so finden sich die Formeln, durch die man die elementaren Naturerscheinungen, wo nicht dogmatisch, doch wenigstens zum didaktischen Behufe ausspricht, durchaus auf dem Wege, daß man sieht, man werde

durch die Übereinstimmung der Zeichen bald auch notwendig zur Übereinstimmung im Sinne gelangen.

739. Treue Beobachter der Natur, wenn sie auch sonst noch so verschieden denken, werden doch darin miteinander übereinkommen, daß alles, was erscheinen, was uns als ein Phänomen begegnen solle, müsse entweder eine ursprüngliche Entzweiung, die einer Vereinigung fähig ist, oder eine ursprüngliche Einheit, die zur Entzweiung gelangen könne, andeuten und sich auf eine solche Weise darstellen. Das Geeinte zu entzweien, das Entzweite zu einigen, ist das Leben der Natur; dies ist die ewige Systole und Diastole, die ewige Synkrisis und Diakrisis, das Ein- und Ausatmen der Welt, in der wir leben, weben und sind.

740. Daß dasjenige, was wir hier als Zahl, als Eins und Zwei aussprechen, ein höheres Geschäft sei, versteht sich von selbst, so wie die Erscheinung eines dritten, vierten sich ferner Entwickelnden immer in einem höhern Sinne zu nehmen, besonders aber allen diesen Ausdrücken eine echte Anschauung unterzulegen ist.

741. Das Eisen kennen wir als einen besondern, von andern unterschiedenen Körper; aber es ist ein gleichgültiges, uns nur in manchem Bezug und zu manchem Gebrauch merkwürdiges Wesen. Wie wenig aber bedarf es, und die Gleichgültigkeit dieses Körpers ist aufgehoben. Eine Entzweiung geht vor, die, indem sie sich wieder zu vereinigen strebt und sich selbst aufsucht, einen gleichsam magischen Bezug auf ihresgleichen gewinnt und diese Entzweiung, die doch nur wieder eine Vereinigung ist, durch ihr ganzes Geschlecht fortsetzt. Hier kennen wir das gleichgültige Wesen, das Eisen; wir sehen die Entzweiung an ihm entstehen, sich fortpflanzen und verschwinden und sich leicht wieder aufs neue erregen: nach unserer Meinung ein Urphänomen, das unmittelbar an der Idee steht und nichts Irdisches über sich erkennt.

742. Mit der Elektrizität verhält es sich wieder auf eine eigne Weise. Das Elektrische, als ein Gleichgültiges, kennen wir nicht. Es ist für uns ein Nichts, ein Null, ein Nullpunkt, ein Gleichgültigkeitspunkt, der aber in allen erscheinenden Wesen liegt und zugleich der Quellpunkt ist, aus dem bei

dem geringsten Anlaß eine Doppelerscheinung hervortritt, welche nur insofern erscheint, als sie wieder verschwindet. Die Bedingungen, unter welchen jenes Hervortreten erregt wird, sind nach Beschaffenheit der besondern Körper unendlich verschieden. Von dem gröbsten mechanischen Reiben sehr unterschiedener Körper aneinander bis zu dem leisesten Nebeneinandersein zweier völlig gleichen, nur durch weniger als einen Hauch anders determinierten Körper ist die Erscheinung rege und gegenwärtig, ja auffallend und mächtig, und zwar dergestalt bestimmt und geeignet, daß wir die Formeln der Polarität, des Plus und Minus, als Nord und Süd, als Glas und Harz schicklich und naturgemäß anwenden.

743. Diese Erscheinung, ob sie gleich der Oberfläche besonders folgt, ist doch keineswegs oberflächlich. Sie wirkt auf die Bestimmung körperlicher Eigenschaften und schließt sich an die große Doppelerscheinung, welche sich in der Chemie so herrschend zeigt, an Oxydation und Desoxydation unmittelbar wirkend an.

744. In diese Reihe, in diesen Kreis, in diesen Kranz von Phänomenen auch die Erscheinungen der Farbe heranzubringen und einzuschließen, war das Ziel unseres Bestrebens. Was uns nicht gelungen ist, werden andre leisten. Wir fanden einen uranfänglichen ungeheuren Gegensatz von Licht und Finsternis, den man allgemeiner durch Licht und Nichtlicht ausdrücken kann; wir suchten denselben zu vermitteln und dadurch die sichtbare Welt aus Licht, Schatten und Farbe herauszubilden, wobei wir uns zu Entwickelung der Phänomene verschiedener Formeln bedienten, wie sie uns in der Lehre des Magnetismus, der Elektrizität, des Chemismus überliefert werden. Wir mußten aber weiter gehen, weil wir uns in einer höhern Region befanden und mannigfaltigere Verhältnisse auszudrücken hatten.

745. Wenn sich Elektrizität und Galvanität in ihrer Allgemeinheit von dem Besondern der magnetischen Erscheinungen abtrennt und erhebt, so kann man sagen, daß die Farbe, obgleich unter ebenden Gesetzen stehend, sich doch viel höher erhebe und, indem sie für den edlen Sinn des Auges wirksam ist, auch ihre Natur zu ihrem Vorteile dartue.

Man vergleiche das Mannigfaltige, das aus einer Steigerung des Gelben und Blauen zum Roten, aus der Verknüpfung dieser beiden höheren Enden zum Purpur, aus der Vermischung der beiden niedern Enden zum Grün entsteht. Welch ein ungleich mannigfaltigeres Schema entspringt hier nicht, als dasjenige ist, worin sich Magnetismus und Elektrizität begreifen lassen. Auch stehen diese letzteren Erscheinungen auf einer niedern Stufe, so daß sie zwar die allgemeine Welt durchdringen und beleben, sich aber zum Menschen im höheren Sinne nicht heraufbegeben können, um von ihm ästhetisch benutzt zu werden. Das allgemeine einfache physische Schema muß erst in sich selbst erhöht und vermannigfaltigt werden, um zu höheren Zwecken zu dienen.

746. Man rufe in diesem Sinne zurück, was durchaus von uns bisher sowohl im allgemeinen als besondern von der Farbe prädiziert worden, und man wird sich selbst dasjenige, was hier nur leicht angedeutet ist, ausführen und entwickeln. Man wird dem Wissen, der Wissenschaft, dem Handwerk und der Kunst Glück wünschen, wenn es möglich wäre, das schöne Kapitel der Farbenlehre aus seiner atomistischen Beschränktheit und Abgesondertheit, in die es bisher verwiesen, dem allgemeinen dynamischen Flusse des Lebens und Wirkens wiederzugeben, dessen sich die jetzige Zeit erfreut. Diese Empfindungen werden bei uns noch lebhafter werden, wenn uns die Geschichte so manchen wackern und einsichtsvollen Mann vorführen wird, dem es nicht gelang, von seinen Überzeugungen seine Zeitgenossen zu durchdringen.

## Verhältnis zur Tonlehre

747. Ehe wir nunmehr zu den sinnlich-sittlichen und daraus entspringenden ästhetischen Wirkungen der Farbe übergehen, ist es der Ort, auch von ihrem Verhältnisse zu dem Ton einiges zu sagen.

Daß ein gewisses Verhältnis der Farbe zum Ton stattfinde, hat man von jeher gefühlt, wie die öftern Vergleichungen, welche teils vorübergehend, teils umständlich genug angestellt worden, beweisen. Der Fehler, den man hiebei begangen, beruhet nur auf folgendem.

748. Vergleichen lassen sich Farbe und Ton untereinander auf keine Weise; aber beide lassen sich auf eine höhere Formel beziehen, aus einer höhern Formel beide, jedoch jedes für sich, ableiten. Wie zwei Flüsse, die auf Einem Berge entspringen, aber unter ganz verschiedenen Bedingungen in zwei ganz entgegengesetzte Weltgegenden laufen, so daß auf dem beiderseitigen ganzen Wege keine einzelne Stelle der andern verglichen werden kann, so sind auch Farbe und Ton. Beide sind allgemeine elementare Wirkungen, nach dem allgemeinen Gesetz des Trennens und Zusammenstrebens, des Auf- und Abschwankens, des Hin- und Widerwägens wirkend, doch nach ganz verschiedenen Seiten, auf verschiedene Weise, auf verschiedene Zwischenelemente, für verschiedene Sinne.

749. Möchte jemand die Art und Weise, wie wir die Farbenlehre an die allgemeine Naturlehre angeknüpft, recht fassen und dasjenige, was uns entgangen und abgegangen, durch Glück und Genialität ersetzen, so würde die Tonlehre nach unserer Überzeugung an die allgemeine Physik vollkommen anzuschließen sein, da sie jetzt innerhalb derselben gleichsam nur historisch abgesondert steht.

750. Aber ebendarin läge die größte Schwierigkeit, die für uns gewordene positive, auf seltsamen empirischen, zufälligen, mathematischen, ästhetischen, genialischen Wegen entsprungene Musik zugunsten einer physikalischen Behandlung zu zerstören und in ihre ersten physischen Elemente aufzulösen. Vielleicht wäre auch hierzu, auf dem Punkte, wo Wissenschaft und Kunst sich befinden, nach so manchen schönen Vorarbeiten Zeit und Gelegenheit.

## Schlußbetrachtung über Sprache und Terminologie

751. Man bedenkt niemals genug, daß eine Sprache eigentlich nur symbolisch, nur bildlich sei und die Gegenstände niemals unmittelbar, sondern nur im Widerscheine ausdrücke. Dieses ist besonders der Fall, wenn von Wesen die

Rede ist, welche an die Erfahrung nur herantreten und die man mehr Tätigkeiten als Gegenstände nennen kann, dergleichen im Reiche der Naturlehre immerfort in Bewegung sind. Sie lassen sich nicht festhalten, und doch soll man von ihnen reden; man sucht daher alle Arten von Formeln auf, um ihnen wenigstens gleichnisweise beizukommen.

752. Metaphysische Formeln haben eine große Breite und Tiefe, jedoch sie würdig auszufüllen, wird ein reicher Gehalt erfordert, sonst bleiben sie hohl. Mathematische Formeln lassen sich in vielen Fällen sehr bequem und glücklich anwenden; aber es bleibt ihnen immer etwas Steifes und Ungelenkes, und wir fühlen bald ihre Unzulänglichkeit, weil wir, selbst in Elementarfällen, sehr früh ein Inkommensurables gewahr werden; ferner sind sie auch nur innerhalb eines gewissen Kreises besonders hiezu gebildeter Geister verständlich. Mechanische Formeln sprechen mehr zu dem gemeinen Sinn; aber sie sind auch gemeiner und behalten immer etwas Rohes. Sie verwandlen das Lebendige in ein Totes; sie töten das innre Leben, um von außen ein unzulängliches heranzubringen. Korpuskularformeln sind ihnen nahe verwandt; das Bewegliche wird starr durch sie, Vorstellung und Ausdruck ungeschlacht. Dagegen erscheinen die moralischen Formeln, welche freilich zartere Verhältnisse ausdrücken, als bloße Gleichnisse und verlieren sich denn auch wohl zuletzt in Spiele des Witzes.

753. Könnte man sich jedoch aller dieser Arten der Vorstellung und des Ausdrucks mit Bewußtsein bedienen und in einer mannigfaltigen Sprache seine Betrachtungen über Naturphänomene überliefern, hielte man sich von Einseitigkeit frei und faßte einen lebendigen Sinn in einen lebendigen Ausdruck, so ließe sich manches Erfreuliche mitteilen.

754. Jedoch wie schwer ist es, das Zeichen nicht an die Stelle der Sache zu setzen, das Wesen immer lebendig vor sich zu haben und es nicht durch das Wort zu töten. Dabei sind wir in den neuern Zeiten in eine noch größere Gefahr geraten, indem wir aus allem Erkenn- und Wißbaren Ausdrücke und Terminologien herübergenommen haben, um unsre Anschauungen der einfacheren Natur auszudrücken. Astronomie, Kosmologie, Geologie, Naturgeschichte, ja

Religion und Mystik werden zu Hülfe gerufen; und wie oft wird nicht das Allgemeine durch ein Besonderes, das Elementare durch ein Abgeleitetes mehr zugedeckt und verdunkelt als aufgehellt und nähergebracht. Wir kennen das Bedürfnis recht gut, wodurch eine solche Sprache entstanden ist und sich ausbreitet; wir wissen auch, daß sie sich in einem gewissen Sinne unentbehrlich macht: allein nur ein mäßiger, anspruchsloser Gebrauch mit Überzeugung und Bewußtsein kann Vorteil bringen.

755. Am wünschenswertesten wäre jedoch, daß man die Sprache, wodurch man die Einzelheiten eines gewissen Kreises bezeichnen will, aus dem Kreise selbst nähme, die einfachste Erscheinung als Grundformel behandelte und die mannigfaltigern von daher ableitete und entwickelte.

756. Die Notwendigkeit und Schicklichkeit einer solchen Zeichensprache, wo das Grundzeichen die Erscheinung selbst ausdrückt, hat man recht gut gefühlt, indem man die Formel der Polarität, dem Magneten abgeborgt, auf Elektrizität usw. hinübergeführt hat. Das Plus und Minus, was an dessen Stelle gesetzt werden kann, hat bei so vielen Phänomenen eine schickliche Anwendung gefunden; ja der Tonkünstler ist, wahrscheinlich ohne sich um jene andern Fächer zu bekümmern, durch die Natur veranlaßt worden, die Hauptdifferenz der Tonarten durch Majeur und Mineur auszudrücken.

757. So haben auch wir seit langer Zeit den Ausdruck der Polarität in die Farbenlehre einzuführen gewünscht; mit welchem Rechte und in welchem Sinne, mag die gegenwärtige Arbeit ausweisen. Vielleicht finden wir künftig Raum, durch eine solche Behandlung und Symbolik, welche ihr Anschauen jederzeit mit sich führen müßte, die elementaren Naturphänomene nach unsrer Weise aneinanderzuknüpfen und dadurch dasjenige deutlicher zu machen, was hier nur im allgemeinen und vielleicht nicht bestimmt genug ausgesprochen worden.

# SECHSTE ABTEILUNG
# SINNLICH-SITTLICHE WIRKUNG DER FARBE

758. Da die Farbe in der Reihe der uranfänglichen Naturerscheinungen einen so hohen Platz behauptet, indem sie den ihr angewiesenen einfachen Kreis mit entschiedener Mannigfaltigkeit ausfüllt, so werden wir uns nicht wundern, wenn wir erfahren, daß sie auf den Sinn des Auges, dem sie vorzüglich zugeeignet ist, und durch dessen Vermittelung auf das Gemüt in ihren allgemeinsten elementaren Erscheinungen, ohne Bezug auf Beschaffenheit oder Form eines Materials, an dessen Oberfläche wir sie gewahr werden, einzeln eine spezifische, in Zusammenstellung eine teils harmonische, teils charakteristische, oft auch unharmonische, immer aber eine entschiedene und bedeutende Wirkung hervorbringe, die sich unmittelbar an das Sittliche anschließt. Deshalb denn Farbe, als ein Element der Kunst betrachtet, zu den höchsten ästhetischen Zwecken mitwirkend genutzt werden kann.

759. Die Menschen empfinden im allgemeinen eine große Freude an der Farbe. Das Auge bedarf ihrer, wie es des Lichtes bedarf. Man erinnre sich der Erquickung, wenn an einem trüben Tage die Sonne auf einen einzelnen Teil der Gegend scheint und die Farben daselbst sichtbar macht. Daß man den farbigen Edelsteinen Heilkräfte zuschrieb, mag aus dem tiefen Gefühl dieses unaussprechlichen Behagens entstanden sein.

760. Die Farben, die wir an den Körpern erblicken, sind nicht etwa dem Auge ein völlig Fremdes, wodurch es erst zu dieser Empfindung gleichsam gestempelt würde. Nein, dieses Organ ist immer in der Disposition, selbst Farben hervorzubringen, und genießt einer angenehmen Empfindung, wenn etwas der eignen Natur Gemäßes ihm von außen gebracht wird, wenn seine Bestimmbarkeit nach einer gewissen Seite hin bedeutend bestimmt wird.

761. Aus der Idee des Gegensatzes der Erscheinung, aus der Kenntnis, die wir von den besondern Bestimmungen desselben erlangt haben, können wir schließen, daß die

einzelnen Farbeindrücke nicht verwechselt werden können, daß sie spezifisch wirken und entschieden spezifische Zustände in dem lebendigen Organ hervorbringen müssen.

762. Eben auch so in dem Gemüt. Die Erfahrung lehrt uns, daß die einzelnen Farben besondre Gemütsstimmungen geben. Von einem geistreichen Franzosen wird erzählt: il prétendoit que son ton de conversation avec Madame étoit changé depuis qu'elle avoit changé en cramoisi le meuble de son cabinet qui étoit bleu.

763. Diese einzelnen bedeutenden Wirkungen vollkommen zu empfinden, muß man das Auge ganz mit Einer Farbe umgeben, z. B. in einem einfarbigen Zimmer sich befinden, durch ein farbiges Glas sehen. Man identifiziert sich alsdann mit der Farbe; sie stimmt Auge und Geist mit sich unisono.

764. Die Farben von der Plusseite sind Gelb, Rotgelb (Orange), Gelbrot (Mennig, Zinnober). Sie stimmen regsam, lebhaft, strebend.

## Gelb

765. Es ist die nächste Farbe am Licht. Sie entsteht durch die gelindeste Mäßigung desselben, es sei durch trübe Mittel oder durch schwache Zurückwerfung von weißen Flächen. Bei den prismatischen Versuchen erstreckt sie sich allein breit in den lichten Raum und kann dort, wenn die beiden Pole noch abgesondert voneinander stehen, ehe sie sich mit dem Blauen zum Grünen vermischt, in ihrer schönsten Reinheit gesehen werden. Wie das chemische Gelb sich an und über dem Weißen entwickelt, ist gehörigen Orts umständlich vorgetragen worden.

766. Sie führt in ihrer höchsten Reinheit immer die Natur des Hellen mit sich und besitzt eine heitere, muntere, sanft reizende Eigenschaft.

767. In diesem Grade ist sie als Umgebung, es sei als Kleid, Vorhang, Tapete, angenehm. Das Gold in seinem ganz ungemischten Zustande gibt uns, besonders wenn der Glanz hinzukommt, einen neuen und hohen Begriff von dieser Farbe; so wie ein starkes Gelb, wenn es auf glänzen-

der Seide, z. B. auf Atlas, erscheint, eine prächtige und edle Wirkung tut.

768. So ist es der Erfahrung gemäß, daß das Gelbe einen durchaus warmen und behaglichen Eindruck mache. Daher es auch in der Malerei der beleuchteten und wirksamen Seite zukommt.

769. Diesen erwärmenden Effekt kann man am lebhaftesten bemerken, wenn man durch ein gelbes Glas, besonders in grauen Wintertagen, eine Landschaft ansieht. Das Auge wird erfreut, das Herz ausgedehnt, das Gemüt erheitert; eine unmittelbare Wärme scheint uns anzuwehen.

770. Wenn nun diese Farbe, in ihrer Reinheit und hellem Zustande angenehm und erfreulich, in ihrer ganzen Kraft aber etwas Heiteres und Edles hat, so ist sie dagegen äußerst empfindlich und macht eine sehr unangenehme Wirkung, wenn sie beschmutzt oder einigermaßen ins Minus gezogen wird. So hat die Farbe des Schwefels, die ins Grüne fällt, etwas Unangenehmes.

771. Wenn die gelbe Farbe unreinen und unedlen Oberflächen mitgeteilt wird, wie dem gemeinen Tuch, dem Filz und dergleichen, worauf sie nicht mit ganzer Energie erscheint, entsteht eine solche unangenehme Wirkung. Durch eine geringe und unmerkliche Bewegung wird der schöne Eindruck des Feuers und Goldes in die Empfindung des Kotigen verwandelt und die Farbe der Ehre und Wonne zur Farbe der Schande, des Abscheus und Mißbehagens umgekehrt. Daher mögen die gelben Hüte der Bankerottierer, die gelben Ringe auf den Mänteln der Juden entstanden sein; ja die sogenannte Hahnreifarbe ist eigentlich nur ein schmutziges Gelb.

### Rotgelb

772. Da sich keine Farbe als stillstehend betrachten läßt, so kann man das Gelbe sehr leicht durch Verdichtung und Verdunklung ins Rötliche steigern und erheben. Die Farbe wächst an Energie und erscheint im Rotgelben mächtiger und herrlicher.

773. Alles, was wir vom Gelben gesagt haben, gilt auch hier, nur im höhern Grade. Das Rotgelbe gibt eigentlich

dem Auge das Gefühl von Wärme und Wonne, indem es die Farbe der höhern Glut sowie den mildern Abglanz der untergehenden Sonne repräsentiert. Deswegen ist sie auch bei Umgebungen angenehm und als Kleidung in mehr oder minderm Grade erfreulich oder herrlich. Ein kleiner Blick ins Rote gibt dem Gelben gleich ein ander Ansehn, und wenn Engländer und Deutsche sich noch an blaßgelben hellen Lederfarben genügen lassen, so liebt der Franzose, wie Pater Castel schon bemerkt, das ins Rot gesteigerte Gelb; wie ihn überhaupt an Farben alles freut, was sich auf der aktiven Seite befindet.

## Gelbrot

774. Wie das reine Gelb sehr leicht in das Rotgelbe hinübergeht, so ist die Steigerung dieses letzten ins Gelbrote nicht aufzuhalten. Das angenehme, heitre Gefühl, das uns das Rotgelbe noch gewährt, steigert sich bis zum unerträglich Gewaltsamen im hohen Gelbroten.

775. Die aktive Seite ist hier in ihrer höchsten Energie, und es ist kein Wunder, daß energische, gesunde, rohe Menschen sich besonders an dieser Farbe erfreuen. Man hat die Neigung zu derselben bei wilden Völkern durchaus bemerkt. Und wenn Kinder, sich selbst überlassen, zu illuminieren anfangen, so werden sie Zinnober und Mennig nicht schonen.

776. Man darf eine vollkommen gelbrote Fläche starr ansehen, so scheint sich die Farbe wirklich ins Organ zu bohren. Sie bringt eine unglaubliche Erschütterung hervor und behält diese Wirkung bei einem ziemlichen Grade von Dunkelheit.

Die Erscheinung eines gelbroten Tuches beunruhigt und erzürnt die Tiere. Auch habe ich gebildete Menschen gekannt, denen es unerträglich fiel, wenn ihnen an einem sonst grauen Tage jemand im Scharlachrock begegnete.

777. Die Farben von der Minusseite sind Blau, Rotblau und Blaurot. Sie stimmen zu einer unruhigen, weichen und sehnenden Empfindung.

## Blau

778. So wie Gelb immer ein Licht mit sich führt, so kann man sagen, daß Blau immer etwas Dunkles mit sich führe.

779. Diese Farbe macht für das Auge eine sonderbare und fast unaussprechliche Wirkung. Sie ist als Farbe eine Energie; allein sie steht auf der negativen Seite und ist in ihrer höchsten Reinheit gleichsam ein reizendes Nichts. Es ist etwas Widersprechendes von Reiz und Ruhe im Anblick.

780. Wie wir den hohen Himmel, die fernen Berge blau sehen, so scheint eine blaue Fläche auch vor uns zurückzuweichen.

781. Wie wir einen angenehmen Gegenstand, der vor uns flieht, gern verfolgen, so sehen wir das Blaue gern an, nicht weil es auf uns dringt, sondern weil es uns nach sich zieht.

782. Das Blaue gibt uns ein Gefühl von Kälte, so wie es uns auch an Schatten erinnert. Wie es vom Schwarzen abgeleitet sei, ist uns bekannt.

783. Zimmer, die rein blau austapeziert sind, erscheinen gewissermaßen weit, aber eigentlich leer und kalt.

784. Blaues Glas zeigt die Gegenstände im traurigen Licht.

785. Es ist nicht unangenehm, wenn das Blau einigermaßen vom Plus partizipiert. Das Meergrün ist vielmehr eine liebliche Farbe.

## Rotblau

786. Wie wir das Gelbe sehr bald in einer Steigerung gefunden haben, so bemerken wir auch bei dem Blauen dieselbe Eigenschaft.

787. Das Blaue steigert sich sehr sanft ins Rote und erhält dadurch etwas Wirksames, ob es sich gleich auf der passiven Seite befindet. Sein Reiz ist aber von ganz andrer Art als der des Rotgelben. Er belebt nicht sowohl, als daß er unruhig macht.

788. So wie die Steigerung selbst unaufhaltsam ist, so wünscht man auch mit dieser Farbe immer fortzugehen, nicht aber, wie beim Rotgelben, immer tätig vorwärts zu schreiten, sondern einen Punkt zu finden, wo man ausruhen könnte.

789. Sehr verdünnt kennen wir die Farbe unter dem Namen Lila; aber auch so hat sie etwas Lebhaftes ohne Fröhlichkeit.

## Blaurot

790. Jene Unruhe nimmt bei der weiterschreitenden Steigerung zu, und man kann wohl behaupten, daß eine Tapete von einem ganz reinen gesättigten Blaurot eine Art von unerträglicher Gegenwart sein müsse. Deswegen es auch, wenn es als Kleidung, Band oder sonstiger Zierat vorkommt, sehr verdünnt und hell angewendet wird, da es denn seiner bezeichneten Natur nach einen ganz besondern Reiz ausübt.

791. Indem die hohe Geistlichkeit diese unruhige Farbe sich angeeignet hat, so dürfte man wohl sagen, daß sie auf den unruhigen Staffeln einer immer vordringenden Steigerung unaufhaltsam zu dem Kardinalpurpur hinaufstrebe.

## Rot

792. Man entferne bei dieser Benennung alles, was im Roten einen Eindruck von Gelb oder Blau machen könnte. Man denke sich ein ganz reines Rot, einen vollkommenen, auf einer weißen Porzellanschale aufgetrockneten Karmin. Wir haben diese Farbe ihrer hohen Würde wegen manchmal Purpur genannt, ob wir gleichwohl wissen, daß der Purpur der Alten sich mehr nach der blauen Seite hinzog.

793. Wer die prismatische Entstehung des Purpurs kennt, der wird nicht paradox finden, wenn wir behaupten, daß diese Farbe teils actu, teils potentia alle andern Farben enthalte.

794. Wenn wir beim Gelben und Blauen eine strebende Steigerung ins Rote gesehen und dabei unsre Gefühle bemerkt haben, so läßt sich denken, daß nun in der Vereinigung der gesteigerten Pole eine eigentliche Beruhigung, die wir eine ideale Befriedigung nennen möchten, stattfinden könne. Und so entsteht bei physischen Phänomenen diese höchste aller Farbenerscheinungen aus dem Zusammen-

treten zweier entgegengesetzten Enden, die sich zu einer Vereinigung nach und nach selbst vorbereitet haben.

795. Als Pigment hingegen erscheint sie uns als ein Fertiges und als das vollkommenste Rot in der Cochenille; welches Material jedoch durch chemische Behandlung bald ins Plus, bald ins Minus zu führen ist und allenfalls im besten Karmin als völlig im Gleichgewicht stehend angesehen werden kann.

796. Die Wirkung dieser Farbe ist so einzig wie ihre Natur. Sie gibt einen Eindruck sowohl von Ernst und Würde als von Huld und Anmut. Jenes leistet sie in ihrem dunklen verdichteten, dieses in ihrem hellen verdünnten Zustande. Und so kann sich die Würde des Alters und die Liebenswürdigkeit der Jugend in Eine Farbe kleiden.

797. Von der Eifersucht der Regenten auf den Purpur erzählt uns die Geschichte manches. Eine Umgebung von dieser Farbe ist immer ernst und prächtig.

798. Das Purpurglas zeigt eine wohlerleuchtete Landschaft in furchtbarem Lichte. So müßte der Farbeton über Erd und Himmel am Tage des Gerichts ausgebreitet sein.

799. Da die beiden Materialien, deren sich die Färberei zur Hervorbringung dieser Farbe vorzüglich bedient, der Kermes und die Cochenille, sich mehr oder weniger zum Plus und Minus neigen, auch sich durch Behandlung mit Säuern und Alkalien herüber- und hinüberführen lassen, so ist zu bemerken, daß die Franzosen sich auf der wirksamen Seite halten, wie der französische Scharlach zeigt, welcher ins Gelbe zieht, die Italiener hingegen auf der passiven Seite verharren, so daß ihr Scharlach eine Ahndung von Blau behält.

800. Durch eine ähnliche alkalische Behandlung entsteht das Karmesin, eine Farbe, die den Franzosen sehr verhaßt sein muß, da sie die Ausdrücke sot en cramoisi, méchant en cramoisi als das Äußerste des Abgeschmackten und Bösen bezeichnen.

## Grün

801. Wenn man Gelb und Blau, welche wir als die ersten und einfachsten Farben ansehen, gleich bei ihrem ersten Erscheinen auf der ersten Stufe ihrer Wirkung zusammenbringt, so entsteht diejenige Farbe, welche wir Grün nennen.

802. Unser Auge findet in derselben eine reale Befriedigung. Wenn beide Mutterfarben sich in der Mischung genau das Gleichgewicht halten, dergestalt daß keine vor der andern bemerklich ist, so ruht das Auge und das Gemüt auf diesem Gemischten wie auf einem Einfachen. Man will nicht weiter, und man kann nicht weiter. Deswegen für Zimmer, in denen man sich immer befindet, die grüne Farbe zur Tapete meist gewählt wird.

## Totalität und Harmonie

803. Wir haben bisher zum Behuf unsres Vortrages angenommen, daß das Auge genötigt werden könne, sich mit irgendeiner einzelnen Farbe zu identifizieren; allein dies möchte wohl nur auf einen Augenblick möglich sein.

804. Denn wenn wir uns von einer Farbe umgeben sehen, welche die Empfindung ihrer Eigenschaft in unserm Auge erregt und uns durch ihre Gegenwart nötigt, mit ihr in einem identischen Zustande zu verharren, so ist es eine gezwungene Lage, in welcher das Organ ungern verweilt.

805. Wenn das Auge die Farbe erblickt, so wird es gleich in Tätigkeit gesetzt, und es ist seiner Natur gemäß, auf der Stelle eine andre, so unbewußt als notwendig, hervorzubringen, welche mit der gegebenen die Totalität des ganzen Farbenkreises enthält. Eine einzelne Farbe erregt in dem Auge durch eine spezifische Empfindung das Streben nach Allgemeinheit.

806. Um nun diese Totalität gewahr zu werden, um sich selbst zu befriedigen, sucht es neben jedem farbigen Raum einen farblosen, um die geforderte Farbe an demselben hervorzubringen.

807. Hier liegt also das Grundgesetz aller Harmonie der Farben, wovon sich jeder durch eigene Erfahrung überzeugen kann, indem er sich mit den Versuchen, die wir in der

Abteilung der physiologischen Farben angezeigt, genau bekannt macht.

808. Wird nun die Farbentotalität von außen dem Auge als Objekt gebracht, so ist sie ihm erfreulich, weil ihm die Summe seiner eignen Tätigkeit als Realität entgegenkommt. Es sei also zuerst von diesen harmonischen Zusammenstellungen die Rede.

809. Um sich davon auf das leichteste zu unterrichten, denke man sich in dem von uns angegebenen Farbenkreise einen beweglichen Diameter und führe denselben im ganzen Kreise herum, so werden die beiden Enden nach und nach die sich fordernden Farben bezeichnen, welche sich denn freilich zuletzt auf drei einfache Gegensätze zurückführen lassen.

810. Gelb fordert Rotblau,
Blau fordert Rotgelb,
Purpur fordert Grün

und umgekehrt.

811. Wie der von uns supponierte Zeiger von der Mitte der von uns naturmäßig geordneten Farben wegrückt, ebenso rückt er mit dem andern Ende in der entgegengesetzten Abstufung weiter, und es läßt sich durch eine solche Vorrichtung zu einer jeden fordernden Farbe die geforderte bequem bezeichnen. Sich hiezu einen Farbenkreis zu bilden, der nicht wie der unsre abgesetzt, sondern in einem stetigen Fortschritte die Farben und ihre Übergänge zeigte, würde nicht unnütz sein: denn wir stehen hier auf einem sehr wichtigen Punkt, der alle unsre Aufmerksamkeit verdient.

812. Wurden wir vorher bei dem Beschauen einzelner Farben gewissermaßen pathologisch affiziert, indem wir, zu einzelnen Empfindungen fortgerissen, uns bald lebhaft und strebend, bald weich und sehnend, bald zum Edlen emporgehoben, bald zum Gemeinen herabgezogen fühlten, so führt uns das Bedürfnis nach Totalität, welches unserm Organ eingeboren ist, aus dieser Beschränkung heraus; es setzt sich selbst in Freiheit, indem es den Gegensatz des ihm aufgedrungenen Einzelnen und somit eine befriedigende Ganzheit hervorbringt.

813. So einfach also diese eigentlich harmonischen Gegen-

sätze sind, welche uns in dem engen Kreise gegeben werden, so wichtig ist der Wink, daß uns die Natur durch Totalität zur Freiheit heraufzuheben angelegt ist und daß wir diesmal eine Naturerscheinung zum ästhetischen Gebrauch unmittelbar überliefert erhalten.

814. Indem wir also aussprechen können, daß der Farbenkreis, wie wir ihn angegeben, auch schon dem Stoff nach eine angenehme Empfindung hervorbringe, ist es der Ort, zu gedenken, daß man bisher den Regenbogen mit Unrecht als ein Beispiel der Farbentotalität angenommen: denn es fehlt demselben die Hauptfarbe, das reine Rot, der Purpur, welcher nicht entstehen kann, da sich bei dieser Erscheinung so wenig als bei dem hergebrachten prismatischen Bilde das Gelbrot und Blaurot zu erreichen vermögen.

815. Überhaupt zeigt uns die Natur kein allgemeines Phänomen, wo die Farbentotalität völlig beisammen wäre. Durch Versuche läßt sich ein solches in seiner vollkommnen Schönheit hervorbringen. Wie sich aber die völlige Erscheinung im Kreise zusammenstellt, machen wir uns am besten durch Pigmente auf Papier begreiflich, bis wir, bei natürlichen Anlagen und nach mancher Erfahrung und Übung, uns endlich von der Idee dieser Harmonie völlig penetriert und sie uns im Geiste gegenwärtig fühlen.

## Charakteristische Zusammenstellungen

816. Außer diesen rein harmonischen, aus sich selbst entspringenden Zusammenstellungen, welche immer Totalität mit sich führen, gibt es noch andre, welche durch Willkür hervorgebracht werden und die wir dadurch am leichtesten bezeichnen, daß sie in unserm Farbenkreise nicht nach Diametern, sondern nach Chorden aufzufinden sind, und zwar zuerst dergestalt, daß eine Mittelfarbe übersprungen wird.

817. Wir nennen diese Zusammenstellungen charakteristisch, weil sie sämtlich etwas Bedeutendes haben, das sich uns mit einem gewissen Ausdruck aufdringt, aber uns nicht befriedigt, indem jedes Charakteristische nur dadurch entsteht, daß es als ein Teil aus einem Ganzen heraustritt, mit welchem es ein Verhältnis hat, ohne sich darin aufzulösen.

818. Da wir die Farben in ihrer Entstehung sowie deren harmonische Verhältnisse kennen, so läßt sich erwarten, daß auch die Charaktere der willkürlichen Zusammenstellungen von der verschiedensten Bedeutung sein werden. Wir wollen sie einzeln durchgehen.

## Gelb und Blau

819. Dieses ist die einfachste von solchen Zusammenstellungen. Man kann sagen, es sei zu wenig in ihr: denn da ihr jede Spur von Rot fehlt, so geht ihr zuviel von der Totalität ab. In diesem Sinne kann man sie arm und, da die beiden Pole auf ihrer niedrigsten Stufe stehn, gemein nennen. Doch hat sie den Vorteil, daß sie zunächst am Grünen und also an der realen Befriedigung steht.

## Gelb und Purpur

820. Hat etwas Einseitiges, aber Heiteres und Prächtiges. Man sieht die beiden Enden der tätigen Seite nebeneinander, ohne daß das stetige Werden ausgedrückt sei.

Da man aus ihrer Mischung durch Pigmente das Gelbrote erwarten kann, so stehn sie gewissermaßen anstatt dieser Farbe.

## Blau und Purpur

821. Die beiden Enden der passiven Seite mit dem Übergewicht des obern Endes nach dem aktiven zu. Da durch Mischung beider das Blaurote entsteht, so wird der Effekt dieser Zusammenstellung sich auch gedachter Farbe nähern.

## Gelbrot und Blaurot

822. Haben, zusammengestellt, als die gesteigerten Enden der beiden Seiten etwas Erregendes, Hohes. Sie geben uns die Vorahndung des Purpurs, der bei physikalischen Versuchen aus ihrer Vereinigung entsteht.

823. Diese vier Zusammenstellungen haben also das Gemeinsame, daß sie, vermischt, die Zwischenfarben unseres

Farbenkreises hervorbringen würden; wie sie auch schon tun, wenn die Zusammenstellung aus kleinen Teilen besteht und aus der Ferne betrachtet wird. Eine Fläche mit schmalen blau- und gelben Streifen erscheint in einiger Entfernung grün.

824. Wenn nun aber das Auge Blau und Gelb nebeneinander sieht, so befindet es sich in der sonderbaren Bemühung, immer Grün hervorbringen zu wollen, ohne damit zustande zu kommen und ohne also im Einzelnen Ruhe oder im Ganzen Gefühl der Totalität bewirken zu können.

825. Man sieht also, daß wir nicht mit Unrecht diese Zusammenstellungen charakteristisch genannt haben, so wie denn auch der Charakter einer jeden sich auf den Charakter der einzelnen Farben, woraus sie zusammengestellt ist, beziehen muß.

## Charakterlose Zusammenstellungen

826. Wir wenden uns nun zu der letzten Art der Zusammenstellungen, welche sich aus dem Kreise leicht herausfinden lassen. Es sind nämlich diejenigen, welche durch kleinere Chorden angedeutet werden, wenn man nicht eine ganze Mittelfarbe, sondern nur den Übergang aus einer in die andere überspringt.

827. Man kann diese Zusammenstellungen wohl die charakterlosen nennen, indem sie zu nahe aneinander liegen, als daß ihr Eindruck bedeutsam werden könnte. Doch behaupten die meisten immer noch ein gewisses Recht, da sie ein Fortschreiten andeuten, dessen Verhältnis aber kaum fühlbar werden kann.

828. So drücken Gelb und Gelbrot, Gelbrot und Purpur, Blau und Blaurot, Blaurot und Purpur die nächsten Stufen der Steigerung und Kulmination aus und können in gewissen Verhältnissen der Massen keine üble Wirkung tun.

829. Gelb und Grün hat immer etwas Gemein-Heiteres, Blau und Grün aber immer etwas Gemein-Widerliches; deswegen unsre guten Vorfahren diese letzte Zusammenstellung auch Narrenfarbe genannt haben.

## Bezug der Zusammenstellungen zu Hell und Dunkel

830. Diese Zusammenstellungen können sehr vermannigfaltigt werden, indem man beide Farben hell, beide Farben dunkel, eine Farbe hell, die andre dunkel zusammenbringen kann; wobei jedoch, was im allgemeinen gegolten hat, in jedem besondern Falle gelten muß. Von dem unendlich Mannigfaltigen, was dabei stattfindet, erwähnen wir nur folgendes.

831. Die aktive Seite, mit dem Schwarzen zusammengestellt, gewinnt an Energie; die passive verliert. Die aktive, mit dem Weißen und Hellen zusammengebracht, verliert an Kraft; die passive gewinnt an Heiterkeit. Purpur und Grün mit Schwarz sieht dunkel und düster, mit Weiß hingegen erfreulich aus.

832. Hierzu kommt nun noch, daß alle Farben mehr oder weniger beschmutzt, bis auf einen gewissen Grad unkenntlich gemacht und so teils unter sich selbst, teils mit reinen Farben zusammengestellt werden können, wodurch zwar die Verhältnisse unendlich variiert werden, wobei aber doch alles gilt, was von den reinen gegolten hat.

## Historische Betrachtungen

833. Wenn in dem Vorhergehenden die Grundsätze der Farbenharmonie vorgetragen worden, so wird es nicht zweckwidrig sein, wenn wir das dort Ausgesprochene in Verbindung mit Erfahrungen und Beispielen nochmals wiederholen.

834. Jene Grundsätze waren aus der menschlichen Natur und aus den anerkannten Verhältnissen der Farbenerscheinungen abgeleitet. In der Erfahrung begegnet uns manches, was jenen Grundsätzen gemäß, manches, was ihnen widersprechend ist.

835. Naturmenschen, rohe Völker, Kinder haben große Neigung zur Farbe in ihrer höchsten Energie und also besonders zu dem Gelbroten. Sie haben auch eine Neigung zum Bunten. Das Bunte aber entsteht, wenn die Farben in

ihrer höchsten Energie ohne harmonisches Gleichgewicht zusammengestellt worden. Findet sich aber dieses Gleichgewicht durch Instinkt oder zufällig beobachtet, so entsteht eine angenehme Wirkung. Ich erinnere mich, daß ein hessischer Offizier, der aus Amerika kam, sein Gesicht nach Art der Wilden mit reinen Farben bemalte, wodurch eine Art von Totalität entstand, die keine unangenehme Wirkung tat.

836. Die Völker des südlichen Europas tragen zu Kleidern sehr lebhafte Farben. Die Seidenwaren, welche sie leichten Kaufs haben, begünstigen diese Neigung. Auch sind besonders die Frauen mit ihren lebhaftesten Miedern und Bändern immer mit der Gegend in Harmonie, indem sie nicht imstande sind, den Glanz des Himmels und der Erde zu überscheinen.

837. Die Geschichte der Färberei belehrt uns, daß bei den Trachten der Nationen gewisse technische Bequemlichkeiten und Vorteile sehr großen Einfluß hatten. So sieht man die Deutschen viel in Blau gehen, weil es eine dauerhafte Farbe des Tuches ist, auch in manchen Gegenden alle Landleute in grünem Zwillich, weil dieser gedachte Farbe gut annimmt. Möchte ein Reisender hierauf achten, so würden ihm bald angenehme und lehrreiche Beobachtungen gelingen.

838. Farben, wie sie Stimmungen hervorbringen, fügen sich auch zu Stimmungen und Zuständen. Lebhafte Nationen, z. B. die Franzosen, lieben die gesteigerten Farben, besonders der aktiven Seite, gemäßigte, als Engländer und Deutsche, das Stroh- oder Ledergelb, wozu sie Dunkelblau tragen. Nach Würde strebende Nationen, als Italiener und Spanier, ziehen die rote Farbe ihrer Mäntel auf die passive Seite hinüber.

839. Man bezieht bei Kleidungen den Charakter der Farbe auf den Charakter der Person. So kann man das Verhältnis der einzelnen Farben und Zusammenstellungen zu Gesichtsfarbe, Alter und Stand beobachten.

840. Die weibliche Jugend hält auf Rosenfarb und Meergrün, das Alter auf Violett und Dunkelgrün. Die Blondine hat zu Violett und Hellgelb, die Brünette zu Blau und Gelbrot Neigung, und sämtlich mit Recht.

Die römischen Kaiser waren auf den Purpur höchst eifersüchtig. Die Kleidung des chinesischen Kaisers ist Orange, mit Purpur gestickt. Zitronengelb dürfen auch seine Bedienten und die Geistlichen tragen.

841. Gebildete Menschen haben einige Abneigung vor Farben. Es kann dieses teils aus Schwäche des Organs, teils aus Unsicherheit des Geschmacks geschehen, die sich gern in das völlige Nichts flüchtet. Die Frauen gehen nunmehr fast durchgängig weiß und die Männer schwarz.

842. Überhaupt aber steht hier eine Beobachtung nicht am unrechten Platze, daß der Mensch, so gern er sich auszeichnet, sich auch ebenso gern unter seinesgleichen verlieren mag.

843. Die schwarze Farbe sollte den venezianischen Edelmann an eine republikanische Gleichheit erinnern.

844. Inwiefern der trübe nordische Himmel die Farben nach und nach vertrieben hat, ließe sich vielleicht auch noch untersuchen.

845. Man ist freilich bei dem Gebrauch der ganzen Farben sehr eingeschränkt, dahingegen die beschmutzten, getöteten sogenannten Modefarben unendlich viele abweichende Grade und Schattierungen zeigen, wovon die meisten nicht ohne Anmut sind.

846. Zu bemerken ist noch, daß die Frauenzimmer bei ganzen Farben in Gefahr kommen, eine nicht ganz lebhafte Gesichtsfarbe noch unscheinbarer zu machen; wie sie denn überhaupt genötigt sind, sobald sie einer glänzenden Umgebung das Gleichgewicht halten sollen, ihre Gesichtsfarbe durch Schminke zu erhöhen.

847. Hier wäre nun noch eine artige Arbeit zu machen übrig, nämlich eine Beurteilung der Uniformen, Livreen, Kokarden und andrer Abzeichen nach den oben aufgestellten Grundsätzen. Man könnte im allgemeinen sagen, daß solche Kleidungen oder Abzeichen keine harmonischen Farben haben dürfen. Die Uniformen sollten Charakter und Würde haben; die Livreen können gemein und ins Auge fallend sein. An Beispielen von guter und schlechter Art würde es nicht fehlen, da der Farbenkreis eng und schon oft genug durchprobiert worden ist.

## ÄSTHETISCHE WIRKUNG

848. Aus der sinnlichen und sittlichen Wirkung der Farben, sowohl einzeln als in Zusammenstellung, wie wir sie bisher vorgetragen haben, wird nun für den Künstler die ästhetische Wirkung abgeleitet. Wir wollen auch darüber die nötigsten Winke geben, wenn wir vorher die allgemeine Bedingung malerischer Darstellung, Licht und Schatten, abgehandelt, woran sich die Farbenerscheinung unmittelbar anschließt.

### Helldunkel

849. Das Helldunkel, clair-obscur, nennen wir die Erscheinung körperlicher Gegenstände, wenn an denselben nur die Wirkung des Lichtes und Schattens betrachtet wird.

850. Im engern Sinne wird auch manchmal eine Schattenpartie, welche durch Reflexe beleuchtet wird, so genannt; doch wir brauchen hier das Wort in seinem ersten, allgemeinern Sinne.

851. Die Trennung des Helldunkels von aller Farbenerscheinung ist möglich und nötig. Der Künstler wird das Rätsel der Darstellung eher lösen, wenn er sich zuerst das Helldunkel unabhängig von Farben denkt und dasselbe in seinem ganzen Umfange kennenlernt.

852. Das Helldunkel macht den Körper als Körper erscheinen, indem uns Licht und Schatten von der Dichtigkeit belehrt.

853. Es kommt dabei in Betracht das höchste Licht, die Mitteltinte, der Schatten, und bei dem letzten wieder der eigene Schatten des Körpers, der auf andre Körper geworfene Schatten, der erhellte Schatten oder Reflex.

854. Zum natürlichsten Beispiel für das Helldunkel wäre die Kugel günstig, um sich einen allgemeinen Begriff zu bilden, aber nicht hinlänglich zum ästhetischen Gebrauch. Die verfließende Einheit einer solchen Rundung führt zum Nebulistischen. Um Kunstwirkungen zu erzwecken, müssen an ihr Flächen hervorgebracht werden, damit die Teile der Schatten- und Lichtseite sich mehr in sich selbst absondern.

855. Die Italiener nennen dieses il piazzoso; man könnte es im Deutschen das Flächenhafte nennen. Wenn nun also die Kugel ein vollkommenes Beispiel des natürlichen Helldunkels wäre, so würde ein Vieleck ein Beispiel des künstlichen sein, wo alle Arten von Lichtern, Halblichtern, Schatten und Reflexen bemerklich wären.

856. Die Traube ist als ein gutes Beispiel eines malerischen Ganzen im Helldunkel anerkannt, um so mehr, als sie ihrer Form nach eine vorzügliche Gruppe darzustellen imstande ist; aber sie ist bloß für den Meister tauglich, der das, was er auszuüben versteht, in ihr zu sehen weiß.

857. Um den ersten Begriff faßlich zu machen, der selbst von einem Vieleck immer noch schwer zu abstrahieren ist, schlagen wir einen Kubus vor, dessen drei gesehene Seiten das Licht, die Mitteltinte und den Schatten abgesondert nebeneinander vorstellen.

858. Jedoch um zum Helldunkel einer zusammengesetztern Figur überzugehen, wählen wir das Beispiel eines aufgeschlagenen Buches, welches uns einer größern Mannigfaltigkeit näherbringt.

859. Die antiken Statuen aus der schönen Zeit findet man zu solchen Wirkungen höchst zweckmäßig gearbeitet. Die Lichtpartien sind einfach behandelt, die Schattenseiten desto mehr unterbrochen, damit sie für mannigfaltige Reflexe empfänglich würden; wobei man sich des Beispiels vom Vieleck erinnern kann.

860. Beispiele antiker Malerei geben hierzu die herkulanischen Gemälde und die aldobrandinische Hochzeit.

861. Moderne Beispiele finden sich in einzelnen Figuren Raffaels, an ganzen Gemälden Correggios, der niederländischen Schule, besonders des Rubens.

## Streben zur Farbe

862. Ein Kunstwerk schwarz und weiß kann in der Malerei selten vorkommen. Einige Arbeiten von Polydor geben uns davon Beispiele, sowie unsre Kupferstiche und geschabten Blätter. Diese Arten, insofern sie sich mit Formen und Haltung beschäftigen, sind schätzenswert; allein sie haben

wenig Gefälliges fürs Auge, indem sie nur durch eine gewaltsame Abstraktion entstehen.

863. Wenn sich der Künstler seinem Gefühl überläßt, so meldet sich etwas Farbiges gleich. Sobald das Schwarze ins Blauliche fällt, entsteht eine Forderung des Gelben, das denn der Künstler instinktmäßig verteilt und, teils rein in den Lichtern, teils gerötet und beschmutzt als Braun in den Reflexen, zu Belebung des Ganzen anbringt, wie es ihm am rätlichsten zu sein scheint.

864. Alle Arten von Camayeu, oder Farb in Farbe, laufen doch am Ende dahin hinaus, daß ein geforderter Gegensatz oder irgendeine farbige Wirkung angebracht wird. So hat Polydor in seinen schwarz und weißen Freskogemälden ein gelbes Gefäß oder sonst etwas derart eingeführt.

865. Überhaupt strebten die Menschen in der Kunst instinktmäßig jederzeit nach Farbe. Man darf nur täglich beobachten, wie Zeichenlustige von Tusche oder schwarzer Kreide auf weiß Papier zu farbigem Papier sich steigern, dann verschiedene Kreiden anwenden und endlich ins Pastell übergehen. Man sah in unsern Zeiten Gesichter, mit Silberstift gezeichnet, durch rote Bäckchen belebt und mit farbigen Kleidern angetan, ja Silhouetten in bunten Uniformen. Paolo Uccello malte farbige Landschaften zu farblosen Figuren.

866. Selbst die Bildhauerei der Alten konnte diesem Trieb nicht widerstehen. Die Ägypter strichen ihre Basreliefs an. Den Statuen gab man Augen von farbigen Steinen. Zu marmornen Köpfen und Extremitäten fügte man porphyrne Gewänder, so wie man bunte Kalksinter zum Sturze der Brustbilder nahm. Die Jesuiten verfehlten nicht, ihren heiligen Aloysius in Rom auf diese Weise zusammenzusetzen, und die neuste Bildhauerei unterscheidet das Fleisch durch eine Tinktur von den Gewändern.

## Haltung

867. Wenn die Linearperspektive die Abstufung der Gegenstände in scheinbarer Größe durch Entfernung zeigt, so läßt uns die Luftperspektive die Abstufung der Gegen-

stände in mehr oder minderer Deutlichkeit durch Entfernung sehen.

868. Ob wir zwar entfernte Gegenstände nach der Natur unsres Auges nicht so deutlich sehen als nähere, so ruht doch die Luftperspektive eigentlich auf dem wichtigen Satz, daß alle durchsichtigen Mittel einigermaßen trübe sind.

869. Die Atmosphäre ist also immer mehr oder weniger trüb. Besonders zeigt sie diese Eigenschaft in den südlichen Gegenden bei hohem Barometerstand, trocknem Wetter und wolkenlosem Himmel, wo man eine sehr merkliche Abstufung wenig auseinanderstehender Gegenstände beobachten kann.

870. Im allgemeinen ist diese Erscheinung jedermann bekannt; der Maler hingegen sieht die Abstufung bei den geringsten Abständen oder glaubt sie zu sehen. Er stellt sie praktisch dar, indem er die Teile eines Körpers, z. B. eines völlig vorwärts gekehrten Gesichtes, voneinander abstuft. Hiebei behauptet Beleuchtung ihre Rechte. Diese kommt von der Seite in Betracht, so wie die Haltung von vorn nach der Tiefe zu.

## Kolorit

871. Indem wir nunmehr zur Farbengebung übergehen, setzen wir voraus, daß der Maler überhaupt mit dem Entwurf unserer Farbenlehre bekannt sei und sich gewisse Kapitel und Rubriken, die ihn vorzüglich berühren, wohl zu eigen gemacht habe: denn so wird er sich imstande befinden, das Theoretische sowohl als das Praktische, im Erkennen der Natur und im Anwenden auf die Kunst, mit Leichtigkeit zu behandeln.

## Kolorit des Orts

872. Die erste Erscheinung des Kolorits tritt in der Natur gleich mit der Haltung ein; denn die Luftperspektive beruht auf der Lehre von den trüben Mitteln. Wir sehen den Himmel, die entfernten Gegenstände, ja die nahen Schatten blau. Zugleich erscheint uns das Leuchtende und Beleuchtete stufenweise gelb bis zur Purpurfarbe. In manchen Fällen

tritt sogleich die physiologische Forderung der Farben ein, und eine ganz farblose Landschaft wird durch diese mit- und gegeneinander wirkenden Bestimmungen vor unserm Auge völlig farbig erscheinen.

## Kolorit der Gegenstände

873. Lokalfarben sind die allgemeinen Elementarfarben, aber nach den Eigenschaften der Körper und ihrer Oberflächen, an denen wir sie gewahr werden, spezifiziert. Diese Spezifikation geht bis ins Unendliche.

874. Es ist ein großer Unterschied, ob man gefärbte Seide oder Wolle vor sich hat. Jede Art des Bereitens und Webens bringt schon Abweichungen hervor. Rauhigkeit, Glätte, Glanz kommen in Betrachtung.

875. Es ist daher ein der Kunst sehr schädliches Vorurteil, daß der gute Maler keine Rücksicht auf den Stoff der Gewänder nehmen, sondern nur immer gleichsam abstrakte Falten malen müsse. Wird nicht hierdurch alle charakteristische Abwechslung aufgehoben, und ist das Porträt von Leo X. deshalb weniger trefflich, weil auf diesem Bilde Samt, Atlas und Mohr nebeneinander nachgeahmt ward?

876. Bei Naturprodukten erscheinen die Farben mehr oder weniger modifiziert, spezifiziert, ja individualisiert, welches bei Steinen und Pflanzen, bei den Federn der Vögel und den Haaren der Tiere wohl zu beobachten ist.

877. Die Hauptkunst des Malers bleibt immer, daß er die Gegenwart des bestimmten Stoffes nachahme und das Allgemeine, Elementare der Farbenerscheinung zerstöre. Die höchste Schwierigkeit findet sich hier bei der Oberfläche des menschlichen Körpers.

878. Das Fleisch steht im ganzen auf der aktiven Seite; doch spielt das Blauliche der passiven auch mit herein. Die Farbe ist durchaus ihrem elementaren Zustande entrückt und durch Organisation neutralisiert.

879. Das Kolorit des Ortes und das Kolorit der Gegenstände in Harmonie zu bringen, wird nach Betrachtung dessen, was von uns in der Farbenlehre abgehandelt worden, dem geistreichen Künstler leichter werden, als bisher der

Fall war, und er wird imstande sein, unendlich schöne, mannigfaltige und zugleich wahre Erscheinungen darzustellen.

## Charakteristisches Kolorit

880. Die Zusammenstellung farbiger Gegenstände sowohl als die Färbung des Raums, in welchem sie enthalten sind, soll nach Zwecken geschehen, welche der Künstler sich vorsetzt. Hiezu ist besonders die Kenntnis der Wirkung der Farben auf Empfindung, sowohl im einzelnen als in Zusammenstellung, nötig. Deshalb sich denn der Maler von dem allgemeinen Dualism sowohl als von den besondern Gegensätzen penetrieren soll; wie er denn überhaupt wohl innehaben müßte, was wir von den Eigenschaften der Farben gesagt haben.

881. Das Charakteristische kann unter drei Hauptrubriken begriffen werden, die wir einstweilen durch das Mächtige, das Sanfte und das Glänzende bezeichnen wollen.

882. Das erste wird durch das Übergewicht der aktiven, das zweite durch das Übergewicht der passiven Seite, das dritte durch Totalität und Darstellung des ganzen Farbenkreises im Gleichgewicht hervorgebracht.

883. Der mächtige Effekt wird erreicht durch Gelb, Gelbrot und Purpur, welche letzte Farbe auch noch auf der Plusseite zu halten ist. Wenig Violett und Blau, noch weniger Grün ist anzubringen. Der sanfte Effekt wird durch Blau, Violett und Purpur, welcher jedoch auf die Minusseite zu führen ist, hervorgebracht. Wenig Gelb und Gelbrot, aber viel Grün kann stattfinden.

884. Wenn man also diese beiden Effekte in ihrer vollen Bedeutung hervorbringen will, so kann man die geforderten Farben bis auf ein Minimum ausschließen und nur so viel von ihnen sehen lassen, als eine Ahndung der Totalität unweigerlich zu verlangen scheint.

## Harmonisches Kolorit

885. Obgleich die beiden charakteristischen Bestimmungen nach der eben angezeigten Weise auch gewissermaßen harmonisch genannt werden können, so entsteht doch die eigentliche harmonische Wirkung nur alsdann, wenn alle Farben nebeneinander im Gleichgewicht angebracht sind.

886. Man kann hiedurch das Glänzende sowohl als das Angenehme hervorbringen, welche beide jedoch immer etwas Allgemeines und in diesem Sinne etwas Charakterloses haben werden.

887. Hierin liegt die Ursache, warum das Kolorit der meisten Neuern charakterlos ist; denn indem sie nur ihrem Instinkt folgen, so bleibt das Letzte, wohin er sie führen kann, die Totalität, die sie mehr oder weniger erreichen, dadurch aber zugleich den Charakter versäumen, den das Bild allenfalls haben könnte.

888. Hat man hingegen jene Grundsätze im Auge, so sieht man, wie sich für jeden Gegenstand mit Sicherheit eine andre Farbenstimmung wählen läßt. Freilich fordert die Anwendung unendliche Modifikationen, welche dem Genie allein, wenn es von diesen Grundsätzen durchdrungen ist, gelingen werden.

## Echter Ton

889. Wenn man das Wort Ton oder vielmehr Tonart auch noch künftig von der Musik borgen und bei der Farbengebung brauchen will, so wird es in einem bessern Sinne als bisher geschehen können.

890. Man würde nicht mit Unrecht ein Bild von mächtigem Effekt mit einem musikalischen Stücke aus dem Durton, ein Gemälde von sanftem Effekt mit einem Stücke aus dem Mollton vergleichen, so wie man für die Modifikation dieser beiden Haupteffekte andre Vergleichungen finden könnte.

## Falscher Ton

891. Was man bisher Ton nannte, war ein Schleier von einer einzigen Farbe über das ganze Bild gezogen. Man nahm ihn gewöhnlich gelb, indem man aus Instinkt das Bild auf die mächtige Seite treiben wollte.

892. Wenn man ein Gemälde durch ein gelbes Glas ansieht, so wird es uns in diesem Ton erscheinen. Es ist der Mühe wert, diesen Versuch zu machen und zu wiederholen, um genau kennenzulernen, was bei einer solchen Operation eigentlich vorgeht. Es ist eine Art Nachtbeleuchtung, eine Steigerung, aber zugleich Verdüsterung der Plusseite und eine Beschmutzung der Minusseite.

893. Dieser unechte Ton ist durch Instinkt aus Unsicherheit dessen, was zu tun sei, entstanden, so daß man anstatt der Totalität eine Uniformität hervorbrachte.

## Schwaches Kolorit

894. Ebendiese Unsicherheit ist Ursache, daß man die Farben der Gemälde so sehr gebrochen hat, daß man aus dem Grauen heraus und in das Graue hinein malt und die Farbe so leise behandelt als möglich.

895. Man findet in solchen Gemälden oft die harmonischen Gegenstellungen recht glücklich, aber ohne Mut, weil man sich vor dem Bunten fürchtet.

## Das Bunte

896. Bunt kann ein Gemälde leicht werden, in welchem man bloß empirisch, nach unsichern Eindrücken, die Farben in ihrer ganzen Kraft nebeneinanderstellen wollte.

897. Wenn man dagegen schwache, obgleich widrige Farben nebeneinandersetzt, so ist freilich der Effekt nicht auffallend. Man trägt seine Unsicherheit auf den Zuschauer hinüber, der denn an seiner Seite weder loben noch tadeln kann.

898. Auch ist es eine wichtige Betrachtung, daß man zwar die Farben unter sich in einem Bilde richtig aufstellen könne, daß aber doch ein Bild bunt werden müsse, wenn

man die Farben in bezug auf Licht und Schatten falsch anwendet.

899. Es kann dieser Fall um so leichter eintreten, als Licht und Schatten schon durch die Zeichnung gegeben und in derselben gleichsam enthalten ist, dahingegen die Farbe der Wahl und Willkür noch unterworfen bleibt.

## Furcht vor dem Theoretischen

900. Man fand bisher bei den Malern eine Furcht, ja eine entschiedene Abneigung gegen alle theoretische Betrachtungen über die Farbe und was zu ihr gehört, welches ihnen jedoch nicht übel zu deuten war. Denn das bisher sogenannte Theoretische war grundlos, schwankend und auf Empirie hindeutend. Wir wünschen, daß unsre Bemühungen diese Furcht einigermaßen vermindern und den Künstler anreizen mögen, die aufgestellten Grundsätze praktisch zu prüfen und zu beleben.

## Letzter Zweck

901. Denn ohne Übersicht des Ganzen wird der letzte Zweck nicht erreicht. Von allem dem, was wir bisher vorgetragen, durchdringe sich der Künstler. Nur durch die Einstimmung des Lichtes und Schattens, der Haltung, der wahren und charakteristischen Farbengebung kann das Gemälde von der Seite, von der wir es gegenwärtig betrachten, als vollendet erscheinen.

## Gründe

902. Es war die Art der ältern Künstler, auf hellen Grund zu malen. Er bestand aus Kreide und wurde auf Leinwand oder Holz stark aufgetragen und poliert. Sodann wurde der Umriß aufgezeichnet und das Bild mit einer schwärzlichen oder bräunlichen Farbe ausgetuscht. Dergleichen auf diese Art zum Kolorieren vorbereitete Bilder sind noch übrig von Leonardo da Vinci, Fra Bartolommeo und mehrere von Guido.

903. Wenn man zur Kolorierung schritt und weiße Gewänder darstellen wollte, so ließ man zuweilen diesen Grund stehen. Tizian tat es in seiner spätern Zeit, wo er die große Sicherheit hatte und mit wenig Mühe viel zu leisten wußte. Der weißliche Grund wurde als Mitteltinte behandelt, die Schatten aufgetragen und die hohen Lichter aufgesetzt.

904. Beim Kolorieren war das untergelegte, gleichsam getuschte Bild immer wirksam. Man malte z. B. ein Gewand mit einer Lasurfarbe, und das Weiße schien durch und gab der Farbe ein Leben, so wie der schon früher zum Schatten angelegte Teil die Farbe gedämpft zeigte, ohne daß sie gemischt oder beschmutzt gewesen wäre.

905. Diese Methode hat viele Vorteile. Denn an den lichten Stellen des Bildes hatte man einen hellen, an den beschatteten einen dunkeln Grund. Das ganze Bild war vorbereitet; man konnte mit leichten Farben malen, und man war der Übereinstimmung des Lichtes mit den Farben gewiß. Zu unsern Zeiten ruht die Aquarellmalerei auf diesen Grundsätzen.

906. Übrigens wird in der Ölmalerei gegenwärtig durchaus ein heller Grund gebraucht, weil Mitteltinten mehr oder weniger durchsichtig sind und also durch einen hellen Grund einigermaßen belebt, sowie die Schatten selbst nicht so leicht dunkel werden.

907. Auf dunkle Gründe malte man auch eine Zeitlang. Wahrscheinlich hat sie Tintoret eingeführt; ob Giorgione sich derselben bedient, ist nicht bekannt. Tizians beste Bilder sind nicht auf dunkeln Grund gemalt.

908. Ein solcher Grund war rotbraun, und wenn auf denselben das Bild aufgezeichnet war, so wurden die stärksten Schatten aufgetragen, die Lichtfarben impastierte man auf den hohen Stellen sehr stark und vertrieb sie gegen den Schatten zu; da denn der dunkle Grund durch die verdünnte Farbe als Mitteltinte durchsah. Der Effekt wurde beim Ausmalen durch mehrmaliges Übergehen der lichten Partien und Aufsetzen der hohen Lichter erreicht.

909. Wenn diese Art sich besonders wegen der Geschwindigkeit bei der Arbeit empfiehlt, so hat sie doch in der Folge viel Schädliches. Der energische Grund wächst und wird

dunkler; was die hellen Farben nach und nach an Klarheit verlieren, gibt der Schattenseite immer mehr und mehr Übergewicht. Die Mitteltinten werden immer dunkler und der Schatten zuletzt ganz finster. Die stark aufgetragenen Lichter bleiben allein hell, und man sieht nur lichte Flecken auf dem Bilde, wovon uns die Gemälde der bolognesischen Schule und des Caravaggio genugsame Beispiele geben.

910. Auch ist nicht unschicklich, hier noch zum Schlusse des Lasierens zu erwähnen. Dieses geschieht, wenn man eine schon aufgetragene Farbe als hellen Grund betrachtet. Man kann eine Farbe dadurch fürs Auge mischen, sie steigern, ihr einen sogenannten Ton geben; man macht sie dabei aber immer dunkler.

## Pigmente

911. Wir empfangen sie aus der Hand des Chemikers und Naturforschers. Manches ist darüber aufgezeichnet und durch den Druck bekannt geworden, doch verdiente dieses Kapitel von Zeit zu Zeit neu bearbeitet zu werden. Indessen teilt der Meister seine Kenntnisse hierüber dem Schüler mit, der Künstler dem Künstler.

912. Diejenigen Pigmente, welche ihrer Natur nach die dauerhaftesten sind, werden vorzüglich ausgesucht, aber auch die Behandlungsart trägt viel zur Dauer des Bildes bei. Deswegen sind so wenig Farbenkörper als möglich anzuwenden und die simpelste Methode des Auftrags nicht genug zu empfehlen.

913. Denn aus der Menge der Pigmente ist manches Übel für das Kolorit entsprungen. Jedes Pigment hat sein eigentümliches Wesen in Absicht seiner Wirkung aufs Auge, ferner etwas Eigentümliches, wie es technisch behandelt sein will. Jenes ist Ursache, daß die Harmonie schwerer durch mehrere als durch wenige Pigmente zu erreichen ist; dieses, daß chemische Wirkung und Gegenwirkung unter den Farbekörpern stattfinden kann.

914. Ferner gedenken wir noch einiger falschen Richtungen, von denen sich die Künstler hinreißen lassen. Die Maler begehren immer nach neuen Farbekörpern und glauben,

wenn ein solcher gefunden wird, einen Vorschritt in der Kunst getan zu haben. Sie tragen großes Verlangen, die alten mechanischen Behandlungsarten kennenzulernen, wodurch sie viel Zeit verlieren; wie wir uns denn zu Ende des vorigen Jahrhunderts mit der Wachsmalerei viel zu lange gequält haben. Andre gehen darauf aus, neue Behandlungsarten zu erfinden, wodurch denn auch weiter nichts gewonnen wird. Denn es ist zuletzt doch nur der Geist, der jede Technik lebendig macht.

## Allegorischer, symbolischer, mystischer Gebrauch der Farbe

915. Es ist oben umständlich nachgewiesen worden, daß eine jede Farbe einen besondern Eindruck auf den Menschen mache und dadurch ihr Wesen sowohl dem Auge als Gemüt offenbare. Daraus folgt sogleich, daß die Farbe sich zu gewissen sinnlichen, sittlichen, ästhetischen Zwecken anwenden lasse.

916. Einen solchen Gebrauch also, der mit der Natur völlig übereinträfe, könnte man den symbolischen nennen, indem die Farbe ihrer Wirkung gemäß angewendet würde und das wahre Verhältnis sogleich die Bedeutung ausspräche. Stellt man z. B. den Purpur als die Majestät bezeichnend auf, so wird wohl kein Zweifel sein, daß der rechte Ausdruck gefunden worden, wie sich alles dieses schon oben hinreichend auseinandergesetzt findet.

917. Hiermit ist ein anderer Gebrauch nahe verwandt, den man den allegorischen nennen könnte. Bei diesem ist mehr Zufälliges und Willkürliches, ja man kann sagen, etwas Konventionelles, indem uns erst der Sinn des Zeichens überliefert werden muß, ehe wir wissen, was es bedeuten soll, wie es sich z. B. mit der grünen Farbe verhält, die man der Hoffnung zugeteilt hat.

918. Daß zuletzt auch die Farbe eine mystische Deutung erlaube, läßt sich wohl ahnden. Denn da jenes Schema, worin sich die Farbenmannigfaltigkeit darstellen läßt, solche Urverhältnisse andeutet, die sowohl der menschlichen Anschauung als der Natur angehören, so ist wohl kein Zweifel,

daß man sich ihrer Bezüge, gleichsam als einer Sprache, auch da bedienen könne, wenn man Urverhältnisse ausdrükken will, die nicht ebenso mächtig und mannigfaltig in die Sinne fallen. Der Mathematiker schätzt den Wert und Gebrauch des Triangels; der Triangel steht bei dem Mystiker in großer Verehrung; gar manches läßt sich im Triangel schematisieren und die Farbenerscheinung gleichfalls, und zwar dergestalt, daß man durch Verdopplung und Verschränkung zu dem alten geheimnisvollen Sechseck gelangt.

919. Wenn man erst das Auseinandergehen des Gelben und Blauen wird recht gefaßt, besonders aber die Steigerung ins Rote genugsam betrachtet haben, wodurch das Entgegengesetzte sich gegeneinanderneigt und sich in einem Dritten vereinigt, dann wird gewiß eine besondere geheimnisvolle Anschauung eintreten, daß man diesen beiden getrennten, einander entgegengesetzten Wesen eine geistige Bedeutung unterlegen könne, und man wird sich kaum enthalten, wenn man sie unterwärts das Grün und oberwärts das Rot hervorbringen sieht, dort an die irdischen, hier an die himmlischen Ausgeburten der Elohim zu gedenken.

920. Doch wir tun besser, uns nicht noch zum Schlusse dem Verdacht der Schwärmerei auszusetzen, um so mehr, als es, wenn unsre Farbenlehre Gunst gewinnt, an allegorischen, symbolischen und mystischen Anwendungen und Deutungen dem Geiste der Zeit gemäß gewiß nicht fehlen wird.

## SCHLUSSWORT

Indem ich diese Arbeit, welche mich lange genug beschäftigt, doch zuletzt nur als Entwurf gleichsam aus dem Stegreife herauszugeben im Falle bin und nun die vorstehenden gedruckten Bogen durchblättere, so erinnere ich mich des Wunsches, den ein sorgfältiger Schriftsteller vormals geäußert, daß er seine Werke lieber zuerst ins Konzept gedruckt sähe, um alsdann aufs neue mit frischem Blick an das Geschäft zu gehen, weil alles Mangelhafte uns im Drucke deutlicher entgegenkomme als selbst in der saubersten Handschrift.

Um wie lebhafter mußte bei mir dieser Wunsch entstehen, da ich nicht einmal eine völlig reinliche Abschrift vor dem Druck durchgehen konnte, da die sukzessive Redaktion dieser Blätter in eine Zeit fiel, welche eine ruhige Sammlung des Gemüts unmöglich machte.

Wie vieles hätte ich daher meinen Lesern zu sagen, wovon sich doch manches schon in der Einleitung findet. Ferner wird man mir vergönnen, in der Geschichte der Farbenlehre auch meiner Bemühungen und der Schicksale zu gedenken, welche sie erduldeten.

Hier aber stehe wenigstens eine Betrachtung vielleicht nicht am unrechten Orte, die Beantwortung der Frage: was kann derjenige, der nicht im Fall ist, sein ganzes Leben den Wissenschaften zu widmen, doch für die Wissenschaften leisten und wirken? was kann er als Gast in einer fremden Wohnung zum Vorteile der Besitzer ausrichten?

Wenn man die Kunst in einem höhern Sinne betrachtet, so möchte man wünschen, daß nur Meister sich damit abgäben, daß die Schüler auf das strengste geprüft würden, daß Liebhaber sich in einer ehrfurchtsvollen Annäherung glücklich fühlten. Denn das Kunstwerk soll aus dem Genie entspringen, der Künstler soll Gehalt und Form aus der Tiefe seines eigenen Wesens hervorrufen, sich gegen den Stoff beherrschend verhalten und sich der äußern Einflüsse nur zu seiner Ausbildung bedienen.

Wie aber dennoch aus mancherlei Ursachen schon der Künstler den Dilettanten zu ehren hat, so ist es bei wissenschaftlichen Gegenständen noch weit mehr der Fall, daß der Liebhaber etwas Erfreuliches und Nützliches zu leisten imstande ist. Die Wissenschaften ruhen weit mehr auf der Erfahrung als die Kunst, und zum Erfahren ist gar mancher geschickt. Das Wissenschaftliche wird von vielen Seiten zusammengetragen und kann vieler Hände, vieler Köpfe nicht entbehren. Das Wissen läßt sich überliefern, diese Schätze können vererbt werden, und das von Einem Erworbene werden manche sich zueignen. Es ist daher niemand, der nicht seinen Beitrag den Wissenschaften anbieten dürfte. Wie vieles sind wir nicht dem Zufall, dem Handwerk, einer augenblicklichen Aufmerksamkeit schuldig. Alle Naturen, die mit einer glücklichen Sinnlichkeit begabt sind, Frauen, Kinder, sind fähig, uns lebhafte und wohlgefaßte Bemerkungen mitzuteilen.

In der Wissenschaft kann also nicht verlangt werden, daß derjenige, der etwas für sie zu leisten gedenkt, ihr das ganze Leben widme, sie ganz überschaue und umgehe, welches überhaupt auch für den Eingeweihten eine hohe Forderung ist. Durchsucht man jedoch die Geschichte der Wissenschaften überhaupt, besonders aber die Geschichte der Naturwissenschaft, so findet man, daß manches Vorzüglichere von Einzelnen in einzelnen Fächern, sehr oft von Laien geleistet worden.

Wohin irgend die Neigung, Zufall oder Gelegenheit den Menschen führt, welche Phänomene besonders ihm auffallen, ihm einen Anteil abgewinnen, ihn festhalten, ihn beschäftigen, immer wird es zum Vorteil der Wissenschaft sein. Denn jedes neue Verhältnis, das an den Tag kommt, jede neue Behandlungsart, selbst das Unzulängliche, selbst der Irrtum ist brauchbar oder aufregend und für die Folge nicht verloren.

In diesem Sinne mag der Verfasser denn auch mit einiger Beruhigung auf seine Arbeit zurücksehen; in dieser Betrachtung kann er wohl einigen Mut schöpfen zu dem, was zu tun noch übrigbleibt, und, zwar nicht mit sich selbst zufrieden, doch in sich selbst getrost, das Geleistete und zu Leistende einer teilnehmenden Welt und Nachwelt empfehlen.

Multi pertransibunt et augebitur scientia.

*Goethes Selbstanzeige seines Werkes* Zur Farbenlehre *in Cottas „Morgenblatt", Extrabeilage Nr. 8, 6. Juni 1810*

## ANZEIGE UND ÜBERSICHT DES GOETHISCHEN WERKES ZUR FARBENLEHRE

Einem jeden Autor ist vergönnt, entweder in einer Vorrede oder in einer Rekapitulation, von seiner Arbeit, besonders wenn sie einigermaßen weitläuftig ist, Rechenschaft zu geben. Auch hat man es in der neuern Zeit nicht ungemäß gefunden, wenn der Verleger dasjenige, was der Aufnahme einer Schrift günstig sein könnte, gegen das Publikum in Gestalt einer Ankündigung äußerte. Nachstehendes dürfte wohl in diesem doppelten Sinne gelten.

Dieses Ihro Durchlaucht der regierenden Herzogin von Weimar gewidmete Werk beginnt mit einer Einleitung, in der zuvörderst die Absicht im allgemeinen dargelegt wird. Sie geht kürzlich dahin, die chromatischen Erscheinungen in Verbindung mit allen übrigen physischen Phänomenen zu betrachten, sie besonders mit dem, was uns der Magnet, der Turmalin gelehrt, was Elektrizität, Galvanismus, chemischer Prozeß uns offenbart, in eine Reihe zu stellen, und so durch Terminologie und Methode eine vollkommnere Einheit des physischen Wissens vorzubereiten. Es soll gezeigt werden, daß bei den Farben, wie bei den übrigen genannten Naturerscheinungen, ein Hüben und Drüben, eine Verteilung, eine Vereinigung, ein Gegensatz, eine Indifferenz, kurz eine Polarität statthabe, und zwar in einem hohen, mannigfaltigen, entschiedenen, belehrenden und fördernden Sinne. Um unmittelbar zur Sache zu gehen, so werden Licht und Auge als bekannt und anerkannt angenommen.

Das Werk teilt sich in drei Teile, den didaktischen, polemischen und historischen, deren Veranlassung und Zusammenhang mit wenigem angezeigt wird.

### Didaktischer Teil

Seit Wiederherstellung der Wissenschaften ergeht an einzelne Forscher und ganze Sozietäten immer die Forderung, man solle sich treu an die Phänomene halten und eine Sammlung derselben naturgemäß aufstellen. Die theoretische und praktische Ungeduld des Menschen aber hindert gar oft die Erreichung eines so löblichen Zwecks. Andere Fächer der Naturwissenschaft sind glücklicher gewesen als die Farbenlehre. Der einigemal wiederholte

Versuch, die Phänomene zusammenzustellen, hat aus mehreren Ursachen nicht recht glücken wollen. Was wir in unserem Entwurf zu leisten gesucht, ist folgendes.

Daß die Farben auf mancherlei Art und unter ganz verschiedenen Bedingungen erscheinen, ist jedermann auffallend und bekannt. Wir haben die Erfahrungsfälle zu sichten uns bemüht, sie, insofern es möglich war, zu Versuchen erhoben und unter drei Hauptrubriken geordnet. Wir betrachten demnach die Farben, unter mehreren Abteilungen, von der physiologischen, physischen und chemischen Seite.

Die erste Abteilung umfaßt die physiologischen, welche dem Organ des Auges vorzüglich angehören und durch dessen Wirkung und Gegenwirkung hervorgebracht werden. Man kann sie daher auch die subjektiven nennen. Sie sind unaufhaltsam flüchtig, schnell verschwindend. Unsere Vorfahren schrieben sie dem Zufall, der Phantasie, ja einer Krankheit des Auges zu und benannten sie darnach. Hier kommt zuerst das Verhältnis des großen Gegensatzes von Licht und Finsternis zum Auge in Betrachtung; sodann die Wirkung heller und dunkler Bilder aufs Auge. Dabei zeigt sich denn das erste, den Alten schon bekannte Grundgesetz, durch das Finstere werde das Auge gesammlet, zusammengezogen, durch das Helle hingegen entbunden, ausgedehnt. Das farbige Abklingen blendender farbloser Bilder wird sodann mit seinem Gegensatze vorgetragen; hierauf die Wirkung farbiger Bilder, welche gleichfalls ihren Gegensatz hervorrufen, gezeigt, und dabei die Harmonie und Totalität der Farbenerscheinung, als der Angel, auf dem die ganze Lehre sich bewegt, ein für allemal ausgesprochen. Die farbigen Schatten, als merkwürdige Fälle einer solchen wechselseitigen Forderung, schließen sich an; und durch schwachwirkende gemäßigte Lichter wird der Übergang zu den subjektiven Höfen gefunden. Ein Anhang sondert die nah verwandten pathologischen Farben von den physiologischen; wobei der merkwürdige Fall besonders zur Sprache kommt, daß einige Menschen gewisse Farben voneinander nicht unterscheiden können.

Die zweite Abteilung macht uns nunmehr mit den physischen Farben bekannt. Wir nannten diejenigen so, zu deren Hervorbringung gewisse materielle aber farblose Mittel nötig sind, die sowohl durchsichtig und durchscheinend als undurchsichtig sein können. Diese Farben zeigen sich nun schon objektiv wie subjektiv, indem wir sie sowohl außer uns hervorbringen und für Gegenstände ansprechen, als auch dem Auge zugehörig und in demselben hervorgebracht annehmen. Sie müssen als vorübergehend, nicht festzuhaltend angesehen werden und heißen deswegen apparente, flüchtige, falsche, wechselnde Farben. Sie schließen sich unmittelbar an die physiologischen an und scheinen nur um einen geringen Grad mehr Realität zu haben.

Hier werden nun die dioptrischen Farben, in zwei Klassen geteilt, aufgeführt. Die erste enthält jene höchst wichtigen Phänomene, wenn das Licht durch trübe Mittel fällt, oder wenn das Auge durch solche hindurchsieht. Diese weisen uns auf eine der großen Naturmaximen hin, auf ein Urphänomen, woraus eine Menge von Farbenerscheinungen, besonders die atmosphärischen, abzuleiten sind. In der zweiten Klasse werden die Refraktionsfälle erst subjektiv, dann objektiv durchgeführt und dabei unwidersprechlich gezeigt, daß kein farbloses Licht, von welcher Art es auch sei, durch Refraktion eine Farbenerscheinung hervorbringe, wenn dasselbe nicht begrenzt, nicht in ein Bild verwandelt worden. So bringt die Sonne das prismatische Farbenbild nur insofern hervor, als sie selbst ein begrenztes leuchtendes und wirksames Bild ist. Jede weiße Scheibe auf schwarzem Grund leistet subjektiv dieselbe Wirkung.

Hierauf wendet man sich zu den paroptischen Farben. So heißen diejenigen, welche entstehen, wenn das Licht an einem undurchsichtigen farblosen Körper herstrahlt; sie wurden bisher einer Beugung desselben zugeschrieben. Auch in diesem Falle finden wir, wie bei den vorhergehenden, eine Randerscheinung, und sind nicht abgeneigt, hier gleichfalls farbige Schatten und Doppelbilder zu erblicken. Doch bleibt dieses Kapitel weiterer Untersuchung ausgesetzt.

Die epoptischen Farben dagegen sind ausführlicher und befriedigender behandelt. Es sind solche, die auf der Oberfläche eines farblosen Körpers durch verschiedenen Anlaß erregt, ohne Mitteilung von außen, für sich selbst entspringen. Sie werden von ihrer leisesten Erscheinung bis zu ihrer hartnäckigsten Dauer verfolgt, und so gelangen wir zu

der dritten Abteilung, welche die chemischen Farben enthält. Der chemische Gegensatz wird unter der älteren Formel von Acidum und Alkali ausgesprochen, und der dadurch entspringende chromatische Gegensatz an Körpern eingeleitet. Auf die Entstehung des Weißen und Schwarzen wird hingedeutet; dann von Erregung der Farbe, Steigerung und Kulmination derselben, dann von ihrem Hin- und Widerschwanken, nicht weniger von dem Durchwandern des ganzen Farbenkreises gesprochen; ihre Umkehrung und endliche Fixation, ihre Mischung und Mitteilung, sowohl die wirkliche als scheinbare, betrachtet, und mit ihrer Entziehung geschlossen. Nach einem kurzen Bedenken über Farbennomenklatur wird angedeutet, wie aus diesen gegebenen Ansichten sowohl unorganische als organische Naturkörper zu betrachten und nach ihren Farbeäußerungen zu beurteilen sein möchten. Physische und chemische Wirkung farbiger Beleuchtung, ingleichen die chemische Wirkung bei der dioptrischen Achromasie, zwei höchst wichtige Kapitel, machen den Beschluß. Die chemischen Farben können wir uns nun objektiv als den Gegenständen angehörig denken. Sie heißen sonst Colores proprii, materiales, veri, permanentes, und verdienen wohl diesen Namen, denn sie sind bis zur spätesten Dauer festzuhalten.

Nachdem wir dergestalt zum Behuf unsers didaktischen Vortrages die Erscheinungen möglichst auseinandergehalten, gelang es uns doch durch eine solche naturgemäße Ordnung, sie zugleich in einer stetigen Reihe darzustellen, die flüchtigen mit den verweilenden, und diese wieder mit den dauernden zu verknüpfen, und so die erst sorgfältig gezogenen Abteilungen für ein höheres Anschaun wieder aufzuheben.

In einer vierten Abteilung haben wir, was bis dahin von den Farben unter mannigfaltigen besondern Bedingungen bemerkt worden, im allgemeinen ausgesprochen und dadurch eigentlich den Abriß einer künftigen Farbenlehre entworfen.

In der fünften Abteilung werden die nachbarlichen Verhältnisse dargestellt, in welchen unsere Farbenlehre mit dem übrigen Wissen, Tun und Treiben zu stehen wünschte. Den Philosophen, den Arzt, den Physiker, den Chemiker, den Mathematiker, den Techniker laden wir ein, an unserer Arbeit teilzunehmen und unser Bemühen, die Farbenlehre dem Kreis der übrigen Naturerscheinungen einzuverleiben, von ihrer Seite zu begünstigen.

Die sechste Abteilung ist der sinnlich-sittlichen Wirkung der Farbe gewidmet, woraus zuletzt die ästhetische hervorgeht. Hier treffen wir auf den Maler, dem zuliebe eigentlich wir uns in dieses Feld gewagt, und so schließt sich das Farbenreich in sich selbst ab, indem wir wieder auf die physiologischen Farben und auf die naturgemäße Harmonie der sich einander fordernden, der sich gegenseitig entsprechenden Farben gewiesen werden.

## Polemischer Teil

Die Naturforscher der ältern und mittlern Zeit hatten, ungeachtet ihrer beschränkten Erfahrung, doch einen freien Blick über die mannigfaltigen Farbenphänomene und waren auf dem Wege, eine vollständige und zulängliche Sammlung derselben aufzustellen. Die seit einem Jahrhundert herrschende Newtonische Theorie hingegen gründete sich auf einen beschränkten Fall und bevorteilte alle die übrigen Erscheinungen um ihre Rechte, in welche wir sie durch unsern Entwurf wiedereinzusetzen getrachtet. Dieses war nötig, wenn wir die hypothetische Verzerrung so vieler herrlichen und erfreulichen Naturphänomene wieder ins gleiche bringen wollten. Wir konnten nunmehr mit desto größerer Sicherheit an die Kontrovers gehn, welche wir, ob sie gleich auf verschiedene Weise hätte eingeleitet werden können, nach Maßgabe der Newtonischen Optik führen, indem wir diese Schritt vor Schritt polemisch verfolgen und das Irrtumsgespinst, das sie enthält, zu entwirren und aufzulösen suchen.

Wir halten es rätlich, mit wenigem anzugeben, wie sich unsere Ansicht, besonders des beschränkten Refraktions-Falles, von derjenigen unterscheide, welche Newton gefaßt und die sich durch ihn über die gelehrte und ungelehrte Welt verbreitet hat.

Newton behauptet, in dem weißen farblosen Lichte überall, besonders aber in dem Sonnenlicht, seien mehrere verschiedenfarbige Lichter wirklich enthalten, deren Zusammensetzung das weiße Licht hervorbringe. Damit nun diese bunten Lichter zum Vorschein kommen sollen, setzt er dem weißen Licht gar mancherlei Bedingungen entgegen: vorzüglich brechende Mittel, welche das Licht von seiner Bahn ablenken; aber diese nicht in einfacher Vorrichtung. Er gibt den brechenden Mitteln allerlei Formen, den Raum, in dem er operiert, richtet er auf mannigfaltige Weise ein; er beschränkt das Licht durch kleine Öffnungen, durch winzige Spalten, und nachdem er es auf hunderterlei Art in die Enge gebracht, behauptet er, alle diese Bedingungen hätten keinen andern Einfluß, als die Eigenschaften, die Fertigkeiten des Lichts rege zu machen, so daß sein Inneres aufgeschlossen und sein Inhalt offenbart werde.

Die Lehre dagegen, die wir mit Überzeugung aufstellen, beginnt zwar auch mit dem farblosen Lichte, sie bedient sich auch äußerer Bedingungen, um farbige Erscheinungen hervorzubringen; sie gesteht aber diesen Bedingungen Wert und Würde zu. Sie maßt sich nicht an, Farben aus dem Licht zu entwickeln, sie sucht vielmehr durch unzählige Fälle darzutun, daß die Farbe zugleich von dem Lichte und von dem, was sich ihm entgegenstellt, hervorgebracht werde.

Also, um bei dem Refraktionsfalle zu verweilen, auf welchem sich die Newtonische Theorie doch eigentlich gründet, so ist es keineswegs die Brechung allein, welche die Farbenerscheinung verursacht; vielmehr bleibt eine zweite Bedingung unerläßlich, daß nämlich die Brechung auf ein Bild wirke und ein solches von der Stelle wegrücke. Ein Bild entsteht nur durch Grenzen; und diese Grenzen übersieht Newton ganz, ja er leugnet ihren Einfluß. Wir aber schreiben dem Bilde sowohl als seiner Umgebung, der Fläche sowohl als der Grenze, der Tätigkeit sowohl als der Schranke, vollkommen gleichen Einfluß zu. Es ist nichts anders als eine Randerscheinung, und keines Bildes Mitte wird farbig, als insofern die farbigen Ränder sich berühren oder übergreifen. Alle Versuche stimmen uns bei. Je mehr wir sie vermannigfaltigen, desto mehr wird ausgesprochen, was wir behaupten, desto planer und klarer wird die Sache, desto leichter wird es uns, mit diesem Faden an der Hand, auch durch die polemischen Labyrinthe mit Heiterkeit und Bequemlichkeit hindurchzukommen. Ja wir wünschen nichts mehr, als daß der Menschenverstand, von den wahren Naturverhältnissen, auf die wir immer dringend zurückkehren, geschwind überzeugt, unsern polemischen Teil, an welchem freilich noch manches nachzuholen und schärfer zu bestimmen wäre, bald für überflüssig erklären möge.

## Historischer Teil

War es uns in dem didaktischen Entwurfe schwer geworden die Farbenlehre oder Chromatik, in der es übrigens wenig oder nichts zu messen gibt, von der Lehre des natürlichen und künstlichen Sehens, der eigentlichen Optik, worin die Meßkunst großen Beistand leistet, möglichst zu trennen und sie für sich zu betrachten, so begegnen wir dieser Schwierigkeit abermals in dem historischen Teile, da alles, was uns aus älterer und neuerer Zeit über die Farben berichtet worden, sich durch die ganze Naturlehre und besonders durch die Optik gleichsam nur gelegentlich durchschmiegt und für sich beinahe niemals Masse bildet. Was wir daher auch sammelten und zusammenstellten, blieb allzusehr Bruchwerk, als daß es leicht hätte zu einer Geschichte verarbeitet werden können, wozu uns überhaupt in der letzten Zeit die Ruhe nicht gegönnt war. Wir entschlossen uns daher, das Gesammelte als Materialien hinzulegen und sie nur durch Stellung und durch Zwischenbetrachtungen einigermaßen zu verknüpfen.

In diesem dritten Teile also macht uns, nach einem kurzen Überblick der Urzeit, die erste Abteilung mit dem bekannt, was, die Griechen, von Pythagoras an bis Aristoteles, über Farben geäußert, welches auszugsweise übersetzt gegeben wird; sodann aber Theophrasts Büchlein von den Farben in vollständiger Übersetzung. Dieser ist eine kurze Abhandlung über die Versatilität der griechischen und lateinischen Farbenbenennungen beigefügt.

Die zweite Abteilung läßt uns einiges von den Römern erfahren. Die Hauptstelle des Lucretius ist nach Herrn von Knebels Übersetzung mitgeteilt, und anstatt uns bei dem Texte des Plinius aufzuhalten, liefern wir eine Geschichte des Kolorits der alten Maler, verfaßt von Herrn Hofrat Meyer. Sie wird hypothetisch genannt, weil sie nicht sowohl auf Denkmäler als auf die Natur des Menschen und den Kunstgang, den derselbe bei freier Entwicklung nehmen muß, gegründet ist. Betrachtungen über Farbenlehre und Farbenbehandlungen der Alten folgen hierauf, welche zeigen, daß diese mit dem Fundament und den bedeutendsten Erscheinungen der Farbenlehre bekannt und auf einem Wege gewesen, welcher, von den Nachfolgern betreten, früher zum Ziele geführt hätte. Ein kurzer Nachtrag enthält einiges über Seneca. An dieser Stelle ist es nun Pflicht des Verfassers, dankbar zu bekennen, wie sehr ihm bei Bearbeitung dieser Epochen sowohl als überhaupt des ganzen Werkes die einsichtige Teilnahme eines mehrjährigen Hausfreundes und Studiengenossen, Herrn Dr. Riemers, förderlich und behülflich gewesen.

In der dritten Abteilung wird von jener traurigen Zwischenzeit gesprochen, in welcher die Welt der Barbarei unterlegen. Hier tritt vorzüglich die Betrachtung ein, daß nach Zerstörung einer großen Vorwelt die Trümmer, welche sich in die neue Zeit hinüberretten, nicht als ein Lebendiges, Eignes, sondern als ein Fremdes, Totes wirken, und daß Buchstabe und Wort mehr als Sinn und Geist beachtet werden. Die drei großen Hauptmassen der Überlieferung, die Werke des Aristoteles, des Plato und die Bibel, treten heraus. Wie die Autorität sich festsetzt, wird dargetan. Doch wie das Genie immer wieder geboren wird, wieder hervordringt und bei einigermaßen günstigen Umständen lebendig wirkt, so erscheint auch sogleich am Rande einer solchen dunkeln Zeit Roger Bacon, eine der reinsten, liebenswürdigsten Gestalten, von denen uns in der Geschichte der Wissenschaften Kunde geworden. Nur weniges indessen, was sich auf Farbe bezieht, finden wir bei ihm sowie bei einigen Kirchenvätern, und die Naturwissenschaft wird, wie manches andere, durch die Lust am Geheimnis obskuriert.

Dagegen gewährt uns die vierte Abteilung einen heitern Blick in das sechzehnte Jahrhundert. Durch alte Literatur und Sprachkunde sehen wir auch die Farbenlehre befördert. Das Büchlein des Thylesius von den Farben findet man in der Ursprache abgedruckt. Portius erscheint als Herausgeber und Übersetzer des Theophrastischen Aufsatzes. Scaliger bemüht sich auf ebendiesem Wege um die Farbenbenennungen. Paracelsus tritt ein und gibt den ersten Wink zur Einsicht in die chemischen Farben. Durch Alchimisten wird nichts gefördert. Nun bietet sich die Betrachtung dar, daß, je mehr die Menschen selbsttätig werden und neue Naturverhältnisse entdecken, das Überlieferte an seiner Gültigkeit verliere und seine Autorität nach und nach unscheinbar werde. Die theoretischen und praktischen Bemühungen des Telesius, Cardanus, Porta für die Naturlehre werden gerühmt. Der menschliche Geist wird immer freier, unduldsamer, selbst gegen notwendiges und nützliches Lernen, und ein solches Bestreben geht so weit, daß Baco von Verulam sich erkühnt, über alles, was bisher auf der Tafel des Wissens verzeichnet gestanden, mit dem Schwamme hinzufahren.

In der fünften Abteilung zu Anfang des siebzehnten Jahrhunderts trösten uns jedoch über ein solches schriftstürmendes Beginnen Galilei und Kepler, zwei wahrhaft auferbauende Männer. Von dieser Zeit an wird auch unser Feld mehr angebaut. Snellius entdeckt die Gesetze der Brechung, und Antonius de Dominis tut einen großen Schritt zur Erklärung des Regenbogens. Aguilonius ist der erste, der das Kapitel von den Farben ausführlich behandelt, da sie Cartesius neben den übrigen Naturerscheinungen aus Materialitäten und Rotationen entstehen läßt. Kircher liefert ein Werk, die große Kunst des Lichtes und Schattens, und deutet schon durch diesen ausgesprochenen Gegensatz auf die rechte Weise, die Farben abzuleiten. Marcus Marci dagegen behandelt diese Materie abstrus und ohne Vorteil für die Wissenschaft. Eine neue, schon früher vorbereitete Epoche tritt nunmehr ein. Die Vorstellungsart von der Materialität des Lichtes nimmt überhand. De la Chambre und Vossius haben schon dunkle Lichter in dem hellen. Grimaldi zerrt, quetscht, zerreißt, zersplittert das Licht, um ihm Farben abzugewinnen. Boyle läßt es von den verschiedenen Facetten und Rauhigkeiten der Oberfläche widerstrahlen, und auf diesem Wege die Farben erscheinen. Hooke ist geistreich, aber paradox. Bei Malebranche werden die Farben dem Schall verglichen, wie immer auf dem Wege der Schwingungslehre. Sturm kompiliert und eklektisiert; aber Funccius, durch Betrachtung der atmosphärischen Erscheinungen an der Natur festgehalten, kommt dem Rechten ganz nahe, ohne doch durchzudringen. Nuguet ist der erste, der die prismatischen Erscheinungen richtig ableitet. Sein System wird mitgeteilt und seine wahren Einsichten von den falschen und unzulänglichen gesondert. Zum Schluß dieser Abteilung wird die Geschichte des Kolorits seit Wiederherstellung der Kunst bis auf unsere Zeit, gleichfalls von Herrn Hofrat Meyer, vorgetragen.

Die sechste Abteilung ist dem achtzehnten Jahrhundert gewidmet, und wir treten sogleich in die merkwürdige Epoche von Newton bis auf Dollond. Die Londoner Sozietät, als eine bedeutende Versammlung von Naturfreunden des Augenblicks, zieht alle unsere Aufmerksamkeit an sich. Mit ihrer Geschichte machen uns bekannt Sprat, Birch und die Transaktionen. Diesen Hülfsmitteln zufolge wird von den ungewissen Anfängen der Sozietät, von den frühern und spätern Zuständen der Naturwissenschaft in England, von den äußern Vorteilen der Gesellschaft, von den Mängeln, die in ihr selbst, in der Umgebung und in der Zeit liegen, gehandelt. Hooke erscheint als geistreicher, unterrichteter, geschäftiger, aber zugleich eigenwilliger, unduldsamer, unordentlicher Sekretär und Experimentator. Newton tritt auf. Dokumente seiner Theorie der Farben sind die lectiones opticae, ein Brief an Oldenburg, den Sekretär der Londoner Sozietät; ferner die Optik. Newtons Verhältnis zur Sozietät wird gezeigt. Eigentlich meldet er sich zuerst durch sein katoptrisches Teleskop an. Von der Theorie ist nur beiläufig die Rede, um die Unmöglichkeit der Verbesserung dioptrischer Fernröhre zu zeigen und seiner Vorrichtung einen größern Wert beizulegen. Obgedachter Brief erregt die ersten Gegner Newtons, denen er selbst antwortet. Dieser Brief sowohl als die ersten Kontroversen sind in ihren Hauptpunkten ausgezogen und der Grundfehler Newtons aufgedeckt, daß er die äußern Bedingungen, welche nicht aus dem Licht sondern an dem Licht die Farben hervorbringen, übereilt beseitigt und dadurch sowohl sich als andere in einen beinah unauflöslichen Irrtum verwickelt. Mariotte faßt ein ganz richtiges Aperçu gegen Newton, worauf wenig geachtet wird. Desaguliers, Experimentator von Metier, experimentiert und argumentiert gegen den schon Verstorbenen. Sogleich tritt Rizzetti mit mehrerem Aufwand gegen Newton hervor; aber auch ihn treibt Desaguliers aus den Schranken, welchem Gauger als Schildknappe beiläuft. Newtons Persönlichkeit wird geschildert, und eine ethische Auflösung des Problems versucht: wie ein so außerordentlicher Mann sich in einem solchen Grade irren, seinen Irrtum bis an sein Ende mit Neigung, Fleiß, Hartnäckigkeit, trotz aller äußeren und inneren Warnungen, bearbeiten und befestigen und so viel vorzügliche Menschen mit sich fortreißen können. Die ersten Schüler und Bekenner Newtons werden genannt. Unter den Ausländern sind s'Gravesande und Musschenbroek bedeutend.

Nun wendet man den Blick zur französischen Akademie der Wissenschaften. In ihren Verhandlungen wird Mariottes mit Ehren gedacht. De la Hire erkennt die Entstehung des Blauen vollkommen, des Gelben und Roten weniger. Conradi, ein Deutscher, erkennt den Ursprung des Blauen ebenfalls. Die Schwingungen des Malebranche fördern die Farbenlehre nicht, so wenig als die fleißigen Arbeiten Mairans, der auf Newtons Wege das prismatische Bild mit den Tonintervallen parallelisieren will. Polignac, Gönner und Liebhaber, beschäftigt sich mit der Sache und tritt der Newtonischen Lehre bei. Literatoren, Lobredner, Schöngeister, Auszügler und Gemeinmacher, Fontenelle, Voltaire, Algarotti und andere, geben vor der Menge den Ausschlag für die Newtonische Lehre, wozu die Anglomanie der Franzosen und übrigen Völker nicht wenig beiträgt.

Indessen gehn die Chemiker und Farbkünstler immer ihren Weg. Sie verwerfen jene größere Anzahl von Grundfarben und wollen von dem Unterschiede der Grund- und Hauptfarben nichts wissen. Dufay und Castel beharren auf der einfacheren Ansicht; letzterer widersetzt sich mit Gewalt der Newtonischen Lehre, wird aber überschrieen und verschrieen. Der farbige Abdruck von Kupferplatten wird geübt. Le Blond und Gauthier machen sich hierdurch bekannt. Letzterer, ein heftiger Gegner Newtons, trifft den rechten Punkt der Kontrovers und führt sie gründlich durch. Gewisse Mängel seines Vortrags, die Ungunst der Akademie und die öffentliche Meinung widersetzen sich ihm, und seine Bemühungen bleiben fruchtlos. Nach einem Blicke auf die deutsche große und tätige Welt wird dasjenige, was in der deutschen gelehrten Welt vorgegangen, aus den physikalischen Kompendien kürzlich angemerkt, und die Newtonische Theorie erscheint zuletzt als allgemeine Konfession. Von Zeit zu Zeit regt sich wieder der Menschenverstand. Tobias Mayer erklärt sich für die drei Grund- und Hauptfarben, nimmt gewisse Pigmente als ihre Repräsentanten an und berechnet ihre möglichen unterscheidbaren Mischungen. Lambert geht auf demselben Wege weiter. Außer diesen begegnet uns noch eine freundliche Erscheinung. Scherffer beobachtet die sogenannten Scheinfarben, sammelt und rezensiert die Bemühungen seiner Vorgänger. Franklin wird gleichfalls aufmerksam auf diese Farben, die wir unter die physiologischen zählen.

Die zweite Epoche des achtzehnten Jahrhunderts von Dollond

bis auf unsere Zeit hat einen eigenen Charakter. Sie trennt sich in zwei Hauptmassen. Die erste ist um die Entdeckung der Achromasie teils theoretisch, teils praktisch beschäftigt, jene Erfahrung nämlich, daß man die prismatische Farbenerscheinung aufheben und die Brechung beibehalten, die Brechung aufheben und die Farbenerscheinung behalten könne. Die dioptrischen Fernröhre werden gegen das bisherige Vorurteil verbessert, und die Newtonische Lehre periklitiert in ihrem Innersten. Erst leugnet man die Möglichkeit der Entdeckung, weil sie der hergebrachten Theorie unmittelbar widerspreche; dann schließt man sie durch das Wort Zerstreuung an die bisherige Lehre, die auch nur aus Worten bestand. Priestleys Geschichte der Optik, durch Wiederholung des Alten, durch Akkommodation des Neuen, trägt sehr viel zur Aufrechterhaltung der Lehre bei. Frisi, ein geschickter Lobredner, spricht von der Newtonischen Lehre, als wenn sie nicht erschüttert worden wäre. Klügel, der Übersetzer Priestleys, durch mancherlei Warnung und Hindeutung aufs Rechte, macht sich bei den Nachkommen Ehre; allein weil er die Sache läßlich nimmt und seiner Natur, auch wohl den Umständen nach nicht derb auftreten will, so bleiben seine Überzeugungen für die Gegenwart verloren.

Wenden wir uns zur andern Masse. Die Newtonische Lehre, wie früher die Dialektik, hatte die Geister unterdrückt. Zu einer Zeit, da man alle frühere Autorität weggeworfen, hatte sich diese neue Autorität abermals der Schulen bemächtigt. Jetzt aber ward sie durch Entdeckung der Achromasie erschüttert. Einzelne Menschen fingen an, den Naturweg einzuschlagen, und es bereitete sich, da jeder aus einseitigem Standpunkte das Ganze übersehen, sich von Newton losmachen oder wenigstens mit ihm einen Vergleich eingehen wollte, eine Art von Anarchie, in welcher sich jeder selbst konstituierte und so eng oder so weit, als es gehen mochte, mit seinen Bemühungen zu wirken trachtete. Westfeld hoffte die Farben durch eine gradative Wärmewirkung auf die Netzhaut zu erklären. Guyot sprach, bei Gelegenheit eines physikalischen Spielwerks, die Unhaltbarkeit der Newtonischen Theorie aus. Mauclerc kam auf die Betrachtung, inwiefern Pigmente einander an Ergiebigkeit balancieren. Marat, der gewahr wurde, daß die prismatische Erscheinung nur eine Randerscheinung sei, verband die paroptischen Fälle mit dem Refraktionsfalle. Weil er aber bei dem Newtonischen Resultat blieb und zugab, daß die Farben aus dem Licht hervorgelockt würden, so hatten seine Bemühungen keine Wirkung. Ein französischer Ungenannter beschäftigte sich emsig und treulich mit den farbigen Schatten, gelangte aber nicht zum Wort des Rätsels. Carvalho, ein Malteserritter, wird gleichfalls zufällig farbige Schatten gewahr und baut auf wenige Erfahrungen eine wunderliche Theorie auf. Darwin beobachtet die Scheinfarben mit Aufmerksamkeit und Treue; da er aber alles durch mehr und mindern Reiz abtun und die Phänomene zuletzt, wie Scherffer, auf die Newtonische Theorie reduzieren will, so kann er nicht zum Ziel gelangen. Mengs spricht mit zartem Künstlersinn von den harmonischen Farben, welches eben die nach unserer Lehre physiologisch geforderten sind. Gülich, ein Färbekünstler, sieht ein, was in seiner Technik durch den chemischen Gegensatz von Acidum und Alkali zu leisten ist; allein bei dem Mangel an gelehrter und philosophischer Kultur kann er weder den Widerspruch, in dem er sich mit der Newtonischen Lehre befindet, lösen, noch mit seinen eigenen theoretischen Ansichten ins reine kommen. Delaval macht auf die dunkle schattenhafte Natur der Farbe aufmerksam, vermag aber – weder durch Versuche noch Methode noch Vortrag, an denen freilich manches auszusetzen ist – keine Wirkung hervorzubringen. Hoffmann möchte die malerische Harmonie durch die musikalische deutlich machen und einer durch die andere aufhelfen. Natürlich gelingt es ihm nicht, und bei manchen schönen Verdiensten ist er wie sein Buch verschollen. Blair erneuert die Zweifel gegen Achromasie, welche wenigstens nicht durch Verbindung zweier Mittel soll hervorgebracht werden können; er verlangt mehrere dazu. Seine Versuche an verschiedenen die Farbe sehr erhöhenden Flüssigkeiten sind aller Aufmerksamkeit wert; da er aber zu Erläuterungen derselben die detestable Newtonische Theorie kümmerlich modifiziert anwendet, so wird seine Darstellung höchst verworren, und seine Bemühungen scheinen keine praktischen Folgen gehabt zu haben.

Zuletzt nun glaubte der Verfasser des Werks, nachdem er so viel über andere gesprochen, auch eine Konfession über sich selbst schuldig zu sein; und er gesteht, auf welchem Wege er in dieses Feld gekommen, wie er erst zu einzelnen Wahrnehmungen und nach und nach zu einem vollständigern Wissen gelangt, wie er sich das Anschauen der Versuche selbst zuwege gebracht und gewisse theoretische Überzeugungen darauf gegründet; wie diese Beschäftigung sich zu seinem übrigen Lebensgange, besonders aber zu seinem Anteil an bildender Kunst verhalte, wird dadurch begreiflich. Eine Erklärung über das in den letzten Jahrzehnten für die Farbenlehre Geschehene lehnt er ab, liefert aber zum Ersatz eine Abhandlung über den von Herscheln wieder angeregten Punkt, die Wirkung farbiger Beleuchtung betreffend, in welcher Herr Doktor Seebeck zu Jena aus seinem unschätzbaren Vorrat chromatischer Erfahrungen das Zuverlässigste und Bewährteste zusammengestellt hat. Sie mag zugleich als ein Beispiel dienen, wie durch Verbindung von Übereindenkenden, in gleichem Sinne Fortarbeitenden das hie und da Skizzen- und Lückenhafte unseres Entwurfs ausgeführt und ergänzt werden könne, um die Farbenlehre einer gewünschten Vollständigkeit und endlichem Abschluß immer näher zu bringen.

Anstatt des letzten, supplementaren Teils folgt voritzt eine Entschuldigung, sowie Zusage, denselben baldmöglichst nachzuliefern: wie denn vorläufig das darin zu Erwartende angedeutet wird.

Übrigens findet man bei jedem Teile ein Inhaltsverzeichnis, und am Ende des letzten, zu bequemerem Gebrauch eines so komplizierten Ganzen, Namen- und Sachregister. Gegenwärtige Anzeige kann als Rekapitulation des ganzen Werks sowohl Freunden als Widersachern zum Leitfaden dienen.

Ein Heft mit sechzehn Kupfertafeln und deren Erklärung ist dem Ganzen beigegeben.

# KOMMENTARTEIL

Carl Friedrich v. Weizsäcker

# EINIGE BEGRIFFE AUS GOETHES NATURWISSENSCHAFT

*Willst du dich am Ganzen erquicken,*
*So mußt du das Ganze im Kleinsten erblicken.*
(Bd. 1, S. 304.)

Das Kleinste in der Sprache ist das Wort.[1] In der Wissenschaft erscheint das Wort als Begriff. Wir wollen versuchen, etwas von dem Ganzen, das Goethes Naturwissenschaft ist, an einigen ihrer Begriffe abzulesen.

Was aber bedeutet uns Goethes Naturwissenschaft?

Sie ist uns zunächst ein Werk des Menschen, des Dichters Goethe. Wie sich das Wesen eines Menschen noch in jeder Falte seiner Hand eigentümlich ausspricht, so finden wir in jedem Begriff der Goetheschen Wissenschaft Goethe wieder.

Doch würde Goethe uns gescholten haben, wenn wir seine Wissenschaft nur als ein Mittel benutzt hätten, um ihn selbst kennen zu lernen. Er suchte Erkenntnis, die an sich gelten sollte, über jeden Anteil an seiner Person und seinem dichterischen Werk hinaus. Er wollte seine Wissenschaft als unlösbares Glied in die Kette der objektiven Naturerkenntnis der Neuzeit einfügen.

Mit den Stellen, an denen ihm dies gelungen ist, wie der Untersuchung der subjektiven Farben, der Entdeckung des menschlichen Zwischenkieferknochens, dem Präludium der Abstammungslehre in seinem Begriff der Metamorphose, wollen wir uns hier nicht ausführlich beschäftigen. Der Ausgangspunkt unserer Betrachtung soll die Stelle des Mißlingens sein.

Wie so oft, verriet sich das Mißlingen durch Polemik. In seiner Kritik der herrschenden Farbenlehre hat Goethe den klaren Sinn der Worte und Versuche Newtons vierzig Jahre lang mißverstanden und hat sich durch so kluge und sachkundige Gesprächspartner wie Lichtenberg nicht belehren lassen.

Wie konnte ein so großer, so umfassender Geist so irren? Ich weiß nur eine Antwort: er irrte, weil er irren wollte. Er wollte irren, weil er eine entscheidende Wahrheit nur durch den Zorn zu verteidigen vermochte, dessen Ausdruck dieser Irrtum war.

Goethes Weise, zu sehen und zu denken, ist ein Ganzes. Sie begegnete in der neuzeitlichen Naturwissenschaft einem – geschichtlich gesehen

– umfassenderen Ganzen. Goethe war bereit, seine Wissenschaft diesem größeren Ganzen einzufügen, aber im Konflikt mit Newton zeigte sich, daß er sie nicht einfügen konnte und durfte, wenn er nicht das opfern wollte, was ihm das Entscheidende war.

Die Erfolglosigkeit der Polemik Goethes zeigt, daß seine Hoffnung, die Naturwissenschaft zu einem besseren Verständnis ihres eigenen Wesens zu bekehren, auf einer Illusion beruhte. Newton hat das Wesen der neuzeitlichen Wissenschaft besser verstanden als Goethe. Wir heutigen Physiker sind in unserem Fach Schüler Newtons und nicht Goethes. Aber wir wissen, daß diese Wissenschaft nicht absolute Wahrheit, sondern ein bestimmtes methodisches Verfahren ist. Wir sind genötigt, über Gefahr und Grenzen dieses Verfahrens nachzudenken. So haben wir Anlaß, gerade nach dem in Goethes Wissenschaft zu fragen, was anders ist als in der herrschenden Naturwissenschaft.

Wir wollen im folgenden die Reihe einiger der wichtigsten Begriffe der Wissenschaft Goethes ein einziges Mal durchlaufen. Damit kann sich zwar etwas von ihrem Zusammenhang zeigen, aber nur von einem Gesichtspunkt aus. Diesen Gesichtspunkt suchen wir vorweg in den folgenden Sätzen anzudeuten.

Als Naturwissenschaft der Neuzeit bezeichnen wir die Denkweise, die ihr methodisches Bewußtsein zu immer größerer Klarheit entwikkelt hat in einer etwa durch die Namen Kopernikus, Kepler, Galilei, Newton bezeichneten Folge und die zwar nicht metaphysisch, wohl aber methodisch auch heute noch herrscht. Sie beschreiben wir weiter nicht, sondern setzen sie im Umriß als bekannt voraus. Wir beschreiben Goethes Wissenschaft, indem wir sie – ebenfalls als eine in sich zusammenhängende Denkweise – von ihr unterscheiden. Wir behaupten:

Goethe und die neuzeitliche Naturwissenschaft haben einen gemeinsamen Grund, der ihr Gespräch ermöglicht. Wir können ihn durch die Formel andeuten: Platon und die Sinne. Das Gespräch scheitert, wo beide auf diesem Grund verschiedene Gebäude errichten. Die platonische Idee wird in der Naturwissenschaft zum Allgemeinbegriff, bei Goethe zur Gestalt; die Teilhabe der Sinnenwelt an der Idee wird in der Naturwissenschaft zur Geltung von Gesetzen, bei Goethe zur Wirklichkeit des Symbols.

Natürlich tut ein so einfaches Schema beiden Seiten Gewalt an. Doch versuchen wir, es durchzuführen, um es vielleicht in einem späteren Schritt überwinden zu können.

Die Sinne

*Den Sinnen hast du dann zu trauen,*
*Kein Falsches lassen sie dich schauen,*
*Wenn dein Verstand dich wach erhält.* (Bd. 1, S. 370.)

Ist dies das Bekenntnis zur Empirie, das Goethe mit der neuzeitlichen Wissenschaft verbindet? Ja und nein. Das Gedicht fährt fort:

*Mit frischem Blick bemerke freudig,*
*Und wandle sicher wie geschmeidig*
*Durch Auen reichbegabter Welt.* (Ebd.)

Für die neuzeitliche Wissenschaft genügt es, daß ein Forscher die sinnliche Erfahrung gemacht hat und jeder andere sie grundsätzlich wiederholen könnte. Nicht der Akt der Erfahrung ist das Entscheidende, sondern der Sachverhalt, über den er uns unterrichtet. Und der Sachverhalt selbst ist wichtig nicht als Einzelfall, sondern als Typus: „Erfahrung" wird der Sinneseindruck für die Wissenschaft gerade dadurch, daß er wiederholbar ist. Das Wiederholbare aber ist ersetzbar.

Die Sinneserfahrung, in der Goethes Wissenschaft wurzelt, ist seine eigene, ist unersetzlich. Nichts liegt ihm, wenn er seine Ergebnisse beschreibt, mehr am Herzen, als den Leser zum eigenen, unersetzbaren Sehen anzuleiten. Freilich weiß auch jeder gute Naturforscher, wie wichtig Sehen und Sehenlernen sind. Kein Gegensatz zwischen lebendigen Menschen darf unbedingt gesehen werden, wenn wir bei der Wahrheit bleiben wollen. Andererseits ist es Bedingung jeder echten Verständigung, daß die Unterschiede deutlich gesehen werden. Da für Goethe so viel darauf ankommt, die sinnliche Erfahrung selbst zu machen, sollten wir uns vergegenwärtigen, wie er selbst sinnlich erfahren hat und erfahren wollte. Davon spricht die soeben zitierte Strophe.

Das Flüssigste und das Trockenste in Goethes Wesen, die hinreißende Empfindung des Augenblicks und die Neigung zum Sammeln und Ordnen, sie streben eins zu werden in diesem sicheren und geschmeidigen Wandeln, diesem freudigen Bemerken, das den Schatz seiner sinnlichen Erfahrung von Tag zu Tag mehrt. Wie viele Steine hat er mit dem Geologenhammer selbst vom gewachsenen Fels losgeklopft! Wie viele Blumen und Bäume hat er auf Reisen betrachtet, zu Hause gezogen; wie viele Knochengerüste selbst angeschaut und betastet! Wie treten ihm bei jedem Blick in die Natur die Erscheinungen der Farbe von selbst entgegen und werden, sei es auch unter Kriegslärm oder im Liebesgedicht des *Divan,* genau bemerkt und beschrieben! Nicht nur die glücklichen Augen nahmen diese Fülle auf; wandernd, reitend, kletternd, schwimmend erfuhr sein Leib die Natur. Und wer könnte Goethe verstehen, der nicht wüßte, wie nahe alles Sinnliche der Liebe ist?

## Unterscheiden und Verbinden

*Dich im Unendlichen zu finden,*
*Mußt unterscheiden und dann verbinden;*
*Drum danket mein beflügelt Lied*
*Dem Manne, der Wolken unterschied.* (Bd. 1, S. 349.)

Diese Strophe gilt dem englischen Meteorologen Howard. Sie spricht vom Unterscheiden und vom Verbinden. Das Unterscheiden kommt zuerst.

Die Fülle der sinnlichen Welt ist unerschöpflich, unabgrenzbar. Wie sollen wir uns in ihr finden? Wir müssen sie gliedern. Die Gliederung beginnt mit dem Rubrizieren und Klassifizieren, Tätigkeiten, deren Verdienst Goethe hoch zu schätzen wußte. Die richtig gemachte Rubrik ist nichts Willkürliches. Sie spiegelt etwas von der Ordnung des Wirklichen, und noch wo ihr ein Rest von Gewaltsamkeit anhaftet, ist sie der erste Schritt des Weges, den wir als endliche Wesen gehen müssen, wenn wir uns im Unendlichen finden sollen.

Auf das Unterscheiden aber muß das Verbinden folgen. Ja, das Unterscheiden ist selbst stets schon ein Verbinden. Will ich die Fülle der Wolkengestalten, der Minerale, der Pflanzen, der Tiere – eine Fülle, in der kein Individuum dem anderen gleich ist –, will ich diese Fülle einteilen, so muß ich Ähnliches verbinden, muß es vom Unähnlichen unterscheiden. Nur weil ich verbinden kann, kann ich unterscheiden.

Wie aber kann ich verbinden?

## Gestalt und Gesetz

Die Ähnlichkeit dessen, was ich verbinde, liegt in der Gestalt. Goethes Naturwissenschaft ist zum größten Teile vergleichende Morphologie. Was aber bedeutet dieses Wort: Gestalt?

Jedes einzelne Wirkliche, das mir sinnlich begegnet, kann ich eine Gestalt nennen: diese eine Blume, die heute blüht und morgen welken wird, diesen einen Berg, der seit undenklichen Zeiten an seiner Stelle steht.

Wenn ich aber zwei Dinge vergleiche, indem ich sage, sie hätten dieselbe Gestalt – etwa die der Spirale oder die des Bergkristalls oder die des Menschen –, so meine ich mit Gestalt etwas anderes als das einzelne Ding. Was ist diese Gestalt, die das Vergleichen des Gestalteten ermöglicht?

Die Popularphilosophie der neuzeitlichen Naturwissenschaft würde auf diese Frage wohl antworten, eine ,,Gestalt an sich" gebe es nicht; Gestalt sei nicht selbst ein Ding, sondern der Name eines Sachverhalts, nämlich eben dessen, daß verschiedene Dinge unter gewissen Gesichtspunkten als ähnlich beurteilt werden können. Diese berechtigte Mahnung zur Aufmerksamkeit auf die Mehrdeutigkeit von Worten wie „es gibt" lenkt aber den Blick von dem eigentlichen Gegenstand der Naturwissenschaft ab. Alle Naturwissenschaft sucht eigentlich das zu ergründen, was macht, daß wir verschiedene Dinge mit Recht als ähnlich beurteilen.

Die herrschende Naturwissenschaft der Neuzeit drückt das so aus: der eigentliche Gegenstand der Forschung sei nicht der Einzelfall, sondern das Gesetz. Ähnliche Einzelgestalten entwickeln sich, weil stets das gleiche Gesetz gilt. Die Möglichkeit der Verschärfung von „ähnlich" zu „gleich" zeigt, daß für die Denkweise dieser Wissenschaft die Erkenntnis des Gesetzes tiefer dringt als die der Gestalt. In bezug auf die Gestalt sind verschiedene Dinge einander höchstens ähnlich, weil die verschiedenen Bedingungen des Anfangs und der Umwelt eine völlig gleichartige Entwicklung ausschließen. Ein Gesetz aber ist seinem Wesen nach stets dasselbe. Es kann ein für allemal als einzelner Satz ausgesprochen werden und ist darum in der Fülle seiner Anwendungen nicht nur immer von gleicher Art, sondern identisch dasselbe: es ist wesentlich Eines.

Nach dieser Auffassung kann vergleichende Morphologie keine Grundwissenschaft sein. Sie ist nur die Vorstufe der Erforschung genetischer Zusammenhänge, die in der Kausalanalyse nach allgemeinen Gesetzen gipfelt. Das Gesetz selbst hat sich freilich die Wissenschaft vom 17. bis zum 19. Jahrhundert anders zu erklären gesucht als heute. Damals wollte man es als Ausdruck mechanischer Notwendigkeit, etwa durch Druck und Stoß, selbst noch begreiflich machen. D. h. man wünschte bei der Aussage des Gesetzes selbst nicht haltzumachen, sondern sie aus einer für mehr oder weniger evident gehaltenen Vorstellung vom Wesen der Materie noch herzuleiten. Wir Heutigen haben darauf verzichtet und bekennen, über das Gesetz hinaus, das ja gleichsam eine allgemeine Regel der Gestalt alles Geschehens gibt, nichts zu wissen.

Doch müssen wir hier offenlassen, ob wir uns auf diesem Wege der neuesten Physik Goethe nähern werden. Zunächst müssen wir den Unterschied der Goetheschen Wissenschaft von aller bisherigen Physik begreifen. Für Goethe wurzelt nicht die Gestalt im Gesetz, sondern das Gesetz in der Gestalt.

## Gestalt und Idee

Die *Italienische Reise* berichtet aus Palermo vom 17. April 1787: *Die vielen Pflanzen, die ich sonst nur in Kübeln und Töpfen, ja die größte Zeit des Jahres nur hinter Glasfenstern zu sehen gewohnt war, stehen hier froh und frisch unter freiem Himmel, und indem sie ihre Bestimmung vollkommen erfüllen, werden sie uns deutlicher. Im Angesicht so vielerlei neuen und erneuten Gebildes fiel mir die alte Grille wieder ein, ob ich nicht unter dieser Schar die Urpflanze entdecken könnte. Eine solche muß es denn doch geben! Woran würde ich sonst erkennen, daß dieses oder jenes Gebilde eine Pflanze sei, wenn sie nicht alle nach einem Muster gebildet wären?* (Bd. 11, S. 266.)

Was die Wissenschaft allenfalls bereit wäre unter einem der Titel „Gestalt der Pflanze", „Begriff der Pflanze", „Wesen der Pflanze" abstrakt zu denken, ist hier selbst als eine wirkliche Pflanze vorgestellt. In dieser Verwechslung zweier begrifflicher Ebenen, mag sie hier wohl noch naiv oder in späterer Zeit gelegentlich ironisch ausgesprochen sein, verbirgt sich die Ur-Intuition der Naturwissenschaft Goethes. Es ist kein Wunder, daß er es schwer hatte, über das, was er sah, selbst ins klare zu kommen, und daß er uns viel zu denken übriggelassen hat.

Als Goethe Schillern den Gedanken der Urpflanze darlegte, sagte dieser: „Das ist keine Erfahrung, das ist eine Idee." Es scheint, als sei an dieser Antwort Goethes Naivität zerbrochen. Der Kantianer nötigte ihm hier eine scheinbar unentrinnbare Alternative auf, die als solche zu leugnen doch der ganze Sinn der Goetheschen Naturwissenschaft war.

Goethe mußte zugeben: die Urpflanze war kein Gegenstand wissenschaftlicher Empirie. Unter den Pflanzen, die der Botaniker vorweisen kann, befindet sie sich nicht. Selbst wenn sie noch einmal gefunden werden sollte, oder wenn sie im Sinne der Abstammungslehre in ferne geologische Vorzeit zu versetzen wäre, so wäre sie heute keine Erfahrung, sondern eine Hypothese.

Aber Schiller verstand Goethe besser, als ein Botaniker ihn wohl hätte verstehen können. Er nannte die Urpflanze nicht eine Hypothese, sondern eine Idee. Wir wollen dieses Wort so verstehen, wie Goethe es verstehen mußte, als er lernte, Schiller zuzustimmen. Wir müsen es dazu seinem ursprünglichen Sinn in der griechischen Sprache so nahe bringen wie möglich. Idee ist vom Sehen, ἰδεῖν abgeleitet und heißt etwas wie Bild, Gestalt, Anschauung. Goethe sah die Urpflanze wirklich. Es ist schon ein Ausweichen in einen Dualismus, wenn wir sagen, er habe sie mit dem inneren Auge gesehen. Lieber würde ich sagen, er sah sie mit dem denkenden Auge; er sah sie mit seinen leibhaften Augen, weil er denkend zu sehen vermochte. Sie war ihm in jeder einzelnen Pflanze so gegenwärtig, wie das, was den Kristall zum Kristall macht, in jedem seiner Bruchstücke gesehen werden kann oder wie – es sei bei dem Dichter der Vergleich erlaubt – dem Liebenden der geliebte Mensch in jeder Bewegung und in jedem Schriftzug ganz gegenwärtig ist. So spricht Goethe im *Divan* unter dem Bilde der Geliebten die Natur selbst an:

*In tausend Formen magst du dich verstecken,*
*Doch, Allerliebste, gleich erkenn' ich dich.* (Bd. 2, S. 88.)

Aber wir dürfen uns nicht zu rasch vom dichterischen Anklang forttragen lassen. Wenn Schiller von Idee sprach, so meinte er scheinbar ebendies, in Wahrheit aber etwas anderes. Ihm ist die Urpflanze eine ideale, ebendarum aber in der realen Welt nie adäquat verwirklichte Wahrheit. Daß in der empirischen Wirklichkeit nichts ihr genau Entsprechendes gegeben werden kann, macht gerade die Würde der Idee aus. Goethe aber mußte sich gegen diese Unterscheidung wehren, die das für ihn Einheitliche spaltete. Die Idee im Sinne der Kantschen Erkenntnislehre ist ein Entwurf der menschlichen Subjektivität, freilich ein notwendiger Entwurf, weil er erst alle Erkenntnis, weil er erst „eine Natur" im Sinne der Wissenschaft möglich macht. Hier konnte sich Schillers Pathos der menschlichen Freiheit entzünden. Goethe aber wollte in diesem Sinne gar nicht frei sein. Er wollte die Natur weder schaffen noch überwinden, sondern er fand sich als ihr Geschöpf und wollte sie verstehen und ihr gehorchen.

In diesen letzten Entscheidungen ist ein Mensch wohl an sein Wesen gebunden und darf nicht mehr, als es treu entfalten. Aber wir fragen in diesem Augenblick nicht, wie Goethes Wesen seine Naturwissenschaft bedingte, sondern wie es ihn eben dadurch befähigte, zu sehen, was fast kein anderer sah. Knüpfen wir dazu noch einmal an Schillers Antwort an!

Diese Antwort wäre noch treffender gewesen, wenn Schiller die Idee nicht im Kantischen, sondern im Platonischen Sinne verstanden hätte. Goethes Schluß *Woran würde ich sonst erkennen, daß dieses oder jenes Gebilde eine Pflanze sei, wenn sie nicht alle nach einem Muster gebildet wären?* (Bd. 11, S. 266) ist der Platonische Schluß. Was Goethe mit Platon verbindet und von Kant trennt, ist, was er selbst wohl das Objektive genannt hätte. Die Idee ist ihm nicht eine höchste regulative Vorstellung unseres Erkenntnisvermögens, sondern sie ist ihm das wirkliche Muster, nach dem die wirklichen Pflanzen wirklich gebildet sind.

Und doch scheint Goethe auch nicht am selben Ort zu stehen wie Platon. Wie oft versichert uns der Philosoph, das sinnlich Wahrnehmbare, das dem Werden und Vergehen unterworfen ist, sei kein wahrhaft Seiendes, sondern habe bloß „irgendwie" Anteil am Sein der Idee, die nur der Geist erfaßt! Bleibt, von Platon her gesehen, Goethe nicht in der Sinnlichkeit seiner Natur befangen, nur ein Dichter, der die scheinenden Nachbilder mit den Urbildern verwechselt? Ist es nicht ein naives Mißverständnis des platonischen Mythos von der Erinnerung der Seele an die Urbilder, die sie in einem früheren Dasein gesehen hat, wenn

Goethe das Urbild aller Pflanzen auf dem Boden Siziliens mit Augen zu schauen hofft?

Diese Spannung haben wir in der Formel angedeutet: Platon und die Sinne. Aber wenn Goethe nicht nur ein Platoniker ist, ist er darum ein schlechter Platoniker?

Platon hat uns mit der Ideenlehre ein Rätsel hinterlassen, das noch nicht aufgelöst ist. Die Traditionen der Logik, der Metaphysik und der mathematischen Naturwissenschaft nehmen in ihr ihren Ursprung. In der Logik wird die Idee zum Allgemeinbegriff, das an der Idee teilhabende Ding zum unter den Begriff fallenden Besonderen. Das Besondere kann, wenn es zur „Außenwelt" gehört, sinnlich erfahren, das Allgemeine kann „nur gedacht" werden. Aber ist das nicht eine einseitige Deutung der Idee, in der ihre Beziehung zum Sehen ganz verlorengeht? Ließe sich nicht eine entgegengesetzte, notfalls zunächst ebenso einseitige Deutung denken, in der Idee in ganz strengem Sinne das wäre, was man sehen kann? Hat vielleicht Goethe, der Künstler, der behauptete, er habe *nie über das Denken gedacht* (Bd. 1, S. 329), gerade das vom Sehen der Idee gewußt, was die Logik und die ihr folgenden Wissenschaften nicht wissen können?

Wo Goethe auf die Lehre vom Allgemeinbegriff stößt, wehrt er sich durch Paradoxien.

> *Was ist das Allgemeine?*
> *Der einzelne Fall.*
> *Was ist das Besondere?*
> *Millionen Fälle.* (Bd. 12, S. 433.)

Dies ist nicht nur die Binsenwahrheit, daß kein Fall dem anderen gleicht. Vielmehr soll hier angedeutet werden: Was die Logik als das Allgemeine versteht, nämlich das Wesen oder die Idee, steht in jedem einzelnen Fall sinnenfällig vor uns. Sehe ich eine Pflanze als Pflanze, so sehe ich damit die Pflanze.

Von diesem Blickpunkt aus wollen wir nun einige weitere Begriffe durchgehen.

## Zusammenhang

Wir wenden uns noch einmal zum Unterscheiden und Verbinden zurück. Zwar ist die Welt der Gestalten unermeßlich, aber sie ist überall zusammenhängend. Das Verbinden des zuvor Unterschiedenen zeichnet nur die Linien des wirklichen Zusammenhanges nach. Trennen ist eine dem menschlichen Geist notwendige Operation, aber alle bloße Trennung ist künstlich. Das Diskrete, Abzählbare ist nur gedacht; Kontinuität ist ein Merkmal der Wirklichkeit.

Vergleichende Morphologie weist darum die Einheit des Wirklichen in der Kontinuität der Gestalten nach. Diesem Nachweis gehört Goethes ganze Liebe. Nach zeitgenössischer Lehre sollte der Mensch vom Affen durch das Fehlen des Zwischenkieferknochens im Oberkiefer grundsätzlich unterschieden sein. Welch unfruchtbare Tendenz, den Glauben an das eigentümlich Menschliche, diese Sache des lebendigen Geistes, durch einen angeblichen Bruch der Kontinuität des Physischen an einer noch so belanglosen Stelle vor dem eigenen materialistischen Unglauben zu sichern! Goethe brauchte man nicht zu sagen, inwiefern der Mensch kein Affe ist; ebendarum durfte sein Glaube an die Kontinuität in der Natur erwarten, daß jener Unterschied im Knochen nur sekundär sei. So sah er den menschlichen Schädel unbefangen an und entdeckte die feine Naht, die auch an ihm den Zwischenkiefer vom äußeren Oberkiefer trennt.

### Metamorphose

Wenn die Idee im Einzelnen gegenwärtig ist, so hat sie teil am Wandel der Erscheinung:

*Und umzuschaffen das Geschaffne,*
*Damit sich's nicht zum Starren waffne,*
*Wirkt ewiges lebendiges Tun.* (Bd. 1, S. 369.)

Der tiefe Sinn der eleatischen Unbeweglichkeit des wahrhaft Seienden wird festgehalten, indem er dialektisch überspielt wird von der Lehre des Wandels, die man dem Heraklit zuschreibt; so in der Fuge, welche die Gedichte *Eins und Alles* und *Vermächtnis* verbindet:

*Das Ewige regt sich fort in allen:*
*Denn alles muß in Nichts zerfallen,*
*Wenn es im Sein beharren will.*

*Kein Wesen kann zu Nichts zerfallen!*
*Das Ew'ge regt sich fort in allen,*
*Am Sein erhalte dich beglückt!*

*Das Sein ist ewig; denn Gesetze*
*Bewahren die lebend'gen Schätze,*
*Aus welchen sich das All geschmückt.* (Ebd.)

Wir hören denselben Gedanken noch in einer dritten Form, wenn Suleika spricht:

*Der Spiegel sagt mir, ich bin schön!*
*Ihr sagt: zu altern sei auch mein Geschick.*
*Vor Gott muß alles ewig stehn,*
*In mir liebt Ihn, für diesen Augenblick.* (Bd. 2, S. 41.)

Unvergänglich ist das Wesen. Das Wesen ist gegenwärtig in jeder seiner Erscheinungen. Will die Erscheinung aber im Sein beharren, so hört sie auf, Erscheinung des Wesens zu sein; gerade dann zerfällt sie in nichts. Das Vergängliche ist nur ein Gleichnis, denn das Wesen, das in ihm gegenwärtig ist, ist unvergänglich. Aber nur in der Unzulänglichkeit des Vergänglichen ist uns das Wesen gegenwärtig; die Erfüllung unseres Seins ist, daß dieses Unzulängliche Ereignis wird.

So wird Gestalt nur Ereignis in der steten Umgestaltung. Vergleichende Morphologie muß zur Lehre von der Metamorphose werden. Dieser Wandel der Gestalt wird sinnvoll, wird gesetzmäßig, wird selbst eine zeitliche Gestalt durch die Kontinuität der Gestalten. *Gesetze bewahren die lebend'gen Schätze.* Gestaltwandel ist nicht einfach Werden und Vergehen. Er ist das Wandeln durch die Reihe verwandter Gestalten, das Auf- und Niedersteigen, das Entfalten und das Darleben. Eine Urpflanze, ein Urorgan, das Blatt kann sich in zahllosen Einzelgestalten darstellen, weil diese durch wirkliche Wandlung aus ihm hervorgegangen sind.

So begrüßte Goethe im Alter die Anfänge der biologischen Abstammungslehre. Darwins kausal-statistische Deutung der Entwicklung der Organismen freilich würde er wohl als Übertragung der Gesetze des Niedrigeren auf das Höhere abgewiesen haben; und er würde damit wohl in derselben Weise zugleich unrecht und recht gehabt haben wie in seiner Kritik an Newton.

## Polarität und Steigerung

Auch Goethe fragte nach dem, was die Metamorphose in Gang bringt. Über den ihm zugeschriebenen Aufsatz „Die Natur" schreibt er im Alter:

*Die Erfüllung aber, die ihm fehlt, ist die Anschauung der zwei großen Triebräder aller Natur: der Begriff von Polarität und von Steigerung, jene der Materie, insofern wir sie materiell, diese ihr dagegen, insofern wir sie geistig denken, angehörig; jene ist in immerwährendem Anziehen und Abstoßen, diese in immerstrebendem Aufsteigen. Weil aber die Materie nie ohne Geist, der Geist nie ohne Materie existiert und wirksam sein kann, so vermag auch die Materie sich zu steigern, so wie sich's der Geist nicht nehmen läßt, anzuziehen und abzustoßen; wie derjenige nur allein zu denken vermag, der genugsam getrennt hat, um zu verbin-*

*den, genugsam verbunden hat, um wieder trennen zu mögen.* (S. 48, 21–33.)

Aus der Fülle gedanklicher Gestalten, die diese Sätze einschließen, greifen wir wenige heraus.

Polarität ist ein altes Schema menschlichen Begreifens. Geist und Materie – über die wir alsbald mehr sagen wollen – bilden selbst eine Polarität. Wenn Goethe der Materie die Polarität insbesondere zuordnet, denkt er an gleichartigere, oft spiegelbildliche Paare: positive und negative Elektrizität, Nord- und Süd-Magnetismus, aber auch weniger symmetrisch: männliches und weibliches Geschlecht, Licht und Dunkel, Einatmen und Ausatmen. Offenbar sind diese Paare nicht Erfindungen des Menschen, und so verbirgt sich in ihrem Dasein der Anfang des Rätsels, das uns Wesen und Wirklichkeit der Zahl aufgibt. Dies bleibt freilich bei Goethe verhüllt.

Scheint die Materie im endlosen Wechsel ihrer Atemzüge in sich zu kreisen, so kennt der Geist ein Streben. Er kennt eigentliche Zeit; er kennt den Unterschied von Zukunft und Vergangenheit. Ist es platonische Tradition, den Geist von der Sehnsucht nach der Schau des Übersinnlichen bewegt zu denken, so spricht Goethe von Steigerung und umfaßt damit auch den Geist in der Natur. Was aber ist der Geist in der Natur, und was ist dann Steigerung?

## Geist und Materie

Wir müssen nun auf die Verschränkung achten, die die angeführten Sätze ganz durchzieht: die *Materie, insofern wir sie materiell ... insofern wir sie geistig denken* ... Sind Geist und Materie also zwei Wirklichkeiten oder eine?

*Solche Frage zu erwidern,*
*Fand ich wohl den rechten Sinn;*
*Fühlst du nicht an meinen Liedern,*
*Daß ich eins und doppelt bin?* (Bd. 2, S. 66.)

Diese Verse sollen Mariannes Anteil an der Dichtung des *Divan* verraten und verbergen, und stehen doch auch hier am rechten Ort. Suleika ist zugleich die Natur. Materie ist nichts anderes als Natur, sofern diese im Unterschied zum Geist gedacht wird. Und das Verhältnis des Geistes zur Materie ist von jeher im Gleichnis des Verhältnisses des Mannes zur Frau dargestellt worden.

Also erhalten wir auf unsere Frage keine Antwort oder nur eine ironische? Wenn Trennen und Verbinden in einem Satz ausgesprochen werden sollen, so kann die Äußerung wohl nur paradox sein. Vielleicht darf man Goethes Spiel erläuternd so weiterspielen:

Polarität und Steigerung sind beide bewegte Zweiheit. Wenn Polarität der Materie eigentümlich ist, und wenn Geist und Materie selbst eine Polarität sind, so geht der Geist aus der Materie hervor. Wenn aber Steigerung die Weise der geistigen Bewegung ist, so ist dieser Hervorgang selbst eine Steigerung der Materie. Steigerung nun ist nicht Selbstentfremdung, sondern Eigentlichwerden, Annäherung an das Wesen. Die Annäherung an das Wesen geschieht durch Unterscheidung vom Vergänglichen – *uns zu verewigen sind wir ja da* (Bd. 1, S. 307). Was auf der niedrigeren Stufe unmittelbar wirklich oder wahr erschien, wird auf der höheren zum Gleichnis.

Mit ähnlichen Gedanken spielte die Philosophie der jüngeren Zeitgenossen Goethes. In Schelling spürte er eine verwandte Bewegung; von ihrem Erstarren in Hegels konstruktiver Ernsthaftigkeit hat er sich behutsam und nicht ohne leisen Spott ferngehalten. In der Tat durfte er alle Begriffe, in denen die neuzeitliche Metaphysik und Naturwissenschaft das Verhältnis von Geist und Materie dachten, nur dichterisch andeutend, nur als Gleichnisse verwenden.

Descartes denkt Geist und Materie als res cogitans und res extensa. Die Materie ist für ihn ausgedehnt und weiter nichts, weil die geometrische Qualität der Ausdehnung ihm die einzige mathematisch durchschaubare Eigenschaft der Körper zu sein scheint, und weil sein Begriff von Wahrheit nur mathematische Gewißheit als Erkenntnis zuläßt. So ist die Materie durch ihre Denkbarkeit, der Geist durch sein Denken definiert; Geist und Materie sind Subjekt und Objekt par excellence. Sie sind aber, indem sie als getrennte Substanzen gedacht sind, gleichzeitig der Beziehung beraubt, durch welche die Polarität von Subjekt und Objekt erst, im Vorgange des Trennens und Verbindens, ihren rechten Sinn erhielte.

Es gibt Zeiten, die die Folgen eines Ansatzes bis zum Ende erproben und ihn so, wenn es gut geht, schließlich dem Menschen handgerecht machen und ebendadurch relativieren müssen. So hat sich kaum ein neuzeitlicher Denker vom Cartesischen Schema freimachen können; gerade diejenigen, die es bekämpften, erwiesen sich als daran gebunden. Die Naturwissenschaft aber, die in der Folge oft die Seite des Subjekts ganz vergaß, ließ damit die Gespaltenheit ihres Denkens nur an eine gefährlichere Stelle – ins Unbewußte – gleiten; so daß dann die Wiederentdeckung des Geistes oft schon als eine Überwindung des „Materialismus" galt, obwohl sie nur die Ursache des Materialismus, die Spaltung der Wirklichkeit, wiederherstellte. Für Goethe aber war, so selbstverständlich wie die Idee in der einzelnen Gestalt, der Geist in der Materie gegenwärtig. So steht er fremd und unter dieser Fremdheit leidend und in der Fremdheit und im Leiden fruchtbar in seiner Zeit.

Wahrheit

*Was fruchtbar ist, allein ist wahr.* (Bd. 1, S. 370.)

Dies ist einer der etwas gewagten, etwas zornigen Sätze Goethes. Uns geht hier nicht an, wie dieser Gedanke in den letzten beiden Jahrhunderten der Neuzeit mißbraucht werden konnte, und auch nicht, ob Goethe an diesem Mißbrauch unschuldig war. Was heißt der Satz in unserem Zusammenhang?

In der Logik ist „wahr" ein Prädikat, das Urteilen zukommt. Goethe aber kann sehr wohl von einem wahren Menschen reden. Diese Wahrheit ist ewas anderes als Wahrhaftigkeit; es gibt, etwa in gewissen Konfessionen, eine unwahre Wahrhaftigkeit. Für *wahr* könnte man bei Goethe oft „natürlich" setzen. Das, was er das *Gesunde* oder das *Tüchtige* nennt, schwingt in seinem Begriff des *Wahren* oft genug mit. Wahrheit ist die Gegenwart des Wesens in der Erscheinung.

Was aber hat das mit Erkenntnis und was hat es mit Fruchtbarkeit zu tun?

Goethe selbst erläutert sich seine Einsicht mit dem alten Begriff der Entsprechung. Nur das *sonnenhafte Auge* kann *die Sonne erblicken.* (Bd. 1, S. 367.) Und das Auge ist nicht zufällig dem Lichte verwandt. *Das Auge hat sein Dasein dem Licht zu danken. Aus gleichgültigen tierischen Hülfsorganen ruft sich das Licht ein Organ hervor, das seinesgleichen werde, und so bildet sich das Auge am Lichte fürs Licht, damit das innere Licht dem äußeren entgegentrete.* (S. 323, 35–39.)

Weil und soweit also das Wesen, das im Ganzen waltet, auch in mir als einem Teil dieses Ganzen gegenwärtig ist, kann ich, der Teil, das Ganze teilweise erkennen. Wenn aber mein Urteil, meine Gesinnung, meine Handlung und Haltung in diesem Sinne *wahr* sind, so sind sie notwendig auch *fruchtbar.* Denn aus einem Einzelnen, in dem das Wesen eines Ganzen gegenwärtig ist, kann die Fülle dieses Ganzen andeutend abgelesen und wirklich entfaltet werden. So kann Fruchtbarkeit zu einem Prädikat und einer Erprobung der Wahrheit werden.

Die logische Urteilswahrheit ist in diesem Begriff von Wahrheit als Sonderfall enthalten: auch in einem gesprochenen Satz kann das Wesen zur Erscheinung kommen. Daß diese eine Art der Wahrheit historisch ausgezeichnet wurde, hängt wohl mit der Möglichkeit der Unwahrheit, also mit dem Mißtrauen zusammen. Daß es Unwahrheit gibt, daß das Wesen auch nicht erscheinen kann, sei es als Verborgenheit, Irrtum oder Lüge, das ist gleich geheimnisvoll wie, daß es Wahrheit gibt, und gleich bekannt. Logik gibt es, weil es nicht nur wahre, sondern auch falsche Sätze gibt, und Wahrheit konnte mit dem Zutreffen von Urteil gleichgesetzt werden, weil Urteile die hantierbarste, die prüfbarste Wahrheit bieten.

Hier müßten wir weiterfragen, wenn wir das Wesen der neuzeitlichen Wissenschaft untersuchen wollten. Das würde weit über den Rahmen hinausführen, der diesem Essay gezogen ist. Doch genügt das Gesagte wohl, um zu sehen, warum Goethe sich dieser Wissenschaft nicht einfügen konnte. Was ich als Wahrheit gelten lassen kann, hängt davon ab, wo ich vertrauen kann. Vertrauenkönnen ist Sache nicht einer Meinung oder eines Entschlusses, sondern einer Weise, Mensch zu sein. Mißtrauen kann vor Irrtum schützen, aber auch Erkenntnisquellen versiegeln. Was wir hier versuchen anzuschauen, ist das, was man zu sehen bekommt, wenn man da vertrauen kann, wo Goethe vertraute.

## Phänomen

Die Sprache setzt zuweilen vor ein Wort die Silbe ,,Ur". In der wissenschaftlichen Sprache ist der Begriff der Ursache üblich geworden. Eine Sache ist ein isoliertes Objekt, und das Denken in Ursachen festigt die Sphäre der Objekte in sich.

Goethe hat den Begriff des *Urphänomens* geprägt. Phänomen heißt etwas, was erscheint, was sich zeigt. Etwas zeigt sich jemandem: Objekt und Subjekt sind schon verbunden, wenn ein Phänomen sich ereignet. Die Cartesische Spaltung verweist alle Phänomene in den zweiten Rang, den des nur Subjektiven: das Phänomen ist die Wirkung oder das Korrelat des objektiven Vorgangs im Bewußtsein des Subjekts. Ein Urphänomen aber soll etwas Letztes, nicht mehr Ableitbares sein. Schon das Wort zeigt, daß Goethes Gedanke im Cartesischen Schema nicht gedacht werden kann.

Im Grunde gehört der Begriff des Urphänomens zur Disziplin des Sehens und zur Schule des Goetheschen Vertrauens. Wir sollen das Geschenk annehmen und die Urphänomene *in ihrer unerforschlichen Herrlichkeit* stehen lassen. (*K. W. Nose.* 1820 in: *Zur Naturwissenschaft überhaupt.*) Nach einer nicht erscheinenden, etwa gar mechanischen Wirklichkeit hinter ihnen zu fragen, wäre mißtrauische Neugier. Wenn aber dieses Nicht-weiter-Fragen einmal doch als eine Resignation, freilich *an den Grenzen der Menschheit* (Bd. 12, S. 367), erscheint, so heißt es ein andermal, wenigstens im Gespräch, das der Kanzler von Müller boshaft und klug aufzeichnet: ,,Hokuspokus Goethens mit dem trüben Glas, worauf eine Schlange. Das ist ein Urphänomen, das muß man nicht weiter erklären wollen. Gott selbst weiß nicht mehr davon als ich." (7. 6. 1820.) So ist immer von den Philosophen das adäquate Erfassen der Idee beschrieben worden. Das Urphänomen ist schließlich wiederum die erscheinende Idee.

## Symbol

Wenn die Idee erscheinen kann, so kann ein einzelnes Erscheinendes für die Idee eintreten. Verwandtes kann Verwandtes stellvertretend darstellen. Was auf der niedrigeren Stufe unmittelbar dasteht, wird auf der höheren zum Gleichnis. In Wahrheit nimmt schon die unmittelbare sinnliche Erfahrung die Idee wahr, denn diese ist es ja, die erscheint; doch weiß die sinnliche Erfahrung das nicht ausdrücklich und braucht es nicht ausdrücklich zu wissen. Darum heißt es im *Märchen: „Welches ist das wichtigste Geheimnis?“ „Das offenbare.“* (Bd. 6, S. 216.)

Mit solchen Gedanken steht Goethe in der tausendjährigen neuplatonischen Überlieferung. Wie wir von Goethe, dem Menschen, sprachen, um zu verstehen, was für ihn die Sinne bedeuten, so müssen wir zu ihm, dem Dichter, zurückkehren, wenn wir erfahren wollen, was für ihn ein Symbol ist.

Jeder Mensch versteht menschliche Gebärden. In der Gebärde ist genau das, was wir soeben sagten, tägliche Gegenwart: ein einfacher sinnlich wahrnehmbarer Vorgang ist zugleich Träger einer Bedeutung; ja diese Bedeutung ist sein Wesen, denn ohne sie fände er gar nicht statt. In, mit und unter dem sinnlich Wahrnehmbaren nehmen wir das wahr, was als das Unsinnliche gilt. In der Gebärde spricht die Seele; die Gebärde ist erscheinende Seele. Die Seele kann sich freilich in der Gebärde auch verhüllen. Aber dieses Verhüllen ist nur deshalb Verhüllen, weil dieselbe Gebärde auch Erscheinen, auch Zeigen sein könnte, so wie das Urteil des Logikers nur deshalb die Möglichkeit hat, falsch zu sein, weil es wahr sein kann. Ein Klotz hat nichts zu verhüllen, weil er nichts zu zeigen hat. Der Leib des Mitmenschen ist lebendiges Gegenüber, nicht „res extensa“.

Dem Künstler ist die Gebärde das Lebenselement. Von der Gebärde aber führt für Goethe ein gerader Weg zum Natursymbol. Ihm ist nicht nur der Mensch, ihm sind Tier, Pflanze und Stein lebendiges Gegenüber. Wie in der Liebe jede Handlung des Leibes zur Sprache der Liebe wird, so spricht im Ausbruch seiner ersten großen Gedichte die Liebe zum Menschen am unmittelbarsten in dem, was scheinbar dem Menschen am fernsten ist: in der Gebärde der Natur.

*Schon stund im Nebelkleid die Eiche*
*Wie ein getürmter Riese da,*
*Wo Finsternis aus dem Gesträuche*
*Mit hundert schwarzen Augen sah.* (Bd. 1, S. 27.)

Die Finsternis sieht – wer hat diesen Blick der Nacht nicht schon gespürt?

Aber ist die Gebärde der Natur nicht bloß ein Kunstmittel der dichterischen Phantasie? Versteht der Dichter hier nicht aus der Bewegung seiner eigenen Seele heraus etwas, wo an sich gar nichts zu verstehen ist?

Der Mensch des rationalen Zeitalters muß so fragen. Nur sollte er langsam sein mit der Antwort. Der Dichter schlägt hier an einen alten Felsen. Der Quell, den er noch einmal, in Freiheit und wie spielend erschließt, hat in der großen Gebundenheit der mythischen Zeit die Menschheit getränkt. Damals war der Unterschied des Inneren und des Äußeren noch nicht ausgesprochen. Gebärde und Seele, Zeichen und Sinn waren noch, anders als wir es uns vorstellen können, eins. Damals wäre die Frage, ob und wie die Idee sichtbar werden könne, unmöglich gewesen, denn man hätte das Gegenteil nicht denken können.

Das reflektierende Denken mußte Sinn und Zeichen unterscheiden. Alles Sprechen und Verstehen aber beruht darauf, daß im Zeichen der Sinn unmittelbar aufgefaßt wird. Das Denken hat die Sprache frei und beweglich gemacht; seine Reflexion aber ist stets in Gefahr, zu dem Mißtrauen zu werden, das nicht mehr hören kann, was ein einfaches Wort sagt. Die Dichtung ist, wenn wir diesen Begriff Goethes hier verwenden dürfen, eine gesteigerte Sprache. Was die Sprache einfach sagt, wird in ihr zur geformten Gebärde, zum gewußten Symbol. Eben damit wird das Gesagte aus der Selbstvergessenheit des alltäglichen Ausdrucks erweckt und als das, was es ist, wiederbelebt. Die Dichtung lebt in der Spannung, den Sinn im Zeichen unmittelbarer zu ergreifen, indem sie das Zeichen vom Sinn deutlicher unterscheidet. Deshalb ist sie ein Spiel, wo die tägliche Sprache Ernst ist, aber dieses Spiel ist ein Ernst, den der Ernst der täglichen Sprache nicht erreicht. Die Unterscheidung von Zeichen und Sinn gibt ihr diese Beweglichkeit, die sie in der Welt des beweglichen Denkens befähigt, Schätze des Mythos zu bewahren; sie macht aber auch, daß sie, wie alle Kunst, nicht Sakrament sein kann, nicht an die Stelle der Religion treten darf.

Was haben wir gesehen? Goethes Naturwissenschaft hat eine dichterische Voraussetzung. Die Frage nach der Wirklichkeit des Symbols hängt zusammen mit der Frage nach der Wahrheit der Dichtung. Man muß der Dichtung in so strengem Sinne eine Wahrheit zusprechen wie der Wissenschaft, aber diese Wahrheiten sind verschieden. Nach ihrem Zusammenhang in der Wahrheit selbst können wir an dieser Stelle nicht mehr fragen. Wir wenden uns noch einmal ihrem Zusammenhang bei Goethe zu, der zugleich Dichter und Naturforscher war. Wir wagen, Stufen auf seinem Weg zu unterscheiden.

In Goethes Jugendwerken sind Sinn und Zeichen eins wie nur je in der großen Dichtung. Diese Gewalt der unvermittelten Wahrheit hat er nie wieder erreicht. In den reifen Mannesjahren, im Lebensgespräch mit Schiller, in der kaum erträglichen Bewußtwerdearbeit treten Sinn und

Zeichen auseinander und werden zugleich zusammengehalten durch einen Stilbegriff. Weil sie zugleich echt und künstlich war, konnte Goethes und Schillers Klassik ein Bildungsideal werden. Ein Stück dieser inneren Arbeit ist die beginnende Naturwissenschaft: was in der Jugend gefühlt wurde, soll nun gesehen und gedacht werden. Im Alter ist die Bedeutung als Bedeutung erkannt; Zeichen und Sinn sind selbstverständlich unterschieden, und ebendarum gibt es zwischen ihnen die freieste Wechselwirkung, das vielfältigste Spiel. Nun wird auch die wissenschaftlich verstandene Natur Zeichen eines Sinnes, der mehr als Wissenschaft ist. Im *Divan* bedeutet Suleika Marianne, die Geliebte bedeutet die Natur, die Farbe die Liebe, die Trennung der Liebenden die Schöpfung der Welt und eine letzte Begegnung das ewige Wiederfinden.

All dies ist wahr, aber wahr weil es nicht festgehalten werden darf. *Der Dichtung Schleier aus der Hand der Wahrheit* (Bd. 1, S. 152) hat der Dichter erhalten, und hinter diesem Schleier verbirgt er das, was nicht gesagt werden kann. Was nicht gesagt werden kann, ist nicht nur das, was dem Menschen auszusprechen überhaupt versagt ist. Es ist auch das, worüber dieser eine Mensch, der an seine Grenzen kam oder sich seine Grenzen zog, schweigen wollte. Er hatte seinen Anteil an der Bewegung seiner Epoche genommen. Vor dem einseitig Unbedingten der Neuzeit zog er sich zurück, wo er ihm als Wirklichkeit begegnete, mochte es im Glauben, in der Wissenschaft, in der Politik sein. Er lernte die Zweideutigkeit in der scheinbaren Naivität dieser historischen Bewegung durchschauen, und er erlitt sie mit, aber nicht mehr in der Teilnahme, sondern in der Vereinsamung.

Uns hat der Strom weit an dem Kontinent, auf dem er noch wurzeln konnte, vorbeigetrieben. Den Boden, auf dem wir stehen könnten, bietet er uns nicht. Aber, wenn es erlaubt ist, das Gleichnis abzuwandeln: erst aus der Ferne erkennen wir, daß sein Licht nicht das des Leuchtturms ist, der den Hafen anzeigt, sondern das eines Sterns, der uns auf jeder Reise begleiten wird.

Dorothea Kuhn

# NACHWORT ZU DEN SCHRIFTEN ZUR ALLGEMEINEN NATURWISSENSCHAFT – MORPHOLOGIE – GEOLOGIE

## I

Das ausgehende achtzehnte Jahrhundert ist durch die Wendung des Menschen zur Natur gekennzeichnet. Dem einen vielfältigen Gegenstand näherten sich Bestrebungen von verschiedenen Seiten und ließen zunächst ein Naturgefühl, dann eine Natureinsicht und damit die Naturforschung in den Vordergrund des Interesses rücken. Rousseau ging mit seinem Ruf zur Natur nicht nur in eine gewisse Freiheit und Weite, sondern lehrte seine Leser auch, Gruppen von einheimischen Pflanzen auf eine systematische Art zu sehen. Er eröffnete eine Reihe von leichtverständlichen naturwissenschaftlichen Schriften („für Damen") und erreichte, daß die Natur in jeder Weise in das Leben der Gesellschaft einbezogen wurde (vgl. S. 157–159). Auch aus einer theologisch fundierten Philosophie einerseits und der mehr zur Praxis gewendeten Medizin andererseits führte die Forschung in einzelne selbständige naturwissenschaftliche Zweige. Äußerlich machte sich das durch die Einrichtung gesonderter Lehrfächer an den Universitäten bemerkbar.

Während Goethes Lebenszeit legte die Naturwissenschaft den fast unbegreiflich weiten Weg zurück von der ersten eingehenderen Beschäftigung mit den Phänomenen der Elektrizität bis zu den Anfängen des Elektromagnetismus, von letzter Auseinandersetzung mit der Alchemie über die Phlogistonlehre bis zur Entdeckung des Koffeins, von der Linnéschen Systematik der Pflanzen mit den eigenartigen Gedanken der Prolepsis und Antizipation (vgl. Anmerkung zu S. 96,15) zur natürlichen Systematisierung der Pflanzen, von Beobachtungen der Entwicklung des Tierkeims bis zur Konzeption eines allgemeinen Abstammungsgedankens. Dieser Vorstoß erfolgte jedoch aus einem reichen Vorrat von Beobachtungen und Erfahrungen, die, zu Beginn dieser Entwicklung noch gleichsam philosophisch-dogmatisch zu einem Knoten verknüpft, sich gegen ihr Ende in einzelne Betrachtungsweisen aufgelöst hatten: in die Richtungen zur Naturphilosophie der Romantik, zu spezialisierter Forschung auf den Einzelgebieten und zur Darstellung der Natur in der Kunst. In die räumliche Weite drängten große naturwissenschaftliche Forschungsreisen, in die zeitliche Übersicht die Beschäftigung mit der Naturgeschichte früherer Erdepochen.

Goethe selbst sah die Natur noch als ein Ganzes. Er zeigt die verschiedenen Wege, auf denen man sich ihr nähern kann. Dazu gliedert er einmal die Methoden ihrer Betrachtung und steigt von der Einsicht in die *materiellen* und *organischen* Naturen auf zur Verknüpfung aller Teilansichten *durch die Kraft des Geistes* (vgl. S. 122f.). Zum anderen sieht er die Möglichkeiten, diesem Naturganzen von verschiedenen Stufen her entgegenzutreten. Von der mehr passiven Haltung des Nutzenden kann der Forscher aufsteigen zur umfassenden Schau durch jene *Kraft des Geistes.* Goethe hält vier Stufen fest, die des Nutzenden, Wißbegierigen, Anschauenden und Umfassenden, und bezeichnet sie näher:

*1. Die Nutzenden, Nutzen-Suchenden, -Fordernden sind die ersten, die das Feld der Wissenschaft gleichsam umreißen, das Praktische ergreifen; das Bewußtsein durch Erfahrung gibt ihnen Sicherheit, das Bedürfnis eine gewisse Breite.*

*2. Die Wißbegierigen bedürfen eines ruhigen uneigennützigen Blikkes, einer neugierigen Unruhe, eines klaren Verstands und stehn immer im Verhältnis mit jenen; sie verarbeiten auch nur im wissenschaftlichen Sinn dasjenige, was sie vorfinden.*

*3. Die Anschauenden verhalten sich schon produktiv, und das Wissen, indem es sich selbst steigert, fordert, ohne es zu bemerken, das Anschauen und geht dahin über, und, so sehr sich auch die Wissenden vor der Imagination kreuzigen und segnen, so müssen sie doch, ehe sie sichs versehen, die produktive Einbildungskraft sich zu Hülfe rufen.*

*4. Die Umfassenden, die man in einem stolzern Sinne die Erschaffenden nennen könnte, verhalten sich im höchsten Grade produktiv; indem sie nämlich von Ideen ausgehen, sprechen sie die Einheit des Ganzen schon aus, und es ist gewissermaßen nachher die Sache der Natur, sich in diese Idee zu fügen.* (LA I, 10, S. 129–134.)

II

Goethe stellt die Geschichte seiner naturwissenschaftlichen Studien in der verschiedensten Weise selbst dar (vgl. etwa die Geschichte des botanischen Studiums, S. 148–168, *Principes de Philosophie Zoologique*, S. 219–250, und die entsprechenden Abschnitte der autobiographischen Schriften), so daß hier kurze Andeutungen genügen mögen. Da dem Knaben kaum naturwissenschaftlicher Unterricht zuteil geworden war, sind aus der vorweimarer Zeit vor allem die medizinischen und naturwissenschaftlichen Studien in Leipzig und Straßburg und die durch den pietistischen Kreis in Frankfurt angeregten alchemistischen Untersuchungen zu erwähnen. Keimhaft sind hier Beobachtungen und Erfahrungen gegeben, die dann in Goethes ersten Weimarer Jahren seine Bereitschaft für die naturwissenschaftliche Fragestellung und die erstaunlich schnelle Aufnahme naturkundlichen Wissens ermöglichten.

Dort fand Goethe ein gegen die Natur hin geöffnetes Leben in Wald und Park, das ihn nicht nur passiv einbezog, sondern ihm bald Aufgaben stellte, die praktische Fähigkeiten und Kenntnisse forderten. Neben forstlicher Beschäftigung und der Einrichtung und Erweiterung der Parkanlagen, die Goethe in der Geschichte seiner botanischen Studien (S. 150ff.) beschreibt, sind es der Bergbau in Ilmenau, die geologische Erschließung Thüringens, Aufgaben in der Wege- und Wasserbaukommission, anatomische Vorträge in der Weimarer Zeichenschule und später dann vor allem die Oberaufsicht über die Jenaer Universitätsinstitute, die ihn immer näher mit naturwissenschaftlichen Problemen in Berührung bringen. Auch als Mitglied zahlreicher naturwissenschaftlicher Gesellschaften (vgl. Schmid, S. 127–142) steht er mit der zeitgenössischen Naturforschung in Verbindung. Aber all diese Aufgaben geben jeweils nur einen Anstoß zum Vordringen in das fast unübersehbare Feld seiner naturwissenschaftlichen Forschungen, Beobachtungen, Beschreibungen, und das eigentliche Bestreben zielt unermüdlich danach, sich dem Unendlichen zu nähern: *denn ob wir gleich gern der Natur ihre geheime Encheiresis, wodurch sie Leben schafft und fördert, zugeben und, wenn auch keine Mystiker, doch zuletzt ein Unerforschliches eingestehen müssen, so kann der Mensch, wenn es ihm ernst ist, doch nicht von dem Versuche abstehen, das Unerforschliche so in die Enge zu treiben, bis er sich dabei begnügen und sich willig überwunden geben mag* (an den Chemiker Wackenroder, 21. Januar 1832).

Ähnlich wie in der gesamten Naturwissenschaft – in der sich die Verknüpfung der Einzelbeobachtungen zum allgemeinen System der Natur angedeutet hatte, bevor eine erneute Auseinanderführung in Spezialwissenschaften erfolgt war –, so schürzte sich auch für Goethe auf einer frühen Stufe des Forschens aus den einzelnen Fäden der Beobachtung ein Knoten. Um 1780 schien es ihm sogar möglich, in einem Roman über das Weltall die Natur umfassend darzustellen. Dieser Plan wurde jedoch nicht ausgeführt (vgl. Anmerkungen zu S. 253ff.). Später liefen die Fäden wieder auseinander, und uns liegen nun die einzelnen Zeugnisse von den verschiedensten Gebieten vor; doch bleibt dem Dichter stets die Natur als Ganzes gegenwärtig: *Wenn ein paar große Formeln glücken, so muß das alles Eins werden, alles aus Einem entspringen und zu Einem zurückkehren* (an Sartorius am 19. Juli 1810; vgl. auch Anm. zu *Faust*, V. 281ff.).

Nur ein Teil der Aufzeichnungen wurde bis 1832 veröffentlicht, beginnend mit der *Metamorphose der Pflanzen* von 1790 (S. 64–101) bis zu der Rezension *Principes de Philosophie Zoologique* 1832 (S. 219ff.), die den französischen Akademiestreit mit Goethes eigenen osteologischen Bemühungen in Zusammenhang bringt. Im Mittelpunkt der Veröffentlichungen dieser vier Jahrzehnte steht die Schriftenreihe *Zur Na-*

*turwissenschaft überhaupt, besonders zur Morphologie,* zwei Bände mit je sechs Heften, von 1817–1824. In Nachlaßbänden zur *Ausgabe letzter Hand* fügte Eckermann dann noch Unveröffentlichtes hinzu, so daß 1842 schon ein großer Teil des naturwissenschaftlichen Werkes zu überblicken war. Weitere Stücke aus dem Nachlaß finden sich in den naturwissenschaftlichen Bänden der Weimarer Sophienausgabe. Weitere neue und mit Erläuterungen versehene Leseausgaben sind die in der Bibliographie genannten Frankfurter und Münchner Werkausgaben. Eine Zusammenstellung aller naturwissenschaftlichen Äußerungen Goethes mit textkritischen und sachlichen Erläuterungen bringt die Ausgabe der Deutschen Akademie der Naturforscher (Leopoldina). Die naturwissenschaftlichen Zeichnungen wurden im Corpus der Goethezeichnungen, Bd. V A und V B veröffentlicht (zuvor schon einiges in der W A; weiter in: Goethe, Die Metamorphose der Pflanzen, herausgeg. von J. Schuster, Berlin 1924, und A. Hansen, Goethes Metamorphose der Pflanzen, Gießen 1907; Geologisches in der LA, Band 1 und 2, Weimar 1947/1949). Reiche Gedanken über naturwissenschaftliche und -philosophische Probleme gibt vor allem Goethes Briefwechsel, in dem sich auch die Zusammenhänge mit den vielen ihm bekannten Naturforschern niedergeschlagen haben.

Neben den Handschriften zu größeren Aufsätzen sind auch Notizen und sonstige Vorarbeiten überliefert; vor allem zu den späteren Aufsätzen sind alle Vorstufen erhalten. Über naturwissenschaftliche Beobachtungen liegen sorgfältige Tabellen vor. Aus diesem Material ist zu sehen, daß die Arbeit an den Aufsätzen meist mit einer Sammlung von Stichworten zum Stoff und seiner Einteilung beginnt, dann folgt ein Schema und eine Disposition, danach diktiert Goethe den Aufsatz, das Diktat wird überarbeitet, und schließlich geht er es noch einmal durch, zusammen mit Eckermann, Riemer oder einem fachkundigen unter seinen Gästen.

## III

Diese Arbeitsweise Goethes kann einen Anhaltspunkt zur Erkenntnis seiner Methode der Naturerforschung geben. Die Stichwortaufzeichnungen halten die ersten Einfälle fest. Bei Gelegenheit von Betrachtungen über die Ähnlichkeit von Wirbel- und Schädelknochen (LA I, 9, S. 181) sagt Goethe zu diesem ersten Auffassen: *ein Aperçu, ein solches Gewahrwerden, Auffassen, Vorstellen, Begriff, Idee, wie man es nennen mag ... Aber alles wahre Aperçu kommt aus einer Folge und bringt Folge. Es ist ein Mittelglied einer großen, produktiv aufsteigenden Kette* (Bd. 12, S. 414, Nr. 365 und die Anmerkung dazu), und so verknüpft sich dieser *Begriff* mit der Reihe der Beobachtungen und wächst an zum geordneten Gedankenkomplex, der in Schema und Disposition eingefangen wird. Diese Ausweitung des Aperçus bringt zum *Gewahrwerden* die *Stetigkeit* hinzu: nun wird der ganze Umkreis abgetastet und ein Phänomen vom anderen abgeleitet. Am 30. Juli 1796 schreibt Goethe an Schiller: *Ich finde, daß, wenn man den Grundsatz der Stetigkeit recht gefaßt hat und sich dessen mit Leichtigkeit zu bedienen weiß, man weder zum Entdecken noch zum Vortrag bei organischen Naturen etwas weiter braucht. Ich werde ihn jetzt auch an elementarischen und geistigen Naturen probieren, und er mag mir eine Zeitlang zum Hebel und zur Handhabe bei meinen schweren Unternehmungen dienen.*

Das Festhalten am Aperçu und die stetige Betrachtung lassen Goethe alle Naturerscheinungen in bestimmten Zusammenhängen sehen und beobachten und geben eine starke Abhängigkeit vom ersten Einfall. – So scheint vor allem sein fast widerwilliges Beharren beim Neptunismus bedingt (vgl. Anm. zu S. 258,12), der ihm in der Erdgeschichte das Prinzip der Stetigkeit verbürgt. – Einfall und einzelne Beobachtung werden ineinandergefügt und aneinander geprüft. Das *gegenständliche Denken* führt aus jenem *prägnanten Punkt* den *schönsten Zusammenhang* heraus (vgl. S. 39–41). Am Beispiel der Metamorphose hören wir aus einer Unterhaltung mit dem Kanzler von Müller vom 25. Juli 1830: *Man darf die Grundmaxime der Metamorphose nicht allzu breit erklären wollen; wenn man sagt: sie sei reich und produktiv wie eine Idee, ist das beste. Man muß lieber sie an einzelnen Beispielen verfolgen und anschauen. Das Leben kehrt ebensogut in der kleinsten Maus wie im Elefanten-Koloß ein und ist immer dasselbe; so auch im kleinsten Moos wie in der größten Palme.*

Goethe sucht das Gemeinsame der Lebewesen in Urtier und Urpflanze – im zoologischen und im vegetabilischen Typus – durch Vergleichen einzukreisen. Alle möglichen Entwickelungen innerhalb des Individuums begreift er durch den Metamorphosegedanken (S. 64,2ff. und die Anm. dazu). Beim höheren Tier ist der Teil oder das Glied, welches vorzüglich der Metamorphose unterworfen scheint, ein Wirbelelement, das von der Spitze des Schwanzes bis zum vordersten Schädelknochen, dem Zwischenkieferknochen, in stetiger Verwandlung wiederkehrt, bei der höheren Pflanze das Blatt am Sproßabschnitt, durch seine Metamorphose von der gestaltloseren Wurzel zur höchstgestalteten Blüte geführt. So manifestiert sich gleichzeitig Polarität und Steigerung, die Polarität in der Entgegensetzung des durch die Metamorphose Verwandelten – beim Tier Schwanz und Kopf, bei der Pflanze Wurzel- und Sproßpol –, die Steigerung in der Aufeinanderfolge der Zwischenglieder, die die Pole sinnvoll miteinander verbinden.

Wie die Natur sich dieser beiden Prinzipien ganz allgemein bedient und auf welche Weise sie miteinander wirkend Neues, Höheres hervorzubringen vermögen, zeigt Goethe in der folgenden Aufzeichnung:

*Einiges Allgemeine gehe hier voraus.*
*Dualität der Erscheinungen als Gegensatz:*
*Wir und die Gegenstände,*
*Licht und Finsternis,*
*Leib und Seele,*
*Zwei Seelen,*
*Geist und Materie,*
*Gott und die Welt,*
*Gedanke und Ausdehnung,*
*Ideales und Reales,*
*Sinnlichkeit und Vernunft,*
*Phantasie und Verstand,*
*Sein und Sehnsucht.*

*Zwei Körperhälften,*
*Rechts und Links,*
*Atemholen.*
*Physische Erfahrung:*
*Magnet.*

*Unsere Vorfahren bewunderten die Sparsamkeit der Natur. Man dachte sie als eine verständige Person, die, indessen andere mit vielem wenig hervorbringen, mit wenigem viel zu leisten geneigt ist. Wir bewundern mehr, wenn wir uns auch auf menschliche Weise ausdrücken, ihre Gewandtheit, wodurch sie, obgleich auf wenig Grundmaximen eingeschränkt, das Mannigfaltigste hervorzubringen weiß.*

*Sie bedient sich hierzu des Lebensprinzips, welches die Möglichkeit enthält, die einfachsten Anfänge der Erscheinungen durch Steigerung ins Unendliche und Unähnlichste zu vermannigfaltigen.*

*Was in die Erscheinung tritt, muß sich trennen, um nur zu erscheinen. Das Getrennte sucht sich wieder, und es kann sich wieder finden und vereinigen; im niedern Sinne, indem es sich nur mit seinem Entgegengestellten vermischt, mit demselben zusammentritt, wobei die Erscheinung Null oder wenigstens gleichgültig wird. Die Vereinigung kann aber auch im höhern Sinne geschehen, indem das Getrennte sich zuerst steigert und durch die Verbindung der gesteigerten Seiten ein Drittes, Neues, Höheres, Unerwartetes hervorbringt.* (LA I, 11, S. 55 f.; vgl. auch S. 48, S. 618 und S. 621 und *Wiederfinden*, Bd. 2, S. 83.)

Das Schema der polaren Paare gibt eine Steigerung über den eigentlich naturwissenschaftlichen Bereich hinaus. So stehen stets die an der Naturforschung gewonnenen Gedankengänge und Bezeichnungen zum Übergang zu Philosophie und Dichtung bereit. In allen Bereichen kehren die gleichen, dadurch ungemein gespannten und vielschichtigen Begriffe und Wörter wieder wie *Polarität* und *Steigerung* (vgl. auch Wilkinson, Jb. G. Ges. NF 13, 1951), *Systole* und *Diastole* (vgl. S. 27, 11), ferner Wortbildungen wie *Wahlverwandtschaft, schwankende Gestalten* (vgl. D. Kuhn, Jb. G. Ges. NF 14/15, 1952/53) und *wiederholte Spiegelungen* (WA I, 42 II, S. 56; vgl. auch S. 621). Die ganze Gruppe der Gedichte, die in der *Ausgabe letzter Hand* unter *Gott und Welt* zusammengefaßt erscheinen, ist in sich selbst als Steigerung der Naturerforschung und -erfahrung anzusehen. Auch in den weltanschaulichen Gedichten des Alters (vgl. Bd. 1, S. 357ff.) steigert sich immer wieder die Naturschau. So durchdringen sich Wissenschaft und Dichtung gleichsam gegenseitig und umspannen damit in Tiefe und Weite einen unermeßlichen Bereich, stoßen mit Gedanken und Gleichnis weit in das *Unerforschliche* vor.

Grundlage bleibt stets die zu der allgemeinen Konzeption der Gestalt hin geordnete Einzelforschung. Hier sah sich Goethe nach langer Tätigkeit in seinem Alter durch die *jungen Freunde* bestätigt (vgl. *Freundlicher Zuruf* S. 34 und *Probleme* S. 35ff. und die Anmerkungen dazu). Goethes Bemühungen um das Anorganische blieben beschreibend und dienten vorwiegend zu seiner eigenen Belehrung oder zur Erörterung im engeren Kreis; dagegen weisen die Versuche in der Morphologie räumlich wie zeitlich weit über seinen Lebenskreis hinaus. Zunächst nehmen die befreundeten, in Goethes Betrachtungen häufig genannten Naturwissenschaftler einzelne der verzweigten Fäden der Goetheschen Forschung auf. Es ist begreiflich, daß kein Einzelner das gesamte Werk fortführen konnte. So suchen die verschiedensten Forschungsrichtungen das Ihre bei Goethe – und finden es in dem weiten Kreis der Einzelheiten, von denen Goethe selbst sagt: *Widersprüche ... ließen sich nicht vermeiden* (vgl. die Anmerkung zu *Einwirkung der Philosophie* S. 25ff.). Objektiv gesehen hat sich aus dieser Zerstreuung eine Besonderheit der Problemstellung und Grundauffassung in der deutschsprachigen Biologie ergeben, in der die Goetheschen Anliegen der „phänomenologischen Methode, Ganzheitslehre, Gestalt, morphologischen Forschung" als kennzeichnend angesehen werden können (A. Portmann, Biologie auf neuen Wegen. In: Deutscher Geist zwischen gestern und morgen, Stuttgart 1954). Eine morphologische, urbildliche Betrachtung im Gesamtbereich der Naturwissenschaft, aufbauend auf der durch Goethe besonders ausgeprägten realistischen Denkweise, die gleichzeitig eine Ausweitung in das Gebiet der Geisteswissenschaften eröffnet, gab schon seit 1942 die Schriftenreihe „Die Gestalt", vor allem ihr richtungweisendes erstes Heft (W. Troll und K. L. Wolf, Goethes morphologischer Auftrag, Die Gestalt, Heft 1; 3. Aufl. Tübingen 1950). Beide Forscher unternahmen es, Goethes Methode in der modernen Naturwissenschaft wirksam zu erhalten. Seit den fünfziger Jahren wurden die morphologischen Gesichtspunkte auch in die Symbolbetrachtung einbezogen (vgl. W. Emrich, Die Symbolik von Faust II, Bonn, 2. Aufl. 1957), und die gesamte Goetheforschung nimmt nun die naturwissenschaftlichen Aspekte auf. In der neuesten Zeit gelingt es zunehmend, Goethes Forschungen wissenschaftsgeschichtlich einzuordnen in ihren Zusammenhang mit der Naturforschung und Philosophie seiner Zeit – und sie auf diese Weise in ihren Abhängigkeiten und Besonderheiten noch einmal neu zu beleuchten (vgl. die Arbeiten von Nisbet, Kleinschnieder und Kuhn).

IV

Die Hamburger Ausgabe kann aus der Fülle der naturwissenschaftlichen Schriften Goethes nur eine Auswahl geben. Diese soll einen Überblick ermöglichen und mit Hilfe der Erläuterungen in Goethes Methode und Arbeitsweise einführen. Auch die Bebilderung bringt nur wenige charakteristische Beispiele. Die Schriften zur Naturwissenschaft im allgemeinen sind in chronologischer Folge gegeben. Auf diese Weise wird sowohl ihre Einheitlichkeit als auch die Befestigung und Erweiterung der Gedankengänge deutlich. – Die Aufsätze zur Morphologie sind gruppiert in einen botanischen und einen zoologischen Teil. Innerhalb dieser Teile ist diejenige Folge beibehalten, die Goethe selbst in seinen Heften *Zur Morphologie* den Aufsätzen gegeben hat. Auch die Textgestalt schließt sich genau an diese Fassung an. Abschließend bringt jede Abteilung früher oder später entstandene Stücke. – Es folgen die Aufsätze zur Geologie. Sie sind chronologisch geordnet und schließen, da sie vielfach an Reisebeobachtungen anknüpfen, gewissermaßen eine Geschichte von Goethes geologischen Studien in sich. – Den Abschluß bilden zwei kurze Stücke zur Meteorologie, die Breite der Goetheschen Forschung andeutend. – Ergänzende Äußerungen Goethes sowie Angaben über Entstehung und Überlieferung der Aufsätze und Erläuterungen zu Einzelheiten findet man in den Anmerkungen. So kann die Gesamtheit von Text und erläuternden Zugaben vielleicht in Umrissen ein Bild von dem Naturforscher Goethe vermitteln in dem Sinne, wie ihn Schiller begreift (an Goethe 23. August 1794): „Sie nehmen die ganze Natur zusammen, um über das Einzelne Licht zu bekommen; in der Allheit ihrer Erscheinungsarten suchen Sie den Erklärungsgrund für das Individuum auf. Von der einfachen Organisation steigen Sie, Schritt vor Schritt, zu den mehr verwickelten hinauf, um endlich die verwickeltste von allen, den Menschen, genetisch aus den Materialien des ganzen Naturgebäudes zu erbauen. Dadurch, daß Sie ihn der Natur gleichsam nacherschaffen, suchen Sie in seine verborgene Technik einzudringen. Eine große und wahrhaft heldenmäßige Idee, die zur Genüge zeigt, wie sehr Ihr Geist das reiche Ganze seiner Vorstellungen in einer schönen Einheit zusammenhält."

# ANMERKUNGEN

## STUDIE NACH SPINOZA

Handschrift von Frau von Stein, offenbar Diktat (zu schließen aus Hörfehlern); ohne Titel. Einige Korrekturen Eckermanns weisen darauf hin, daß man später vielleicht an eine Veröffentlichung gedacht hat. Erster Druck jedoch erst: B. Suphan, Aus der Zeit der Spinoza-Studien Goethes, G.Jb. 12, 1891. – Den Titel „Studie nach Spinoza" führte die Weim. Ausg. II, Bd. 11 ein. – Text hier nach der Handschrift. – Vgl. ferner: B. Suphan, G. und Spinoza. In: Festschr. z. 2. Säkularfeier d. Friedrich-Werderschen Gymnasiums, Berl. 1881. – W. Dilthey, Aus d. Zeit d. Spinoza-Studien Goethes. Arch. f. Gesch. d. Philos. 7, 1894. Wiederholt in Dilthey, Schriften 2, 1921, S. 391. – Fr. Warnecke, G., Spinoza und Jacobi. Weimar 1908.

Der Aufsatz zeigt Verwandtschaft mit der „Ethik" Spinozas, auch mit Gedankengängen Shaftesburys und Brunos. Es gibt in Goethes Leben drei Epochen besonderer Beschäftigung mit Spinoza; die um 1773 (darüber *Dichtung und Wahrheit, 16. Buch,* Bd. 10, S. 76f.) brachte erste Kenntnisnahme; die Jahre 1784/85 vertiefte Studien (darüber zahlreiche Brief-Äußerungen). Aus dieser Zeit stammt offenbar der vorliegende Aufsatz. Im letzten Absatz scheint Goethes Stellungnahme gegen Jacobi (und Lavater) durchzuklingen. Jacobis Buch „Über die Lehren des Spinoza", 1785, hatte Spinoza zum Atheisten gestempelt. Goethe schrieb an Jacobi am 9. Juni 1785: *Und wenn ihn andre deshalb Atheum schelten, so möchte ich ihn theissimum, ja christianissimum nennen und preisen.* Und am 21. Oktober 1785: *Du weißt, daß ich über die Sache selbst nicht Deiner Meinung bin. Daß mir Spinozismus und Atheismus zweierlei ist.* (Vgl. ferner an Jacobi 5. Mai 1786 und an Knebel 18. November 1785.) Zum dritten Mal setzt eine Beschäftigung mit Spinoza 1811 ein (Tagebuch, *Annalen*); 1812 entsteht der Spinoza-Abschnitt in *Dichtung und Wahrheit.* Eine große Rückschau bringt dann ein Satz an Zelter (7. November 1816; vgl. auch Geschichte der botanischen Studien, Lesart zu S. 153,14): *Diese Tage hab' ich wieder Linné gelesen und bin über diesen außerordentlichen Mann erschrocken. Ich habe unendlich viel von ihm gelernt, nur nicht Botanik. Außer Shakespeare und Spinoza wüßt' ich nicht, daß irgend ein Abgeschiedener eine solche Wirkung auf mich getan.* – Bei den morphologischen Handschriften befindet sich ein eigenhändiger Buchauszug Goethes aus Spinozas „Ethik" (nach der Ausgabe von Paulus, 1803–05), in welchem zu Bd. 2, S. 57: „Modificatio quae et necessario et infinita existit" bemerkt ist *Die Metamorphose wodurch alles stufenweise hervorgebracht wird.* Dies ἓν καὶ πᾶν *besonders in der Botanik* führt Goethe auch im Brief vom 6. September 1787 (*Italienische Reise,* Bd. 11, S. 395) in bezug auf die Lektüre von Herders Aufsatz „Gott, Einige Gespräche über das System des Spinoza", 1787, an. Ein Zeichen, wie eng Goethe die Zusammenhänge zwischen allgemein philosophischen Gedankengängen und den speziell naturwissenschaftlichen Studien sah.

8,2. Bezieht sich vielleicht auf die Zeichenmethode Campers, mit der sich Goethe in dieser Zeit anläßlich seiner Zwischenkieferpublikation auseinandersetzte.

9,9. Über den Begriff der Schönheit vgl. S. 21.

## DER VERSUCH ALS VERMITTLER VON OBJEKT UND SUBJEKT

Handschrift von Goethes Schreiber Schumann, mehrere Korrekturschichten Goethes, datiert *28. IV. 1792*. Erstdruck: *Zur Naturwissenschaft überhaupt* II, 1, 1823 mit dem Datum *1793*. Die Überschrift scheint erst 1823 entstanden zu sein. Goethe nennt den Aufsatz *Kautelen* (Bedingungen, Vorsichtsmaßnahmen) *des Beobachters* (an Schiller 18. Juli 1798). – Unser Text wurde, um die chronologische Einordnung zu 1792 zu rechtfertigen, nach der ursprünglichen Form des Aufsatzes hergestellt, die vor den verschiedenen Korrekturen Goethes liegt. Vgl. auch LA 3, S. 285; in LA I, 8, S. 305 dagegen ist der Aufsatz nach dem Erstdruck oder der damit übereinstimmenden *Ausg. l. Hd.* wiedergegeben. – Am 10. Januar 1798 schickte Goethe den Aufsatz an Schiller mit dem Bemerken, daß er ungefähr vier bis fünf Jahre alt sei; vermutlich lag Schiller eine andere, undatierte Handschrift vor, die er mit einigen uns nicht überlieferten Randbemerkungen versah, vgl. Goethe an Riemer 10. September 1822. 1823, in der Zeit der Beschäftigung mit dem Briefwechsel mit Schiller, erfolgte der Druck.

Der Aufsatz entstand gleichzeitig mit den *Beiträgen zur Optik*, Goethes erster Veröffentlichung zur Farbenlehre, und war wohl als Einleitung in ein spezielles Werk gedacht, denn Schiller schreibt dazu (am 12. Januar 1798): „Ich wollte wünschen, es gefiel' Ihnen, den Hauptinhalt dieses Aufsatzes auch für sich selbst und unabhängig von der Untersuchung und Erfahrungen, denen er zur Einleitung dient, auszuführen." Die Gedankengänge Goethes kommen in kurzer Form und auf seine eigensten Zustände bezogen im Brief an Jacobi vom 29. Dezember 1794 zum Ausdruck: *Der Dir gesagt hat: ich habe meine optischen Studien aufgegeben, weiß nichts von mir und kennet mich nicht. Sie gehen immer gleichen Schrittes mit meinen übrigen Arbeiten, und ich bringe nach und nach einen Apparat zusammen, wie er wohl noch nicht beisammen gewesen ist. Die Materie, wie Du weißt, ist höchst interessant und die Bearbeitung eine solche Übung des Geistes, die mir vielleicht auf keinem andern Wege geworden wäre. Die Phänomene zu erhaschen, sie zu Versuchen zu fixieren, die Erfahrungen zu ord-*

*nen und die Vorstellungsarten darüber kennen zu lernen, bei dem ersten so aufmerksam, bei dem zweiten so genau als möglich zu sein, beim dritten vollständig zu werden und beim vierten vielseitig genug zu bleiben, dazu gehört eine Durcharbeitung seines armen Ichs, von deren Möglichkeit ich auch sonst nur keine Idee gehabt habe.* – Die spätere Bearbeitung diente der Präzisierung durch Weglassen einiger nur verbindender Absätze (z. B. S. 10,34–11,10 und S. 14,3–5), wodurch allerdings die Gliederung verwischt wurde. – Schiller bezeichnet die von Goethe geforderte Verfahrungsart als „rationale Empirie" und bemerkt: „Ihr Urteil wird ganz bestätigt werden" (beim Vergleich mit Kant), „und es wird Ihnen zugleich ein neues Vertrauen zu dem regulativen Gebrauch der Philosophie in Erfahrungssachen erwachsen" (an Goethe 19. Januar 1798). Immerhin spielt Goethe vielleicht leise auf die sich doch nicht völlig vereinigenden Denkweisen an, wenn er in dem Aufsatz *Glückliches Ereignis* schreibt von dem *größten, vielleicht nie ganz zu schlichtenden Wettkampf zwischen Objekt und Subjekt* (Bd. 10, S. 541).

11,5. Bezieht sich auf Studien zur Geschichte der Farbenlehre.

13,28ff. Zu diesem Absatz vgl. das Gespräch mit David Veit, welches dieser am 20. Oktober 1794 Rahel Varnhagen beschreibt: „... *Sehen Sie, in wissenschaftlichen Sachen ist so etwas gar nicht nötig; sowie ich da eine Idee habe, kann und muß ich sie jedem sagen; wie einer das Schema sieht, weiß er schon, was er erwarten kann; im Ästhetischen ist es umgekehrt; wenn ich ein Gedicht machen will, muß ich es erst zeigen, wenn es fertig ist, sonst verrückt man mich, und so bei allem, was Kunst ist ...*"

17,4. *vindizieren*: in Anspruch nehmen.

18, 19. Siehe LA I, 3, S. 6ff.

19,1. *Assertion*: einfache (schlechthinnige) Behauptung.

## INWIEFERN DIE IDEE: SCHÖNHEIT SEI VOLLKOMMENHEIT MIT FREIHEIT, AUF ORGANISCHE NATUREN ANGEWENDET WERDEN KÖNNE

Handschrift von Schumann. – Danach der Text. – Von Goethe nicht veröffentlicht. Er sandte den Aufsatz am 30. August 1794 an Schiller, in dessen Nachlaß wurde er 1953 von Günther Schulz gefunden. – Erstdruck von Günther Schulz; Jb. G. Ges. NF 14/15, 1952/53, S. 143–157.

Das Stück ist kein ausgefeilter druckfertiger Aufsatz, eher eine Grundlage zum Gespräch; vielleicht schon früher als Notiz aufgezeichnet und bei Gelegenheit der Gespräche über Natur und Kunst wieder zur Hand genommen. Schiller entgegnet mit Schriften aus seinen Briefen an Körner vom Februar 1793: Freiheit in der Erscheinung ist eins mit der Schönheit und Das Schöne in der Kunst. Goethe äußert sich zu Schiller (vor dem 19. Oktober 1794): *Wenn Sie nun aber die anscheinende Ketzereien vorlegen, daß Bestimmtheit sich nicht mit der Schönheit vertrage, ferner daß Freiheit und Bestimmtheit nicht notwendige Bedingungen der Schönheit, sondern notwendige Bedingungen unsers Wohlgefallens an der Schönheit seien, so muß ich erst abwarten, bis Sie mir diese Rätsel auflösen, ob ich gleich aus dem, was zwischen beiden Sätzen inne steht, ohngefähr den Weg erraten kann, den Sie nehmen möchten.* – Für Goethe war die beginnende Freundschaft mit Schiller eine Lösung aus der Erstarrung der nachitalienischen Zeit; desto näher mögen ihm die in Italien mit Moritz aufgeworfenen Probleme um das Schöne gelegen haben (vgl. Bd. 11, S. 534 und *Glückliches Ereignis*). Daß sich all dies ins Naturwissenschaftliche zieht, begründet Goethe wiederum mit der Rückkehr aus Italien: *Nach Deutschland endlich zurückgetrieben, unwiederbringlich aus dem herrlichen Kunstelement gestoßen, der Verzweiflung übergeben, fühlte ich Wert und Würde des Naturelements desto lebhafter* (LA I, 9, S. 21). – Zur Erläuterung mögen die beiden nachgelassenen Maximen dienen: *Vollkommenheit ist schon da, wenn das Notwendige geleistet wird, Schönheit, wenn das Notwendige geleistet, doch verborgen ist* und *Vollkommenheit kann mit Disproportion bestehen, Schönheit allein mit Proportion* (Bd. 12, S. 470, Nr. 742 und 743). – Die beiden letzten Absätze bringen Gedanken zu einer Methodik für Kunst- und Naturbetrachtung und auch künstlerische Gestaltung, wie sie in der *Einleitung in die Propyläen* (Bd. 12, S. 38ff.) ausgeführt sind.

23,11. Siehe auch *Studie nach Spinoza*, S. 7, 32.

## ERFAHRUNG UND WISSENSCHAFT

Handschrift von Goethes Schreiber Geist in ein Faszikel eingeheftet mit der Aufschrift *Physik überhaupt 1798/99*. Von Goethe nicht veröffentlicht. Erstdruck: WA II, 11, S. 38; hier ist der Titel eingeführt. – Datiert vom 15. Januar 1798. Beilage zum Brief an Schiller vom 17. Januar 1798.

Goethe kündigt den Aufsatz Schiller (13. Januar 1798) an, nachdem er Besonderheiten der Forschungsweise verschiedener Physiker aufgezeigt hat: *Wir wollen nun sehen, wie wir uns vor diesen Gefahren in acht nehmen, helfen Sie mir mit aufmerken. Ich will nächstens Ihnen ein Aperçu über das Ganze schreiben, um von meiner Methode, vom Zweck und Sinn der Arbeit Rechenschaft zu geben.* – Hier sind die Gedanken, die im *Versuch als Vermittler* ... angeregt sind, durch Schiller Kant angenähert, so daß Schiller (an Goethe, 19. Januar 1798) die drei Hauptpunkte an den Kantischen Kategorien messen konnte. Trotzdem bleibt die Aussageweise spezifisch Goethisch und gleichsam mit einem Bekenntnis verknüpft. – Über die Art, wie sich Goethe Kant aneignete, vgl. *Einwirkung der neueren Philosophie*; im Zusammenhang mit Schiller besonders S. 28f.

25, 28. *rektifizieren*: Richtigstellen. In der Alchemie Reinigen durch Destillation. Daran denkt Goethe vielleicht, wenn er von *rektifizierenden Operationen* spricht. Vgl. auch S. 24, 38 *amalgamieren*: Ausziehen des Silbers aus den Erzen mittelst Quecksilbers. Die besonders nahe Verbindung wird hier von Goethe ebenfalls durch ein chemisches Gleichnis bezeichnet.

## EINWIRKUNG DER NEUEREN PHILOSOPHIE

Erstdruck: *Zur Morphologie* I, 2, 1820. – Danach der Text. – Intensive Kantstudien laut Tagebuch im Frühjahr 1817. Am 8. September 1817 *Einwirkung der Kantischen Philosophie auf meine Studien;* am 9. September 1817 *Intuitiver Verstand (Kants) auf Metamorphose der Pflanze bezüglich. Annalen* zu *1817: Ich bearbeite mit Neigung das zweite Heft der Morphologie und betrachte geschichtlich den Einfluß der Kantischen Lehre auf meine Studien.*

Der Aufsatz folgt in den morphologischen Heften auf eine *Zwischenrede*, die den Stücken des Heftes als Einleitung dient:

*Nachstehende Aufsätze sind eben so wenig als die vorhergehenden für Teile eines ganzen schriftstellerischen Werkes anzusehen. Nach abwechselnden Ansichten, unter dem Einfluß entgegengesetzter Gemütsstimmungen verfaßt, zu verschiedenen Zeiten niedergeschrieben, konnten sie nimmermehr zur Einheit gedeihen. Die Jahrzahl läßt sich nicht hinzufügen, teils weil sie nicht immer bemerkt war, teils weil ich, gegen meine eigenen Papiere mich als Redakteur verhaltend, das Überflüssige und manches Unbehagliche daraus verbannen durfte. Demohngeachtet ist einiges geblieben, wofür ich nicht einstehe: Widersprüche und Wiederholungen ließen sich nicht vermeiden, wenn das damit unzertrennbar Verknüpfte nicht gänzlich zerstört werden sollte.*

*Und so können diese Hefte denn doch als Teile eines menschlichen Lebens für Zeugnisse gelten, durch wie vielerlei Zustände derjenige sich durchzuarbeiten hat, der sich mehr, als es zum praktischen Wandel notwendig wäre, vielseitig auszubilden gedrängt ist, dem Wahlspruch sich ergebend:*

*Willst du ins Unendliche schreiten,*
*Geh im Endlichen nach allen Seiten*

*oder wie es sonst heißt:*

*Natura infinita est,*
*sed qui symbola animadverterit*
*omnia intelliget*
*licet non omnino.*

(Der lat. Spruch nach Campanella, 1620.)

Obwohl Goethe Kants Philosophie sich stets nur eingeschränkt angeeignet, schrieb er schon 1805, es sei *eine Bemerkung hier wohl am rechten Platze, die wir auf unserm Lebenswege machen können, daß kein Gelehrter ungestraft jene große philosophische Bewegung, die durch Kant begonnen, von sich abgewiesen, sich ihr widersetzt, sie verachtet habe* ..., wobei er allerdings die *begünstigten Altertumsforscher* ausnimmt! (*Winckelmann*, Bd. 12, S. 119f.)

26,3. Brucker, Jakob, Historia critica philosophiae a mundi incunabulis etc. 1742–44. Ausz. daraus: Institutiones historiae philosophicae usui academicae iuventutis adornatae, Leipzig 1756, in Goethes Bibliothek. Handbücher der Geschichte.

26,10f. *eine kleine Druckschrift* ... Über die bildende Nachahmung des Schönen, 1788 (Auszüge vgl. *Italienische Reise*, Bd. 11, S. 534).

26,18. Vgl. *Versuch als Vermittler* ..., S. 10ff., und *Erfahrung und Wissenschaft*, S. 23ff.

26,31. In Goethes Bibliothek 3. Aufl. Riga 1790 mit Randbemerkungen und Anstreichungen (vgl. auch die Buchauszüge WA II, 11, S. 377 und 13, S. 463 und K. Vorländer, Goethes Verhältnis zu Kant ..., in Kantstudien Bd. 1, 1897).

27,1. Darüber im Zusammenhang mit Schiller Näheres in *Glückliches Ereignis* (Bd. 10, S. 538–542).

27,7. *Erkenntnisse a priori*: von vornherein; im Erkenntnisvermögen außerhalb der Erfahrung liegend.

27,11. *Systole und Diastole*: Zusammenziehung und Ausdehnung (Pulsschlag) des Herzens, von Goethe gern gleichnishaft gebraucht; vgl. z.B. *Farbenlehre, didaktischer Teil, § 38* und *739*, ferner: Bd. 1, S. 305, Nr. 11; Bd. 2, S. 10, 17–22; Bd. 12, S. 436, Nr. 520 u. die Anmkg.; Bd. 14, S. 36.

27,19. Herders Widerstand gegen Kant fand Ausdruck in seiner Metakritik zur Kritik der reinen Vernunft, 1799, und Kalligone, 1800.

27,22f. *Bildung und Umbildung organischer Naturen* ist ein Untertitel der morphologischen Hefte.

27,34. In Goethes Bibliothek 3. Aufl. Riga 1790. Buchauszüge vgl. zu S. 26, 31.

28,25. Vgl. zu S. 26, 31 und S. 27, 34.

29,2–4. Über die ästhetische Erziehung des Menschen, 1795. Über Anmut und Würde, 1793.

29,11. Über naive und sentimentalische Dichtung, 1795.

29,28f. Niethammer, Friedrich Immanuel (1766–1848), Professor der Philosophie in Jena. Verkehrte hauptsächlich um 1800 mit Goethe.

## ANSCHAUENDE URTEILSKRAFT

Erstdruck: *Zur Morphologie* I, 2, 1820. – Danach der Text. – Wohl im Anschluß an *Einwirkung der neueren Philosophie* entstanden am 10. September 1817 (Tagebuch: *Anschauender Verstand*). Korrektur des Druckbogens am 19. Mai 1818.

Hier zeigt sich deutlich – schon am Titel des Stückes –, wie überlegen Goethe die Kantische Anschauungsweise seinen Gedankengängen angleicht, indem er Typen einkreist.

30, 14. *diskursiv*: durch logisches Denken, schlußfolgernd; im Gegensatz zu *intuitiv*. – An anderer Stelle notiert Goethe: *Kant beschränkt sich mit Vorsatz in einem gewissen Kreis und deutet ironisch immer darüber hinaus.* (WA II, 13, S. 448.)

30, 21–31. Zitiert nach Kant, Kritik der Urteilskraft, § 77.

30, 26. *intellectus archetypus*: ursprünglicher Verstand.

30, 28f. *intellectus ectypus*: abgeleiteter Verstand.

31,5. *Abenteuer der Vernunft*: Kritik der Urteilskraft, § 80. Kant sieht ein „Prinzip des Mechanismus der Natur", der die „große Familie der Geschöpfe entspringen ließ"; er führt von der rohen Materie bis zum Menschen.

31,5f. *der Alte vom Königsberge*: Kant; in Analogie zum Alten vom Berge, Assassinenhäuptling (Marco Polos Reisen).

## BEDENKEN UND ERGEBUNG

Handschriftlich von Eckermann nur das Gedicht aus dem Druckmanuskript zur *Ausg. l. Hd.* mit der Überschrift *Antepirrhema*. – Erstdruck: *Zur Morphologie* I, 2, 1820; das Gedicht unter obigem Titel in der Sammlung *Gott und Welt* (vgl. Bd. 1, S. 358 und die Erläuterung dazu). Der Text hier nach den morphologischen Heften. – Im Mai 1818 gehen laut Tagebuch die entsprechenden Bogen zur Drukkerei.

Gehört in den Gedankenkreis der voranstehenden Stücke und zeigt, wie für Goethe eine Art dichterischer Lösung aus dem philosophischen Problemkreis möglich ist.

31,21. *Hiatus*: tiefe Kluft.

31,26–29. Tagebuch, 5. April 1817: *Kants Behauptung „Wie kann jemals Erfahrung gegeben werden, die einer Idee angemessen sein sollte? Denn darin besteht eben das Eigentümliche der letztern, daß ihr niemals eine Erfahrung kongruieren könne"*. Vgl. auch *Glückliches Ereignis* (Bd. 10, S. 541) und D. Kuhn 1967.

31,34. *Simultanes:* Gleichzeitiges. *Sukzessives*: aufeinander Folgendes.

32,7. *altes Liedchen*: Goethe benutzt Verse aus dem *Faust* (Mephistopheles zu dem Schüler, V. 1922–1927).

32,10. Goethe benutzt gern das Gleichnis vom Weben (vgl. auch Bd. 12, S. 519, Nr. 1103). An Humboldt (17. März 1832): *Bewußtsein und Bewußtlosigkeit werden sich verhalten wie Zettel und Einschlag, ein Gleichnis, das ich so gerne brauche.*

# BILDUNGSTRIEB

Erstdruck: *Zur Morphologie* I, 2, 1820. – Danach der Text. – Lektüre des *Blumenbachischen Werkes* Tagebuch 11. und 19. April 1817. 17. September 1817 *Bildungstrieb*. Abgeschlossen vor dem 25. Mai 1818, wo die entsprechenden Bogen zur Druckerei gehen.

Goethe ordnet in diesem Stück die herkömmlichen Anschauungen über die Art organismischer Bildungen seinem Metamorphosegedanken unter.

32,22–27. Bei Kant § 81.

32,22f. *Epigenesis*: Entstehung der einzelnen Organe am Ort ihrer Bestimmung aus Substanz, die noch nicht die Gestalt des Organes hat (im Gegensatz zu Präformation und Evolution; vgl. zu 33,28ff.).

32,26f. Blumenbach, Johann Friedrich (1752–1840), Anatom in Göttingen.

32,29. Über den Bildungstrieb, 1789, und Geschichte und Beschreibung des menschlichen Körpers, 1786.

32,31. Wolff, Caspar Friedrich (1734–1794), insofern *Mittelglied*, als Haller und Bonnet die Entwicklung der Lebewesen ganz als „Auswickelung" und Vergrößerung fertiger winziger Wesen ansahen, während Wolff eine „vis essentialis" wirken ließ, eine Kraft, die die Nahrung weitertreibt und dadurch die Bildung ermöglicht. Blumenbachs Bildungstrieb ist ein weiter differenzierter Begriff, der die Steuerung zu einer bestimmten Form einschließt. – Über Wolff äußert sich Goethe speziell in den Aufsätzen *Entdeckung eines trefflichen Vorarbeiters* und *Caspar Friedrich Wolff über Pflanzenbildung* (LA I, 9, S. 73ff.).

33,11. *anthropomorphosieren*: vermenschlichen.

33,13. *nisus formativus*: andere Bezeichnung Blumenbachs für den Bildungstrieb.

33,28. *Evolution*: eigentlich Entwicklung schlechthin; hier speziell: alle Lebewesen werden keimhaft gleich bei der ersten Schöpfung geschaffen, es wickelt sich gleichsam eine Generation aus der andern aus. Daher auch Einschachtelung (alle Generationen sind ineinander eingeschachtelt); Goethe sagt dazu: *Der Begriff vom Entstehen ist uns ganz und gar versagt; daher wir, wenn wir etwas werden sehen, denken, daß es schon dagewesen sei. Deshalb das System der Einschachtelung uns begreiflich vorkommt.* (Bd. 12, S. 447, Nr. 599.)

33,33f. *Präformation*: Vorbildung aller Organe in Winzigkeit. Haller: „nil noviter generari". Dagegen Goethe schon 1792 im Gespräch bei Jacobi in Pempelfort; vgl. *Campagne in Frankreich*, November 1792 (Bd. 10, S. 314).

33,34f. *Prädelineation*: Vorzeichnung. *Prädetermination*: Vorbestimmung. *Prästabilieren*: Vorausbestimmen.

34,1f. Über den *Begriff der Metamorphose* vgl. S. 573 und Anmerkung zu S. 64, 2.

34,5–11. Solche Schemata sind ein von Goethe sehr geschätztes Mittel, sich selbst und anderen Beziehungen klarzumachen und Anregung zum Weiterdenken zu geben. Sie bilden häufig Vorstufen zu seinen wissenschaftlichen und dichterischen Arbeiten. Vgl. auch die Einführung, zu: Allgemeine Naturwissenschaft – Morphologie – Geologie, Abschnitt III.

## FREUNDLICHER ZURUF

Handschriftlich von Eckermann nur das Gedicht aus dem Druckmanuskript zur *Ausg. l. Hd.* mit der Überschrift *Allerdings. Dem Physiker.* So in der Sammlung *Gott und Welt;* vgl. Bd. 1, S. 359. – Erstdruck: *Zur Morphologie* I, 3, 1820. – Danach der Text. Die Überschrift *Unwilliger Ausruf* erscheint in den morphologischen Heften nur im Inhaltsverzeichnis, die Verse sind im Text ohne Titel. – Das Stück ging am 2. Oktober 1820 in die Druckerei.

Am 2. Oktober 1820 schreibt Goethe an Nicolovius: *Was mich aber in diesem Geschäft* (den morphologischen Arbeiten) *belebt, ist der Anteil jüngerer Männer, welche, auf gleichem Weg wandelnd, mich in ihre Gesellschaft wieder von frischem fortziehen.* – In dieser Zeit erhielt er von Nees von Esenbeck ein Werk über tierischen Magnetismus und von Henschel über die Sexualität der Pflanzen, die er wohl als an der Grenze des Erforschlichen liegend ansah.

34,14 *am Schlusse*: am Ende des dritten Heftes zur Morphologie.

34,32ff. Die gesperrten Zeilen sind dem Lehrgedicht von Haller: Die Falschheit menschlicher Tugenden, 1730, entnommen.

## PROBLEME

Handschrift von Goethes Schreiber John als Beilage zum Brief an Ernst Meyer vom 2. Februar 1823. – Erstdruck: *Zur Morphologie* II, 1, 1823. – Danach der Text. – Meyers Antwort erfolgte laut Tagebuch am 13. März 1823.

Als Einleitung schreibt Goethe: *Nachstehende fragmentarische Blätter notierte ich stellenweise auf meinen Sommerfahrten im Gefolge manches Gesprächs, einsamen Nachdenkens und zuletzt angeregt durch eines jungen Freundes geistreiche Briefe.*

*Das hier Angedeutete auszuführen, in Verbindung zu bringen, die hervortretenden Widersprüche zu vergleichen, fehlte mir darauf an Sammlung, die ein folgerechtes Denken allein möglich macht; ich hielt es daher für rätlich, das Manuskript an den Teilnehmenden abzusenden, ihn zu ersuchen, diese paradoxen Sätze als Text oder sonstigen Anlaß zum eigenen Betrachten anzusehen, und mir einiges darüber zu vermelden, welches denn, wie es geschehen, als Zeugnis reiner Sinn- und Geistesgemeinschaft hier einrücke.*

*Weimar, den 17. März 1823.* *G.*

Der *Teilnehmende* war Ernst Heinrich Friedrich Meyer (1791 bis 1858), zu dieser Zeit Professor der Botanik in Königsberg. Seine *Erwiderung* LA I, 9, S. 297.

35,26. *vis centrifuga*: Fliehkraft. 35,29f. *vis centripeta*: Anziehungskraft.

35,28. *Spezifikationstrieb*: Trieb zur Beibehaltung von Merkmalen, wodurch die Arten dann fest bestimmt sind.

36,2f. *gleichschwebende Temperatur*: *Schon längst wird angenommen ..., daß eine Stimmung in lauter reinen Quinten und Quarten ganz unbrauchbare Resultate gibt, daß also eine Temperatur, d.i. eine schicklich angebrachte, äußerst geringe Abweichung von der vollkommneren Reinheit der Verhältnisse notwendig ist, um alle Verhältnisse in allen Tonarten brauchbar zu machen.* (WA II, 13, S. 461.)

36,10. *genera*: Gattungen, zweite Stufe in der botanischen Systematik. 36,14. *Spezies*: Art, unterste Stufe in der botanischen Systematik.

36,18. *Gentianen*: Enziane. Vgl. G. Schmid, Der Enzian. Jb. G.Ges., NF, Bd. 7, 1942.

36,29. *Rosa canina*: Heckenrose. Einzelheiten dazu in Meyers Erwiderung.

37,5. *offenbares Geheimnis*: Von Goethe gern gebrauchte Wendung, z.B. bezüglich Naturbetrachtung *Harzreise im Winter*, Bd. 1, S. 52, V. 83, *Wilhelm Meisters Wanderjahre*, Bd. 8, S. 229, 24f., *Maximen*, Bd. 12, S. 408, Nr. 311 und S. 462, Nr. 686, als Titel eines *Divan*-Gedichtes Bd 2, S. 24.

## BEDEUTENDE FÖRDERNIS DURCH EIN EINZIGES GEISTREICHES WORT

Erstdruck: *Zur Morphologie* II, 1, 1823. – Danach der Text. Abweichungen: S. 39,2 *die Bajadere*] *Bajadere*; S. 40,3 *1790*] sachlich falsch *1791*. – Goethe erhielt Heinroths Buch am 29. Oktober 1822 vom Verfasser. Im Dezember 1822 laut Tagebuch *Heinroths Anthropologie*. Im März 1823 beginnt die Arbeit am Aufsatz. Vor der Abreise nach Eger im Juni ist das Heft so weit, daß nur noch Typographisches die Fertigstellung aufhält. – Die *Annalen* von *1822* melden: *Heinroths Anthropologie gab mir Aufschlüsse über meine Verfahrungsart in Naturbetrachtungen, als ich eben bemüht war, mein naturwissenschaftliches Heft zustande zu bringen.*

Grundsätzlich ist Goethe von Heinroths Anthropologie nicht unbedingt befriedigt. Er rezensiert sie in *Kunst und Altertum* V, 2, 1825: *Die vielen Vorzüge, die man diesem Werk auch zugesteht, zerstört der Verfasser selbst, indem er über die Grenzen hinausgeht, die ihm von Gott und der Natur vorgeschrieben sind. Auch wir sind allerdings überzeugt, daß der Anthropolog sein Menschenkind bis in die Vorhöfe der Religion führen könne, dürfe, müsse, aber nicht weiter als bis dahin, wo ihm der Dichter begegnet und sich andächtig vernehmen läßt:*

> *In unsers Busens Reine wohnt ein Streben,*
> *Sich einem Höhern, Reinern, Unbekannten*
> *Aus Dankbarkeit freiwillig hinzugeben,*
> *Enträtselnd sich den ewig Ungenannten;*
> *Wir heißen's Frommsein –*

Im vorliegenden Aufsatz geht Goethe von einer Stelle aus dem Kapitel „Über die Standpunkte anthropologischer Forschung" aus, in dem es S. 387 heißt: „Sollen wir diesen Standpunkt des Forschers, welcher uns der des reifsten Denkens zu sein scheint, mit einem Namen bezeichnen, welcher das Wesen jener Angleichung noch stärker bestimmt, so ist es der des gegenständlichen Denkens, den wir zugleich mit der Methode selbst einem Genius verdanken, welcher von den meisten nur für einen Dichter, nicht auch für einen Denker gehalten wird. Es ist Goethe."

37,14. Heinroth, Johann Christian Friedrich August (1773–1843), Professor der Psychiatrie in Leipzig. Lehrbuch der Anthropologie, Leipzig 1822.

37,31. *Heften*: *Zur Naturwissenschaft überhaupt, besonders zur Morphologie*, 1817–1824.

37,35. Vgl. S. 10.

38,4. *erkenne dich selbst*: Spruch des Chilon am Apollontempel zu Delphi. Vgl. Bd. 12, S. 413, Nr. 356.

39,1–4. Vgl. Bd. 1, S. 268, 273, 280 (*Hochzeitlied*), 290, 361.

39,20ff. *Annalen zu 1799*: *In dem Plane bereitete ich mir ein Gefäß, worin ich alles, was ich so manches Jahr über die Französische Revolution und deren Folgen geschrieben und gedacht, mit geziemendem Ernste niederzulegen hoffte.* (Bd. 10, S. 449,17–21.) Vgl. auch Bd. 5, S. 215 und Erläuterung.

39,38. Vgl. S. 64 und etwa Bd. II, S. 376 *Störende Naturbetrachtungen.*

40,1f. Vgl. S. 49,11f. *Die drei hintersten*: Hinterhauptsbein, hinteres und vorderes Keilbein. In den *Annalen* zu *1790* schreibt Goethe: *Als ich nämlich auf den Dünen des Lido, welche die venezianischen Lagunen von dem Adriatischen Meere sondern, mich oftmals erging, fand ich einen so glücklich geborstenen Schafschädel, der mir nicht allein jene große, früher von mir erkannte Wahrheit: die sämtlichen Schädelknochen seien aus verwandelten Wirbelknochen entstanden, abermals betätigte, sondern auch den Übergang innerlich ungeformter organischer Massen, durch Aufschluß nach außen, zu fortschreitender Veredlung höchster Bildung und Entwicklung in die vorzüglichsten Sinneswerkzeuge vor Augen stellte, und zugleich meinen alten, durch Erfahrung bestärkten Glauben wieder auffrischte, welcher sich fest darauf begründet, daß die Natur kein Geheimnis habe, was sie nicht irgendwo dem aufmerksamen Beobachter nackt vor die Augen stellt.* (Bd. 10, S. 435,34–436,9.)

40,17. *Feuerlehre*: Vulkanismus, geologische Veränderungen durch rasche Hebung der erdinnern Feuermassen; vgl. Anm. zu S. 258,12.

## ERNST STIEDENROTH. PSYCHOLOGIE ZUR ERKLÄRUNG DER SEELENERSCHEINUNGEN

Handschrift von Goethes Schreibern Kräuter und John mit Korrekturen von Goethe und Riemer. Erstdruck: *Zur Morphologie* II, 2, 1824. – Danach der Text. Wichtige Korrekturen und Abweichungen der Handschrift: S. 41,30 *verfolgt*] Goethe über *hinabgleitet*; S. 42,29 *aufstößt*] Riemer über *ertappt;* S. 42, 38 *Ver-*

*nünftigkeit*] Goethe für *Vernunft;* S. 43,33 darunter *Weimar d. 15. Juni 1824.* – Von der Lektüre des Buches berichtet das Tagebuch am 11. Juni und 2. und 3. Juli 1824.

Goethe berichtet Staatsrat Schultz am 27. Juni 1824: *Nun aber sagen Sie mir ein Wort von Ernst Stiedenroth! Die Unterhaltung mit seiner Psychologie macht mich schon seit vier Wochen glücklich. Es ist gar zu angenehm, sein inneres Leben, Streben und Treiben so außer sich gesetzt zu sehen; es ist mir noch nie vorgekommen diese Vermittlung des Abstrakten, ja des Abstrusen mit dem gemeinen Menschenverstand, der uns doch eigentlich im Innern allein behaglich macht; es ist eine unglaubliche Totalität in diesem Vortrag und mag übrigens mit der Sache sein, wie es will, so glaubt man auf einen Augenblick das Unbegreifliche zu begreifen.* – Eine weitere Rezension gab Goethe in *Kunst und Altertum* V, 2, 1825 (LA I, 10, S. 226).

41,10. Stiedenroth, Ernst Anton (1794–1858), Professor der Philosophie in Greifswald und Berlin.

41,23. *Das Sehen in subjektiver Hinsicht von Purkinje; Auszug mit Bemerkungen des Herausgebers* (LA I, 9, S. 343).

## NATURPHILOSOPHIE

Handschriftlich ein Entwurf und das Druckmanuskript, beide von Goethes Schreiber Schuchardt mit Korrekturen von Goethe. – Erstdruck: *Kunst und Altertum* VI, 1, 1827. – Danach der Text. Die Überschrift *Naturphilosophie* ist ein Punkt in der Disposition des Heftes; dem Aufsatz wurde in verschiedenen modernen Ausgaben der Titel „Das Grundwahre“ gegeben. – Das Tagebuch meldet am 14. Oktober 1826 *D'Alembert angefangen,* am 10. November 1826 *Die Stelle aus d'Alembert übersetzt.*

Der Aufsatz steht in enger Beziehung zu Goethes Betrachtung *Über Mathematik und deren Mißbrauch* (LA I, 11, S. 273), vom November 1826, die Goethes Anerkennung der Mathematik bezeugt und deren Methoden kritisch behandelt. (Vgl. auch Bd. 8, S. 588–591; Bd. 12, *Max. u. Refl.* Nr. 635–661; *Farbenlehre,* §§ 722ff., *Verhältnis zur Mathematik.*)

44,2. Die zitierte *Stelle* findet sich mit einigen Auslassungen von Goethe ins Deutsche übertragen in *Über Mathematik und deren Mißbrauch* (LA I, 11, S. 273), sie stammt aus Discours préliminaire de l'Encyclopédie 1754 in Mélanges de littérature d'histoire et de Philosophie, Tom. I, p. 43 von dem französischen Mathematiker und Physiker Jean Lerond d'Alembert (1717–1783).

45,1–7. Vgl. Bd. 12, S. 452, Nr. 634 u. Anmkg.

45,5. *Nekrose*: örtlicher Gewebetod (Absterben).

## DIE NATUR

Handschrift von Goethes Schreiber Seidel mit Korrekturen Goethes als Manuskript zum handschriftlich vervielfältigten „Tiefurter Journal", 32. Stück, Ende 1782 oder Anfang 1783. – Text nach der Handschrift. – Überschrift dort „Fragment" von Einsiedels Hand; *Ausg. l. Hd.* hat von Eckermann gegeben: „Die Natur. Aphoristisch." S. 46,14 nach „Natur" in der Handschrift durchstrichen: „Auch die plumpste Philisterei hat etwas von ihrem Genie." Dieser Satz ist im Tiefurter Journal wohl versehentlich gesperrt; spätere Drucke übernehmen ihn. – Erstdruck: Pfälzisches Museum I, 4, 1784. – Das Fragment ist von Georg Christoph Tobler, es ist wohl zwischen 1781 (seinem Besuch in Weimar) und der Jahreswende 1782/83 entstanden. – Vgl. dazu: R. Steiner, Schr. d. G. G. 7, S. 393. – L. Geiger, Zu Goethes Fragment. In: Arch. f. Litgesch. XIV, 1886. – H. Schneider, G.s Prosahymnus. In: Arch. f. d. Stud. d. neueren Sprachen u. Lit. Bd. 120, 1908. – H. Funck, G. Chr. Tobler. In: Zürcher Taschenb. auf d. Jahr 1924. – R. Hering, Jb. G. Ges. 13, 1927. – F. Schultz, Der pseudogoeth. Hymnus. In: Festschr. f. Jul. Petersen 1938. – F. Dornseiff, G. und Orpheus. In: Forsch. u. Fortschr. 26, 1950, Heft 13/14. – M. O. Kistler, Monatshefte XLVI, 1954, Nr. 7.

Der Aufsatz steht hier als typisches Stück der Naturbetrachtung um 1780 und als Grundlage für die darauffolgende Erläuterung Goethes. Für die Verfasserschaft Toblers zeugt Frau von Stein an Knebel (28. März 1783), der Goethe für den Verfasser hielt (Knebels Tagebuch 20. Januar 1783). Goethe bestätigt Knebel am 3. März 1783, daß er nicht der Verfasser sei. Ausdrucksweise und Stil des Hymnus in seiner antithetischen Form lassen sich auch sonst bei Tobler nachweisen, sind allerdings auch stark vom Zeitgeist bestimmt. Gleiche Züge bei Moritz, Einsiedel, Herder und etwa Bonnet. Einfluß Shaftesburys und der orphischen Hymnen, Platons und Brunos.

47,34. Term: Ausdruck (Terminus), vgl. etwa Goethe an Kayser 20. Januar 1780.

## ERLÄUTERUNG

Handschrift vom Schreiber des Kanzlers von Müller. Überschrift von Eckermann. – Danach der Text. – Erstdruck: *Ausg. l. Hd.* – S. 48,36 haben Handschrift und Druck sachlich unrichtig *1788.* – Datiert *24. Mai 1828.* – Tagebuch 23. Mai 1828: *Herr Kanzler von Müller brachte einen merkwürdigen naturphilosophischen Aufsatz aus der brieflichen Verlassenschaft der Frau Herzogin Amalie. Frage: ob er von mir verfaßt sei?*

Das in Goethes frühe Naturforscherzeit fallende Fragment bekommt durch die Erläuterung erst einen spezifisch Goetheschen Sinn. Über den ungewiß schwärmenden Sätzen erhebt sich der Gedankengang von *Po-*

*larität und Steigerung.* Vgl. dazu auch die Einführung zu Allg. Naturwissenschaft – Morphologie – Geologie, Abschnitt III.

48,36. *1786.* Die Zwischenkieferpublikation ging schon 1784 an die befreundeten Wissenschaftler (vgl. Anm. zu *Dem Menschen wie den Tieren* S. 184ff.). 1786 hatte Goethe das ihm erfreuliche Echo von Vicq d'Azyr (vgl. an Herder 30. April 1786).

49,12. *Ursprung des Schädels aus Wirbelknochen*: die auch von Oken vertretene Ansicht, daß die Knochen des Schädels als abgewandelte Wirbelknochen aufzufassen seien. Vgl. Anmerkung zu S. 40,1f.

49,14. Das *Schema* ist der *Erste Entwurf einer allgemeinen Einleitung in die vergleichende Anatomie;* vgl. S. 170ff.

49,15. Goethe stellt immer wieder befriedigt die Zustimmung der jüngeren Forschergeneration zu seinen Ideen fest, vgl. etwa S. 115, 203ff. und 212ff. sowie Anm. zu *Probleme* S. 35ff.

## ANALYSE UND SYNTHESE

Handschrift von Schuchardt mit Korrekturen von Eckermann. – Erstdruck: *Ausg. l. Hd.* – Text nach der Handschrift mit Eckermanns Korrekturen und der Überschrift von Eckermanns Hand, obwohl nicht zu erweisen, daß sie zu Goethes Lebzeiten entstanden. Die Gespräche mit Eckermann erwähnen jedenfalls häufig Cousin; am 13. Februar 1829 Gespräch über Geologie im Sinne des vorliegenden Aufsatzes. Die Änderungen Eckermanns geben dem Aufsatz eine strengere, leicht dogmatische Form (Gliederung in einzelne Abschnitte, Einfügung von Bezugsstellen, die die Abschnitte verselbständigen, Unterstreichungen). – Cousins erwähnte Vorlesung fand 1829 statt. – Tagebucheintragung über die Lektüre im Mai und Juli 1829.

Der Aufsatz steht im engen Zusammenhang mit den Gedankengängen der *Farbenlehre.* Die grundsätzlichen Erwägungen zur Methodik der Naturwissenschaft sind trotz der Problematik einzelner Hypothesen von dauerndem Wert.

49,27. Cousin, Victor (1792–1867). Cours de philosophie. Introduction à l'histoire de la philosophie.

50,11. *Dekomposition des Lichtes*: prismatische Zerlegung.

50,12. *Polarisation*: Festhalten der (zur Ausbreitungsrichtung senkrechten) Lichtschwingung eines sich ausbreitenden Lichtstrahlenbündels in einer Ebene. Vgl. auch *Farbenlehre.*

50,23. *Verfahren Newtons*: dessen Versuche zur Lichtbrechung, mit denen Goethe sich im *polemischen Teil* der *Farbenlehre* ausführlich auseinandersetzt.

50,36. Goethe bemerkte an doppelbrechenden Medien besondere Farberscheinungen im doppelt gespiegelten (polarisierten) Licht, die er als *entoptische Farben* bezeichnete. Vgl. LA I, 8, S. 94–138.

## DAS UNTERNEHMEN WIRD ENTSCHULDIGT DIE ABSICHT EINGELEITET DER INHALT BEVORWORTET

Erstdruck: *Zur Morphologie* I, 1, 1817. – Danach der Text. – Die beiden ersten Stücke sind datiert *Jena 1807*. 1806 plante Goethe, seine *Ideen über organische Bildung drucken zu lassen* (an Cotta 24. Oktober 1806). – Tagebuch 10. November und 6. Dezember 1806 *Einleitung zur Morphologie*. Der Plan wurde nicht ausgeführt, taucht erst im März 1816 wieder auf. Am 3. April 1817 geht der *bevorwortete Inhalt der Morphologie* an die Druckerei, so daß das Stück *Der Inhalt bevorwortet* zwischen März 1816 und März 1817 entstanden sein muß.

Diese Aufsätze bilden die Einleitung für die Hefte *Zur Morphologie*, die in lockerer Folge zwischen 1817 und 1824 erschienen. Goethe begründet hier die morphologische Methode, *die Lehre von den Gestalten und ihren Wandlungen oder Metamorphosen. – Morphologie. Ruht auf der Überzeugung, daß alles, was sei, sich auch andeuten und zeigen müsse. Von den ersten physischen und chemischen Elementen an, bis zur geistigsten Äußerung des Menschen lassen wir diesen Grundsatz gelten ... Die Gestalt ist ein Bewegliches, ein Werdendes, ein Vergehendes. Gestaltenlehre ist Verwandlungslehre. Die Lehre der Metamorphose ist der Schlüssel zu allen Zeichen der Natur.* (LA I, 10, S. 128.) Vgl. B. Hassenstein, Jb. G. Ges. N. F. 12, 1950, S. 333.

54,13. Plünderung Weimars am 14. Oktober 1806 nach der Schlacht bei Jena.

55,21. G. Schmid, Über die Herkunft der Ausdrücke Morphologie und Biologie. In: Nova Acta Leopoldina NF 2, 1935. Definition der Morphologie S. 120ff.

55,23. Geschichte der botanischen Studien. S. 148ff.

56,15ff. Goethe meint hier Teile, die die Potenz des Ganzen enthalten, etwa Samen oder Knospen im botanischen Bereich; der Same wiederum kann schon *Teile* in der Form des Keimlings enthalten. Vgl. *Die Metamorphose der Pflanzen § 10–18.*

57,32. Über das Verhältnis von Idee und Erfahrung vgl. die Anm. zu S. 31,26–29.

57,39. *Infusionstiere*: zusammenfassende Bezeichnung für mikroskopische Organismen, die in Wasseraufgüssen von tierischen oder pflanzlichen Resten auftreten. Goethe beobachtete sie von 1786 an (LA I, 10, S. 25–40). Vgl. M. Dahl, Jb. G. Ges. 13, 1927.

58,12. Goethes Versuche zur Abhängigkeit der Pflanzen vom Licht: Brief an Schiller 22. Juni 1796; Protokolle LA I, 10, S. 145ff.

58,22. *Gemmation*: Knospung; hier ungeschlechtliche Vermehrung durch Knospenbildung. *Prolifikation*: geschlechtliche Fortpflanzung durch Samen.

58,30. *vegetativer Typus*: Typus der höheren Gewächse, Urpflanze, vgl. S. 574.

59,24. *Einschachtelungslehre*: Alle Lebewesen sind im ersten Schöpfungsakt keimhaft angelegt und entwickeln sich nacheinander. Vgl. Anmerkung zu S. 33,28. *Präformation*: Vorbildung aller Organe, vgl. Anmerkung zu S. 33,33f.

60,6ff. Experimente 1786, vgl. Anm. zu S. 58,12. Beobachtung der Insekten 1796, Protokoll LA I, 10, S. 168.

60,36. Über die im folgenden genannten Naturwissenschaftler vgl. *Principes de Philosophie Zoologique*, Anmerkungen S. 590f.

62,6. Physiognomische Fragmente, 1776. Abschnitt über *Tierschädel* LA I, 10, S. 1–5.

62,10. Loder, Justus Christian von (1753–1832), Professor der Anatomie; 1803 von Jena nach Halle. Goethe bei ihm in der Vorlesung u. a. Winter 1781/82, 1784, 1785, 1790/91.

62,26ff. Vgl. *Dem Menschen wie den Tieren* ... S. 184ff.

63,14f. Herder, Ideen zur Philosophie der Geschichte der Menschheit, 1784/1785. Die vielfach mit Goethe gemeinsame Arbeit daran beginnt 1783.

## DIE METAMORPHOSE DER PFLANZEN

Handschrift von Goethes Schreiber Vogel mit Goethes Korrekturen, Manuskript zum Erstdruck: *Versuch die Metamorphose der Pflanzen zu erklären,* 1790. – Weitere Drucke bis 1832: *Zur Morphologie* I, 1, 1817. – Danach der Text. – *Versuch über die Metamorphose der Pflanzen,* 1831, mit der Übersetzung ins Französische von Fr. Soret. – Der Aufsatz entstand im Winter 1789 (vgl. Briefe etwa an Karl August 20. November 1789, an Batsch 18. Dezember 1789 mit fertigem Text).

Die Beschäftigung mit Botanik ging bei Goethe aus von der praktischen Tätigkeit in seinem Garten am Stern und in den Weimarer Parkanlagen und wendete sich zur Suche nach einem Typus der höheren Gewächse, der Urpflanze, der er in Italien nachspürte: *Hier in dieser neu mir entgegentretenden Mannigfaltigkeit wird jener Gedanke immer lebendiger, daß man sich alle Pflanzengestalten vielleicht aus einer entwickeln könne. Hiedurch würde es allein möglich werden, Geschlechter und Arten wahrhaft zu bestimmen, welches, wie mich dünkt, bisher sehr willkürlich geschieht (Ital. Reise,* Bd. II, S. 60,30–36) und an Frau v. Stein am 9. Juni 1787: *Die Urpflanze wird das wunderlichste Geschöpf von der Welt, über welches mich die Natur selbst beneiden soll. Mit diesem Modell und dem Schlüssel dazu kann man alsdann noch Pflanzen ins Unendliche erfinden, die konsequent sein müssen, das heißt: die, wenn sie auch nicht existieren, doch existieren könnten und nicht etwa malerisch oder dichterische Schatten und Scheine sind, sondern eine innerliche Wahrheit und Notwendigkeit haben.* Goethe hat hier das gleiche Anliegen wie bei dem Versuch, den Typus des Wirbeltieres aufzustellen (vgl. S. 171ff.). – Die Gedanken über die Urpflanze wurden jedoch nur in Briefen und autobiographischen Äußerungen niedergelegt und fanden ihre Ablösung durch den *Versuch die Metamorphose der Pflanzen zu erklären.* Hier wird der *vegetabilische Typus* aufgestellt als System einer Folge beblätterter, mit Knospen versehener Sproßabschnitte, die in der Entwicklung vom Keimstadium zur Blüte die verschiedenartigste Ausbildung erfahren. Dazu wurde auch eine Erklärung dieser jeweiligen Bildung versucht. Dieser Anteil, die durch die Wissenschaft inzwischen überholte „Säftelehre", diente lediglich als Hilfsmittel zur Erklärung der Erscheinungen. Die Betrachtung des Bauplanes und der Vergleich der sich entsprechenden (homologen) Organe verschiedener Pflanzen untereinander ist an besonders charakteristischen Beispielen durchgeführt. – Über den Begriff der Morphologie vgl. S. 120ff. und Anm. zu S. 55,21.

64,2. *Metamorphose*: war gebräuchlich in der 2. Hälfte des 18. Jhdts. Voltaire im Dictionnaire philosophique: „Un point presque imperceptible devient un ver, ce ver devient papillon; un gland se transforme en chêne, un œuf en oiseau ... tout paraît enfin métamorphosé dans la nature."

65,12. *unregelmäßige Metamorphose*: Abweichung vom Bauplan ohne äußerliche Einwirkung (behandelt in der Teratologie); *zufällige M.*: durch Einwirkung von Insekten, mechanische Störungen o. ä. (behandelt in der Pathologie).

65,35ff. Goethe traf Vorbereitungen zur Bebilderung, hat aber selbst keine illustrierte Ausgabe herausgebracht. – Hier Beispiele auf S. 67 und 78. Der größte Teil der von Goethe vorgesehenen Bilder ist wiedergegeben bei A. Hansen, G.s Metamorphose der Pflanzen, Gießen 1907, und J. Schuster, Die Metamorphose der Pflanzen, Berlin 1924. Ausgezeichnete erläuternde Bebilderung in: Goethes Morphologische Schriften, herausgeg. von Wilhelm Troll, Jena o. J. (1926).

66,27f. *Kotyledonen*: die ersten Blattorgane der Pflanze, oft von besonders primitiver Gestalt. Goethe benutzt sie öfter gleichnishaft: *Vielleicht sahen die Kotyledonen jener Saat* (Verbreitung der Menschenkenntnis und Menschenliebe durch Lavaters Wirken) *etwas wunderlich aus; der Ernte jedoch, woran das Vaterland und die Außenwelt ihren Anteil freudig dahinnahm, wird in den spätesten Zeiten noch immer ein dankbares Andenken nicht ermangeln. (Campagne in Frankreich*, Abschnitt *Duisburg, November*. Bd. 10, S. 324,4–8.) – *Die Anfänge des Wilhelm Meister wird man in dieser Epoche auch schon gewahr, obgleich nur kotyledonenartig.* (*Annalen*, Abschnitt *Bis 1780*; Bd. 10, S. 431,17f.)

68,13. *Knoten*: bezeichnet jene Stelle der Sproßachse, an der ein Blatt steht, in dessen Achsel stets eine Knospe angelegt ist.

68,20. *Vicia Faba*: Pferde- oder Saubohne.

68,21. Systematisch sind die bedecktsamigen Blütenpflanzen in monokotyle, d. h. solche mit nur einem Keimblatt (z. B. Tulpe, Lilie), und dikotyle, d. h. solche mit zwei Keimblättern (z. B. Bohne, vgl. Abb. 2, S. 67), eingeteilt.

68,33. *Pinusarten*: Goethe meint allgemein die Nadelhölzer.

70,17. *Agrumen*: Goethe an Soret 14. Juli 1828: Das Wort *ist von mir aus dem Italienischen herübergenommen. Man bezeichnet hiemit die ganze Sippschaft der Zitronen, Pomeranzen usw. und hat dadurch den Vorteil, sich eines leichten bezeichnenden Ausdrucks aus dem gewöhnlichen Leben in der Wissenschaft zu bedienen.* Die Agrumen haben einen geflügelten Blattstiel.

70,22. *Afterblätter*: Nebenblätter am Blattgrund, der Ansatzstelle des Blattstieles am Sproß.

71,5. *Anastomose*: Zusammenfließen fädiger Gebilde.

71,20ff. Die Säftelehre, die Goethe zur Erklärung der Metamorphose heranzieht, ist aus der Medizin des Hippokrates und Paracelsus auf die Botanik übertragen. Zwar ist sie in der hier gegebenen Art nicht stichhaltig, ließe sich aber unschwer durch Annahmen über Bildung und Wirkung von Wuchsstoffen oder organbildenden Substanzen auf moderner Basis ersetzen, ohne daß die Erkenntnisse über die Metamorphose selbst eine Änderung erfahren würden. (Vgl. dazu auch Brief an Wackenroder 21. Januar 1832.)

71,26–28. Goethe ließ von Chemikern die Gase aus den Schoten der Colutea arborescens untersuchen.

71,31. *Cerealien*: Getreidearten.

71,35ff. Hier befindet sich Goethe im berechtigten Gegensatz zu Linné. Vgl. auch S. 96ff., vor allem § *111*.

72,33f. Verhinderung des Blühens vor allem durch Förderung der mineralischen Ernährung.

74,6. Heute als Hochblätter bezeichnet.

74,13f. *Strahlenblumen:* Korbblütler. *Kalendel*: Ringelblume, Studentenblume.

76,9. Solche Kelche z. B. bei der Anemone und Fuchsie.

77,7f. Siehe Abb. 4, S. 78.

77,33. *Kanna* indica: Blumenrohr.

80,27. *Parnassia* palustris: Sumpfherzblatt. Die betrachteten Organe sind umgebildete Staubblätter (Staminodien).

80,29ff. Auf die *Vallisneria* geht Goethe in der *Spiraltendenz der Vegetation* (S. 145, 21ff.) näher ein. Die *Filamenta castrata petaliformia* oder unfruchtbaren blumenblattähnlichen Staubblätter sind bei den genannten Pflanzen auf verschiedene Weise umgebildete Blütenorgane.

81,20. *Aconitum*: Eisenhut, Sturmhut. *Nigella*: Schwarzkümmel; *N.* damascena: Gretel im Busch.

81,32. *Melianthus* maior: Honigstrauch. Die von Goethe als *Nebenkrone* betrachtete Bildung ist die eigentliche Blumenkrone.

82,1. Schmetterlingsblüte aufgebaut aus zwei vorderen, an den Rändern häufig verwachsenen Blättern, dem ,,Schiffchen" (*Karina*); zwei seitlichen ,,Flügeln" und einem übergreifenden Kronblatt, der ,,Fahne".

82,6. *Polygala*: Kreuzblume, gehört nicht zu den Schmetterlingsblütlern.

82,17f. Die Vorstellungen über Spiralgefäße stammen von dem Botaniker Johann Hedwig (1730–1799). Vgl. Anm. zu S. 132,11.

83,4ff. Über die mikroskopischen Vorgänge bei der Befruchtung hatte Goethe nur unklare Vorstellungen.

85,15. *Sarrazenie*: Insekten in ihren Schlauchblättern fangende Pflanze.

85,23. *Ranunculus asiaticus*: Hahnenfuß, meist gefüllt.

86,35. *Linde*: das Blatt ist das Tragblatt der Blüte.

87,2. *Ruscus*: Mäusedorn; die Blüten sitzen an blattähnlichen Flachsprossen.

88,26. *Colutea*: Blasenstrauch, vgl. Anm. zu S. 71,26–28.

89,23. *Involucrum*: Hülle.

90,22. Vgl. die Abb. 3, S. 67.

91,21. *Gemmen*: Augen, die als selbständige Individuen von der Pflanze getrennt lebensfähig sind.

92,33. *Bracteen*: Hochblätter, bei manchen Pflanzen in der Blütenregion abweichend gebildete Blätter.

93,17. Das *Blättchen* ist das „Spreublatt".

93,19f. *Dipsacus laciniatus*: Weberkarde.

94,25. Siehe Abb. 5, S. 78.

95,15. *Ich habe diesen Sommer eine Nelke gefunden, aus welcher vier andere vollkommene Nelken herausgewachsen waren ... Es ist ein höchst merkwürdiges Phänomen, und meine Hypothese wird dadurch zur Gewißheit.* (An Knebel 3. Oktober 1787; vgl. auch Bd. 11, S. 377. – Die Zeichnung Goethes befindet sich im Goethe-und Schiller-Archiv in Weimar, wiedergegeben in LA I, 9, Tafel XVIII.)

96,15. *Antizipation* oder *Prolepsis* (S. 97,13): Linné nahm an, daß die einjährigen Pflanzen im Vergleich zu den dauernden die Blüte vorausnähmen. Er schreibt: „Wenn eine Blüte entsteht, gehen die Knospenblätter des nächsten Jahres in Bracteen, des dritten in den Kelch, des vierten in die Blumenblätter, des fünften in die Staubfäden, des sechsten in das Pistill über" (Amoenitates VI). Goethe geht – geschickter als Linné – von der einjährigen Pflanze aus und vermeidet so diese komplizierten und unrichtigen Theorien.

97,31ff. Ebenso berechtigt ist die Kritik an dieser Erklärung der Entwicklung, die der Evolutionstheorie (vgl. Anm. zu S. 33, 28) entspricht, und die Bemerkung, daß das eigentliche Bildegewebe zwischen Rinde und Holz (als Kambium) eingeschaltet ist.

100,31ff. Eine Notiz aus Italien sagt: *Hypothese. Alles ist Blatt und durch diese Einfachheit wird die größte Mannigfaltigkeit möglich ... Der Punkt, wo die Gefäße sich treffen und dies eine Blatt zu bilden anfangen, ist der Knoten ... Ein Blatt, das nur Feuchtigkeit unter der Erde einsaugt, nennen wir Wurzel; ein Blatt, das von der Feuchtigkeit ausgedehnt wird pp. Zwiebeln ...* (WA II, 7, S. 282f.)

101,24–35. An Knebel im Januar 1790: *Wenn ich es nun könnte ein Jahr liegen lassen und es dann wieder vornähme, sollte es doch noch eine reinere Gestalt kriegen* und am 9. Juli 1790: *Sollte ich irgendwo lange Stunden haben, so schreibe ich das zweite Stück über die Metamorphose der Pflanzen ...* – Ein Bruchstück eines *Zweiten Versuches* liegt handschriftlich vor (LA I, 10, S. 64–67).

## SCHICKSAL DER HANDSCHRIFT

Erstdruck: *Zur Morphologie* I, 1, 1817. – Danach der Text. – Laut Tagebuch arbeitete Goethe daran vom 21. bis zum 28. April 1817.

In dem so viel später geschriebenen Aufsatz spiegeln sich noch immer die Schwierigkeiten der Rückkehr aus Italien, die vielleicht im Gedanken an die Flora besonders schmerzlich aufleben. – An Rochlitz schreibt Goethe am 1. Juni 1817: *Meinen längern Aufenthalt in Jena benutze, da ich gerade nicht Lust zu frischem Tun empfinde, zum Wiederabdruck älterer, auf Natur sich beziehenden Schriften ... Bei dieser Gelegenheit erscheint, beinahe zum Entsetzen, wie wir von den disparatesten Gegenständen affiziert, aufgeregt, hingerissen werden können. Hierdurch nun werde ich genötigt, mancherlei Stückwerke mit Le-*

*bensereignissen in Verbindung zu bringen, damit das Ganze nicht allzu verworren und seltsam aussehe.*

102,35–37. *Einfache Nachahmung der Natur, Manier, Stil,* 1788. Bd. 12, S. 30. – *Das Römische Karneval,* 1789. Bd. 11, S. 484–515. – *Die Metamorphose der Pflanzen,* 1790.

103,26ff. Vgl. Brief an Göschen 4. Juli 1791.

104,26. Astruc, Jean, begründete die moderne Bibelforschung.

105,3. Chladni, Ernst Florens Friedrich (1756–1827). Beschäftigung mit Akustik; Figuren auf mit Sand bestreuten Metallplatten, die mit einem Bogen angestrichen werden (Chladnische Klangfiguren). Deutung der Meteorsteine als kosmische Massen von außerirdischem Ursprung.

## SCHICKSAL DER DRUCKSCHRIFT

Handschriftlich nur die Elegie aus dem Druckmanuskript zur *Ausg. l. Hd.* von John und aus dem Manuskript der Elegien von Geist mit Korrekturen von Goethe und Riemer. Erstdruck des ganzen Aufsatzes: *Zur Morphologie* I, 1, 1817. – Danach unser Text. S. 106, 34 und 39 im Druck *Zienarth.* – Das Tagebuch erwähnt den Aufsatz am 20. und 29. April 1817, die Elegie schon am 17. und 18. Juni 1798. – Vgl. Bd. 1, S. 199 und Anmerkungen.

Obwohl Goethe am 28. März 1830 zum Kanzler von Müller sagte: *Ich habe Natur und Kunst eigentlich immer nur egoistisch studiert, nämlich um mich zu unterrichten. Ich schrieb auch nur darüber, um mich weiterzubilden. Was die Leute daraus machen, ist mir einerlei,* war ihm das Ausbleiben eines Echos schmerzlich Desto mehr konnte ihn in hohem Alter befriedigen, daß eine Generation junger Naturwissenschaftler an seine Forschungen anknüpfte; vgl. S. 49,15 und Anm. dazu.

106,5. Nach Riemers Mitteilungen II, S. 315 war es Tischbein.

107,26ff. Die Elegie entstand 1798 und wendet sich an Christiane. Man kann hier Zeile für Zeile die Gedankengänge der *Metamorphose der Pflanzen* verfolgen. Vgl. Goethes Morphologische Schriften, herausg. v. W. Troll, Jena, S. 460.

109,36. Bonnet, Charles de (1720–1793), Contemplation de la nature, 1764, gibt eine allgemeinverständliche Darstellung der Naturwissenschaft.

110,17. *das radikale Böse* nach Kant, Die Religion innerhalb der Grenzen der bloßen Vernunft, 1793: das Böse um des Bösen willen (aus Neid, Bosheit usw.).

110,24. Dalberg, Karl Theodor Maria von (1744–1817), kirchlicher und weltlicher Würdenträger an verschiedenen Orten.

111,20f. Schlesien 1790, Champagne 1792, Mainz 1793.

111,31. Der Schreiber Christian Georg Karl Vogel.

112,7. Wolf, Friedrich August (1759–1824), Professor der Philologie in Halle. Der *Namensvetter* ist Caspar Friedrich Wolff (1734–1794). Goethe schreibt über ihn als *trefflichen Vorarbeiter* (LA I, 9, S. 73). Wolff beobachtete den Vegetationspunkt und stellte fest, daß sich die verschiedenen Blattorgane zu Beginn ihrer Bildung nicht voneinander unterscheiden.

## DREI GÜNSTIGE REZENSIONEN

Erstdruck: *Zur Morphologie* I, 2, 1820. – Danach der Text. – Tagebuch 10. und 11. September 1817: *Rezensionen;* am 25. Mai 1818 geht der Aufsatz in die Druckerei.

Obwohl *drei* angekündigt werden, spricht Goethe im Text nur von zwei *Rezensionen.* Im Aufsatz *Wirkung dieser Schrift* (LA I, 10, S. 297 bis 318) von 1830 sind die drei Rezensionen genannt: *Günstige Rezensionen finden sich: In den Göttinger Anzeigen. Febr. 1791. In der Gothaischen Gelehrten-Zeitung. April 1791. Allgemeine deutsche Bibliothek Bd. 116.* – Weitere Rezensionen vgl. Schmid, Nr. 877–886 und 902–924.

113,21. Das *andere Feld* bedeutet die Farbenlehre.

## ANDERE FREUNDLICHKEITEN

Erstdruck: *Zur Morphologie* I, 2, 1820. – Danach der Text. – Entstehung wie *Drei günstige Rezensionen.*

113,29. Jussieu, Antoine Laurent de (1748–1836), Professor der Botanik in Paris; Genera plantarum secundum ordines naturales disposita, 1789.

113,33. Usteri, Paulus (1768–1831), Direktor des Botanischen Gartens Zürich; *egregie*: vortrefflich.

114,3. Willdenow, Karl Ludwig (1765–1812), Professor der Botanik in Berlin.

114,13 ff. Über die Benennungen nach Goethe vgl. Schmid, S. 148 ff.

114,22. *Oryktognosie*: beschreibende Mineralogie.

115,5 ff. Ideen zu einer Geographie der Pflanzen nebst einem Naturgemälde der Tropenländer, Tübingen 1807. Widmungsblatt an Goethe, gezeichnet von Thorwaldsen.

115,13 ff. Vgl. Schmid, S. 127 ff.

115,28 ff. Sprengel, Kurt (1766–1833), Professor der Botanik in Halle. Geschichte der Botanik 1817/1818, Teil II, S. 302: „. . . trug Joh. Wolfg. von Goethe die Entwickelung der Pflanzenteile auseinander ungemein klar und einnehmend vor . . .“

115,34. *Protagonisten*: Vorkämpfer.

## NACHARBEITEN UND SAMMLUNGEN

Erstdruck: *Zur Morphologie* I, 2, 1820. – Danach der Text. – Tagebuch 1. Juli 1816 über Beschäftigung mit Jäger; Aufsatz am 11. und 16. September 1817.

Aus der Erkenntnis, daß er kein umfassendes Werk über die Metamorphose im gesamten Bereich des Lebens schaffen könne, sammelte Goethe einzelne botanische Beobachtungen, die ihm durch die Pflanzenzucht in Belvedere und den Botanischen Garten in Jena zugänglich waren, und veröffentlichte sie teilweise in den Heften *Zur Morphologie*, teils fanden sie sich als Notizen in seinem Nachlaß (z. B. *Bignonia radicans* S. 128). – Es folgen nach S. 120,21 Bemerkungen und Auszüge aus dem Jägerschen Buch über abnorme Bildungen von Pflanzen. *Ich wünschte, man durchdränge sich recht von der Wahrheit: daß man keineswegs zur vollständigen Anschauung gelangen kann, wenn man nicht Normales und Abnormes immer zugleich gegen einander schwankend und wirkend betrachtet.*

118,17. Vgl. LA I, 10, S. 273ff.

118,19. Über Batsch in der Geschichte der botanischen Studien, S. 155,29ff.

118,21f. Jussieus Werke, herausgegeben von Usteri, Zürich 1791.

118,22ff. *Akotyledonen*: Pflanzen ohne Keimblätter; identisch mit *Kryptogamen*: Pflanzen ohne eigentliche Blüten (wie Algen, Moose, Farne). – *Monokotyledonen*: bedecktsamige Blütenpflanzen mit einem Keimblatt.

118,28. *Phanerogamen*: echte Blütenpflanzen. An anderer Stelle sagt Goethe: *In der Phanerogamie ist noch so viel Kryptogamisches, daß Jahrhunderte es nicht entziffern werden.* (Bd. 12, S. 447, Nr. 598.)

119,7ff. Goethes Sammlungen befinden sich noch im Goethe-National-Museum und Goethe-Schiller-Archiv in Weimar.

120,16. Jäger, Georg Friedrich (1785–1867), Professor am Gymnasium in Stuttgart. Über die Mißbildung der Gewächse, 1814, verweist S. 6 auf Goethe.

## BETRACHTUNG ÜBER MORPHOLOGIE

Handschrift von Geist mit Korrekturen von Goethe, ohne Überschrift. – Danach der Text. S. 124,27 *den;* S. 126,29 *oder* und S. 127,18 *man* fehlt in der Handschrift. – Erstdruck: WA II, 6, S. 288. Entstanden in der Mitte der neunziger Jahre (wohl nach 1794).

In WA zusammengestellt mit *Vorarbeiten zu einer Physiologie der Pflanzen.* Das hier gegebene Stück ist jedoch ein gesonderter Entwurf und bezieht sich nicht nur auf die Betrachtung der Pflanzen, sondern auf alle Naturkörper und ihre Behandlung auf den verschiedenen Stufen naturwissenschaftlicher Erkenntnisweise, die gipfeln in der *Betrachtung des organischen Ganzen durch Vergegenwärtigung aller dieser Rücksichten* (aller naturwissenschaftlichen Untersuchungen) *und Verknüpfung derselben durch die Kraft des Geistes.* Das wäre Physiologie, worunter Goethe hier abweichend vom heutigen Gebrauch (als Betrachtung der Lebensvorgänge, Funktionsabläufe und Wirkweise der Organismen, analysiert und auf physikalische und chemische Ursachen zurückgeführt) eine allgemeine Lehre vom Leben auf der Basis einer *geistigen* Lebens-*Kraft* versteht. Goethe sagt: *Physiologie schwebt dem Menschen als ein Zweck vor, der vielleicht nie zu erreichen ist* (LA II, 9B, S. 47).

Als vorzüglichstes Mittel, sich diesem Ziele zu nähern, stellt sich Goethe die Morphologie vor. Im Bereich der Pflanzen zeigt sie uns *die Gesetze, wornach die Pflanzen gebildet werden. Sie macht uns auf ein doppeltes Gesetz aufmerksam: 1. Auf das Gesetz der innern Natur, wodurch die Pflanzen konstituiert werden. 2. Auf das Gesetz der äußeren Umstände, wodurch die Pflanzen modifiziert werden* (LA I, 10 S. 135). – Ein weiterer Entwurf zu diesen Gedankengängen findet sich bei den Vorarbeiten zu den Propyläen (LA II, 9B, S. 47) zusammen mit einem naturwissenschaftlichen Schema, welches nach 1794 zu datieren wäre. Ähnliche Gedanken in klarerer Form geben die Einleitungsstücke *Zur Morphologie* (S. 53–63).

121,8. *Evolution,* vgl. Anm. zu S. 33,28. – 121,12. *Epigenese,* vgl. Anm. zu S. 32,22f.

121,19. *Naturgeschichte* befaßt sich nach dem damaligen Sprachgebrauch mit Geologie, Geographie, Meteorologie, Astronomie, Botanik und Zoologie, *Naturlehre* mit Physik und Chemie.

121,32f. *palingenesieren*: neu hervorbringen. Ein im 18. Jahrhundert häufiges Wort, zumal bei Bonnet und Herder naturwissenschaftlich benutzt. – R. Unger, Zur Gesch. des Palingenesiegedankens. DVjs. 2, 1924. Auch in: Unger, Gesammelte Studien, Bd. 2. Bln. 1929.

123,15. *Zoonomie*: entspricht etwa der heutigen Physiologie.

## BIGNONIA RADICANS

Handschriftlich im Konzept von John mit Goethes Korrekturen und als Reinschrift von John. – Der Text nach dieser Reinschrift. 128,5 das erste *sie* fehlt in der Handschrift. – Erster Druck: WA II, 6, S. 340. – Das Konzept ist datiert von *Dornburg, d. 26. Aug. 1828; Korrig. d. 3. Sept.* – Tagebuch 25. August 1828: *Reflektierte über die Bignonia radicans und über drüsenartige Auswüchse an der Rückseite jedes Knotens;* weiteres am 26. August und 2. und 3. September 1828.

Der Aufsatz entstand in Dornburg, wohin sich Goethe nach dem Tod des Großherzogs Karl August zurückgezogen hatte. Dort widmete er sich eingehenden botanischen Studien (vgl. auch Abb. S. 139). Er las dort die verschiedensten botanischen Werke, beschäftigte sich mit Weinbau und führte mit dem Jenenser Professor für Botanik Voigt und dem Gärtner Baumann botanische Gespräche. Auch der Plan zur deutsch-französischen Ausgabe der *Metamorphose der Pflanzen* mit Soret (1831) wurde hier erwogen. Im Entwurf steht über dem Text: *Vorstehende Aufforderung veranlaßte mich nachfolgendes aufzuzeichnen.* Diese Aufforderung, sich mit Pflanzenmonographien zu beschäftigen, ging von P. Decandolle aus (vgl. LA I, 10, S. 248). – Beachtenswert ist die eindringliche Schilderung der Pflanze.

127,34. *Bignonia radicans*: Tecoma grandiflora, Campsis radicans, die Klettertrompete. Bignoniazee mit großen leuchtendroten trichterförmigen Blüten. Vom Licht stark abhängige Pflanze mit sproßbürtigen Haftwurzeln.

## SPIRALTENDENZ DER VEGETATION

Handschriftlich in vielen einzelnen Abschnitten; in drei blaue Aktendeckel geheftet mit Vornotizen von Goethes Hand und diktierten Stücken von Johns und Schuchardts Hand. Dazu Briefe von Martius und Ernst Meyer. – Erster Druck einer kurzen Abhandlung in der Soret-Ausgabe 1831, ist datiert 27. März 1831. Von Eckermann redigierte Zusammenfassung der Handschriftlichen Einzelstücke in der *Ausg. l. Hd.* – Hier nur ein Auszug nach den Handschriften. 144,9 *vernus*] in der Handschrift *furens*, Hörfehler des Schreibers. – Im Oktober 1828 besuchte Martius, der Forschungsreisende und Botaniker, Goethe und teilte ihm seine Gedanken über die Spiraltendenz der Vegetation mit. Goethes Tagebuch meldet zuerst am 13. Oktober 1829: *wendete meine Gedanken zu dem Vorkommen der Spiralgefäße in dem Bau der Pflanzen.* Im ganzen Verlauf des Jahres 1830 folgen weitere Notizen; am 29. März 1831 ist das Manuskript für die Soret-Ausgabe abgeschlossen und wird vom 15. bis zum 18. April ins Französische übersetzt. Schon am 5. Mai folgen neue Beobachtungen, die bis zum 25. November 1831 fortlaufen. – Die verschiedenen Handschriften weisen Daten zwischen dem 28. August 1829 und dem 12. September 1831 auf. Am 5. Januar 1832 schreibt Goethe noch an Varnhagen von Ense: *Mit den neu hervortretenden Betrachtungen über die Spiralität übergeben wir den Nachkommen mehr einen gordischen Knoten als einen liebevollen Knaul. Auf diesen Punkt hab ich große Aufmerksamkeit verwendet, andere mögen auch sehen, wie sie zurecht kommen.*

An dem Versuch über die Spiraltendenz der Vegetation, den Goethe in seinen letzten Jahren aufzeichnete und dem er keine endgültige Form mehr geben konnte, ist deutlich seine Arbeitsweise und Denkart zu verfolgen. Die Einleitung weist uns auf den Moment hin (Martius' Besuch), der den Gedanken auslöste, ihm das Aperçu, wie Goethe sonst sagt, einfallen läßt. Nun folgt die Reihe von Einzelbeobachtungen, die aber eigentlich nur vom Beobachtungspunkt her einheitlich erscheinen können, nicht in ihrer Erklärung. Wichtig ist, daß Goethe auch die Spiraltendenz im Zusammenhang mit *dem Gesetze der Metamorphose* ansah. Vgl. S. 153,7. – Im einzelnen ergeben sich einige Wiederholungen, weil der Text nicht ausgefeilt ist. Eingeschaltete Rezensionen sind hier ausgelassen. – Einen Teil der beschriebenen Phänomene ließ Goethe sich von dem Weimarer Maler Albert Stark zeichnen; vgl.: Goethe, Die Metamorphose der Pflanzen, herausgeg. von J. Schuster, Berlin 1924.

131,3. Martius, Karl Friedrich Philipp, Ritter von (1794–1868), Forschungsreisender in Brasilien und Professor der Botanik in München.

131,6. Das Modell befindet sich in der Sammlung des Wiener Goethe-Vereins, vgl. J. Zellner, Zur Spiraltendenz der Vegetation, Ch. d. W. G. V. Bd. 26, S. 41.

131,12. *Isis*, wissenschaftliche Zeitschrift unter Lorenz Oken.

131,23f. David Don und Dutrochet werden von Goethe in den hier ausgelassenen Stücken rezensiert (vgl. LA I, 10, S. 339ff.).

132,3f. Anaxagoras (500–428 v. Chr.), Philosoph in Athen; seine *Homoiomerien:* kleinste Teile, „Samen", sie bestimmen durch ihre eigene, dem Ganzen ähnliche Form das Ganze.

132,11f. Die von Goethe schon früher erwähnten *Spiralgefäße* sind in der Tat mikroskopisch zu beobachtende, stützende Funktion ausübende verholzte Wandverdickungen spiraliger Form von toten röhrigen Gefäßen, die zur Leitung und Speicherung des Wassers dienen.

133,1ff. Hier ist an die Achse und an die Seitenorgane der Pflanze gedacht.

133,22. Erscheinung der „Verbänderung", eine häufige Form der Mißbildung, tritt auch bei anderen Pflanzen auf.

134,17. *Dikotyledonen*: zweikeimblättrige Pflanzen.

134,31. *Calla* aus der Familie der Arongewächse; die Blüten sind stark reduziert, um einen fleischigen Kolben angeordnet und von einem auffälligen Hochblatt (Spatha) eingehüllt.

135,23. *Monokotyledonen,* d.h. einkeimblättrige Pflanzen sind u.a. gekennzeichnet durch geradlinig genervte Blätter.

135,27. *Phormium tenax*: neuseeländischer Flachs, die Fasern der Blätter werden zu Segeltuch und Tauwerk verwendet.

135,33ff. Teile der Blätter umschließen sich gegenseitig scheidenförmig.

136,3. *Allien*: Laucharten.

136,16ff. Vgl. *Die Metamorphose der Pflanzen § 15.*

136,33. *Rösten*: Abtrennen der Fasern durch Behandlung mit Wasser.

137,5f. Alternierende Stellung, d.h. die Blätter stehen verteilt und nicht in zwei oder mehreren „Zeilen" am Stengel übereinander.

137,23. *Oszillarien*: Spaltalgen, Einzelindividuen zu Ketten verbunden, die pendelnde Bewegungen ausführen.

138,5. *Konvolveln*: Winden.

138,28. Ranken, die sowohl Sproßenden als auch metamorphosierte Blätter sein können.

140,7. Vgl. Goethes Ausführungen darüber LA I, 10, S. 261–271.

140,19. Dutrochet, Henri Joaquim (1776–1847), Privatgelehrter in der Touraine und Paris.

141,23. *Lycium europaeum*: Teufelszwirn, Nachtschattengewächs, hat dünne, lang herabhängende Zweige.

141,33. *Crataegus torminalis*: Verwandte des Weißdorns, auch Elsbeere.

142,4. *Pandanus*: eine Palme.

142,6. *Ophrys spiralis* = Spiranthes autumnalis, die Herbstdrehwurz, eine Orchidazee.

142,27. Leipzig 1828. „Alles, was wir Farne nennen, hat seine eigentümliche spiralige Entwicklung."

143,25. Fritsch, Friedrich August von (1768–1845), Oberforstmeister in Weimar.

144,9. *Lathyrus vernus*: Frühlingsplatterbse.

144,21. Einwirkung der Pappelblattlaus, Pemphigus.

144,30. *Erodium gruinum*: Reiherschnabel, die Teilfrüchte rollen sich spiralig am „Schnabel" aufwärts.

145,3. *Salmacis* = Spirogyra, vielzellige Fadenalge, deren Farbträger spiralig verlaufen.

145,7ff. Eine Folge des osmotischen Druckes, der, in den lebenden Zellen der Pflanzen herrschend, die Spannung der Gewebe bedingt und damit die aufrechte Haltung auch unverholzter Teile ermöglicht.

145,23. *Vallisneria* spiralis: Wasserschraube, Froschbißgewächs. Die männliche Blüte löst sich los, steigt mittels einer Luftblase auf, gibt den Blütenstaub ab, der zur weiblichen Blüte schwimmt. Nach der Befruchtung zieht sich der spiralige Stengel der weiblichen Blüte zusammen, so daß die Frucht unter Wasser reift.

147,35ff. Vgl. das Gedicht *Amyntas*, Bd. 1, S. 196.

## DER VERFASSER TEILT DIE GESCHICHTE SEINER BOTANISCHEN STUDIEN MIT

Handschriftlich in vielen Bruchstücken aus den verschiedenen Epochen der Entstehung von John und Schuchardt mit Goethes und Riemers Korrekturen. – Erstdruck: *Zur Morphologie* I, 1, 1817 in kurzer Form als Einleitungskapitel mit dem Titel *Geschichte meines botanischen Studiums*. Die hier gegebene erweiterte Form in der Soret-Ausgabe 1831 als Nachtrag. – Einzelne Handschriftstücke sind datiert vom 15. und 21. August 1828 und 20. Mai 1830. An der ersten Fassung arbeitete Goethe laut Tagebuch am 3. April 1817; vgl. auch Briefe an Eichstädt 12.–14. April 1817. – Studien über Rousseau Juli–August 1824. – Vom 8. Juli 1828 ab Neubearbeitung als Einleitungskapitel zur *Metamorphose der Pflanzen*. 20. Mai 1830 ist ein Stück datiert, welches Soret zur Übersetzung bekam; hier verbesserte Goethe die Überschrift *Einleitung* in *Nachträgliche Aufsätze*. Am Briefwechsel zwischen Goethe und Soret sind die einzelnen Stadien der Fassung von 1828–1831 zu verfolgen. – In die spätere Fassung (1828) wurden aus der früheren (1817) folgende Stücke nicht aufgenommen: Nach S. 153,14: *Wie es mir dabei ergangen, und wie ein so fremdartiger Unterricht auf mich gewirkt, kann vielleicht im Verlauf dieser Mitteilungen deutlich werden, vorläufig aber will ich bekennen, daß nach Shakespeare und Spinoza auf mich die größte Wirkung von Linné ausgegangen und zwar gerade durch den Widerstreit, zu welchem er mich aufforderte. Denn indem ich sein scharfes, geistreiches Absondern, seine treffenden, zweckmäßigen, oft aber willkürlichen Gesetze in mich aufzunehmen versuchte, ging in meinem Innern ein Zwiespalt vor: das, was er mit Gewalt auseinander zu halten suchte, mußte, nach dem innersten Bedürfnis meines Wesens, zur Vereinigung anstreben.* (Dieser Absatz ist in der späteren Handschrift ausdrücklich überklebt.) Und nach S. 155,28: *Indem ich nun durch diesen jungen Mann meine Erfahrung schnell erweitert, meine Kenntnis der Pflanzengestalt, ihrer Mannigfaltigkeit und Eigenheit immer zunehmen sah, auch mein lebendiges Gedächtnis die bezeichneten Benennungen leicht festhielt, war mir durch einen zweiten Jüngling fernere wünschenswerte Belehrung zugedacht.* (Dieser Passus ist vielleicht nur aus Versehen ausgelassen.)

Seine Hefte *zur Naturwissenschaft im allgemeinen, besonders zur Morphologie* nennt Goethe *Erfahrung, Betrachtung, Folgerung durch Lebensereignisse verbunden.* Diese Verknüpfung mit der autobiographischen Aussage scheint ihm immer wieder besonders wichtig zu Verständnis und Erläuterung seiner naturwissenschaftlichen Forschungsergebnisse und zum Anreiz für das Studium seiner rein wissenschaftlichen Arbeiten. Am 1. Juni 1817 schreibt er deswegen an Rochlitz: *Meinen längern Aufenthalt in Jena benutze, da ich gerade nicht Lust zu frischem Tun empfinde, zum Wiederabdruck älterer, auf Natur sich beziehenden Schriften, zu Sichtung und Redaktion aufgehäufter Manuskripte. Bei dieser Gelegenheit erscheint, beinahe zum Entsetzen, wie wir von den disparatesten Gegenständen affiziert, aufgeregt, hingerissen werden können. Hierdurch nun werde ich genötigt, mancherlei Stückwerke mit Lebensereignissen in Verbindung zu bringen, damit das Ganze nicht allzu verworren und seltsam aussehe. Und gerade diese Mittelglieder sind es, die ich Ihrem Anteil empfehlen möchte.* Vgl. D. Kuhn 1962.

148,28. *Die Metamorphose der Pflanzen.*

150,10. Sckell, richtig Skehl, Johann Ludwig Gottlieb, Weimarischer Forstbeamter.

150,15 f. Wedel, Otto Joachim Moritz von, Kammerherr und Oberforstmeister in Weimar.

150,38. *Harzscharre*: Anreißen der Baumrinde zur Harzgewinnung.

151,5. Vgl. Briefe an Frau v. Stein 31. Oktober 1778, 7. Oktober 1785 und 7. November 1785.

151,9. *Laboranten*: Wurzelsammler.

151,13. Vgl. G. Schmid, Der Enzian. Jb. G. Ges. NF, 7, 1942.

151,25. *Rhizotomen*: ,,Wurzelschneider". In der Antike Sammler und Kenner von Arzneipflanzen.

151,31. Buchholz, Wilhelm Heinrich Sebastian (1734–1798).

151,36. Göttling, Johann Friedrich August (1755–1809), später Professor der Chemie in Jena.

152,7ff. Das war 1784; vgl. Brief an Sömmerring 9. Juni 1784. Am 27. Dezember 1783 berichtete Goethe noch an Knebel: *Buchholz peinigt vergebens die Lüfte, die Kugeln wollen nicht steigen. Eine hat sich einmal gleichsam aus Bosheit bis an die Decke gehoben und nun nicht wieder. Ich habe nun selbst in meinem Herzen beschlossen, stille anzugehen, und hoffe auf die Montgolfiers Art eine ungeheure Kugel gewiß in die Luft zu jagen.*

152,26. *Dispensatorium*: Apothekervorschriften.

152,31ff. Karl August richtete in Belvedere Gewächshäuser ein und hatte bald einen reichen Pflanzenbestand, der durch Tausch laufend vermehrt wurde. Der Bestand an seltenen Bäumen im Park von Belvedere erinnert noch an diese Tätigkeit.

153,3f. Linné, Karl von (1707–1778); in Goethes Besitz von ihm: Philosophia botanica 1751, Genera plantarum 1752, Fundamenta botanices 1747, Systema vegetabilium in 3 Ausgaben von 1779, 1784 und 1825.

153,4f. Geßner, Johann (1709–1790), Professor in Zürich; Dissertation 1747.
153,19. Professoren in Jena im 17. Jahrhundert.
153,21. Ruppe, Heinrich Bernhard (1688–1719), Mediziner und Botaniker, zuletzt in Jena.
153,31. Dietrich, Adam (1711–1782); Dietrich, Friedrich Gottlieb (1765–1850), 1785 Goethes Begleiter nach Karlsbad. Über die Dynastie der Dietrichs vgl. Schmid, S. 502ff.; Auszüge aus F. G. Dietrichs Reisebericht mit Goethe: F. Cohn, Dtsch. Rundschau 7, 1876, S. 443.
155,29. Batsch (1761–1802), Professor der Botanik in Jena.
156,15. Büttner, Christian Wilhelm (1716–1801); vgl. die Beschreibung seiner Sammlungen, *Annalen* zu *1802*.
157,10f. Rousseau, Jean Jacques (1712–1778). S. 157,38ff. Lettres à M. de la Tourette, Lettre II, 1770. – 1771–73 Briefe an Frau Delessert zur Unterweisung von deren Töchterchen. Dazu schreibt Goethe schon am 16. Juni 1782 an Karl August: *In Rousseaus Werken finden sich ganz allerliebste Briefe über die Botanik, worin er diese Wissenschaft auf das faßlichste und zierlichste einer Dame vorträgt.*
159,6. Redouté, Pierre Joseph (1759–1840), Blumenmaler.
160,2. *Fragmens* 1782 erschienen.
161,4. *Versatilität*: Veränderlichkeit.
161,22. *autodidaktischer Tiro*: sich selbst unterrichtender Schüler oder Rekrut.
162,24ff. Vgl. *Ital. Reise* Bd. 11, S. 19f.; *Bignonia radicans*: S. 127.
163,6f. *spathagleich*: Spatha ist das Hüllblatt der kolbenförmigen Blütenstände z. B. der Calla.
163,11ff. Sie sind noch in Goethes Sammlungen vorhanden.
164,5. Vgl. auch *Erster Entwurf* ..., Erläuterung, unten.
164,39. *Cactus opuntia*: Opuntia ficus indica, eine zweikeimblättrige Pflanze.
165,5. *Acanthus mollis*: Bärenklau, besitzt in seinem Fruchtknoten einen Schleudermechanismus für die reifen Samen.
165,23. Die Malerin Angelica Kauffmann, vgl. *Ital. Reise*, Bd. 11.
165,29f. Über die Keimung der Dattelkerne schrieb Goethe und ließ sie auch zeichnen (vgl. LA I, 9, Tafel VII und LA I, 10, S. 48).
166,1. Reiffenstein, Johann Friedrich (1719–1793), russischer Hofrat, Kunsterzieher in Rom. Vgl. Bd. 11 (Register).
166,10ff. Vgl. *Die Metamorphose der Pflanzen*, § *105* und *106*.
166,29. *Versuch die Metamorphose der Pflanzen zu erklären*, 1790.
167,20ff. Gingins-Lassaraz, Frédéric de, französische Übersetzung der *Metamorphose der Pflanzen*, Genf 1829.

## ERSTER ENTWURF EINER ALLGEMEINEN EINLEITUNG IN DIE VERGLEICHENDE ANATOMIE

Handschriftlich nur Entwürfe (WA II, 8, S. 307–316). – Erstdruck: *Zur Morphologie* I, 2, 1820. – Danach der Text im Auszug. – Datiert *Jena, im Januar 1795*. Diktiert an Maximilian Jacobi, vgl. Brief an Jacobi 2. Februar 1795. – *Annalen, 1795: Alexander von Humboldts ... Gegenwart in Jena fördert die vergleichende Anatomie; er und sein älterer Bruder bewegen mich, das noch vorhandene allge-*

*meine Schema zu diktieren.* – Tagebuch 19. August und 2.–13. September 1816: Durchsicht des Stückes für den Druck.

Das Ziel des Aufsatzes, der nach Goethes Bericht in den Nacharbeiten zum Zwischenkieferaufsatz (LA I, 9, S. 179) auf das Betreiben der Brüder Humboldt von dem Dichter diktiert wurde, ist die Aufstellung eines osteologischen Typus des Säugetieres oder eines Urtieres als Leitfaden durch das Labyrinth tierischer Bildung, der schließlich auch in die Bereiche formloser organischer Naturen hinabreicht. Die drei ersten Kapitel schrieb Goethe 1796 noch einmal ausführlicher (LA I, 9, S. 193). Die Aufstellung des Tier-Typus ist durchaus zu vergleichen mit dem Bemühen um eine Urpflanze. Da das Tier als „geschlossene Gestalt" (vgl. W. Troll, Allgemeine Botanik, Stuttgart 1948, S. 25) über bestimmte Organe in bestimmter Lage verfügt, während die Pflanze die Möglichkeit unendlicher Vervielfältigung hat, ist der Tiertypus eher tabellarisch festzulegen und der Vergleich verschiedener Arten leichter möglich. Durch die Besonderheit der Pflanze mag Goethe im botanischen Bereich abgelenkt worden sein von der Konzeption der Urpflanze zum Metamorphosegedanken, der diese Vervielfältigung umschreibt. Einen ähnlichen Gedanken faßte er im Tierreich mit der Idee, daß der Kopf des Wirbeltiers aus sechs *Wirbelknochen auferbaut* sei (LA I, 9, S. 357; vgl. auch S. 40,1 f. und Anm. dazu). So wie er eine metamorphosierte Fortsetzung der Wirbelsäule auf der einen Seite in dem Schwanz sah, glaubte er auf der anderen Seite die Schädelknochen im gleichen Sinne deuten zu dürfen. – Die Betrachtung erstreckt sich weiterhin zu den Insekten. Goethe legt hier den Gedanken zum Gesamttypus Tier an, der ihn später im Akademiestreit auf die Seite Geoffroy de Saint-Hilaires treten ließ (vgl. S. 219 ff.).

170,10 ff. Diese Einleitung zeigt Verwandtschaft mit den Gedankengängen der Einteilung in Wissensgebiete, S. 122,35 ff.

170,28. *Ramifikation*: Verästelung.

170,31. *Anastomose*: netzartige Verknüpfung.

172,8. Buffon, vgl. Anm. zu S. 229,10.

172,9. Josephi, Johann Wilhelm (1763–1845), Professor in Rostock. „Anatomie der Säugetiere", 1787.

172,19–22. Bei der Urpflanze schien es Goethe zunächst, als könne er sie wirklich in der Formenmannigfaltigkeit der italienischen Flora entdecken.

173,19. Versuch einer solchen tabellarischen Übersicht LA I, 9, S. 182 f.

174,33. *vollkommene Tiere*: entspricht etwa höheren Wirbeltieren.

174,37. *Scheidewand*: Zwerchfell.

176,4 ff. Vgl. die Elegie *Metamorphose der Tiere,* Bd. 1, S. 201. „Kompensationsprinzip" (vgl. V. Haecker, G.s morphologische Arbeiten, Jena 1927, S. 34).

176,36. *Bildungstrieb*: vgl. S. 32 ff.

177,2 f. *Sus Babirussa*: Babirussa-Eber von Celebes. Die oberen Hauer krümmen sich so weit zurück, daß sie häufig mit der Spitze in die Stirnhaut eindringen.

177,16. *Versatilität*: Verwandlungsfähigkeit.

177,16f. *Proteus*, der Verwandlungsfähige. Riemer notiert am 1. März 1805 Goethes Ausspruch: *Proteus kann für ein Symbol der Natur gelten.* So auch im *Faust II*, V. 8152ff., 8225ff.

177,27. *verbunden* durch ein dehnbares Band.

177,38. *Prinzip*, vgl. Anm. zu S. 176,4ff.

180,26. *partes proprias*: anatomisch wirklich gegebene Teile und *improprias*: aus der Vergleichung erschlossene Teile des Körpers.

180,35. Camper, Petrus (1722–1789), niederländischer Anatom, vgl. S. 233,14.

181,4f. Coiter, Volcher (1534 bis etwa 1590), Anatom, schuf den ersten Bilderatlas zur vergleichenden Anatomie.

181,5. Duvernay, Joseph-Guichard (1648–1730), Pariser Anatom.

181,5. Daubenton, vgl. Anm. zu S. 226,23.

181,10. *Zwischenknochen*, vgl. S. 184ff.

181,31. *Fötus*: Embryo oder Keim im Mutterleib.

182ff. Aufstellung und Benennung der einzelnen Knochen nach einem bestimmten Plan als Grundlage der vergleichenden Betrachtung.

Es folgen weitere, hier nicht wiedergegebene Kapitel, die in die Einzelheiten einführen.

## DEM MENSCHEN WIE DEN TIEREN IST EIN ZWISCHENKNOCHEN DER OBERN KINNLADE ZUZUSCHREIBEN

Handschrift von Vogel mit deutschem und lateinischem Text; Tafeln von Waitz (Exempl. für Camper). Erstdruck: *Zur Morphologie* I, 2, 1820 ohne Tafeln. – Danach der Text. S. 192,17 *I* und *M:* Lücken im Text der Handschrift. – Nova Acta Leopoldina 15 I, 1831 andere Fassung mit Tafeln unter dem Titel *Versuch aus der vergleichenden Knochenlehre.* – Zahlreiche Briefstellen bezeugen die Entstehung des Aufsatzes vom März bis zum Mai 1784. Am 6. November 1784 berichtet Herder an Knebel von der Vorlesung des Aufsatzes. In den folgenden Jahren bis zur Ital. Reise weitere Studien. Das Datum *Jena 1786* deutet vielleicht auf den Abschluß der Arbeit vor der Ital. Reise. 1797 war geplant, den lateinischen Text im Anschluß an ein anatomisches Werk von Loder zu veröffentlichen. – Handschriftlich überlieferte Einzelbeobachtungen: LA I, 10; S. 6 – In den morphologischen Heften folgen auf den Aufsatz eine Reihe weiterer Literaturangaben (*Auszüge aus alten und neuen Schriften*), unterzeichnet *Jena 1819* (LA I, 9, S. 161), und *Anmerkungen zu besserem Verständnis* über Anregung und Entstehung sowie Gedanken zur Ausarbeitung einer vergleichenden Osteologie. – Eine Beschreibung der Probleme und Zusammenhänge mehr autobiographischer Art bringt der Aufsatz *Principes de Philosophie Zoologique*, S. 219. Vgl. auch H. Bräuning-Oktavio, Nova Acta Leop. N. F. Bd. 18, 1956, H. 126. Über den Typus-Begriff besser H. Spinner, Goethes Typus-Begriff, Zürich 1933.

Der Zwischenkieferknochen ist ein Knochen, dessen Grenze zwischen dem äußersten Schneidezahn und dem Eckzahn emporführt. Er war bei den verschiedensten Tieren identifiziert, wurde aber dem Menschen im Unterschied zum Affen abgesprochen, bzw. nur seine innere Begrenzung im Gaumen anerkannt. Goethe fand, daß auch beim Menschen ein gesonderter Knochen sichtbar sein kann und also selbst da, wo er nicht sichtlich getrennt ist, doch in der Anlage vorhanden sein muß. In der Tat verwächst der Knochen meist auf einer sehr frühen Stufe der embryonalen Entwicklung so dicht, daß man später die Naht nicht mehr wahrnehmen kann. – Goethe war es im Sinne seines osteologischen Typus wichtig, alle Teile des Säugetieres auch am Menschen aufzuzeigen; dazu hatte er schon am 27. Oktober 1782 an Merck geschrieben: *Ich weiß meine Osteologie auf den Fingern auswendig herzusagen und bei jedem Tierskelett die Teile nach den Namen, welche man den menschlichen beigelegt hat, sogleich zu finden und zu vergleichen.* Die Entdeckung berichtet er an Herder am 27. März 1784: *Ich habe gefunden – weder Gold noch Silber, aber was mir eine unsägliche Freude macht –*

*das os intermaxillare am Menschen!*

*Ich verglich mit Lodern Menschen- und Tierschädel, kam auf die Spur und siehe da ist es. Nur bitt' ich Dich, laß Dich nichts merken, denn es muß geheim behandelt werden. Es soll Dich auch recht herzlich freuen, denn es ist wie der Schlußstein zum Menschen, fehlt nicht, ist auch da! Aber wie! Ich habe mirs auch in Verbindung mit Deinem Ganzen gedacht, wie schön es da wird.* Letzteres bezieht sich auf Herders Ideen zur Philosophie der Geschichte der Menschheit, worin im 2. Buch, Kapitel IV steht: ,,Nun ist unleugbar, daß bei aller Verschiedenheit der lebendigen Erdwesen überall eine Hauptform zu herrschen scheine, die in der reichsten Verschiedenheit wechselt . . .“ und 4. Buch, Kapitel I über das os intermaxillare: ,,. . . ist der letzte Abschnitt vom Menschenantlitz.“

Am Ende des Jahres 1784 schickte Goethe ein besonders sorgfältig ausgeführtes Exemplar des Aufsatzes an Merck zur Weitergabe an den berühmten niederländischen Anatomen Peter Camper, nach dessen Zeichenmethode die Tafeln von Waitz (vgl. Abb. 10–14) angefertigt waren. Sömmerring, Blumenbach und Camper waren nicht geneigt, Goethes Entdeckung für richtig zu halten (vgl. *Principes* . . . S. 236ff. K. Wagner, Mercks Briefwechsel 1835–1838).

186,12f. Vgl. Abb. 10, S. 187.

186,14–16. A. Körper; B. Kinnladenfortsatz; C. Gaumenfortsatz.

186,19. Loder vgl. Anm. zu S. 62,10.

186,27ff. Die Tabelle gibt eine Übersicht über die einzelnen Partien des Zwischenkieferknochens.

Das sind die von einem Schüler der Weimarer Zeichenschule, Waitz, gezeichneten Tafeln; sie sind zum erstenmal wiedergegeben in LA I, 9. In der Fassung von

1831 ist dieser Teil mit Bezug auf die anderen Tafeln auch im Text geändert (vgl. WA II, 8, S. 98). Zu den Abbildungen zum Zwischenkieferproblem vgl. H. Bräuning-Oktavio, Jb. G. Ges. NF, 16, 1954 und Nova Acta Leopoldina (NF), Bd. 18, 1956.

191,19. *Trichechus rosmarus*: Walroß.

191,22. Abb. 11, S. 189.

191,28. Abb. 12, S. 190.

192,19. Cheselden, William (1688–1752), Anatomie des menschlichen Körpers, übers. von Fr. A. Wolf, Vorrede von Blumenbach, 1790.

192,20. Hunter, John (1728–1793), Anatom und Chirurg in London, Oeuvres complètes Bd. 2, Paris 1843.

192,24. Abb. 13 und 14, S. 193.

196,15. Frau von Stein schreibt 1783: „Goethe grübelt jetzt gar denkreich in diesen" (naturwissenschaftlichen) „Dingen, und jedes, was erst durch seine Vorstellungen gegangen ist, wird äußerst interessant. So sind mirs durch ihn die gehässigen Knochen geworden und das öde Steinreich."

## FOSSILER STIER

Erstdruck: *Morphologie* I, 4, 1822. – Danach der Text. – Tagebuch 1. Juni 1821 *Das große Skelett im Gartenhause gesondert und zurecht gelegt.* 20. November 1821 *Bis in die Nacht Ballenstedts Archiv der Urwelt. Besonders über den Urstier von Körte.* – 6. April 1822 Disposition des Aufsatzes (WA II, 13, S. 227). – 11. Mai 1822 ist der Aufsatz druckfertig.

Auch die Reste heute ausgestorbener Pflanzen und Tiere beschäftigten Goethe häufig, und er bezog sie in seine vergleichenden morphologischen Betrachtungen ein. Zum Urstier-Aufsatz findet sich noch eine Fortsetzung *Zweiter Urstier* von 1825 (LA I, 9, S. 359)

196,18. Jäger, Georg Friedrich (1785–1867), vgl. auch zu S. 120,16. Württ. Jahrb. 3. und 4. Jahrg. 1821: Über einige fossile Knochen, welche im Jahr 1819 und 1820 zu Stuttgart und im Jahr 1820 zu Cannstadt gefunden worden sind.

196,32. *große Ochsenart*: Urus, ausgestorben, in unsere Zuchtrassen eingegangen.

197,14. Knochenzapfen der Hörner ohne die eigentliche Hornscheide.

197,25. Körte, Friedrich Heinrich Wilhelm (1776–1846), Liebhabernaturwissenschaftler, Literarhistoriker.

198,12ff. Der folgende Absatz ist im Sinne Lamarcks (Anpassung der Organe). So wie hier klingt bei Goethe häufig die Deszendenzlehre innerhalb begrenzter Verwandtschaftskreise an, wird von ihm aber nicht weiter verfolgt.

199,3. Der Urstier von Haßleben ist abgebildet bei L. H. Bojanus, De Uro nostrate, Nova Acta Leopoldina, 13.

199,30. *Maxille*: Kinnlade.

199,36. Schreibers, Karl Friedrich Anton von (1775–1852), Direktor der naturwissenschaftlichen Sammlungen in Wien.

200,7. D'Altons Blätter, vgl. Anm. zu *Die Skelette der Nagetiere*, S. 589.

201,9. *Sus Babirussa*, vgl. Anm. zu S. 177,2f.

201,30. Hogarth, William (1697–1764), englischer Maler und Ästhetiker, betrachtete die Schlangenlinie als Ausdruck besonderer Schönheit. Vgl. Bd. 12, S. 93,1f. und die Anmkg. dazu S. 595.

201,33–38. Vgl. *Ital. Reise, 30. April 1787*, Bd. 11, S. 286.

203,16ff. ἕλικες βόες: Ochsen mit gebogenen Hörnern (Homer). *Camuri* und *Licini* mit unterschiedlich, doch spezifisch gebogenen Hörnern. Die Zitate aus einer Sammlung von Riemer für Goethe.

## DIE LEPADEN

Handschrift von John, mit Korrekturen Goethes. Erster Druck: *Zur Morphologie*, II, 2, 1824. Text nach dem Erstdruck, Abweichungen der Handschr.: 204,2 *ich* fehlt; 206,19 *vergegenwärtigt;* nach 206,19 *Weimar, d. 20. Debr. 23.* – Tagebuch 13. April 1823: *Lepas anatifera durchgedacht und schematisiert.* – Brief an J. G. Lenz in Jena 16. April 1823: *ich wünsche auf kurze Zeit die Exemplare der Lepas, die in dem zoologischen Kabinett befindlich sind.* – Tagebuch 14. Dezember 1823: *Den Aufsatz über die Lepas diktiert.* – 27. Dezember 1823: Druckbogen korrigiert.

Die Familie der Lepaden (Entenmuscheln) gehört zu niederen Krebsen in die Ordnung der Cirripedien oder Rankenfüßler. Ihr Gehäuse, das aus fünf gegeneinander beweglichen Kalkplatten besteht, ist durch einen weichen Stiel mit der Unterlage verbunden. Früher wurden sie unter die Mollusken gerechnet, da sie äußerlich einer mit einem Stiel versehenen Muschel gleichen. Die zwischen den Schalen verborgenen Gliedmaßen ähneln den Federn eines noch nicht ausgeschlüpften Vogelkükens im Ei. – Was Goethe besonders an der Erscheinung der Lepaden fesselte, spricht der Schlußsatz aus.

203,23. *Carus*, Carl Gustav (1789–1869), Naturforscher, Arzt und Maler; mit Goethe seit 1818 in ständigem Verkehr und Briefwechsel. Seine *Mitteilungen* sind sein Aufsatz *Grundzüge allgemeiner Naturbetrachtung* (über organische Bildung und Entwicklung), den Goethe vor seinem eigenen Aufsatz *Die Lepaden* abdruckte.

204,2. Weitere Notizen sind nicht mehr vorhanden.

204,8. *Bivalve*: zweischalige Muschel.

204,14. *Cuvier* vgl. S. 225,35. *Mémoires* ... waren in Paris 1815 erschienen. Eine Tafel zeigt Außen-, Innenansicht und Einzelteile der Lepas anatifera.

## VERGLEICHENDE KNOCHENLEHRE

Handschrift von John, korrigiert von Goethe und Riemer. – Danach der Text. – Erstdruck: *Zur Morphologie* II, 2, 1824. Handschrift datiert *9. Juli 1824*. Ältere Aufzeichnungen siehe WA II, 8, S. 343.

Die Stücke *Ulna und Radius* und *Tibia und Fibula* bilden zusammen mit einer Betrachtung über die *Knochen, die Gehörwerkzeuge betreffend* (LA I, 9, S. 361), den Aufsatz *Vergleichende Knochenlehre*. Goethe bringt hier Einzelheiten zur vergleichenden Osteologie, die durch ein Nachwort (S. 209ff.) zusammengefaßt werden.

206,21. *Ulna*: Elle. *Radius*: Speiche. Vgl. Abb. 15, S. 207.
206,24. *Olecranon*: Höcker des Ellbogens.
206,26. *Carpus*: Handwurzel.
206,27; 206,30. *Supination* und *Pronation*: Drehungen des Armes.
208,28. *Interstitium*: Zwischenraum
208,33f. *Processus anconaeus = Olecranon*.
209,8. *Tibia*: Schienbein. *Fibula*: Wadenbein.
209,12: *Phoca*: Seehund.
209,29f. Vgl. S. 170ff.
210,16ff. Vgl. Tabellen zum Zwischenkieferaufsatz, LA I 9, S. 182.
210,31. *Bulla*: Os petrosum, äußerer Teil des Felsenbeines im Gehörgang.
211,36. Vgl. S. 212ff. und Erläuterung dazu.
211,39. Vgl. S. 41ff.

## DIE SKELETTE DER NAGETIERE

Handschrift von John, korrigiert von Goethe und Riemer. – Danach der Text. – Erstdruck: *Zur Morphologie* II, 2, 1824. – Handschrift datiert *Weimar, 15. August 1824*. D'Altons Hefte laut Tagebuch am 2. August 1824. Diktat des Aufsatzes vom 6. bis zum 15. August 1824. – Vgl. auch Goethe an d'Alton 20. August 1824.

Eduard Joseph d'Alton (1772–1840) war Maler, Archäologe und Naturwissenschaftler. 1808–1813 wohnte er in Tiefurt und betrieb Pferdezucht für den Großherzog Karl August. Später war er Professor in Bonn. Das große Tafelwerk mit Skeletten der verschiedensten Tiergruppen erschien in 12 Lieferungen von 1821 bis 1828. Die Bände sind teilweise mitbearbeitet von Pander und von d'Altons Sohn Johann Samuel Eduard (1802–1854). – Goethes Rezension ist eine Art physiognomischer Charakteristik der Nagetiere.

213,31. *Versatilität*: Veränderlichkeit.
214,18ff. Aufschlußreiche Stelle über Goethes Annahme von einer Art Anpassung.
214,37ff. Vgl. Abb. 16, S. 215.

## PRINCIPES DE PHILOSOPHIE ZOOLOGIQUE

Handschriftlich mehrere Vornotizen, Buchauszug (WA II, 13, Nr. 111) von Goethes Hand. Manuskript vom 30. Juli 1830, Bruchstücke vom 17. August,

22. August 1830 und 11. Dezember 1831 von Johns Hand mit Goethes Korrekturen, dazu Buch und Zeitungsausschnitte, alles in blaue Aktendeckel eingeheftet. – Erstdruck: Berliner Jahrbücher für wissenschaftliche Kritik 52/53, September 1830 und 51/52, März 1832. – Danach der Text. – Der Akademiestreit begann am 15. Februar 1830. Das Tagebuch erwähnt zuerst am 7. Mai 1830 den Streit, am 22. Juli 1830 das Buch von Saint-Hilaire *Principes de Philosophie Zoologique* mit der Bemerkung *Streit zwischen den beiden Klassen der Naturforscher, der analysierenden und synthetisierenden.* Schon am 27. Juli begann Goethe den ersten Abschnitt zu schreiben, im August folgte die Lektüre zum zweiten Abschnitt. Goethes Augenmerk blieb weiter auf das Thema gerichtet. Vom Oktober 1831 bis zum 11. Dezember 1831 erneute Arbeit am zweiten Abschnitt bis zur Fertigstellung. Kritische Edition und Interpretation vgl. D. Kuhn 1967.

Wie wichtig Goethe der Akademiestreit war, erhellt aus einem Gespräch mit Soret vom 2. August 1830: „Die Nachrichten von der begonnenen Julirevolution gelangten heute nach Weimar und setzten alles in Aufregung. Ich ging im Laufe des Nachmittags zu Goethe. *Nun,* rief er mir entgegen, *was denken Sie von dieser großen Begebenheit? Der Vulkan ist zum Ausbruch gekommen; alles steht in Flammen, und es ist nicht ferner eine Verhandlung bei geschlossenen Türen!*

‚Eine furchtbare Geschichte!' erwiderte ich. ‚Aber was ließ sich bei den bekannten Zuständen und bei einem solchen Ministerium anderes erwarten, als daß man mit der Vertreibung der bisherigen königlichen Familie endigen würde.'

*Wir scheinen uns nicht zu verstehen, mein Allerbester,* erwiderte Goethe. *Ich rede gar nicht von jenen Leuten; es handelt sich bei mir um ganz andere Dinge. Ich rede von dem in der Akademie zum öffentlichen Ausbruch gekommenen, für die Wissenschaft so höchst bedeutenden Streit zwischen Cuvier und Geoffroy de Saint-Hilaire! ...*"

Auch in Briefen aus dieser Zeit spiegelt sich wieder und wieder Goethes Aufmerksamkeit auf diese Begebenheiten. Vgl. etwa an Soret 11. und 25. August 1830, an Knebel 12. September 1830, an Boisserée 27. Juli 1830.

Geoffroy de Saint-Hilaire trug am 15. Februar 1830 die Ansicht zweier jüngerer Naturforscher beifällig vor, wonach man die Mollusken, besonders die Cephalopoden (Kopffüßler wie z. B. Tintenfisch) als Wirbeltiere betrachten könnte, deren unterer Rumpfteil nach hinten zurückgebogen ist, so, daß das Becken gegen den Nacken zu liegen käme. Am 22. Februar äußerte Cuvier, daß, wenn es so wäre, die meisten inneren Organe der Cephalopoden gerade die entgegengesetzte Lage als diejenige der Wirbeltiere haben. Geoffroy versprach für die nächste Sitzung Verteidigung seiner Theorie der Analogien. Hier lag das engere Problem des Streites: Geoffroy glaubte einen Typus für alle Tiere gefunden zu haben (vgl. Goethe, *Erster Entwurf ...*, S. 170ff.), während Cuvier vier Grundtypen annimmt, die sich nicht weiter ineinander überführen lassen. – Für Goethe stellt sich der grundsätzliche Gegensatz als das Widerspiel des *Unterscheidenden* (Cuvier) und *Zusammenfassenden* (Geoffroy) dar. Daß er sich dabei auf der Seite von Geoffroy fühlt, liegt in seiner eigenen Forschungsweise wie in der deutschen überhaupt begründet. Allerdings scheint vom heutigen Gesichtspunkt her der Unterschied der Denkweisen in diesem speziellen Fall, da ja beide Forscher eine Typenlehre vertreten, gar nicht mehr so unüberbrückbar. Selbst Goethes anfängliche Stellungnahme für Geoffroy gibt auch wieder der Meinung Raum: *Sie haben beide recht, sobald sie nur einander gelten lassen.* – Im zweiten Abschnitt gibt Goethe einen abschließenden Überblick über sein gesamtes osteologisches Werk.

Vgl. B. Hassenstein, Publ. Faculté des lettres et de l'Univers. de Strasbourg, Fasz. 137, Paris 1958, S. 153–168. – H. Bräuning-Oktavio, Jb. G. Ges. NF 21 (1959), S. 183–211. – Th. Cahn, Jb. G. Ges. NF 22 (1960), S. 215–236. – D. Kuhn, Empirische und ideelle Wirklichkeit. Studien zu Goethes Kritik des französischen Akademiestreites. Graz – Wien – Köln 1967.

220,2. Cuvier, Leopold Christian Friedrich Dagobert Georges (1769–1832).

220,3. Geoffroy de Saint-Hilaire, Etienne (1772–1844).

223,27. *Os hyoïdes*: Zungenbein.

224,25. *Kontestationen*: gegenseitige Bekämpfung.

225,8ff. Das Werk über die Expedition heißt Description de l'Egypte, 1809–1813.

225,39. Kielmeyer, Karl Friedrich von (1765–1844), Professor der Anatomie in Tübingen.

226,23. Daubenton, Louis Jean Marie (1716–1799), Mitarbeiter Buffons.

228,16. Meckel, Johann Friedrich (1781–1833), Anatom.

228,16. Oken, Lorenz (1779–1851), Naturforscher und Naturphilosoph, Herausgeber der Zeitschrift „Isis".

228,17. Spix, Johann Baptist von (1781–1826), Museumsdirektor, Zoologe in München, war zusammen mit v. Martius in Brasilien.

228,17. Tiedemann, Friedrich (1781–1861), Anatom in Heidelberg.

228,25. Montaigne, Michael Eyquem (1533–1592), französischer Philosoph.

229,10. Buffon, George Louis Leclerc, Graf von (1707–1788), Naturforscher in Frankreich.

233,14. Camper, Petrus (1722–1789), niederländischer Anatom.

233,21. *Faziallinie*: Campers Methode, die Bauverhältnisse des Gesichtes zu messen, fußt auf der Vergleichung der Winkel in der Profillinie.

234,8. Sömmerring, Samuel Thomas von (1755–1830), Anatom in Kassel, Mainz, Frankfurt und München.

234,17. *gelber Fleck*: Stelle des schärfsten Sehens.

234,28. Merck, Johann Heinrich (1741–1791).

235,7. Schleiermacher, Ernst Christian Friedrich Adam (1755–1844), Paläontologe in Darmstadt.

237,26. Blumenbach, Johann Friedrich (1752–1840), Anatom in Göttingen.

238,11. D'Altons Werk, vgl. *Die Skelette der Nagetiere* S. 212ff. und Anmerkungen dazu.

238,30ff. Diese Tafelbeschreibung bezieht sich auf die Kupfer in den Nova Acta Leopoldina, vgl. LA I, 10, Tafeln XXIII–XXVII.

239,6. Vgl. Abb. 10, S. 187.

239,12. *Sus babirussa*: Hirscheber, in Celebes heimisches, zu den Schweinen gehöriges Huftier, vgl. S. 177, 2f. und S. 201,9.

239,15. *Alveole*: Zahngrube im Kiefer.

239,29. *Canales palatini*: Verbindungskanäle der vorderen Nasenhöhle mit der Mundhöhle.

239,32. *Trichechus rosmarus*: Walroß.

240,25. Vgl. Abb. 11–14, S. 189, 190 und 193.

242,15. *Pronation und Supination*, vgl. Anm. zu S. 206,27 und S. 206,30.

242,26ff. Vgl. *Die Skelette der Nagetiere*, S. 212ff.

243,13f. Vgl. Bd. 12, S. 443, Nr. 572f., überliefert von Galen.

243,25ff. Vgl. *Ulna und Radius*, S. 206ff.

244,1f. D'Alton der Jüngere, Johann Samuel Eduard (1803–1854), Professor in Berlin und Halle. Die Straußartigen Vögel, Bonn 1827.

245,12. *tropisch*: dichterisch-bildlich.

247,13. Matth. 26,65; Markus 14,63; Luk. 22,71.

247,31. *19. Juli*: Julirevolution in Frankreich.

248,26. Arago, Dominique François Jean (1786–1853), Staatsmann, Physiker und Astronom.

249,8. *Teleosaurus*: ausgestorbener Verwandter des Krokodils.

250,19. Bojanus, Ludwig Heinrich (1776–1827), Anatom in Wilna und Darmstadt.

250,19. Carus, Karl Gustav (1789–1869), Mediziner und Landschaftsmaler in Dresden.

## INSTRUKTION FÜR DEN BERGBEFLISSENEN J. C. W. VOIGT

Handschrift von Seidel und Goethe in einem Faszikel mit Goethes Aufschrift: *Acta Eine mineralogische Besichtigung der Herzogl. Weimarischen Lande betreffend 1780*. – Danach der Text. – Zuerst gedruckt WA II, 13, S. 320. – Tagebuch 1780 Mai–Juni: *Voigtens Mineralogische Untersuchungen vergnügen mich, es wird ein artigs Ganze geben.* Am 3. Juli 1780 an Merck: ... *von Steinen hab ich jetzo etwas sehr Angenehmes und Unterhaltendes angefangen. Durch einen jungen Menschen, den wir zum Bergwesen herbeiziehen, lass' ich eine mineralogische Beschreibung von Weimar, Eisenach und Jena machen.*

Voigt schrieb im Anschluß an seine Untersuchungen: Mineralogische Reisen durch das Herzogtum Weimar und Eisenach, 1782. Am 27. Dezember 1780 beschreibt Goethe dem Herzog Ernst von Gotha alle Einzelheiten und schließt: *Verzeihen mir Ew. Durchlaucht diesen vielleicht etwas zu kühnen und schnellen Flug. Aber wie der Hirsch und der Vogel sich an kein Territorium kehrt, sondern sich da äst und dahin fliegt, wo es ihn gelüstet, so, halt' ich davon, muß der Beobachter auch sein. Kein*

*Berg sei ihm zu hoch, kein Meer zu tief. Da er die ganze Erde umschweben will, so sei er frei gesinnt wie die Luft, die Alles umgibt. Weder Fabel noch Geschichte, weder Lehre noch Meinung halte ihn ab zu schauen. Er sondere sorgfältig das, was er gesehen hat, von dem, was er vermutet oder schließt. Jede richtig aufgezeichnete Bemerkung ist unschätzbar für den Nachfolger, indem sie ihm von entfernten Dingen anschauende Begriffe gibt, die Summe seiner eigenen Erfahrungen vermehrt und aus mehreren Menschen endlich gleichsam ein Ganzes macht ... Ew. Durchlaucht werden durch das Ganze finden, daß wir uns über die Entstehung unserer Gebirge kein Wort erlaubt haben. Es ist dies meist die Torheit derjenigen, die ein paar Berge beschrieben, daß sie zugleich etwas zur Erschaffung der Welt mit beitragen wollen. Noch eins muß ich freilich mit beifügen. Bei dieser Sache, wie bei tausend ähnlichen, ist der anschauende Begriff dem wissenschaftlichen unendlich vorzuziehen.* Dies mag als Einleitung und Leitfaden für Goethes geologische Bemühungen gelten!

251,3. Voigt, Johann Carl Wilhelm (1752–1821), Mineraloge in Weimarischen Diensten.

## MINERALOGIE VON THÜRINGEN UND ANGRENZENDER LÄNDER

Handschrift von Goethe und Seidel in ein Faszikel mit obiger Aufschrift eingeheftet. – Danach der Text. – Zuerst gedruckt WA II, 10, S. 135. Die beschriebene Reise machte Goethe 1782.

Die Beobachtungen sind ganz im Sinne des Briefes an den Herzog Ernst von Gotha vom 27. Dezember 1780 (vgl. oben) wiedergegeben, mit genauer Beschreibung des Gegebenen und Andeutung der Entstehungsmöglichkeiten.

## ÜBER DEN GRANIT

Handschrift von Seidel mit Goethes Korrekturen. – Danach der Text. S. 255,35f. *da – umschweben* von Goethe am Rand angefügt. Erstdruck in der Hempelschen Ausg. von Goethes Werken. – Brief an Frau von Stein, 18. Januar 1784: *Ich habe heut früh an meiner Abhandlung über den Granit diktiert.* – Der Aufsatz wird als Teil eines von Goethe schon 1781 geplanten *Romanes über das Weltall* (an Frau von Stein, 7. Dezember 1781) angesehen. – Einen weiteren Versuch über den Granit vgl. LA I, 11, S. 9.

Am 12. April 1782 schreibt Goethe an Frau von Stein: *Es ist ein erhabnes, wundervolles Schauspiel, wenn ich nun über Berge und Felder reite, da mir die Entstehung und Bildung der Oberfläche unsrer Erde und die Nahrung, welche Menschen draus ziehen, zu gleicher Zeit deutlich und anschaulich wird; erlaube, wenn ich zurückkomme, daß ich Dich nach meiner Art auf den Gipfel des Felsens führe und Dir die Reiche der Welt und ihre Herrlichkeit zeige.* – In Goethes geologischem Denken spielt der Granit eine ganz besondere Rolle im Zusammenhang mit der Kristallisation des Erdkörpers aus einem ursprünglich flüssigen Zustand (vgl. Gesteins-Lagerung, LA I, 11, S. 15). Er ist gleichsam in den morphologischen Gedankenkreis aufgenommen. Granitähnliche Bildungen scheinen Goethe durch *Aufgeben* des *Charakters, eine Metamorphose,* entstanden (LA I, 1, S. 380). – Über Soulavies Werk äußert sich Goethe im November 1782 an Merck im einzelnen.

254,9. *Obelisken*: vgl. Bd. 11, S. 140,8 u. Anm.

257,36f. Granit secondaire; so bei: Abbé Jean Louis Giraud Soulavie (gest. 1813), Naturgeschichte von Frankreich.

## DER KAMMERBERG BEI EGER

Handschrift von Riemer mit Korrekturen von Goethe. Erstdruck: Leonhards Taschenbuch für die gesamte Mineralogie, 1809. – Danach der Text. – Auch in *Zur Naturwissenschaft* I, 2, 1820 mit einigen unwesentlichen Einfügungen. – Text und Abbildung (Tafel 17, S. 259) entstanden 1808. *Annalen* zu *1808* über Besuch, Beschreibung und Zeichnung des Kammerbergs: *Ich finde mich veranlaßt ... ihn für vulkanisch zu erklären.* Tagebuch 14.–17. Juli 1808 und im September; am 7. September: *Früh den Aufsatz über den Kammerberg. Die Zeichnungen dazu arrangiert ...*

Der Kammerberg ist ein Hügel vulkanischen Ursprungs zwischen Franzensbad und Eger. Der *problematische* Kammerberg hat Goethe seit 1808 wiederholt beschäftigt. Seine Meinung über die Entstehung hat er mehrfach geändert. 1808 schien ihm der vulkanische Ursprung noch gewiß (s. o.), später sträubte sich Goethe als Anhänger des – seiner allem Chaotischen abgeneigten Natur entsprechenden – Neptunismus gegen die von Berzelius entwickelten vulkanischen Vorstellungen und kam zu einer pseudovulkanischen Auffassung. Näheres hierzu: M. Semper, Die geologischen Studien Goethes, Leipzig 1914, S. 119. Zum gleichen Problem: *Kammerberg bei Eger* (S. 278 ff.); Kammerbühl (LA I, 2, S. 238 und I, 8, S. 352).

258,12. *Vulkanismus – Neptunismus*: In der Zeit von Goethes frühen geologischen Studien herrschte unumschränkt die von G. A. Werner systematisch durchgeführte Vorstellungsart des Neptunismus, d. h. der Lehre, nach der ein zurückströmendes Urmeer die Gesteinsfolge der Erdrinde ausgeschieden haben soll. Offensichtlich vulkanische Vorgänge sollten durch abbrennende Kohlenflöze hervorgerufen sein (Pseudovulkanismus). Goethe neigte dieser Auffassung zu, weil sie eine Erklärung stetiger Erdbildung gab, war jedoch kein bedingungsloser Anhänger Werners. Er äußerte 1823: *Die geologischen Systeme teilen sich in Wasser- und Feuerglaube. Man sollte sie nicht verschmelzen weil aller Synkretismus zweideutig und gebrechlich ist, eine Theorie aber selbständig sein soll.* (LA I, 2, S. 298). Der *Feuerglaube* ist der Vulkanismus, der nach der Theorie L. v. Buchs durch feurige Aufbrüche aus tieferen und oberen Erdschichten die Bildung der Erdrinde bedingt haben sollte. Dieser Deutung konnte Goethe sich nicht anschließen, die *vermaledeite Polterkammer* Buchs (S. 299,22) paßte nicht zur stetigen Bildung aller Gestalten. Der Widerstreit klingt auch im *Faust* (V. 7519–7605 und 7801–7950) an. Vgl. auch die späteren Stücke zur Geologie S. 295ff., ferner Bd. 8, S. 260, 38ff.

258,17. Abb. 17, S. 259.

258,24. *bei Außig*: in der Elbe.

268,37ff. Grabungen wurden im Auftrag des Grafen Caspar von Sternberg vorgenommen.

## ÜBER BILDUNG VON EDELSTEINEN

Handschrift von Schreiberhand. – Danach der Text. – Zuerst gedruckt WA II, 10, S. 85. Datiert *Den 26. März 1816.* – Tagebuch 26. März 1816: *Über Leonhards Anfrage wegen der Edelsteine* (die Anfrage vom 15. Februar 1816). Brief an Leonhard am 29. April 1816.

Die Edelsteine sind eine aus rein praktischen Gründen zusammengefaßte Gruppe von Mineralien besonderer Härte und schönen Aussehens. Goethe lehnte eine Sonderbehandlung der Edelsteine ab, als Leonhard ihn fragte, ob sie als Erzeugnisse eines jugendlichen Alters der Erde betrachtet werden müßten. *Mir scheint, als wenn die Natur, wie sie im anorganischen Reiche die höhern chemischen Wirkungen niemals aufgeben kann, auch in jeder Zeit-Epoche die Veredlung an Form und Farbe pp. sich vorbehalten habe ...*

## VERHÄLTNIS ZUR WISSENSCHAFT, BESONDERS ZUR GEOLOGIE

Handschrift von John. Danach der Text. – S. 272,20 *Subjektive* in der Handschrift versehentlich *Objektive.* S. 273,22 Lücke im Text, die Jubil.-Ausg. schlägt (im Kommentar) als Ergänzung vor: „historisch-genetisch". – Datiert *Jena, 7. Oktober 1820.*

Das Stück ist der Beginn eines Schemas zu einer Geschichte der geologischen Studien Goethes, eingeleitet durch Bemerkungen über sein Verhältnis zur Wissenschaft im allgemeinen. Die der seinigen *entgegengesetzte Denkweise* (S. 273, 27f.) ist die des Vulkanismus. Vgl. die Anmkg. zu S. 258,12.

273,15. *atomistisch* und *dynamisch* bezeichnet den Gegensatz der materialistischen Naturauffassung der Aufklärung zur idealistischen der Romantik; hier auch zu umschreiben mit sprunghaft und fließend. Vgl. auch M. Kleinschnieder 1971, S. 129ff.

273,16. *a potiori*: nach der Mehrzahl, nach der Hauptursache.

274,37. Kraus, Georg Melchior (1733–1806), Maler, Direktor der Weimarer Zeichenschule. Vgl. Bd. 11, S. 520,15 u. Anmkg. und Bd. 10, S. 171,17ff.

## ZUR GEOLOGIE, BESONDERS DER BÖHMISCHEN

Erstdruck *Zur Naturwissenschaft* I, 3, 1820. – Danach der Text. – Tagebuch 25. Juli 1820: *Diktierte an Stadelmann über die Zinnformation;* 4. August 1820: *Geologie, besonders die böhmische.*

Der Aufsatz ist die Vorrede zu einer geplanten Arbeit über Zinnformationen. In den naturwissenschaftlichen Heften schließt sich der *Ausflug nach Zinnwalde* (LA I, 8, S. 142) daran an, weitere Teile der Arbeit sind erst aus dem Nachlaß zur Veröffentlichung gekommen.

275,14f. Vgl. auch Bd. 12, S. 411, Nr. 346. *Archimedes*: nämlich um die Erde mit der Wirkung des Hebels aus den Angeln zu heben.

275,17. Nose, Karl Wilhelm (1753–1835), Geologe. Historische Symbola die Basalt-Genese betreffend, 1820, S. 83: „Ist dem nicht so, darf das Archimedische ‚Gib mir, wo ich stehe' nicht auch umgeändert werden in ein ‚Nimm dir, wo du stehen kannst': dann mag der Verfasser dieser Schrift auf Empfänglichkeit und Beruf zu irgend etwas Szientifischem für immer schmählich verzichten."

277,29. Charpentier, Johann Friedrich Wilhelm Toussaint von (1738–1805), Geologe in Freiberg in Sachsen. Für Goethe schon 1776 in Ilmenau tätig.

277,31. Trebra, Friedrich Wilhelm Heinrich von (1740–1819), Oberberghauptmann in Freiberg in Sachsen.

277,38. Mawe, John (1764–1829), englischer Mineralienhändler und Forschungsreisender in Brasilien.

278,1. Giesecke, Karl Ludwig, Ritter von (1761–1833), Mineraloge. Vgl. Waterhouse, Gilbert, Goethes Korrespondent in Irland. In: Goethe und die Wissenschaft, Ffm. 1951.

## KAMMERBERG BEI EGER

Erstdruck *Zur Naturwissenschaft* I, 3, 1820. – Danach der Text. – Die zweite Besteigung des Kammerberges fand am 16. Mai 1811 statt, eine erneute am 28. Mai 1820; vgl. auch *Annalen* zu *1820*:

*Als ich nun hierauf den durch den Wegebau immer weiter aufgeschlossenen Kammerberg bei Eger bestieg, sorgfältig abermals betrachtete und die regelmäßigen Schichten desselben genau ansah, so mußt' ich freilich zu der Überzeugung des Bergrat Reuß wieder zurückkehren und dieses problematische Phänomen für pseudovulkanisch ansprechen ... Diese Überzeugung, einem frischen Anschauen gemäß, kostete mich nichts selbst gegen ein eignes gedrucktes Heft anzunehmen; denn wo ein bedeutendes Problem vorliegt, ist es kein Wunder, wenn ein redlicher Forscher in seiner Meinung wechselt.* (Bd. 10, S. 523, 17ff.) Vgl. S. 258ff. und Erläuterungen S. 593. – Am 30. Juli 1822 besichtigte Goethe abermals den Kammerberg (LA I, 8, S. 352) mit dem schwedischen Chemiker Berzelius (vgl. J. J. Berzelius, Reiseerinnerungen aus Deutschland, Weinheim 1948).

278,18f. Grüner, Joseph Sebastian (1780–1864), Magistratsrat zu Eger, Mineraliensammler.

278,26. *Abteufung*: Eintreiben eines Stollens.

278,28. *Absinken*: Erreichen einer Tiefe.

278,35. *Lachter*: ungefähr zwei Meter.

278,35. *Teufe vom Tage*: Stollenabstieg von der Oberfläche.

279,10. *Man besprach*: Goethe und Grüner.

279,38. Graf von Sternberg, Caspar (1761–1838), Naturforscher, meist in Prag lebend, Goethe befreundet und mit ihm in lebhaftem Briefwechsel.

## BILDUNG DES ERDKÖRPERS

Erstdruck *Zur Naturwissenschaft* I, 4, 1822. – Danach der Text. – Tagebuch 4. September 1821: *Den Aufsatz zu Keferstein schematisiert und zu diktieren angefangen.*

In den *Annalen* zu *1821* schreibt Goethe: *Die Absicht Kefersteins, einen geologischen Atlas für Deutschland herauszugeben, war mir höchst erwünscht, ich nahm eifrig teil daran und war gern, was die Färbung betrifft, mit meiner Überzeugung beirätig.* Goethe erinnerte sich dabei an seine Erfahrungen bei der Kartierung Thüringens in der Zeit der Anfänge seiner geologischen Studien. – Der Aufsatz ist eine Rezension des Kefersteinschen Werkes, welches Goethe gewidmet war.

280,8. Keferstein, Christian (1784–1866), Geologe in Halle.

280,16. *zur rechten Zeit*: 1821 bei den Studien über Marienbad.

## HERRN VON HOFFS GEOLOGISCHES WERK

Handschrift von John. – Danach der Text. – Der Aufsatz war nicht druckreif, wohl mehr ein Vermerk zu weiterer Arbeit, zunächst als Disposition, dann ausgeführt. Die Seitenzahlen, die in der Handschrift ausgelassen sind, fügen wir sinngemäß ein. – Von Hoffs Werk kam am 5. September 1822 zu Goethe, den Aufsatz diktierte er am 17. und 18. Januar 1823.

Das geologische Werk: K. E. A. von Hoff, Geschichte der durch Überlieferungen nachgewiesenen natürlichen Veränderungen der Erdoberfläche, 1822–1834, kann als eine der Grundlagen der modernen Geologie gelten. Es überwindet die deduktiven kosmogonischen Lehrgebäude (Vulkanismus und Neptunismus, vgl. Anmerkung zu S. 258, 12). Goethe, der von diesen Lehren ebenfalls unbefriedigt war, wurde durch die Hoffschen Gedanken sehr angeregt. – Die Anlage und Ausführung geben ein gutes Beispiel für Goethes naturwissenschaftliche Arbeitsweise.

283,12. Voigt, vgl. Anm. zu S. 251,3.

283,14. Preen, August Claus von, gest. 1822, Kammerherr in Rostock.

284,15. *Heiliger Damm*: Steinwall bei Doberan in Mecklenburg. Von dort ließ sich Knebel schon 1811 besondere Steine schicken (Knebels literarischer Nachlaß, II, S. 203).

## TEMPEL ZU PUZZUOL

Erstdruck *Zur Naturwissenschaft* II, 1, 1823. Dort auch die Tafel. Das Einleitungsstück (handschriftlich aus dem Nachlaß) ist im naturwissenschaftlichen Heft nicht mit abgedruckt. – Arbeit am Aufsatz nach dem Tagebuch vom 9. Februar bis zum 27. April 1823.

Der Tempel zu Pozzuoli bei Neapel ist in der Kaiserzeit erbaut. Durch lokale Erdkrustenbewegungen haben seine Säulen einmal unter dem Meeresspiegel gestanden. Zu Goethes Zeit war die Vorstellung solcher lokalen Bewegungen noch nicht aufgekommen, so daß die Meinung herrschte, der Meeresspiegel des Mittelmeeres müsse so hoch gestiegen sein, eine von Goethe mit Recht als *desparat* bezeichnete Erklärung. – Das Phänomen bemerkte Goethe auf seiner Italienischen Reise (vgl. Tagebuch 19. Mai 1787 und Schr. d. G. Ges. II, S. 289), nahm es aber nicht in die Reisebeschreibung auf.

287,14f. Vgl. Anm. zu S. 282ff. v. Hoff lehnte ebenfalls die starke Bewegung des Meeresspiegels ab und nahm Goethes Erklärung in den 2. Band seines Werkes auf.

289,1. Vgl. Abb. 18, S. 288.

289,13. *Tois*: ungefähr zwei Meter.

289,38. Um 200 unter Septimius Severus erbaut.

290,20. Auch eine lokale Veränderung der Erdkruste.

291,1. *Pholaden*: Bohrmuscheln des Meeres, die in süßem Wasser nicht existieren können.

291,27. Das Werk ist von Paoli.

291,34. Verschaffelt, Maximilian von (1754–1818), Zeichner und Architekt. Vgl. Bd. 11, S. 383, 8 u. Anmkg., S. 392,11ff.

291,37f. Herausgegeben vom Abbé de Saint Non (1781/82, 3 Bände).

294,3. Tafel von Clemens Wenzeslaus Coudray und Karl August Schwerdgeburth.

## ÜBER DEN BAU UND DIE WIRKUNGSART DER VULKANE

Erstdruck *Zur Naturwissenschaft* II, 1, 1823. – Danach der Text. – Goethe erhielt das Werk im März 1823. Tagebuch 16. März 1823: *Kurzer Aufsatz über Vulkanität bei Gelegenheit des von Humboldtschen Heftes.*

295,29. Über Vulkanismus vgl. zu S. 258,12. Am 1. Juli 1822 meldet das Tagebuch zu einem Besuch des Kammerherrn Leopold von Buch: *Ultra-Vulkanist. Ich äußerte nicht das mindeste, weder dafür noch dagegen.*

## ZUR GEOLOGIE – EISZEIT

Handschriftlich von John und Schuchardt. – Danach der Text. – Teilweise gedruckt in Überarbeitung von Eckermann *Ausg. l Hd.* Datiert November 1829. – Tagebuch 5. November 1829: *Einiges zur Geologie diktiert.* Über die Redaktion Eckermanns vgl. L. Milch, GJb. 31, 1910, S. 136.

Goethe war zu diesen Betrachtungen durch von Hoff angeregt, vgl. S. 282ff. – Seine Aufzeichnungen betreffen zwei verschiedene Probleme. Zunächst das der erratischen Blöcke, deren Transport Goethe richtig aus der Vergletscherung beim Ausgang der Eiszeit und den dadurch bedingten Verschiebungen erklärte. Dies wird ausführlicher behandelt in der Rezension zu Hausmann S. 298,12ff. Weiter das der geneigten Lage von Flözen, d. h. der spätesten Ablagerungsschichten des neptunistisch vorausgesetzten Urmeeres. Diese Flöze hätten theoretisch eine horizontale Lage haben müssen, deren Verschiebung eigentlich nur vulkanisch zu deuten war. Goethe bezieht hier chemische und physikalische Kräfte in seine Betrachtung ein, ohne sich jedoch in nähere Erklärungen einzulassen. – Vgl. Bd. 8, S. 260,33–262,10 u. d. Anmkg. dazu.

296,12. Vgl. Goethe, Die Schriften zur Naturwissenschaft. Leopoldina-Ausgabe, Bd. 2, 1949, S. 144–146.

296,26. Preen, vgl. Anm. zu S. 283, 14.

296,31. *Heiliger Damm,* vgl. Anm. zu S. 284,15.

297,11. *Gufferlinien*: Moränen.

## ENTWURF ZU EINER EINFÜHRUNG IN GEOLOGISCHE PROBLEME – GEOLOGISCHE PROBLEME UND VERSUCH IHRER AUFLÖSUNG

Handschriftlich von John mit Korrekturen von Goethe und Eckermann. – Danach der Text. – Von Eckermann bearbeitet, gedruckt in der *Ausg. l. Hd.* Vgl. L. Milch, G. Jb. 31, 1910, S. 136. – Handschrift datiert Februar 1831, vgl. auch Tagebuch 15. Februar 1831.

Was wir hier als Entwurf der Einleitung voranstellen, hat Eckermann als Ergebnis an den Aufsatz gefügt und ihm dadurch ein viel zu schweres Gewicht gegeben. Die Probleme sind wieder die gleichen wie bei *von Hoff* S. 282ff. und *Zur Geologie* S. 296ff. Auch hier klingt noch durch, was Goethe leise resignierend schon am 1. Februar 1827 zu Eckermann gesagt hatte: *Der Botanik nun im einzelnen weiter nachzugehen, liegt gar nicht in meinem Wege, das überlasse ich andern, die es mir auch darin weit zuvortun. Mir lag bloß daran, die einzelnen Erscheinungen auf ein allgemeines Grundgesetz zurückzuführen.*

*So auch hat die Mineralogie nur in einer doppelten Hinsicht Interesse für mich gehabt: zunächst nämlich ihres großen praktischen Nutzens wegen, und dann um darin ein Dokument über die Bildung der Urwelt zu finden, wozu die Wernerische Lehre Hoffnung machte. Seit man nun aber nach des trefflichen Mannes Tode in dieser Wissenschaft das Oberste zuunterst kehrt, gehe ich in diesem Fache öffentlich nicht weiter mit, sondern halte mich im stillen in meiner Überzeugung fort.*

## LUKE HOWARD TO GOETHE

Handschriftlich verschiedene Fassungen und Entwürfe von Goethes Hand. Erstdruck *Zur Morphologie* I, 4, 1822. – Danach der Text. – Tagebuch 3. März 1818 *fortgesetzte Studien an Howard,* 6. März 1818 *wegen Howard an Hüttner.* Vgl. auch Briefe an Hüttner 1821/1822. Vgl. Bd. 1, S. 46f. und 350f. u. Anm. – K. Badt, Publ. of the Engl. Goethe Soc. N. S. 20, 1951.

Die Meteorologie beschäftigt sich mit der Beschreibung und Erklärung der Änderungen im Zustand der Atmosphäre. Goethe zeigte sich schon früh (auf seiner Italienischen Reise und den Reisen in die Schweiz) als guter Beobachter und Beschreiber der Witterungserscheinungen, vor allem von Wolkenformen. Seine systematische Beschäftigung mit der Meteorologie begann um 1815 mit der Einrichtung einer meteorologischen Beobachtungsstation auf dem Ettersberg bei Weimar und der Beschäftigung mit der Howardschen Wolkenlehre. Vgl. die Gedichte zu *Howards Ehrengedächtnis* Bd. 1, S. 350. – Goethe dankte Hüttner am 9. März 1822 für die Vermittlung von Howards Selbstbiographie: *Fürwahr! es hätte mir nicht Erfreulicheres begegnen können, als das zarte religiöse Gemüt eines so vorzüglichen Mannes gegen mich dergestalt aufgeschlossen zu sehen, daß er mir die Geschichte seiner Schicksale und Bildung, sowie die innigsten Gesinnungen so treulich eröffnen mögen.* – Symbolische Anwendung vgl. *Faust II*, V. 10044 und Anm. Bd. 3. Vgl. K. Badt 1951 und A. Schöne 1968.

304,2. Howard, Luke (1772–1864), englischer Meteorologe.

304,31. Hüttner, Johann Christian (1766–1847), im Ministerium der äußeren Angelegenheiten in London.

305,21. *Zur Naturwissenschaft* II, 1, 1823.

## VERSUCH EINER WITTERUNGSLEHRE

Handschrift von Eckermann, John, Schuchardt und Stadelmann mit Korrekturen von Goethe. – Danach der Text im Auszug. – Erstdruck: *Ausg. l. Hd.* mit Eckermanns redaktionellen Zusätzen (hier nicht berücksichtigt). Die Handschrift ist datiert vom 16. Februar 1825. In dieser Zeit auch die entsprechenden Tagebucheintragungen.

Goethe versucht eine systematische Gesamtdarstellung der Meteorologie, indem er die Erscheinungen auf den Barometerstand und die Temperaturschwankungen zurückführt, die beide auf die *materielle, gleichfalls für sich bestehende Atmosphäre* einwirken. So suchte Goethe auch hier typische Gegebenheiten zu erfassen und damit die Erkenntnis der Einzelvorgänge zu fördern. Die zeitgenössische Meteorologie nahm keine Kenntnis von seinen Bemühungen. Der Schluß des Aufsatzes gibt wiederum eine Aufforderung, das *Unerforschliche so in die Enge zu treiben, bis er* (der Mensch) *sich dabei begnügen und sich willig überwunden geben mag* (an Wackenroder 21. Januar 1832).

307,36. Die hier fortgelassenen Abschnitte handeln von einzelnen meteorologischen Instrumenten und Methoden, vgl. LA I, 11, S. 244–268.

## VERZEICHNIS DER ABBILDUNGEN

Abb. 1 (S. 61). Morphologische Aufzeichnung Goethes. Von Goethes Hand mit Tinte und Bleistift.

Der Text bezieht sich auf die Typologie der Tiere:
*Drei Systeme im organischen einigermaßen vollkommnen Wesen.*
*Das Empfangende, Herrschende,*
*das Bewegende,*
*das Nährende, Fortpflanzende.*

*Das empfangende Haupt*
*sowohl der obere Teil durch die Sinne*
*als der untere die Speise Trank.*
*Die bewegende Brust*
*innerlich durch Herz und Lunge*
*äußerlich durch Arme, Flügel, Beine.*
*Der nährende Unterleib*
*sowohl, indem er das Empfangene mitteilt*
*als die fortpflanzenden Teile in sich enthält.*
*Bei den vollkommensten Tieren sind diese Systeme nicht so deutlich wegen der Füße. p.*

Abb. 2 (S. 67). Keimpflanze der Bohne. Aquarell, wohl in Goethes Auftrag angefertigt.

Die Keimpflanze der Bohne ist ein typischer Vertreter zweikeimblättriger Keimung. Die beiden ersten primitiven Blätter, die Keimblätter oder Kotyledonen (vgl. Anm. zu S. 66,27f.), sind die zwei Hälften des Bohnensamens. Sie enthalten die Nahrung, die die Pflanze im ersten Keimungsstadium braucht. Sie sind im Samen weißlich, haben aber die Fähigkeit, etwas zu ergrünen und damit auch der Assimilation zu dienen. Zur wirklich wesentlichen Assimilation sind dann aber erst die sogenannten Primärblätter befähigt, die in der Abb. in ausgebreiteter Form dargestellt sind. Im Bohnensamen sind sie als kleines „Federchen" vorgebildet. Zwischen ihnen wächst die Sproßachse bereits weiter und trägt die folgenden weiter differenzierten Blätter im Knospenzustand.

Abb. 3 (S. 67). Aufgebrochene Kastanienknospe. Aquarell, wohl in Goethes Auftrag angefertigt.

Mit der Keimung vergleichbar ist die Entwicklung einer Knospe. Die primitiven Organe sind hier die Knospenschuppen, die die Aufgabe haben, die Knospe während ihrer Winterruhe zu schützen. Auch die ersten Blättchen des Zweiges sind noch nicht voll ausgebildet. Vgl. S. 90f.

Abb. 4 (S. 78). Verbildete Tulpe. Aquarell, wohl in Goethes Auftrag angefertigt.

Tulpe, bei der ein Laubblatt sich gleichsam in die Blütenkrone „einschleicht". Es gehört teilweise der Blütenkrone an, teils deutlich der Stengelregion, auch in einer grünbunten Färbung zeigt sich seine Doppelnatur. Die Abbildung bezeugt den Blattcharakter der Blütenorgane. Vgl. S. 77,7ff.

Abb. 5 (S. 78). Durchgewachsene Rose. Aquarell, wohl in Goethes Auftrag angefertigt. Eventuell wenigstens in der Vorzeichnung von Goethes eigener Hand.

Aus der Mitte der durchaus wohlgestalteten Blüte wächst ein weiterer Sproßabschnitt mit Laubblättern und mehreren Blütenknospen hervor. So zeigt sich, daß die Blüte kein wesentlich vom Sproß verschiedenes Organ ist. Sie ist aufzufassen als Sproßabschnitt mit stark zusammengedrängten verwandelten Blattorganen, die schließlich zur Fruchtbildung befähigt sein können und gewöhnlich das Wachstum des Sprosses abschließen. Die durchgewachsenen Blüten zeigen, daß der Sproßcharakter über die Blütenbildung hinaus erhalten bleibt. Vgl. S. 94f.

Abb. 6 u. 7 (S. 139). Weinreben. Zeichnungen Goethes mit Bleistift und Tinte.

Die Verse auf Abb. 7 heißen: *Schmerzlich trat ich hinein, getrost entfern ich mich wieder, / Gönne dem Herren der Burg alles Erfreuliche Gott. 1828.* Sie beziehen sich auf Goethes Aufenthalt auf der Dornburg nach dem Tod des Großherzogs Karl August. Das Portal des sogenannten Goethe-Schlosses in Dornburg trägt die Inschrift: Gaudeat ingrediens laetetur et aede recedens / His qui praetereunt det bona cuncta Deus. 1608. Goethe übersetzte: *Freudig trete herein und froh entferne dich wieder! / Ziehst du als Wandrer vorbei, segne die Pfade dir Gott!* – Quer eine Notiz zur Nomenklatur des Weinstockes nach Christ, J. L., Vom Weinbau, 3. Aufl. Frankfurt 1800 (*Aberzahn. Christ 37. Geiz. Ableiter. Zuleiter*). – Nach den Gesetzen der Pflanzenbildung können Seitensprosse bei höheren Pflanzen jeweils nur in der Achsel eines Blattes angelegt sein. Die Ranken des Weines scheinen im Gegensatz zu diesem Gesetz den Blattachseln gegenüber angeheftet zu sein. Bei näherer Betrachtung ergibt sich, daß sie jeweils zu den Knospen der Achsel des nächstunteren gegenüberstehenden Blattes gehören und gleichsam mit der Sproßachse zum Knoten des nächsten Blattes heraufgetragen sind.

Abb. 8 u. 9 (S. 169). Zur Anatomie des menschlichen Armes. Zeichnungen Goethes mit Bleistift, Tinte und roter Tinte; auch die Beschriftung von Goethes Hand.

Die Daten (20. und 21. Oktober 1781) weisen auf Goethes anatomische Studien bei Loder in Jena. (Tagebuch Oktober 1781: *Täglich mehr Ordnung, Bestimmtheit und Konsequenz in allem. Mit d. alten Einsiedel nach Jena. Dort Anatomie. Auf der Zeichen Akad. Anfang osteologischer Vorlesungen.)* Im Winter 1781/82 hielt Goethe in der Weimarer Zeichenschule anatomische Kurse.

Abb. 10–14 (S. 187, 189, 190, 193). Zwischenkieferknochen des Pferdes (Abb. 10), des Affen (Abb. 11) und des Menschen (Abb. 12–14). Tuschfederzeichnungen, laviert; von dem Weimarer Zeichner Waitz in Goethes Auftrag angefertigt; Beschriftung von Goethes Hand.

Die hier wiedergegebenen Zeichnungen stammen aus dem Exemplar des Zwischenkieferaufsatzes, welches Goethe 1784 dem Anatomen Petrus Camper senden ließ (vgl. S. 236,33ff.). Aus der verschiedenen Bildung des Kiefers meinte Goethe besondere Schlüsse auf die Art des betreffenden Tieres ziehen zu können. Er spricht sich über die Wichtigkeit der Untersuchung des Zwischenknochens folgendermaßen aus: *Wie merkwürdig und wichtig eine nähere Untersuchung dieses einen Knochens in der Naturlehre sei, wird man leicht gestehen, wenn man bedenkt, daß er zu der Absicht gebildet ist, daß ein Tier sich hauptsächlich seine Nahrung, wovon die ganze Existenz des Tieres doch abhängt, zueigne* (LA I, 10, S. 6). Abb. 13 zeigt in reiner Federzeichnung die hervorzuhebenden Partien durch rote Tinte und Sternchen bezeichnet.

Abb. 15 (S. 207). Knochen des menschlichen Armes. Große Tafel; gezeichnet mit Tusche über Bleistift, vermutlich von Goethes Hand; Beschriftung mit Tinte von Goethe.

Humerus, der Knochen des Oberarmes, zeigt die typischen Gelenkbildungen, oben kugelförmig, zur Einpassung in das Kugelgelenk der Schulter, unten walzenförmig für das Gelenk des Ellenbogens. Zu Ulna und Radius vgl. S. 206ff.

Abb. 16 (S. 215). Skelett des Eichhörnchens. Abbildungen aus E. d'Alton, Die Skelette der Nagetiere, Bonn 1823/24. Das Werk befindet sich in Goethes Handbibliothek. Vgl. S. 214,37ff.

Abb. 17 (S. 259). Der Kammerberg bei Eger. Federzeichnung mit Sepia und Tusche laviert; wohl von Goethe.

Die Zeichnung diente als Vorlage für das Leonhards Taschenbuch beigegebene Kupfer (vgl. S. 258,17f.). Die *Vertiefung* (S. 261,14f.) ist auf der rechten Bildhälfte zu sehen.

Abb. 18 (S. 288). Jupitertempel in Pozzuoli. Abbildung aus *Zur Naturwissenschaft* II, 1, 182.

---

Ein Verzeichnis der Abkürzungen und eine Bibliographie befinden sich am Ende des Bandes.

Rike Wankmüller

# NACHWORT ZUR FARBENLEHRE

## GESCHICHTE DER GOETHESCHEN FARBSTUDIEN

Die *Farbenlehre* ist Goethes umfangreichstes Werk. Es entstand in intensiver Arbeit von etwa 1790 bis 1810. Aber auch nach seinem Erscheinen beschäftigt sich Goethe weiter mit dem *Farbenwesen.* Er experimentiert und schreibt darüber bis an sein Lebensende.

Die erste belegbare Farbbeobachtung Goethes stammt vom 12. Dezember 1777. Beim Abstieg vom Brocken sah er farbige Schatten und notierte das Phänomen (vgl. § *75*). Schon in Leipzig hatte er bei Winckler Vorlesungen über Optik besucht, und seit seiner Jugend interessierten ihn Licht, Schatten und Farberscheinungen. Den Entschluß, sich mit dem Phänomen Farbe planmäßig auseinanderzusetzen, faßte Goethe jedoch erst in Italien. (Bd. 11, S. 526, 22–27.) Im Umgang mit Kunstwerken und Künstlern vermißte er feste Regeln und Gesetze bei der Kolorierung von Gemälden. Da er nirgendwo etwas Aufklärendes über Farbgebung in der Malerei finden konnte, so kam er bald zu der Überzeugung, *daß man den Farben als physischen Erscheinungen erst von der Seite der Natur beikommen müsse, wenn man in Absicht auf Kunst etwas über sie gewinnen wolle. (Farbenlehre, Historischer Teil, Konfession des Verfassers.* Bd. 14, S. 256,29–32.)

Nach der Rückkehr aus Italien häufen sich Bemerkungen über Farben in den Briefen an die Freunde. Nun beginnt die eigentliche Beschäftigung mit der Farbenlehre. Sie schreitet schnell voran. Im Januar 1790 sieht Goethe durch die Prismen des Hofrats Büttner, und dieser Augenblick ist von entscheidender Bedeutung, weil er blitzartig in ihm bestimmte Überzeugungen hinsichtlich der Entstehung der Farben erweckt. Um sich der Beweisführung zu widmen, läßt er eine Kammer in seinem Hause einrichten. Dort, mehr noch im Freien, werden Versuche angestellt und die Erscheinungen bis *ins Unendliche vermannigfaltigt.* (*Annalen,* Abschnitt *1791;* Bd. 10, S. 436–37.) In einem Brief an den Herzog Karl August (undatiert, wohl Mai 1791) meldet er, daß er *den ganzen Kreis der Farbenlehre glücklich durchlaufen …, die Hauptfäden ziehen konnte und nun wie eine Spinne das Werk mit Fleiß zu vollbringen anfange.* Bereits im Herbst erscheint das erste Stück der *Beiträge zur Optik* und im folgenden Frühjahr das zweite, zusammen mit einer Tafel[1]). Diese Aufsätze bringen eine subjektive Darstellung der prisma-

[1]) = Tafel *XVI* des Tafelbandes von 1810.

tischen Farben. Eigene Ideen über ihre Entstehung werden nur angedeutet, ein Gegensatz zu Newton noch nicht ausgesprochen. Schon am 25. Juni 1792 ist die als drittes Stück geplante Abhandlung *Von den farbigen Schatten* vollendet[1]). Gemeinsam mit dem neuen Hausgenossen Meyer werden Experimente durchgeführt; außerdem trägt Goethe seine Versuche im „Gelehrten Verein" vor. In den Feldzug nach Frankreich begleiten ihn Teile von Gehlers Physikalischem Wörterbuch[2]). *Manche Langeweile stockender Tage betrog ich durch fortgesetzte chromatische Arbeiten, wozu mich die schönsten Erfahrungen in freier Welt aufregten, wie sie keine dunkle Kammer, kein Löchlein im Laden geben kann*[3]). *Papiere, Akten und Zeichnungen darüber häuften sich.* (*Annalen*, Abschnitt *1792*.) Das Jahr 1793 bringt eine Anzahl weiterer Schriften. *Allgemeine chromatische Sätze* (Leop.-Ausg. 3, S. 130ff.) entstand während der Belagerung von Mainz. Goethe spricht hier zum ersten Mal den später häufig geäußerten Wunsch nach Zusammenarbeit der Wissenschaftler aus. Die zweite Arbeit *Über die Einteilung der Farben und ihr Verhältnis gegeneinander* (ebd. S. 136ff.) enthält die Zusammenstellung der Farben im Sechseck, die Beschreibung des Kreisschemas[4]). Im *Versuch die Elemente der Farbenlehre zu entdecken* (ebd. S. 190ff.) äußert sich Goethe mit der These, daß die Mischung der farbigen Pigmente nicht Weiß, sondern Grau ergebe, zum ersten Mal deutlich gegen Newton[5]). Zwei weitere Abhandlungen des für die Entstehung der Farbenlehre so bedeutenden Jahres 1793 haben ebenfalls polemischen Charakter[6]).

[1]) Der Aufsatz wurde von Goethe nie veröffentlicht. Vgl. Brief an Forster, 25. Juni 1792. Dort spricht Goethe auch von dem Plan, die *Beiträge zur Optik* in sechs Stücken erscheinen zu lassen.

[2]) Goethe schreibt in den *Annalen* irrtümlicherweise *Fischers* physikalisches Wörterbuch.

[3]) Es war einer der Hauptvorwürfe Goethes gegen Newton, daß dieser seine Experimente nicht in der freien Natur mache und das Licht durch ein Loch zwänge. *Freunde flieht die dunkle Kammer, Wo man euch das Licht verzwickt.* Den Begriff *Lichtstrahl* bezeichnet Goethe als einen angenommenen Kunstausdruck. (WA II, 5 II, S. 79.)

[4]) Der erste Aufsatz trägt das Datum 21. Juli 1793. Der zweite, von der gleichen Hand geschrieben, schließt unmittelbar an. Außerdem findet er eine fast wörtliche Wiederholung in einem Brief an Jacobi vom 15. Juli 1793.

[5]) Von dieser Abhandlung existieren drei Handschriften. Zwei stammen aus Goethes Nachlaß, die dritte aus der Sammlung von Loeper. Bei letzterer handelt es sich um eine Abschrift des im Haag befindlichen Manuskriptes mit Randbemerkungen des Erzbischofs von Dalberg.

[6]) *Über die Farbenerscheinungen, die wir bei Gelegenheit der Refraktion gewahr werden* (Leop.-Ausg. 3, S. 164ff.) und *Über Newtons Hypothese der diversen Refrangibilität* (ebd. S. 152ff.).

Neben diesen Arbeiten zeichnet Goethe viele Einzelversuche auf und legt Beobachtungsjournale an. Außerdem sammelt er Mitteilungen über Farberscheinungen, die ihm von Freunden, Bekannten, ja sogar auch von Fremden zugingen. Auf diese Weise häuft sich im Laufe der Jahre das Material so sehr, daß, um seiner Herr zu werden, er *Papiersäcke machen lassen* muß (an Schiller 10. Januar 1798). Seine Methode war zunächst einfach nur *zu experimentieren und die Experimente zu ordnen* (an Sömmerring 16. Juli 1794). Um die theoretische Fundierung seiner Grundsätze bemüht er sich in den folgenden Jahren. Briefe aus dieser Zeit sprechen wiederholt das Bedürfnis nach Mitteilung und Auseinandersetzung zum Zwecke der Klärung aus. Für den Fortgang seiner Arbeit bedurfte Goethe des Gesprächs. In Meyer und Schiller fand er hierfür geeignete Partner. Außerdem berichtete er über seine Ergebnisse 1796 in der von ihm begründeten Freitagsgesellschaft.

Goethe war bisher in breiter Front vorgegangen, hatte die physikalische, physiologische und chemische Seite des Problems Farbe gleichzeitig bearbeitet. Dabei nahm erstere eine gewisse Hauptstellung ein. Um 1795 wurde die Rangordnung der Phänomene eine andere. Während früher das Licht im Vordergrund seiner Studien stand, rückt jetzt die Betrachtung des Auges an erste Stelle. Die physiologischen Farben werden nun zum Fundament seiner Lehre.

Durch Schillers *philosophischen Ordnungsgeist* (*Annalen*, Abschnitt *1799;* Bd. 10, S. 449) werden Goethe die methodischen Probleme scharf ins Bewußtsein gerückt. Er stellt mehrere Schemata zur Farbenlehre auf und diskutiert diese mündlich und schriftlich mit Schiller. Zwar hatte Goethe schon früher eine Klärung der Prinzipien seines Naturforschens angestrebt, bereits 1790 Kants „Kritik der Urteilskraft" studiert und 1792 seine Gedanken in *Der Versuch als Vermittler von Objekt und Subjekt* (S. 10ff.) niedergeschrieben. Aber erst durch die Begegnung mit Schiller und dessen Vermittlung kantischer Ideen wird für Goethe die Philosophie – jedenfalls bis zu einem gewissen Grade – eine Hilfe zur methodischen Bewältigung seiner Forschungen. Am 14. Februar 1798 schickt er an Schiller *die Phänomene und hypothetischen Enunciationen über die Farbenlehre, nach den* (kantischen) *Kategorien aufgestellt*[1]). In Schillers Antwort vom nächsten Tag heißt es dazu: „Ferner scheint mir daraus eine Verwirrung entsprungen zu sein, daß Sie nicht immer bei dem nämlichen Subjekt der Frage geblieben, sondern in der einen Kategorie das Licht, in der andern die Farbe vor Augen hatten ..." Diese Kritik veranlaßte Goethe zu der Einteilung in physiologische, physische und chemische Farben. (An Schiller 17. Februar 1798.)

[1]) Dieser Aufsatz wurde unter den nachgelassenen Papieren nicht gefunden.

Vielleicht noch bedeutungsvoller als diese philosophische Unterstützung wurde Schillers Verständnis als Dichter für Goethes naturforschende Bestrebungen. Die Überwindung des Zwiespalts zwischen naturwissenschaftlicher und poetischer Betrachtungsweise war Goethes eigentliche Leistung vor allem in der zweiten Hälfte der neunziger Jahre. Nach seiner eigenen Aussage war sie erst durch die Hilfe Schillers möglich geworden. (*Annalen*, Abschnitt *1794;* Bd. 10, S. 444.)

1798 beginnt Goethe Versuche über Farbenblindheit. Sie werden im nächsten Frühjahr fortgesetzt. Zugleich arbeitet er an der Geschichte der Farbenlehre, die ihn auch die folgenden Jahre in Anspruch nimmt. 1801 hält er sich auf der Rückreise von Pyrmont in Göttingen auf, um die noch vorhandenen Lücken dieses Teils seiner Arbeit auszufüllen. Gleichzeitig sieht er physikalische Kompendien auf *Licht und Farben* hin durch (*Annalen*), wie er gelegentlich immer wieder die einzelnen Abschnitte der Farbenlehre überarbeitet. So entstanden häufig mehrere Aufsätze oder Skizzen zum gleichen Thema. Im selben Jahr stellt Goethe ein Schema auf, das in seinen Grundzügen bereits die Anordnung des späteren Werkes zeigt[1]). 1803 nimmt er erneut eine Gesamtrevision der angehäuften Papiere vor und vernichtet Überholtes und Unbrauchbares. (An Schiller 22. Mai 1803.)

Im Winter 1805/06 begann der Druck, und zwar bei Frommann in Jena. Am 24. Februar 1806 schreibt Goethe an Cotta, 6 Bogen seien fertig. Doch ging der Druck langsam voran, weil Goethe nur nach und nach das Manuskript lieferte[2]). Der *Polemische Teil* wurde laut Tagebuch erst am 12. November 1808 zur Druckerei gesandt. Die Arbeit an der *Geschichte der Farbenlehre* zieht sich bis 1809 hin. Am 16. Mai 1810 erscheint dann das Werk *Zur Farbenlehre* in zwei Oktavbänden und einem Quartband mit Tafeln sowie Erläuterungen dazu[3]); es enthält den *didaktischen, polemischen* und *historischen Teil,* außerdem *Statt des versprochenen Supplementaren Teils*[4]). Goethe sah den 16. Mai 1810 als einen *Befreiungstag* an (*Annalen;* Bd. 10, S. 507) und fuhr anschließend nach Böhmen. Bereits am 31. Oktober 1798 hatte er an Schiller ge-

[1]) WA II, 5 II, S. 1 ff. Dasselbe: Leop.-Ausg. 3, S. 335 ff.

[2]) Zehn Tage nach der Schlacht bei Jena schreibt Goethe am 24. Oktober 1806 an Cotta: *Sobald unsre guten Jenenser sich einigermaßen erholt haben, soll auch an der Farbenlehre fortgedruckt werden.* (Vgl. auch *Annalen,* Abschnitt *1806.*) Am 12. November notiert das Tagebuch: *Correctur des 10. Bogens der Farbenlehre.*

[3]) Zu den Erklärungen vgl. Günther Schmid, Schicksal einer Goetheschrift. Druckgeschichtliche Funde zur Farbenlehre, Halle 1937. – Vgl. Nachtrag.

[4]) Enthält, neben Schillers Gedicht „Wir stammen unser sechs Geschwister", Goethes *Entschuldigung* und Riemers Namenregister, einige Aufsätze von Seebeck über die Wirkung farbiger Beleuchtung, die z. T. an frühere Goethesche Entdeckungen anknüpfen.

schrieben, er *hege keinen andern Wunsch als von der Chromatik entbunden zu sein,* aber ahnungsvoll fuhr er fort: *doch wer kann wissen, was über uns verhängt sei.*

Schon 1806 hatte ihn der in Jena lebende Physiker Seebeck[1]) auf die von Malus angegebenen Farberscheinungen hingewiesen, die bei Spiegelung und doppelter Strahlenbrechung entstehen. Diese sogenannten Polarisationsphänomene nannte Goethe *entoptisch*[2]). Seebeck hatte auf diesem Gebiet eigene Entdeckungen gemacht und sie 1811 und 1813 veröffentlicht. Auch Goethe schrieb 1813 einen selbständigen Aufsatz: *Doppelbilder des rhombischen Kalkspats*[3]). Es gelingt ihm, die entoptischen Farben in die Reihe der physischen einzuordnen. Da er sie als *das Tüpfchen aufs i* seiner Farbenlehre betrachtet (an Seebeck 14. Januar 1817), plant er sogar, den zweiten Abschnitt des *didaktischen Teils* nach den neu gewonnenen Gesichtspunkten umzuarbeiten. 1820 veröffentlicht er einen zweiten Aufsatz *Entoptische Farben* in *Zur Naturwissenschaft überhaupt* (LA I, 8, S. 94). Den für die Experimente nötigen Gläsern wird besondere Aufmerksamkeit gewidmet. Auch zu Vergleichen zwischen Farbe und Ton regen ihn die entoptischen Farbfiguren an. Darüber hinaus studiert er die deutsche, englische und französische Literatur über Farbtheorien und hält sich über die neuesten Ergebnisse der Forschung auf dem laufenden, was ihm freilich im wesentlichen nur Ärger bereitet[4]). Ausgedehnte Versuche mit

[1]) Thomas Seebeck (1770–1831) arbeitete schon längere Zeit an einer eigenen Farbenlehre, die in den Grundzügen mit der Goethes übereinstimmt. Der Gedankenaustausch zwischen ihm und Goethe war lange Zeit sehr rege. Seebeck gewann Hegel für Goethes Farbenlehre. Er wurde beauftragt, eine Liste der Kritiken und Aufsätze über diese anzufertigen. Die Aufstellung ging Goethe am 25. April 1812 zu. 1815 war Seebeck zusammen mit Goethe in der Gerbermühle. Nach seiner Übersiedlung nach Berlin trat jedoch zwischen beiden eine Entfremdung ein.

[2]) Die entoptischen Farbfiguren entstehen, wenn man einen rasch gekühlten Glaswürfel zwischen zwei Spiegel bringt. Je nach Stellung der Spiegel sieht man entweder ein helles Kreuz mit gelbem Rand auf dunklem Grund oder ein dunkles Kreuz mit blauem Rand auf hellem Grund. Die natürliche Luftspiegelung zeigt die Phänomene nur schwach. Goethe besaß eine große Anzahl raschgekühlter Glasproben, Kalkspatkristalle u. a. sowie einen Polarisationsapparat mit vier Spiegeln. Er experimentierte im Freien und konnte eine bestimmte Gesetzmäßigkeit der Farbenerscheinungen feststellen, je nach welcher Himmelsrichtung er die Spiegel richtete. Daher nahm er an, daß die entoptischen Farben atmosphärischen Ursprungs seien.

[3]) 1817 in: *Zur Naturwissenschaft überhaupt,* Bd. 1, Heft 1. LA I, 8, S. 16.

[4]) So vermerkt er z.B. in den *Annalen,* Abschnitt *1817: Das Widerwärtigste aber, was mir jemals vor Augen gekommen, war Biots Kapitel über die entoptischen Farben, dort Polarisation des Lichts genannt. So hatte man denn, nach falscher Analogie eines Magnetstabs, das Licht auch in zwei Pole verzerrt und also*

Farben von Pflanzenextrakten werden angestellt und darüber Buch geführt[1]).

Das vierte Heft *Zur Naturwissenschaft überhaupt* von 1822 enthält eine ganze Reihe von Aufsätzen zur Chromatik: *Tabellarische Übersicht der Farbenlehre, Ältere Einleitung, Physiologe Farben,* u. a., vgl. LA I, 8. Im gleichen Jahr liest Leopold von Henning an der Berliner Universität über Goethes Farbenlehre. Dazu berät ihn Goethe und stellt seine Apparate zur Verfügung. Bei den Besuchen Hennings 1821 und 1822 wird die Farbenlehre vollständig durchgenommen, und Goethe fühlt sich angeregt, *die chromatischen Akten und Papiere nunmehr vollkommener und sachgemäßer zu ordnen.* (*Annalen,* Abschnitt *1822.*)

In die zwanziger Jahre fallen wiederholte Gespräche über Farben mit Sulpiz Boisserée[2]) und dem Kanzler v. Müller. Goethe nimmt fast jede Gelegenheit wahr, um in Gesellschaft und bei Soireen aus seiner Farbenlehre vorzutragen und zu experimentieren. Der ganze Haushalt war von seiner dauernden Bereitschaft, über Optisches zu diskutieren, angesteckt. So berichtet Soret, daß Goethes Diener Stadelmann am 16. Mai 1824 eine Abendunterhaltung unterbrach, um der Gesellschaft eigene Farbbeobachtungen mitzuteilen. 1824 rezensiert Goethe Purkinjes Werk ,,Das Sehen in subjektiver Hinsicht". (*Zur Morphologie,* Bd. 2; LA I, 9, S. 343.) Die Arbeit war bereits 1819 erschienen; Goethe hatte sie verschiedentlich studiert und Auszüge gemacht. Gegen Ende des zweiten Jahrzehnts beginnt sich der Plan zu einer erneuten Redaktion der gesamten Farbenlehre zu regen. Darüber wird mit Eckermann häufig gesprochen. Goethe überlegt, ob er nicht das alte Werk in kürzerer und allgemeinerer Fassung neu herausgeben sollte. So finden wir ihn noch in den letzten Monaten seines Lebens mit Optik beschäftigt. Am 17. Februar 1832 trifft ihn Soret beim Experimentieren an[3]). Der Bericht Eckermanns von 1832 verzeichnet die gemeinsame Redaktion des *Historischen Teils.* Noch am letzten Lebenstag ließ sich Goethe, nach Mitteilung von Luise Seidler, morgens um sieben Uhr eine Mappe bringen, um Farbversuche anzustellen und um darüber mit seiner Schwiegertochter zu sprechen.

*nicht weniger wie vorher die Farben aus einer Differenzierung des Unveränderlichsten und Unantastbarsten erklären wollen.*

[1]) WA II, 5 II, S. 147.

[2]) Schon am 18. September 1815 hatte Goethe Boisserée den Versuch mit den farbigen Schatten beim Mondschein nach einer Abendgesellschaft in der Gerbermühle gezeigt. Auch Marianne v. Willemer war dabei anwesend. Vom Februar 1832 stammt Goethes Briefwechsel mit Boisserée über den Regenbogen. LA I, 11, S. 329.

[3]) Nach Sorets Bericht vermied Goethe jedes Gespräch, da er wußte, daß Soret nicht zu seinen rückhaltlosen Anhängern gehörte. (Soret, Frédéric, Conversations avec Goethe. Paris 1932.)

## DIE AUFNAHME VON GOETHES FARBENLEHRE

Goethe beschreibt in den *Beiträgen zur Optik* die für ihn grundlegende Beobachtung, daß nur die Ränder einer durchs Prisma betrachteten weißen Fläche farbig erscheinen. Seine Erklärung lautet: Das Prisma verrückt die anvisierte Fläche so, daß ein Nebenbild über dem Hauptbild schwebt. Wo die Verschiebung über einem hellen Grund erfolgt, zeigt sich ein gelber und gelbroter, wo sie sich über einem dunklen Grund ereignet, ein blauer und violetter Rand. Er folgert einmal, daß zur Entstehung von Farben eine Verbindung von Hell und Dunkel, Licht und Finsternis gehöre, ferner, daß Farben immer paarweise in bestimmter Gegenüberstellung auftreten.

Das Urteil der damaligen Physiker über diese Thesen deckt sich mit dem der „Gothaischen Gelehrten Zeitungen": „Kenner werden nichts Neues finden."[1]) Das heißt, daß sich die beschriebenen Phänomene mit Newtons Theorie erklären lassen[2]). Dies bleibt im Grunde auch die Kritik an dem Hauptwerk. Zunächst konstatiert Goethe: *Altum silentium im gelehrten Publikum ... in Privatbriefen sehr angenehme Zeugnisse von stiller Wirkung.* (An Sartorius, 4. Februar 1811.) Im Laufe der Zeit jedoch nehmen einige Naturwissenschaftler in Aufsätzen, Vorträgen und Lexikonartikeln Stellung gegen Goethes Farbenlehre[3]). Der einzige Physiker auf Goethes Seite ist Seebeck, der sich aber in späteren Jahren ebenfalls von ihm distanziert. Einzelheiten der Farbenlehre werden von verschiedenen Forschern lobend erwähnt[4]) oder auch

[1]) Am 26. September 1792 (Braun, Goethe im Urteile seiner Zeitgenossen, 2. Bd. S. 118).

[2]) Es handelt sich dabei um das Phänomen der unvollkommenen Spektren. Diese entstehen, wenn man eine breite weiße Fläche durch das Prisma betrachtet. Jeder Punkt der Fläche erzeugt ein Farbenspektrum. Diese Einzelspektren überlagern sich in der Mitte und mischen sich zu Weiß. Nur an den Rändern, wo die Überlagerung unvollkommen ist, erscheint die verschobene Fläche an der einen Seite blau und violett, an der gegenüberliegenden gelb und gelbrot gesäumt.

[3]) So zeigt Chr. Pfaff in „Über Newtons Farbentheorie" die Unhaltbarkeit von Goethes physikalischen Behauptungen. E. G. Fischer hält 1811 drei Vorträge in der Philomatischen Gesellschaft in Berlin. Ebenso spricht er sich in seinen Lehrbüchern gegen Goethe aus.

[4]) Z. B. von J. G. Schweigger bei der Behandlung der Lehre von Gay-Lussac und Thenard über die Polarität des farbigen Lichts. Ebenso von F. v. P. Gruithuisen im Handbuch der Vorbereitungslehre an den Kgl. Baierischen Schulen für Chirurgen. L. F. Kämtz las am 20. März 1824 über Goethes Farbenlehre in der Naturforschenden Gesellschaft zu Halle, wobei er auf die Verwandtschaft zwischen Goethes Auffassung und der Undulationstheorie hinweist. Auch an anderen Stellen erwähnt Kämtz Goethes Farbenlehre positiv. Siehe auch: Schmid, Goethe und die Naturwissenschaften, S. 339ff.

zu Ausgangspunkten eigener Theorien gemacht[1]). Vor allem die physiologischen Farben haben zu Goethes Lebzeiten und auch später sowohl Anerkennung als Fortführung erfahren. Es ist Goethes unbestrittenes Verdienst, diese Phänomene, die man bisher zum großen Teil als Anomalien gedeutet hatte, als normale Reaktionsformen des gesunden Auges erkannt zu haben. Johannes Müller schreibt an Goethe, daß er selbst weitergebildet, was er von ihm gelernt habe[2]). ,,Ich scheue mich nicht zu bekennen, daß ich der Goetheschen Farbenlehre überall dort vertraue, wo sie einfach die Phänomene darlegt und in keine Erklärungen sich einläßt."[3]) Die Dissertation von Johannes Purkinje ,,Beiträge zur Kenntnis des Sehens in subjektiver Hinsicht" baut auf Goethes Farbenlehre auf, ohne sie zu erwähnen[4]). Trotzdem studiert Goethe die Arbeit mit Wohlgefallen. Besonders lobend erwähnt er die Methode Purkinjes, wie er die physiologischen Erscheinungen *durchs Psychische zum Geistigen* führt, *so daß zuletzt das Sinnliche ins Übersinnliche ausläuft.* (An Reinhard 29. März 1821.) Als Purkinje Goethe im November 1822 besuchte, hätte dieser ihn gerne länger bei sich behalten. *Merkwürdig war mir,* schreibt er an Knebel, am 14. Dezember 1822, *wie er sich aus dem Abgrund des Pfafftums durch eigene Kräfte herausgehoben, sich autodidaktisch entwickelt und gebildet, dabei aber die Richtung in den Abgrund des eigenen Daseins genommen; deshalb er denn ein freiwillig Märtyrertum untergangen und sich an sich selbst im Einzelnen und im Ganzen zu belehren und zu begreifen gesucht ... Die große Treue gegen sich selbst, seines innern Wesens und konsequenten Wirkens in aller Eigentümlichkeit zu schauen, wäre vieles wert gewesen.*

Zustimmung fand die Farbenlehre als Ganzes vor allem bei den Vertretern der nachkantischen subjektivisch eingestellten Philosophie.

[1]) J. H. D. Zschokke hielt am 10. Januar 1826 in der Naturforschenden Gesellschaft in Aarau einen Vortrag über ,,Die farbigen Schatten, ihr Entstehen und Gesetz", der auf Goethes Farbenlehre aufgebaut ist. Außerdem nennt er sich in einem Brief an Goethe vom 26. April 1826 seinen ,,Jünger und Verehrer" (Bratranek I, S. 394). L. Löwy beruft sich in seiner Dissertation ,,Über Polarität" (Prag 1831) auf Goethes Farbenlehre sowie auf seine Darstellung der entoptischen Farben.

[2]) Johannes Müller, 1801–1858, Anatom und Physiologe, an Goethe 5. Februar 1826 (Bratranek I, S. 394).

[3]) In ,,Zur vergleichenden Physiologie des Gesichtssinnes des Menschen und der Tiere", S. 396. Im gleichen Werk bekennt sich Müller, wenn auch mit Einschränkungen, zu Goethes Physik. Diese positive Stellungnahme hat er später widerrufen.

[4]) Goethe bemerkt dies kritisch an F. v. Müller (12. Juni 1821) und an Soret (30. Dezember 1823). Doch widmete Purkinje Goethe seine ,,Beobachtungen und Versuche zur Physiologie der Sinne", Bln. 1825. Außerdem übersetzte er die Elegie *Die Metamorphose der Pflanzen* ins Tschechische.

Schelling greift die Idee der Polarität auf[1]). Schon 1801 preist er die *Beiträge zur Optik*, mit denen Goethe die Welt von „dem Newtonischen Spektrum eines zusammengesetzten Lichts"[2]) befreit habe. Auf ähnliche Weise hat sich Hegel an mehreren Stellen gegen Newton ausgesprochen[3]). „Ein Hauptgrund, warum die ebenso klare als gründliche Goethe'sche Beleuchtung dieser Finsternis im Lichte, nicht eine wirksamere Aufnahme erlangt hat, ist ohne Zweifel diese, weil die Gedankenlosigkeit und Einfältigkeit, die man eingestehen sollte, gar zu groß ist"[4]). Vor allem die dualistische Erfassung von Licht und Finsternis findet Hegels Anerkennung[5]).

Zwei Hegelschüler haben sich besonders für Goethes Farbenlehre eingesetzt. Karl Rosenkranz schreibt eine „Apologie"[6]), und Leopold von Henning liest von 1822 bis 1835 an der Berliner Universität jährlich über „Die Farbenlehre nach Goethe vom Standpunkte der Naturphilosophie aus"; seine Vorträge erläutert er durch Experimente[7]). Goethes Verdienst ist nach Hennings Ansicht, daß er „von der Erfahrungsseite

[1]) Er sagt: „Die Erkenntnis des Lichts ist der Materie gleich, ja mit ihr eins, da beide nur im Gegensatz gegeneinander, als die subjektive und die objektive Seite begriffen werden. Seit der Geist der Natur von der Physik gewichen ist, ist für sie das Leben in allen Teilen derselben erloschen, wie es für sie keinen möglichen Übergang von der allgemeinen zur organischen Natur gibt. Die Newtonsche Optik ist der größte Beweis eines ganzen Gebäudes von Fehlschlägen, das in all seinen Teilen auf Erfahrung und Experiment gegründet ist." Vorlesung „Über das Studium der Physik und Chemie". Sämtl. Werke I, 5, Stuttg. u. Augsb. 1856–58, S. 330.

[2]) Sämtl. Werke I, 4, S. 105. Goethe selber verteidigt die Einheit des Lichtes in manchem Gedicht *(Möget ihr das Licht zerstückeln)*, vor allem in den *Zahmen Xenien*.

[3]) „Vorlesungen über die Naturphilosophie als Encyklopädie der philosophischen Wissenschaften im Grundrisse", Werke, 7. Bd., 1. Abt., 2. Aufl., Bln. 1847, S. 145, 281, 296f., 305f., 317f., 320, 327f., 333.

[4]) Encyklopädie der philosophischen Wissenschaften im Grundrisse, Heidelberg 1817, S. 156.

[5]) Vorlesungen über Ästhetik. Sämtl. Werke, hrsg. v. H. Glockner, Bd. XIV, Stuttg. 1928, S. 23–27.

[6]) Rosenkranz, Karl, Apologie der Goetheschen Farbenlehre. In: G. W. Hegels Leben, Bln. 1844, S. 339f.

[7]) Er schreibt am 9. August 1831 an Goethe: „Nach den mir vorliegenden Listen haben (die nach den ersten Stunden wieder verschwundenen Neugierigen abgerechnet) diesen Vorträgen bisher im Durchschnitt gegen 40 fleißige und für die Sache sich interessierende Zuhörer beigewohnt. Die Gesamtzahl, die hier die Gelegenheit gefunden und benutzt haben, über die wahre Natur der Farben und damit implicite auch des Lichts sich auf eine zusammenhängende und anschauliche Weise ins Klare zu setzen, beläuft sich auf gegen 400 Personen der verschiedensten Lebensverhältnisse fast aus allen Gegenden Deutschlands." (Bratranek I, S. 185.)

zuerst mit kühnem Sinn die Fesseln einer untergeordneten Denkweise gebrochen, und nach einer langen Periode von Befangenheit in endlichen Verstandesformen, wieder das erste großartige Beispiel einer ideenmäßigen Auffassung und Behandlung der Naturphänomene gegeben" hat[1]). Henning berichtet Goethe häufig von den Erfolgen seiner Vorlesungen. Einmal erwähnt er sogar, daß er „hartnäckige, mathematische Newtonianer ... per demonstrationem ad oculos von ihren Vorurteilen abgebracht" habe. (Bratranek I, S. 185.)

Schopenhauer wurde durch Goethe zur Beschäftigung mit der Optik angeregt. Goethe hoffte auf seine Unterstützung, war aber von der Arbeit „Über das Sehen und die Farben" enttäuscht. Schopenhauer zeigt dort die Mischung der spektralen Lichter zu Weiß auf und macht außerdem Goethe den Vorwurf, daß er physische und psychische Probleme verquicke. Schon zuvor bemerkte Goethe unwirsch: *Trüge gern noch länger des Lehrers Bürden, wenn Schüler nur nicht gleich Lehrer würden.* Obwohl Schopenhauer immer ein Gegner Newtons blieb[2]) und sich weiter zu Goethe bekannte, kam es zu keinem fruchtbaren Gedankenaustausch mehr. Goethe blieb mit Schopenhauer in Kontakt und studierte gewissenhaft dessen Manuskript. Im Januar 1816 fuhr er sogar zwei Tage nach Jena, und las in der Bibliothek nach, was in den letzten Jahren im In- und Ausland über Farben veröffentlicht worden war, um mit Schopenhauer darüber zu sprechen. Doch gelangte er zu der Überzeugung, daß eine Verständigung nicht möglich sei. Immerhin bat er Schopenhauer um weitere Mitteilung: *denn ob ich gleich zu alt bin, mir die Ansichten anderer anzueignen, so mag ich doch sehr gern, insofern es nur immer möglich ist, mich geschichtlich unterrichten, wie sie gedacht haben, und wie sie denken* (an Schopenhauer 28. Januar 1816).

Die Freunde standen in Sachen der Farbenlehre immer auf Goethes Seite, vor allem Meyer[3]), Schiller[4]), Schultz und Riemer[5]), ebenso Karl August. Außerdem fand die Farbenlehre Zustimmung bei einer ganzen Reihe von bildenden Künstlern, die durch sie zu eigenen Arbeiten angeregt wurden. So verfaßt der Kgl. Bayerische Hofmaler Mathias Klotz

[1]) v. Henning, Einleitung zu öffentlichen Vorlesungen, S. 185.

[2]) So schrieb er 1849 zu Goethes hundertstem Geburtstag in das Album der Stadt Frankfurt am Main: „Nicht bekränzte Monumente noch Kanonensalven, noch Glockengeläute, geschweige Festmahle mit Reden reichen hin, das schwere und empörende Unrecht zu sühnen, welches Goethe erleidet in betreff seiner Farbenlehre."

[3]) Meyer arbeitete am *Historischen Teil* der *Farbenlehre* mit.

[4]) Während A. v. Humboldt sich negativ über die Farbenlehre geäußert hat. (C. L. Michelet, Wahrheit aus meinem Leben, Bln. 1884, S. 505f.)

[5]) Riemer hatte bei der Redaktion der *Farbenlehre* geholfen.

eine „Gründliche Farbenlehre“ (München 1816), und der Heidelberger Maler J. Ch. W. Roux schreibt 1829 eine Abhandlung „Die Farben“. 1817 hatte er bereits für Goethe Nachbildungen entoptischer Farberscheinungen geliefert. Wirklich bestätigt fühlte sich Goethe jedoch nur durch Ph. O. Runge[1]). Nachdem beide 1806 zusammengetroffen waren, schickte Runge die Radierungen seiner „Tageszeiten“. Darauf bat Goethe um Kolorierung der Blätter. *Das gäbe vielleicht Gelegenheit, sich über Farbe und ihren Sinn wechselseitig zu äußern.* (2. Juni 1806.) Runge antwortet darauf am 3. Juli 1806 mit einer kurzen Darlegung seiner Farbentheorie. Diesen Brief stellt Goethe als *Zugabe* vor das *Schlußwort* des *didaktischen Teils* seiner Farbenlehre, *weil ich dasjenige, wovon ich mit Ihnen überzeugt bin, nicht besser auszudrücken wüßte. Ich werde mit mehr Lust und Mut die Redaktion meiner Arbeit fortsetzen,* heißt es in Goethes Antwort weiter, *weil ich in Ihnen nunmehr einen Künstler kenne, der auf seinem eigenen Wege in die Tiefe dieser herrlichen Erscheinungen eingedrungen ist.* (An Runge 22. August 1806.) Am 3. Oktober 1809 läßt Runge Goethe sein Manuskript über die Farbenkugel zugehen. Auch über diese Arbeit äußert sich Goethe sehr positiv. *Sie enthält nichts, was sich nicht an die meinige anschlösse, was nicht in das von mir Vorgetragene auf die eine oder die andere Weise eingriffe.* (18. Oktober 1809.) Mit ebensolcher Freude erwartete Runge Goethes Werk. Als es erschien, war er jedoch schon zu krank, um seine Meinung noch formulieren zu können.

Prinzipiell in gleicher Weise wie zu Goethes Lebzeiten findet die Farbenlehre auch nach seinem Tod Zustimmung und Ablehnung. Die Naturwissenschaftler, vor allem die Physiker, verhalten sich, bis auf die Physiologen, negativ. Hermann Helmholtz betont, daß Goethe der Natur wie einem Kunstwerk entgegengetreten sei und die Gesetze der Natur in sinnlicher Form gesehen, das Gesetz selber jedoch nicht gesucht habe[2]). Die Naturwissenschaft interessiere sich indessen für das Gesetz der Phänomene, damit sie Einsicht und Macht über sie gewinnen könne[3]). Ähnlich wie Johannes Müller schreibt er: „Wo es sich um Aufgaben handelt, die durch die in Anschauungsbildern sich ergehende dichterische Divination gelöst werden können, hat sich der Dichter der höchsten Leistungen fähig gezeigt; wo nur die bewußt durchgeführte induktive Methode hätte helfen können, ist er gescheitert.“[4]) Damit

[1]) Runge schickte bereits 1801 „Achill im Kampf mit den Flußgöttern“ als Preisaufgabe nach Weimar. Diese Tuschzeichnung wurde jedoch abgelehnt. Zu den „Tageszeiten“ siehe Bd. 12, S. 555.

[2]) Helmholtz, Über Goethes naturwissenschaftliche Arbeiten, S. 40.

[3]) Helmholtz, Goethes Vorahnung kommender naturwissenschaftlicher Ideen, S. 339.

[4]) Helmholtz, Über Goethes naturwissenschaftliche Arbeiten, S. 361.

formuliert Helmholtz weitgehend auch die Meinung der heutigen Naturwissenschaftler, z. B. die von Meyerhof, Weiß u. a. Einige Künstler verteidigen die Farbenlehre. Der Maler Charles Eastlake übersetzt 1840 den *didaktischen Teil* ins Englische. J. K. Bähr hält 1863 Vorträge zu ihrer Rechtfertigung im Künstler-Verein zu Dresden. Ebenso gibt es von seiten der Philosophen manche positive Stellungnahme. F. Th. Vischer bringt in seiner Ästhetik im Kapitel „Die Farbe" eine Darstellung von Goethes Farbenlehre. Ein wortereicher Fürsprecher um die Jahrhundertmitte ist der Schopenhauerschüler Friedrich Grävell. Er unternimmt es, in einer ganzen Anzahl von Schriften sich zum Anwalt von Goethes Physik und zum Kritiker derjenigen Newtons zu machen[1]). Während er im Kreise der Maler in Rom Anhänger fand, wurde er von Physikern zurechtgewiesen[2]). Eine ähnlich wirre Verteidigung erfuhr die Farbenlehre durch E. Barthel sowie durch eine Reihe von Mitarbeitern der „Technischen Mitteilungen für Malerei"[3]) und der „Münchner Kunsttechnischen Blätter" zwischen 1914 und 1916. Diesem „Goethe-Rummel" trat, vom Bayerischen Staatsministerium aufgefordert, der Physiker A. Sommerfeld mit einem Gutachten entgegen[4]).

Wilhelm Wundt nennt Goethe den „Begründer der Eindrucksmethode", weil er bei seinen Untersuchungen über die Gefühlswirkungen der Farbe als erster eine geregelte Selbstbeobachtung an die Stelle der „planlosen Sammlung von allerlei Erfahrungen über Gefühle" gesetzt habe[5]).

In seiner Rektoratsrede vom 15. Okt. 1882 bezeichnet E. du Bois-Reymond Goethes Farbenlehre als „totgeborene Spielerei eines autodidaktischen Dilettanten", der vor allem „der Begriff der Kausalität" fehle. Gegen eine solche materialistische Auffassung der Naturwissenschaften wenden sich die – in ihrer Reaktion jedenfalls berechtigten – anthroposophischen Schriften unter Betonung der idealistischen Tendenz in Goethes Farbenlehre.

[1]) In „Goethe im Recht gegen Newton" S. 179 heißt es: „Newton betrachtet die Linien des farbigen Spektrums, und ohne weiteres behauptet er nun, wie er mit wichtiger Miene den Andächtigen zu verkünden weiß, daß er in ihnen die untrüglichen Zeichen besitze, aus denen der Lebensfaden des Lichts zu bestimmen sei. Und die moderne Physik bringt für diese Chiromantie des Spektrums noch ein neues Punktierbüchlein in dem Wirrwarr der Frauenhoferschen Linien herbei, um dieselbe noch systematischer zu betreiben."

[2]) Z. B. von G. v. Quintus Icilius in „Kritische Zs. f. Chemie, Physik und Mathematik", Erlangen 1858, S. 108–117.

[3]) E. Bücken, J. Hoppe und P. Kaemmerer.

[4]) Richter, Das Schrifttum über Goethes Farbenlehre, S. 10.

[5]) W. Wundt, Grundzüge der physiologischen Psychologie, 5. völlig umgearb. Aufl., 2. Bd., Lpz. 1912, S. 274. (1. Aufl. 1874.)

Die Entwicklung von der klassischen zur modernen Physik ist gekennzeichnet durch das Versagen der „Objektivierbarkeit der Natur"[1]) im atomphysikalischen Bereich. Die damit vollzogene Erschütterung der Grundlage des mechanistischen Weltbilds eröffnet vielleicht einen neuen Zugang zu Goethes Farbenlehre, die ja gerade im Gegensatz zu jenem entstanden ist. Heisenberg vertritt die Ansicht, daß „der Kampf Goethes gegen die physikalische Farbenlehre auf einer erweiterten Front auch heute noch ausgetragen werden muß"[2]). Damit gewinnt die Äußerung Goethes zu Eckermann vom 18. März 1831: *Meine Farbenlehre ist so alt wie die Welt* neue Bedeutung.

## GOETHES METHODE

Goethes Anliegen in seiner Farbenlehre unterscheidet sich schon im Ansatzpunkt von dem der exakten Naturwissenschaften. Er erwartet von der Farbe als Naturerscheinung Aufschluß über ihre Anwendungsmöglichkeit als Kunstmittel. Daraus ergibt sich für ihn das Problem, ein Gesetz zu finden, das sowohl das Phänomen als seine Wirkung auf den Menschen erklärt. Goethe zielt mit einer solchen Fragestellung prinzipiell auf den Zusammenhang der objektiven und der subjektiven Erscheinungsweise der Farbe. Er wehrt sich von Anbeginn gegen Newtons Definition derselben als objektiven Bestandteils des Lichts; denn die auf das Meßbare und Quantitative gerichtete Erklärung läßt gerade das für ihn Wesentliche außer acht: der Farbe spezifische Qualität, wie sie uns in Gelb, Rot und Blau entgegentritt. Erst durch die Verwandlung des Lichts im Auge des Sehenden entsteht Farbe von bestimmter Prägung. Goethe will weder das Auge noch das Licht untersuchen; er setzt sie als bekannt voraus (S. 324). Ihn beschäftigt vielmehr die lebendige Beziehung beider, wie sie sich in den Farben manifestiert. Eben „darin, daß es eine Lehre von der Farbe ist", erweist sich Goethes Theorie als unvergleichbar mit der Optik Newtons[3]).

Für die Naturwissenschaften zerfällt das Sehen in einen objektiven und einen subjektiven Vorgang. Nach der Trennung untersucht die Physik die objektiven Tatsachen, die Zusammensetzung, Ausbreitung und Fortpflanzung des Lichts, während die Physiologie sich dem subjektiven Prozeß zuwendet, den sie dann ebenfalls als einen biologischen Vorgang in der Sehsubstanz objektiviert. Die Bemühungen der Physik

[1]) Weizäcker, Carl Friedrich Frh. v., Zum Weltbild der Physik, 2. Aufl., Lpz. 1944, S. 30.

[2]) Die Goethesche und die Newtonsche Farbenlehre usw., Lpz. 1945, S. 70.

[3]) Lipps, Goethes Farbenlehre, S. 123.

gelten einer vom Menschen unabhängigen Wirklichkeit, die immer in gleicher Weise gegeben ist. Sie hat die Erscheinungen nach mathematischen Gesetzen zusammengefaßt und damit Teile der Welt erschlossen, die den Sinnen nicht mehr zugänglich sind. „Daß es sich dabei um echte Ordnungen handelt, beweist die Technik."[1]) Mit seiner Polemik gegen Newton hatte Goethe, soweit er darin den Boden der Physik betrat, unrecht. Dabei wird jedoch der Hintergrund deutlich, vor dem Goethes Theorie entstehen konnte, als ein Versuch, die uns umgebende, farbige, mit den Sinnen aufgenommene Welt zu erklären und auf einer subjektiven Ebene zu objektivieren. Die Erscheinungen sollten nicht kausal bestimmt, sondern sollten gedeutet werden.

Goethes Vorhaben ist also kein exakt naturwissenschaftliches. Er experimentiert zwar, aber seine Versuche unterscheiden sich von denen der Naturwissenschaft darin, daß sie ihren Gegenstand weder aus dem Zusammenhang mit den übrigen Erscheinungen noch aus der Verbindung mit dem Beobachter lösen, wobei weitgehend der Erlebnischarakter gewahrt wird. Bezeichnend ist Goethes Bericht von dem Augenblick, da er die Prismen des Hofrats Büttner verpacken wollte und schnell noch einen Blick hindurchwarf. *Es bedurfte keiner langen Überlegung, so erkannte ich, daß eine Grenze notwendig sei, um Farben hervorzubringen, und ich sprach wie durch einen Instinkt sogleich vor mich laut aus, daß die Newtonische Lehre falsch sei.* (*Konfession des Verf.*, Bd. 14.) Diese Art intuitiver Erkenntnis ist typisch für Goethes Methode, die Gegenstände zu erfassen. Er glaubt an den glücklichen Augenblick, in welchem man *die Phänomene erhaschen* kann (an Jacobi 29. Dezember 1794) und der *prägnante Punkt* ersichtlich wird, *von dem sich vieles ableiten läßt*[2]) und Zusammenhänge offenbar werden. *Bei der Wissenschaft aber ist die Behandlung null, und alle Wirkung liegt im Aperçu,* sagt er zu Soret. (30. Dezember 1823. Vgl. auch an August v. Goethe 5. Juni 1817.) Wenn Goethe auf diese Weise die günstigen Momente hervorhebt, in denen *das Ganze in der Anschauung gewissermaßen zu beherrschen* ist (S. 55,14f.), so charakterisiert er damit deutlich, *wie nah dieses wissenschaftliche Verlangen mit dem Kunst- und Nachahmungstriebe zusammenhänge* (S. 55,15–17). Er strebt bewußt nach Wiederherstellung der ursprünglichen Einheit von *Wissenschaft und Poesie* und glaubt, *daß beide sich, auf höherer Stelle, gar wohl wieder begegnen könnten* (S. 107, 11–14). Voraussetzung für die intuitive Konzeption solcher Zusammenhänge ist der unermüdliche Umgang, wie ihn

[1]) Heisenberg, Die Goethesche und die Newtonsche Farbenlehre im Lichte der modernen Physik, S. 69.

[2]) *Bedeutende Fördernis* ... (S. 40, 31). Im selben Aufsatz berichtet Goethe auch von seiner augenblicklichen Erkenntnis beim Anblick des Schafschädels am Lido (S. 40, 5).

Goethe mit den Farben und anderen naturwissenschaftlichen Gegenständen gepflogen hat. Jahrelang sammelte er Erfahrungen, nimmt Abstand von ihnen, läßt sie ruhen, wiederholt sie aufs neue und stellt eine Ordnung her, indem er mit Hilfe von Vergleichen nach verwandten, übergreifenden Phänomenen sucht. Die Kontinuität seiner Versuchsreihen wird häufig durch bewußtes Einschalten einer Wirkungszeit auf ihn, den Ordnenden selbst, unterbrochen. Gerade in diesen Pausen wurzeln jene plötzlichen Erkenntnisse, die ihrem Entstehen entsprechend keine gesetzlichen Verhaltensweisen im Sinne von Ursache und Wirkung aufdecken, sondern Brücken zu den übrigen Naturerscheinungen schlagen (§§ *744, 745*). Die Anschaulichkeit seiner Erkenntnisse, daß hier alles, was dem Verstand faßbar, auch dem Auge sichtbar sein müsse, betont Goethe ebenso sehr, als er die Glaubwürdigkeit der Sinneswahrnehmung verteidigt[1]). Wie das Wesen eines Dinges an seinen Wirkungen sichtbar wird, so offenbart sich das Licht in seinen *Taten und Leiden*, den Farben, die *mehr Tätigkeiten als Gegenstände* zu nennen sind (§ *751*). *Die Sinne trügen nicht, das Urteil trügt* (Bd. 12, S. 406, Nr. 295; vgl. außerdem Bd. 1, S. 369f.). Richtige Erkenntnis des Sehbaren erfordert freilich ein geübtes, gebildetes Auge. Sehen und Erkennen, Anschauen und Denken gehören für Goethe eng zusammen. Dabei bedeutet ihm Sehen nie nur optisches Registrieren der Umwelt, sondern die Zusammenschau des visuell Faßbaren mit dessen innerer Struktur. Der Mensch und nicht ein Apparat nimmt die Umwelt wahr; der Mensch aber sieht nur, was ihm gemäß, wozu er durch den Grad seiner Bildung vorbereitet ist. *Jeder neue Gegenstand, wohl beschaut, schließt ein neues Organ in uns auf* (S. 38,11f.). *So kann man sagen, daß wir schon bei jedem aufmerksamen Blick in die Welt theoretisieren* (S. 317, 11f.). Daß zu solchem Sehen der äußere Reiz und die innere Bereitschaft gehören, war für Goethe eine derartig grundlegende Überzeugung, daß er sich beide als identisch vorzustellen vermochte (S. 324). Nur so können wir *zum lebendigen Anschaun der Natur gelangen* (S. 56,4f.). Seine ausgiebige Beschäftigung mit der Farbe führte demnach nicht nur zu einer Lehre über dieses Phänomen, sondern auch zu dem häufig geäußerten Gewinn einer besonderen *Kultur* für die eigene Person. (An Jacobi 29. Dezember 1794; an Fürstin Gallitzin 6. Februar 1797; an Ch. v. Stein 11. Mai 1810.) Er suchte nach dem Gesetz der Farbenerscheinung, um das sie aufnehmende, sie postulierende Organ seinerseits für die Betrachtung von Natur und Kunst empfänglicher zu machen. Vor allem in der Kunst erweist sich die Kritik der Sinne als

[1]) Auf einem kleinen Zettel notierte Goethe: *Es ist eine Gotteslästerung zu sagen, daß es einen optischen Betrug gebe.* (LA I, 3, S. 93.)

notwendig[1]): *Wer zu den Sinnen nicht klar spricht, redet auch nicht rein zum Gemüt* (Bd. 12, S. 46,29 f.).

Wenn Goethe das Gemeinsame seiner vorgetragenen Fälle als Allgemeines ausspricht, so geht es ihm dabei nie um Kausalzusammenhänge, sondern um ihre Bedeutung in bezug auf die Gesamtheit des Lebens. Aus seinen Untersuchungen über die verschiedenen Reaktionen des Auges auf Licht und Finsternis zieht er den aus dem Vergleich gewonnenen Schluß, daß im wechselnden Verlangen des Organs nach Hell und Dunkel der *stille Widerspruch* sich zeigt, *den jedes Lebendige zu äußern gedrungen ist, wenn ihm irgendein bestimmter Zustand dargeboten wird. So setzt das Einatmen schon das Ausatmen voraus und umgekehrt, so jede Systole ihre Diastole. Es ist die ewige Formel des Lebens, die sich auch hier äußert.* (*§ 38.*) Das gleiche Prinzip der Polarität wird im Vorwort unter den *universellen Bezeichnungen,* der *Natursprache* aufgeführt (316,25). In ihm, das – wie er bekennt – *zu seinen frühesten Überzeugungen gehört, an denen er niemals irre geworden sei*[2]), hat Goethe eine Formel gefunden, unter der sich Lebendiges, Werdendes, nicht zuletzt die Farbe, dieses *Urchamäleon* (LA I, 3, S. 438), begreifen und anschauen läßt. Polarität umschließt Entzweiung und Vereinigung und manifestiert sich im Leben durch ständigen Wechsel vom einen zum anderen. Sie zeigt sich beim Wachstum der Pflanze im Auseinandertreten und Wiedervereinigen der *weiblichen* Vertikaltendenz und der *männlichen* Spiraltendenz (S. 130ff.), in einem *konstruktiven, ineinandergreifenden Zusammenhang,* wie es in der *Vergleichenden Knochenlehre* formuliert wird (S. 210,30). Im Wandern der Vertreter der Turmgesellschaft hat Goethe ein dichterisches Symbol für das gleiche Weltverhältnis geschaffen, das im *Faust* als dynamisches Kräftespiel gestaltet wird. Polarität kann sich zu gleicher Zeit als abstraktes Prinzip und als konkrete Erfahrung zeigen. Hier liegt die Schwierigkeit, Goethes Denkformen, die Theorie und Erfahrung immer simultan ausdrücken, in Worte zu fassen. „Er abstrahiert mit einer seltnen Genauigkeit, aber nie ohne das Objekt zugleich zu konstru-

[1]) Zu Eckermann 17. Februar 1829: *Kant hat die „Kritik der reinen Vernunft" geschrieben, womit unendlich viel geschehen, aber der Kreis nicht abgeschlossen ist. Jetzt müßte ein Fähiger, ein Bedeutender die Kritik der Sinne und des Menschenverstandes schreiben.* Ähnlich Bd. 12, S. 468, Nr. 731.

[2]) Brief an Schweigger 25. April 1814. Schon im Hymnus „Die Natur" (S. 45 ff.) deutet sich Polarität an. Am 2. Oktober 1805 bildet sie das Thema des ersten Vortrags der Mittwochsgesellschaften. (Konzept dazu erhalten: LA I, 11, S. 58.) Trojan weist nach, daß in Goethes Lyrik von Anfang an in mehr oder minder durchgreifender Polarität ein leuchtendes Objekt gegen ein trübes Medium gesetzt wird. (Zur Psychologie der Farben bei Goethe, S. 233.)

ieren", schreibt Novalis[1]). Man kann seine Methode realistisch und idealistisch nennen, je nachdem, von welcher Seite man sich nähert. Sie ist jedoch beides in einem, so wie sie immer dem Anschauen und dem Denken entspricht und nach Vereinigung von Subjekt und Objekt strebt. Gegensätzliche Vorgänge sind wirksam beim Sehen und bei der Entstehung der physiologischen Farben. Wie das Auge einen Wechsel von Hell und Dunkel heischt, so verlangt es zu jeder Farbe eine bestimmte andere. Diese *sich fordernden* Farbenpaare, die heutigen Komplementärfarben, schließen einander als Gegensätze aus. Zu dieser Erkenntnis kam auch Runge: „Wenn man sich ein bläuliches Orange, ein rötliches Grün oder ein gelbliches Violett denken will, wird einem so zumute, wie bei einem südwestlichen Nordwind." (An Goethe 3. Juli 1806). Bei den prismatischen Farben hatte Goethe die Polarität ihrer Entstehung schon in den *Beiträgen zur Optik* geschildert. Im Hauptwerk gelingt es ihm, diese objektiven Farben zum Menschen in Beziehung zu bringen, indem er an ihnen das Urphänomen aller Farbigkeit ableitet. Die Grundelemente Licht und Finsternis bedürfen der Vermittlung, um überhaupt zueinander in Beziehung und in Erscheinung treten zu können (S. 311,9ff.). Dies geschieht durch die Trübe (§§ *150*, *151*, *175*). Wie alle Definitionen Goethes, so gilt auch diese für den sinnlichen und für den geistigen Bereich. Zunächst sind damit einfach die die Durchsicht trübende Atmosphäre, Wolken, eine Hauchschicht, Glas oder ähnliches gemeint. Eine Tagebuchnotiz vom 25. Mai 1807 sagt darüber hinaus: *Chromatische Betrachtung und Gleichnisse. Lieben und Hassen, Hoffen und Fürchten sind auch nur differente Zustände unsres trüben Inneren, durch welches der Geist entweder nach der Licht- oder Schattenseite hinsieht.* Das Gedicht *Wiederfinden* (Bd. 2, S. 83) umfaßt mit *dem Trüben* den ganzen sinnlich-seelisch-geistigen Bereich des Menschendaseins, in welchem sich die ursprünglich getrennten kosmischen Elemente vereinigen. Für eine solche Vereinigung steht beispielhaft das Liebeserleben. (An Chr. D. v. Buttel 3. Mai 1827.) Dieser Sphäre des Trüben gehören auch die Farben an. Wir treffen sie in Goethes Dichtung selten als Oberflächenfarben. Immer sind sie von umfassender Bedeutung. So steht *bunt* nicht nur für ein vielfarbiges Erscheinungsbild; es symbolisiert die ganze Fülle des Daseins. Gelegentlich muß auch eine einzige Farbe in solcher Weise interpretiert werden. Diese vertritt dann als Urphänomen Farbe überhaupt. (Bd. I, S. 368.) Weil im Bereich des Trüben Reines, Nichttrübes, nur Geistiges überhaupt erst zur Entfaltung und Tätigkeit kommen kann, haben wir *am farbigen Abglanz ... das Leben* (*Faust* V. 4727). In jedem Urphäno-

[1]) Novalis, Schriften, hrsg. P. Kluckhohn, Bd. 2, Lpz. (1929), S. 405. In dem Fragment 442 „Goethe ist ganz ...".

men wird Erscheinendes auf seine Grundverhältnisse hin durchsichtig. Es ist ebenso der Anschauung wie dem Denken zugänglich. Goethe hat gegenüber Schiller und auch sonst immer wieder die reale Sichtbarkeit des Urphänomens betont. Hegel war einer der wenigen, die den Zwischenbereich, das Transparente des Urphänomens so auffaßten, wie Goethe es verstanden haben wollte: „Darf ich E. E. aber nun auch noch von dem besonderen Interesse sprechen, welches ein so herausgehobenes Urphänomen für uns Philosophen hat, daß wir nämlich ein solches Präparat ... geradezu in den philosophischen Nutzen verwenden können! Haben wir nämlich unser zunächst austernhaftes graues oder schwarzes Absolutes, doch gegen Luft und Licht hin gearbeitet, daß es derselben begehrlich geworden, so brauchen wir Fensterstellen, um es vollends an das Licht des Tages herauf zu führen; unsere Schemen würden zu Dunst verschweben, wenn wir sie geradezu in die bunte, verworrene Gesellschaft der widerhältigen Welt versetzen wollten. Hier kommen uns E. E. Urphänomene vortrefflich zu statten; in diesem Zwielichte geistig und begreiflich durch seine Einfachheit, sichtlich oder greiflich durch seine Sinnlichkeit, begrüßen sich die beiden Welten, unser abstruses Absolutes und das erscheinende Dasein einander." (An Goethe 20. Februar 1821[1]).) Das Finden von Urphänomenen, die *unmittelbar an der Idee* stehen (§ *741*), ist Goethes naturwissenschaftliches Hauptziel[2]). Daß er diesem durch die Forderung der Anschaulichkeit (§§ *175*, *177*) Grenzen setzt, entspricht einer immer wieder geäußerten Überzeugung, daß der Mensch sich innerhalb des ihm zugehörigen Bereichs halten müsse, um sinnvoll wirken zu können. Aus dem Bewußtsein der Bedingtheit entstand in den *Wanderjahren* der Begriff der *Entsagung* (vgl. Bd. 8, S. 539), der Subordination unter das Höhere innerhalb und außerhalb des Menschen. Nur durch die Anerkennung seiner Schranken vermag der Mensch das Positive seiner Bedingtheit, seine bedeutsame Mittelstellung zwischen Geist und Element zu begreifen und, indem er seiner erkannten Bestimmung gemäß handelt, jenen absoluten Mächten Zugang zum Leben zu ermöglichen, die ohne ihn nie Gestalt werden könnten[3]). „*Alles außer uns ist nur Element ... auch alles an uns; aber tief in uns liegt diese schöpferische Kraft, die das zu erschaffen vermag, was sein soll, und uns nicht ruhen und rasten läßt, bis wir es außer uns oder an uns auf eine oder die andere Weise dargestellt*

[1]) Goethe hat Hegels Brief im Auszug in *Zur Naturwissenschaft*, 4, 1822, unter dem Titel *Neueste aufmunternde Teilnahme* veröffentlicht. (LA I, 8, S. 212.)

[2]) Am 23. Februar 1831 berichtet Eckermann über ein Gespräch von „der hohen Bedeutung der Urphänomene, hinter welchen man unmittelbar die Gottheit zu gewahren glaube".

[3]) In dieser kosmischen Topographie der Heimat des Menschen treffen sich zwei so verschiedene Geister wie Goethe und Hölderlin.

*haben.*" So formuliert der Oheim in den *Bekenntnissen einer schönen Seele* diese menschliche Situation (Bd. 7, S. 405,16–21); Faust erfährt bei seinem Gang zu den Müttern die Gefahren eines Vordringens in den elementaren Bereich der Natur.

In der Überzeugung, daß der Mensch seine Grenzen nicht ungestraft überschreitet, wurzelt auch Goethes Abneigung gegen Apparate[1]). Sie verfälschen das dem Einzelnen zugeordnete Bild der Welt und reißen durch Verschiebung der natürlichen Perspektiven eine Kluft zwischen Erleben und Erkennen, zwischen Mensch und Natur auf. Des Menschen *äußerer Sinn wird dadurch mit seiner innern Urteilsfähigkeit außer Gleichgewicht gesetzt.* (Bd. 8, S. 120,35–37.) In einem Brief an Zelter vom 22. Juni 1808 beklagt Goethe die Absonderung des Experiments vom Menschen. Leopold von Henning betont, daß es die wesentliche Aufgabe der modernen Welt sei, die durch das Experiment „zwischen dem Einzelnen und dem Allgemeinen" entstandene Trennung zu überwinden. „So viel ist ausgemacht, daß wir überhaupt bedacht sein müssen, uns mit unserem Erkennen so einzurichten, daß es dem zu Erkennenden entspricht, daß es mit der Natur sozusagen gleichen Schritt hält."[2]) Nicht nur, daß das Experimentieren mit Apparaten und der ihm folgende mathematische Kalkül den Menschen weitgehend auszuschalten versucht, es bringt auch eine „Vergewaltigung der Natur"[3]). Die Urphänomene erachtet Goethe als dem Menschen adäquate Formen der Erkenntnis und Anschauung. In ihnen werden die gestaltenden Kräfte der Natur im Bild faßbar. In ihrer Ambivalenz sind sie einem Ort *idealer Wirklichkeit* (Bd. 12, S. 103,15) zugehörig, wo Element und Geist sich treffen, weil die Natur selbst vorgearbeitet hat, *indem sie ein gestaltetes Leben dem Gestaltlosen entgegensetzt.* (S. 309,12f.) In der gleichen *gesetzlichen Lokalität* (Bd. 12, S. 161,28f.) ist die Kunst beheimatet.

Zur *Natursprache* (S. 316,25) gehört für Goethe außer der *Polarität* noch ein zweites Element: die *Steigerung.* Er findet sie namentlich bei den chemischen Farben, die vor allem durch Erhitzung zum Roten streben. (§ *517*f.) Die physiologischen Farben sind ebenfalls einer gewissen Steigerung fähig. Durch Zusammenstellung der Gegenfarben wird die Intensität jeder einzelnen erhöht. Eine entschiedene Steigerung zeigen die physischen Farben: Blau wandelt sich ins Violette, Blaurote durch Verminderung der Trübe; ihre Vermehrung hat einen Übergang

[1]) Trotzdem besaß Goethe eine große Anzahl von optischen Instrumenten und Apparaten. (Aufzählung WA II, 5 II, S. 422ff.) Sie kosteten Goethe über 2000 Gulden. R. Matthaei ordnete sie 1937 in der Nordwestecke des Hauses am Frauenplan. Jetzt sind sie im Naturwiss. Kabinett des Goethe-Nationalmuseums.

[2]) Henning, Einleitung zu den öffentlichen Vorlesungen, S. 35.

[3]) Weizsäcker, C. F. Frh. v., Zum Weltbild der Physik, Lpz. 1944, S. 29.

des Gelben zum Orangen, Gelbroten zur Folge. Da außerdem die Mischung der beiden Grundfarben Grün ergibt, so kann Goethe sagen, daß das Rot alle anderen Farben *teils actu, teils potentia* (§ *793*) enthält, und er darf ihm die oberste Stellung im Farbenkreis zuweisen[1]). Eine neue Form der Steigerung bezeugen die entoptischen Farben, die mit Hilfe verschieden eingestellter Spiegel eine besondere Lebendigkeit zeigen.

*Spiegel hüben, Spiegel drüben,*
*Doppelstellung, auserlesen;*
*Und dazwischen ruht im Trüben*
*Als Kristall das Erdewesen.*

*Dieses zeigt, wenn jene blicken,*
*Allerschönste Farbenspiele ...*

(*Entoptische Farben.* 1817.)

Das hier waltende Prinzip der wiederholten Spiegelungen von Phänomenen und Geschehnissen wendet Goethe auch bei der Betrachtung des eigenen Lebens an. (S. 38, 19f.; Bd. 12, S. 322f.) Im Spiegeln vereinigen sich Begebenheit und Betrachtung derselben in einem Akt; es wird so zum Prototyp objektiver und subjektiver Erfahrung. Seine Wiederholung bewirkt eine Steigerung des Erlebens zu *höherer Anschauung*. In der gegenseitigen Spiegelung dichterischer Bilder charakterisiert sich Goethes Altersstil. (Bd. 8, S. 529f.) Sie wird im neunten Kapitel der *Wanderjahre* von Julie mit Ironie gehandhabt: es gelingt ihr, Lucidor auf einem Spaziergang durch zahlreiche reale und geistige Spiegelungen des Geschehenen zur Erkenntnis seines falschen Verhaltens zu bringen. (Bd. 8, S. 110.)

Während das Prinzip der *Polarität* die einzelnen Farben gegeneinander- und gleichordnet, offenbart das der *Steigerung* deren Verwandlungsfähigkeit. Mit der Kulmination der Farbmetamorphosen im Roten gewinnt das grundlegende Plus-Minus-Verhältnis eine Orientierung nach oben und unten. (§ *530, 707.*) Dadurch erweist sich der Ring der Farben, den Goethe auch *Elementarkreis* nannte (LA I, 3, S. 367), weniger als ein praktisches denn als ein theoretisches Schema. Runge macht Goethes Farbenkreis zum Äquator seiner Farbenkugel mit weißem Nord-, schwarzem Südpol und grauem Mittelpunkt. So wird zwar eine umfassende Lokalisierung der Farben erreicht; da aber das Moment der Steigerung, die Ausrichtung nach oben, fehlt, macht ihre Deutung

[1]) Hoelzel: „Ich fuße auf Goethe und habe deshalb den majestätischen Purpur an die Spitze gestellt." (Heß, S. 93.)

Schwierigkeiten. Runges Idee der Farbenkugel überschreitet Goethes Lehre hinsichtlich des Praktischen. Ihre theoretische Fundierung jedoch, wie nahe sie auch an Goethes Überzeugungen herankommt, hält sich mehr im Bereich des Gefühls und eröffnet häufig mystische Aspekte:

,,Wie Licht und Finsternis die beiden unendlichen Kräfte sind, die alle Erscheinung verschlingen, so leben auch alle Dinge in denselben in ewiger Erzeugung und Auflösung. – So entzündet sich in der klaren farblosen Tiefe die Farbe, und indem sich die Farbe in einander bewegt, entzündet sich immer gewaltiger und lichtvoller die Farbe in derselben. – Versinkt die Farbe in eine tiefe Farblosigkeit, so entzündet in dieser lebendigen Tiefe die leiseste Erleuchtung die Farben wie einen bekannten Klang von neuem. – Auf solche Weise erscheint die Farbe wie das Funkeln der Fixsterne – und wie gewaltige Wogen aus dem leuchtenden Jubel der größten Helligkeit in die klingende Tiefe einer unergründlichen Finsternis, die in großen Odemzügen immer tiefer entschläft, bis einst das Licht den glühenden Morgen mit unendlicher Pracht in ihr entzündet.“[1])

Steigerung steht im Zusammenhang mit der Idee der Metamorphose. Sie bedeutet ein Fortschreiten nach dem Vollkommenen hin. (§ *698*; S. 65.) Gestaltwandel zeigt sich bei der Pflanze auch als Farbveränderung (S. 76, § *40*, *42*) und verkörpert eine Form der Steigerung, in der sich auf der höchsten Stufe, der Krone, die Farbe über sich selbst hinaus erhebt und daher *weiß und ungefärbt erscheint*. (S. 77, § *45*; vgl. auch § *662* ff.)

Der Kreis als zentriertes Kräfteverhältnis, als Unendlichkeit umschließende Totalität entsteht als ein Produkt der Zusammenwirkung von Polarität und Steigerung. Er bietet sich also auch von dieser Seite als Ordnungsprinzip der Farberscheinungen an. Daß Farbe der Steigerung fähig ist, daß sie, ohne sich aus dem Ganzen des Kreises zu lösen, ihre Grundgegebenheiten entwickeln und nach oben streben kann, macht sie zu einem ganz besonderen Mittel für die Kunst. (§ *745*.)

Als symbolisches Schema der in sich geschlossenen Verbindung mehrerer Phänomene zu einer Einheit findet sich der Kreis auch in Goethes Dichtung in Form der Bilderkreise, wie sie den Aufbau der *Wanderjahre* charakterisieren (Bd. 8, S. 529), aber auch als Vorschlag zu einem biblischen Zyklus für die bildende Kunst (Bd. 12, S. 210–216, 645–647). In verwandter Weise war für *Die Geheimnisse* eine Vereinigung der verschiedenen Lebensläufe der *Rittermönche* im *ideellen Montserrat* geplant. (Bd. 2, S. 271, 283.)

[1]) Runge, Schriften, Fragmente, Briefe. S. 168f. Ostwald lokalisiert die Farben auf einem Doppelkegel. Man kann nach seinem System jede einzelne Farbe mit drei Kennzahlen festlegen, die Farbton, Weiß- und Schwarzgehalt bestimmen.

Reine Verkörperungen der Steigerung finden wir neben dem Wolkensymbol (Bd. I, S. 350f.) nur in Fausts Entrückung nach seinem Tode und in der Gestalt Makariens, die schon im Leben zu jenen Wesen gehört, die *nach der Peripherie streben* (Bd. 8, S. 449,20). Gerade diese Veranlagung macht Makarie zum Mittelpunkt und Vorbild für die übrigen Personen. Doch wird betont, daß ihr mit dieser Eigenschaft *eine schwere Aufgabe* (Bd. 8, S. 449,25) gestellt ist und daß *eine Art von Wolken sie von Zeit zu Zeit umschwebten und ihr den Anblick der himmlischen Genossen auf eine Zeitlang umdämmerten* (Bd. 8, S. 450, 14–16). Um Makarien das irdische Leben zu erleichtern, wird ihre zentrifugale Tendenz gehemmt. Ihre Teilhaftigkeit am Sonnensystem zeigt sich u. a. auch darin, daß sie *zwei Sonnen, eine innere nämlich und eine außen am Himmel,* sieht (Bd. 8, S. 449,28ff.). Jenen geistigen Bezug der Identität von Auge und Licht objektiviert Makarie als inneres und äußeres Licht. Damit vermag sie das Gesamte des Kosmos nicht nur zu erkennen, sondern auch wahrzunehmen. Sie lebt in jenen Sphären, die den Menschen für gewöhnlich ausschließen. Durch die Steigerung ihrer Möglichkeiten über sich selbst hinaus hat Makarie teil am kosmischen Geschehen. Dieses selber stellt sich Goethe wiederum polar gespannt vor.

Wie in den Dichtungen stehen auch in der *Farbenlehre* Polarität und Steigerung, Materie und Geist in einer lebendigen Wechselbeziehung (vgl. S. 48,21ff.), in der sich die Ganzheit des Lebens manifestiert. Ebenso zeigt sich in der Sonnenhaftigkeit des Auges, im Sehen, das den Menschen mit der Welt, das Drinnen mit dem Draußen verbindet, die gleiche prästabilierte Einheit. Dabei wird letztere nur insofern Wirklichkeit, als der Mensch sich aktiv, d. h. lebendig verhält. Die Objektivierung solch eines Verhaltens macht Goethes naturwissenschaftliches Bestreben aus. Es erweist sich, wie er gleich in der *Einleitung* sagt, als Bildungsabsicht. Dabei heißt Bildung: sich und den Gegenstand, der für die gesamte Umwelt zeugt, auf verschiedenen Stufen als Ganzes erkennen und darstellen. In diesem Sinne hat für Goethe das Bewußtsein produktive Möglichkeiten. Eine derartige Bemühung um die Verwirklichung der Einheit von Subjekt und Objekt geschieht, wie schon gesagt, nicht im Sinne der exakten Naturwissenschaft, sie ist aber auch nicht eigentlich philosophisch, sondern hat einen vordringlich praktischen Charakter und wird in der immer wieder aufs neue bewußt zu vollziehenden Tat geleistet. Auf dieser Basis treffen sich Goethes naturwissenschaftliche und dichterische Intentionen. *Da im Wissen sowohl als in der Reflexion kein Ganzes zusammengebracht werden kann, weil jenem das Innre, dieser das Äußere fehlt, so müssen wir uns die Wissenschaft notwendig als Kunst denken, wenn wir von ihr irgendeine Art von Ganzheit erwarten. (Geschichte der Farbenlehre, Betrach-*

*tungen über Farbenlehre und Farbenbehandlung der Alten.* Bd. 14, S. 41,11–15.)[1])

So kehrt Goethe im letzten Teil seiner Arbeit zu der Ausgangsfrage nach den Möglichkeiten einer gesetzmäßigen Verwendung der Farbe in der Malerei zurück. In der Untersuchung über die *sinnlich-sittliche Wirkung der Farbe,* die als solche ein Novum in der Geschichte der Farbenlehre darstellt, betrachtet Goethe zuerst die Wirkung der einzelnen Farben und erörtert dann Prinzipielles zu einer Harmonielehre. Entsprechend dem alle Farben bestimmenden Verhältnis von Licht und Finsternis teilt Goethe die Farben ein in aktive, soweit sie der Lichtseite, und in passive, wenn sie der Finsternis zuneigen. Dieser Voraussetzung entspricht die spezifische Wirkung der einzelnen Farben[2]). Goethe nimmt drei Grundfarben an (§§ *60, 705*): Gelb und Blau, die vermittelten Urzustände, als *Mutterfarben* (§ *802*), dazu das Rot, welches alle anderen Farben *nicht atomistisch sondern dynamisch* enthält (LA I, 3, S. 356)[3]). Jegliche Farbenharmonie wurzelt in der ursprünglichen Freude des Menschen an Farben überhaupt (§ *759*)[4]), ein Zeichen für die natürliche Zusammengehörigkeit von Mensch und Farbe. Doch bedarf die Fülle der Erscheinungen der Beschränkung und Ausrichtung[5]). Diese bietet die Natur des menschlichen Auges, das zu jeder Farbe eine bestimmte andere fordert bzw. selber hervorbringt. Jedes Paar umschließt prinzipiell den ganzen Kreis (§§ *60, 805*)[6]). So ergeben sich aus der Vereinigung im Kreis die Grundgesetze harmonischer Farbfügungen. Eine erste haben wir in der natürlichen Ordnung, im Gesamt des Kreises: das Bunte bringt dem Auge alles, was es wünschen kann. *Diese Totalität ist Harmonie fürs Auge.* (§ *706.*) Wenn es auch dem herrschenden Geschmack der Zeit widersprach, überwindet sich Goethe doch auf Grund

[1]) Auf die aus der Verquickung von Naturwissenschaft und Kunst entstandenen „Nachteile" für Goethes Naturforschung haben hingewiesen: Helmholtz, Über Goethes naturwissenschaftliche Arbeiten, S. 44, und Meyerhof, S. 428.

[2]) In der *pädagogischen Provinz der Wanderjahre* dürfen die Zöglinge Farbe und Schnitt ihrer Kleidung wählen. *Denn an der Farbe läßt sich die Sinnesweise, an dem Schnitt die Lebensweise des Menschen erkennen.* (Bd. 8, S. 166,7–9.)

[3]) Ebenso drei Grundfarben nehmen an Runge (an Goethe 3. Juli 1806) und Ladd-Franklin, Colour and Colour Theories, London 1929, S. 219. Piet Mondrian arbeitet in der Zeit, da es ihm um reine Verhältnisse geht, ausschließlich mit diesen drei Farben und den „Nichtfarben" Schwarz, Weiß und Grau.

[4]) Die gleiche Ansicht vertreten Chevreul, S. 78, und Helmholtz, S. 128.

[5]) Schon in den *Beiträgen zur Optik, 1. Stück,* 1791, heißt es: *Der Jüngling beobachtet, vergleicht, zählt und findet, daß sich die unendliche Abweichung der Farbenharmonie in einem kleinen Kreise nahe beisammen übersehen lasse. (§ 8.)*

[6]) In den 1797 geschriebenen Anmerkungen zu Diderot sagt Goethe sogar: *die Farbe, welche das Auge neben einer andern fordert, ist die harmonische.* (WA I, 45, S. 294.)

seiner theoretischen Einsichten und schreibt dem Bunten *keine unangenehme Wirkung* zu (§ *835*). Bei einer späteren Betrachtung mittelalterlicher Kunst bringt ihm diese Einsicht bedeutende Hilfe. (Bd. 12, S. 158.) Die erste vom Menschen geschaffene harmonische Ordnung wird durch die Diameter des Kreises gebildet. Die verschiedenen Kompositionsmöglichkeiten der Komplementärfarben zeigen im Gegensatz zum Bunten, das allgemein und unbestimmt bleibt, ausgewählte Harmonien, die doch Totalität in sich begreifen. (§ *803* ff.) Weitere von Goethe vorgeschlagene Zusammenstellungen, die *charakteristischen* (§ *816* ff.) und die *charakterlosen* (§ *826* ff.), werden ebenfalls durch die Ordnung des Kreises initiiert. Runge kommt zu verwandten Zusammenstellungen. Die Fügung der Komplementärfarben bezeichnet er wie Goethe als „harmonisch", die der im Kreis nebeneinanderliegenden Farben als „monoton", hingegen empfindet er Goethes *charakteristische Zusammenstellungen* als „disharmonisch"[1]). Kandinsky (S. 109) zählt dieselben hinwiederum zu den harmonischen Kombinationen.

Es ist ein entschiedenes Verdienst Goethes, mit den Komplementärfarben die Basis für eine Harmonielehre gelegt zu haben. Jene bilden auch in den meisten späteren Farbenlehren das theoretische Fundament. Solange sich die Kunst wesentlich im Bereich des Imitativen bewegte und der „Darstellungswert" den „Eigenwert" der Farbe überspielte, blieb eine reine Harmonie der Farben hauptsächlich auf die dekorativen Zweige der Kunst beschränkt. (Jantzen, S. 326; Helmholtz, S. 128.) So wirft Goethe Diderot vor, daß er einer Betrachtung der Farbe ausweiche. *Er schwächt sie, und glaubt sie dadurch zu harmonieren, indem er ihr die Kraft nimmt.* (Anmerkungen zu Diderot, WA I, 45, S. 303.) Ausdruckswert und Schöpferkraft der Farbe wurden jedoch erst mit ihrer Lösung vom darzustellenden Gegenstand frei[2]).

Chevreuls Theorie baut auf den Kontrastfarben auf[3]). Seine Lehre wird zum Vorbild für manche Betrachtungen französischer Autoren der Folgezeit. Der Neoimpressionismus greift seine Anregungen auf, indem

[1]) Runge, Schriften, Fragmente, Briefe, S. 149.

[2]) Nach Schöne, Über das Licht in der Malerei, S. 208 f., wird der Ausdruckswert der Farbe erst wirksam durch die Lösung der Farbe aus dem Dualismus Licht-Finsternis, wie er die Kunst des 15.–18. Jhs. beherrscht hat. S. 218 f. heißt es: „In der Malerei der Gegenwart erreicht uns Licht nur im Mittel der substantialen Emanation der Farbe, doch werden wir seiner als eines eigenen Faktors nicht gewahr. Diese Botschaften der Farbe sind keine Botschaften des Lichtes. Licht können wir nur als ihre Funktion empfangen. Es fragt sich aber, ob die Farbe auch wesenhaft an die Stelle des Leuchtlichts getreten sei, oder ob das Leuchtlicht sich nur in der Farbe verborgen habe. In jedem Fall ist es selbst unsichtbar geworden."

[3]) Chevreul hat Goethes Farbenlehre nicht gekannt. Der deutsche Übersetzer weist jedoch auf die Zusammenhänge zwischen beiden Theorien hin.

er die vielfältigen Farbmischungen in der Natur in elementare Farbtöne zerlegt, die nach dem Gesetz des Kontrasts komponiert werden. „Le contraste n'est-ce pas l'art?" fragt Signac[1]). Im Auge des Betrachters vollzieht sich dann allerdings wieder die Synthese[2]). Erst die nächste Künstlergeneration konnte die eigenständigen und raumbildenden Qualitäten der Farbe, wie sie Goethe in ihrer Grundspannung erkannt und formuliert hat, zur Entfaltung bringen. Paul Klee erläutert in einer Rede Beispiele einer absoluten Behandlung der Farbe mittels verschiedenartiger Bewegungsmöglichkeiten innerhalb einer oder zwischen mehreren Farben[3]). Im „Pädagogischen Skizzenbuch"[4]) erörtert er „Gänge" von „farbiger Heizung" und „farbiger Kühlung", in denen sich einzelne Farben über Grau zu ihrer jeweiligen Komplementärfarbe nach der Plus- oder nach der Minusseite hin bewegen. Robert Delaunay bekennt, daß die „komplementären Farbkontraste ... den eigentlichen Rhythmus" seiner „Vision speisen"[5]). Die deutschen Expressionisten August Macke und Franz Marc schließen sich Delaunay an, versuchen in ihrer Malerei die dynamischen Energien der Farbe sprechen zu lassen und ihre Erlebnisse und Gesichte in „reine Farbenklänge" umzusetzen. Marc hält ein System der Komplementärfarben für „den einzigen Weg", aus der „Beliebigkeit der Farbe herauszukommen". (Heß, S. 126.) Zu dem gleichen Ergebnis gelangt Adolf Hoelzel, wenn er sagt, daß „die Komplementärfarben im Bild ... das einzig Feststehende" bleiben. (Heß, S. 97.)

Was Goethe mit seiner *Farbenlehre* für die Kunsttheorie grundsätzlich leistet, ist, daß er Farbe als ein ästhetisches Mittel deutet. Er erklärt, warum wir die Wirkung von Farben auf bestimmte Weise empfinden, und weshalb wir diese Empfindungen interpretieren können, ohne dabei einer Sinnestäuschung zu unterliegen oder nur ein subjektives Urteil auszusprechen: die blaue Farbe erweckt so etwas wie ein sehnsüchtiges Gefühl, weil wir von der Finsternis, die dem Blau zu-

[1]) Signac, Paul, De Delacroix au Néoimpressionisme, Paris 1939, S. 94. (4. Aufl.)

[2]) P. Signac schreibt: „Durch die Zerlegung" (der Farbe) „sichert sich der Maler alle Vorteile der Leuchtkraft, Sättigung und Harmonie, indem er erstens die optische Mischung der vollkommenen reinen Farben vollzieht, zweitens die verschiedenen Elemente: Lokalfarbe, Beleuchtungsfarbe und ihre gegenseitigen Bildwirkungen auseinanderhält, drittens diese Elemente nach den Gesetzen des Kontrastes, der Schattierung und Strahlung ausgleicht." Zit. nach Jantzen, S. 327.

[3]) Klee, Paul, Über die moderne Kunst, Bern-Bümplitz 1945, S. 21, 35.

[4]) Bauhausbuch Nr. 2, München 1925.

[5]) Vriesen, Gustav, August Macke, Stuttg. 1953, S. 117ff. Teile des Briefwechsels zwischen Marc und Macke, in dem die Diskussion über Farbprobleme einen breiten Raum einnimmt, sind in diesem Buch zum ersten Mal veröffentlicht.

grunde liegt, angezogen werden; Gelb stimmt aktiv und heiter, denn wir spüren die hinter dem Gelben stehende Energie des Lichtes. Außerdem kann Farbe in der Malerei harmonisch komponiert werden, da diese an sich, durch ihre Grundgebundenheit und durch ihren sozialen Charakter immer ein Streben zur Totalität verkörpert. Darüber hinaus ist Farbe ein für die Kunst prädestiniertes Mittel, weil sie wesentlich der Sphäre des Scheins angehört[1]). Sie bildet kein Ganzes mit dem Gegenstand, auf dem sie sich zeigt, denn sie gehorcht ihrem eigenen Gesetz. Gerade die Bindung der Farbe an die Grundspannung von Licht und Finsternis ermöglicht ihre Verwendung in der Kunst, auch unabhängig vom realen Gegenstand. Sie kann eine selbständige Sprache sprechen und etwas Besonderes über die inneren Verhältnisse und Gesetzmäßigkeiten der Dinge aussagen. Farben in Goethes Dichtungen – vor allem in denen der Spätzeit – haben häufig eine über ihre gegenständliche Gebundenheit hinausreichende Bedeutung. *Bunt* und die den ganzen Farbkreis ebenfalls umschließenden Komplementärfarben *Purpur* und *Grün* werden als selbständige Symbolformen verwandt, d. h. sie stehen nicht so sehr für einzelne Erscheinungen, sondern für das Gesamt des Lebens. (Bd. 1, S. 368 *Zwischen Oben ...*; S. 391 *Früh, wenn Tal ...*; *Faust* V. 11707.)

*Die Kunst übernimmt nicht, mit der Natur in ihrer Breite und Tiefe zu wetteifern, sie hält sich an die Oberfläche der natürlichen Erscheinungen, ... indem sie das Gesetzliche darin anerkennt.* (Anmerkungen zu Diderot, WA I, 45, S. 260.) Alles, was Goethe hier über die Kunst aussagt, gilt auch für die ästhetische Funktion der Farbe. (§ *813*.)

Polarität und Steigerung, mit deren Hilfe Goethe die Farbenerscheinungen interpretiert, lassen sich als Symbole begreifen, die eine Deutung aller Schichten des farbigen Bereichs für Anschauen, Empfinden und Denken ermöglichen[2]). Da sie für ihn auch Bewußtseinsinhalte waren, konnte er mit seiner *Farbenlehre* die Beweisführung schaffen für *eine exakte sinnliche Phantasie ..., ohne welche doch eigentlich keine Kunst denkbar ist* (S. 42,32–34).

---

Goethes Werk *Zur Farbenlehre* erschien 1810 in 2 Bänden, von denen der erste den *Didaktischen Teil* und *Polemischen Teil*, der zweite die *Geschichte der Farbenlehre* bringt; ein Tafelband schließt sich an. 1812 wurde die *Farbenlehre* als Band 20–23 in die Wiener Ausgabe von „Goethes Sämtlichen Schriften“ (Verlag Geistinger) aufgenommen. Da-

[1]) Vgl. die Bedeutung des Scheins im *Märchen*. (Bd. 6, S. 614, 617.)

[2]) Goethe plante auch ein Kapitel über das Farbfühlen: Gespräch mit Riemer, 8. August 1807, und WA II, 5 II, S. 37.

gegen in die 40 Bände der *Ausgabe letzter Hand,* deren Erscheinen 1827–30 Goethe selbst leitete, fand sie keine Aufnahme. Erst in den Ergänzungsbänden, die nach Goethes Tode von Eckermann und Riemer herausgegeben wurden, wurde sie neu gedruckt, und zwar in Band 52–55 (1833/34) und Band 59/60 (1842).

Eine testamentarische Bestimmung Goethes über den literarischen Nachlaß, datiert vom 22. Januar 1831, spricht davon, daß man bei einem Neudruck den *Polemischen Teil,* auch den *Historischen Teil* weglassen könne. Diese Frage wurde auch mit Eckermann besprochen. Dieser notiert unter dem Datum 15. Mai 1831: *Es könnte der Fall eintreten,* sagte Goethe, *daß der Verleger über eine gewisse Bogenzahl hinauszugehen Bedenken trüge, und daß demnach von dem mittelbaren Material verschiedenes zurückbleiben müßte. In diesem Fall könnten Sie etwa den polemischen Teil der „Farbenlehre" weglassen. Meine eigentliche Lehre ist in dem theoretischen Teile enthalten, und da nun auch schon der historische vielfach polemischer Art ist, so daß die Hauptirrtümer der Newtonschen Lehre darin zur Sprache kommen, so wäre des Polemischen damit fast genug. Ich desavouiere meine etwas scharfe Zergliederung der Newtonschen Sätze zwar keineswegs, sie war zu ihrer Zeit notwendig und wird auch in der Folge ihren Wert behalten; allein im Grunde ist alles polemische Wirken gegen meine eigentliche Natur, und ich habe daran wenig Freude.*

Der vorliegende Band beschränkt sich auf den Abdruck des *Didaktischen Teils.* (Betreffs der *Geschichte der Farbenlehre* vgl. Bd. 14.) Um aber zugleich einen Überblick über das Gesamtwerk zu geben, ist die *Anzeige und Übersicht* hinzugefügt (S. 524–536), welche Goethe selbst verfaßt hat und 1810 in Cottas „Morgenblatt" zum Druck brachte. Sie zeigt in klarer Architektonik den Aufbau des dreiteiligen Werks. Das Seitenstück zu den Schriften zur Morphologie und denen zur Geologie ist der *Didaktische Teil:* methodisch wegweisend (zumal die Abschnitte *Physiologische Farben* und *Sinnlich-sittliche Wirkung*), beste Goethesche Prosa, voll Beziehungen zu Goethes Dichtungen und Kunstschriften. Alles das gilt nicht von dem *Polemischen Teil.* Während Goethe auf dem Gebiet der Morphologie fast niemals Polemik brachte, auf dem Gebiet der Geologie sie nur in Entwürfen äußerte, die Handschrift blieben (S. 299,19ff.), hat er sie in der Farbenlehre breit ausgesponnen, später selbst aber an ein Fortlassen dieses Teils gedacht. Ganz anderer Art ist die *Geschichte der Farbenlehre:* als Goethes größtes historisches Werk steht sie neben den *Noten und Abhandlungen* zum *Divan* und neben *Dichtung und Wahrheit,* sie zeigt den Menschen als bedingtes Wesen in seiner Geschichtlichkeit und ist sowohl durch dieses allgemeine Bild des Menschen wie durch ihre Bilder einzelner Epochen und Persönlichkeiten eins der bedeutendsten Goetheschen Werke.

Der vorliegende Band bringt (auf Grund des Erstdrucks) den *Didaktischen Teil* vollständig, aber ohne den langen Brief von Ph. O. Runge, den Goethe nach § *920* als *Zugabe* eingeschaltet hat. Im wesentlichen ist die heutige Rechtschreibung benutzt, doch sind die alten Wortformen in ihrem Lautstand nicht angestastet, also: *Ahndung*, *hiebei* usw. Die Zeichensetzung ist schonend modernisiert; zur besseren Gliederung langer Sätze ist verschiedentlich das Semikolon des Erstdrucks beibehalten.

# ANMERKUNGEN
# ZUR FARBENLEHRE

314,16. *mündlichen Vortrag*: Herzogin Luise besuchte die Mittwochsgesellschaften, in denen Goethe 1805 und 1806 aus seiner Farbenlehre – gelegentlich mit Experimenten – vortrug.

314,20. *wenigstens abzuschließen*: Goethe wußte, daß er auch nach dem Druck des Werkes sich weiter mit Fragen der Farbenlehre befassen werde.

315,1ff. *Vorwort* und 322,18ff. *Einleitung* schrieb Goethe 1807, nachdem der *Didaktische Teil* schon in Druck gegangen war. Sie sprechen grundsätzliche Überzeugungen aus. Daß das Wesen eines Dinges sich in seinen Gestaltungsvorgängen manifestiere, ist ein wissenschaftliches Bekenntnis Goethes, dem wir auch in seinen Dichtungen begegnen. Vgl. § *751*, außerdem Bd. 7, S. 408,16ff. und ebd. S. 443,36f.

315,16. *Taten des Lichts* ... vgl. § *694*. Schöne (S. 208) führt aus, daß für Goethe diese Erkenntnis erst möglich war, nachdem in der abendländischen Malerei des 15.–18. Jahrhunderts die *Taten und Leiden* des Lichts sichtbar gemacht worden waren.

315,20f. Weil die *Natur* als ganze sich *dem Sinne des Auges besonders offenbaren will*, kann in *Faust* der Pater Seraphicus sagen: *meiner Augen / Welt- und erdgemäß Organ.* (V. 11906f.)

315,35. *nirgends tot noch stumm.* Vgl. Bd. 1, S. 357 *Prooemion*; Bd. 8, S. 34, 19–37; Bd. 12, S. 365ff. Ferner: Jahrbuch „Goethe" 16, 1954, S. 38–44.

315,37. *ein Metall*: das Eisen (wegen seiner Magnetisierbarkeit).

316,21. *eine Sprache, eine Symbolik.* Vgl. S. 36,7 und 305,28; auch Bd. 1, S. 357–359 und 366f.; Bd. 12, S. 365ff., Nr. 2–22 und Nr. 752. Ferner die zu S. 315,35 genannten Stellen.

316,28f. Das Verlangen nach *Mitteilung*, Gespräch und Ergänzung zur Entwicklung *höherer Anschauungen* spricht Goethe an vielen Stellen aus. Vgl. § *728* und Bd. 12, S. 40. Unermüdlich teilt er die eigenen Erfahrungen mit. Die Trauer über das seltene Zustandekommen naturwissenschaftlicher Gespräche äußert sich in Resignation, Zorn, Ironie und Sarkasmus. (Brief an Joh. Müller vom 23. Februar 1826.)

317,16. Daß auch *Abstraktion* und Theorie zu künstlerischer Produktion gehören, äußert Goethe auch sonst mehrfach. Vgl. § *900* und Bd. 12, S. 43,32ff. Ein Bild von Ruysdael nennt er *glücklich aus der Natur gegriffen, ... glücklich durch den Gedanken erhöht.* (Bd. 12, S. 140,37f.)

320,29f. Einen *vierten, supplementaren* Teil – der hier versprochen wird – hat Goethe nie erscheinen lassen. Auf die *Geschichte der Farbenlehre* folgt aber ein kurzer Teil, der überschrieben ist *Statt der versprochenen supplementaren Teile* und einen Aufsatz *Wirkung farbiger Beleuchtung* enthält.

322,12f. *Si quid* ... Horaz, Episteln, I. Buch, Ep. 6,67f.

322,15–17. *Si vera* ... In den kommentierten Ausgaben von S. Kalischer (Hempel, 1877), R. Steiner (Kürschners Nat.-Lit.), Morris (Jub.-Ausg.) und Wohlbold (Diederichs, 1928) ohne Nachweis der Herkunft. Quelle unbekannt.

322,19–28. Goethe charakterisiert hier kurz seine naturwissenschaftliche Methode. Auf ähnliche Weise verfährt der Oheim in den *Lehrjahren* bei der Ordnung seiner Kunstwerke. (Bd. 7, S. 408.)

323,5. *Theophrast, ... Boyle.* Vgl. S. 530,2 und S. 531,36.

323, 31–33. *die Malerei ... eine weit vollkommner sichtbare Welt, als die wirkliche sein kann.* Ein für die Beurteilung der Goetheschen Kunstauffassung wichtiger Satz. Vgl. Bd. 12, *Max. u. Refl.*, Nr. 797, 831 u. a. m. Außerdem das Nachwort von H. v. Einem zu Bd. 12.

323,37f. *und so bildet sich das Auge am Licht* ... Der Abschnitt 323,35–39 enthält einen entwicklungsmechanischen Gedanken, der bei Goethes Zeitgenossen keine Zustimmung erfuhr, mit dem Goethe letzten Endes aber recht behalten hat (Weiß, Goethes Farbenlehre, S. 168). Tiere, die seit Generationen im Dunklen leben, haben keine Augen. Ein *gleichgültiges tierisches Hülfsorgan* ist z. B. das Grubenauge. Erst durch zielbewußte Tätigkeit, wenn es seine Zuordnung der Umwelt zu sich selbst und eine Beziehung und Lokalisierung der Dinge untereinander vornimmt, wenn es reagieren kann und will (§ *33*), wird das Auge ein *entschiedenes* Organ im Sinne von Goethes Morphologie. (Vgl. S. 177,26.). – A. Kühn (Goethe u. die Naturforschung. Nachrichten von d. Gesellschaft der Wissenschaften zu Göttingen. Bln. 1933. S. 66) sagt: ,,Die entschiedene Gestalt ist gleichsam der innere Kern, welcher durch die Determination des äußeren Elements sich entschieden bildet. Eben dadurch erhält ein Tier seine Zweckmäßigkeit nach außen, weil es so gut von außen als von innen gebildet worden.“ (Vgl. auch Meyerhof S. 392 und Lipps S. 124.) – Über *Hülfsorgane*: S. 175,1–18; 178,24; 211,8; über *entschiedene* Organe: S. 177,26. – Wechselbeziehung von Lebewesen und Umwelt: S. 178,6–179,6; 211,26–33. – *am Lichte fürs Licht* heißt, physiologisch formuliert: das Licht ist der unserem Gesichtssinn adäquate Reiz. Nach dem Gesetz der spezifischen Sinnesenergie von J. P. Müller (1801–1858) werden unsere Sinnesempfindungen nicht von dem äußeren Reiz, sondern einzig von der besonderen Art des jeweiligen Sinnesapparates bestimmt. Was Goethe aber, trotz dieses gleichen Ansatzpunktes, von der Physiologie trennt, ist die im zweiten Teil des Satzes folgende Gleichsetzung von Licht und Auge, von *innerem* und *äußerem* Licht (323,38f.), d. h. die Identität der Sinneswahrnehmung mit dem Objekt. Ein Paralipomenon zur *Farbenlehre* (Fragment, von Riemers Hand) sagt das noch deutlicher: *Das Auge als ein Geschöpf des Lichtes leistet alles, was das Licht selbst leisten kann. Das Licht überliefert das Sichtbare dem Auge; das Auge überliefert's dem ganzen Menschen. Das Ohr ist stumm, der Mund ist taub; aber das Auge vernimmt und spricht. In ihm spiegelt sich von außen die Welt, von innen der Mensch. Die Totalität des Innern und Äußern wird durchs Auge vollendet.* (LA I, 3, S. 437.) Eine Entsprechung findet sich in der modernen Physik, die sich zu der Annahme gezwungen sieht, ,,daß das Licht emittierende und das absorbierende System miteinander gekoppelt seien, d. h. eine Verbindung derart besteht, daß sozusagen das emittierende Atom schon wissen muß, von wem sein Licht aufgenommen wird“. (Wilhelm Troll, Gestalt und Urbild. 2. Auflage Halle 1942. S. 60.)

324,1. *ionischen Schule*: die vorsokratischen Philosophen; insbesondere ist hier an Parmenides und Empedokles gedacht, welche lehrten, Gleiches werde überall durch Gleiches erkannt (das Warme außen durch das Warme im Menschen usw.); in der *Geschichte der Farbenlehre* im Abschnitt *Farbenlehre der Alten* sagt Goethe: *Der Bezug zu dem Ähnlichen ist das erste Hülfsmittel, wozu sie greifen.* Ähnlich formuliert noch Platon, dessen „Timaios" Goethe wegen der darin enthaltenen Lehre vom Licht (45–47) und von den Farben (67) mehrfach durchgearbeitet hat; dort heißt es 45 c: „Sobald daher das Tageslicht diese Ausströmung des Sehstrahles in sich aufnimmt, so strömt eben damit Gleichartiges zu Gleichartigem aus ..." (übers. v. Susemihl), im Original: τότε ἐκπῖπτον ὅμοιον πρὸς ὅμοιον.

324,4. *alten Mystikers.* Goethe unterscheidet durch das *wie auch* den *alten Mystiker* deutlich von der *ionischen Schule;* denkt er dort an das frühe Griechentum, so hier an die Spätzeit der Antike: gemeint ist Plotin. Goethe hatte sich schon in seiner Jugend mit ihm beschäftigt und befaßte sich dann im Sommer 1805 eingehend mit den „Enneaden". Er machte eine Übersetzung des Abschnitts V 8, 1 und sandte sie am 1. September 1805 an Zelter, wobei er den Verfasser als *alten Mystiker* bezeichnet; ähnlich in dem Brief vom 12. Oktober 1805: *Von dem wunderbaren Mystiker hätte ich Ihnen gern noch einige Stellen übersetzt ...* Das war nicht lange, bevor die *Farbenlehre* fertig wurde. – Der Vierzeiler S. 324,6–9 wurde auch außerhalb der *Farbenlehre* als eigenes kleines Gedicht gedruckt, und zwar in der *Ausg. l. Hd., Bd. 3, 1827,* in der Abteilung *Zahme Xenien, III.* Dort lautet die 2. Zeile: *Die Sonne könnt' es nie erblicken;* – Bd. 1, S. 367 u. Anmkg.; insbesondere auch Bd. 8, S. 669f., Nr. 17–25 und dazu die Anmkg. – Fr. Koch, Goethe und Plotin. Lpz. 1925. – Ernst Grumach, Goethe u. die Antike. Bln. 1949. S. 815–821.

325,34f. *ein höheres Anschauen.* Vgl. S. 109,22 und S. 164,2f. Gerade durch dieses *Verknüpfen* (S. 325,33) unterscheidet sich Goethes Methode von der der exakten Naturwissenschaften. Für letztere stehen die drei Teile der *Farbenlehre* in einem ähnlichen Zusammenhang „wie etwa das Schwert und seine Bewegung mit der Wunde, welche es schlägt, und diese mit dem Schmerz, den das verwundete Individuum empfindet" (Lange, Über Goethes Farbenlehre vom Standpunkte der Wissenschaftstheorie und Ästhetik. S. 20.)

326,30–33. *die Farben ... zusammengemischt ... ein Schattiges, ein Graues ...* Goethe war überzeugt, daß die Mischung aller Farben Grau und nicht Weiß ergebe, und darum zog er immer wieder gegen Newton zu Felde. In einem gewissen realen Sinne hatte er recht, denn erst Helmholtz gelang es, reine Spektrallichter herzustellen, aus denen man wirklich weißes Licht erzeugen kann.

328,20ff. *dem Mathematiker zu mißfallen ...* Vgl. § *722–729;* ferner Bd. 8, S. 587–591; Bd. 12, S. 451, Nr. 632 bis S. 457, Nr. 661 u. Anmkg. – Goethe lehnte die Mathematik nicht prinzipiell ab; erfolgt doch auch seine Zusammenstellung der Farben im Dreieck, Sechseck und Kreis nach einfachen mathematischen Gesetzen. – P. Epstein, Goethe und die Mathematik. Jb. G. Ges. 10, 1924, S. 76–102. – W. Lorey, Goethes Stellung zur Mathematik. In: Goethe als Seher und Erforscher der Natur. Hrsg. v. Joh. Walther. Halle 1930. – A. Speiser, Die mathematische Denkweise. Zürich 1932.

§ *5* und § *18.* Ewald Hering (1834–1918) hat die von Goethe beschriebenen antagonistischen Vorgänge auf alle Lebenserscheinungen ausgedehnt. Er nimmt Formen der Assimilation im Aufbauprozeß und solche der Dissimilation im Abbauprozeß an. Da nach seiner Theorie die Schwarz-Weiß-Empfindung und die der sich fordernden Farben auf entgegengesetzten Vorgängen der Sehsinnessubstanz beruhen, kann man diese Theorie in gewisser Weise „als Fortsetzung der bei Goethe vorhandenen psychologischen Ansätze" bezeichnen. (Meyerhof S. 403. Vgl. auch: Weiß, Goethes Farbenlehre S. 172.)

§ *10*ff. Sog. Adaptionserscheinungen. Nur im Dunkeln und im Hellen zeigt die Erregbarkeit des Auges starke Veränderungen. In letzterem wird die Empfindlichkeit des Auges gesteigert, in ersterem herabgesetzt.

§ *11*. *Doktor Wall*: Martin Wall, 1747–1824, Professor für Chemie in Oxford.

§ *15*. Sog. Irradiationserscheinungen.

§ *18*. *Pater Scherffer*: Jesuit, seit 1751 Professor der Mathematik an der Universität Wien; schrieb ein Lehrbuch der Optik und andere optische Schriften. Vgl. Bd. 14, S. 321.

§ *19*. Goethe berichtet in Nachträgen zur *Farbenlehre* (*Zur Naturwissenschaft überhaupt*, 4, 1822. Leopoldina-Ausgabe, Bd. 8, hrsg. von Dorothea Kuhn, Weimar 1962, S. 188) in *Scherz und Ernst* von der Erfahrung des Lichtscheins, den ein vorbeilaufender Pudel nach sich zog, und führt selbst die Erscheinung des Pudels im Osterspaziergang (*Faust* V. 1145–1157) an.

§ *20*. Der sog. Sukzessivkontrast. Für diesen gibt es – ebenso wie für den Simultankontrast – auch heute noch keine Erklärung. Vgl. E. Raehlmann, Goethes Farbenlehre S. 18f.

§ *22*. *Gespenst*: im gleichen Sinne wie *Bild* (§ *24*, *25*), *Spektrum* (§ *30*).

§ *23*. Die von Goethe vermutete Bewegung der Netzhaut erklärt man heute als eine durch Belichtung erfolgende Verlängerung und Verkürzung der Stäbchen und Zapfen, der lichtempfindlichen Organe der Netzhaut.

§ *28*. In seinem Aufsatz über Purkinjes Buch „Das Sehen in subjektiver Hinsicht" schreibt Goethe: *Ich hatte die Gabe, wenn ich die Augen schloß und ... mir in der Mitte des Sehorgans eine Blume dachte, so verharrte sie nicht einen Augenblick in ihrer ersten Gestalt, sondern sie legte sich auseinander, und aus ihrem Innern entfalteten sich wieder neue Blumen auf farbigen, auch wohl grünen Blättern; es waren keine natürlichen Blumen, sondern phantastische, jedoch regelmäßg wie die Rosetten der Bildhauer. Es war unmöglich, die hervorquellende Schöpfung zu fixieren, hingegen dauerte sie so lange, als mir beliebte ... Und hier tritt hervor, was Herr Purkinje so bedeutend anregt. Hier ist die Erscheinung des Nachbildes, Gedächtnis, produktive Einbildungskraft, Begriff und Idee alles auf einmal im Spiel* ... (LA I, 9, S. 351.)

§ *30*. *Beccaria*, Giacomo Battista, 1716–1781, Professor für Physik in Turin.

§ *31*. Dieselbe physiologische Erklärung gibt Chevreul (S. 51), der sie von Scherffer übernommen hat. Erst in nachgoethischer Zeit gelang die Aufklärung des Sehprozesses. Goethes Sonderung in physiologische, physikalische und chemische Vorgänge war dabei „ein gewichtiger Schritt vorwärts". (Magnus, Goethe als Naturforscher, S. 174.)

§ *33*. Vgl. § *61*. Auch hier Vorklänge von Herings Theorie, die Farbe als Bewußtseinsinhalt gegensinnig verlaufender Stoffwechselvorgänge definiert. In einem Gespräch mit Eckermann, 1. Februar 1827, nennt Goethe das allgemeine *Gesetz des geforderten Wechsels* ein Kunstmittel und belegt dies mit Beispielen aus der Dichtung.

§ *35* ff. Sog. Simultankontrast, von Helmholtz als psychisch bedingte Urteilstäuschung erklärt. Doch handelt es sich bei den negativen Nachbildern um eine tatsächliche Erregung der Netzhaut.

§ *38*. *Systole* und *Diastole* sind für Goethe wesentliche Funktionen des Lebens. Vgl. § *739*; S. 27,11; S. 48,26ff.; S. 51,6f.; S. 79,25f.; S. 85,34ff.; S. 233,1ff.; Bd. 2, S. 10; Bd. 12, *Max. u. Refl.*, Nr. 21 und 520.

§ *41*. Am 5. Juli 1794 notierte sich Goethe die genaue Dauer der Farbwirkungen. LA I, 3, S. 263.

§ *47*. Chevreul unterscheidet neben dem gleichzeitigen und dem nachfolgenden noch einen „gemischten Kontrast" (S. 36).

§ *50*. Den Sukzessivkontrast deuten Helmholtz und Young als teilweise Ermüdungserscheinung der Netzhaut. Jeweils eines der drei verschiedenartigen Fasersysteme ist geschwächt.

§ *52*. Eine ähnliche Beobachtung macht Goethe am Rheinfall in Schaffhausen, Tagebuch 18. September 1797. Vgl. auch *Faust* V. 6009f.

§ *54*. *mit einem Freunde* = Heinrich Meyer. (An Schiller 19. Juni 1799.) – Das Blitzen der Blüten hat Elisabeth Linné bereits vor Goethe beobachtet und beschrieben.

§ *59*. Daß die Kontrastfarben sich gegenseitig erhöhen, stellte schon Leonardo (S. 279) fest.

§ *60*. Die Vertreter der drei Grundfarben werden angeführt von W. Ostwald, Die Farbenlehre, Lpz. 1916, Bd. 1, S. 101ff.

§ *61*. Im Streben des Auges *nach einem Ganzen* (§ *33*) liegt die Voraussetzung zu harmonischer Gestaltung begründet. In den Anmerkungen zu Diderot heißt es: *die Harmonie ist in dem Auge des Menschen zu suchen, sie ruht auf einer innern Wirkung und Gegenwirkung des Organs* ... (WA I, 45, S. 294.)

§ *62* ff. Farbige Schatten waren Goethes erste Farbbeobachtungen; sie faszinierten ihn immer wieder. Häufige Gespräche darüber mit Eckermann: 20. und 27. Dezember 1826; 19. und 20. Februar 1829; 20. Februar 1831. Ihre Deutung als Simultankontrast erfolgt erst später. Der Aufsatz von 1792 bringt diese Erklärung noch nicht, und im Schema von 1801 werden die farbigen Schatten noch im Anhang abgehandelt.

§ *66*. Dieses Blau entsteht aus der subjektiven Tätigkeit des Auges. Das Licht, welches von der Stelle des blauen Schattens ausgeht, ist weiß. Raehlmann hat durch photographische Experimente den Beweis geliefert, „daß wir in der Natur Farben sehen, welche nicht von einer bestimmten Wellenlänge des Lichts abhängig sind". (Raehlmann, Goethes Farbenlehre, S. 93.)

§ *74*. Am 3. August 1787 bestieg Saussure den Mont Blanc. „Relation abrégée d'un voyage à la cime du Mont-Blanc" erschien im gleichen Jahr.

§ *78*. Von der *mit sich selbst übereinstimmenden* Natur kommt Goethe zur Kunst. (Vgl. Bd. 12, S. 556.) Kunst ist ihm nicht Nachahmung der Natur, sondern *eine andre Natur*. (Bd. 11, S. 565.) Beide folgen den gleichen Gesetzen (S. 27, 37f.), sind Ausdruck einer Grundkraft.

§ *81*. *Lambert*, Joh. Heinr., Physiker, Astronom, Philosoph; seine „Photometria" (Lichtmessung) erschien 1760. *Bouguer*, Pierre, 1698–1758, Professor für Hydrographie in Paris. *Rumford*, Benjamin Thompson, Count of, 1753–1814, Mitglied der Royal Society, schrieb über farbige Schatten und über die Harmonie der Farben.

§ *92*. Descartes beobachtete die Phänomene 1636 auf einer Reise nach Amsterdam.

§ *101*. Die Erscheinungen der Farbenblindheit studierte Goethe in enger Zusammenarbeit mit Schiller. (*Annalen*, Abschnitt *1798*.) Detaillierte Protokolle von Geists Hand vom 19. November 1798 und 12.–14. Februar 1799. (Leopoldina-Ausgabe, 2. Abt.: Ergänzungen und Erläuterungen. Bd. 3. Bearbeitet von R. Matthaei und D. Kuhn. Weimar 1961. S. 291–303.) Der engl. Chemiker Dalton hatte 1798 auf dem gleichen Gebiet experimentiert; aber Goethe gab als erster eine theoretische Deutung.

§ *111*. In der *Geschichte der Farbenlehre*, im Abschnitt *Konfession des Verfassers*, erzählt Goethe, daß ihm Angelica Kauffmann in Rom eine Landschaft ohne Blau gemalt hat. (Bd. 14, S. 255f.)

§ *113*. Das § *103* ff. beschriebene Phänomen wurde von Schiller als *Akyanoblepsie* = Blaublindheit gedeutet. (*Annalen, 1798.*) Heute wird es als Rot-Grün-Blindheit erklärt.

§ *129*. *Zambeccari*, Francesco, Conte, 1752–1812 spanischer Seeoffizier.

§ *136–485*. *Zweite Abteilung*. Die endgültige Fassung stammt vom Jahre 1806. (*Annalen:* Bd. 10, S. 493ff.)

§ *140*. *Epoptische* und *katoptrische* Farben sind Interferenzerscheinungen des Lichts. Goethe hat sie nach Beendigung der *Farbenlehre* nicht mehr behandelt.

§ *150*. Eckermann beobachtet diese Erscheinungen am 27. September 1830 in Straßburg an einer gläsernen Napoleonbüste, die er erwirbt und Goethe zum Geschenk macht. Für die Physik sind diese aus trüben Medien abgeleiteten Farbphänomene sekundäre Dispersionserscheinungen.

§ *151*. Erichtho beschreibt den Wandel der Lagerfeuer von Rot zu Blau nach dem Aufgang des Mondes und dem Erscheinen des Homunculus. (*Faust* V. 7025–7035.)

§ *160*. Leonardo (S. 275) erklärt das Blau des Rauchs auf die gleiche Weise: „Deckt derselbe" (Rauch) „das Schwarz des Schornsteins, so wird er blau, und wenn er in die Höhe geht und vor das Blau der Luft kommt, so scheint er grau oder rötlich."

§ *162*. *Guilandina Linnaei* = Sandelholz.

§ *172* = Tagebuch, 30. Mai 1797.

§ *175*. Zum Begriff *Urphänomen* allgemein vgl. § *177, 720, 741;* Bd. 12, S. 366f., Nr. 15–20; Gespräche mit Eckermann, 19. Februar 1829, 21. Februar 1831, 21. Dezember 1831. Troll (Goethes Naturanschauung in seinen Gedichten. In: Naturwiss. Wochenschr., 4. Juni 1922, S. 314) nennt Goethes *Urphänomen* eine biologische Umdeutung der platonischen Ideenlehre. – Über das spezielle hier erwähnte Urphänomen – *das Licht, die Finsternis, die Trübe, die Farben* – vgl. auch § *150* f. Die Stellung der exakten Naturwissenschaften vertritt am deutlichsten Meyerhof (S. 433): „Es sei erwähnt, daß die von Goethe beschriebene Erscheinung keineswegs ein ‚Urphänomen' ist, sondern vielmehr auf einem höchst komplizierten physikalischen Prinzip beruht ... Es handelt sich dabei stets um eine Zerstreuung des Lichts in heterogenen Systemen. Die ‚disperse Phase' – schwebende Tropfen, feste oder auch gasförmige Teile – besteht aus Partikeln in der Größenordnung der Lichtwellen. Das langwelligere Licht kann ziemlich geradlinig passieren, während das kurzwelligste (blaue) abgelenkt wird." (Vgl. außerdem: Helmholtz, Goethes Vorahnung kommender naturwiss. Ideen, S. 351, 354; A. Sommerfeld, Goethes Farbenlehre im Urteile der Zeit, S. 105f.; E. Hegelmann, Zur Methodik der Physik usw., S. XI; Weinhandl, Goethes Metaphysik, S. 332; Lipps, Goethes Farbenlehre, S. 132.)

§ *181*. Das Verhältnis von Idee und Erfahrung war das Thema des berühmten Gesprächs mit Schiller 1794. Goethe glaubte an beider Vereinigungsmöglichkeit *durch Kunst und Tat.* (An Schopenhauer 28. Januar 1816.) Vgl. auch S. 31,18f.

§ *191.* Helmholtz (Über Goethes naturwiss. Arbeiten, S. 44) sagt zu Goethes Theorie der *Verrückung* eines Bildes bei der Refraktion: „Ebenso" (wie im Spiegel) „zeigt uns das Prisma Bilder der gesehenen Gegenstände, welche eine andere Stelle als diese Gegenstände selbst haben. D. h.: das Licht, welches der Gegenstand nach dem Prisma sendet, wird von diesem so gebrochen, als käme es von einem seitlich liegenden Gegenstande, dem Bilde, her. Dieses Bild ist nun wieder nichts Reelles, sondern es ist wiederum nur der geometrische Ort, in welchem sich, rückwärts verlängert, die Lichtstrahlen schneiden. Und doch soll nach Goethe dieses Bild durch seine Verschiebung reelle Wirkungen hervorbringen ... Goethe behandelt das Bild in seiner scheinbaren Örtlichkeit als Gegenstand."

§ *213.* Goethe beobachtete diese Erscheinungen während der Campagne in Frankreich (31. August 1792) an einem Scherben, der in einem Wassertrichter lag. (Bd. 10, S. 205.) Er schildert dasselbe Erlebnis auch in dem Aufsatz *Physische Farben. (Zur Naturwissenschaft*, 4, 1822. – LA I, 8, S. 192.)

§ *214* f. In den *Beiträgen zur Optik*, § *59* heißt es *Pfirschblüt* anstelle von *Purpur.*

§ *217.* Der Veränderlichkeit und Dynamik des Phänomens Farbe versucht Goethe besonders gerecht zu werden. (Vgl. § *710* f.)

§ *283.* Die *vorstehenden Versuche mit farbigen Bildern* leiten die Widerlegung des ersten Newtonschen Versuches ein.

§ *366–388.* Die *katoptrischen Farben* bearbeitete Goethe 1806. (*Annalen;* Bd. 10, S. 494.)

§ *377. Die Farben der Spinneweben* gehören eigentlich zu den paroptischen.

§ *378.* Farben *beim Perlemutter* = irisierende Farben.

§ *389–428.* Laut *Annalen* entstand der Abschnitt *Paroptische Farben* 1806.

§ *429–485. Epoptische Farben* = sog. Farben dünner Blättchen; die Farberscheinungen der Hauchbilder, Seifenblasen, die „Newtonschen Ringe". Schon während der Campagne in Frankreich von Goethe beobachtet, erneute Beschäftigung damit 1798 (an Schiller 13. Januar 1798) und 1806 (*Annalen*).

§ *486* ff. Die *chemischen Farben* studierte Goethe bereits 1793. (An Jacobi 9. September 1793.)

§ *493.* Durch *Säuerungen der Metalle* kommt es zur Bildung von Salzen.

§ *496. Erden* = Metalloxyde (von Silizium, Aluminium, Magnesium usw.).

§ *498. Das Schwarze* hat für Goethe eine objektive Existenz und kann sich aktiv verhalten. Für den Physiker dagegen bedeutet es lediglich Abwesenheit von Lichtenergie.

§ *505.* 1806 *Versuche auf Oxydation und Desoxydation* mit Seebeck. (*Annalen.*)

§ *514. Massicot* = Bleioxyd. *Äthiops* = Gemisch aus Quecksilber und pulverisiertem Schwefel. *Turbit* = basisches schwefelsaures Quecksilber von gelber Farbe.

§ *529. Kurkuma* = gelber Farbstoff (aus Gelbwurz, Ingwer); *Orlean* = gelbroter Farbstoff (aus Bixa orellana); *Saflor* = rote Färberdistel.

§ *542. Das mineralische Chamäleon* = mangansaures Kali.

§ *543. Sympathetische Tinte* wird erst sichtbar, wenn man das Papier einer weiteren Behandlung unterwirft. Goethe meint hier eine verdünnte Lösung von Kobaltchlorür (blaßrosa), die bei Erwärmen (Wasserverlust) blau und durch Hinzufügung von Nickelsalz grün wird.

§ *546. Krapp* = rot, *Indig* = blau.

§ *553.* Ostwald (Farbenlehre, Bd. 1, S. 72f.) bringt die Mischungsgesetze in mathematische Formeln.

§ *556.* Da Goethe nur die Grundfarben behandelt und es ihm im wesentlichen um das Prinzip der Farbenerscheinung geht, so läßt er das mehr praktische Verhältnis der Farben zu Grau, wie es Runge in seiner Farbenkugel und Ostwald in der Grauleiter herausstellen, außer acht.

§ *577. Vitriolsäure* = Schwefelsäure.

§ *584. Delavals* Werk bespricht Goethe im *Historischen Teil* der *Farbenlehre.* (Bd. 14, S. 241–244.)

§ *596. Bononische Phosphoren* = Schwefelbarium, leuchtet nach Belichtung für einige Zeit, daher auch „Bologneser Leuchtstein" genannt. Goethe hat sich wiederholt damit beschäftigt.

§ *645. Forster,* Johann Georg Adam, 1754–1794, Naturforscher, Reisender.

§ *648. Kokkusarten,* z.B. die Cochenillelaus, aus der scharlachroter Farbstoff gewonnen wurde.

§ *667.* Vgl. S. 56, 15–33.

§ *673* ff. Goethe hat frühzeitig (an Sömmerring, 2. Juli 1792) und wiederholt (an Schiller, 6. April 1801) die Wirkung farbigen Lichts auf Pflanzen studiert. Als Ergänzung zu diesem Thema druckte er Seebecks Arbeit in *Statt des versprochenen supplementaren Teils.* (LA I, 7, S. 19ff.)

§ *681. eines genauen Beobachters* = Seebeck, vgl. Anm. zu S. 536.

§ *696.* Dieses Schema bildet die Grundlage zu Goethes psychologischer und ästhetischer Deutung der Farben. Auch Platon benutzt in bezug auf die Farben schon die Bezeichnungen „warm" und „kalt". (Timaios 67 E.)

§ *705.* Leonardo (S. 97) nimmt sechs Grundfarben an: Weiß für Licht, Gelb für Erde, Grün für Wasser, Blau für Himmel, Rot für Feuer, Schwarz für Finsternis. L. B. Alberti (Della Pittura, hrsg. Janitscheck, Wien 1877, S. 64) bringt vier Grundfarben, die er ebenfalls den Elementen zuordnet.

§ *707.* Über die Entstehung des *Farbenkreises* vgl. Matthaei, Goethes Farbenkreis.

§ *732. Castel,* Louis-Bertrand, 1688–1757, schrieb über Optik und Mathematik; *Gülich,* Jeremias Friedrich, 1733–1803, Färber und Verfasser einer Farbentheorie.

§ *742.* Vgl. Brief an Schiller 17. Januar 1798.

§ *744.* Sarauw unterscheidet bei Goethe ein „monistisches" und ein „dualistisches Polaritätssystem". (Goethes Augen, S. 116f.)

§ *747.* Newton bezieht die sieben Farben des Spektrums auf die sieben Töne der Tonleiter.

§ *748.* Nach Vollendung der *Farbenlehre* hat sich Goethe während etwa fünf Jahren mit einer Tonlehre befaßt. Die Physiologie des Ohres und der menschlichen Stimme sollte behandelt und eine musikalische Harmonielehre aufgestellt werden. Er arbeitete eine *Tabelle* zur *Tonlehre* aus, *wo in drei Kolumnen Subjekt, Objekt und Vermittlung aufgestellt worden.* (LA I, 11, S. 134ff.) Diese ging am 6. September 1826 an Zelter. Goethe schreibt dazu: *ich war auf dem Wege in diesem Sinne die sämtlichen Kapitel der Physik zu schematisieren.* Vgl. auch § *756, 890* und *Annalen,* Abschnitte *1815* und *1820.*

§ *758–920.* Zur *Sechsten Abteilung* gibt es unter den nachgelassenen Papieren eine Vorarbeit mit eigenhändiger Disposition. Ausführung laut *Annalen* 1806.

§ *763.* Picasso berichtet, wie er sich im Wald von Fontainebleau mit Grün übersättigt habe. (Wort und Bekenntnis, Zürich 1954, S. 36.)

§ *764.* Chevreul (S. 83) nennt die Plusseite „glänzend", die Minusseite „düster".

§ *765* f. Kandinsky (S. 89) betont die ausstrahlende Kraft des Gelb und seine „exzentrische Bewegung". Goldstein und Rosenthal fanden beim Studium der Muskeltonusveränderungen Gehirnkranker eine unwillkürliche Richtungsabweichung der nach vorn gestreckten Arme. Beim Blick auf gelbe und rote Flächen geht die Bewegung nach auswärts, beim Anschauen von Blau und Grün nach einwärts. (Zum Problem der Wirkung der Farben auf den Organismus. In: Schweizer Archiv f. Neurologie und Psychiatrie, 25, Heft 1, 1930.)

§ *774.* In den Bühnenanweisungen zu *Des Epimenides Erwachen* ordnet Goethe an, daß der Auftritt vom *Dämon des Kriegs und der Zerstörung* durch Verdekkung der Lampen mit gelbrotem Glas angekündigt wird. (Bd. 5, Dokumente zur Entstehung und Aufführung von *Des Epimenides Erwachen.*)

§ *778.* Die Entwicklung des menschlichen Farbsehens (beim Kind) schreitet von den lichten zu den dunklen Farben.

§ *780.* Schöne (S. 204): „Blau flieht." Bei Kandinsky (S. 87) ist Blau die Farbe, die „sich vom Zuschauer entfernt". Da räumliches Sehen erst gelernt werden muß, wird Blau von Kindern und ganzen Völkern zuletzt erkannt. (Wohlbold, Raumerlebnis und Farbenlehre, S. 13.) Vgl. K. Badt, Die Kunst Cézannes. Mchn. 1956, S. 41ff. Leonardo (S. 267) hat die gleiche Erklärung für das Blau der Berge. (Vgl. auch *Annalen,* Abschnitt *1817;* Bd. 10, S. 520.)

§ *796.* Zur Verwendung des Rot in *Faust* vgl. Matthaei, Die Farbenlehre im Faust, S. 75f.

§ *802.* Kandinsky (S. 94): „volle Unbeweglichkeit und Ruhe".

§ *803.* Tagebuch 14. und 15. November 1798 verzeichnet Gespräche mit Schiller über *die Lehre von den verschiedenen Graden der Harmonien der Farben.*

§ *809* f. Chevreul (S. 102) und Jantzen (S. 323) vertreten die gleiche Ansicht. Helmholtz (S. 130) dagegen nennt die Zusammenstellung der Komplementärfarben „nüchtern und grell".

§ *812.* Im Gegensatz zu den übrigen Abschnitten gibt es zu der Abteilung *Sinnlich-sittliche Wirkung* eine Handschrift. In dieser hat § *812* den Zusatz: *In dieser Höhe der physiologischen Erscheinung ist fürwahr ein sittliches Gleichnis nicht am unrechten Orte. Der weise Mann wird im Trauerhaus Heiterkeit und im Haus der Freude Ernst einzuführen suchen und auch so eine sittliche Totalität und Lebensgenuß bewirken.*

§ *814* Über den *Regenbogen* und seine Beziehung zum Farbenkreis spricht Goethe in seinen Anmerkungen zu *Diderots Versuch über die Malerei.* (WA I, 45, S. 305ff.; Jubil.-Ausg. 33, S. 248ff.)

§ *835.* Vgl. Bd. 8, S. 105,9.

§ *860.* Herkulanum wurde 79 n. Chr. verschüttet. Ausgrabungen seit 1719. (Vgl. Bd. 11, S. 198,7ff. und 211,26ff. u. die Anmkg.) *Aldobrandinische Hochzeit* = antikes Gemälde der augusteischen Zeit in der Vatikanischen Bibliothek.

§ *862. Polydor* = Polidoro Caldara gen. da Caravaggio, 1495–1543, ital. Maler.

§ *865. Paolo Uccello,* ca. 1400–1475, florentiner Maler.

§ *873.* Matthaei, Die Farbenlehre im Faust, S. 118ff., stellt ein Schema zur *Spezifikation* auf und belegt es mit Stellen aus *Faust.*

§ *900.* Runge betont ebenfalls die Notwendigkeit einer theoretischen Erörterung der Farbe. (Schriften, Fragmente und Briefe, 1938, S. 169.) Ebenso Chevreul (S. 142ff.).

§ *902. Fra Bartolommeo,* 1472–1517, ital. Maler. – *Guido* = Guido Reni, 1575–1642.

§ *907. Tintoret* = Jacopo Robusti, gen. Tintoretto, 1518–1594.

522,3. Über die *sukzessive Redaktion* berichten die *Annalen,* Abschnitt *1806* und *1807.*

523,27. *Multi pertransibunt* ... nach Daniel 12,4. Die Vulgata-Fassung lautet aber: plurimi pertransibunt, et multiplex erit scientia. So auch zitiert von Fr. Bacon, De dignitate et augmentis scientiarum, lib. I, cap. 10. Goethe hatte Francisci Baconis Opera omnia, Francof. 1665, vom 9. Oktober 1807 bis 15. Februar 1809 aus der Weimarer Bibliothek entliehen.

## ANZEIGE UND ÜBERSICHT

Goethe gab seit 1806 seine Werke bei Cotta in Tübingen heraus; von dieser Zeit an veröffentlichte er in Cottas Tageszeitung, dem ,,Morgenblatt für gebildete Stände" (1807–1865), gelegentlich kleine Aufsätze, besonders Anzeigen eigener Werke. 1807 zeigte er dort seine Biographie *Philipp Hackert* an, 1815 *Epimenides* und die neue Ausgabe seiner *Werke,* 1816 erschien seine Anzeige des *Divan* (Bd. 2, S. 268–270). So will auch die Selbstanzeige der *Farbenlehre,* 1810, dem Publikum dieses Blattes – also breiteren Kreisen – mitteilen, um was es sich in diesem Buche handelt. Klar und übersichtlich werden die großen Linien des Werkes in verkürzter Form nachgezogen. Goethe überblickt hier auch den *polemischen* und den *historischen Teil* der *Farbenlehre.* – Ein Auszug aus dem *historischen Teil* steht in Bd. 14 der vorliegenden Ausgabe. Dort finden sich auch nähere Erläuterungen zu dem im folgenden nur kurz Angedeuteten.

Unser Abdruck folgt dem Erstdruck (Morgenblatt, Extrabeilage Nr. 8 vom 6. Juni 1810), die Rechtschreibung modernisierend, die Zeichensetzung nur stellenweise dem heutigen Gebrauch annähernd. – Vgl. auch: Goethe, Die Schriften zur Naturwiss. Leopoldina-Ausg., 2. Abt. Bd. 6. Zur Farbenlehre, Hist. Teil, Ergänzungen u. Erläuterungen. Bearb. von D. Kuhn und K. L. Wolf. Weimar 1959. (XXX, 640 S.) Ferner: Goethes Bibliothek. Hrsg. von H. Ruppert. Weimar 1958. Und: E. v. Keudell, Goethe als Benutzer der Weimarer Bibliothek. Weimar 1931. – Bd. 10, S. 507,24–508,10. – Goethe-Handbuch, 1917, Art. ,,Morgenblatt".

524,18. *Turmalin*: Mineral, Borsilikat; wird durch Erhitzen elektrisch; seit dem 18. Jahrh. vielfach zu Untersuchungen über elektrische Polarität benutzt.

525,20. *den Alten schon* ... Platon sagt im ,,Timaios" (67 e): ,,Was den Sehstrahl ausdehnt, ist weiß, das Gegenteil davon schwarz."

529,14. *Heiterkeit* = Klarheit, geistige Überlegenheit; *mit Bequemlichkeit* = mit den rechten Mitteln, sachgemäß.

530,2. *Theophrast,* 382–287 v. Chr., leitete nach Aristoteles die peripatetische Schule. Goethe übersetzte sein „Büchlein" 1801. – Bd. 14, Anmkg. zu S. 28. – Grumach, Goethe u. die Antike. S. 790–794.

530,3f. *Versatilität* (hier): Wandelbarkeit. – Vgl 161,4.

530,7. *Lucretius,* 99–55 v. Chr. Knebels Übersetzung des Epos „De rerum natura" war Goethe handschriftlich schon lange vor dem Erscheinen bekannt. – Vgl. Bd. 12, S. 306–308. – Bd. 14, S. 29–32 u. Anmkg. – Ruppert Nr. 1403–06.

530,8. *Plinius* d. Ä., 23–79. Hauptwerk: „Historia naturalis". Vgl. Bd. 14, S. 32 u. Anmkg.

530,10. *Meyer,* Heinrich. Vgl. Bd. 10, S. 435,16f. u. Anmkg.

530,19. *Seneca,* etwa 4–65, Stoiker, verfaßte u. a. „Quaestiones naturales". – Bd. 14, S. 43,12ff. und Anmkg.

530,23. *Riemer,* Fr. W., 1774–1845. Vgl. Bd. 10, S. 495,11 u. Anmkg.

530,31. *Aristoteles,* 384–322 v. Chr. – Vgl. Bd 12, S. 342,19ff. u. Anmkg. – Bd. 14, S. 20,18ff. u. Anmkg. – *Plato:* Bd. 14, S. 18,28ff. u. Anmkg.

530,36. *Bacon,* Roger, geb. um 1215, gest. 1294; englischer Franziskaner, lehrte Philosophie und Physik in Oxford, gilt als Erfinder von Vergrößerungsgläsern. – Bd. 14, S. 58,28ff. und Anmkg.

531,2. *Thylesius,* A. (eigentl. Telesius), 1482–1533, ital. Lehrer der Philosophie. – Bd. 14, S. 70,24ff. u. Anmkg. – E. v. Keudell, Nr. 542.

531,3. *Portius,* S., 1497–1554, Lehrer der Philosophie in Pisa und Neapel. Goethe benutzte seine lat. Übersetzung von Theophrasts „De coloribus", Paris 1549. – E. v. Keudell Nr. 104 u. ö. – Bd. 14, S. 72,10ff. und Anmkg.

531,4. *Scaliger,* J. C., 1484–1558, humanist. Arzt u. Philologe. – Bd. 14, S. 74.

531,5. *Paracelsus* vgl. Bd. 9, S. 342,16f. u. Anmkg.; Bd. 14, S. 77,16 u. Anmkg.

531,12. *Telesius,* B., 1508/10–1588, ital. Philosoph; Bd. 14, S. 82,20 u. Anmkg. – *Cardanus,* H. (Geronimo, Cardano), 1501–1576, Arzt, Mathematiker u. Philosoph; Bd. 14, S. 83,34 u. Anmkg. – *Porta,* G. della, 1538(?)–1615, Naturforscher u. Alchimist in Neapel; Bd. 14, S. 85,31 u. Anmkg.

531,15. *Baco von Verulam* (Francis Bacon), 1561–1626, der engl. Staatsmann und Naturforscher. – Bd. 12, S. 434f., Nr. 505/6 Bd. 14, S. 89,13 u. Anmkg.

531,20. *Galilei,* G., 1564–1642. Bd. 14, S. 97,33 u. Anmkg. – *Kepler,* J., 1571 bis 1630. Bd. 12, S. 365, Nr. 8; Bd. 14, S. 99,4 u. Anmkg.

531,22f. *Snellius,* W. (Snel van Roijen), 1581–1626, Mathematiker in Leiden. Bd. 14, S. 101,6 u. Anmkg. – *de Dominis,* A., 1566–1624, dalmatinischer Theologe und Mathematiker. Bd. 14, S. 103,15 u. Anmkg.

531,24. *Aguilonius,* F., 1566–1617, Jesuit, Mathematiker in Antwerpen. „Opticor. libri VI. Antw. 1613." (Ruppert Nr. 4318.) – Bd. 14, S. 103,27 u. Anmkg.

531,25. *Cartesius* (Descartes), 1596–1650, von Goethe 1809 im Zusammenhang der Geschichte der Farbenlehre neu studiert. – Bd. 14, S. 109,35 u. Anmkg.

531,27. *Kircher,* A., 1601/2–1680. Notiz: *Jesuit aus der aristotelischen Schule ... macht auf schöne Phänomene aufmerksam, doch liebt er sie vorzüglich, weil sie seltsam sind. Er fördert die Lehre nicht.* (LA II, 6, S. 260.)

531,30. *Marci,* M., 1595–1667, böhmischer Arzt. – Bd. 14, S. 114,5 u. Anmkg.

531,33. Cureau *de la Chambre,* M., 1594–1669, Leibarzt Ludwigs XIV., philos. Schriftsteller. Bd. 14, S. 115,23 u. Anmkg. – *Vossius,* I., 1618–1689, niederländ. Universalgelehrter. Bd. 14, S. 117,7 u. Anmkg.

531,34. *Grimaldi,* F. M., 1618–1663, ital. Mathematiker, entdeckte die Beugung des Lichts, Bd. 14, S. 118,18 u. Anmkg. – v. Keudell Nr. 28 u. ö.

531,36. *Boyle,* R., 1627–1691, engl. Chemiker u. Physiker; bekämpfte die alte Lehre von den 4 Grundstoffen. Bd. 14, S. 122,1 u. Anmkg. – Ruppert Nr. 4414f.

531,38. *Hooke,* R., 1635–1703, bedeutender engl. Physiker. *Malebranche,* N., 1638–1715, bedeutender frz. Cartesianer. Bd. 14, S. 124,1 u. 125,1 u. Anmkg.

531,40. *Sturm,* J. Chr., 1635–1703, Mathematiker u. Physiker an den Universitäten Jena u. Altdorf. „Physica electiva" 1697. – Bd. 14, S. 125,16 u. Anmkg.

531,41. *Funccius* (Funck), J. C., 1680–1729, Pastor und Mathematiker in Ulm. Bd. 14, S. 125,30 u. Anmkg. – Ruppert Nr. 4576.

531,43. *Nuguet,* L., um 1700, frz. Theol. u. Naturforscher. Bd. 14, S. 127,1 u. Anmkg.

532,8. *Dollond,* J., 1706–1761, Optiker in London. Bd. 14, S. 223,1 u. Anmkg. – *Londoner Sozietät* = Royal Society of Sciences, 1660 konstituiert, etwa 1645 als privater Kreis begründet. Bd. 14, S. 130,19 u. Anmkg.

532,11. *Sprat,* Th., 1636–1713, Bischof von Rochester, Naturforscher. – *Birch,* Th., 1705–1766, Sekretär der Royal Society. – *Transaktionen* = „Philosophical Transactions", Zeitschr. der Royal Society of London. – Bd. 14, S. 130,30; S. 132,23; S. 133,1 u. Anmkgn.

532,18. *Newton,* I., 1643–1727. Goethe besaß sein Werk: Opticks. 4. ed. corr. London 1730. (Ruppert 4932.) – Bd. 14, S. 142,35ff. u. Anmkg.

532,32. *Mariotte,* E., etwa 1620–1684, frz. Physiker. Bd. 14, S. 159,5 u. Anmkg.

532,34. *Desaguliers,* J. Th., 1683–1744, hugenottischer Flüchtling in England, vielseitiger Physiker. – Bd. 14, S. 162,11 u. Anmkg.

532,36. *Rizzetti,* G. Conte di, gest. 1751, ital. Gelehrter, Bd. 14, S. 167,1 u. Anmkg.

532,37. *Gauger,* N., etwa 1680–1730. Parlamentsadvokat in Paris, Physiker.

533,2f. *s'Gravesande,* W. J. Storm van, 1688–1742, Mathematiker in Leiden. *Musschenbroek,* P. van, 1692–1761, Naturforscher ebd. Bd. 14, S. 178,33 u. 179,24.

533,4. *französische Akademie*: 1. Académie française, gegr. 1634; 2. Académie des sciences, 1660 durch Colbert gegründet. – Bd. 14, S. 180,26 u. Anmkg.

533,6. *De la Hire,* Ph., 1640–1710, Prof. für Mathematik u. Architektur am Collège de France; „Sur quelques couleurs" 1711. Bd. 14, S. 182,5 u. Anmkg.

533,7. *Conradi,* J. M., gest. 1742, Lehrer in Coburg u. Dresden.

533,10. *Mairan,* J. J. d'Ortous de, 1678–1771, frz. Physiker. Bd. 14, S. 186,13.

533,12. *Polignac,* Melchior de, 1661–1742, Kardinal. Bd. 14, S. 189,7 u. Anmkg.

533,14f. *Fontenelle,* B. le Bouvier de, 1657–1757, Schriftsteller, Sekretär der Académie des sciences, Cartesianer. Bd. 14, S. 183,27 u. Anmkg. – *Voltaire* machte Newtons Lehre in Frankreich in populärwissenschaftlicher Darstellung bekannt. Bd. 14, S. 190, 1–191,20 u. Anmkg. – Bd. 12, S. 268,29ff.

533,15. *Algarotti,* F., 1712–1764, ital. Gelehrter u. Schriftsteller. Bd. 14, S. 191,22.

533,21. *Dufay,* Ch. F. de Cisternay, 1698–1739, Experimentalphysiker. *Castel,* L. B., 1688–1757, frz. Jesuit u. Naturforscher. Bd. 14, S. 196ff. u. Anmkgn.

533,24. *Le Blond,* J. Ch., 1670–1741, Miniaturmaler u. Graveur aus Frankfurt, arbeitete in Amsterdam, London, Paris; *Gauthier* d'Agoty, J., 1710–1781, Farbstecher u. -drucker in Paris; anatom. u. botan. Tafelwerke. – Bd. 14, S. 200 u. Anmkgn.

533,34. *Mayer,* J. T., d. Ä., 1723–1762, Professor für Mathematik u. Leiter der Sternwarte in Göttingen. – Bd. 14, S. 215,27 u. Anmkg.

533,37. *Lambert,* J. H., 1728–1777, Physiker, Astronom u. Philosoph, Mitglied der Berliner Akad. der Wiss. – Bd. 14, S. 217,17 u Anmkg.

533,39. *Scherffer,* C., 1716–1783. Vgl. Anmkg. zu § *18;* Bd. 14, S. 218,5 u. Anmkg.

533,41. *Franklin,* B., 1706–1790, der amerikan. Staatsmann, Schriftsteller und Erfinder, machte Versuche über Elektrizität. Bd. 14, S. 220,3 u. Anmkg.

534,3. *Achromasie*: vgl. § *285–298.*

534,8. *periklitiert,* vom laz. periclitari „in Gefahr sein", „in Gefahr setzen".

534,12. *Priestley,* J., 1733–1804, engl. Physiker. Bd. 14, S. 225,28 u. Anmkg.

534,14. *Frisi,* P., 1728–1784, Theologe, Philosoph, Mathematiker; „Elogio ... del Newton" 1778; sein „Versuch über die gotische Baukunst" kam 1773 in Herders Sammelband „Von dt. Art u. Kunst". – Bd. 14, S. 226,11 u. Anmkg.

534,16. *Klügel,* G. S., 1739–1812, Prof. für Mathematik u. Physik in Helmstedt und Halle. „Analytische Dioptrik" 1778. – Bd. 14, S. 226,27 u. Anmkg.

534,33. *Westfeld,* Chr. Fr. G., 1746–1823, Nationalökonom u. Naturforscher; Amtmann zu Weende bei Göttingen, wo Goethe ihn 1801 besuchte. Bd. 14, S. 228,17.

534,34. *Guyot,* E. G., 1706–1786, frz. Physiker. Bd. 14, S. 229,10 u. Anmerkung.

534,36. *Mauclerc,* Pariser Kaufmann, veröffentlichte 1773 eine Abhandlung über Bilderreinigung u. Farbzersetzung. Bd. 14, S. 230,35ff.

534,37. *Marat,* J. P., 1744–1793, Arzt, bekannt als Mitglied des frz. Convents. In Goethes Bibliothek befinden sich: Découverts ... sur le feu ... Paris 1779. Und: Entdeckungen über das Licht ... übers. von Chr. Ehrenreich. Lpz. 1783. Letzteres mit vielen Goetheschen Randnotizen. – Bd. 14, S. 231,7ff. u. Anmkg.

534,42f. *französischer Ungenannter*: Jean Henri Hassenfratz, 1755–1827, Mineraloge und Physiker in Paris. Bd. 14, S. 234,8 u. Anmkg.

535,2. *Carvalho* e Sampayo, Diogo, portugies. Diplomat; sein Buch über die Farben, Madrid 1791, durch Humboldt 1801 übersandt, steht noch heute unter Goethes Büchern in Weimar. – Bd. 14, S. 235,35 u. Anmkg. – Ruppert Nr. 4458a.

535,4. *Darwin,* R. W., 1766–1848, engl. Arzt. Bd. 14, S. 236,25 u. Anmkg.

535,8. *Mengs,* A. R., 1728–1779, Maler u. Kunstschriftsteller. Goethe besaß seine „Opere", Parma 1780, 2 Bde., und andere seiner Werke. – Ruppert Nr. 2415–2418. – Bd. 12, S. 109,26ff. u. Anmkg.; Bd. 14, S. 238,4 u. Anmkg.

535,10. *Gülich,* J. F., 1733–1803, Färber in Ludwigsburg. Bd. 14, S. 239,1 u. Anmkg.

535,16. *Delaval,* E. H., 1729–1814, engl. Privatgelehrter. Bd. 14, S. 241,1 u. Anmkg.

535,19. *Hoffmann,* J. L., 1740–etwa 1814, Maler u. Privatgel. Bd. 14, S. 244,33.

535,23. *Blair,* R., gest. 1828, Arzt u. Astronom in Edinburgh. Bd. 14, S. 248,24.

535,43. *Herschel,* F. W., 1738–1822, aus Hannover, seit 1757 in England, Astronom. „Untersuchung über die Sonnenstrahlen", Celle 1801. – Ruppert Nr. 4662f.

536,2. *Seebeck,* Th. J., 1770–1831, in Jena 1802–1810, unterstützte Goethe bei seinen optischen Studien. Bd. 12, S. 462, Nr. 687; Bd. 10, S. 494,35 u. Anmkg.

# BIBLIOGRAPHIE ZUR ALLGEMEINEN NATURWISSENSCHAFT, MORPHOLOGIE UND GEOLOGIE

## *Abkürzungen*

Ausg. l. Hd. = Goethes Werke. Vollständige Ausgabe letzter Hand. Stuttgart und Tübingen, in der J. G. Cottaschen Buchhandlung 1827–1842. (Naturwissenschaftliche Schriften in den Nachlaßbänden.)

Bratranek = Bratranek, F. Th., Goethes naturwissenschaftliche Correspondenz. Leipzig 1874.

G.Jb. = Goethe Jahrbuch.

Jb. G.Ges. = Jahrbuch der Goethe Gesellschaft. (NF = Neue Folge.)

LA = Goethe, Die Schriften zur Naturwissenschaft, herausgegeben im Auftrage der Deutschen Akademie der Naturforscher (Leopoldina) zu Halle von D. Kuhn, und W. v. Engelhardt, begr. von W. Troll und L. Wolf, Weimar 1947ff.

Schmid = Schmid, G., Goethe und die Naturwissenschaften. Eine Bibliographie. Halle 1940.

Schr. d. G.G. = Schriften der Goethe Gesellschaft.

Soret-Ausgabe = Goethe, J. W. v., Versuch über die Metamorphose der Pflanzen. Übersetzt von Fr. Soret, nebst geschichtlichen Nachträgen. Stuttgart 1831.

WA = Goethes Werke. Weimarer Sophien-Ausgabe, Abt. I–IV. Weimar 1887–1919.

Zur Morphologie = Zur Naturwissenschaft überhaupt, besonders zur Morphologie. Zur Morphologie von Goethe. Zwei Bände mit sechs Heften. Stuttgart 1817–1824.

Zur Naturwissenschaft = Zur Naturwissenschaft überhaupt, besonders zur Morphologie. Zur Naturwissenschaft überhaupt von Goethe. Zwei Bände mit sechs Heften. Stuttgart 1817–1824.

## *Wichtige Erstausgaben und Drucke bis 1832*

J. W. von Goethe Herzoglich Sachsen-Weimarischen Geheimenraths Versuch die Metamorphose der Pflanzen zu erklären. Gotha, bei Carl Wilhelm Ettinger. 1790.

Sammlung zur Kenntnis der Gebirge von und um Karlsbad angezeigt und erläutert von Goethe. Karlsbad 1807; auch in: Leonhards Taschenbuch für die gesamte Mineralogie. Frankfurt 1808.

Der Kammerberg bei Eger, beschrieben von Herrn Geheimerath von Goethe; in: Leonhards Taschenbuch für die gesamte Mineralogie. Frankfurt 1809.

Zur Naturwissenschaft überhaupt, besonders zur Morphologie. Erfahrung, Betrachtung, Folgerung, durch Lebensereignisse verbunden. Von Goethe. Stuttgart und Tübingen 1817–1824.

Principes de Philosophie Zoologique. Discutés en Mars 1830 au sein de l'académie royale des sciences par Mr. Geoffroy de Saint-Hilaire. Paris 1830; in: Jahrb. für wiss. Kritik. Berlin 1830 und 1832.

J. W. von Goethe: Versuch über die Metamorphose der Pflanzen. Übersetzt von Friedrich Soret, nebst geschichtlichen Nachträgen. Stuttgart, in der Cottaschen Buchhandlung. 1831.

Über den Zwischenkiefer des Menschen und der Tiere, von Goethe. Jena, 1786; in: Verhandlungen der Kaiserlichen Leopoldinisch-Karolinischen Akademie der Naturforscher. Fünfzehnten Bandes erste Abteilung. Bonn 1831.

Joseph Müllersche jetzt David Knollsche Sammlung zur Kenntnis der Gebirge von und um Karlsbad, angezeigt und erläutert von Goethe 1807; erneut 1832. Prag 1832.

(Weitere Einzelausgaben vgl. Schmid S. 3–50.)

## *Naturwissenschaftliche Schriften in Gesamtausgaben*

Goethes Werke. Vollständige Ausgabe letzter Hand. Stuttgart und Tübingen, in der J. G. Cottaschen Buchhandlung. 1827–1842. Naturwissenschaftliche Schriften in den Nachlaßbänden.

Goethes Werke. Nach den vorzüglichsten Quellen revidierte Ausgabe. Berlin, Hempel, o. J. (1868–79). Bd. 33–36 zur Naturwissenschaft (S. Kalischer).

Goethes Werke. Kürschners Deutsche National-Literatur. Berlin und Stuttgart o. J. (1882–97). Bd. 33–36 zur Naturwissenschaft (R. Steiner).

Goethes Werke. Hrsg. im Auftrage der Großherzogin Sophie von Sachsen (Weimarer Ausgabe). Abt. II, Bd. 6–8 Morphologie, 9–10 Geologie, 11 Allgemeine Naturwissenschaft, 12 Meteorologie, 13 Paralipomena (R. Steiner und K. von Bardeleben). Weimar 1890–1904.

Goethes sämtliche Werke. Jubiläumsausgabe. Stuttgart und Berlin o. J. (1902–07). Bd. 39–40 zur Naturwissenschaft (M. Morris).

Goethes Werke unter Mitwirkung mehrerer Fachgelehrter hrsg. v. Karl Heinemann (Meyers Klassikerausgabe). Leipzig und Wien o. J. (1901–08). Bd. 29–30 zur Naturwissenschaft (W. Bölsche).

Goethes Werke. Vollständige Ausgabe in vierzig Teilen. Auf Grund der Hempelschen Ausgabe neu herausgegeben. Berlin, Leipzig, Wien, Stuttgart, Bong & Co., 1909ff. Teil 36–40 zur Naturwissenschaft (S. Kalischer).

Johann Wolfgang Goethe Gedenkausgabe der Werke, Briefe und Gespräche. Hrsg. von Ernst Beutler. Zürich, Artemisverlag, 1949–53. Bd. 17 zur Naturwissenschaft (H. Fischer).

Goethe, Sämtliche Werke nach Epochen seines Schaffens. Münchner Ausgabe. Hrsg. von Karl Richter u.a. München 1985ff Bd. 1ff. jeweils chronologisch eingeordnet Naturwissenschaftliches.

Goethe, Sämtliche Werke, Briefe, Tagebücher und Gespräche. Frankfurter Ausgabe. Frankfurt a.M. 1985ff. Abt. I, Bd. 23/1 und 23/2 Farbenlehre. Bd. 24 Morphologie. Bd. 25 Allgemeine Naturlehre, Geologie und Mineralogie. Hrsg. von W. v. Engelhardt, D. Kuhn, M. Wenzel.

## *Sonderausgaben*

Goethes Naturwissenschaftliche Schriften. Mit Einleitungen von Karl Goedeke. Stuttgart und Berlin (o. J.).

Goethes Naturwissenschaftliche Schriften, hrsg. von R. Steiner. Stuttgart, Berlin, Leipzig 1921.

Goethes Naturwissenschaftliche Schriften, hrsg. von G. Ipsen. Leipzig 1925.

Goethes Schriften über die Natur, hrsg. von G. Ipsen. Kröners Taschenausg., Bd. 62. 1928 u. ö.

Goethes morphologische Schriften, hrsg. von W. Troll. Jena 1926. Neue Auflage 1932.

Goethe. Die Schriften zur Naturwissenschaft, hrsg. im Auftrage der Deutschen Akademie der Naturforscher (Leopoldina) zu Halle von D. Kuhn und W. v. Engelhardt, begr. v. W. Troll und L. Wolf, Weimar 1947ff.

Corpus der Goethezeichnungen. Bd. V A und B. Naturwissenschaftliche Zeichnungen (R. Matthaei, D. Kuhn, O. Wagenbreth, K. Schneider-Carius, G. Femmel). Leipzig 1963 und 1967.

Quellen und Zeugnisse zur Druckgeschichte von Goethes Werken. Bd. 4. Die Einzeldrucke. Bearb. von Inge Jensen. Bln., Akademie-Verlag, 1984.

## *Naturwissenschaftliche Korrespondenz*

Bratranek, F. Th., Goethes naturwissenschaftliche Correspondenz. Leipzig 1874.

Schade, O., Briefe des Großherzogs Carl August und Goethes an Döbereiner. Weimar 1856.

Schiff, J., Briefwechsel zwischen Goethe und Johann Wolfgang Döbereiner (1810–1830). Weimar 1914.

Sauer, A., Goethes Briefwechsel mit Joseph Sebastian Grüner und Joseph Stanislaus Zauper (1820–1832). Prag 1917.

Geiger, L., Goethes Briefwechsel mit Wilhelm und Alexander v. Humboldt. Berlin 1909.

Martius, A. von, Goethe und Martius. Mittenwald 1932.

Wagner, K., Briefe an Johann Heinrich Merck von Goethe, Herder, Wieland und anderen bedeutenden Zeitgenossen. Darmstadt 1835.

Wagner, K., Briefe an und von Johann Heinrich Merck. Darmstadt 1838.

Ruska, J., Nachlese zum Briefwechsel Goethe – Nees von Esenbeck. Sudhoffs Archiv f. Gesch. d. Medizin u. d. Naturwiss. Bd. 28, 1936.

Wagner, R., Samuel Thomas Sömmerrings Leben und Verkehr mit seinen Zeitgenossen, 1. Abt., 1. Bd. Leipzig 1844.

Bratranek, F. Th., Briefwechsel zwischen Goethe und Kaspar Graf von Sternberg (1820–1832). Wien 1866.

## *Abhandlungen*

Abel, O., Goethe als Biologe, Forsch. und Fortschr. Nr. 7/9, 1932.

Adler, J.: „Eine fast magische Anziehungskraft". Goethes ‚Wahlverwandschaften' und die Chemie seiner Zeit. München 1987.

Amrine, Frederick (Hrsg.), Goethe and the Sciences: a Reappraisal. Dordrecht 1987. (XV, 442 S.)

André, H., Urbild und Ursache in der Biologie. München/Berlin 1931.

Arber, Agnes, Goethe's Botany. Chron. Bot. Vol X, 1946.
Badt, K., Goethes Wolkengedichte. Publ. of the Engl. Goethe-Soc. NS 20, 1951.
Baehni, Ch., M. de Goethe, botaniste. Gesnerus Vierteljahrschr. f. Gesch. der Medizin und Natwiss. Jahrg. 6, Heft 3/4, 1949.
Balzer, G., Goethes Bryophyllum. Berlin 1949.
Balzer, G., Die Geschichte einer Goethe-Pflanze. Jb. G.Ges. NF 12, 1950.
Balzer, G., Goethe als Gartenfreund. München 1966.
Bardeleben, K. v., Goethe als Anatom. G.Jb. 13, 1892.
Bargmann, W., Goethes Morphologie. Freiburg 1949.
Benn, G., Goethe und die Naturwissenschaften. 3. Aufl. Zürich (1949).
Bliedner, A., Goethe und die Urpflanze. Frankfurt 1901.
Bluntschli, H., Goethe als Begründer der Morphologie. Schweiz. Med. Wochenschr. Jg. 1933.
Böckmann, P., Goethes naturwissenschaftliches Denken als Bedingung der Symbolik seiner Altersdichtung. Intern. Kongreß für neuere Sprachen u. Lit. Literature and Science. Oxford 1954.
Böker, H., Goethes Beziehungen zur Anatomie und zum Anatomischen Institut zu Jena. Sudh. Archiv f. Gesch. der Medizin und der Naturwissenschaft. Bd. 29, Heft 3. 1936.
Bräuning-Oktavio, H., Vom Zwischenkieferknochen zur Idee des Typus. Nova Acta Leopoldina NF 18, 1956.
Braus, H., Die Morphologie als historische Wissenschaft. Exper. Beitr. zur Morphol. I, 1, 1906.
Brednow, W., Zum Begriff des „Pathologischen“ bei Goethe. Medizinhist. Journ. 8, 1973.
Burkhardt, C. A. H., Die Entstehung des Parks in Weimar. 2. Aufl. Weimar 1907.
Cahn, Th., Goethes und Geoffroy Saint-Hilaires anatomische Studien. Jb. G. Ges. NF 22, 1960.
Cohn, F. J., Goethe und die Metamorphose der Pflanzen. Prutz's Deutsches Museum, Januar 1862.
Cohn, F. J., Die Pflanze. 2. Aufl. Breslau 1896.
Dahl, M., Goethes mikroskopische Studien an niederen Tieren und Pflanzen. Jb. G.Ges. 13, 1927.
Darmstaedter, E., Goethe und die Alchemisten. Forsch. u. Fortschr. Nr. 7/9, 1932.
Deutsch, A., Goethe und kein Ende. Frankfurt 1932.
Döbling, H., Die Chemie in Jena zur Goethezeit Jena 1928.
Dubois-Reymond, E. H., Goethe und kein Ende. Berlin 1882.
Dyck, M., Goethes views on pure Mathematics. The Germ. Review 31, 1956.
Eichhorn, P., Idee und Erfahrung im Spätwerk Goethes. Freiburg/München (1971).
Engelhardt, W. v., Umgang mit Goethes mineralogisch-geologischem Nachlaß. Acta historica Leopoldina 20. 1992.
Epstein, P., Goethe und die Mathematik. Jb. G. Ges. 10, 1924.
Epstein, P., Goethes Stellung zur Mathematik. Forsch. u. Fortschr. Nr. 7/9, 1932.
Ficker, H. v., Bemerkungen über Goethes Versuch einer Witterungslehre. Sitz.-Ber. Preuß. Akad. d. Wiss., phys.-math. Kl., VIII, 1932.
Fischer, H., Goethes Naturwissenschaft. Zürich 1950.

Franke, H. und V. Wahl, zur Entstehung des Mineralnamens „Göthit“. G. Jb. 95, 1978.
Franz, V., Goethes anatomisch-zoologische Studien. Forsch. u. Fortschr. Nr. 7/9, 1932.
Franz, V., Goethes Zwischenkieferpublikation nach Anlaß, Inhalt und Wirkung. Ergebn. d. Anatomie und Entwicklungsgesch. Bd. 30 Berlin 1933.
Froebe, H., ‚Ulmbaum und Rebe‘. Naturwissenschaft, Alchemie und Emblematik in Goethes Aufsatz ‚Über die Spiraltendenz‘. Jahrbuch des Freien dt. Hochstifts 1969, S. 164–193.
Gebhardt, M., Goethe als Physiker. Berlin 1932.
Glaser, H. A. (Hrsg.), Goethe und die Natur. Referate des Triestiner Kongresses. Frankfurt, Bern, New York. 1986.
Goethe und die Wissenschaften. Vorträge gehalten anläßlich des Gelehrtenkongresses in Frankfurt 1949. Frankfurt 1951.
Graham, I., Mephisto's Zoo. German Life and Letters 34, 1980/81, S. 17–38.
Gray, R. D., Goethe the Alchemist. Cambridge 1952.
Gutbier, F. A., Goethe, Großherzog Carl August und die Chemie in Jena. Jena 1926.
Haberlandt, E., Goethe und die Pflanzenphysiologie. Leipzig 1923.
Haeckel, E., Die Naturanschauung von Darwin, Goethe und Lamarck. Jena 1882.
Haecker, V., Goethes morphologische Arbeiten und die neue Forschung. Jena 1927.
Hansen, A., Goethes Metamorphose der Pflanzen, 2 Bde. Gießen 1907.
Hansen, A., Goethes Morphologie. Gießen 1919.
Hassenstein, B., Goethes Morphologie als selbstkritische Wissenschaft und die heutige Gültigkeit ihrer Ergebnisse. Jb. G.Ges. NF 12, 1950.
Hassenstein, B., Prinzipien der vergleichenden Anatomie bei Geoffroy Saint-Hilaire, Cuvier und Goethe. Goethe et l'esprit Franç. Paris 1958.
Hein, W.-H. und D. Andernacht, Der Garten des Apothekers Peter Saltzwedel und Goethes Gingko biloba. Festschr. P. W. Meister. Hamburg 1974.
Heisenberg, W., Das Naturbild Goethes und die technisch-naturwissenschaftliche Welt. Jb. G.Ges. NF 29, 1967.
Henel, H., Goethe und die Naturwissenschaft. The Journal of Engl. and German Phil. Vol. 48, Nr. 4, 1949.
Hildebrandt, K., Goethes Naturerkenntnis. Hamburg 1948.
Hundt, R., Goethe und die Geologie Ostthüringens. Gera 1949.
Jäckle, E., Goethes Morphologie und Schellings Weltseele. Dtsche. Vierteljschr. f. Litwiss. 1937.
Kanajew, J. J., Die Entwicklung des Problems des morphologischen Typus in der Zoologie bei Goethe. Jb. G.Ges. NF 30, 1968.
Kirchhoff, A., Die Idee der Pflanzenmetamorphose bei Wolff und bei Goethe. Berlin 1867.
Kleinschnieder, M., Goethes Naturstudien. Bonn 1971.
Kohlbrugge, J. H. F., Historisch-kritische Studien über Goethe als Naturforscher. Würzburg 1913.
Krätz, O., Goethe und die Naturwissenschaften (Bildband). München 1992.
Kuhn, D., Empirische und ideelle Wirklichkeit. Zu Goethes „Principes de Philosophie Zoologique“. Graz–Wien–Köln 1967.

Kuhn, D., Typus und Metamorphose. Goethe-Studien. Marbach 1988.
Kuhn, D., Zur Geschichte der Leopoldina-Ausgabe. Acta historica Leopoldina 20. 1992.
Kuhn, D., Grundzüge der Goetheschen Morphologie. G. Jb. 95, 1978.
Lakon, G., Goethes physiologische Erklärung der Pflanzenmetamorphose als moderne Hypothese von dem Einfluß der Ernährung auf Entwicklung und Gestaltung der Pflanze. Beiheft zum Bot. Zentralbl. Bd. 38, I. Abt., 1921.
Linck, G., Goethes Verhältnis zur Mineralogie und Geologie. Jena 1906.
Loesche, M., Gedanken Goethes in der neuzeitlichen Biologie. Bremen 1949.
Lubosch, W., Was verdankt die vergleichend-anatomische Wissenschaft den Arbeiten Goethes? Jb. G.Ges. 6, 1919.
Magnus, R., Goethe als Naturforscher. Leipzig 1906.
Mann, G. (Hrsg.), In der Mitte zwischen Natur und Subjekt. Zu Goethes Metamorphose der Pflanzen. Frankfurt a.M. 1992.
Meyer-Abich, A., Biologie der Goethezeit. Stuttgart 1949.
Micheá, R., Les travaux scientifiques de Goethe. Paris 1943.
Michéa, R., La metamorphose des plantes devant la critique. Etudes germ. 24, 1964.
Mueller, B., Goethe's botanical writings. Honolulu Univ. of Hawai Press 1952.
Müller, G., Die Gestaltfrage in der Literaturwissenschaft und Goethes Morphologie. Halle 1944.
Müller-Seidel, W., Naturforschung und deutsche Klassik. Festschr. B. v. Wiese. Berlin 1973.
Nisbet, H. B., Herder, Goethe and the naturel „Type". Publ. of the Engl. Goethe Soc. 37, 1967.
Nisbet, H. B., Goethe and the scientific tradition. London 1972.
Peyer, B., Goethes Wirbeltheorie des Schädels. Zürich 1950.
Pörksen, U., Zur Wissenschaftssprache und Sprachauffassung bei Linné und Goethe. Freiburger Univ. Bl. H. 49, 1975.
Portmann, A., Goethes Naturforschung. Schweizer Rundschau. Zürich 1952.
Portmann, A., Goethe und der Begriff der Metamorphose. Goethe Jb. 90, 1973.
Remane, A., Methodische Probleme in Goethes biologischen Arbeiten. Gestalt und Wirklichkeit, Festschr. Weinhandl. Berlin 1967.
Renner, O., Goethes Verhältnis zur Pflanzenwelt, von Jena gesehen. Jena 1949.
Roger, J., Die Auffassung des Typus bei Buffon und Goethe. Die Naturwiss. 52, 1965.
Schiff, J., Chemie und Pharmazie an der Universität Jena zur Goethezeit. Pharmaz. Zeitschr. Jg. 74, Nr. 36, 1929.
Schmid, G., Über die Herkunft der Ausdrücke Morphologie und Biologie. Nova Acta Leopoldina NF 2, 1935.
Schmid, G., Goethe und die Naturwissenschaften. Bibliographie. Halle 1940.
Schmidt, A., Goethes herrlich leuchtende Natur. München 1984.
Schmitz, H., Goethes Altersdenken. Bonn 1959.
Schöne, A., Über Goethes Wolkenlehre. Jb. der Akademie der Wissenschaften in Göttingen, 1968.
Schoneville, O., Die Bedeutung von Goethes Versuch über die Metamorphose der Pflanzen für den Fortgang der botanischen Morphologie. Leipzig 1941.
Schuster, J., Goethe als botanischer Zeichner. Kunstwanderer, August 1924.

Schuster, J., Goethes Metamorphose der Pflanzen von 1790 mit dem Originalbildwerk. Berlin 1924.
Schuster, J., Goethe als anatomischer Zeichner. Kunstwanderer 10,58, 1928.
Semper, M., Die geologischen Studien Goethes. Leipzig 1914.
Spinner, H., Goethes Typusbegriff. Zürich u. Leipzig 1933.
Staiger, E., Goethe 1749–1786. („Natur" S. 497ff.) Zürich 1952.
Steiger, G., „Diesem Geschöpfe leidenschaftlich zugetan". Bryophyllum calycinum, Goethes ‚pantheistische Pflanze'. Jena 1979.
Steiner, H., Goethe und die vergl. Anatomie. Gesnerus, Vierteljahrschr. f. Gesch. der Medizin und Natwiss. Jahrg. 6, Heft 3/4, 1949.
Steiner, R., Über den Gewinn unserer Anschauungen von Goethes natwiss. Arbeiten durch die Publikationen des Goethe-Archivs. G.Jb. 12, 1891.
Troll, W., Grundprobleme der Pflanzenmorphologie und der Biologie überhaupt. Leipzig 1929.
Troll, W., Gestalt und Urbild. Die Gestalt, Heft 2, Halle 1942.
Troll, W., und Wolf, K. L., Goethes morphologischer Auftrag. Die Gestalt, Heft 1, 3. Aufl. Tübingen 1950.
Uschmann, G., Der morphologische Vervollkommnungsbegriff bei Goethe. Jena 1939.
Uschmann, G., Goethe und der Pariser Akademiestreit. Schriftenreihe Gesch. Natwiss., Techn., Mediz. Beiheft 1964.
Veit, O., Über das Problem Wirbeltierkopf. Kempen 1947.
Voigt, J., Goethe und Ilmenau. Leipzig 1912.
Wachsmuth, A. B., Goethes Naturforschung und Weltanschauung in ihrer Wechselbeziehung. Jb. G.Ges. NF 14/15, 1952/53.
Wachsmuth, A. B., Geeinte Zwienatur. Berlin/Weimar 1966.
Walden, P., Goethe als Chemiker und Techniker. Berlin 1932.
Walther, J., Goethe als Seher und Erforscher der Natur. Halle 1930.
Wasielewski, W. v., Goethes meteorologische Studien. Leipzig 1910.
Weinhandl, F., Goethes Morphologie. Chr. d. Wiener G. Ver. 52/53, 1949.
Wenzel, M., Goethe und Darwin. Diss. Bochum 1982. Teile in GJb. 100, 1983, S. 145–158.
Wohlbold, H., Die Wirbelmetamorphose des Schädels von Goethe und Oken. München 1924.
Wolf, K. L., und Kuhn, D., Die neuen Hefte zur Morphologie. Heft 1–5, Weimar 1954ff., Heft 5, Graz – Wien – Köln 1967.
Zimmermann, R. Ch., Das Weltbild des jungen Goethe. München 1969.

Für die Herstellung der Texte und zur Kommentierung konnte ich die mir mit dankenswerter Freundlichkeit und größtem Entgegenkommen zur Verfügung gestellten Bestände des Goethe-Schiller-Archivs und Goethe-National-Museums in Weimar und des Freien Deutschen Hochstiftes in Frankfurt a. M. benutzen.

# BIBLIOGRAPHIE ZUR FARBENLEHRE

## *Abkürzungen*

Anmerkungen zu Diderot = Anmerkungen zu *Diderots Versuch über die Malerei.*

Bratranek = Bratranek, F. Th., Goethes naturwiss. Correspondenz. Lpz. 1874.

Chevreul = Chevreul, Eugène, Die Farbenharmonie in ihrer Anwendung auf die Malerei usw. Stuttg. 1840.

Goethe = Goethe, Vierteljahresschrift (bzw. Viermonatsschrift oder Jahrbuch) der Goethe Gesellschaft, Weimar 1936ff.

G. Jb. = Goethe Jahrbuch.

Helmholtz = Helmholtz, Hermann, Optisches über Malerei. In: Vorträge und Reden. Bd. 2, Braunschweig 1896.

Heß = Heß, Walter, Das Problem der Farbe in den Selbstzeugnissen moderner Maler. Mchn. 1953.

Jb. d. Fr. Dt. Hochstifts = Jahrbuch des Freien Deutschen Hochstifts.

Jb. G. Ges. = Jahrbuch der Goethe Gesellschaft.

Jantzen = Jantzen, Hans, Über die Prinzipien der Farbengebung in der Malerei. In: Kongreß für Ästhetik u. Allg. Kunstwissenschaft Bln. 1913, Stuttg. 1914.

Kandinsky = Kandinsky, Wassily, Über das Geistige in der Kunst. 4. Aufl., Bern-Bümplitz 1952.

Leonardo = Lionardo da Vinci, Das Buch von der Malerei. Bd. 1. Hrsg. v. H. Ludwig. Quellenschriften für Kunstgeschichte. Bd. XV. Wien 1882.

Leop. Ausg. = Goethe, Die Schriften zur Naturwissenschaft. Hrsg. im Auftrag der Dt. Akademie der Naturforscher (Leopoldina) zu Halle.

Lipps = Lipps, Hans, Goethes Farbenlehre. Jb. d. Fr. Dt. Hochstifts 1936–1940.

Meyerhof = Meyerhof, Otto, Über Goethes Methode der Naturforschung. In: Abhandlungen der Fries'schen Schule. Neue Folge Bd. 3, Göttingen 1910.

Schöne = Schöne, Wolfgang. Über das Licht in der Malerei. Bln. 1954.

WA = Goethes Werke, Weimarer Ausgabe. 143 Bde. Weimar 1887–1919.

## *Ausgaben und Bibliographien*


Goethe, J. W. von, Beiträge zur Optik. Erstes Stück. Weimar 1791.

Goethe, J. W. von, Beiträge zur Optik. Zweites Stück. Weimar 1792.

Goethe, Zur Farbenlehre. 1. Bd. (Didaktischer Teil). Tübingen 1808.

Goethe, Zur Farbenlehre. 2Bde. (Didaktischer Teil; Polemischer Teil; Historischer Teil; Statt des versprochenen supplementaren Teils) und Tafelheft. Tübingen 1810.

Goethes Werke, Ausgabe letzter Hand. Bd. 52, Stuttgart u. Tübingen 1833.

Goethes Werke. Nach den vorzügl. Quellen rev. Ausgabe, Berlin, Hempel, o. J. Bd. 35, hrsg. von S. Kalischer. (1878.)

Goethes Werke. Naturwissenschaftliche Schriften. Bd. 3, hrsg. von R. Steiner. Bln. u. Stuttg. o. J. (1884) = Dt. National-Lit., hrsg. von J. Kürschner, Bd. 116.

Goethes Werke. Weimarer Ausgabe. 2. Abt. Bd. 1–5, hrsg. von S. Kalischer. Weimar 1890–1897.

Goethes Farbenlehre. Einleitung von G. Ipsen: Die Begründung der Geisteswissenschaft. Lpz. o. J. (1926.) Sonderausgabe von: Goethes Naturwiss. Schr. Bd. 2, Lpz., Inselverlag o. J. = Bd. 17 der Großherzog-Wilhelm-Ernst-Ausgabe.

Goethes Farbenlehre. Hrsg. u. eingel. von H. Wohlbold. Jena 1928.

Goethe, Johann Wolfgang, Gedenkausgabe der Werke, Briefe und Gespräche. Hrsg. von E. Beutler. Zürich, Artemisverlag, Bd. 16. Einf. von A. Speiser, 1949.

Goethes Farbenlehre. Vollständige Ausgabe der theoretischen Schriften. Vorwort von H. Wohlbold. Wiss. Buchgemeinschaft Tübingen 1953.

Goethes Farbenlehre. Ausgew. und erl. v. R. Matthaei. Ravensburg 1971.

Riemer, Friedrich Wilhelm, Farbenlehre. In: Riemer, Fr. W., Mitteilungen über Goethe. Hrsg. von A. Pollmer. Lpz. 1921. S. 226–228.

Philipp Otto Runges Briefwechsel mit Goethe. Hrsg. von H. Frh. v. Maltzahn. Weimar 1940. = Schr. G. Ges., 51.

Briefwechsel zwischen Goethe und Staatsrat Schultz. Hrsg. von H. Düntzer. Lpz. 1853.

Bratranek, F. Th., Goethes naturwissenschaftliche Correspondenz. Lpz. 1874.

Braun, Julius W., Goethe im Urteile seiner Zeitgenossen. 3 Bde. Bln. 1883–1885.

Bulling, Karl, Goethe als Erneuerer und Benutzer der jenaischen Bibliotheken. Jena 1932.

Richter, Manfred, Das Schrifttum über Goethes Farbenlehre mit besonderer Berücksichtigung der naturwiss. Probleme. – Diss. Dresden. Bln. o. J. (1938).

Schmid, Günther, Goethe und die Naturwissenschaften. Eine Bibliographie. Hrsg. im Namen der Kaiserl. Leopold.-Carolin. Dt. Akademie d. Naturforscher von E. Abderhalden. Halle 1940.

Quellen und Zeugnisse zur Druckgeschichte von Goethes Werken. Bd. 4. Die Einzeldrucke. Bearb. von Inge Jensen. Bln., Akademie-Verlag, 1984.

## *Abhandlungen*

I. Allgemeines

Bähr, Johann Karl, Vorträge über Newtons und Goethes Farbenlehre, gehalten im Künstlerverein zu Dresden. Dresden 1863.

Benzenberg, Joh. Fr., Goethens Farbenlehre. In: Briefe, geschrieben auf einer Reise durch die Schweiz im Jahr 1810. Düsseldorf 1812.

Bjerke, André, Neue Beiträge zu Goethes Farbenlehre. Stuttgart 1963.

Buchwald, Eberhard, Farbenlehre als Geistesgeschichte. Goethe 16, 1954, S. 1–13.

Michel, Ernst, Goethes Naturanschauung im Lichte seines Schöpfungsglaubens. Wiesbaden 1946.

Moser, Ludwig, Über Goethes Leistungen in der Farbenlehre. In: Hist. u. lit. Abh. Dt. Ges. Königsberg 3 (1834).

Proskauer, H. O., Zum Studium von Goethes Farbenlehre. 3. Aufl. Basel 1977.

Sarauw, Christian, Goethes Augen. Det Kgl. Danske Videnskabernes Selskab. Hist.-fil. Meddelelser, II, 3. Kobenhavn 1919.

Schaeder, Grete, Gott und Welt. Drei Kapitel Goethescher Weltansch. Hameln 1947.
Schreyer, Lothar, Anmerkungen zu Goethes Farbenlehre. In: Dt. Volkstum, Monatsschrift f. d. dt. Geistesleben, Bd. 1, Hamburg 1929.
Steiner, Rudolf, Goethe als Denker und Forscher. Dornach 1926. = Goethes naturwiss. Schriften, Abdruck der Vorreden aus der Ausgabe von Goethes Werken in Kürschners Dt. National-Lit., Bd. 33–36. Bln. u. Lpz. 1882–1897.
Wohlbold, Hans, Die Naturerkenntnis im Weltbild Goethes. Jb. G.Ges. Bd. 13, 1927. S. 1–46.

II. Philosophie

Barthel, Ernst, Goethes Wissenschaftslehre in ihrer modernen Tragweite. Bonn 1922.
Barthel, E., Goethes Relativitätstheorie der Farbe. Bonn 1923.
Cassirer, Ernst, Goethe und die mathematische Physik. In: Cassirer, Idee und Gestalt. Bln. 1921. S. 35–80.
Chakravarti, Tapo, Nath, The universe of colour. Modern western and ancient indian perspectives. Calcutta 1978.
Conrad-Martius, Hedwig, Ein Kapitel aus der Realontologie. Farben. Jb. f. Philosophie u. phänomenol. Forschung. Ergänzungsband. (Husserlfestschrift.) Halle 1929.
Glockner, Hermann, Das philos. Problem in Goethes Farbenlehre. Heidelberg 1924.
Henning, Leopold v., Einleitung zu öffentlichen Vorlesungen über Goethes Farbenlehre, gehalten an der kgl. Universität zu Berlin. Bln. 1822.
Jablonski, Walter, Die geistesgeschichtliche Stellung der Naturforschung Goethes. Jb. G. Ges., 15, 1929, S. 22–61.
Lipps, Hans, Goethes Farbenlehre. Jb. d. Fr. Dt. Hochstifts 1936–1940. S. 123–138.
Lobeck, Fritz, Farben anders gesehen. Neue Ergebnisse der Farbenlehre Goethes. Basel 1977.
Michel, Ernst, Goethes Naturanschauung im Blickfeld unserer Zeit. Kunstwart 42, 2, 1929, S. 1–10.
Schöne, Albrecht, Goethes Farbentheologie. München 1987.
Speiser, Andreas, Goethes Farbenlehre. In: Speiser, A., Die mathematische Denkweise. Zürich 1932. S. 88–97.
Speiser, A., Goethes Farbenlehre. In: Goethe und die Wissenschaft. Frankfurt 1951. S. 82–92.
Vorländer, Karl, Goethe und Kant. G. Jb. 19, 1898, S. 167–185.
Wagner, Karl, Goethes Farbenlehre und Schopenhauers Farbentheorie. 22. Jb. d. Schopenhauergesellschaft, 1935.
Weinhandl, Ferdinand, Die Metaphysik Goethes. Bln. 1932.
Weizsäcker, Carl Friedrich v., Goethes Farbentheologie – heute gesehen. Göttingen 1991.
Wittgenstein, L., Bemerkungen über die Farben. Oxford 1977.

III. Naturwissenschaften

Aderholdt, August, Über Goethes Farbenlehre. Weimar 1858.
Benn, Gottfried, Goethe und die Naturwissenschaften. In: Benn, G., Nach dem Nihilismus. Bln. 1932. S. 25–85. Wiederholt in: Benn, G., Der neue Staat und die Intellektuellen. Stuttg. u. Bln. 1933. S. 77–128.
Böhme, Gernot, Alternativen der Wissenschaft. Kap. IV. Frankfurt a. M. 1980.
Bois-Reymond, Emil du, Goethe und kein Ende. Lpz. 1883.
Boller, Ernst, – Brinkmann, Donald, – Walter, Emil J., Einführung in die Farbenlehre. Bern 1947.
Buchheim, Wolfgang, Der Farbenstreit Goethes mit Newton in wissenschaftsgeschichtlicher Sicht. Berlin 1991.
Buchner, Georg, Zu Goethes Farbenlehre. Münchner Kunsttechnische Blätter 10, 1914, S. 78f., 107f.
Chance, Burton, Goethe and his theory of colors. Annals of Medical History, New Series, Vol. V, New York o. J., S. 360–365.
Ebstein, Erich, Lichtenberg und Goethe über die Theorie der Farben. Archiv f. d. Geschichte der Naturwiss. und der Technik, Bd. 3. Lpz. 1910.
Epstein, Paul, Goethe und die exakte Naturforschung. In: Festschrift zur Jahrhundertfeier des Physikal. Vereins Frankfurt a. M. 1924, S. 18–35.
Gebhardt, Martin, Goethe als Physiker. Bln. 1932.
Gögelein, Ch., Zu Goethes Begriff von Wissenschaft auf dem Wege der Methodik seiner Farbstudien. München 1972.
Grävell, Friedrich, Goethe im Recht gegen Newton. Bln. 1857 Neudruck Stuttg. 1922, hrsg. v. G. Wachsmuth.
Hegelmann, Emil, Zur Methodik in der Physik, insbesondere der Wärmelehre, auf der Grundlage Goethe'scher Erkenntnisart. – Diss. Darmstadt. Gießen 1928.
Heimendahl, Eckhart, Licht und Farbe. Geleitwort von C. F. v. Weizsäcker. Berlin 1961.
Heisenberg, Werner, Die Goethesche und die Newtonsche Farbenlehre im Lichte der modernen Physik. In: Geist der Zeit 19, 1941, Heft 5, S. 261–275. Wiederholt in: Heisenberg, W., Wandlungen in den Grundlagen der Naturwissenschaft. Lpz. 1945. S. 58–76.
Helmholtz, Hermann, Über Goethe's naturwissenschaftliche Arbeiten. In: Helmholtz, H., Vorträge u. Reden, Bd. 1. 4. Aufl. Braunschweig 1896. S. 23–47.
Helmholtz, H., Goethe's Vorahnungen kommender naturwissenschaftlicher Ideen. In: Helmholtz, H., Vorträge u. Reden, Bd. 2. 4. Aufl. Braunschweig 1896. S. 335–361.
Henning, Hans, Goethe. In: Henning, H., Ernst Mach als Philosoph, Physiker und Psycholog. Lpz. 1915. Insbesondere S. 166–174.
Jablonski, Walter, Zum Einfluß der Goetheschen Farbenlehre auf die physiologische und psychologische Optik der Folgezeit. In: Archiv f. Gesch. der Mathematik der Naturwiss. u. d. Technik. Bd. 13. Neue Folge IV, Heft 1, 1930, S. 75–82.
Magnus, Rudolf, Goethe als Naturforscher. Lpz. 1906. Insbesondere S. 164–260.
Matthaei, Rupprecht, Goethes Farbenkreis. Die quellenmäßige Begründung seiner Rekonstruktion. Euphorion 34, 1933, S. 119–211.
Matthaei, R., Die neue Darbietung der Farbenlehre im Goethe-Nationalmuseum. Goethe 2, 1937, S. 84–108.

Matthaei, R., Neues von Goethes entoptischen Studien. Goethe 5, 1940, S. 71–96.
Matthaei, R., Über die Anfänge von Goethes Farbenlehre. Goethe 11, 1949, S. 249–62.
Matthaei, R., Mein Weg zu einer Beurteilung der Farbenlehre Goethes. Hamburger Akademische Rundschau, 3. Jahrgang, 1949, Heft 8–10, S. 665–684.
Meyerhof, Otto, Über Goethes Methode der Naturforschung. In: Abhandlungen der Fries'schen Schule, Neue Folge, Bd. 3, Göttingen 1910, Heft 2, S. 383–437. Auch als Sonderdruck: Meyerhof, O., Über Goethes Methode der Naturforschung. Göttingen 1910.
Michéa, René, Les travaux scientifiques de Goethe. Paris 1943.
Müller, Johannes, Fragmente zur Farbenlehre, insbesondere zur Goetheschen Farbenlehre. In: Müller, J., Zur vergleichenden Physiologie des Gesichtssinnes des Menschen und der Tiere usw. Lpz. 1826, S. 391–434.
Müller, J., Handbuch der Physiologie für Vorlesungen. Bd. 2, Coblenz 1840. Insbesondere S. 292–300, 367f., 373f., 375f.
Ostwald, Wilhelm, Goethe, Schopenhauer und die Farbenlehre. Lpz. 1918. – 2. Aufl. 1931.
Pfaff, C. H., Über Newton's Farbentheorie, Herrn von Goethe's Farbenlehre und den chemischen Gegensatz der Farben. Lpz. 1813.
Proskauer, H. O., Zum Studium von Goethes Farbenlehre. Basel 1977.
Raehlmann, Eduard, Goethes Farbenlehre. Jb. G. Ges. 3, 1916, S. 3–40.
Raehlmann, Eduard, Goethes Farbenlehre und die Naturwissenschaft. Naturwissenschaftliche Wochenschrift. Neue Folge, Bd. 16, Jena 1917, S. 601–605.
Richter, Manfred, Das Schrifttum über Goethes Farbenlehre mit besonderer Berücksichtigung der naturwisschenschaftlichen Probleme. Berlin 1938.
Scharnowell, Viktor, Von Newton zu Goethe. Basel 1973.
Schmidt, P., Goethes Farbensymbolik, Berlin 1965.
Schmidt, P., Goethes schematische Kreise. Jb. d. Fr. dtsch. Hochstifts 1965. S. 168–185.
Sepper, Dennis, Goethe contra Newton: polemics and the project for a new science of color. Cambridge 1988.
Sommerfeld, Arnold, Goethes Farbenlehre im Urteile der Zeit. Dtsch. Revue 42, 1917, S. 100f.
Troll, Wilh., Goethe und die Physik. In: Die Tat 18, 1926, Heft 9, S. 693–704.
Weiß, Otto, Goethes Farbenlehre. In: Schriften d. Königsberger gel. Ges. (Naturwiss. Kl.) 7, 1930/31, Heft 4, S. 163–175.
Wells, G. A., Goethes scientific method and aims in the light of his studies in physical optics. Publ. of the Engl. G.-Soc. 38, 1968. S. 69–114.
Wessely, Karl, Welche Wege führen noch heute zu Goethes Farbenlehre? In: Walther, Johannes, Goethe als Seher und Erforscher der Natur. Hrsg. im Namen der Kais. Leopoldin. Dtsch. Akademie der Naturforscher zu Halle. 1930. S. 157–184.
Wohlbold, Hans, Raumerlebnis und Farbenlehre. Stuttgart 1922.
Zajone, A. C., Goethe's theory of colour and scientific intuition. In: American Journal of Physics 44, 1976.

IV. Ästhetik und Kunstwissenschaft

Abel, Angelica, Die Zwölftontechnik Weberns und Goethes Methodik der Farbenlehre. Diss. Marburg 1980.

Allesch, J. G. v., Die ästehtische Erscheinungsweise der Farben. In: Psycholog. Forschungen, 67. Bd. Bln. 1926.

Bezold, Wilhelm v., Die Farbenlehre im Hinblick auf Kunst und Kunstgewerbe. Braunschweig 1874. – 2. Aufl. 1921.

Eiff, W., Die Farbenlehren Newtons, Goethes und Ostwalds in der Auffassung des Künstlers. In: Glastechnische Berichte 12, 1934. S. 77–84.

Jantzen, Hans, Über die Prinzipien der Farbengebung in der Malerei. In: Kongreß f. Ästhetik u. Allg. Kunstwissenschaft. Bln. 1913. Bericht, hrsg. vom Ortsausschuß. Stuttg. 1914. S. 322–329.

Lange, Ernst, Über Goethes Farbenlehre vom Standpunkte der Wissenschaftstheorie und Ästhetik. Diss. Göttingen 1882.

Malkowsky, Georg, Goethes Farbenlehre und die moderne Malerei. Moderne Kunst 13, 1899, Nr. 14.

Matthaei, Rupprecht, Zur Morphologie des Goetheschen Farbenkreises. Köln, Graz 1958.

Nelson, Leonhard, Über wissenschaftliche und ästhetische Naturbetrachtung. Abhandlungen der Fries'schen Schule, Bd. II, Sonderheft, Göttingen 1908.

Pawlik, Johannes, Theorie der Farbe. Eine Einführung in begriffliche Gebiete der ästhetischen Farbenlehre. Köln 1979.

Peltzer, Alfred, Die ästhetische Bedeutung von Goethes Farbenlehre. Heidelberg 1903.

Philipp Otto Runges Verhältnis zu Goethes Farbenlehre. In: Ph. O. Runge. Hinterlassene Schriften. 2. Teil, Hamburg 1841, S. 506–510.

Schmidt, I. H., Zur Farbenlehre Goethes. Zeitschr. f. Kunstgesch. 1, 1932, Heft 2, S. 109–124.

Schöne, Wolfgang, Über das Licht in der Malerei. Bln. 1954.

Steiner, Rudolf, Goethe als Vater einer neuen Ästhetik. Bln. 1921.

V. Farbe in Goethes Werken

Carlowitz, Ric. v., Das Impressionistische bei Goethe. Sprachliche Streifzüge durch Goethes Lyrik. Jb. G. Ges. 3, 1916, S. 41–99.

Franck, Ludwig, Statistische Untersuchungen über die Verwendung der Farben in den Dichtungen Goethes. Diss. Gießen 1909.

Laué, Walter, Gedanken zu Goethes Faust. – Schiller und die Farbenlehre. Lpz. 1904.

Matthaei, R., Die Farbenlehre im Faust. Jb. G. Ges. Neue Folge, Bd. 10, Weimar 1947.

Schmidt, P. Goethes Farbensymbolik. Philol. Studien u. Quellen, H. 26, 1965.

Trojan, Felix, Zur Psychologie der Farben bei Goethe. Zeitschr. f. Ästhetik u. Allg. Kunstwiss. 24, 1930, S. 232–238.

VI. Farbtheorien vor und nach Goethe

Albers, Josef, Interaction of color. New Haven, London 1963.

Biema, Carry van, Farben und Formen als lebendige Kräfte. Jena 1930.

Burchartz, Max, Gleichnis der Harmonie. Gesetz und Gestaltung der bildenden Künste. Mchn. 1949.

Chevreul, Eugène, La loi du contraste simultané des couleurs. Paris 1839. Teilübersetzung unter dem Titel: Chevreul, E., Die Farbenharmonie in ihrer Anwendung bei der Malerei, bei der Fabrikation von farbigen Waren aller Art, usw. Stuttg. 1840.

Hoelzel, Adolf, Über die künstlerischen Ausdrucksmittel und deren Verhältnis zu Natur und Bild. Die Kunst f. Alle 20, 1904.

Itten, Johannes, Kunst der Farbe. Ravensburg 1961.

Katz, David, Die Erscheinungsweisen der Farben und ihre Beeinflussung durch die individuelle Erfahrung. = Zeitschr. f. Psychologie u. Physiologie der Sinnesorgane, begr. von H. Ebbinghaus, usw. I. Abt., Ergänzungsbd. 7. Lpz. 1911.

Land, Edwin, H., Experiments in Color Vision. Some new observations suggest that classical theories of color are inadequate. In: Scientific American, Vol. 200, 5, New York 1959, S. 84–94.

Land, Edwin, H., The Retinex. In: American Scientist. Vol. 52,2. Easton, Pa. 1964, S. 247–264

Land, Edwin, H., Recent Advances in Retinex Theory. In: Vision Res. Vol. 26,1. Oxford 1986, S. 7–21

Lionardo da Vinci, Das Buch von der Malerei. 3 Bde. Hrsg. v. H. Ludwig. Quellenschriften für Kunstgeschichte. Bd. XV–XVII. Wien 1882.

Ostwald, Wilhelm, Die Farbenlehre. Lpz. 1916.

Purkinje, Johann, Beiträge zur Kenntnis des Sehens in subjektiver Hinsicht. Prag 1819.

Runge, Philipp Otto, Farbenlehre. 1806–1810. In: Hinterlassene Schriften von Ph. O. Runge. Hrsg. von dessen ältestem Bruder. 1. Teil. Hamburg 1840. S. 84–170.

Runge, Ph. O., Schriften, Fragmente, Briefe. Hrsg. v. E. Forsthoff. Bln. 1938. S. 81 ff.

Schopenhauer, Arthur, Über das Sehen und die Farben. Lpz. 1816.

Über Goethes naturwissenschaftliche Schriften, insbesondere die Farbenlehre, gibt es zahlreiche Äußerungen in Briefen. Die 4 Brief-Bände der ,,Hamburger Ausgabe“ haben ein Namen- und Sachregister mit dem Stichwort ,,Naturwissenschaften“ und Unterteilung ,,Anatomie, Astronomie, Botanik“ usw., ferner ein Werkregister, in welchem unter ,,Schriften zur Naturwissenschaft“ alle einzelnen Schriften verzeichnet sind. – Die 2 Bände ,,Briefe an Goethe“ (Hamburger Ausgabe) haben ebenfalls ein Werkregister, das unter ,,Schriften zur Naturwissenschaft“ die einzelnen Schriften verzeichnet.

## NACHTRAG

S. 616, Anm. 3: Quellen und Zeugnisse zur Druckgeschichte von Goethes Werken. Bd. 4: Die Einzeldrucke, Bearb. von Inge Jensen. Berlin, Akademie-Verlag, 1984.

# INHALTSÜBERSICHT

## KOMMENTARTEIL